ŒUVRES

DE

J. F. COOPER

IMPRIMERIE DE H. FOURNIER ET Cᵉ, 14 RUE DE SEINE

J. F. COOPER

par Delaunpert.

LE LAC ONTARIO

Paris

1850

OEUVRES

DE

J. F. COOPER

TRADUITES

PAR

A. J. B. DEFAUCONPRET

TOME DIX-SEPTIÈME

LE LAC ONTARIO

PARIS

FURNE ET Cⁱᵉ, CHARLES GOSSELIN

ÉDITEURS

M DCCC XL

PRÉFACE.

Le plan de cet ouvrage s'est présenté à l'esprit de l'auteur il y a plusieurs années, quoique l'invention des détails soit d'une date récente. L'idée de rassembler des marins et des sauvages au milieu d'incidents qu'on peut supposer devoir faire connaitre le caractère des grands lacs de l'Amérique, ayant été mentionnée à l'éditeur, celui-ci obtint de l'auteur une sorte de promesse d'exécuter ce projet quelque jour, ce qu'il fait aujourd'hui, quoique un peu tard et imparfaitement.

Dans le principal personnage de cette légende, le lecteur pourra reconnaître un ancien ami dans de nouvelles circonstances [1]. Si la manière dont se montre cette vieille connaissance sous un nouveau point de vue ne diminue pas la faveur qu'il a obtenue du public, ce sera un grand plaisir pour l'auteur, car il prend à l'individu en question presque autant d'intérêt que celui qu'inspirerait la réalité. Ce n'est pourtant pas une tâche facile de présenter le même individu dans quatre ouvrages différents, et de soutenir le caractère particulier indispensable pour son identité, sans courir le risque de fatiguer le lecteur par une sorte d'uniformité. Cette épreuve a été différée si longtemps, autant par doute qu'elle pût réussir que par toute autre cause. Dans une

---

1. Voyez le *Dernier des Mohicans*, les *Pionniers* et la *Prairie*, romans de J. Fenimore Cooper, dans lesquels figure le même personnage sous les noms de la *Longue-Carabine* Bas-de-cuir et du *Vieux-Trappeur*.

telle entreprise, comme dans toutes les autres, « c'est la fin » qui doit « couronner l'œuvre. »

Le caractère indien offre si peu de variété, que j'ai cherché à éviter de trop appuyer sur ce point dans la présente occasion, et je crains même qu'on ne trouve plus de nouveauté que d'intérêt dans la réunion de l'Indien et du marin.

Le novice pourra regarder comme un anachronisme de placer des navires sur l'Ontario au milieu du xviiie siècle; mais à cet égard, les faits justifieront ce qu'on pourrait croire la licence d'une fiction. Quoique les bâtiments mentionnés dans cet ouvrage puissent n'avoir jamais existé sur ce lac ni ailleurs, on sait que d'autres navires ont vogué sur cette mer intérieure à une époque plus éloignée que celle qui vient d'être indiquée, et ils leur ressemblaient assez pour former une autorité suffisante pour les introduire dans un ouvrage de fiction. C'est un fait dont on ne se souvient pas généralement, quoiqu'il soit bien connu, qu'il se trouve, le long des grands lacs, des endroits isolés qui remontent, comme établissements, aussi loin que la plupart des anciennes villes d'Amérique, et qui étaient le siége d'une espèce de civilisation long-temps avant que la plus grande partie même des États les plus anciens fussent tirés du désert.

L'Ontario a été de notre temps la scène d'importantes évolutions navales. Des flottes ont manœuvré sur ces eaux qui, il y a un siècle, étaient aussi désertes que des eaux peuvent l'être, et le jour n'est pas éloigné où la totalité de cette vaste suite de lacs deviendra le siége d'un empire, et offrira tout l'intérêt que peut inspirer la société humaine. Un regard jeté en passant, même dans un ouvrage de fiction, sur ce qu'était il y a si peu de temps cette vaste région, doit aider à se procurer les connaissances qui peuvent seules faire apprécier justement les voies merveilleuses par lesquelles la Providence prépare un chemin à la civilisation dans toute l'étendue du continent américain.

LE
LAC ONTARIO.

CHAPITRE PREMIER.

> « Le gazon sera mon autel de parfums ; cette arche dont tu couvres ma tête, ô Seigneur, sera mon temple, l'air des montagnes deviendra la fumée de mon encensoir, et mes pensées silencieuses seront mes seules prières. »
> MOORE.

Il ne faut que des yeux pour concevoir l'idée de sublimité qui se rattache à une vaste étendue. Les pensées les plus abstraites, les plus perçantes, peut-être les plus châtiées du poète s'accumulent sur son imagination quand il jette un regard sur les profondeurs d'un vide sans limites. Il est rare que le novice voie avec indifférence l'étendue de l'océan, et l'esprit trouve, même dans l'obscurité de la nuit, un parallèle à cette grandeur qui semble inséparable d'images que les sens ne peuvent atteindre. C'était avec un sentiment semblable d'admiration respectueuse, née de la sublimité, que les différents personnages qui doivent commencer les premiers à figurer dans cette histoire, regardaient la scène qui s'offrait à leurs yeux. Ils étaient quatre ; deux de chaque sexe. Ils avaient réussi à monter sur des arbres empilés, déracinés par une tempête, pour mieux voir les objets qui les entouraient. C'est encore l'usage du pays d'appeler ces endroits *wind-rows* [1]. En laissant la clarté du ciel pénétrer dans les retraites obscures et humides de la forêt, ils forment une sorte d'oasis dans l'obscurité solennelle des bois de l'Amérique. Celui dont nous parlons en ce moment était sur le haut d'une petite éminence; mais, quoique peu élevée, elle offrait à ceux qui pouvaient en occuper le sommet, une vue très-étendue, ce qui arrive rarement au voyageur dans les bois. Comme c'est l'ordinaire, l'espace n'était pas grand; mais comme ce *wind-row* était situé sur le faîte de la hauteur, et que la percée pratiquée par le vent s'étendait sur la déclivité, il offrait à l'œil des avantages assez rares. La physique n'a pas encore déterminé la nature du pouvoir qui souvent désole ainsi dans les bois des endroits semblables; les uns les attribuant aux tourbillons qui produisent des trombes sur l'océan, tandis que d'autres en cherchent la cause dans le passage subit et violent de courants de fluide électrique; mais les effets qui en résultent dans les bois sont généralement connus. A l'entrée de la percée dont il est ici question, cette influence invisible avait empilé les arbres sur les arbres d'une manière qui avait permis aux deux hommes, non-seulement de monter à environ trente pieds au-dessus du niveau de la terre, mais, avec un peu de soins et d'encouragement, d'engager et d'aider leurs compagnes plus timides à les y accompagner. Les énormes troncs que la force du coup de vent avait renversés, brisés comme des fétus de paille, entrelacés ensemble, et dont le feuillage exhalait encore l'odeur de feuilles à demi desséchées, étaient placés de manière que leurs branches pouvaient offrir aux mains un appui suffisant. Un grand arbre avait été complètement déraciné, et ses racines élevées en l'air avec la terre qui en remplissait les interstices, fournit une sorte de plate-forme aux quatre aventuriers, quand ils eurent atteint cette élévation.

Le lecteur ne doit s'attendre à rien trouver qui lui fasse reconnaître des personnes de condition dans la description que nous allons faire de ce groupe. C'étaient des voyageurs dans le désert; et quand ils ne l'auraient pas été, ni leurs habitudes préalables, ni la position qu'ils occupaient dans la société, ne les auraient accoutumés aux besoins du luxe du monde. Deux d'entre eux, un homme et une femme, faisaient partie des anciens proprié-

---

1. File d'arbres renversés par le vent. (*Note du traducteur.*)

taires du sol, c'est-à-dire étaient Indiens et appartenaient à la tribu bien connue des Tuscaroras. Leurs compagnons étaient un homme que tout son extérieur annonçait comme ayant passé sa vie sur l'océan, et dans un rang peu élevé au-dessus de celui de simple matelot, et une fille qui ne paraissait pas d'une classe fort supérieure à la sienne, quoique sa jeunesse, la douceur de sa physionomie, et un air modeste, mais animé, lui prêtassent ce caractère d'intelligence et d'esprit qui ajoute tant de charmes à la beauté. En cette occasion son grand œil bleu réfléchissait le sentiment de sublimité que cette scène faisait naître en elle, et ses traits aimables offraient cette expression pensive que toutes les fortes émotions, même quand elles causent le plaisir le plus agréable, impriment sur la physionomie des êtres ingénus et réfléchis.

Et véritablement cette scène était de nature à faire une impression profonde sur l'esprit de quiconque en aurait été spectateur. Vers l'ouest, — et c'était de ce côté, le seul où l'on pût découvrir quelque chose, que nos quatre voyageurs avaient le visage tourné, — l'œil dominait sur un océan de feuilles riches et glorieuses de la verdure vive et variée d'une vigoureuse végétation, et nuancées de toutes les teintes qui appartiennent au 42e degré de latitude septentrionale. L'orme avec sa cime pleine de grâce, les belles variétés de l'érable, la plupart des nobles espèces de chênes des forêts d'Amérique, le tilleul à larges feuilles, entremêlaient leurs branches supérieures, et formaient un large tapis de feuillage en apparence interminable, qui s'étendait vers le soleil couchant et qui bornait l'horizon en se confondant avec les nuages, comme les vagues et le firmament semblent se joindre à la base de la voûte du ciel. Çà et là, par quelque accident des tempêtes, ou par un caprice de la nature, une petite clairière au milieu des géants de la forêt permettait à un arbre de classe inférieure de monter vers le ciel, et d'élever sa tête modeste presque au niveau de la surface de verdure qui l'entourait. De ce nombre étaient le bouleau, arbre qui n'est pas méprisé dans des contrées moins favorisées, le tremble à feuilles agitées, différentes espèces de noyers, et plusieurs autres, qui ressemblaient au vulgaire ignoble, jeté par les circonstances en présence des grands de la terre. Çà et là aussi, le tronc droit et élevé du pin perçait la vaste voûte, et surgissait bien au-dessus, comme un grand monument élevé par l'art sur une plaine de feuilles.

C'était la vaste étendue de cette vue, et la surface presque non interrompue de verdure, qui contenait le principe de grandeur. La beauté se trouvait dans les teintes délicates, rehaussées par de fréquentes gradations de jour et d'ombre; et le repos solennel de la nature inspirait un sentiment voisin du respect.

— Mon oncle, — dit la jeune fille surprise mais charmée à son compagnon, dont elle touchait le bras plutôt qu'elle ne s'y appuyait pour donner de la stabilité à son pied léger mais ferme, — ceci est comme une vue de cet océan que vous aimez tant.

— Voilà ce que c'est que l'ignorance et l'imagination d'une fille, *Magnet* [1], — terme d'affection que le marin employait souvent pour faire allusion aux attraits personnels de sa nièce; — personne qu'une jeune fille ne songerait à comparer cette poignée de feuilles à la mer Atlantique. On pourrait attacher toutes ces cimes d'arbres à la jaquette de Neptune, et ce ne serait pour lui qu'un bouquet.

— Il y a dans ce que vous dites, mon oncle, plus d'imagination que de vérité, à ce que je crois. Regardez là-bas! il doit y avoir des milles et des milles, et cependant vous ne voyez que des feuilles. Que verriez-vous de plus en regardant l'océan?

— De plus? — répéta l'oncle en faisant un geste d'impatience du coude que sa nièce touchait, car il avait les bras croisés, et les mains enfoncées dans une veste de drap rouge, suivant la mode du temps. — C'est de moins que vous voulez dire: Où sont vos vagues écumantes, votre eau bleue, vos brisants, vos baleines, vos trombes, et votre roulis perpétuel des ondes dans cette miniature de forêt, mon enfant?

— Et où sont vos cimes d'arbres, votre silence solennel, vos feuilles odoriférantes et votre belle verdure, sur l'océan, mon oncle?

— Verdure! fadaise, ma nièce. Vous n'y entendez rien, sans quoi vous sauriez que l'eau verte est le fléau d'un marin.

— Mais la verdure des arbres est une chose toute différente.

— Écoutez! ce son est le souffle de l'air, qui respire entre les arbres.

— Il faudrait entendre le vent du nord-ouest respirer en pleine mer, enfant, pous parler de l'haleine du vent. Mais où y a-t-il

---

1. Pierre d'aimant, pour ne pas appeler la jeune fille *aimant*, ou bien encore *marinette* ancien nom de la boussole. (*Note du traducteur.*)

des vents réguliers et des ouragans, des moussons et des vents alisés dans ce bouquet d'arbres? Et quels sont les poissons qui nagent sous cette croûte de feuilles?

— L'endroit où nous sommes prouve clairement qu'il y a eu ici des tempêtes, mon oncle; et s'il ne se trouve pas de poissons sous ces arbres, il y existe des animaux.

— Je n'en sais trop rien, — répondit l'oncle avec le ton dogmatique d'un marin. — On nous contait à Albany bien des histoires des animaux sauvages que nous rencontrerions; et cependant nous n'avons encore rien vu qui pût effrayer un veau marin. Je doute qu'aucun de vos animaux de l'intérieur des terres puisse se comparer à un requin des basses latitudes.

— Voyez!— s'écria la nièce plus occupée de la beauté sublime de cette forêt interminable que des arguments de son oncle, — voilà là-bas une fumée qui s'élève par-dessus les arbres. — Croyez-vous qu'elle sorte d'une maison?

— Je la vois, je la vois; il y a dans cette fumée un air d'humanité qui vaut un millier d'arbres. Il faut que je la fasse voir à Arrowhead [1], qui peut passer devant un port sans s'en douter. Là où il y a de la fumée, il est probable qu'il se trouve une caboose.

En terminant ces mots, le vieux marin tira une main de sa veste, et toucha légèrement sur l'épaule l'Indien, qui était debout près de lui, et lui montra la petite colonne de fumée qui s'échappait du sein du feuillage, à la distance d'environ un mille, et qui, se divisant en filaments presque imperceptibles, disparaissait dans l'atmosphère. Le Tuscarora était un de ces guerriers à noble physionomie qu'on rencontrait plus souvent il y a un siècle qu'aujourd'hui, parmi les aborigènes de ce continent; et quoiqu'il eût assez fréquenté les colons pour avoir acquis quelque connaissance de leurs habitudes et même de leur langue, il n'avait presque rien perdu de la grandeur sauvage et de la dignité calme d'un chef d'Indiens. Les relations qu'il avait eues avec le vieux marin avaient été amicales, quoique mêlées de réserve, car l'Indien avait été trop accoutumé à voir les officiers des différents postes militaires où il avait été, pour ne pas s'apercevoir que son compagnon n'occupait parmi eux qu'un rang subalterne. Dans le fait, la supériorité tranquille de la réserve du Tuscarora

---

1. Tête de flèche. (*Note du traducteur.*)

avait été si imposante, que Charles Cap, — tel était le nom du vieux marin, — même dans son humeur la plus dogmatique ou la plus facétieuse, n'avait osé s'avancer jusqu'à la familiarité dans les rapports qu'ils avaient ensemble depuis plus de huit ans. Cependant la vue de la fumée avait frappé le marin comme l'apparition inattendue d'une voile en pleine mer, et pour la première fois il s'était hasardé à lui toucher l'épaule, comme nous venons de le dire.

L'œil vif du Tuscarora aperçut à l'instant la petite colonne de fumée, et pendant une minute il resta légèrement levé sur la pointe des pieds, les narines ouvertes, comme le chevreuil qui sent une piste, et les yeux aussi fixes que ceux du chien d'arrêt bien dressé qui attend le coup de fusil de son maître. Retombant alors sur ses pieds, une exclamation à voix basse, de ce ton doux qui forme un si singulier contraste avec les cris sauvages d'un guerrier indien, se fit à peine entendre, et, du reste, il ne montra aucune émotion. Sa physionomie était calme, et son œil, noir et perçant comme celui d'un aigle, parcourait tout ce panorama de feuillage, comme pour saisir, d'un seul regard, toutes les circonstances qui pouvaient l'éclairer. L'oncle et la nièce savaient fort bien que le long voyage qu'ils avaient entrepris pour traverser une large ceinture de déserts sauvages, n'était pas sans danger; mais ils ne pouvaient décider si un signe qui annonçait la présence d'autres hommes dans leurs environs, était un bon ou un mauvais augure.

— Il faut qu'il y ait près de nous des Onéidas ou des Tuscaroras, Arrowhead, — dit Cap à l'Indien. — Ne ferions-nous pas bien d'aller les joindre, afin de passer commodément la nuit dans leur wigwam?

— Pas de wigwam ici, — répondit Arrowhead avec son air tranquille, — trop d'arbres.

— Mais il faut qu'il y ait là des Indiens; et il s'y trouve peut-être quelques-unes de vos anciennes connaissances, Arrowhead.

— Point de Tuscaroras, — point d'Onéidas, — point de Mohawks. — Feu de face-pâle.

— Comment diable? — Eh bien! Magnet, voilà qui surpasse la philosophie d'un marin. Nous autres, vieux chiens de mer, nous pouvons distinguer la chique d'un soldat de celle d'un matelot, et le nid d'un marin d'eau douce du hamac d'un élève de marine; mais je ne crois pas que le plus ancien amiral au service de Sa Majesté puisse distinguer la fumée d'un vaisseau de ligne de celle d'un bâtiment charbonnier.

L'idée qu'il se trouvait des êtres humains dans leur voisinage, dans cet océan de feuilles, avait rendu plus vives les couleurs qui paraient les joues de la jeune fille et donné un nouvel éclat à ses yeux. Elle se tourna vers son oncle avec un air de surprise, et lui dit en hésitant, — car tous deux avaient souvent admiré les connaissances ou peut-être pourrions-nous dire l'instinct du Tuscarora : — Un feu de face-pâle ! sûrement, mon oncle, il ne peut savoir cela.

— C'est ce que j'aurais juré il y a dix jours, mon enfant; mais à présent, je ne sais trop qu'en croire. — Puis-je prendre la liberté de vous demander, Arrowhead, pourquoi vous croyez que cette fumée est la fumée d'une face-pâle, et non celle d'une peau rouge?

— Bois vert, — répondit le guerrier avec le même calme qu'un pédagogue expliquerait une règle d'arithmétique à son élève embarrassé. — Beaucoup d'humidité, beaucoup de fumée ; — beaucoup d'eau, fumée noire.

— Mais, sauf votre pardon, Arrowhead, cette fumée n'est pas noire, et il n'y en a pas beaucoup. A mes yeux, en ce moment, elle est aussi légère et aussi fantastique qu'aucune fumée qui soit jamais sortie du goulot de la bouilloire à thé d'un capitaine de vaisseau, quand il ne reste pour faire le feu que quelques copeaux dans la cale.

— Trop d'eau, — répondit Arrowhead en secouant la tête. — Tuscarora trop malin pour faire du feu avec de l'eau. Face-pâle, trop de livres, et brûle tout. Beaucoup de livres, peu de savoir.

— Eh bien ! cela est raisonnable, j'en conviens, — dit Cap, qui n'était pas grand admirateur de la science. — C'est un sarcasme qu'il lâche contre vos lectures, Magnet; car le chef juge sensément des choses à sa manière. — Et maintenant, Arrowhead, à quelle distance croyez-vous que nous soyons de l'étang d'eau douce que vous appelez le Grand Lac, vers lequel nous nous dirigeons depuis tant de jours?

Le Tuscarora regarda le marin avec un air de supériorité calme, et lui répondit :

— Ontario, semblable au ciel. — Encore un soleil, et le grand voyageur le verra.

— J'ai été un grand voyageur, je ne puis le nier; mais de tous mes voyages, c'est celui-ci qui a été le plus long, le moins profitable, et qui m'a enfoncé davantage dans les terres. Mais si cette mare d'eau douce est si près, et qu'elle soit aussi grande qu'on le dit, on pourrait croire qu'une paire de bons yeux devrait l'apercevoir, car de l'endroit où nous sommes, il semble qu'on découvre tout jusqu'à environ trente milles.

— Regardez, dit Arrowhead, étendant un bras devant lui avec une grâce tranquille; — l'Ontario!

— Mon oncle, vous êtes habitué à crier : Terre[1]! mais non à crier : Eau ! et vous ne la voyez pas, dit sa nièce en riant comme les jeunes filles rient des paroles en l'air qui leur échappent.

— Quoi! supposez-vous que je ne reconnaîtrais pas mon élément naturel, — s'il se trouvait à portée de la vue?

— Mais votre élément naturel est l'eau salée, mon cher oncle, et l'Ontario est de l'eau douce.

— Cela pourrait faire quelque différence pour un marin novice, mon enfant; mais cela n'en fait pas la moindre pour un vieux loup de mer comme moi. Je reconnaîtrais de l'eau quand ce serait dans la Chine.

— L'Ontario, — répéta Arrowhead avec emphase, en étendant encore la main vers le nord-ouest.

Cap regarda le Tuscarora presque avec un air de mépris, et c'était la première fois que cela lui arrivait depuis qu'il le connaissait. Cependant il suivit des yeux la direction du bras et de l'œil du guerrier, qui semblait indiquer un point dans le firmament, un peu au-dessus de la plaine de feuilles.

— Oui, oui, c'est à quoi je m'attendais, quand j'ai quitté la côte pour venir chercher une mare d'eau douce, — dit Cap en levant les épaules, en homme qui a pris une décision, et qui croit inutile d'en dire davantage. — L'Ontario peut être là, ou, quant à cela, au fond de ma poche. J'espère que lorsque nous y serons arrivés, nous y trouverons assez d'espace pour manœuvrer notre canot. Mais, Arrowhead, s'il y a des faces-pâles dans le voisinage, il me semble que je voudrais être à portée de les héler.

Le Tuscarora fit une inclination de tête, et tous quatre descendirent en silence des racines de l'arbre déraciné. Quand ils eurent

---

1. Quand un matelot en vigie aperçoit la terre ou un bâtiment, il crie : — *Terre !* — *navire !*

regagné le sol, Arrowhead leur annonça son intention d'avancer vers le feu pour reconnaître qui étaient ceux qui l'avaient allumé, et il engagea sa femme et ses deux autres compagnons à retourner sur le canot qu'ils avaient laissé dans la rivière voisine, et d'y attendre son retour.

— Comment? chef! cela pourrait être convenable s'il s'agissait d'aller sonder, et que nous eussions le bord au large, — dit le vieux Cap; — mais dans des eaux inconnues comme celles-ci, je crois qu'il n'est pas sûr de laisser le pilote s'éloigner trop loin du navire : ainsi donc, avec votre permission, je vous tiendrai compagnie.

— Que désire mon frère? — demanda l'Indien gravement, mais sans avoir l'air d'être offensé d'une méfiance qui était assez évidente.

— Votre compagnie, Arrowhead, et rien de plus. J'irai avec vous et je parlerai à ces étrangers.

Le Tuscarora y consentit sans difficulté, et il ordonna de nouveau à sa petite femme, toujours patiente et soumise, et dont les grands et beaux yeux noirs ne se fixaient presque jamais sur son mari sans exprimer le respect, la crainte et l'amour, de retourner vers le canot. Mais ici Magnet éleva une difficulté. Quoiqu'elle eût de la résolution et une énergie extraordinaire, quand les circonstances l'exigeaient, elle n'était qu'une femme, et l'idée d'être abandonnée par ses deux protecteurs au milieu d'un désert qui venait de lui paraître interminable, lui devint si pénible, qu'elle exprima le désir de suivre son oncle.

— Après être restée si long-temps dans le canot, l'exercice me fera du bien, — ajouta-t-elle, tandis que le sang reparaissait peu à peu sur des joues qui avaient pâli en dépit de ses efforts pour être calme; — et il peut se trouver des femmes avec ces étrangers.

— Venez donc, mon enfant; il n'y a qu'une encablure de distance, et nous serons de retour une heure avant le coucher du soleil.

Avec cette permission, la jeune fille, dont le nom véritable était Mabel Dunham, se disposa à partir, tandis que Rosée-de-Juin, comme se nommait la femme d'Arrowhead, se mettait en marche vers le canot, trop habituée à l'obéissance, à la solitude et à l'obscurité des forêts, pour faire aucune objection.

Les trois autres qui étaient encore dans le *wind-row*, se frayèrent un chemin à travers ce labyrinthe compliqué, et gagnèrent le bois en se dirigeant du côté convenable. Il ne fallut pour cela qu'un coup d'œil à Arrowhead; mais le vieux Cap, avant de se fier à la sombre obscurité des bois, reconnut la situation d'où partait la fumée par le moyen d'une boussole de poche.

— Cette manière de gouverner un navire à vue de nez, Magnet, peut convenir assez bien à un Indien; mais un bon marin connaît la vertu de l'aiguille aimantée, — dit Cap en marchant sur les talons du léger Tuscarora. — L'Amérique n'aurait jamais été découverte, croyez-en ma parole, si Colomb n'avait eu que des narines. — Ami Arrowhead, avez-vous jamais vu une machine comme celle-ci?

L'Indien se retourna, jeta un regard sur la boussole que Cap tenait de manière à diriger sa marche, et répondit :

— C'est l'œil d'une face-pâle : le Tuscarora voit dans sa tête, Eau-Salée; — c'est ainsi que l'Indien nommait le vieux marin. — Tout œil à présent, — point de langue.

— Il veut dire, mon oncle, que nous devons garder le silence. Il se méfie peut-être des gens que nous allons rencontrer.

— Oui, c'est la mode des Indiens pour aller à leur poste. Vous voyez qu'il a examiné l'amorce de son mousquet, et je ne ferai pas mal de jeter un coup d'œil sur celle de mes pistolets.

Sans montrer aucune alarme de ces préparatifs auxquels elle s'était accoutumée par son long voyage dans le désert, Mabel marchait d'un pas aussi léger et aussi élastique que celui de l'Indien, et suivait de près ses deux compagnons. Pendant le premier demi-mille, on ne prit aucune autre précaution qu'un silence rigoureux; mais quand ils arrivèrent plus près de l'endroit où ils savaient qu'un feu était allumé, il devint nécessaire d'en prendre davantage.

Comme c'est l'ordinaire, la vue n'était arrêtée sous les branches dans la forêt que par les grands troncs droits des arbres. Tout ce qui sentait l'effet de la végétation avait cherché à s'élever vers l'air et la lumière; et sous ce dais de feuillage, on marchait, en quelque sorte, comme sous une immense voûte naturelle soutenue par des myriades de colonnes rustiques. Cependant ces colonnes ou ces arbres servaient souvent à cacher l'aventurier, le chasseur ou l'ennemi; et Arrowhead, tout en s'approchant rapidement de l'endroit où ses sens exercés et presque infaillibles lui disaient que les étrangers devaient être, marchait graduellement plus légèrement, redoublait de vigilance, et se cachait avec plus de soin.

— Voyez, Eau-Salée, — dit-il à Cap d'un air de triomphe, en lui montrant un endroit à travers les arbres, — voilà le feu des faces-pâles.

— De par le ciel, le drôle a raison, — murmura Cap ; — les voilà, rien n'est plus sûr, et ils font leur repas aussi tranquillement que s'ils étaient dans la grande chambre d'un vaisseau à trois ponts.

Arrowhead n'a raison qu'à demi, dit Mabel en baissant la voix, car il y a deux Indiens et seulement un homme blanc

— Faces-pâles, — dit le Tuscarora en levant deux doigts ; — homme rouge, — en n'en levant qu'un seul.

— Eh bien ! — dit Cap, il est difficile de dire qui a tort ou raison. L'un est certainement un blanc, et c'est un jeune gaillard bien bâti, ayant un air actif et respectable ; un autre est une peau rouge aussi décidément que la peinture ou la nature peuvent la faire ; mais le troisième est gréé de manière qu'on ne saurait dire si c'est un brick ou un schooner [1].

Faces-pâles, — répéta Arrowhead, levant encore deux doigts ; — peau rouge, ajouta-t-il, en n'en levant qu'un seul.

— Il faut qu'il ait raison, mon oncle, car ses yeux semblent ne jamais le tromper. Mais le plus urgent est de savoir si ce sont des amis ou ennemis. Ce sont peut-être des Français.

— En les hélant, nous nous en assurerons, — dit Cap. — Mettez-vous derrière cet arbre, Magnet, de peur que ces drôles ne se mettent dans la tête de lâcher une bordée sans pourparler. Je saurai bientôt sous quel pavillon ils croisent.

Cap approcha ses deux mains de sa bouche, de manière à former un porte-voix, et il allait les héler comme il l'avait projeté, quand un mouvement rapide de la main d'Arrowhead prévint son intention en dérangeant l'instrument.

— Homme rouge, Mohican, — dit le Tuscarora ; — bon. — Faces-pâles, yengeese [2].

— Ce sont d'heureuses nouvelles, — murmura Mabel, à qui la perspective d'une querelle dans le désert ne plaisait guère. — Approchons sur-le-champ, mon oncle, et faisons-nous connaître comme amis.

1. Une goëlette.
2. Anglais. (*Note du traducteur.*)

— Bon, — dit le Tuscarora; — homme rouge, froid et prudent; face-pâle, toujours pressé, tout feu. — Que la Squaw[1] marche en avant!

— Quoi! — s'écria Cap avec surprise; — envoyer la petite Magnet en avant en védette, tandis que deux fainéants, comme vous et moi, nous mettrons en panne pour voir quelle sorte d'attérage elle fera! Si j'y consens, je veux être...

— C'est le plus sage, mon oncle, — dit la généreuse fille, — et je n'ai aucune crainte. Nul chrétien, en voyant une femme s'approcher seule, ne ferait feu sur elle, et ma présence sera un gage de paix. Souffrez que j'aille en avant, comme Arrowhead le propose, et tout ira bien. Nous n'avons pas encore été vus, et si les étrangers sont surpris, du moins ils ne concevront aucune alarme.

— Bon, — dit Arrowhead, qui ne cacha point l'approbation qu'il donnait au courage de Mabel.

— Ce n'est pas agir en marin, — dit Cap; — mais nous sommes dans les bois, et personne ne le saura. Si vous croyez, Mabel, que...

— J'en suis sûre, mon oncle; et d'ailleurs vous serez assez près pour me défendre.

— Eh bien! prenez donc un de mes pistolets, et...

— J'aime mieux compter sur mon âge et ma faiblesse, — dit la jeune fille en souriant, tandis que les sentiments qui l'animaient rehaussaient les couleurs de son teint. — Parmi des chrétiens, la meilleure sauve-garde d'une femme est le droit qu'elle a à leur protection. D'ailleurs, je ne connais pas le maniement des armes, et je n'ai nulle envie de l'apprendre.

L'oncle ne fit plus aucune objection, et après avoir reçu du Tuscarora quelques instructions de prudence, Mabel s'arma de tout son courage, et s'avança seule vers ce groupe qui était assis près du feu. Quoique son cœur battit vivement, son pas était ferme, et sa marche n'annonçait aucune répugnance. Un silence semblable à celui de la mort régnait dans la forêt, car ceux dont elle s'approchait étaient trop occupés à satisfaire ce grand besoin naturel, la faim, pour qu'ils songeassent à autre chose qu'à l'affaire importante dont il s'agissait. Cependant, quand Mabel fut à une centaine de pieds du feu, elle marcha sur une

---

[1]. Nom que les Indiens donnent aux femmes. (*Note du traducteur.*)

branche sèche qui se cassa sous son pied, et ce léger bruit suffit pour que l'Indien que Arrowhead avait déclaré un Mohican, et l'individu sur le pays duquel Cap n'avait osé prononcer, fussent debout aussi vite que la pensée. Tous deux jetèrent un regard sur les mousquets qui étaient appuyés contre un arbre, mais ils ne firent pas un mouvement pour les prendre, quand ils aperçurent une jeune fille. L'Indien dit quelques mots à son compagnon, se rassit, et continua son repas aussi tranquillement que s'il n'y fût survenu aucune interruption. L'autre quitta le feu, et alla à la rencontre de Mabel.

Tandis qu'il s'avançait, celle-ci vit que c'était à un homme de même couleur qu'elle-même qu'elle allait avoir à parler, quoique son costume fût un si étrange mélange de celui des deux races, qu'il fallait en être fort près pour en être certain. Il était de moyen âge, mais sa physionomie, qui, sans cela, n'aurait pu passer pour belle, avait un caractère de franchise et d'honnêteté qui assura sur-le-champ Mabel qu'elle ne courait aucun danger. Elle s'arrêta pourtant, obéissant, sinon à la la loi de la nature, du moins à celle de ses habitudes, qui faisaient qu'il lui répugnait de montrer trop d'empressement à s'approcher d'un homme dans les circonstances où elle se trouvait.

—Ne craignez rien, jeune femme, — lui dit le chasseur, car son costume indiquait qu'il suivait cette profession ; — vous rencontrez dans ce désert des chrétiens, des hommes qui savent traiter avec bienveillance tous ceux qui sont disposés à la paix et à la justice. Je suis bien connu dans tout ce pays, et peut-être un de mes noms est-il parvenu jusqu'à vos oreilles. Les Français et Peaux-Rouges de l'autre côté des Grands-Lacs m'appellent la Longue-Carabine ; les Mohicans, tribu pleine d'honneur et de droiture, pour le peu qui en reste, OEil-de-Faucon ; et les troupes et les chasseurs de ce côté de l'eau, Pathfinder [1], parce qu'on ne m'a jamais vu manquer le bout d'une piste, quand il y avait à l'autre, soit un Mingo, soit un ami qui avait besoin de moi.

Il parlait ainsi, non comme pour se vanter, mais en homme qui savait que, sous quelque nom qu'il fût connu, il n'avait pas à en rougir. L'effet que ce discours produisit sur Mabel fut instantané. Dès qu'elle eut entendu le dernier sobriquet, elle joignit les mains avec vivacité et répéta :

---

1. Trouveur de chemin. (*Note du traducteur.*)

— Pathfinder !

— C'est le nom qu'on me donne ici, jeune femme ; et bien des grands seigneurs portent des titres qu'ils n'ont pas à moitié si bien mérités, quoique, pour dire la vérité, je sois plus fier de trouver un chemin où il n'y en a point, que d'en trouver un où il existe. Mais les troupes régulières n'y regardent pas de bien près, et la moitié du temps elles ne savent pas quelle est la différence entre un chemin et une piste, quoique l'un soit l'affaire de l'œil, et que pour suivre l'autre, il faille quelque chose de plus que l'odorat.

— En ce cas, vous êtes l'ami que mon père a promis d'envoyer à notre rencontre?

— Si vous êtes la fille du sergent Dunham, le grand prophète des Delawares n'a jamais dit rien de plus vrai.

— Je suis Mabel Dunham ; et mon oncle, qui se nomme Cap, est là-bas derrière les arbres avec un Tuscarora, dont le nom est Arrowhead. Nous n'espérions vous trouver qu'après être arrivés sur les bords du Lac.

— Je voudrais que vous eussiez eu pour guide un Indien ayant plus de justice dans l'esprit. Je ne suis pas ami des Tuscaroras ; ils se sont trop éloignés des tombes de leurs pères pour songer toujours au Grand-Esprit, et Arrowhead est un chef ambitieux. La Rosée-de-Juin est-elle avec lui ?

— Sa femme l'accompagne, et il n'existe pas une créature plus humble et plus douce.

— Oui, et elle a le cœur bien placé, ce qui est plus que ceux qui le connaissent ne diront d'Arrowhead. Eh bien ! il faut accepter ce que la Providence nous envoie pendant que nous suivons la piste de la vie. Je pense qu'on aurait pu trouver un plus mauvais guide que le Tuscarora, quoiqu'il ait trop du sang des Mingos pour un homme qui fréquente souvent les Delawares.

— En ce cas, il est peut-être heureux que nous vous ayons rencontrés.

— Dans tous les cas, cela n'est pas malheureux, car j'ai promis au sergent que je conduirais sa fille au fort en sûreté, dût-il m'en coûter la vie. Nous nous attendions à vous rencontrer avant votre arrivée aux Cataractes, où nous avons laissé notre canot; mais nous avons pensé que nous ne ferions pas mal de faire quelques milles en avant, pour voir si vous n'aviez pas besoin de nos services; et nous n'avons pas tort, car je ne crois pas qu'Arrowhead soit l'homme qu'il faut pour traverser le courant.

— Voici mon oncle et le Tuscarora, — dit Mabel, — et nous pouvons à présent nous réunir tous.

Comme elle finissait de parler, Cap et Arrowhead, qui voyaient que la conférence se passait à l'amiable, s'approchèrent, et quelques mots suffirent pour les instruire de tout ce que la jeune fille venait d'apprendre. Ils allèrent alors rejoindre les deux individus qui étaient restés près du feu.

CHAPITRE II.

> « Oui, tant que le plus humble fils de la nature en a gardé le temple sans souillure, les plus belles vues de la terre sont à lui; il est monarque, et son trône s'élève au milieu des cieux. »
>
> WILSON.

Le Mohican continua son repas, mais le second homme blanc ôta son bonnet, se leva et salua poliment Mabel Dunham. Il était jeune, bien portant, avait un air mâle, et portait un costume qui, quoiqu'il annonçât moins positivement sa profession que celui de Cap, indiquait un homme habitué à l'eau. En ce siècle, les vrais marins formaient une classe entièrement séparée des autres; leurs idées, leur langage habituel et leurs vêtements indiquant aussi évidemment leur métier, que les opinions, les discours et la robe flottante d'un Turc indiquent un Musulman. Quoique Pathfinder ne fût pas encore d'un âge avancé, Mabel l'avait envisagé avec une fermeté qui pouvait être la suite de la précaution qu'elle avait prise de préparer ses nerfs à cette entrevue; mais quand ses yeux rencontrèrent ceux du jeune homme, ils se baissèrent en voyant, ou en s'imaginant voir, le regard d'admiration qu'il fixa sur elle en la saluant. Dans le fait, chacun d'eux sentit pour l'autre cet intérêt que la similitude d'âge, de condition, et de bonne mine, est faite pour inspirer à une jeunesse ingénue dans la situation nouvelle où ils se trouvaient tous deux.

— Voici, — dit l'honnête Pathfinder à Mabel en souriant, — voici les amis que votre digne père a envoyés à votre rencontre,

Celui-ci est un grand Delaware, un homme qui s'est fait autant d'honneur qu'il a eu d'embarras pendant sa vie. Son nom indien convient parfaitement à un chef, mais comme cette langue n'est pas facile à prononcer pour ceux qui n'y sont pas initiés, nous l'avons traduit par le Grand-Serpent. Mais n'allez pas supposer, d'après ce nom, qu'il soit plus traître que ne doit l'être un Indien; cela veut dire seulement qu'il est prudent, et qu'il connaît les ruses qui conviennent à un guerrier. — Arrowhead que voilà, sait ce que je veux dire.

Pendant que Pathfinder parlait ainsi, les deux Indiens se regardaient l'un l'autre. Le Tuscarora s'approcha et parla au Mohican d'un air qui paraissait amical.

— J'aime à voir cela, — dit Pathfinder ; — la rencontre amicale de deux peaux-rouges dans ces bois, maître Cap, est comme deux bâtiments amis qui se hèlent sur l'Océan. Mais à propos d'eau, cela me rappelle mon jeune ami que voici, Jasper Western. Il doit s'y connaître un peu, vu qu'il a passé toute sa vie sur l'Ontario.

— Je suis charmé de vous voir, l'ami, — dit Cap en serrant cordialement la main du jeune marin d'eau douce, — quoique vous deviez avoir encore quelque chose à apprendre, vu l'école à laquelle vous avez été élevé. — Voici ma nièce Mabel. Je l'appelle Magnet pour une raison dont elle ne se doute pas; mais il est possible que vous ayez reçu assez d'éducation pour la deviner, car je suppose que vous avez quelque prétention à connaître la boussole.

— La raison s'en comprend aisément, — répondit le jeune homme, ses yeux noirs et vifs fixés involontairement sur le visage de la jeune fille, qui rougissait. — Je suis sûr que le marin qui se dirige par votre aimant, ne fera jamais un mauvais attérage.

— Ah! je vois que vous employez quelques-uns de nos termes, et vous vous en servez convenablement et avec intelligence. Je crains pourtant qu'au total vous n'ayez vu plus d'eau verte que de bleue.

— Il n'est pas étonnant que nous sachions quelques-unes des phrases qui appartiennent à la terre, puisque nous la perdons rarement de vue vingt-quatre heures de suite.

— Tant pis, jeune homme, tant pis! Très-peu de terre doit plus que suffire à un marin. Or, si la vérité était connue, maître Western, je suppose qu'il y a plus ou moins de terre tout autour de votre lac?

— Et n'y a-t-il pas plus ou moins de terre tout autour de l'Océan, — mon oncle? — demanda Mabel avec vivacité; car elle craignait que le vieux marin n'affichât trop tôt son humeur dogmatique, pour ne pas dire pédantesque.

— Non, mon enfant; il y a plus ou moins d'Océan tout autour de la terre. C'est ce que je dis aux gens qui demeurent sur la terre, jeune homme. Ils vivent, pourrait-on dire, au milieu de la mer, sans le savoir, et en quelque sorte par souffrance, l'eau étant de beaucoup le plus puissant et le plus étendu des deux éléments. Mais il n'y a pas de bornes à la vanité dans ce monde; car un drôle qui n'a jamais vu l'eau salée, s'imagine souvent en savoir plus que celui qui a doublé le cap de Horn. Non, non, cette terre n'est véritablement qu'une île, et tout ce qu'on ne peut pas appeler ainsi, est de l'eau.

Western avait beaucoup de déférence pour un marin de l'Océan, sur lequel il avait bien des fois vivement désiré de faire voile; mais il éprouvait aussi une affection naturelle pour la magnifique nappe d'eau sur laquelle il avait passé sa vie, et qui n'était pas sans beauté à ses yeux.

— Ce que vous dites, monsieur, — répondit-il avec modestie, — peut être vrai quant à l'Atlantique; mais ici, sur l'Ontario nous avons du respect pour la terre.

— C'est parce que vous êtes toujours resserrés par la terre, — répliqua le vieux marin, en riant de tout son cœur. — Mais voici Pathfinder, comme on l'appelle, qui nous apporte un plat dont le fumet est appétissant, et qui nous invite à en prendre notre part : or je conviens qu'il n'y a pas de venaison sur mer. — Maître [1] Western, la civilité pour une jeune fille, à votre âge, est chose aussi facile que d'embraquer le mou de la drisse du pavillon de poupe; et si vous voulez avoir l'œil sur l'assiette et le gobelet de bois de ma nièce, tandis que je partagerai la gamelle de Pathfinder et de nos amis indiens, je ne doute pas qu'elle ne s'en souvienne.

Maître Cap en dit plus qu'il ne le savait alors; mais si Jasper eut attention de pourvoir à tous les besoins de Mabel, dans leur première entrevue, il est certain qu'elle s'en souvint long-temps.

[1] Master d'un bâtiment de commerce, capitaine en français.

Il avança le bout d'un tronc d'arbre pour lui servir de siége, lui présenta une tranche délicieuse de venaison, remplit son gobelet d'une eau pure puisée dans une source, et s'asseyant en face d'elle, il fit du chemin dans son estime par la manière franche et aimable avec laquelle il lui donna des soins; hommage qu'une femme désire toujours de recevoir, mais qui n'est jamais si flatteur ni si agréable que lorsqu'il est offert par la jeunesse à la jeunesse, par le sexe le plus fort au sexe le plus doux. Comme la plupart de ceux qui passent leur temps loin de la société du beau sexe, le jeune Western fut ardent, sincère et obligeant dans toutes ses attentions; et quoiqu'il y manquât ce raffinement de convention dont Mabel ne remarqua peut-être pas l'absence, elles avaient ces qualités attrayantes qui le remplacent bien suffisamment. Laissant ces deux jeunes gens sans expérience, et sans autres maîtres que la nature, faire connaissance ensemble, plutôt par leurs sensations que par l'expression de leurs pensées, nous nous occuperons de l'autre groupe, dans lequel Cap, avec cette aisance à prendre soin de lui-même qui ne le quittait jamais, était déjà devenu un des principaux acteurs.

Tous quatre avaient pris place autour d'un grand plat de bois, dont l'usage devait être commun, et qui contenait des tranches de venaison grillée; la conversation se ressentait naturellement du caractère différent de ceux qui y prenaient part. Les Indiens étaient silencieux et fort occupés; l'appétit des aborigènes Américains pour la venaison paraissait être insatiable. Les deux hommes blancs étaient plus communicatifs, et chacun d'eux montrait de l'opiniâtreté dans ses opinions. Mais comme cet entretien servira à faire connaître au lecteur certains faits qui pourront rendre plus claire la narration qui va suivre, il est à propos de le rapporter.

— Vous devez sans doute trouver de la satisfaction à vivre comme vous le faites, monsieur Pathfinder, — dit Cap, quand l'appétit des voyageurs fut assez rassasié pour qu'ils commençassent à chercher les meilleurs morceaux. — Elle offre quelques-unes des chances que nous aimons, nous autres marins; et si les nôtres sont toutes eau, les vôtres sont toutes terre.

— Nous avons aussi de l'eau dans nos voyages et nos marches, nous autres hommes des frontières; nous manions la rame et la javeline presqu'autant que le mousquet et le couteau de chasse.

— Oui, mais maniez-vous les bras des vergues, les boulines,

la roue du gouvernail et la ligne de sonde, les garcettes de ris et les drisses des vergues ? L'aviron est sans doute une bonne chose dans un canot, mais à quoi sert-il dans un navire?

— Je respecte tout homme dans sa profession, et je puis croire que toutes les choses dont vous parlez ont leur usage. Un homme qui a vécu, comme moi, dans un grand nombre de tribus différentes, comprend la différence des coutumes. La manière dont le Mingo se peint le corps, n'est pas la même que celle du Delaware ; et celui qui s'attendrait à voir un guerrier vêtu comme une squaw serait désappointé. Je ne suis pas encore très-vieux, mais j'ai vécu dans les bois, et j'ai quelque connaissance de la nature humaine. Je n'ai jamais beaucoup cru au savoir de ceux qui demeurent dans les villes, car je n'en ai jamais vu un seul qui eût l'œil sûr pour tirer un coup de mousquet, ou pour trouver une piste.

— C'est ma manière de raisonner, monsieur Pathfinder, juste à un fil de caret près. Se promener dans les rues, aller le dimanche à l'église et entendre un sermon, n'ont jamais fait un homme d'un être humain. Envoyez un jeune homme sur le vaste Océan, si vous voulez lui ouvrir les yeux ; et qu'il regarde les nations étrangères, ou ce que j'appelle la face de la nature, si vous voulez qu'il comprenne son propre caractère. Voilà mon frère le sergent, c'est un aussi brave homme à sa manière, que quiconque a jamais broyé un biscuit sous ses dents ; mais qu'est-il, après tout ? rien qu'un soldat. Il est vrai qu'il est sergent, mais c'est une sorte de soldat, comme vous le savez. Lorsqu'il voulut épouser la pauvre Bridget, ma sœur, je dis à celle-ci ce qu'il était, et ce qu'elle pouvait attendre d'un tel mari. Mais vous savez ce que c'est qu'une fille dont l'amour a tourné la tête. Il est vrai que le sergent s'est élevé dans sa profession, et l'on dit que c'est un homme d'importance dans le fort ; mais sa femme n'a pas assez vécu pour voir son avancement, car il y a maintenant quatorze ans qu'elle est morte.

— La profession d'un soldat est toujours honorable, pourvu qu'il ne se batte que pour la justice, — dit Pathfinder ; — et comme les Français ont toujours tort, et Sa Majesté et ses colonies toujours raison, je suppose que ce sergent a la conscience aussi tranquille qu'il jouit d'une bonne réputation. Je n'ai jamais dormi plus tranquillement qu'après avoir combattu contre les Mingos, quoique ce soit une loi pour moi de combattre toujours en homme blanc et jamais en Indien. Le Grand-Serpent que voilà a ses manières, et moi j'ai les miennes; et pourtant nous avons combattu côte à côte bien des fois sans que jamais l'un de nous trouvât à redire aux manières de l'autre. Je lui dis qu'il n'y a qu'un ciel et un enfer, malgré toutes ses traditions, quoique différents chemins conduisent à l'un et à l'autre.

— Cela est raisonnable et il doit vous croire, quoique je pense que la plupart des chemins qui conduisent à l'enfer sont sur la terre. La mer est ce que ma pauvre sœur Bridget avait coutume d'appeler une place de purification, et l'on est à l'abri des tentations dès qu'on est hors de vue de terre. Je doute qu'on puisse en dire autant en faveur de vos lacs dans ce pays.

— Que les villes et les établissements conduisent au péché, j'en conviens; que les hommes ne soient pas toujours les mêmes, même dans le désert, je dois l'avouer aussi; car la différence entre un Mingo et un Delaware se reconnaît aussi clairement que celle qui existe entre le soleil et la lune. Quoi qu'il en soit, ami Cap, je suis charmé que nous nous soyons rencontrés, quand ce ne serait que pour que vous puissiez dire au Grand-Serpent qu'il y a des lacs dont l'eau est salée. Nous avons été assez souvent du même avis depuis que nous avons fait connaissance, et si le Mohican [1] a seulement en moi moitié de la confiance que j'ai en lui, il croit tout ce que je lui ai dit sur les manières des hommes blancs et sur les lois de la nature; mais il m'a toujours paru qu'aucune peau-rouge ne croit aussi sincèrement que le voudrait un honnête homme ce qu'on lui dit des grands lacs d'eau salée et des rivières qui coulent contre le courant.

— Cela vient de ce qu'on prend les choses par le mauvais bout, — répondit Cap avec un signe de condescendance. — Vous avez pensé à vos lacs et à vos rapides comme à un navire, et à l'Océan et aux marées comme à un canot. Ni Arrowhead ni le Grand-Serpent ne doivent douter de ce que vous leur avez dit sur ces deux points, quoique j'avoue que moi-même j'ai quelque peine à avaler l'histoire qu'il existe des mers intérieures, et surtout qu'il y ait des mers d'eau douce. J'ai fait ce long voyage autant pour mettre mes yeux et mon palais en état de prononcer sur ces faits que pour obliger le sergent et Magnet, quoique le

---

[1]. L'auteur appelle ce personnage tantôt Mohican et tantôt Delaware, parce que la première de ces deux tribus était une branche de la seconde. (*Note du traducteur.*)

-premier ait été le mari de ma sœur et que j'aime l'autre comme si elle était ma fille.

— Vous avez tort, ami Cap, vous avez grand tort de ne pas croire fermement à la puissance de Dieu en toute chose, — répondit Pathfinder avec chaleur. — Ceux qui vivent dans les établissements et dans les villes se font une idée étroite et injuste du pouvoir de sa main; mais nous, qui passons notre temps en sa présence, comme on peut le dire, nous voyons les choses tout différemment; — je veux dire ceux de nous qui sont de la nature d'hommes blancs. Une peau-rouge a ses idées, ce qui est juste; et si elles ne sont pas exactement les mêmes que celles d'un homme blanc chrétien, il n'y a pas de mal à cela. Cependant il y a des choses qui appartiennent entièrement à l'ordre établi par la providence de Dieu, et ces lacs d'eau douce et d'eau salée en font partie. Je ne prétends pas expliquer ces choses, mais je pense qu'il est du devoir de tous d'y croire. Quant à moi, je suis de ceux qui croient que la main qui a fait l'eau douce peut faire l'eau salée.

— Tenez à cela, ami Pathfinder, — dit Cap, non sans quelque énergie; — en ce qui concerne une foi ferme et convenable, je ne tourne le dos à personne quand je suis à flot. Quoique plus accoutumé à carguer les huniers et les perroquets et à mettre ou établir les voiles convenables qu'à prier, quand l'ouragan arrive, je sais que nous ne sommes que de faibles mortels, et je me flatte de rendre honneur à qui honneur est dû. Ce que je veux dire, et je l'insinue plutôt que je ne le dis, se borne à ceci, — qui, comme vous le savez tous, est simplement une intimation de ma pensée. — qu'étant accoutumé à voir l'eau en grande masse salée, je serais charmé de la goûter pour pouvoir me convaincre qu'elle est douce.

— Dieu a accordé le *lick*[1] aux bêtes fauves, et il a donné à l'homme, blanc ou peau-rouge, la source délicieuse où il peut étancher sa soif. Est-il déraisonnable de penser qu'il ne puisse pas avoir donné des lacs d'eau pure à l'ouest, et des lacs d'eau impure à l'est?

Le ton simple, quoique véhément, de Pathfinder imposa à Cap

---

1. On appelle *licks* dans l'Amérique septentrionale, et *carrieros* dans le Brésil, des terrains sablonneux où le sel se cristallise, comme par efflorescence, et que tous les animaux qui broutent l'herbe, sauvages ou domestiques, vont lécher. (*Note du traducteur.*)

malgré son humeur dogmatique, quoiqu'il n'aimât pas l'idée de croire un fait qu'il avait pendant tant d'années opiniâtrement déclaré ne pouvoir être vrai. Ne voulant pas céder sur ce point, et ne pouvant répondre à un raisonnement auquel il n'était pas accoutumé, et qui possédait au même degré la force de la vérité, de la foi et de la probabilité, il fut charmé de pouvoir se débarrasser de ce sujet par une évasion.

— Eh bien! eh bien! ami Pathfinder, — dit-il, — nous n'en dirons pas davantage, et comme le sergent vous a envoyé pour nous servir de pilote sur votre lac, nous goûterons l'eau quand nous y serons arrivés. Seulement faites attention à ce que je vais vous dire : — Je ne dis pas que l'eau n'en puisse pas être douce à la surface, ce qui arrive quelquefois sur l'Atlantique, près de l'embouchure des grands fleuves ; mais comptez-y bien, je vous montrerai le moyen de goûter l'eau qui se trouve à quelques brasses de profondeur, ce à quoi vous n'avez jamais songé, et alors nous en saurons davantage.

Pathfinder ne parut pas avoir d'objection à changer de sujet d'entretien ; et il dit après un court intervalle de silence : — Les dons que nous avons reçus du ciel ne nous inspirent pas trop d'amour-propre. Nous savons que ceux qui vivent dans les villes et près de la mer.....

— Dites plutôt sur la mer.

— Sur la mer, si vous le voulez, — ont des occasions qui nous manquent à nous autres habitants du désert. Cependant nous connaissons nos talents, et ils sont ce que je regarde comme des talents naturels. Or, mes talents à moi consistent à savoir me servir du mousquet et suivre une piste, soit pour chasser, soit pour observer ; car quoique je puisse manier la javeline et la rame, ce n'est pas ce dont je me pique particulièrement. Jasper, ce jeune homme que voilà, qui est à causer avec la fille du sergent, est une créature différente ; car on peut dire qu'il respire l'eau, en quelque sorte, comme un poisson. Les Indiens et les Français du côté du nord l'appellent Eau-Douce, à cause de ses talents à cet égard. Il est plus habile à manier la rame et la ligne, qu'à faire du feu sur une piste.

— Après tout, il faut qu'il y ait quelque chose dans les talents dont vous parlez. Ce feu, par exemple, j'avoue qu'il a bouleversé toutes mes connaissances en marine. Arrowhead que voilà, a dit que la fumée était produite par du feu allumé par une face-pâle, et c'est une science qui me paraît égale à celle de gouverner un bâtiment pendant une nuit obscure, le long d'un banc de sable.

— Ce n'est pas un grand secret, — répondit Pathfinder en riant intérieurement de tout son cœur, quoique son habitude de circonspection l'empêchât de faire aucun bruit ; — ce n'est pas un grand secret. Rien n'est plus facile pour nous, qui passons notre temps à la grande école de la Providence, que d'apprendre ses leçons. Nous ne serions pas plus utiles que des souches de bois pour suivre une piste ou porter un message dans le désert, si nous n'apprenions bientôt ces petites distinctions. Eau-Douce, comme nous l'appelons, aime tellement l'eau, qu'il a ramassé, pour allumer notre feu, quelques branches vertes ou humides, quoiqu'il n'en manque pas de sèches, éparses sur la terre, et le bois humide produit une fumée noire, comme je suppose que vous le savez même vous autres qui vivez sur mer. Ce n'est pas un grand secret, mais tout est mystère pour ceux qui n'étudient pas les voies du Seigneur avec humilité et reconnaissance.

— Cet Arrowhead doit avoir d'excellents yeux, pour s'apercevoir d'une si légère différence.

— Ce serait un pauvre Indien sans cela. Non, non ; nous sommes en temps de guerre, et pas une peau-rouge n'est en marche dans le désert sans se servir de tous ses sens. Chaque peau a sa propre nature, et chaque nature a ses lois comme sa peau. Il se passa plusieurs années avant que je fusse complètement instruit dans les plus hautes branches d'une éducation de forêt ; car il n'est pas dans la nature d'une peau-blanche d'apprendre aussi aisément les connaissances d'une peau-rouge, que celles qui, comme je le suppose, sont particulièrement destinées aux peaux-blanches, quoique je n'aie qu'un bien petit nombre de ces dernières, vu que j'ai passé la plupart de mon temps dans le désert.

— Vous avez bien profité de vos études, maître Pathfinder, car vous paraissez entendre parfaitement toutes ces choses ; je suppose qu'il ne serait pas bien difficile à un homme régulièrement élevé sur mer d'apprendre ces bagatelles, s'il pouvait seulement se résoudre à s'y appliquer un peu.

— Je n'en sais rien. L'homme blanc a autant de peine à prendre les habitudes d'un Indien, qu'une peau-rouge à se faire aux manières d'une peau-blanche. Quant à la nature réelle, mon opinion est qu'aucun d'eux ne peut véritablement prendre celle de l'autre.

— Et pourtant nous autres marins qui parcourons tellement le monde, nous disons qu'il n'y a qu'une nature pour l'homme, n'importe qu'il soit chinois ou hollandais. Quant à moi, je suis assez de cet avis, car j'ai trouvé qu'en général toutes les nations aiment l'or et l'argent, et que la plupart des hommes aiment à fumer.

— En ce cas, vous autres marins, vous connaissez peu les peaux-rouges. Avez-vous jamais entendu un de vos Chinois chanter son chant de mort, tandis qu'on lui enfonce des éclats de bois dans la chair, qu'on la lui coupe avec des couteaux, qu'on entoure son corps d'un feu ardent, et qu'il a la mort en face? Jusqu'à ce que vous me trouviez un Chinois ou un chrétien qui puisse faire tout cela, vous ne pouvez me montrer un homme blanc qui ait la nature d'une peau-rouge, quelque vaillant qu'il ait l'air d'être, et quand même il aurait lu tous les livres qui ont jamais été imprimés.

— Ce n'est qu'entre eux que les sauvages jouent ces tours infernaux, — dit Cap, en jetant autour de lui un coup d'œil inquiet sous les arches d'une forêt qui lui paraissait sans fin; — aucun homme blanc n'est jamais condamné à subir de pareilles épreuves.

— C'est sur quoi vous vous trompez encore, — répliqua Pathfinder en choisissant avec sang-froid un morceau délicat de venaison pour sa *bonne bouche*; — car, quoiqu'il n'appartienne qu'à la nature d'une peau-rouge de supporter bravement ces tortures, la nature d'une peau-blanche peut-être réduite à l'agonie par de pareils tourments, et elle l'a été plus d'une fois.

— Heureusement, — dit Cap, faisant un effort pour donner à sa voix son ton ordinaire, — il n'est pas probable qu'aucun des alliés de Sa Majesté essaie d'exercer de si infernales cruautés sur aucun des sujets de Sa Majesté. Je n'ai pas servi long-temps dans la marine royale, c'est la vérité; mais j'y ai servi, et c'est quelque chose; et quant à servir à bord de corsaires, et à s'emparer de bâtiments ennemis et de leurs cargaisons, j'en ai eu ma bonne part. Mais j'espère qu'il n'y a pas de sauvages alliés aux Français de ce côté du lac, et je crois que vous m'avez dit que l'Ontario est une grande nappe d'eau.

— Elle est grande à nos yeux, — répondit Pathfinder, sans chercher à cacher le sourire qui animait des traits sur lesquels le soleil avait imprimé une teinte de rouge foncé, — quoique je pense qu'il peut y avoir des gens qui la trouvent petite, et dans le fait, elle est petite si l'on veut tenir l'ennemi loin de soi; car l'Ontario a deux bouts, et l'ennemi qui n'ose le traverser, ne manque pas d'en faire le tour.

— Ah! voilà ce qui résulte de vos maudites mares d'eau douce, — murmura Cap en toussant assez fort pour se repentir de son indiscrétion. — Personne n'a jamais entendu parler d'un pirate ou d'un bâtiment quelconque, étant au bout de l'Atlantique et en faisant le tour.

— L'Océan n'a peut-être pas de bouts?

— Non, — ni bouts, ni côtés, ni fond. La nation qui est bien amarrée sur une des côtes de l'Atlantique n'a rien à craindre de celle qui est à l'ancre sur l'autre, quelque sauvage qu'elle soit, à moins qu'elle ne connaisse l'art de construire des vaisseaux. Non, non; le peuple qui habite les côtes de l'Océan n'a que peu de chose à craindre pour sa peau ou pour sa chevelure. Un homme peut se coucher le soir dans ces pays avec l'espoir de retrouver le lendemain matin ses cheveux sur sa tête, à moins qu'il ne porte perruque.

— Ce n'est pas la même chose ici; mais je n'entrerai dans aucun détail, car je ne veux pas effrayer la jeune fille, quoiqu'elle paraisse écouter Eau-Douce avec assez d'attention. Cependant, sans l'éducation que j'ai reçue, je croirais qu'en ce moment, et dans l'état où se trouve la frontière, un voyage d'ici au fort n'est pas sans risque. Il y a à peu près autant d'Iroquois de ce côté de l'Ontario que de l'autre. — C'est même pour cette raison, ami Cap, que le sergent nous a engagés à venir à votre rencontre pour vous montrer le chemin.

— Quoi! les drôles osent-ils croiser si près des canons des forts de Sa Majesté?

— Les corbeaux ne se rassemblent-ils pas autour de la carcasse du daim, quoique le chasseur ne soit qu'à vingt pas? Les Iroquois viennent ici aussi naturellement. Plus ou moins de blancs passent sans cesse entre les établissements et les forts, — et ils sont sûrs de retrouver leur piste. Le Grand-Serpent est venu d'un côté de la rivière, et moi j'ai suivi l'autre, pour tâcher de voir où les coquins sont en embuscade, tandis que Jasper amenait le canot en hardi marinier qu'il est. Le sergent lui avait parlé de sa fille les larmes aux yeux ; il lui avait dit qu'il l'aimait, combien elle était douce et obéissante ; et je crois que le jeune homme se serait jeté seul dans un camp de Mingos, plutôt que de ne pas nous accompagner.

— Nous l'en remercions, — nous l'en remercions, et je n'en penserai que mieux de lui pour cet empressement. Mais je suppose qu'il n'a pas couru grand risque, après tout?

— Seulement le risque de recevoir un coup de mousquet, tandis qu'il remontait un fort courant avec son canot et un autre en enfilant un coude sur la rivière, ses yeux attachés sur les tournants. De tous les voyages dangereux, il n'y en a pas qui le soit davantage que sur une rivière bordée d'embuscades ; et ce danger Jasper l'a couru.

— Et pourquoi diable le sergent m'a-t-il fait faire un voyage de cent cinquante milles d'une manière si étrange? Donnez-moi du large, mettez-moi l'ennemi en vue, et je jouerai avec lui, à sa manière, aussi long-temps qu'il le voudra, à longues bordées, ou bord à bord. Mais recevoir un coup de fusil comme une tourterelle endormie, cela ne convient pas à mon humeur. Si ce n'était pour la petite Magnet que voilà, je virerais de bord à l'instant, je retournerais le plus tôt possible à York, et je laisserais l'Ontario devenir ce qu'il pourra, eau douce ou eau salée.

— Cela ne rendrait pas vos affaires meilleures, ami marin, car la route pour vous en retourner est plus longue et presque aussi dangereuse que celle pour aller au fort. Ayez confiance en nous, et nous vous y conduirons en sûreté, ou nous perdrons nos chevelures.

Cap portait ses cheveux en queue, serrée et entourée d'une peau d'anguille, tandis que le haut de sa tête était presque chauve, et il passa machinalement la main sur le tout, comme pour s'assurer que chaque chose était à sa place. C'était pourtant au fond un homme brave, et il avait affronté la mort avec sang-froid mais non sous la forme effrayante qu'elle présentait dans la relation brève mais animée de son compagnon. Cependant il était trop avancé pour reculer, et il résolut de payer de hardiesse, quoiqu'il ne pût s'empêcher de donner à part soi quelques malédictions à l'indiscrétion imprudente avec laquelle son beau-frère le sergent l'avait mis dans un tel embarras.

— Je ne doute pas, — dit-il quand ces pensées eurent le temps de se présenter à son esprit, — que nous n'entrions dans le port en sûreté. A quelle distance pouvons-nous être du fort à présent ?

— A quinze milles et guère plus; et ce sont des milles qui seront bientôt faits, du train dont coule la rivière, si les Mingos nous laissent passer tranquillement.

— Et je suppose que nous aurons des bois à babord et à tribord comme jusqu'ici ?

— Comment ?

— Je veux dire que nous aurons encore à marcher à travers ces maudits arbres ?

— Non, non. Vous monterez sur le canot, et l'Oswego a été débarrassé par les troupes de tout le bois flottant. Nous descendrons la rivière, et le courant en est rapide.

— Et qui diable empêchera ces Mingos dont vous parlez, de nous cribler de leurs balles quand nous doublerons un promontoire, ou que nous aurons à manœuvrer pour éviter des rochers ?

— Le Seigneur, — celui qui en a si souvent aidé d'autres dans de plus grandes difficultés. Bien des fois ma tête aurait été dépouillée de ses cheveux et de sa peau, si le Seigneur n'avait combattu pour moi. Jamais je n'entreprends une escarmouche sans penser à ce puissant allié, qui peut faire dans un combat plus que tous les bataillons du 60°, quand on les mettrait en une seule ligne.

— Oui, oui, tout cela est assez bien pour un escarmoucheur; mais nous autres marins, nous aimons le large, et nous commençons l'action sans avoir autre chose dans l'esprit que l'affaire dont il s'agit, — bordées sur bordées, — ni arbres ni rochers pour épaissir l'eau.

— Ni Seigneur non plus, j'ose dire, si la vérité était connue. Croyez-en ma parole, maître Cap, la bataille n'en va pas plus mal quand on a le Seigneur de son côté. Regardez la tête du Grand-Serpent; vous pouvez voir la cicatrice qui passe le long de son oreille gauche : rien qu'une balle sortie de cette longue carabine l'empêcha d'être scalpé ce jour-là; car le couteau avait commencé sa besogne, et une demi-minute de plus l'aurait laissé sans chevelure. Quand le Mohican me serre la main et me dit que je lui ai rendu un service d'ami en cette affaire, je lui réponds que c'est le Seigneur qui m'a conduit au seul endroit d'où je pouvais lui être utile, et qui m'a fait connaître par la fumée le danger qu'il courait. Il est bien certain que, lorsque je fus en bonne position, je finis l'affaire de ma propre volonté ; car un ami sous le tomahawk fait qu'un homme pense vite et agit de même, et ce fut ce qui m'arriva; sans quoi l'esprit du Grand-Serpent serait en ce moment à chasser dans le pays de ses pères.

— Allons, allons, Pathfinder, cet entretien est pire que d'être écorché de l'avant à l'arrière ; nous n'avons plus que quelques heures de jour, et nous ferions mieux de nous laisser aller en dérive sur le courant dont vous parlez. — Magnet, ma chère, n'êtes-vous pas prête à lever l'ancre?

Mabel tressaillit, rougit et se prépara à partir à l'instant. Elle n'avait pas entendu une seule syllabe de la conversation que nous venons de rapporter, car Eau-Douce, comme on appelait le plus communément le jeune Jasper, lui avait fait la description du port encore éloigné auquel elle se rendait, lui avait parlé d'un père qu'elle n'avait pas vu depuis son enfance, et lui avait peint la manière de vivre de ceux qui sont en garnison dans les postes des frontières. Elle y avait pris un profond intérêt sans s'en apercevoir ; et elle avait trop entièrement donné son attention aux choses dont on lui parlait, pour en accorder aucune aux objets moins agréables dont les autres s'entretenaient. Les apprêts du départ mirent fin à toute conversation, et comme ils n'étaient pas très-chargés de bagage, tous furent prêts à partir en quelques minutes. Cependant à l'instant où ils allaient se mettre en marche, Pathfinder, à la grande surprise même des deux Indiens, ramassa une bonne quantité de branches dont la plupart étaient humides, et les jeta sur le feu, afin de produire une fumée aussi noire et aussi épaisse qu'il était possible.

— Quand vous voulez cacher votre piste, Jasper, — dit-il, — la fumée, lorsque vous quittez votre campement, peut vous servir au lieu de vous nuire. S'il y a une douzaine de Mingos à dix milles d'ici, quelques-uns sont sur les hauteurs ou sur les arbres pour chercher à apercevoir quelque fumée. Qu'ils voient celle-ci, et grand bien leur fasse ; je leur permets de profiter de nos restes.

— Mais ne pourront-ils pas découvrir notre piste et la suivre ? — demanda le jeune homme, qui était plus attentif aux dangers de leur situation depuis qu'il avait rencontré Mabel. — Nous laisserons une large piste d'ici à la rivière.

— Plus elle sera large, mieux cela vaudra. Quand ils seront

arrivés à la rivière, il faudra qu'ils soient plus malins que des Mingos pour deviner si le canot l'a remontée ou l'a descendue. L'eau est la seule chose de la nature qui puisse faire perdre entièrement une piste, et l'eau même ne le fait pas toujours quand la piste laisse de l'odeur. Ne voyez-vous pas, Eau-Douce, que, si quelques Mingos ont trouvé nos traces au-dessous de la cataracte, ils avanceront vers cette fumée, et concluront naturellement que ceux qui ont commencé par remonter la rivière, continueront de même? Tout ce qu'ils peuvent savoir à présent, c'est qu'une troupe a quitté le fort, et il faudrait plus que l'esprit d'un Mingo pour s'imaginer que nous soyons venus jusqu'ici uniquement pour le plaisir de nous en retourner le même jour, et au risque de nos chevelures.

— Certainement, — dit Jasper, qui causait à part avec Pathfinder, en retournant vers le *wind-row*, — ils ne peuvent rien savoir de la fille du sergent, car le plus grand secret a été gardé à cet égard.

— Et ils n'en apprendront rien ici, — ajouta Pathfinder en faisant remarquer à son compagnon qu'il marchait avec le plus grand soin sur les traces laissées sur les feuilles par le petit pied de Mabel, afin de les effacer par les siennes, — à moins que ce vieux poisson d'eau salée n'ait promené sa nièce en long et en large dans le *wind-row*, comme un chevreau qui saute autour de la chèvre.

— Du bouc, vous voulez dire.

— N'est-ce pas un original sans copie, Eau-Douce? Je puis m'entendre avec un marin comme vous, et je ne trouve rien de bien contraire dans nos occupations, quoique les vôtres soient sur les lacs, et les miennes dans les bois. — Ecoutez, Jasper, — continua Pathfinder riant sans bruit à son ordinaire, — si nous essayions la trempe de sa lame, et que nous le fissions sauter par-dessus la cataracte?

— Et que deviendrait la jolie nièce pendant ce temps?

— Oh! il ne pourra lui arriver aucun mal; elle fera à pied le tour du portage. Mais vous et moi nous pouvons tâter ainsi ce marin de l'Atlantique, et nous nous connaîtrons mieux ensuite. Nous verrons si son briquet produit du feu, et nous lui apprendrons quelque chose de nos tours des frontières.

Le jeune Jasper sourit, car il n'était pas fâché de trouver l'occasion de s'amuser en jouant un tour à quelqu'un, et le ton dogmatique de Cap l'avait un peu piqué. Mais l'image des traits aimables de Mabel, de sa forme agile et légère, et de son sourire attrayant, était comme un bouclier entre son oncle et l'épreuve qu'il s'agissait de lui faire subir.

— La fille du sergent sera peut-être effrayée, — dit-il.

— Pas du tout, pour peu qu'elle ait du sang du sergent dans ses veines. Elle n'a pas l'air d'être fille à s'effrayer aisément. Laissez-moi faire, Eau-Douce; je me charge seul de toute l'affaire.

— Non, Pathfinder, non; vous ne feriez que vous noyer tous deux. Si le canot passe la cataracte, il faut que j'y sois.

— A la bonne heure. — Fumerons-nous la pipe du consentement au marché?

— C'est convenu.

Il ne fut plus question de ce sujet, car ils arrivaient en ce moment au canot, et quelques mots suffirent pour décider de beaucoup plus grands intérêts.

CHAPITRE III.

> « Avant que ces champs fussent défrichés et cultivés, nos rivières remplissaient leurs rives; la mélodie des eaux se faisait entendre sous le dôme vert de nos bois sans limites; des torrents se précipitaient, des ruisseaux murmuraient et des sources jaillissaient sous l'ombre.
> BRYANT.

On sait généralement que les rivières qui se jettent dans l'Ontario du côté du midi sont pour l'ordinaire étroites, profondes et coulent lentement. Il y a pourtant des exceptions à cette règle, car beaucoup de rivières ont des rapides, ou des *rifts*, comme on les appelle dans la langue du pays, et quelques-unes ont même des cataractes. Du nombre de ces dernières était celle sur laquelle nos aventuriers voyagent maintenant. L'Oswego est formé par la jonction de l'Onéïda et de l'Onondaga, qui tous deux sortent des lacs, il poursuit sa course à travers un pays légèrement sillonné de vallons et de hauteurs pendant huit à dix milles, et arrive enfin sur le bord d'une sorte de terrasse naturelle, d'où il fait une chute de dix à quinze pieds en tombant sur un autre niveau, où il glisse ou coule avec le silence furtif d'une eau profonde jusqu'à ce qu'il verse son tribut dans l'immense réservoir de l'Ontario. La pirogue sur laquelle Cap, sa nièce et Arrowhead étaient venus du fort Stanwix, dernier poste militaire sur le Mohawk, était près du rivage, et toute la compagnie y entra, à l'exception de Pathfinder, qui resta à terre pour pousser le léger esquif en pleine eau.

— Jasper, — dit l'homme des bois au jeune marin des lacs, qui avait dépossédé Arrowhead de la barre, et pris la place qui lui appartenait comme pilote, — mettez l'arrière du canot en avant, comme si nous voulions remonter la rivière. Si quelques-uns de ces infernaux Mingos trouvent notre piste et la suivent jusqu'ici, ils ne manqueront pas d'examiner les traces que la pirogue aura laissées sur la boue, et quand ils verront qu'elle avait le nez tourné contre le courant, ils ne s'imagineront pas que nous le suivons.

Ce conseil fut suivi, et poussant vigoureusement la pirogue, Pathfinder, qui était dans la force de l'âge et plein d'agilité, fit un saut et tomba légèrement sur l'avant de l'esquif sans en déranger l'équilibre. Dès qu'il eut atteint le milieu de la rivière, on fit virer la pirogue qui commença à suivre sans bruit le courant.

L'esquif sur lequel Cap et sa nièce s'étaient embarqués pour leur long et aventureux voyage, était un de ces canots d'écorce que les Indiens sont dans l'habitude de construire et qui par leur grande légèreté et l'aisance avec laquelle on peut les conduire, sont admirablement adaptés à une navigation dans laquelle on rencontre souvent des bas-fonds, des bois flottants et d'autres obstacles semblables. Les deux hommes qui en composaient le premier équipage l'avaient souvent porté plusieurs centaines de toises quand le bagage en avait été retiré, et il n'avait pas fallu plus que la force d'un homme pour le soulever. Il était pourtant long et même large pour une pirogue, ce qui le rendait très-volage, c'était son principal défaut. Quelques heures de pratique y avaient pourtant remédié en grande partie, et Mabel et son oncle avaient si bien appris à se prêter à ses mouvements, qu'ils maintenaient alors leurs places avec un sang-froid parfait; et le poids de trois hommes de plus ne parut même pas la mettre à une épreuve trop forte, car étant large et à fond plat, elle ne calait pas beaucoup plus. Elle était bien construite, les bois en étaient petits et assujettis par des courroies, et la pirogue, quoique si légère et si peu sûre à l'œil, était probablement en état de porter deux fois autant de monde qu'elle en avait en ce moment.

Cap était assis sur un banc bas au centre du canot. Le Grand-Serpent était à genoux près de lui. Arrowhead et sa femme occupaient des places en avant d'eux, le premier ayant abandonné son poste à l'arrière. Mabel était à demi couchée sur une partie de son bagage derrière son oncle, tandis que Pathfinder et Eau-douce se tenaient debout, l'un sur l'avant, l'autre sur l'arrière, chacun ayant en main une rame qu'il savait manier sans bruit. La conversation avait lieu à voix basse, car tous commençaient à sentir la nécessité de la prudence en s'approchant du fort et quand ils n'étaient plus cachés par les bois.

L'Oswego, en cet endroit, était une rivière peu large mais profonde, et son courant sombre était bordé par de grands arbres dont la cime le couvrait et qui, en certains endroits, interceptaient presque la lumière du ciel. Çà et là quelque géant de la forêt s'était courbé presque horizontalement sur la rivière, ce qui rendait beaucoup de soin nécessaire pour éviter d'en toucher les branches, tandis que les branches inférieures des arbustes et des petits arbres étaient presque partout plongées dans l'eau. Le tableau qui a été si bien tracé par notre admirable poète, et que nous avons placé comme épigraphe en tête de ce chapitre, se réalisait en cet endroit. La terre engraissée par les débris de la végétation, la rivière qui remplissait ses rives presque à déborder, le dôme vert de bois sans limites, se présentaient à l'œil aussi visiblement que la plume de Bryant les retrace à l'imagination. C'était le spectacle d'une nature riche et bienveillante avant qu'elle eût été soumise aux désirs et aux besoins de l'homme, abondante, pleine de promesses et n'étant pas dénuée du charme du pittoresque, même dans son état le plus sauvage. On se rappellera que la scène de cette histoire se passe en 175-, c'est-à-dire, longtemps avant que la spéculation eût fait entrer aucune des parties occidentales de New-York dans les bornes de la civilisation ou dans les projets des aventuriers. A cette époque reculée, il y avait deux grands canaux de communication militaire entre la portion habitée de la colonie de New-

York et les frontières du Canada, l'un par les lacs Champlain et Georges, l'autre par le Mohawk, Wood-Creek, l'Oneida et les rivières dont nous venons de parler. Le long de ces deux lignes des postes militaires avaient été établis, mais il n'en existait aucun sur un espace de cent milles entre le dernier fort à la source du Mohawk et l'Oswego, ce qui comprenait la plus grande partie de la distance que Cap et Mabel venaient de parcourir sous la protection d'Arrowhead.

— Je désire quelquefois le retour de la paix, — dit Pathfinder, — temps où l'on peut parcourir les forêts sans chercher d'autres ennemis que les animaux et les poissons. Combien de jours heureux le Grand-Serpent et moi nous avons passés sur les bords des rivières, vivant de venaison, de saumon et de truites sans penser à un Mingo ou à une chevelure! je voudrais quelquefois que cet heureux temps revînt, car ce n'est pas ma véritable nature de tuer mes semblables. Je suis sûr que la fille du sergent ne me prend pas pour un misérable qui se plaît à outrager l'humanité.

En faisant cette remarque, qui était une sorte de demi-question, Pathfinder regarda derrière lui. L'ami le plus partial aurait à peine donné l'épithète d'agréables à ses traits durs et brûlés par le soleil ; cependant Mabel trouva quelque chose d'attrayant dans son sourire par suite de la droiture et de la simplicité ingénue qui brillait sur toute sa physionomie.

— Je ne crois pas que mon père aurait envoyé un homme comme ceux dont vous parlez pour conduire sa fille dans le désert, — répondit Mabel en souriant à son tour avec la même franchise, mais avec bien plus de douceur.

— Non, il ne l'aurait pas fait; non. Le sergent est un homme qui a le cœur sensible. — Nous avons fait ensemble bien des marches, soutenu bien des combats, nous tenant épaule à épaule comme il le disait; quoique j'aime à avoir la liberté de mes membres quand je suis près d'un Français ou d'un Mingo.

— Vous êtes donc le jeune ami dont mon père a si souvent parlé dans ses lettres.

— Son *jeune* ami? — Il est vrai que le sergent a l'avantage de trente ans sur moi. — Oui, il est plus âgé de trente ans, et par conséquent il vaut d'autant mieux que moi.

— Non pas aux yeux de sa fille peut-être, ami Pathfinder, — dit Cap, dont la gaieté commença à renaître quand il vit l'eau couler autour de lui. — Les trente ans dont vous parlez passent rarement pour un avantage aux yeux des filles de dix-neuf ans.

Mabel rougit, et en détournant la tête pour éviter les regards de ceux qui étaient sur l'avant, elle rencontra les yeux admirateurs du jeune homme qui était sur l'arrière, et pour dernière ressource elle baissa les siens sur l'eau qui coulait près d'elle. Précisément en cet instant un bruit sourd arriva par une avenue formée par les arbres, porté par un vent léger qui rida à peine la surface de la rivière.

— Ce son a quelque chose d'agréable, — dit Cap, en dressant les oreilles comme un chien qui entend aboyer dans le lointain ; —c'est le bruit du ressac sur les côtes de votre lac, je suppose?

— Non, non, — répondit Pathfinder, — c'est seulement la rivière qui tombe par-dessus quelques rochers à un demi-mille plus loin.

— Y a-t-il une cataracte sur cette rivière? — demanda Mabel, ses joues devenant encore plus vermeilles.

— Du diable! — s'écria Cap, — monsieur Pathfinder, ou vous monsieur Eau-douce, — car il commençait à nommer ainsi Jasper pour paraître se prêter plus cordialement aux usages des frontières, — ne feriez-vous pas mieux de vous rapprocher du rivage? Ces cataractes sont en général précédées de tournants. Autant vaudrait se jeter tout-à-coup dans le Maelstrom[1] que de s'exposer à ces pompes aspirantes.

— Fiez-vous à nous, ami Cap, fiez-vous à nous, — répondit Pathfinder ; — il est vrai que nous ne sommes que des marins d'eau douce, et je ne puis même me vanter d'en être un du premier ordre ; mais nous connaissons les *rifts* et les cataractes ; et en descendant celle-ci, nous tâcherons de ne pas faire tort à notre réputation.

— En la descendant! — s'écria Cap. — Comment diable! songez-vous à descendre une cataracte dans cette coquille d'œuf?

— Bien certainement. Le chemin est par-dessus la cataracte, et il est bien plus facile de la descendre, que de décharger le canot et de le transporter à la main avec tout ce qu'il contient par un portage d'un mille.

Mabel pâlit, et se tourna vers le jeune marin debout sur l'ar-

---

[1]. Tournant extraordinaire et dangereux sur la côte de Norwége. (*Note du traducteur.*)

rière ; car un nouveau son semblable au premier se fit entendre en ce moment ; il parut plus effrayant, maintenant que la cause en était connue.

— Nous avons pensé, — dit tranquillement Jasper, — qu'en mettant à terre les femmes et les deux Indiens, nous trois, hommes blancs et accoutumés à l'eau, nous pourrions sans danger faire passer le canot par-dessus la cataracte, comme cela nous arrive souvent.

— Et nous avons compté sur votre aide, ami marin, — dit Pathfinder, regardant Jasper par-dessus l'épaule en clignant de l'œil, — car vous êtes accoutumé à voir les vagues s'élever et s'abaisser ; et à moins qu'il n'y ait quelqu'un pour lester le canot, tous les affiquets de la fille du sergent tomberont à l'eau et seront perdus.

Cap se trouva embarrassé. L'idée de passer par-dessus une cataracte avait quelque chose de plus sérieux pour lui que pour un homme qui n'aurait aucune expérience dans tout ce qui concerne la mer et les navires, car il connaissait la force de l'eau et la faiblesse de l'homme quand il en éprouve la furie ; cependant sa fierté se révoltait à l'idée de quitter le canot, tandis que d'autres, non-seulement sans crainte, mais avec le plus grand sang-froid, proposaient d'y rester. Malgré ce sentiment d'amour-propre, et quoiqu'il eût par nature et par habitude du courage et de la fermeté dans le danger, il est probable qu'il aurait déserté son poste, si l'image de sauvages se faisant un trophée de chevelures humaines ne se fût assez fortement emparée de son imagination pour lui faire regarder un canot comme une sorte de sanctuaire.

— Mais que ferons-nous de Magnet ? — demanda-t-il ; son affection pour sa nièce lui inspirant un autre scrupule. — Nous ne pouvons la mettre à terre s'il se trouve dans les environs des Indiens ennemis.

— Nul Mingo ne sera près du portage, — dit Pathfinder avec un ton de confiance ; — c'est un endroit trop public pour qu'ils viennent y jouer leurs tours infernaux. La nature est la nature, et celle d'un Indien est de se trouver où on l'attend le moins. N'ayez pas peur de le rencontrer sur un sentier battu, car il désire tomber sur vous quand vous n'êtes pas prêt à lui résister, et ces brigands se font un point d'honneur de vous tromper de manière ou d'autre. — Avancez vers le rivage, Eau-douce. Nous débarquerons la fille du sergent sur cette souche, et elle pourra gagner la terre à pied sec.

Jasper obéit; et au bout de quelques minutes, il ne restait dans le canot que Pathfinder et les deux marins. Malgré l'orgueil de sa profession, Cap aurait volontiers suivi les autres, mais il n'aimait pas à montrer une telle faiblesse en présence d'un marin d'eau douce.

— Je prends tout le monde à témoin, — dit-il, tandis que ceux qui venaient de débarquer commençaient à s'éloigner, — que je ne regarde cette affaire que comme une manœuvre de canot dans les bois. Il ne faut pour cela aucune expérience en marine, et un novice peut y réussir aussi bien que le plus vieux marin.

— Ne méprisez pourtant pas trop la cataracte de l'Oswego, — dit Pathfinder. — Ce n'est certainement pas celle du Niagara, ni du Tennessée, ni du Cahoos, ni celle du Canada, mais elle suffit bien pour agiter les nerfs d'un commençant. Que la fille du sergent monte sur ce rocher, et elle verra de quelle manière nous autres habitants des bois nous passons par-dessus un obstacle, quand nous ne pouvons passer par-dessous. — Allons, Eau-douce, la main ferme et l'œil sûr; car tout dépend de vous, vu que nous ne pouvons compter maître Cap que pour un passager.

Le canot s'éloignait du rivage tandis qu'il parlait ainsi. Mabel courut à la hâte et en tremblant vers le rocher que Pathfinder avait désigné, en parlant à son compagnon du danger auquel son oncle s'exposait sans nécessité, et les yeux fixés sur le jeune et vigoureux Jasper, qui était debout sur l'arrière du canot, et qui en dirigeait tous les mouvements. Mais dès qu'elle fut arrivée à un endroit d'où l'on pouvait voir tomber la cataracte, elle poussa un cri involontaire qu'elle étouffa sur-le-champ; et se couvrit les yeux. Un instant après, elle les ouvrit pourtant, et elle resta immobile comme une statue tandis qu'elle contemplait ce spectacle. Les deux Indiens s'assirent sur un tronc d'arbre, regardant la rivière d'un air indifférent. La femme d'Arrowhead s'approcha de Mabel, et parut considérer les mouvements du canot avec cette sorte d'intérêt que prend un enfant aux sauts d'un bateleur.

Dès que le canot eut regagné le courant, Pathfinder se mit à genoux sur l'avant et continua à manier la rame, mais lentement, et de manière à ne pas nuire aux manœuvres de son compagnon. Celui-ci était toujours debout sur l'arrière, et comme il avait l'œil fixé sur quelque objet au-delà de la cataracte, il était évident qu'il cherchait l'endroit convenable pour la passer.

— Plus à l'ouest, Eau-douce, — cria Pathfinder, — plus à l'ouest, — là où vous voyez l'eau écumer. Mettez en ligne la cime du chêne mort avec le tronc de l'arbre rompu.

Eau-douce ne répondit rien, car la pirogue était au centre du courant, l'avant dirigé vers la cataracte, et la force augmentée du courant en avait déjà accéléré la course. Cap, en ce moment, aurait bien volontiers renoncé à toute la gloire qu'on pouvait acquérir par cet exploit, pour être en sûreté sur le rivage. Il entendait le mugissement de l'eau, semblable au bruit du tonnerre dans le lointain, mais augmentant et se rapprochant de moment en moment. Il voyait la ligne de l'eau couper la forêt en dessous, le long de laquelle cet élément courroucé semblait s'étendre et briller, comme si les gouttes qui le composaient allaient perdre leur principe de cohésion.

— La barre dessous! la barre dessous! — s'écria-t-il, n'étant plus maître de son inquiétude, tandis que l'embarcation arrivait sur le bord de la cataracte.

— Oui, oui, la barre dessous, — dit Pathfinder, regardant derrière lui avec son rire silencieux, — nous allons en dessous, rien n'est plus certain. — La barre au vent, Eau-douce! — Au vent toute!

Le reste fut comme le passage invisible du vent. Jasper donna le coup de rame nécessaire pour imprimer à la pirogue la direction convenable, et pendant quelques secondes il sembla à Cap qu'il était porté sur l'eau bouillante d'une vaste chaudière. Il sentit la pirogue plonger de l'avant, vit l'eau écumante se précipiter avec fureur à ses côtés, tandis que le léger esquif qu'il montait était secoué comme si c'eût été une coquille d'œuf; et, presque au même instant, il découvrit, avec autant de joie que de surprise, que la pirogue conduite par la rame de Jasper, flottait dans une eau tranquille au-delà de la cataracte.

Pathfinder continuait à rire; mais s'étant relevé, il prit un pot d'étain et une cuillère de corne, et se mit à mesurer gravement l'eau que la pirogue avait embarquée dans le passage de la cataracte.

— Quatorze cuillerées, Eau-douce, quatorze cuillerées bien mesurées. Vous devez convenir que je vous ai vu vous contenter de dix après un pareil saut.

— Maître Cap appuyait si fort contre le courant, — répondit Jasper très-sérieusement, — que j'ai eu la plus grande peine à gouverner la pirogue.

— Cela peut être; je n'en doute pas, puisque vous le dites, mais je vous ai vu vous contenter de dix.

Cap toussa alors d'une manière formidable. Il passa sa main sur sa queue, comme pour s'assurer qu'elle était en sûreté, et regarda en arrière pour voir le danger qu'il venait de courir. Il est aisé d'expliquer comment ce péril avait été évité. La plus grande partie de l'eau tombait perpendiculairement de dix à quinze pieds; mais près du centre, la force du courant avait tellement usé le haut du rocher, que l'eau, en tombant par un étroit passage, ne décrivait qu'un angle de quarante à quarante-cinq degrés. C'était le long de ce passage, encore difficile, que la pirogue avait glissé parmi des pointes de rochers, des tournants et des masses d'écume, qui, à des yeux inexpérimentés, auraient paru devoir assurer la destruction d'un si frêle esquif. Mais sa légèreté même avait été la cause de sa sûreté. Portée sur la crête des vagues, dirigée par un œil attentif et un bras vigoureux, elle avait passé comme une plume d'une masse d'écume à une autre, et à peine une goutte d'eau était-elle entrée dans l'intérieur. Il y avait quelques rochers à éviter; il fallait suivre exactement la ligne convenable, et la force du courant faisait le reste [1].

Dire que Cap était étonné, ce ne serait pas exprimer la moitié de ses sentiments. Il était dans un état de stupéfaction; car la crainte profonde que la plupart des marins ont des rochers, venait ajouter à l'admiration que lui inspirait la hardiesse de cet exploit. Il ne voulut pourtant pas exprimer tout ce qu'il sentait, de peur de trop accorder à l'eau douce et à la navigation intérieure; et à peine eut-il assuré sa voix en toussant comme nous l'avons dit, qu'il reprit son ton ordinaire de supériorité.

— Je conviens que vous connaissez bien le canal, monsieur Eau-douce; et après tout, connaître le canal, dans un pareil endroit, c'est le point principal. J'ai eu avec moi des patrons de chaloupe qui descendraient aussi cette cataracte, s'ils connaissaient seulement le canal.

---

[1]. De peur qu'on ne suppose que tout est fiction dans cet ouvrage, l'auteur ajoutera qu'il a vu transporter en toute sûreté une pièce de canon de 32 par-dessus cette cataracte. (*Note de l'auteur.*)

— Ce n'est pas assez de connaître le canal, ami marin, — dit Pathfinder; il faut aussi des nerfs et des connaissances pour tenir la pirogue droite, et pour éviter les rochers. Il n'y a pas dans tout le pays d'autre marin qu'Eau-douce que voilà, qui puisse descendre en toute sûreté la cataracte de l'Oswego, quoique quelques-uns çà et là aient pu y réussir par hasard. Je ne puis le faire moi-même qu'avec l'aide de la Providence, et il faut l'œil et la main de Jasper pour être sûr de faire le passage à sec. — Quatorze cuillerées, après tout, ne sont pas grand'chose; quoique j'eusse désiré qu'il n'en prît que dix, vu que la fille du sergent nous regardait.

— Cependant vous lui disiez quelquefois comment il devait gouverner.

— C'était fragilité humaine ; — un peu trop de la nature des peaux-blanches. Si le Grand-Serpent eût été sur le canot, il n'aurait pas ouvert la bouche pour faire connaître une seule de ses pensées. Un Indien sait retenir sa langue ; mais nous autres hommes blancs nous nous imaginons toujours être plus sages que les autres. Je commence à me guérir de cette faiblesse; mais il faut du temps pour déraciner l'arbre qui a une croissance de plus de trente ans.

— Je ne fais pas grand cas de cette affaire, monsieur; je n'en fais même aucun, pour parler franchement. Ce ne sont que quelques éclaboussures, en comparaison de ce qu'on éprouve en passant sous le pont de Londres. Et pourtant c'est ce que font tous les jours des centaines de personnes, et souvent les dames les plus délicates du pays. Sa Majesté le Roi a passé lui-même sous le pont de Londres.

— Eh bien! je ne me soucie pas d'avoir dans mon canot ni des dames délicates, ni sa Majesté le Roi, quand je descends la cataracte de l'Oswego, vu qu'il ne faut que se tromper de la largeur d'un canot d'un côté ou de l'autre pour se noyer. — Eau-Douce, nous aurons à faire descendre au frère du sergent la cataracte du Niagara, pour lui montrer ce qu'on sait faire sur la frontière.

— Du diable! vous plaisantez sûrement. Il n'est pas posssible qu'un canot d'écorce descende une pareille cataracte.

— Vous ne vous êtes jamais plus trompé de votre vie, maître Cap. Rien n'est plus facile. J'ai vu de mes propres yeux bien des canots la descendre; et si nous vivons assez l'un et l'autre, j'espère vous convaincre que la chose est possible. Quant à moi, je crois que le plus grand navire qui ait jamais flotté sur l'Océan pourrait la descendre, s'il pouvait une fois entrer dans les courants.

Cap ne remarqua pas le coup d'œil que Pathfinder échangea avec Eau-Douce, et il garda le silence quelque temps ; car, pour dire la vérité, il n'avait jamais soupçonné la possibilité de descendre la cataracte du Niagara, quelque faisable que la chose doive paraître à chacun, en y réfléchissant une seconde fois ; la véritable difficulté étant de la remonter.

Ils arrivèrent alors à l'endroit où Jasper avait laissé sa pirogue, cachée dans des buissons, et ils s'embarquèrent, Cap, sa nièce et Jasper sur un canot ; Pathfinder, Arrowhead et sa femme sur l'autre. Le Mohican s'était déjà avancé à pied le long de la rivière avec la circonspection et l'adresse des Indiens, pour voir s'il ne trouverait aucune trace des ennemis.

Les joues de Mabel ne reprirent toutes leurs couleurs que lorsque le canot eut regagné le courant, qu'il descendit avec une rapidité accélérée de temps en temps par la rame de Jasper. Elle avait vu la pirogue descendre la cataracte avec un degré de terreur qui l'avait rendue muette ; mais sa frayeur n'avait pas été assez forte pour l'empêcher d'admirer le sang-froid du jeune homme qui dirigeait cette évolution. Dans le fait, une personne moins vive et moins sensible aurait été frappée de l'air calme et hardi avec lequel Jasper avait accompli cet exploit. Il était resté ferme sur ses pieds pendant la descente ; et il était évident pour ceux qui étaient à terre qu'il avait employé fort à temps son adresse et sa force pour écarter la pirogue d'un rocher par-dessus lequel l'eau jaillissait en jets, tantôt laissant voir la pierre brune, tantôt la couvrant d'une nappe limpide, comme si quelque mécanisme avait réglé les efforts de cet élément. La langue ne peut pas toujours exprimer ce que voient les yeux ; mais Mabel en avait vu assez, même dans ce moment de crainte, pour joindre à jamais dans son esprit l'image de la pirogue entraînée dans sa descente rapide, et celle de l'intrépide pilote. Elle admit ainsi dans son cœur ce sentiment insidieux qui attache si fortement la femme à l'homme, en trouvant une sûreté additionnelle à être sous sa protection. Pour la première fois depuis son départ du fort Stanwix, elle se trouvait complètement tranquille sur la frêle nacelle dans laquelle elle voyageait. Comme la seconde pirogue était près de la sienne, et que Pathfinder s'y trouvait de son côté, ce fut principalement lui qui soutint la conversation, Jasper parlant rarement à moins qu'on ne lui adressât la parole, et montrant en conduisant son canot une circonspection qui aurait été remarquée par un homme habitué à la confiance insouciante qui lui était ordinaire, s'il se fût trouvé là un pareil observateur.

— Nous connaissons trop bien la nature d'une femme pour songer à faire descendre une cataracte par la fille du sergent, — dit Pathfinder à Cap en regardant Mabel. — J'ai pourtant connu quelques femmes dans ce pays qui s'en inquiéteraient comme de rien.

— Magnet a la timidité de sa mère, — répondit Cap, et vous avez bien fait de vous prêter à sa faiblesse. Il faut vous souvenir que cette jeune fille n'a jamais été sur mer.

— Non, non; il était facile de le voir, au lieu que par votre intrépidité vous avez montré combien peu vous vous en inquiétiez. J'avais une fois avec moi un blanc-bec, qui se jeta hors du canot juste à l'instant où il descendait, et vous pouvez juger comment il s'en trouva.

— Que devint le pauvre diable ? — demanda Cap, ne sachant trop ce qu'il devait penser du ton de son compagnon, qui avait quelque chose de si sec, malgré sa simplicité, qu'une tête moins obtuse que celle du vieux marin aurait douté de sa sincérité. — Un homme qui a passé sur cette cataracte peut prendre intérêt à lui.

— C'était un pauvre diable, comme vous le dites, un pauvre homme des frontières, qui était venu pour nous montrer son savoir, à nous autres pauvres ignorants. Vous demandez ce qu'il devint? Il tomba sens dessus dessous au bas de la cataracte, comme cela serait arrivé à une maison de justice ou à un fort.

— S'ils avaient sauté hors d'un canot, — dit Jasper en riant, quoiqu'il fût évidemment plus disposé que son ami à laisser oublier le passage de la cataracte.

— Il a raison, — reprit Pathfinder en regardant Mabel; car les deux canots étaient alors si rapprochés, qu'ils se touchaient presque; — il a certainement raison. — Mais la fille du sergent ne nous a pas encore dit ce qu'elle pense du saut que nous venons de faire.

— Il était aussi hardi que dangereux. En le voyant, j'aurais désiré qu'il n'eût pas été tenté ; mais à présent qu'il a réussi, je puis en admirer la hardiesse et la dextérité.

— Ne croyez pourtant pas que nous l'ayons fait pour nous faire valoir aux yeux d'une femme. Il peut être agréable aux jeunes gens de gagner la bonne opinion les uns des autres en faisant des choses qui peuvent paraître hardies et louables ; mais ni Eau-Douce ni moi nous ne sommes de cette trempe. Ma nature, — ce dont le Grand-Serpent serait peut-être un meilleur témoin, — n'a pas autant de coudes qu'une rivière ; c'est une nature droite, et il n'est pas probable qu'elle puisse me conduire dans une vanité de cette espèce, quand j'ai à remplir un devoir. Quant à Eau-Douce, il aimerait mieux descendre la cascade de l'Oswego sans témoins que devant une centaine de paires d'yeux. Je le connais, je l'ai beaucoup fréquenté, et je suis sûr qu'il n'est ni glorieux ni fanfaron.

Mabel récompensa son guide par un sourire qui servit à maintenir quelque temps les deux canots l'un près de l'autre ; car la vue de la jeunesse et de la beauté était si rare sur cette frontière éloignée, que cet habitant des bois lui-même sentait son cœur touché par la fraîcheur et l'amabilité de cette jeune fille.

— Nous avons fait pour le mieux, — continua-t-il, nous avons tout fait pour le mieux. Si nous eussions transporté à bras d'hommes le canot et les bagages par le portage, nous aurions perdu beaucoup de temps, et rien n'est aussi précieux que le temps, quand on se méfie des Mingos.

— Mais à présent nous ne pouvons avoir presque rien à craindre. Nos canots vont bien, et vous nous avez dit qu'en deux heures nous serons au fort.

— Il sera bien adroit, l'Iroquois qui aura un cheveu de votre tête : car nous nous sommes tous promis, par égard pour le sergent, et je crois pouvoir dire à présent, pour vous-même, de vous conduire près de lui sans qu'il vous arrive malheur. — Mais dites-moi donc, Eau-douce, qu'y a-t-il là-bas dans la rivière à l'endroit où elle fait un coude, — là-bas, sous les buissons, — je veux dire sur le rocher?

— C'est le Grand-Serpent ; il nous fait des signes que je ne comprends pas.

— Oui, c'est le Grand-Serpent, — aussi sûr que je suis une peau-blanche ; et il nous fait signe d'approcher de son rivage. Quelque chose va mal, sans quoi un homme ayant sa fermeté et son discernement ne se donnerait pas cette peine. Courage ! Nous sommes hommes, et il faut faire face à ces diables, comme cela convient à notre couleur et à notre nature. Ah ! je n'ai jamais vu résulter rien de bon d'une fanfaronnade. Je me vantais que nous étions en sûreté, et voilà que le danger vient me donner le démenti.

CHAPITRE IV.

> « L'art, voulant le disputer à la nature, disposa un cabinet de verdure formé d'un lierre qui étendait ses bras de tous côtés, et que l'églantier odoriférant entrelaçait de ses branches. »
> SPENSER.

L'Oswego, au-delà de la cataracte, devient plus rapide qu'auparavant. Il y a des endroits où il coule avec le silence tranquille d'une eau profonde; mais il s'y trouve beaucoup de bas-fonds et de tournants, et à cette époque où tout était encore dans son état naturel, il se trouvait plusieurs passages qui n'étaient pas tout-à-fait sans danger. Ceux qui conduisaient les canots n'avaient pas de grands efforts à faire pour le descendre, si ce n'est dans les endroits où la rapidité du courant et les rochers exigeaient beaucoup d'attention. Alors, non-seulement la vigilance, mais le sang-froid, la promptitude et la vigueur du bras devenaient nécessaires pour éviter le péril. Le Mohican savait tout cela, et il avait judicieusement choisi un endroit où la rivière avait un cours paisible pour intercepter les canots, afin de pouvoir entrer en communication avec ceux à qui il désirait parler.

Pathfinder, ayant reconnu son ami, donna sur-le-champ un vigoureux coup de rame, et fit tourner l'avant de sa pirogue vers le rivage, en faisant signe à Jasper d'en faire autant. En une minute les deux pirogues furent près de terre, à portée des buissons qui étendaient leurs branches sur la rivière, tous observant un profond silence, les uns par crainte, les autres par circonspection habituelle. Quand ils arrivèrent près de l'Indien, celui-ci leur fit signe de s'arrêter, et alors il eut avec Pathfinder une conférence courte mais importante, en employant la langue des Delawares.

— Le chef n'est pas habitué à voir des ennemis dans un tronc mort, — dit Pathfinder. — Pourquoi nous a-t-il dit de nous arrêter?

— Les Mingos sont dans les bois.

— C'est ce que nous avons cru depuis deux jours. Comment le chef le sait-il?

Le Mohican lui montra le godet d'une pipe de pierre.

— Je l'ai trouvé, — ajouta-t-il, — sur une piste toute fraîche, conduisant à la garnison. — Car il était d'usage alors sur toute cette frontière, de donner ce nom à tout poste militaire, quand même il n'aurait pas eu de garnison.

— Ce peut être le godet d'une pipe appartenant à un soldat. Plusieurs d'entre eux se servent de pipes de peaux-rouges.

— Regardez, — dit le Grand-Serpent, — lui montrant encore l'objet qu'il avait trouvé.

Ce godet de pipe était en pierre; il avait été creusé avec grand soin, travaillé avec talent, et au centre était gravée une petite croix latine avec une exactitude qui ne permettait pas de méconnaître cet emblème.

— Cela nous annonce des diableries et de la scélératesse, — dit Pathfinder, qui était imbu de toute l'horreur de cette colonie pour ce symbole sacré, horreur qui s'incorpora tellement avec les préjugés du pays, en confondant les hommes et les choses, qu'elle a laissé des traces assez fortes sur le sentiment moral du peuple, pour qu'on le retrouve encore même aujourd'hui. — Nul Indien, — continua-t-il, — ne s'aviserait de graver un pareil signe sur la pipe, s'il n'avait été perverti par les prêtres astucieux du Canada. Je vous garantis que le drôle y adresse une prière toutes les fois qu'il songe à tromper un innocent ou à commettre un acte de scélératesse.

— Cette pipe semble avoir servi récemment, Chingashgook.

— Le tabac y brûlait encore quand je l'ai trouvée.

— Nous sommes serrés de près, chef. — Où était la piste?

Le Mohican lui montra un endroit qui n'était pas à cent toises de celui où ils étaient.

L'affaire commença alors à prendre un air très-sérieux, et les deux principaux guides conférèrent ensemble pendant plusieurs minutes. Ils se rendirent ensuite à l'endroit indiqué, et examinèrent la piste avec le plus grand soin. Après que cet examen eut duré un quart d'heure, l'homme blanc s'en retourna seul, et l'homme rouge disparut dans la forêt.

La physionomie de Pathfinder avait pour expression ordinaire la simplicité, la droiture et la sincérité, mêlées à un air de confiance en lui-même, qui en donnait beaucoup à ceux qui étaient confiés à ses soins ; mais en ce moment une ombre d'inquiétude se faisait remarquer sur ses traits, et tous ses compagnons en furent frappés.

— Qu'y-a-il donc, ami Pathfinder ? — demanda Cap, ne permettant à sa voix naturellement ferme et sonore que le ton de précaution qui convenait mieux aux dangers du désert ; — l'ennemi croise-t-il entre nous et le port ?

— Que dites-vous ?

— Quelques-uns de ces scaramouches bigarrés ont-ils jeté l'ancre à la hauteur du havre dans lequel nous voulons entrer, avec l'espoir de nous couper quand nous nous y présenterons !

— Ce peut être tout ce que vous dites, ami Cap ; mais vos paroles ne me rendent pas plus savant, et, dans des temps difficiles, plus on parle clairement et mieux on se fait comprendre. Je n'entends rien à vos ports et à vos ancres ; mais ce que je sais, c'est qu'il y a une infernale piste de Mingos à cent toises d'ici, et aussi fraîche que de la venaison non salée. Si un seul de ces démons y a passé, il en a passé une douzaine ; et ce qu'il y a de pire, c'est qu'ils sont allés du côté du fort, et que personne n'entrera dans la clairière qui l'entoure, sans que quelques-uns de leurs yeux perçants le découvrent, et alors les balles suivront, bien certainement.

— Ledit fort ne peut-il leur lâcher une bordée et balayer tout ce qui est à la distance d'une encablure ?

— Les forts de ce côté-ci ne ressemblent pas aux forts des établissements. Deux ou trois petites pièces de canon à l'embouchure de la rivière, voilà tout ce qu'il y a ici. Et quant à tirer ce que vous appelez des bordées contre une douzaine de Mingos cachés derrière des arbres dans la forêt, ce serait de la poudre perdue. Nous n'avons qu'une marche à suivre, et elle n'est pas sans difficulté. Nous sommes placés avec jugement en cet endroit, la hauteur des rives et les buissons cachant les deux canots à tous les yeux, excepté à ceux des rôdeurs qui pourraient se trouver en face de nous de l'autre côté de la rivière. Nous pouvons donc rester ici sans avoir beaucoup à craindre pour le moment. Mais comment engager ces démons incarnés à remonter la rivière ? — Ah ! je l'ai trouvé. — Oui, je l'ai trouvé, et si cela ne nous sert à rien, cela ne pourra nous nuire. — Eau-Douce, voyez-vous ce châtaignier dont la cime est si touffue, au dernier coude que fait la rivière ? je veux dire celui qui est sur notre côté de la rivière.

— Près du pin renversé ?

— Précisément. Prenez le briquet et l'amadou, courez avec précaution le long du rivage, et allumez un feu à côté. La fumée les fera peut-être courir au-dessus de nous. Pendant ce temps nous descendrons la rivière jusqu'à cette pointe là-bas, et nous chercherons un autre abri par-derrière. Il n'en manque pas dans ces environs, comme le prouvent toutes les embuscades qu'on y fait.

— J'y cours, Pathfinder, — répondit Jasper. — Dans dix minutes le feu sera allumé.

— Et cette fois-ci, Eau-douce, n'épargnez pas le bois humide, — reprit Pathfinder en riant à sa manière particulière ; — quand on a besoin de fumée, le bois humide la rend plus épaisse.

Le jeune homme connaissait trop bien son devoir pour différer son départ sans nécessité. Mabel voulut dire quelques mots sur le risque qu'il courait, mais il n'y fit pas attention et courut rapidement pour s'acquitter de sa mission. Les autres se préparèrent sur-le-champ à changer de position, car on pouvait voir les pirogues de l'endroit où Jasper allait allumer un feu. Cependant rien ne pressait, et l'on y mit le temps et les précautions nécessaires. On tira les pirogues du milieu des buissons et on les laissa suivre le courant jusqu'à ce qu'elles fussent arrivées à un endroit d'où l'on ne pouvait plus voir le châtaignier au pied duquel Jasper devait allumer un feu ; et tous les yeux se tournèrent de ce côté.

— Voilà la fumée ! — s'écria Pathfinder, un courant d'air chassant une petite colonne qui s'élevait en spirale au-dessus du lit de la rivière : — une bonne pierre, un petit morceau d'acier et des feuilles sèches, et il ne faut pas long-temps pour avoir du feu. J'espère qu'Eau-Douce aura l'esprit de ne pas oublier le bois vert, à présent qu'il peut nous être utile.

— Trop de fumée, trop d'astuce, — dit Arrowhead d'un ton sentencieux.

— Cela est vrai comme l'Évangile, Tuscarora ; mais les Mingos savent qu'ils sont dans le voisinage de soldats, et que les soldats, dans une halte, pensent à leur dîner plus qu'au danger et à la prudence. Non, non, qu'il empile du bois humide et qu'il nous fasse force fumée, on l'attribuera à la stupidité de quelque Écossais ou Irlandais qui pense à sa bouillie de farine d'orge ou à ses pommes de terre plus qu'aux embûches et aux mousquets des Indiens.

— Je croirais pourtant, — dit Mabel, — d'après tout ce que nous avons entendu dire dans les villes, que sur cette frontière les soldats sont habitués aux ruses de leurs ennemis, et qu'ils sont devenus presque aussi rusés que les peaux-rouges elles-mêmes.

— Non, non; l'expérience ne les rend guère plus sages. Ils font des tours à droite et à gauche et se forment en pelotons et en bataillons dans la forêt comme s'ils étaient à la parade dans leur pays, dont ils aiment tant à parler. Une seule peau-rouge a plus de ruses dans sa nature que tout un régiment venu de l'autre côté de l'eau, — je veux dire plus de ruses des bois. Mais en bonne conscience, voilà bien assez de fumée; je crois que Jasper a jeté la rivière sur son feu pour en produire, et il est à craindre que les Mingos ne croient qu'un régiment tout entier est sorti du fort. Nous ferons bien de chercher un autre abri.

Pathfinder ayant dégagé la pirogue de quelques branches qui la retenaient, le coude que faisait la rivière cacha bientôt à leurs yeux l'arbre et la fumée. Heureusement une petite dentelure du rivage s'offrit à eux à quelques toises de la pointe qu'ils venaient de doubler, et les deux pirogues y entrèrent à l'aide de leurs rames.

Nos voyageurs n'auraient pu trouver un endroit plus favorable à leurs projets que celui qu'ils occupaient en ce moment. La terre était bordée d'épais buissons dont les branches s'étendaient sur l'eau et y formaient un dais de feuillage. Au fond de cette petite crique, le rivage était couvert de sable, et la plupart d'entre eux y descendirent afin d'être plus à leur aise. On ne pouvait les apercevoir que d'un seul point, — en face d'eux sur la rive opposée. Ils couraient pourtant peu de danger d'être découverts même de ce côté, car les buissons y étaient encore plus épais, et la terre, par derrière, était si humide et si marécageuse, qu'il était difficile d'y marcher.

— Cet abri est bon, — dit Pathfinder après avoir bien examiné sa position, — mais il peut être nécessaire de le rendre encore meilleur. Maître Cap, je ne vous demande que de garder le silence et de ne faire aucun usage de tout ce que vous

4

avez appris sur mer, tandis que le Tuscarora et moi nous nous occuperons à nous mettre en garde contre tout danger.

Il entra dans les buissons à peu de distance avec l'Indien, et ils y coupèrent plusieurs grosses branches d'aunes et d'autres arbres, en prenant le plus grand soin de ne faire aucun bruit. Ils enfoncèrent ensuite le bout de ces branches dans la boue en avant des pirogues, l'eau n'étant pas profonde, et en dix minutes ils placèrent ainsi un écran entre eux et le point qui pouvait leur être dangereux. Ils mirent autant d'adresse que de promptitude à faire cet arrangement, qui fut essentiellement favorisé par la forme du rivage, par la dentelure qui s'y trouvait, par le peu de profondeur de l'eau, et par la courbure des branches supérieures des buissons vers la rivière. Pathfinder eut l'adresse de choisir des branches dont le haut se courbait de même, et dans un tel endroit il en trouva aisément, et il les coupa à quelque distance en dessous de la courbure, qu'il laissa seulement toucher l'eau, de sorte que ce petit buisson artificiel n'avait pas l'air de croître dans l'eau, ce qui aurait pu donner des soupçons, mais qu'en passant vis-à-vis, on aurait pensé qu'il était formé d'arbustes qui avaient crû horizontalement sur le bord de la rive, avant de s'être dirigés en haut vers la lumière. En un mot, tout avait été disposé avec tant de soin et d'intelligence, qu'il aurait fallu un œil doué d'une méfiance extraordinaire pour regarder cet endroit comme ayant été préparé pour s'y cacher.

— Jamais je ne me suis trouvé dans un si bon abri, — dit Pathfinder après avoir examiné son ouvrage du dehors. — Les feuilles de nos arbres touchent celles des branches qui nous couvrent la tête, et le peintre qui a été récemment dans la garnison ne saurait dire lui-même lesquelles appartiennent à la nature, et lesquelles sont les nôtres. — Mais chut ! voici Eau-douce qui revient, et en garçon sensé qu'il est, il marche dans l'eau pour cacher sa piste. Nous verrons bientôt si notre abri est bon ou non.

Jasper en revenant de sa mission ne trouvant plus les pirogues où il les avait laissées, en conclut sur-le-champ qu'elles avaient doublé la pointe pour se mettre hors de vue de l'endroit où il avait allumé le feu. Ses habitudes de précaution lui suggérèrent sur-le-champ celle de marcher dans l'eau, afin qu'il n'existât aucune communication visible entre les traces qu'ils avaient laissées sur le rivage, et l'endroit où il croyait qu'ils s'étaient réfugiés. Si les Indiens du Canada retournaient sur leur propre piste, découvraient celle de Pathfinder et du Grand-Serpent, et suivaient ensuite celle du premier jusqu'à la rivière, là toutes traces seraient perdues, l'eau ne pouvant en conserver aucune. Il avait donc marché dans l'eau jusqu'aux genoux, jusqu'à la pointe, et dès qu'il l'eut tournée, il continua à suivre de même le bord de la rivière, cherchant à découvrir l'endroit où les pirogues étaient cachées.

Ceux qui étaient derrière les buissons, pouvaient, en s'approchant des feuilles, trouver des interstices par où ils voyaient ce qui se passait en dehors; mais ceux qui en étaient même à une petite distance, n'avaient pas cet avantage; et quand même ils auraient aperçu quelque petite ouverture, ce qu'ils auraient vu n'aurait pas offert des dimensions suffisantes pour distinguer les objets. Ceux qui étaient sur les pirogues, et qui suivaient des yeux tous les mouvements de Jasper, virent évidemment qu'il cherchait l'endroit où ils s'étaient retirés. Dès qu'il eut tourné la pointe, et qu'il ne vit plus le feu qu'il avait allumé, il s'arrêta, et commença à examiner le rivage avec grand soin. Il avançait huit à dix pas, et puis s'arrêtait pour recommencer ses recherches. L'eau devenant plus profonde qu'auparavant, il se rapprocha du rivage pour marcher plus aisément, et il passa si près du buisson artificiel, qu'il aurait pu le toucher avec la main. Il ne s'aperçut pourtant de rien, et il allait passer outre, quand Pathfinder, écartant deux branches, lui dit à voix basse d'entrer.

— Cela va assez bien, — dit Pathfinder, en riant à sa manière; — quoiqu'il y ait de la différence entre les yeux d'une face-pâle et ceux d'une peau-rouge, je gagerais avec la fille du sergent que voici, une corne de poudre contre une ceinture de wampum, que tout le régiment de son père passerait devant nous sans se douter de notre ruse. Mais si les Mingos entraient dans le lit de la rivière et arrivaient à l'endroit où Eau-douce était tout-à-l'heure, je tremblerais que nous ne fussions découverts. Cependant leurs yeux mêmes y seraient trompés de l'autre rive, et cela peut nous être utile.

— Ne pensez-vous pas après tout, — lui dit Cap, — que le plus sage serait de lever l'ancre, de déployer toutes les voiles, et de descendre la rivière, dès que nous serons assurés que ces coquins sont derrière nous. Nous autres marins, nous disons qu'une chasse de l'arrière est une longue chasse.

— Ayant avec moi la jolie fille du sergent, je ne voudrais pas, pour toute la poudre qui est dans le magasin du fort, bouger d'ici avant d'avoir des nouvelles du Grand-Serpent. Il ne s'agirait de rien de moins que la captivité ou la mort. Si une jeune biche pouvait parcourir la forêt comme de vieux daims, nous pourrions abandonner les pirogues; car, en faisant un circuit, nous arriverions au fort avant le jour.

— Prenons donc ce parti, — s'écria Mabel, se levant tout-à-coup, et parlant avec énergie. — Je suis jeune, active, habituée à l'exercice, et j'ai plus d'une fois lassé mon cher oncle à la promenade. Que personne ne me regarde donc comme un obstacle à ce projet; je ne puis souffrir qu'aucun de vous expose sa vie pour moi.

— Non, non, jeune fille; nous ne vous regardons ni comme un obstacle, ni comme rien de ce que vous ne devez pas être; et nous consentirions à courir deux fois le même risque pour rendre service au sergent et à sa fille. — N'est-ce pas ce que vous pensez, Eau-douce?

— Pour lui rendre un service! — à elle! — Rien au monde ne pourra me décider à quitter Mabel Dunham avant qu'elle soit en sûreté dans les bras de son père.

— Bien dit, mon garçon; bravement et honnêtement répondu; et je m'y joins cœur et main. — Non, non; vous n'êtes pas la première femme que j'aie conduite à travers le désert, et il n'est jamais arrivé de malheur qu'à une seule. — C'était un jour bien malheureux, mais nous pouvons espérer de ne jamais en revoir un semblable

Mabel regarda ses deux protecteurs l'un après l'autre, ses beaux yeux humides de larmes; et prenant une main à chacun d'eux, elle répondit d'une voix émue :

— Je ne dois pas vous exposer au péril pour moi. Mon père vous remerciera; je vous remercie, Dieu vous récompensera; mais ne courez aucun risque sans nécessité. — Je puis marcher; j'ai bien des fois fait plusieurs milles par quelque caprice de jeune fille; pourquoi ne ferais-je pas un effort quand il s'agit de ma vie, quand il y va des vôtres qui sont bien plus précieuses?

— C'est une vraie colombe, Jasper, — dit Pathfinder, qui ne lâcha la main qu'il tenait que lorsque Mabel, par modestie naturelle, jugea à propos de la retirer. — Nous apprenons dans les bois, Mabel, à être rudes et même durs, mais la vue d'une créature comme vous fait renaître en nous les sentiments de notre jeunesse, et nous rend meilleurs pour le reste de notre vie. J'ose dire que Jasper vous en dira autant; car, comme moi dans la forêt, il n'a rencontré sur l'Ontario que bien peu de femmes qui fussent en état comme vous de lui adoucir le cœur et d'y rappeler l'amour de ses semblables. — Parlez, Jasper, cela n'est-il pas vrai ?

— Je doute qu'on pût trouver quelque part beaucoup de femmes comme Mabel Dunham, — répondit galamment le jeune homme; une honnête sincérité brillant dans ses yeux, qui parlaient plus éloquemment que sa langue. — Vous n'avez pas besoin de dire qu'on ne trouverait pas sa pareille dans les forêts et sur les lacs, on la chercherait inutilement dans les établissements et dans les villes.

— Nous ferions mieux de quitter les pirogues, — dit Mabel avec quelque embarras; — je sens qu'on n'est plus en sûreté ici.

— Vous ne le pouvez pas, dit Pathfinder; — cela vous est impossible. Il faudrait faire une marche de plus de vingt milles, pendant la nuit, et marcher à travers des racines, des souches, des arbres renversés et des marécages. Nous laisserions après nous une piste trop large, et nous aurions à nous battre, après tout, avant d'arriver au fort. Non; il faut attendre ici le Mohican.

Telle paraissant être la détermination de celui de qui tous les autres, dans leur situation présente, attendaient des conseils, on n'en dit pas davantage sur ce sujet, et la compagnie se divisa en groupes. Arrowhead et sa femme s'assirent à part sous les buissons, et causèrent à voix basse, quoique l'Indien parlât d'un ton sévère, et elle lui répondait avec cet air de soumission abjecte qui indique la situation dégradée de la femme d'un sauvage. Pathfinder et Cap occupaient une pirogue, et parlaient de leurs diverses aventures sur terre et sur mer; tandis que Jasper et Mabel étaient sur l'autre, leur intimité faisant plus de progrès en une heure qu'elle n'en aurait fait dans un an dans d'autres circonstances. Malgré leur situation, par rapport à l'ennemi, le temps coulait rapidement pour eux, et ils furent surpris quand Cap leur apprit combien avait duré leur entretien.

— Si seulement on pouvait fumer, — ajouta le vieux marin, — on serait ici assez commodément; car, pour rendre au diable ce qui lui est dû, nos pirogues sont dans un mouillage qui défierait tous les vents. La seule chose dont je me plaigne, c'est d'être privé d'une pipe.

— La fumée du tabac nous trahirait, — répondit Pathfinder. — A quoi bon prendre tant de précautions contre les yeux des Mingos, si nous apprenons à leurs nez où ils peuvent nous trouver? Non, non; résistez à vos désirs, et apprenez une vertu d'une peau-rouge, qui passera une semaine sans manger, pour s'emparer d'une chevelure. — N'avez-vous rien entendu, Eau-douce?

— C'est le Grand-Serpent qui arrive.

— Eh bien! voyons si les yeux d'un Mohican valent mieux que ceux d'un jeune homme qui vit sur le lac.

Le Mohican venait du même côté par où Jasper était arrivé, mais dès qu'il eut tourné la pointe, et qu'il fut caché à ceux qui pouvaient être plus haut sur la rivière, au lieu de continuer à avancer, il s'approcha du rivage et regarda en arrière, en se cachant avec la plus grande précaution dans les buissons, de manière à ne pouvoir être aperçu de ce côté.

— Le Grand-Serpent voit les coquins, — dit Pathfinder à voix basse; — comme je suis un chrétien et un homme blanc, ils ont mordu à l'hameçon, et dressé une embuscade à la fumée.

Un accès de rire, joyeux quoique silencieux, lui coupa la parole, et poussant Cap du coude, ils continuèrent à suivre tous les mouvements de Chingashgook dans un profond silence. Le Mohican resta dix bonnes minutes aussi immobile que le rocher sur lequel il était; et alors il parut qu'il avait vu quelque chose qui l'intéressait, car il se retira à la hâte, regarda avec attention et inquiétude le long du bord de la rivière, et la descendit ensuite d'un pas rapide, en ayant soin de noyer les traces de ses pieds. Il était évidemment pressé et inquiet, tantôt regardant derrière lui, tantôt jetant un coup d'œil sur chaque endroit du rivage où il croyait que les pirogues pouvaient être cachées.

— Appelez-le, — dit Jasper, pouvant à peine contenir son impatience, — appelez-le, ou il sera trop tard. Le voilà qui passe devant nous.

— Pas encore, pas encore; rien ne presse, soyez-en sûr, sans quoi le Grand-Serpent ramperait sur le ventre. — Que le Seigneur nous aide et nous apprenne la sagesse! je crois que Chingashgook lui-même dont la vue est aussi fidèle que l'odorat d'un chien, a passé sans nous apercevoir, et qu'il ne découvrira pas l'abri que nous nous sommes pratiqué.

Son triomphe était prématuré, car à peine avait-il prononcé ces mots, que l'Indien, qui était déjà à quelques pieds plus bas dans la rivière, s'arrêta tout-à-coup, fixa ses yeux perçants sur le buisson transplanté, fit à la hâte quelques pas en arrière, et, séparant deux branches, se montra au milieu d'eux.

— Ce sont ces maudits Mingos? — dit Pathfinder dès que son ami fut assez près pour qu'il pût lui parler sans imprudence.

— Iroquois, — répondit l'Indien laconique.

— N'importe, Iroquois, Mingos, Mengwes, diables ou furies, c'est à peu près la même chose ; j'appelle tous ces coquins Mingos. — Venez ici, chef, et causons raisonnablement.

Ils se mirent à part et eurent un entretien dans le dialecte des Delawares. Lorsque leur conversation fut terminée, Pathfinder rejoignit les autres et leur fit part de tout ce qu'il venait d'apprendre.

Le Mohican avait suivi la piste des ennemis jusqu'à quelque distance du fort ; mais ceux-ci ayant aperçu la fumée du feu allumé par Jasper, retournèrent à l'instant sur leurs pas. Chingashgook, qui courait le plus grand risque d'être découvert, fut alors obligé de chercher un abri pour s'y cacher jusqu'à ce qu'ils fussent passés. Il fut peut-être heureux pour lui que les sauvages fussent si fortement occupés de leur découverte, qu'ils ne firent pas l'attention ordinaire aux traces qui pouvaient se trouver dans la forêt. Quoi qu'il en soit, ils passèrent rapidement près de lui, au nombre de quinze, tous marchant légèrement sur les pas l'un de l'autre, et il put continuer à les suivre de loin. Après avoir été à l'endroit où les traces des pas de Pathfinder et du Mohican s'étaient jointes à leur propre piste, les Iroquois suivirent les premières jusqu'à la rivière, où ils arrivèrent à l'instant même où Jasper venait de disparaître derrière la pointe. La fumée étant alors en pleine vue, les sauvages s'enfoncèrent dans les bois, et cherchèrent à s'approcher du feu sans être vus. Chingashgook profita de ce moment pour descendre la rivière, et tourner ainsi la pointe, ce qu'il crut avoir fait sans être découvert. Là, il s'arrêta, comme nous l'avons déjà dit, et y resta jusqu'à ce qu'il vît les ennemis près du feu, où ils ne firent pourtant pas un long séjour.

Le Mohican ne pouvait juger des motifs des Iroquois que par

leurs actions. Il pensa qu'ils avaient deviné que ce feu était un stratagème et n'avait été allumé que pour les tromper ; car, après avoir examiné les lieux à la hâte, ils s'étaient séparés, les uns étant rentrés dans les bois, tandis que sept à huit, suivant les traces de Jasper le long du rivage, étaient arrivés à l'endroit où les pirogues s'étaient approchés de la terre. Que feraient-ils ensuite, c'était ce qu'on ne pouvait que conjecturer, car le Grand-Serpent avait pensé que l'affaire était trop pressante pour tarder plus long temps à aller rejoindre ses amis. D'après quelques indices qu'il avait puisés dans leurs gestes, il croyait pourtant probable qu'ils suivraient le cours du fleuve, mais il ne pouvait en être certain.

Pendant que Pathfinder faisait ce récit à ses deux compagnons, les idées naturelles à la profession des deux autres hommes blancs prirent nécessairement l'ascendant dans leur esprit, et ils cherchèrent dans leurs habitudes des moyens de salut.

— Faisons sortir d'ici les pirogues sur-le-champ, — s'écria Jasper avec vivacité ; — le courant est fort, et en maniant vigoureusement nos rames, nous serons bientôt hors de la portée de ces drôles.

— Et cette pauvre fleur, dont le bouton s'est épanoui dans les clairières, — dit Pathfinder, dont le style avait pris une couleur poétique pendant son long séjour chez les Delawares, — se flétrira-t-elle dans la forêt ?

— Nous mourrons tous auparavant, — s'écria le jeune homme, une couleur généreuse lui montant jusqu'au front. — Mabel et Rosée-de juin peuvent se coucher au fond de la pirogue, tandis que nous ferons notre devoir comme des hommes.

— Oui, vous savez manier la rame et l'aviron, Eau-douce, j'en conviens ; mais un maudit Mingo est encore plus actif à mal faire. Les pirogues sont légères, mais la balle d'un mousquet court enore plus vite.

— Il est du devoir d'hommes qui, comme nous, ont fait une promesse solennelle à un père plein de confiance, de courir ce risque.

— Mais il n'est pas de leur devoir d'oublier la prudence.

— La prudence ! on peut porter la prudence au point d'oublier son courage.

Ils étaient debout sur le rivage, Pathfinder appuyé sur sa carabine, dont la crosse touchait à terre, tandis que ses deux mains en entouraient le canon à la hauteur de ses épaules. Tandis que Jasper lui lançait ce sarcasme aussi sévère que peu mérité, le rouge foncé des joues de son compagnon ne prit pas une teinte plus vive, mais le jeune homme s'aperçut que ses doigts serraient le fer de sa carabine avec la force d'une vis. Ce fut le seul signe d'émotion qu'il donna.

— Vous êtes jeune, et vous avez la tête chaude, — répondit Pathfinder avec une dignité qui fit sentir sa supériorité morale à ceux qui l'entendaient ; — mais j'ai passé ma vie dans de semblables dangers, et l'impatience fougueuse d'un jeune homme ne l'emportera pas sur mon expérience et mon sang-froid. Quant au courage, je ne réponderai point par un mot irréfléchi et prononcé avec colère, à un mot inspiré par la colère et le manque de réflexion, car je sais que vous êtes fidèle à votre poste, suivant vos connaissances ; mais croyez-en l'avis d'un homme qui a fait face aux Mingos quand vous n'étiez encore qu'un enfant, et apprenez qu'il est plus facile de déjouer leur astuce par la prudence, que d'en triompher par la folie.

— Je vous demande pardon, Pathfinder, — dit Jasper repentant, en lui serrant une main que le premier ne chercha pas à retirer ; — je vous demande pardon humblement et sincèrement: C'était une folie et une indignité à moi de parler comme je l'ai fait à un homme dont le cœur, quand il s'agit de soutenir une bonne cause, est connu pour être aussi ferme que les rocs des bords de l'Ontario. —

Pour la première fois, la couleur des joues de Pathfinder prit une teinte plus foncée, et l'air de dignité solennelle qu'il avait pris par suite d'une impulsion purement naturelle, disparut sous l'expression de sincérité franche qui était le fonds de son caractère. Il serra la main de son jeune ami aussi cordialement que si nulle corde n'avait été discordante entre eux, et ses sourcils qui s'étaient légèrement froncés, se relâchèrent, et permirent à ses yeux de reprendre leur air de bonté ordinaire.

— Fort bien, Jasper, fort bien, — dit-il en riant, — je n'ai pas de rancune, et personne n'en aura pour moi. Ma nature est celle d'un homme blanc, et c'est de ne pas avoir de rancune. Il aurait pu être dangereux d'en dire la moitié autant au Grand-Serpent, quoique ce soit un Delaware, car il faut que la couleur produise son effet, et......

Il s'interrompit en se sentant touché sur l'épaule. Mabel était debout dans le canot, le corps penché en avant, un doigt sur les lèvres, les yeux fixés sur une ouverture entre les branches, et tenant d'une main une ligne à pêcher, du bout de laquelle elle avait légèrement touché l'épaule de Patfinder. Celui-ci baissa la tête devant une autre percée qu'il s'était ménagée, et dit ensuite à demi-voix à Jasper :

— Les maudits Mingos ! — A vos armes, mes amis, mais soyez immobiles comme des troncs d'arbres morts.

Jasper s'avança rapidement, mais sans bruit, vers la pirogue et employa une douce violence, pour obliger Mabel à se placer dans une attitude qui lui cachait tout le corps, quoiqu'il eût plus difficilement réussi s'il eût voulu lui faire baisser la tête de manière à ce qu'elle ne pût suivre les mouvements de leurs ennemis. Il prit alors son poste près d'elle, arma son fusil, et se tint prêt à faire feu. Arrowhead et Chingashgook s'approchèrent des buissons en rampant comme des serpents, et prêts à se servir de leurs armes; tandis que la femme du premier baissa la tête sur ses genoux, la couvrit de sa robe de calicot, et resta ainsi passive et immobile. Cap tira ses pistolets de sa ceinture, en ayant l'air de ne pas trop savoir ce qu'il avait à faire. Pathfinder ne fit pas un mouvement. Dès le commencement, il avait pris une position favorable tant pour faire feu sur les ennemis que pour les surveiller, et il avait trop de fermeté pour que le cœur ou la main lui manquât dans un moment si critique.

L'instant était vraiment alarmant. Quand Mabel avait touché l'épaule de son guide, trois Iroquois venaient de se montrer, marchant dans la rivière, à environ cent toises de nos voyageurs, et ils s'étaient arrêtés pour reconnaître les environs. Tous étaient nus jusqu'à la ceinture, et avaient le corps chamarré des couleurs qui annonçaient une expédition guerrière. Il était évident qu'ils étaient indécis sur la marche qu'ils devaient suivre pour trouver les fugitifs. Ils semblaient vouloir, l'un descendre la rivière, l'autre la remonter, et le troisième montrait la rive opposée. En un mot, ils doutaient encore de ce qu'ils devaient faire.

CHAPITRE V.

« La mort est ici ; la mort est là ; la mort menace partout. »
SHELLEY.

Les fugitifs ne pouvaient juger des intentions de leurs ennemis que par leurs gestes, et par les signes qu'ils donnaient d'une fureur causée par le désappointement. Il était clair qu'une partie d'entre eux étaient déjà revenus sur leurs pas, et que par conséquent le stratagème du feu allumé n'avait pas réussi. Mais cette réflexion devenait sans importance dans un moment où nos amis se trouvaient menacés d'être découverts par les trois Iroquois qui avaient suivi le cours de la rivière. Toutes ces idées se présentèrent, comme par intuition, à l'esprit de Pathfinder, et il sentit la nécessité de prendre sur-le-champ une détermination, et d'agir tous de concert. Sans faire aucun bruit, il fit signe aux deux Indiens et à Jasper de s'approcher de lui, et il leur parla à voix basse ainsi qu'il suit :

— Soyons sur nos gardes, tenons-nous prêts. Ces coquins ne sont que trois, et nous sommes cinq, dont quatre peuvent compter pour de bons guerriers dans une telle escarmouche. — Eau-Douce, ayez soin de ce drôle, qui a le corps peint des couleurs de la mort. — Vous, Chingashgook, vous ajusterez le chef, et Arrowhead aura l'œil sur le plus jeune. Point de méprise ; car deux balles dans le même corps, ce serait prodiguer nos munitions, dans un moment où la fille du sergent est en danger. Je me tiendrai en réserve, en cas d'accident, car il peut arriver un autre de ces reptiles, et une de vos mains peut manquer de fermeté. Ne faites feu que lorsque j'en donnerai le signal. Il ne faut brûler aucune amorce qu'à la dernière extrémité, car le reste de ces mécréants est sans doute encore à portée d'entendre le bruit d'un coup de mousquet. — Jasper, si les coquins venaient nous attaquer par derrière, du côté du rivage, poussez la pirogue dans le courant, et faites force de rames pour conduire au fort la fille du sergent, si Dieu le permet.

Dès que Pathfinder eut donné ces instructions à ses amis, l'approche des Iroquois rendit nécessaire un profond silence. Comme ils marchaient dans l'eau en descendant la rivière, ils se tenaient nécessairement près des buissons, et nos voyageurs s'aperçurent bientôt, au bruit des broussailles et des branches, qu'une autre troupe d'Indiens côtoyait le rivage derrière eux, en marchant du même pas que les trois premiers. La distance qui existait entre les branches enfoncées dans la boue et le véritable rivage fit que les deux groupes de sauvages purent se voir quand ils furent en face des fugitifs. Ils s'arrêtèrent en même temps, et commencèrent une conversation qui passait en quelque sorte sur la tête de nos amis, qui n'étaient cachés que par des branches et des feuilles qu'un vent un peu fort aurait écartées, ce qui les aurait infailliblement découverts. Heureusement la ligne de vision des deux troupes de sauvages, l'une dans l'eau, l'autre sur un rivage élevé, portait leurs yeux au-dessus des buissons naturels et factices, dont les feuilles se mêlaient de manière à ne donner aucun soupçon. La hardiesse de cet expédient fut peut-être même ce qui les empêcha d'être découverts à l'instant. La conversation qui eut lieu entre les Indiens fut animée, mais ils parlaient avec précaution, comme s'ils eussent craint qu'on ne pût les entendre. Ils parlaient un dialecte que Pathfinder et ses deux compagnons entendaient, et Jasper lui-même en comprit une bonne partie.

— L'eau a effacé leurs traces, — dit un de ceux qui étaient dans la rivière ; — et il se trouvait si près du buisson artificiel, qu'il aurait pu être percé par la fouine [1], qui était au fond de la pirogue de Jasper. — L'eau l'a si bien effacée, qu'un chien yengheese ne pourrait la suivre.

— Les faces-pâles ont quitté le rivage dans leurs pirogues, — dit un de ceux qui étaient sur la terre.

— Impossible. Les mousquets de nos guerriers, qui sont plus bas, ne manquent pas leur coup.

Pathfinder jeta un regard expressif sur Jasper, et serra les dents pour étouffer le léger bruit de sa respiration.

— Que mes jeunes gens regardent comme s'ils avaient des yeux d'aigle, — dit un vieux guerrier du nombre de ceux qui marchaient dans l'eau. — Nous avons passé une lune entière sur le chemin de la guerre, et nous n'avons gagné qu'une seule cheve-

---

1. On appelle fouine l'instrument avec lequel on prend les thons et autres poissons de cette espèce ; on a encore le harpon pour de plus petits poissons, la lance pour les phoques.

lure. Il y a une jeune fille parmi eux, et quelques-uns de nos braves n'ont pas de femme.

Mabel heureusement ne comprit pas ces mots ; mais Jasper fronça le sourcil, et ses joues devinrent pourpres de fureur.

Les sauvages ne parlèrent plus, mais le bruit des feuilles et des branches annonça bientôt que la troupe qui était sur la terre s'était remise en marche et s'éloignait. Mais ceux qui étaient dans l'eau restaient encore, et examinaient les bords du rivage avec des yeux qui semblaient des charbons ardents. Au bout de deux ou trois minutes, ils commencèrent à descendre la rivière, mais pas à pas, et comme des hommes qui cherchent quelque chose qu'ils ont perdu. Ils passèrent enfin le buisson artificiel, et Pathfinder ouvrit la bouche pour jouir de ce rire silencieux, que la nature et l'habitude lui avaient rendu particulier. Son triomphe ne fut pourtant que momentané, car, en ce moment même, celui qui marchait le dernier jeta un coup d'œil en arrière, s'arrêta tout-à-coup, et son regard fixé sur le buisson artificiel annonça le fait effrayant que quelque chose avait éveillé ses soupçons.

Il fut peut-être heureux pour les voyageurs que l'Indien qui avait donné ces signes redoutables de méfiance, était jeune et avait encore à se faire une réputation. Il connaissait l'importance de la discrétion et de la modestie dans un guerrier de son âge, et il craignait surtout le ridicule et le mépris qui seraient la suite d'une fausse alarme. Au lieu de rappeler ses compagnons, il retourna sur ses pas, et tandis que les deux autres continuaient à descendre la rivière, il s'approcha doucement du buisson qui semblait lui fasciner les yeux. Quelques-unes des feuilles exposées au soleil penchaient un peu sur leur tige, et cette légère déviation des lois ordinaires de la nature avait frappé l'œil de l'Indien ; car les sens du sauvage deviennent si subtils et si perçants, surtout quand il est en expédition guerrière, que la bagatelle la plus insignifiante est souvent un fil qui le conduit à son but.

La circonstance qui avait fait naître les soupçons du jeune Indien lui parut à lui-même si peu de chose, que ce fut pour lui un nouveau motif pour ne pas vouloir informer ses compagnons de sa découverte. S'il en faisait réellement une, il en aurait plus de gloire en ne la partageant avec personne ; et dans le cas contraire, il pourrait échapper à ces railleries qu'un jeune Indien craint toujours. Il connaissait trop bien les dangers d'une embuscade et d'une surprise pour ne pas s'approcher à pas lents et avec précaution ; et par suite du délai qui résulta de toutes ces causes combinées, les deux troupes d'Indiens étaient déjà à cinquante ou soixante toises en avant, quand il fut assez près du buisson pour le toucher.

Malgré leur situation critique, les fugitifs avaient les yeux fixés sur la physionomie agitée du jeune Iroquois, dont le cœur était alors partagé par des sentiments bien différents. D'abord il était enflammé de l'espoir d'obtenir un succès que n'avaient pu remporter quelques-uns des guerriers les plus expérimentés de sa tribu, et de s'assurer une gloire qui avait été rarement le partage d'un Indien de son âge, ou d'un guerrier dans sa première expédition. Venaient ensuite les doutes, car un vent léger relevait les feuilles penchées, et elles semblaient avoir repris leur fraîcheur. Enfin la crainte de quelque danger caché n'était pas sans influence, et se peignait aussi sur ses traits. Le changement que la chaleur avait produit sur les feuilles des branches dont le bout était enfoncé sous l'eau, était si léger, qu'en les touchant avec la main, il s'imagina avoir été trompé. Enfin voulant sortir de doute, il écarta deux branches, fit un pas en avant, et vit devant lui les fugitifs, semblables à autant de statues. Il tressaillit, ses yeux brillèrent, mais il n'eut pas le temps de pousser un cri ; Chingashgook avait déjà levé son tomahawk, et il le fit tomber sur sa tête avec une force terrible. L'Iroquois leva les mains, fit un saut en arrière, et tomba dans l'eau dans un endroit où le courant l'emporta, tandis qu'il se débattait encore dans l'agonie de la mort. Le Delaware fit un vigoureux effort pour lui saisir un bras, afin de s'emparer de sa chevelure, mais il n'y put réussir, et les eaux entraînèrent le cadavre qui les ensanglantait.

Tout cela se passa en moins d'une minute, et ces événements furent si soudains et si inattendus, que des hommes moins habitués que Pathfinder et ses compagnons à la guerre des forêts, n'auraient su ce qu'ils devaient faire.

— Il n'y a pas un moment à perdre, — dit Jasper en arrachant les branches, et parlant avec vivacité, quoique à demi-voix. — Faites comme moi, maître Cap, si vous voulez sauver votre nièce ; et vous, Mabel, couchez-vous au fond du canot.

A peine avait-il prononcé ces mots, qu'il sauta dans la rivière et saisit l'avant du léger esquif pour le tirer en pleine eau, tandis que Cap le poussait par-derrière, mais côtoyant le rivage d'assez près pour ne pouvoir être vu par les sauvages qui étaient en avant, et remontant la rivière pour tâcher de doubler la pointe, qui les cacherait plus sûrement aux yeux de leurs ennemis. La pirogue de Pathfinder était la plus voisine du rivage, et il fut nécessairement le dernier à le quitter. Le Mohican sauta sur le rivage, et s'enfonça dans la forêt pour épier les mouvements de l'ennemi, tandis qu'Arrowhead faisait signe à Pathfinder de tirer l'avant du canot, et de suivre Jasper. Tout cela fut l'ouvrage d'un instant; mais quand Pathfinder eut doublé la pointe et atteint le courant, il sentit un changement soudain dans le poids qu'il traînait, et s'étant retourné il vit que le Tuscarora et sa femme n'étaient plus dans la pirogue. L'idée d'une trahison se présenta sur-le-champ à son esprit, mais ce n'était pas l'instant d'y réfléchir, car les cris de rage qu'il entendit pousser plus bas sur la rivière, lui donnèrent à penser que le courant avait déjà porté le corps du jeune Indien jusqu'à l'endroit où ses deux camarades étaient arrivés. Un coup de fusil se fit entendre, et il vit ensuite que Jasper, après avoir doublé la pointe, cherchait à traverser la rivière, debout sur l'arrière de son canot, tandis que Cap était assis sur l'avant; tous deux travaillant à en accélérer la marche par de vigoureux coups de rames. Un regard, une pensée, un expédient, se suivaient rapidement dans un homme qui connaissait toutes les vicissitudes des guerres de cette frontière aussi bien que Pathfinder. Sautant sur l'arrière de sa pirogue, il la fit entrer dans le courant par un vigoureux coup de rame, et commença aussi à traverser la rivière, mais à un point beaucoup plus bas que son compagnon, de sorte que son corps devenait comme un point de mire pour les mousquets des ennemis; et il savait fort bien que le désir de prendre une chevelure serait l'idée qui prendrait l'ascendant dans leur esprit.

— Continuez à remonter le courant, Jasper, — s'écria-t-il tout en donnant de longs et vigoureux coups de rame, — et tâchez d'aborder sous ces buissons d'aunes sur l'autre rive. Veillez avant tout à la sûreté de la fille du sergent, et laissez au Grand-Serpent et à moi le soin de ces coquins de Mingos.

Jasper agita sa rame en l'air pour lui annoncer qu'il l'avait entendu, tandis que les coups de mousquets se succédaient rapidement, tous dirigés contre l'homme qui se trouvait seul sur le canot le plus voisin des sauvages.

— Oui, oui, videz vos mousquets comme des idiots que vous

êtes, — dit Pahtfinder, qui, ayant passé une si grande partie de sa vie dans la solitude des forêts, avait pris l'habitude de parler seul ; — usez votre poudre sans pouvoir ajuster un seul coup, et donnez-moi le temps de mettre toise sur toise d'eau entre vous et moi. Je ne vous dirai pas d'injure comme un Delaware ou un Mohican ; car ma nature est la nature d'un homme blanc, et non celle d'un Indien ; et se vanter en combattant ne convient pas à un guerrier chrétien ; mais je puis dire ici, pendant que je suis seul, que vous ne valez guère mieux que les habitants des villes qui tirent sur des moineaux dans un verger. — Voilà qui vaut mieux, — ajouta-t-il en secouant la tête, une balle lui ayant emporté une mèche de cheveux ; mais le plomb qui manque son but d'un pouce, n'est pas plus utile que celui qui ne sort jamais du fusil. — Bravo, Jasper ! il faut que la fille du sergent soit en sûreté, quand nous devrions laisser ici nos chevelures.

Pathfinder était alors au centre de la rivière, et ses ennemis étaient presqu'en face de lui. Le second canot, grâce aux bras vigoureux de Cap et de Jasper, était sur le point d'arriver à l'autre rive, précisément à l'endroit qui leur avait été indiqué. Le vieux marin jouait alors bravement son rôle, car il se trouvait sur son élément, il aimait sincèrement sa nièce, il n'était pas sans attachement pour sa propre personne, et il avait souvent vu le feu, quoiqu'il eût certainement acquis son expérience dans une espèce de guerre toute différente. Encore quelques coups de rame, et la pirogue fut sous les buissons. Jasper se hâta de faire débarquer Mabel, et, pour le moment, les trois fugitifs furent en sûreté.

Il n'en était pas de même de Pathfinder. Sa hardiesse et son dévouement l'avaient placé dans une position très-dangereuse, et le péril augmenta encore par le fait qu'au moment où il était le plus près des ennemis, les Iroquois qui étaient sur le rivage, vinrent se joindre à ceux qui étaient dans la rivière. L'Oswego, en cet endroit, avait environ une encâblure de largeur, et la pirogue se trouvant au milieu, il n'était qu'à une cinquantaine de toises des mousquets qui faisaient un feu presque continuel ; ce qui est la distance ordinaire pour cette arme.

Dans cette extrémité, le sang-froid et la fermeté de Pathfinder lui furent très-utiles. Il savait qu'il ne pouvait devoir sa sûreté qu'à un mouvement constant, car un objet stationnaire, à cette distance, aurait été touché presqu'à chaque coup. Le mouvement seul ne suffisait même pas ; car, accoutumés à la chasse du daim, ses ennemis savaient sans doute comment l'ajuster de manière à l'atteindre s'il continuait à courir dans la même direction. Il était donc obligé de changer sans cesse la marche de sa pirogue, tantôt suivant le courant avec la rapidité d'une flèche, tantôt l'arrêtant tout-à-coup pour gagner une ou deux toises dans la largeur de la rivière. Heureusement les Iroquois ne pouvaient recharger leurs mousquets dans l'eau, et les buissons épais qui bordaient partout le rivage, ne leur permettaient pas de voir les fugitifs quand ils étaient sur le rivage. Aidé par ces circonstances, et ayant reçu le feu de tous ses ennemis, Pathfinder gagnait peu à peu de la distance, tant en descendant le courant, qu'en cherchant à le traverser ; mais un nouveau danger se présenta à lui tout-à-coup par l'apparition de la troupe qui avait été laissée plus bas sur la rivière pour la surveiller.

C'étaient les guerriers dont il avait été question dans la courte conversation que nous avons rapportée. Ils n'étaient pas moins de dix, et, connaissant tous leurs avantages, ils s'étaient postés dans un endroit où l'eau se précipitait sur des rochers et des bas-fonds, de manière à former un rapide, ou un *rift*, comme on l'appelle dans ce pays. Pathfinder vit que, s'il entrait dans ce rift, il serait forcé d'approcher d'un point que les Iroquois occupaient, car le courant avait une force irrésistible, et les rochers ne permettaient aucun autre passage. La mort ou la captivité aurait donc été le résultat de cette tentative. Il fit tous ses efforts pour gagner la rive occidentale, tous les ennemis étant sur l'autre. Mais cet espoir était au-dessus du pouvoir humain ; et en essayant de traverser le courant, il aurait ralenti le mouvement de sa pirogue, et fourni à l'ennemi le moyen de mieux l'ajuster. Dans cet embarras pressant, il prit sa détermination avec son sang-froid et sa promptitude ordinaire, et fit ses préparatifs sur-le-champ. Au lieu de chercher à gagner le canal entre les rochers, il se dirigea vers l'endroit où l'eau était le plus basse ; et dès qu'il y fut arrivé, il saisit sa carabine, sauta dans l'eau, et passa d'un rocher à l'autre en s'avançant vers la rive occidentale. La pirogue abandonnée tourna dans tous les sens dans le *rift* furieux, tantôt passant par-dessus un rocher, tantôt s'emplissant d'eau, tantôt se vidant ; et enfin elle arriva sur le rivage à quelques toises de l'endroit où les Iroquois s'étaient postés.

Pendant ce temps, Pathfinder était loin d'être hors de danger ;

car, pendant la première minute, l'admiration de sa promptitude et de sa hardiesse, vertus si éminentes dans l'esprit d'un Indien, frappa ses ennemis d'immobilité; mais la soif de la vengeance et le désir d'obtenir un trophée sanglant, l'emportèrent bientôt sur ce sentiment momentané et les tira de leur stupeur. Les coups de mousquet recommencèrent et les balles sifflèrent autour de la tête du fugitif au milieu du tumulte des eaux. Cependant il était comme un homme dont la vie est protégée par un charme; car, quoique ses vêtements fussent percés en plusieurs endroits, il n'avait pas reçu une seule blessure.

Pathfinder était obligé quelquefois de marcher dans une eau qui lui venait jusqu'aux coudes; alors il tenait sa carabine et ses munitions élevées au-dessus du courant. Il finit par se fatiguer, et il ne fut pas fâché de trouver un petit rocher qui s'élevait assez au-dessus de l'eau pour que le sommet en fût parfaitement à sec. Il y plaça sa corne à poudre, et se mit lui-même par derrière, pour mettre son corps en partie à l'abri des balles. La rive occidentale n'était guère qu'à cinquante pieds, mais l'eau noire et tranquille, quoique rapide, qui coulait dans ce canal, prouvait suffisamment qu'il ne pourrait le passer qu'à la nage.

Les Indiens cessèrent quelques instants de tirer; ils s'étaient rassemblés autour de la pirogue, et y ayant trouvé des rames, ils se préparèrent à traverser la rivière.

— Pathfinder, — cria une voix du milieu des buissons de la rive gauche, à l'endroit qui était le plus près du rocher.

— Que voulez-vous, Jasper?

— Prenez courage. — Vous avez des amis à votre portée, et pas un Mingo ne passera la rivière sans payer cher sa témérité. Ne feriez-vous pas mieux de laisser votre carabine sur le rocher, et de venir nous joindre à la nage avant que les coquins puissent mettre la pirogue à flot?

— Le véritable homme des bois ne quitte jamais son arme tant qu'il a de la poudre dans sa corne et une balle dans sa poche. Je n'ai pas tiré un coup de fusil d'aujourd'hui, Eau-douce, et je n'aime pas l'idée de me séparer de ces reptiles, sans leur laisser de quoi se souvenir de mon nom. Un peu d'eau ne fera pas mal à mes jambes; et comme je reconnais ce coquin d'Arrowhead parmi ces vagabonds, je désire lui payer la récompense qu'il a si fidèlement gagnée. — Vous n'avez pas amené la fille du sergent ici à portée de leurs balles, j'espère.

— Elle est en sûreté, quant à présent du moins. Mais tout dépend pour nous de conserver la rivière entre nous et nos ennemis. Ils doivent connaître notre faiblesse à présent, et s'ils traversent la rivière, je ne doute pas qu'il n'en reste une partie sur l'autre rive.

— Toute cette affaire de canots touche à votre nature plus qu'à la mienne, jeune homme; et cependant je défierais à la rame le meilleur Mingo qui ait jamais percé un saumon de sa lance.

— Mais s'ils passent la rivière au-delà du *rift*, ne pouvons-nous la passer en deçà, et jouer ainsi aux barres avec ces loups?

— Non, parce que, comme je l'ai déjà dit, une partie d'entre eux resteront de l'autre côté de l'eau. D'ailleurs, voudriez-vous exposer Mabel aux mousquets des Iroquois?

— Il faut sauver la fille du sergent, Eau-douce, — répondit Pathfinder avec une énergie calme. — Vous avez raison; elle n'est pas d'une nature qui l'autorise à exposer sa jolie tête et son corps délicat au mousquet d'un Mingo. Que pouvons-nous donc faire? Il faut les empêcher de passer la rivière avant une heure ou deux, s'il est possible, et nous ferons de notre mieux pendant l'obscurité.

— Je suis d'accord avec vous, et je dis aussi si cela est possible. Mais sommes-nous assez forts pour y réussir?

— Le Seigneur est avec nous, Jasper, et il n'est pas raisonnable de supposer que la Providence abandonnera tout-à-fait une créature comme la fille du sergent dans ce péril. Il n'y a pas une barque entre la cataracte et la garnison, à l'exception de ces deux pirogues; et je crois qu'il sera contre la nature de ces peaux-rouges de vouloir passer l'eau en face de deux bouches à feu comme ma carabine et votre mousquet. Je ne veux pas me vanter, Jasper, mais on sait sur toute cette frontière que mon Tue-daim[1] manque rarement son coup.

— Tout le monde rend justice à vos talents, Pathfinder, ici et au loin; mais il faut du temps pour charger un mousquet; et en ce moment vous n'êtes pas sur la terre, couvert par un bon abri, et pouvant combattre avec votre avantage ordinaire. — Si vous aviez ma pirogue, ne pourriez-vous point passer sur cette rive sans que votre carabine fût mouillée?

— L'aigle peut-il voler, Jasper? — répondit Pathfinder, en

---

1. C'est le nom qu'il donne à sa carabine.

riant à sa manière; et jetant un coup-d'œil sur l'autre rive, il ajouta : — Mais il serait imprudent de vous exposer sur l'eau ; car je vois que ces mécréants commencent à vouloir en revenir à la poudre et aux balles.

— Vous pourrez l'avoir sans que personne coure aucun risque. Maître Cap est allé à la pirogue, et de là il jettera dans la rivière une branche d'arbre pour voir si le courant qui passe en cet endroit, la portera vers ce rocher. — Tenez, la voilà sur l'eau. Si elle vient ici, vous lèverez le bras, et Cap lâchera la pirogue. Et si elle passait sans que vous pussiez la prendre, le tournant qui est là-bas la porterait vers cette rive, et il me serait facile de m'en emparer.

Jasper parlait encore quand la branche, augmentant de vitesse à proportion de celle du courant, arriva rapidement près du rocher et passa à côté de Pathfinder, qui la saisit et la leva en l'air, en signe de succès. Cap aperçut ce signal, et il lança le canot dans le courant avec toute l'intelligence et la précision qu'on pouvait attendre d'un vieux marin. La pirogue suivit la même direction que la branche, et passa à la portée de Pathfinder, qui s'en empara.

— Cela a été imaginé avec le jugement d'un homme des frontières, Jasper ; mais vous avez votre nature qui vous dirige sur l'eau, comme la mienne dans les bois. A présent, que ces Mingos arment leurs mousquets, et ajustent bien, car voici probablement la dernière chance qu'ils auront de tirer sur un homme sans abri.

— Poussez diagonalement la pirogue vers le rivage, sautez-y ensuite, et couchez-vous au fond. C'est une folie de courir des risques sans nécessité.

— J'aime à faire face en homme à mes ennemis quand ils m'en donnent l'exemple, — répondit Pathfinder avec fierté. — Je ne suis pas une peau-rouge, et il est dans la nature d'un blanc de combattre à découvert, plutôt que de se mettre en embuscade.

— Et Mabel ?

— Vous avez raison, Jasper, vous avez raison, il faut sauver la fille du sergent, et, comme vous le dites, courir des risques sans nécessité, c'est une folie qui ne convient qu'à la jeunesse.

— Croyez-vous pouvoir mettre la main sur la pirogue là où vous êtes ?

— Il n'y a nul doute, si vous la poussez vigoureusement.

Pathfinder y employa toutes ses forces ; la légère nacelle franchit rapidement l'espace qui la séparait du rivage, et Jasper la saisit dès qu'elle en fut assez proche. Mettre la pirogue en sûreté et choisir une position convenable dans les buissons, ce ne fut que l'affaire d'un instant, après quoi ils se serrèrent la main cordialement comme deux amis qui se revoient après une longue absence.

— A présent, Jasper, nous allons voir si un de ces Mingos osera traverser l'Oswego tandis que Tue-daim lui montre les dents. La rame, l'aviron et la voile vous vont peut-être mieux que le mousquet, mais vous avez un cœur brave et une main ferme, et cela compte pour quelque chose dans un combat.

— Mabel me trouvera entre elle et ses ennemis.

— Oui, oui, il faut que la fille du sergent soit protégée. Je vous aime pour votre propre compte, Jasper; mais je vous en aime encore mieux parce que vous pensez à une créature si faible dans un moment où vous avez besoin de toutes vos forces pour vous-même. — Mais voyez! voilà trois de ces coquins qui entrent dans la pirogue. Il faut qu'ils croient que nous avons pris la fuite. A coup sûr ils n'oseraient risquer de traverser la rivière précisément en face de Tue-daim.

Il est bien certain que les Indiens semblaient disposés à passer l'Oswego; car Pathfinder et son ami s'étant soigneusement cachés, les Iroquois croyaient qu'ils avaient cherché à leur échapper. C'était le parti que la plupart des blancs auraient pris; mais Mabel était confiée à leurs soins, et ils connaissaient trop bien le genre de guerre des forêts pour ne pas savoir que ce n'était qu'en défendant le passage de la rivière qu'il était probable qu'ils pourraient la sauver.

Comme l'avait dit Pathfinder, trois guerriers étaient dans la pirogue; deux, leur mousquet en main, un genou en terre, et prêts à faire feu; l'autre, debout sur l'arrière et tenant la rame. Ce fut ainsi qu'ils quittèrent le rivage, après avoir eu la précaution de faire d'abord remonter la barque le long du rivage, afin de passer la rivière au-dessus du *rift*, dans un endroit où l'eau était comparativement tranquille. Il fut aisé de voir que le sauvage qui tenait la rame, connaissait parfaitement ce métier, car le léger esquif volait sur la surface comme une plume dans l'air.

— Ferai-je feu? — demanda Jasper à voix basse, en tremblant, d'impatience.

— Pas encore, Eau-Douce, pas encore; ils ne sont que trois,

et si maître Cap qui est là-bas sait se servir des pistolets qu'il a à sa ceinture, nous pouvons même les laisser débarquer, et ce sera le moyen de recouvrer notre embarcation.

— Mais Mabel?

— Il n'y a rien à craindre pour la fille du sergent. Vous m'avez dit qu'elle est en sûreté dans le tronc creux d'un arbre, dont l'entrée est cachée par des ronces, et si vous m'avez bien décrit la manière dont vous avez fait disparaître toute piste, elle pourrait y rester un mois et se moquer des Mingos.

— On n'est jamais certain de rien. Je voudrais l'avoir amenée plus près d'ici.

— Et pourquoi, Eau-douce? Pour mettre sa jolie petite tête et son cœur qui bat sans doute, à portée des balles des Mingos? Non, non; elle est mieux où elle est, parce qu'elle y est plus en sûreté.

— De quoi peut-on être sûr? Nous pensions être bien cachés derrière le buisson que nous avions planté, et pourtant nous avons été découverts.

— Et le coquin de Mingo a été bien payé de sa curiosité, comme le seront ces drôles qui.....

Pathfinder s'interrompit, car on entendit en ce moment le bruit d'un coup de fusil. L'Indien qui était debout sur l'arrière de la pirogue, fit un saut en l'air, et tomba dans l'eau avec la rame qu'il tenait en main. Une légère guirlande de fumée sortit des buissons de la rive orientale, et se perdit bientôt dans l'atmosphère.

— C'est le Grand-Serpent qui a sifflé, — dit Pathfinder d'un ton de triomphe. — Jamais cœur plus brave et plus fidèle n'a battu dans le cœur d'un Delaware. J'aurais préféré qu'il se fût tenu coi; mais il ne pouvait connaître notre position, il ne pouvait la connaître.

Dès que le canot eut perdu son guide, il flotta au gré du courant, et ne tarda pas à être entraîné dans les rapides. Les deux Indiens qui y restaient, jetaient autour d'eux des regards égarés, mais ils n'avaient aucun moyen de résister à la force de l'élément furieux. Il fut peut-être heureux pour Chingashgook que toute l'attention des Iroquois fût fixée sur la situation de leurs deux compagnons, sans quoi il lui aurait été très-difficile, sinon impossible de leur échapper. Mais pas un d'entre eux ne remua, si ce n'est pour chercher quelque abri; et tous les yeux étaient fixés sur la pirogue. En moins de temps qu'il n'en a fallu pour décrire ces derniers incidents, on vit le fragile esquif tourner et danser dans le rapide; et les deux sauvages, pour tâcher d'en conserver l'équilibre, s'étaient étendus dans le fond. Cet expédient ne leur réussit pas long-temps, car la pirogue, frappant contre un rocher, chavira, et les deux guerriers furent jetés dans la rivière. L'eau est rarement profonde dans les rapides, à l'exception des endroits où elle s'est creusé un canal, et ils n'avaient pas à craindre d'être noyés; mais ils perdirent leurs armes, et ils furent obligés de regagner la rive occidentale, moitié à la nage, moitié en marchant dans l'eau, suivant les circonstances. La pirogue finit par s'arrêter sur un rocher au milieu de la rivière, de sorte que, pour le moment, elle ne pouvait être utile à aucun des deux partis.

— Voici l'instant favorable, Pathfinder, — dit Jasper, tandis que les deux Indiens avaient la plus grande partie du corps exposé en marchant dans l'eau. — J'ajuste le premier, chargez-vous du second.

Son coup partit comme il achevait ces mots, mais tout ce qui venait de se passer l'avait tellement agité qu'il n'eut pas la main sûre; aucun des deux fugitifs ne fut blessé, et ils levèrent les bras en l'air en signe de dérision. Pathfinder ne tira point.

— Non, non, Eau-Douce, — répondit-il, — je ne cherche pas à répandre le sang sans nécessité. Ma balle est bien couverte de cuir, ma carabine soigneusement bourrée, et je réserve ma charge pour un besoin urgent. Je déteste les Mingos, et c'est justice, vu que j'ai passé si long-temps avec les Delawares; mais je ne tire sur aucun d'eux sans être sûr que sa mort conduira à quelque chose d'utile. Jamais je n'ai tué un daim à plaisir. En vivant la plupart du temps seul avec Dieu dans le désert, on s'accoutume à reconnaître la justice de ces sentiments. Contentons-nous d'une vie pour le moment; l'occasion se présentera peut-être d'employer Tue-daim pour le service du Grand-Serpent, qui a fait une chose hasardeuse en apprenant si clairement à ces diables rampants qu'il est dans leur voisinage. — Comme je suis un pécheur, en voici un qui rôde là-bas le long du rivage comme un des enfants de la garnison qui se cache derrière un arbre tombé pour tirer sur un écureuil.

Comme Pathfinder montrait du doigt l'Indien dont il parlait, Jasper l'eut bientôt aperçu. Un des jeunes guerriers iroquois, brûlant du désir de se distinguer, s'était écarté de ses compagnons et s'avançait vers les buissons dans lesquels Chingashgook s'était caché ; et comme celui-ci était trompé par l'apathie apparente de ses ennemis et occupé des préparatifs de quelque autre projet, l'Iroquois avait gagné une position d'où il pouvait voir le Mohican. On ne pouvait en douter aux dispositions qu'il faisait pour tirer, car, de la rive occidentale, on ne pouvait voir Chingashgook. Le rapide passait devant un coude formé par l'Oswego, et la formation de la rive orientale décrivait une courbe si étendue, que le Mohican était très-près de ses ennemis en ligne droite, quoiqu'il en fût à plusieurs centaines de pieds, en suivant les sinuosités du rivage. Chingashgook, l'Iroquois et les deux blancs formaient alors à peu près les trois angles d'un triangle équilatéral dont chaque côté pouvait avoir un peu moins de cent toises.

— Le Grand-Serpent doit être là quelque part, — dit Pathfinder, qui ne perdait pas de vue un instant le jeune guerrier. — Il faut pourtant qu'il soit étrangement hors de ses gardes pour se laisser approcher de si près par un maudit Mingo qui donne des signes si manifestes de sa soif de sang.

— Voyez, — dit Jasper, — voilà le corps de l'Indien que le Mohican vient de tuer. Le courant l'a porté sur un rocher, et il a la tête et les épaules hors de l'eau.

— Cela est probable, Eau-Douce, très-probable. La nature humaine ne vaut guère mieux qu'un tronc mort flottant sur l'eau, quand le souffle qui l'animait l'a abandonné. Au surplus cet Iroquois ne fera plus de mal à personne, mais ce jeune rôdeur paraît déterminé à avoir la chevelure de mon meilleur ami, de mon ami le plus éprouvé.

Il s'interrompit pour lever sa carabine, arme dont la longueur était extraordinaire, et l'ayant appuyée contre son épaule il fit feu. L'Iroquois, sur la rive opposée, ajustait Chingashgook à l'instant où le fatal messager de Tue-daim arriva. Son coup partit, mais en l'air, et il tomba sous les buissons, grièvement blessé, sinon tué.

— Le reptile se l'est attiré lui-même, — dit Pathfinder, appuyant par terre la crosse de sa carabine, et commençant à la recharger avec grand soin. — Chingashgook et moi nous nous connaissons depuis mon enfance, et nous avons combattu côte à côte sur le Horican, sur le Mohawk, sur l'Ontario et dans toutes les passes qui séparent notre pays de celui des Français ; et l'idiot s'imaginait-il que je resterais les bras croisés en voyant mon meilleur ami tué dans une embuscade ?

— Nous avons rendu au Grand-Serpent un aussi grand service que celui que nous en avons reçu. Mais voyez, Pathfinder, les drôles sont inquiets. Ils reculent et cherchent des abris à présent qu'ils voient que nos balles peuvent passer l'eau.

— Ce coup n'est pas grand'chose, Jasper, ce n'est pas grand' chose. Demandez à qui vous voudrez du 60e régiment, et il vous dira ce que Tue-daim peut faire et ce qu'il a fait ; et cela dans un moment où les balles nous sifflaient aux oreilles comme des grêlons. — Non, non, ce n'est pas grand'chose, et ce vagabond inconsidéré se l'est attiré lui-même.

— Est-ce un chien ou un daim, qui vient vers nous à la nage ?

Pathfinder tressaillit, car il vit clairement que quelque chose traversait la rivière au-dessus du rapide, vers lequel la force du courant le faisait pourtant avancer graduellement. Un second regard les convainquit tous deux que c'était un homme, et un Indien, quoiqu'on ne le vit pas d'abord assez distinctement pour en être sûr. Ils craignirent quelque stratagème, et ils suivirent des yeux avec la plus grande attention tous les mouvements de l'étranger.

— Il pousse quelque chose devant lui en nageant, — dit Jasper, — et sa tête ressemble à un buisson flottant à la dérive.

— C'est quelque diablerie indienne, Eau-Douce ; mais la franchise chrétienne déjouera leur astuce.

A mesure que l'inconnu s'approchait, les deux amis commencèrent à douter de la justesse de leurs premières idées ; mais ce ne fut que lorsqu'il eut traversé les deux tiers de la rivière que la vérité leur fut connue.

— Sur ma vie, c'est le Grand-Serpent ! — s'écria Pathfinder en riant sans aucun bruit, mais de si bon cœur que les larmes lui en vinrent aux yeux. — Il a attaché des branches sur sa tête pour la cacher, et a placé par-dessus sa corne à poudre ; il a lié son mousquet à la pièce de bois qu'il pousse devant lui, et il vient rejoindre ses amis. Ah ! combien de fois lui et moi nous avons joué de pareils tours, en face de Mingos qui avaient soif de notre sang, dans les environs de Ty !

— Je ne sais trop si c'est lui, Pathfinder. Je ne reconnais aucun de ses traits.

— Ses traits ? Qui cherche des traits dans une peau-rouge ? Non,

non, c'est la peinture qui parle, et personne qu'un Delaware ne porterait celle qui le couvre. Il porte ses couleurs, Jasper, comme votre barque sur le lac porte la croix de Saint-George, et comme les Français déploient au vent leurs serviettes de table avec toutes les taches d'arêtes de poisson et de tranches de venaison qui s'y trouvent. A présent, vous pouvez voir son œil, et c'est bien l'œil d'un chef. Mais, Eau-Douce, féroce comme il l'est dans le combat, impassible comme il le semble parmi les feuilles, — ici Pathfinder appuya légèrement un doigt sur le bras de son compagnon, — je l'ai vu verser des larmes comme une pluie. Il y a un cœur et une âme sous cette peau-rouge, soyez-en bien sûr ; quoique ce soient un cœur et une âme d'une nature différente de la nôtre.

— Personne qui connaît le chef n'en a jamais douté.

— Moi, j'en suis sûr, — répliqua Pathfinder avec fierté, — car j'ai vécu avec lui dans l'affliction et dans la joie. Dans l'une, j'ai trouvé un homme, quoique cruellement frappé ; dans l'autre, j'ai vu un chef qui sait que les femmes de sa tribu ne sont jamais plus aimables que lorsqu'elles peuvent se livrer à une légère gaieté. — Mais chut ! c'est trop ressembler aux gens des établissements que de dire du bien de l'un à l'oreille d'un autre, et le Grand-Serpent a l'oreille fine. Il sait que je l'aime et que je dis du bien de lui derrière son dos ; mais un Delaware a de la modestie dans sa nature, quoiqu'il se vante comme un fanfaron quand il est attaché au poteau.

Le Grand-Serpent atteignit alors le rivage, précisément en face de ses deux compagnons, dont il fallait qu'il connût exactement la position avant de quitter la rive orientale. En sortant de l'eau, il se secoua comme un chien, et fit l'exclamation ordinaire : — *Hugh!*

CHAPITRE VI.

> « Ces saisons, en changeant, Père tout-puissant,
> ne sont que la divinité sous différentes formes. »
> THOMSON.

Pathfinder s'avança vers le chef dès qu'il eut gagné la terre, et lui parla dans la langue de sa tribu.

— Avez-vous eu raison, Chingashgook, — lui dit-il d'un ton de reproche, — de dresser une embuscade, vous seul, à une douzaine de Mingos? Il est vrai que Tue-daim trompe rarement mon attente, mais il y a loin d'une rive de l'Oswego à l'autre, et ce mécréant ne montrait guère que sa tête et ses épaules au-dessus des buissons; de sorte qu'une main et un œil peu exercés auraient pu ne pas atteindre le but. Vous auriez dû songer à cela, chef, vous auriez dû y songer.

— Le Grand-Serpent est un guerrier mohican, il ne voit ses ennemis que lorsqu'il est sur le sentier de la guerre; et ses pères ont frappé les Mingos par-derrière, depuis que les eaux ont commencé à couler.

— Je connais votre nature, chef, et je la respecte. Personne ne m'entendra me plaindre qu'une peau-rouge ait la nature d'une peau-rouge. Mais un guerrier a besoin de prudence comme de valeur, et si ces démons d'Iroquois n'avaient pas été occupés à regarder leurs compagnons qui étaient dans l'eau, la piste que vous leur auriez laissée aurait été chaude.

— Que va donc faire le Grand-Serpent? — demanda Jasper, qui remarqua en ce moment que le chef avait quitté brusquement Pathfinder, et s'était approché du bord de l'eau, avec l'air de vouloir se jeter encore une fois dans la rivière. — J'espère qu'il n'est pas fou au point de retourner sur l'autre rive pour y aller chercher une bagatelle qu'il peut avoir oubliée?

— Non, non, il est au fond aussi prudent que brave, quoiqu'il se soit tellement oublié dans sa dernière embuscade. — Écoutez-moi, Jasper, — ajouta-t-il en le tirant à part, tandis qu'il entendait le Mohican se jeter dans l'eau, — écoutez-moi; Chingashgook n'est ni un homme blanc ni un chrétien, comme nous, c'est un chef mohican qui a sa nature, et à qui ses traditions disent ce qu'il doit faire ; et celui qui vit avec des gens qui ne sont pas strictement de la même nature que lui, fait mieux de laisser ses compagnons se conduire d'après leur nature et leurs coutumes. Un soldat du roi jurera, boira, et il est à peu près inutile de vouloir l'en empêcher ; un homme riche voudra avoir ses aises, une belle dame ses plumes ; et vous ne réussirez pas à les y faire renoncer. Or, la nature et les inclinations d'un Indien sont encore bien plus fortes, et il n'y a nul doute que Dieu ne les lui ait données dans de sages vues, quoique ni vous ni moi nous ne puissions les pénétrer.

— Mais que veut-il donc faire? Voyez ! le Mohican nage vers le corps qui s'est arrêté sur ces roches. Quel peut être son but en s'exposant ainsi ?

— L'honneur, la gloire, la renommée ; de même que de grands personnages quittent leurs demeures tranquilles au-delà des mers, où, comme ils le disent, le cœur n'a rien à désirer, — c'est-à-dire le cœur qui peut se contenter de vivre dans une clairière, — pour venir ici manger du gibier et se battre contre les Français.

— Je vous comprends. Votre ami est allé prendre la chevelure du défunt.

— C'est sa nature, et il faut le laisser faire. Nous sommes blancs, et nous ne pouvons mutiler le corps d'un ennemi mort ; mais aux yeux d'une peau-rouge, c'est un honneur de le faire. Cela peut vous paraître singulier, Eau-Douce, mais j'ai entendu des hommes blancs ayant un grand nom et une grande réputation manifester des idées aussi étranges sur l'honneur. Oui, je l'ai entendu.

— Un sauvage sera toujours un sauvage, Pathfinder, n'importe quelle compagnie il fréquente.

— Il est fort bien à nous de le dire ; mais je vous dis, moi, que l'honneur blanc n'est pas toujours conforme à la raison ni à la volonté de Dieu. J'ai passé des jours entiers à réfléchir à tout cela dans les bois, et j'en suis venu à penser que, comme la Providence gouverne tout, elle a donné à chacun sa nature dans quelque vue sage et raisonnable. Si les Indiens n'étaient bons à rien, elle n'aurait pas créé les Indiens, et je suppose que si vous pouviez pénétrer jusqu'au fond des choses, vous verriez que les

Mingos eux-mêmes ont été créés dans quelque but sage et convenable, quoique j'avoue qu'il est hors de mon pouvoir de dire quel est ce but.

— Le Grand-Serpent s'expose terriblement aux mousquets des ennemis pour s'emparer d'une chevelure! Cela peut faire tourner contre nous la fortune de ce jour.

— Ce n'est pas ce qu'il pense, Jasper. D'après les idées du Grand-Serpent, il y a plus d'honneur à prendre cette chevelure, qu'à laisser un champ de bataille couvert de morts qui conservent leurs cheveux sur leurs têtes. Or, il y avait ce beau jeune homme, capitaine dans le 60e régiment, qui, dans la dernière escarmouche que nous eûmes avec les Français, sacrifia sa vie en tâchant de leur enlever une pièce de canon de trois livres de balle : il croyait que l'honneur le lui ordonnait. Et j'ai vu un jeune enseigne dangereusement blessé s'entourer le corps de son drapeau, s'endormir dans son sang, et s'imaginer qu'il était couché sur quelque chose de plus doux que même des peaux de buffle.

— Oui, oui, je conçois qu'on attache du mérite à conserver son drapeau.

— Ces chevelures sont le drapeau de Chingashgook; il les conservera pour les montrer aux enfants de ses enfants. — Que dis-je? — ajoute Pathfinder d'une voix mélancolique, — il ne reste aucun rejeton du tronc du vieux Mohican. — Il n'a ni enfants à qui il puisse porter ses trophées, ni tribu à honorer par ses exploits. Il est resté seul dans le monde, et pourtant il est fidèle à sa nature, à ses habitudes. Vous devez convenir, Eau-Douce, qu'il y a en cela quelque chose de convenable, quelque chose qui mérite honneur et respect.

De grands cris s'élevèrent en ce moment parmi les Iroquois, et ils furent suivis de plusieurs coups de mousquet. Le désir d'empêcher le Mohican de s'emparer de son trophée devint si violent, qu'ils entrèrent dans l'eau, et plusieurs avancèrent même jusqu'à une centaine de pieds du *rift* écumant, comme s'ils eussent voulu en braver la fureur pour aller attaquer leur ennemi. Chingashgook resta impassible; il exécuta sa tâche avec la promptitude et la dextérité qu'il devait à une longue habitude, et se retira sans avoir été blessé, brandissant en l'air son trophée sanglant, et poussant le cri de guerre avec ses intonations les plus effrayantes. Pendant une minute les arches des bois silencieux, et la longue percée formée par le cours de la rivière, retentirent de cris si terribles que Mabel baissa la tête d'épouvante, et que son oncle pensa un instant à prendre la fuite.

— Cela surpasse tout ce que j'ai déjà entendu dire de ces misérables, — dit Jasper en se bouchant les oreilles d'horreur et de dégoût.

— C'est leur musique, — Eau-Douce, — répondit Pathfinder sans la moindre émotion. — Cela leur tient lieu de tambours et de fifres, de trompettes et de clairons ; ils aiment de pareils sons, car ils excitent en eux la férocité et la soif du sang. Ils me paraissaient horribles dans ma première jeunesse, mais à présent ils sont pour mes oreilles comme le chant d'un oiseau. Les cris de tous ces reptiles, fussent-ils assez nombreux pour couvrir tout le terrain entre la cataracte et la garnison, ne feraient pas aujourd'hui la moindre impression sur mes nerfs. Je ne le dis pas pour me vanter, Jasper, car celui qui laisse entrer la lâcheté par ses oreilles, doit avoir le cœur bien faible, pour ne rien dire de plus, les cris et le bruit étant faits pour alarmer les femmes et les enfants, plutôt que les hommes qui chassent dans la forêt et qui font face à leurs ennemis. — J'espère que le Grand-Serpent est satisfait à présent, car le voici qui revient avec la chevelure pendue à sa ceinture.

Jasper détourna la tête avec dégoût, tandis que le Mohican sortait de l'eau ; mais Pathfinder regarda son ami en homme qui avait pris le parti de voir avec une indifférence philosophique les choses qui étaient sans importance. Tandis que le Delaware s'enfonçait dans les buissons pour tordre le peu de vêtements qu'il portait, et en faire sortir l'eau, et pour mettre son mousquet en état de lui rendre de nouveaux services, il jeta un regard de triomphe sur ses compagnons, et tout signe d'émotion causée par ce dernier exploit disparut de sa physionomie.

— Jasper, — reprit Pathfinder, — allez trouver maître Cap et priez-le de venir se joindre à nous. Nous avons peu de temps pour tenir conseil, et il faut que nous arrêtions un plan à la hâte, car ces Mingos ne tarderont pas à chercher les moyens de nous assaillir.

Le jeune homme partit, et quelques minutes après ils étaient tous quatre réunis près du rivage, mais bien cachés à leurs ennemis, quoiqu'ils pussent eux-mêmes les surveiller, afin de régler leur propre conduite d'après les mouvements des Iroquois.

Le jour était alors tellement avancé qu'il ne restait plus que quelques minutes à s'écouler avant que la nuit arrivât, et elle promettait d'être très-obscure. Le soleil venait de se coucher, et le crépuscule d'une basse latitude fait bientôt place aux ténèbres. La principale espérance des fugitifs se fondait sur cette circonstance, quoiqu'il en résultât quelque danger, car l'obscurité, en favorisant leur fuite, leur cacherait aussi les mouvements de leurs ennemis astucieux.

— Le moment est arrivé, mes amis, — dit Pathfinder, — de tracer nos plans avec sang-froid, afin que nous agissions de concert et en pleine connaissance de ce que nous avons à faire. Dans une heure de temps, il fera aussi noir dans ces bois qu'à minuit; et si nous devons arriver au fort, il faut que ce soit à la faveur de cette circonstance. Que nous direz-vous à ce sujet, maître Cap? Car quoique vous n'ayez pas beaucoup d'expérience des combats et des retraites dans les bois, votre âge vous donne le droit de parler le premier dans le conseil.

— Et ma proche parenté avec Mabel doit aussi compter pour quelque chose.

— Je n'en sais rien ; je n'en sais rien. L'affection est affection, soit qu'elle vienne par nature, ou qu'elle soit la suite du jugement ou de l'inclination. Je ne dirai rien du Grand-Serpent qui a passé l'âge de songer aux femmes ; mais quant à Jasper et à moi, nous sommes prêts à nous placer entre la fille du sergent et les Mingos comme son père pourrait le faire lui-même. — Dis-je plus que la vérité, Eau-Douce?

— Mabel peut compter sur moi jusqu'à la dernière goutte de mon sang, — répondit Jasper, parlant bas, mais avec chaleur.

— Fort bien, fort bien, — reprit l'oncle, — nous ne discuterons pas le sujet, puisque nous paraissons tous disposés à la servir de notre mieux, et les actions valent mieux que les paroles. A mon avis, ce que nous avons à faire, c'est de nous embarquer dans la pirogue dès qu'il fera assez noir pour que les vigies de l'ennemi ne puissent nous apercevoir, et de faire voile vers le port aussi vite que le vent et la marée le permettront.

— Cela est aisé à dire, mais plus difficile à faire, — répondit le guide ; — nous serons plus exposés sur la rivière que dans les bois ; et ensuite il y a au-dessous de nous le *rift* de l'Oswego, et je ne suis pas sûr que Jasper lui-même puisse y diriger une pirogue en sûreté pendant l'obscurité. Que nous direz-vous,

Eau-Douce, en ce qui concerne votre jugemennt et votre dextérité ?

— Je pense comme maître Cap, qu'il faut nous servir de la pirogue. Mabel n'est pas en état de marcher dans les marécages et au milieu des racines d'arbres, par une nuit telle que celle-ci paraît devoir être ; et quant à moi, je me trouve toujours le cœur plus assuré et l'œil meilleur sur l'eau que sur la terre.

— Vous avez toujours le cœur assuré, Jasper, et je crois que vous avez l'œil assez bon pour un homme qui a vécu si longtemps au grand soleil, et si peu dans les bois. Ah ! si l'Ontario avait des arbres, ce serait une plaine à réjouir le cœur et l'œil d'un chasseur. — Il y a du pour et du contre à ce que vous dites, mes amis. Le pour, c'est que l'eau ne laisse pas de traces.....

— Pas de traces ! — s'écria Cap d'un ton dogmatique ; — qu'appelez-vous donc le sillage ?

— Continuez, dit Jasper, — maître Cap croit être sur l'Océan. L'eau ne laisse pas de traces, disiez-vous.

— Elle n'en laisse aucune, Jasper ; ici du moins, car je ne prétends pas dire ce qui peut arriver sur la mer. Ensuite une pirogue est légère et facile à conduire quand elle suit le courant, et le mouvement n'en fatiguera pas les membres délicats de la fille du sergent. Mais d'un autre côté, la rivière n'a d'autre abri que la voûte des cieux ; le *rift* est difficile à passer même en plein jour, et il y a par eau six milles bien mesurés d'ici à la garnison. Ensuite une piste n'est pas facile à trouver dans les bois pendant l'obscurité. — Je suis vraiment embarrassé, Jasper, pour donner mon avis sur le parti à prendre.

— Si le Grand-Serpent et moi nous nous mettions à la nage pour aller chercher la seconde pirogue et l'amener ici ? il me semble que l'eau serait le parti le plus sûr.

— Oui, si ! — Et cependant cela pourrait se faire quand il fera un peu plus obscur. Eh bien ! eh bien ! prenant en considération la fille du sergent et sa nature, je ne suis pas certain que ce ne soit pas le meilleur parti. Et cependant, si nous n'avions pas de femme avec nous, ce serait comme une partie de chasse pour des hommes braves et vigoureux de jouer à cache-cache avec ces mécréants qui sont sur l'autre rive. Eh bien ! Jasper, — continua le guide, dans le caractère duquel il n'entrait rien qui sentît la vaine gloire ou l'effet théâtral, — entreprenez-vous d'amener ici la pirogue ?

— J'entreprendrai tout ce qui peut servir et protéger Mabel.

— C'est un sentiment louable, et je suppose que c'est votre nature. Le Grand-Serpent, qui est déjà presque nu, pourra vous aider ; et ce sera en outre ôter à ces démons un moyen de nous nuire.

Ce point matériel étant réglé, on se prépara à exécuter le projet qui venait d'être arrêté. Les ombres de la nuit tombaient rapidement sur la forêt, et lorsque tout fut prêt, on ne pouvait plus distinguer aucun objet sur la rive opposée. Le temps pressait, car les Indiens rusés pouvaient imaginer bien des expédients pour traverser une rivière si peu large, et il tardait à Pathfinder de pouvoir partir. A l'instant où Jasper et le Delaware entrèrent dans l'eau, le guide alla chercher Mabel dans l'endroit où elle s'était cachée, et lui dit d'aller avec son oncle le long du rivage jusqu'en face du rapide. Il s'embarqua ensuite dans la pirogue qui restait en sa possession, pour la conduire au même endroit.

Il y réussit sans difficulté. Il fit approcher la pirogue du rivage ; Mabel et son oncle s'y embarquèrent et y prirent leurs places ordinaires, tandis que Pathfinder, debout sur l'arrière, tenait une branche d'arbre pour empêcher la pirogue d'être entraînée par le courant. Une intervalle d'inquiétude pénible s'écoula, tandis qu'ils attendaient le résultat de l'entreprise hardie de leurs deux compagnons.

Nos deux aventuriers eurent à passer à la nage un canal rapide et profond avant d'atteindre une partie du *rift* qui leur permit de toucher la terre du pied. Cette partie de leur entreprise fut bientôt achevée, et Jasper et le Grand-Serpent sentirent le fond en même temps. S'étant assuré le pied, ils se prirent par la main et marchèrent avec lenteur et précaution du côté où ils supposaient trouver la pirogue. Mais l'obscurité était déjà si profonde, qu'ils reconnurent bientôt que le sens de la vue ne les aidait guère, et qu'ils devaient faire leur recherche avec cette sorte d'instinct qui permet à l'homme vivant dans les bois de trouver son chemin quand le soleil est couché, qu'aucune étoile ne se montre, et que tout semble un chaos à quiconque n'est pas habitué aux labyrinthes des forêts. Dans ces circonstances Jasper se laissa conduire par le Mohican, que ses habitudes rendaient plus propre à servir de guide. Il n'était pourtant pas facile de marcher dans un élément courroucé à une pareille heure, et de conserver un souvenir exact des localités. Lorsqu'ils se crurent au milieu de la rivière, ils ne voyaient plus aucune des deux rives, et ils ne pouvaient les distinguer que par des masses d'obscurité plus épaisses, quelques cimes d'arbres seulement se dessinant faiblement sur l'horizon. Une ou deux fois nos aventuriers changèrent de direction, en se trouvant tout à coup dans une eau profonde, car ils savaient que la pirogue s'était arrêtée dans la partie du *rift* où il y avait le moins d'eau. En un mot, avec ce fait pour toute boussole, ils marchèrent dans l'eau, de côté et d'autre, près d'un quart d'heure, et à la fin de ce temps, qui commençait à paraître interminable au jeune homme, ils ne semblaient pas être plus près du but de leur entreprise qu'au moment de leur départ. A l'instant où le Delaware allait s'arrêter pour proposer à son compagnon de retourner à terre pour mieux s'assurer de la direction qu'ils devaient suivre, il vit un homme marchant dans l'eau, presque à portée de son bras, et il comprit sur-le-champ que les Iroquois avaient formé le même projet qu'eux.

— Mingo! — dit-il à l'oreille de Jasper, qui était à son côté; — le Grand-Serpent va donner à son frère une leçon de ruse.

Le jeune marin entrevit l'étranger, et la vérité se présenta aussi à son esprit. Sentant la nécessité de laisser le soin de tout au Mohican, il se tint en arrière, tandis que son ami avançait du côté par où l'Iroquois avait disparu. Il le revit bientôt, et il avançait vers eux en droite ligne. Les eaux faisaient un tel vacarme en cet endroit, qu'on pouvait parler sans danger, et le chef, tournant la tête, dit à la hâte à son compagnon :

— Fiez-vous à l'astuce du Grand-Serpent.

— Hugh! — s'écria l'Iroquois, et il ajouta dans sa propre langue : — J'ai trouvé la pirogue, mais je n'ai personne pour m'aider. Suivez-moi, et nous l'enlèverons du rocher.

— Volontiers, — répondit Chingashgook, qui connaissait ce dialecte. — Conduisez-nous, nous vous suivrons.

L'Iroquois, ne pouvant distinguer la voix ni l'accent au milieu du bruit du rapide furieux, marcha en avant sans répondre; les deux amis le suivirent, et tous trois arrivèrent bientôt près de la pirogue. L'Iroquois la prit par un bout, Chingashgook au centre, et Jasper à l'autre bout; car il était important que leur ennemi ne pût voir que l'un de ses nouveaux associés était un homme blanc, découverte qui aurait pu être occasionnée par le peu de vêtements que Jasper avait conservés, aussi bien que par la couleur de sa peau.

— Levez! — dit l'Iroquois avec le laconisme ordinaire aux Indiens; et sans de bien grands efforts la pirogue fut soulevée, tenue un moment en l'air pour la vider et remise sur l'eau avec soin. Tous trois continuaient à la tenir, de peur que la force du courant ne l'entraînât. L'Iroquois, qui tenait l'avant, se dirigea du côté de la rive orientale, vers l'endroit où ses amis attendaient son retour.

Comme le Delaware et Jasper sentaient qu'il devait y avoir plusieurs autres Iroquois dans le rapide, puisque leur apparition n'avait causé aucune surprise à celui qu'ils avaient rencontré, ils reconnurent la nécessité d'une extrême circonspection. Des hommes moins hardis et moins déterminés auraient cru courir un trop grand risque en se hasardant ainsi au milieu de leurs ennemis; mais ils étaient inaccessibles à la crainte et habitués au péril, et ils sentaient si bien la nécessité d'empêcher leurs ennemis de se mettre en possession de la pirogue, qu'ils se seraient exposés à des périls encore plus grands pour y réussir. Jasper surtout regardait la possession ou la destruction de cette pirogue comme si importante à la sûreté de Mabel, qu'il avait tiré son couteau pour en couper l'écorce, et la mettre ainsi hors de service pour le moment, si quelque événement forçait le Mohican et lui à abandonner leur prise.

Cependant l'Iroquois, qui était en avant, marchait lentement dans l'eau, traînant après lui la pirogue et les deux compagnons qui le suivaient fort à contre-cœur. Chingashgook leva une fois son tomahawk, et fut sur le point de briser le crâne de l'Indien qui n'avait aucun soupçon; mais il craignit que le cri qu'il pousserait en mourant, ou la vue de son corps, qui pouvait être porté sur le rivage, ne donnât l'alarme, et il changea de résolution par prudence. Il regretta son indécision le moment d'après, car il vit arriver près d'eux quatre autres Iroquois, qui s'étaient aussi occupés à chercher la pirogue.

Après l'exclamation laconique de satisfaction qui caractérise les sauvages, ils s'empressèrent tous de s'approcher de la pirogue, car ils en sentaient l'importance tant pour aller attaquer l'ennemi, que pour assurer leur retraite. L'augmentation du nombre des Iroquois était si inattendue et leur donnait une supériorité si complète, que pour un moment l'astuce et la dextérité du Grand-Serpent lui-même furent en défaut. Les cinq Iroquois, qui semblaient parfaitement entendre leur affaire, faisaient hâte pour arriver vers leur rive, sans s'arrêter pour dire un seul mot. Dans le fait, leur but était d'aller prendre des rames, dont ils s'étaient préalablement assurés, et d'y placer trois ou quatre guerriers avec tous leurs mousquets et leurs cornes à poudre ; car la difficulté de transporter ces objets sans les mouiller les avait seule empêchés de passer la rivière à la nage dès que la nuit était tombée.

Cette petite troupe, composée d'amis et d'ennemis, arriva ainsi au bord du courant oriental, où l'eau, comme à celui qui régnait le long de la rive occidentale, était trop profonde pour être traversée sans nager. Là, une courte pause eut lieu ; elle était nécessaire pour déterminer de quelle manière on ferait arriver la pirogue au rivage. Un des quatre Iroquois qui venaient de paraître était un chef, et la déférence habituelle que l'Indien américain a pour le mérite, l'expérience et le titre de chef, fit que tous gardèrent le silence et attendirent qu'il parlât.

Cette halte ajouta beaucoup au danger que les deux intrus, et surtout Jasper, couraient d'être découverts. Le dernier avait eu la précaution de jeter son bonnet au fond de la pirogue et comme il n'avait ni jaquette ni chemise, il en devenait moins probable qu'on le reconnût dans l'obscurité. Sa position à l'arrière de la pirogue aidait aussi un peu à le cacher, les Iroquois se tenant assez naturellement en avant, et étant tournés vers le rivage. Il n'en était pas de même de Chingashgook : il était littéralement au milieu de ses ennemis les plus mortels, et il pouvait à peine remuer sans en toucher quelqu'un. Cependant il ne montrait aucune émotion, quoique tous ses sens fussent en garde, et qu'il fût prêt soit à s'échapper, soit à frapper un coup quand l'occasion l'exigerait. En s'abstenant avec soin de tourner la tête vers ceux qui étaient derrière lui, il diminuait les chances d'être découvert, et il attendait, avec la patience inépuisable d'un Indien, l'instant où il devrait agir.

— Que tous mes jeunes gens, à l'exception de deux, l'un à chaque bout de la pirogue, fassent la traversée à la nage et aillent préparer leurs armes, — dit le chef Iroquois, — et que les deux autres poussent la pirogue.

Les Indiens obéirent en silence, laissant à l'arrière de la pirogue Jasper, et à l'avant l'Iroquois qui avait trouvé cette légère nacelle. Chingashgook s'enfonça si profondément dans l'eau, que les autres passèrent près de lui sans l'apercevoir. Le bruit des nageurs, le remuement de leurs bras, et les appels qu'ils se faisaient les uns aux autres annoncèrent bientôt que les quatre Indiens qui avaient joint le premier étaient dans le canal. Dès qu'il en fut certain, le Grand-Serpent releva la tête, reprit son ancienne place, et commença à croire que le moment d'agir était arrivé.

Un homme moins habitué à se maîtriser lui-même que ce vieux guerrier, aurait probablement alors frappé le coup qu'il méditait. Mais il pensa qu'il pouvait rester encore des Iroquois dans le rapide, et il avait trop d'expérience pour risquer quelque chose sans nécessité. Il laissa l'Indien qui était à l'avant de la pirogue la tirer en pleine eau, et tous trois se mirent alors à la nage, en se dirigeant vers la rive orientale. Mais au lieu d'aider la pirogue à couper le courant en ligne droite, dès que Chingashgook et Jasper furent arrivés à l'endroit où le courant avait le plus de force, ils cherchèrent à imprimer à l'esquif un mouvement en ligne oblique, afin de retarder sa course. Ils ne le firent pas tout d'un coup, avec l'imprudence qu'aurait probablement eue un homme civilisé qui aurait eu recours à cette ruse; mais ce fut avec une lenteur et une circonspection qui firent croire d'abord à l'Iroquois qui était à l'avant, qu'il n'avait à lutter que contre la violence du courant. Tandis qu'ils exécutaient cette manœuvre, la pirogue allait en dérivant, et, au bout d'une minute, elle se trouva par une eau encore plus profonde au bord du rapide. L'Iroquois s'aperçut enfin alors que quelque chose d'extraordinaire retardait la marche de la pirogue. Il se retourna tout à coup, et il vit que la résistance qu'il éprouvait était causée par les efforts de ses compagnons.

Cette seconde nature qui doit sa naissance à l'habitude, apprit sur-le-champ à l'Iroquois qu'il était seul avec deux ennemis. Fendant l'eau avec rapidité, il serra d'une main le gosier de Chingashgook, et les deux Indiens, abandonnant la pirogue, se saisirent l'un et l'autre comme des tigres. Au milieu des ténèbres, et flottant dans un élément si dangereux pour l'homme, quand il est aux prises avec un ennemi, ils semblaient avoir tout oublié, si ce n'est leur animosité mutuelle et le désir qu'avait chacun d'eux de triompher de l'autre.

Jasper était alors maître de la pirogue, qui volait sur l'eau comme une plume poussée par le vent. Sa première idée fut d'aller à la nage au secours du Mohican; mais l'importance de s'assurer de la pirogue se présenta alors à son esprit, quoiqu'il entendît la respirationn pénible des deux guerriers qui cherchaient mutuellement à s'étouffer; et il se dirigea, avec toute la rapidité possible, vers la rive occidentale, où il ne tarda pas à arriver. Après une courte recherche, il découvrit ses amis, reprit ses vêtements, et raconta ensuite en peu de mots tout ce qui venait de se passer.

Un profond silence suivit ce récit. Chacun écoutait avec attention, dans l'espoir d'entendre quelque son qui annoncerait le résultat de la lutte entre les deux Indiens, si elle n'était pas encore terminée; mais on n'entendit que les mugissements continuels du rapide: la politique des sauvages, qui étaient sur la rive opposée, étant de garder un profond silence.

— Prenez cette rame, Jasper, — dit Pathfinder d'un ton calme, quoique ceux qui l'écoutaient trouvassent le son de sa voix plus mélancolique que de coutume; il ne serait pas prudent de rester plus long-temps.

— Mais le Grand-Serpent?

— Il est entre les mains de ce qu'il appelle le Grand-Esprit; il vivra ou il mourra, suivant les intentions de la Providence. Nous ne pouvons rien faire pour lui, et nous aurions trop à risquer en restant ici les bras croisés, comme des femmes qui bavardent sur leur détresse. La nuit nous est précieuse, et...

Un cri perçant et prolongé partit de l'autre rive, et interrompit le guide.

— Que signifie ce hurlement? — demanda Cap. — Il ressemble plus au cri infernal des démons qu'à rien de ce qui peut sortir du gosier d'un homme et d'un chrétien.

— Ils ne sont pas chrétiens, et ils ne prétendent ni ne désirent l être; mais en les nommant des démons, vous ne vous êtes guère trompé. Ce cri est un cri de joie, et c'est comme vainqueurs qu'ils l'ont poussé. Il n'y a nul doute que le corps du Grand-Serpent, mort ou vif, ne soit entre leurs mains.

— Et nous...! — s'écria Jasper, qui éprouva une sorte de regret généreux en songeant que ce malheur ne serait peut-être point arrivé s'il n'avait pas abandonné son compagnon.

— Nous ne pouvons être d'aucune utilité au chef, mon garçon; et il faut que nous quittions cet endroit le plus promptement possible.

— Quoi! sans faire un effort pour le sauver! sans même savoir s'il est mort ou vivant!

— Jasper a raison, — dit Mabel, faisant un effort pour parler, car elle avait la voix tremblante et étouffée. — Je n'ai aucune crainte, mon oncle, et je resterai volontiers ici jusqu'à ce que nous sachions ce qu'est devenu notre ami.

— Cela paraît raisonnable, Pathfinder, — dit Cap; — un vrai marin ne peut abandonner son camarade, et je vois avec plaisir qu'un sentiment aussi louable existe parmi des marins d'eau douce.

— Bah! bah! — répliqua le guide avec impatience, en poussant la pirogue en pleine eau, — vous ne savez rien, et vous ne craignez rien. Si vous faites cas de votre vie, songez à gagner le fort, et laissez le Mohican entre les mains de la Providence. — Hélas! hélas! le daim qui va trop souvent au *lick* rencontre enfin le chasseur.

CHAPITRE VII.

> « Est-ce bien là l'Yarrow? Est-ce cette onde fugitive dont mon imagination a conservé si fidèlement un tableau qui n'était qu'un songe, qu'une image qui a disparu? Que n'ai-je près de moi quelque ménestrel dont laharpe fasse entendre des sons joyeux, pour chasser de l'air ce silence qui remplit mon cœur de mélancolie! »
> WORDSWORTH.

La scène n'était pas sans sublimité. La généreuse et ardente Mabel sentit son sang couler plus rapidement dans ses veines, et monter à ses joues quand la pirogue entra dans le courant pour partir. Les nuages s'étant dissipés, les ténèbres étaient moins épaisses, mais les bois qui croissaient sur les bords de la rivière, et dont les arbres couvraient de leurs branches une partie du lit de l'Oswego, en rendaient les rives si obscures, que les fugitifs étaient à l'abri de toute découverte. Ils étaient pourtant loin d'éprouver un sentiment de sécurité parfaite, et Jasper lui-même, qui commençait à trembler pour Mabel, jetait des regards inquiets autour de lui à chaque son extraordinaire qui sortait du sein de la forêt. Il ne maniait la rame que légèrement et avec la plus grande précaution, car le moindre bruit au milieu du silence de la nuit et dans un tel endroit, aurait pu faire connaître leur position aux oreilles vigilantes des Iroquois.

Toutes ces circonstances rendaient plus imposante la situation de Mabel, et faisaient de ce moment celui de sa courte existence où elle avait été le plus agitée. Pleine d'ardeur, habituée à avoir confiance en elle-même, soutenue par la fierté que lui inspirait l'idée qu'elle était fille d'un soldat, on ne pouvait dire qu'elle éprouvât l'influence de la crainte ; cependant son cœur battait plus rapidement que de coutume, ses beaux yeux bleus avaient une expression de détermination qui était perdue dans les ténèbres, et toutes ses sensations ajoutaient à la sublimité réelle de cette scène et des événements de cette nuit.

— Mabel, — lui dit Jasper d'une voix retenue, tandis que les deux pirogues étaient si près l'une de l'autre, qu'il pouvait toucher de la main celle sur laquelle elle était, — j'espère que vous n'avez aucune crainte, et que vous comptez sur nos soins et sur notre détermination à vous protéger ?

— Je suis fille d'un soldat, comme vous le savez, Jasper Western, et je devrais rougir si j'avais à avouer quelque crainte.

— Comptez sur moi, comptez sur nous tous. Votre oncle, Pathfinder, le Mohican, — s'il était ici, le pauvre diable, — et moi, nous courrons tous les risques plutôt qu'il ne vous arrive aucun mal.

— Je vous crois, Jasper, — répondit Mabel, sa main jouant dans l'eau sans qu'elle y songeât. — Je sais que mon oncle m'aime, et qu'il ne pensera jamais à lui qu'après avoir pensé à moi, et je crois que vous êtes tous les amis de mon père, et disposés à aider sa fille. Mais je n'ai ni le corps ni l'esprit aussi faibles que vous pouvez vous l'imaginer, car, quoique je ne sois qu'une fille des villes, et que, comme la plupart des autres, je sois un peu disposée à voir du danger où il n'y en a point, je vous promets, Jasper, que je ne vous empêcherai par aucune folle crainte de faire votre devoir.

— La fille du sergent a raison, — dit Pathfinder, — et elle est digne d'avoir pour père le brave Thomas Dunham. Ah ! combien de fois votre père et moi nous avons harcelé les flancs et l'arrière de l'ennemi, pendant des nuits aussi obscures que celle-ci, et quand nous ne savions pas si nous ne tomberions pas dans une embuscade le moment d'après ! J'étais à son côté quand il fut blessé à l'épaule, et le brave homme vous racontera, quand vous le verrez, de quelle manière nous réussîmes à passer une rivière qui était derrière nous, et à sauver sa chevelure.

— Je le sais déjà, répondit Mabel avec plus d'énergie peut-être qu'il n'était prudent dans leur situation. — J'ai les lettres dans lesquelles il en a parlé, et je vous remercie du fond du cœur du service que vous lui avez rendu. Dieu s'en souviendra, Pathfinder, et il n'y a pas de preuve de reconnaissance que vous ne puissiez demander à sa fille, et qu'elle ne soit disposée à vous donner.

— Oui, oui, c'est ainsi que parlent toutes ces douces et bonnes créatures. J'en ai vu quelques-unes, et j'ai entendu parler de quelques autres. Le sergent lui-même m'a parlé de ses jeunes années ; de la manière dont il a fait la cour à votre mère ; des contrariétés et des désappointements qu'il a éprouvés, et du succès qu'il a enfin obtenu.

— Ma mère n'a pas vécu assez long-temps pour l'indemniser de tout ce qu'il avait fait pour obtenir sa main, — dit Mabel, dont les lèvres tremblaient pendant qu'elle parlait ainsi.

— C'est ce qu'il m'a dit. L'honnête sergent ne m'a rien caché, car, étant mon aîné de tant d'années, il me regardait dans nos excursions en quelque sorte comme son fils.

— Et peut-être ne serait-il pas fâché que vous le fussiez réellement, — dit Jasper, d'un ton peu d'accord avec cette tentative de plaisanterie.

— Et quand cela serait, Eau-Douce, où serait le mal ? il sait ce que je vaux quand il s'agit de suivre une piste, et il m'a vu en face des Français. — J'ai quelquefois pensé que nous devrions tous chercher une femme ; car l'homme qui vit entièrement dans les bois, sans autre compagnie que ses ennemis et les animaux qu'il chasse, perd quelque chose de la nature de son espèce, après tout.

— D'après l'échantillon que j'ai vu, — dit Mabel, — je pourrais dire que ceux qui vivent long-temps dans les bois n'y apprennent pas les vices et la fausseté des villes.

— Il n'est pas facile, Mabel, de vivre toujours en présence de Dieu et de ne pas sentir le pouvoir de sa bonté. J'ai assisté au service de l'église dans les forts, et j'ai fait tout mon possible, comme cela convient à un bon soldat, pour me joindre aux prières qu'on y faisait ; car quoique je ne sois pas enrôlé au service du roi, j'ai toujours combattu pour lui. J'ai donc fait tout ce que j'ai pu pour adorer Dieu à la manière des garnisons ; mais il ne m'a jamais été possible de faire naître en moi les sentiments solennels que j'éprouve quand je suis seul avec Dieu dans la forêt. Là, il me semble que je suis face à face avec mon maître ; tout ce qui m'entoure est frais et pur comme sortant de ses mains, et il n'y a ni formes ni doctrines qui viennent glacer le cœur. Non, non ; les bois sont le véritable temple après tout, car là les pensées prennent des ailes, et peuvent s'élever même au-dessus des nuages.

— Vous dites la vérité, Pathfinder, — dit Cap, — et c'est une vérité que connaissent tous ceux qui vivent beaucoup dans la solitude. Par exemple, pourquoi les marins sont-ils, en général, si religieux et si consciencieux dans tout ce qu'ils font, si ce n'est parce qu'ils sont si souvent seuls avec la Providence, et qu'ils ont si peu de rapports avec les iniquités qui se passent sur terre ? Bien des fois j'ai fait mon quart, tantôt sous l'équateur, tantôt dans l'Océan méridional, quand les nuits sont éclairées par les feux célestes, et je puis vous dire, mes amis, que c'est le moment qui fait songer un homme à faire ses relèvements en ce qui concerne sa conscience. Bien des fois, en pareilles circonstances, j'ai mis des enfléchures à la mienne au point que ses haubans et ses vides en craquaient. Je conviens donc avec vous que si l'on veut trouver un homme vraiment religieux, il faut le chercher sur la mer ou dans les bois.

— Je croyais, mon oncle, qu'en général on ne supposait pas aux marins beaucoup de respect pour la religion.

— C'est une infernale calomnie, ma nièce. Demandez à un marin quelle est sa véritable opinion privée de vos hommes de terre, prédicateurs et autres, et vous apprendrez de lui l'autre côté de la question. Je ne connais aucune chose qui ait été aussi calomniée que les marins à cet égard ; et tout cela parce qu'ils ne restent pas à terre pour se défendre et payer le clergé. Peut-être ne sont-ils pas aussi forts sur la doctrine que quelques hommes de terre ; mais quant à tout ce qui est l'essentiel du christianisme, le marin bat l'homme de terre haut la main.

— Je ne réponds pas de tout cela, maître Cap, — répliqua Pathfinder, — mais j'ose dire qu'il peut s'y trouver quelque chose de vrai. Je n'ai besoin ni du tonnerre ni des éclairs pour me rappeler mon Dieu ; et je ne suis jamais si disposé, dans mes troubles et mes tribulations, à penser à toutes ses bontés, que par un jour calme, solennel et tranquille dans la forêt, où sa voix se fait entendre à mes oreilles dans le craquement d'une branche morte ou dans le chant d'un oiseau, aussi bien qu'on l'a jamais entendue dans les tempêtes ou les ouragans. Qu'en dites-vous, Jasper? vous avez à essuyer des tempêtes aussi bien que maître Cap, et vous devez savoir quelque chose des sensations qu'elles font éprouver.

— Je crois que je suis trop jeune et trop inexpérimenté pour parler beaucoup d'un pareil sujet, — répondit Jasper avec modestie.

— Mais vous avez des sensations, — dit Mabel avec vivacité, — vous ne pouvez — personne ne peut vivre au milieu de pareilles scènes, et ne pas sentir combien il doit de confiance à Dieu.

— Je ne ferai pas injure à mon éducation en disant que de pareilles idées ne m'occupent pas quelquefois, mais je crains que ce ne soit ni aussi souvent ni autant que cela devrait être.

— Tout cela n'est que de l'eau douce, — dit Cap avec force. — Vous ne devez pas trop attendre de ce jeune homme, Mabel. — Je crois, monsieur Jasper, qu'on vous donne quelquefois un nom qui fait entendre tout cela. N'est-ce pas *Eau-de-Vie?*

— C'est *Eau-Douce*, — répondit tranquillement Jasper, qui, en naviguant sur le lac, avait acquis quelque connaissance du français comme de plusieurs dialectes indiens. — C'est un nom que les Iroquois m'ont donné pour me distinguer de quelques-uns de mes compagnons qui avaient voyagé sur mer, et qui aimaient à raconter aux Indiens des histoires de leurs grands lacs d'eau salée.

— Et pourquoi non? J'ose dire qu'ils ne font en cela aucun mal aux sauvages. S'ils ne les civilisent pas, ils ne les rendent pas plus barbares qu'ils ne le sont. Oui, oui, *Eau-Douce;* cela doit vouloir dire de l'eau-de-vie blanche, qui n'est pas grand'chose après tout, et qu'on peut bien appeler *douce*[1], car c'est une drogue infernale.

— *Eau-Douce* signifie *sweet water* ou de l'eau bonne à boire, et c'est ainsi que les Français expriment *fresh water*, — répondit Jasper, un peu piqué de la manière dont Cap expliquait son sobriquet, tout oncle de Mabel qu'il était.

— Et comment diable font-ils *water* d'*Eau-Douce*, quand cela veut dire *brandy* ou *eau-de-vie* en français? Ce peut être le français qu'on parle ici, mais ce n'est pas celui qu'on parle à Burdoux[2]? et dans les autres ports de France. *Eau*, parmi les ma-

---

1. *Douce.* Prononcez *diouce,* « le diable. »
2. Bordeaux.

rins, signifie toujours *brandy* ; et *eau-de-vie*, *brandy* d'un haut degré. Je ne vous fais pas un reproche de votre ignorance, jeune homme, elle est naturelle dans votre situation, et vous ne pouvez y rien faire. Si vous voulez revenir avec moi et faire un voyage ou deux sur l'Atlantique, cela vous sera utile pour tout le reste de votre vie ; et Mabel que voilà, et toutes les autres jeunes filles vivant près de la côte en penseront mieux de vous, quand vous vivriez assez pour devenir aussi vieux que les arbres de cette forêt.

— Non, non, — dit le guide, aussi franc que généreux, — Jasper ne manque point d'amis dans ce pays, je puis vous l'assurer. Voir le monde, suivant ses habitudes, pourrait lui faire autant de bien qu'à un autre, mais personne n'en pensera plus mal de lui s'il ne nous quitte jamais. Eau-Douce, ou Eau-de-Vie, comme il vous plaira, est un brave jeune homme sur qui l'on doit compter, et je dors toujours aussi profondément quand il est chargé de veiller que si j'étais moi-même de garde ; oui, et c'est plus profondément que je dois dire. La fille du sergent, que voilà, ne pense sûrement pas qu'il soit nécessaire que Jasper aille en mer pour devenir un homme digne d'être estimé et respecté.

Mabel ne répondit rien à ce propos, et elle tourna même la tête vers la rive occidentale, quoique l'obscurité ne rendît pas ce mouvement naturel nécessaire pour cacher son visage. Mais Jasper se crut obligé de dire quelque chose. Sa fierté se révoltait de l'idée de passer pour ne pas être en état de commander le respect de ses compagnons, ou d'obtenir les sourires des jeunes filles de même condition que lui. Cependant il ne voulait rien dire à l'oncle de Mabel qui pût lui paraître désagréable, et son empire sur lui-même lui faisait peut-être encore plus d'honneur que sa modestie et sa vivacité.

— Je n'ai pas de prétention à ce que je ne possède pas, — dit-il, — et je conviens que je ne connais ni l'Océan ni la navigation. Nous naviguons sur nos lacs à l'aide des astres et de la boussole, passant d'un cap à un autre, et n'ayant guère besoin de chiffres et de calculs, nous n'en faisons pas usage. Mais nous avons pourtant nos prétentions, comme je l'ai souvent entendu dire à des hommes qui avaient passé des années sur l'Océan. D'abord nous avons toujours la terre en vue, très-fréquemment nous l'avons sous le vent, et c'est ce qui fait de bons marins comme je l'ai souvent entendu dire. Nos coups de vent sont soudains et violents, et nous sommes obligés, à toute heure du jour, de chercher à nous réfugier dans nos ports.

— Vous avez vos sondes, dit Cap.

— La sonde nous sert peu, et nous la jetons rarement.

— En pleine mer.

— J'ai entendu parler de pareilles choses, mais j'avoue que je n'en ai jamais vu.

— Comment diable, jeune homme! vous ne pouvez avoir la moindre prétention à être un marin. Qui diable a jamais entendu parler d'un marin qui ne connût pas la pleine mer?

— Je ne prétends à aucune connaissance particulière...

— Si ce n'est à descendre des cataractes et des rifts, Jasper. Et à cet égard, maître Cap, vous devez convenir vous-même qu'il n'est pas sans mérite. Suivant moi, chacun doit être estimé ou blâmé suivant sa nature. Si maître Cap n'est bon à rien quand il s'agit de descendre la cataracte de l'Oswego, je tâche de me souvenir qu'il est utile quand il est hors de vue de la terre; et si Jasper est inutile hors de vue de la terre, je n'oublie pas qu'il a l'œil sûr et la main ferme pour descendre une cataracte.

— Mais Jasper n'est pas inutile, — ne le serait jamais hors de vue de terre, — s'écria Mabel, en donnant à sa voix un éclat qui fit tressaillir ses auditeurs au milieu du silence solennel de cette scène extraordinaire. — Ce que je veux dire, — ajouta-t-elle, — c'est qu'on ne peut être inutile là quand on est si utile ici, quoique je conçoive qu'il ne connaît pas les navires comme mon oncle.

— Oui, soutenez-vous l'un l'autre dans votre ignorance, — dit Cap en ricanant. — Nous autres marins, nous sommes tellement écrasés par le nombre quand nous sommes à terre, qu'il est rare que nous puissions obtenir ce qui nous est dû. Mais quand il s'agit de vous défendre ou de transporter vos marchandises, on nous appelle à assez grands cris.

— Mais, mon oncle, les hommes de terre ne viennent pas attaquer nos côtes, de sorte que les marins n'ont à combattre que des marins?

— Voilà ce que c'est que l'ignorance! — Où sont tous les ennemis qui ont débarqué dans ce pays, Français et Anglais? Permettez-moi de vous le demander, ma nièce?

— Oui sans doute, où sont-ils? s'écria Pathfinder. — Personne ne peut le dire que nous autres qui demeurons dans les bois, maître Cap. J'ai souvent suivi leur ligne de marche à l'aide de leurs ossements blanchis par la pluie, et j'ai retrouvé leur piste par leurs tombeaux bien des années après qu'ils avaient disparu eux et leur orgueil. Généraux et soldats, tous sont ainsi épars dans le pays comme autant de preuves de ce que sont les hommes quand ils se laissent conduire par l'amour d'une grande renommée et par le désir d'être plus que leurs semblables.

— Je dois dire, maître Pathfinder, que vous énoncez des opinions un peu remarquables pour un homme qui vit de sa carabine, reniflant rarement sans sentir la poudre à fusil, et ne sortant de son gîte que pour poursuivre un ennemi.

— Si vous croyez que je passe mes jours à faire la guerre à mes semblables, vous ne connaissez ni moi ni mon histoire. L'homme qui vit dans les bois et sur la frontière, doit courir la chance des choses au milieu desquelles il demeure. Je n'ai encouru aucune responsabilité à cet égard, n'étant qu'un humble guide, un chasseur sans pouvoir. Ma véritable profession est de chasser pour l'armée, soit quand elle est en campagne, soit en temps de paix, quoique je sois plus spécialement engagé au service d'un officier, qui est maintenant absent dans les établissements, où je ne le suivrai jamais. Cependant je dois faire face à l'ennemi aussi bien qu'un autre; et quant à un Mingo, je le regarde comme on regarde un serpent, c'est-à-dire, comme une créature sur laquelle il faut appuyer le talon, quand l'occasion favorable s'en présente.

— Fort bien, fort bien; je me suis mépris sur votre profession. Je l'avais crue aussi régulièrement belliqueuse que celle du maître canonnier d'un vaisseau. Voilà mon beau-frère, il a été soldat depuis l'âge de seize ans, et il regarde son métier comme aussi respectable à tous égards que celui de marin, question que je crois à peine mériter d'être discutée avec lui.

— Mon père a dû apprendre qu'il est honorable de porter les armes, — dit Mabel, — car son père avait été soldat avant lui.

— Oui, oui, — dit Pathfinder, — la nature du sergent est en général martiale, et il regarde la plupart des choses de ce monde par-dessus le canon de son fusil. Une de ses idées est de préférer le fusil du roi à une longue carabine. L'habitude donne aux hommes de pareils préjugés, et c'est peut-être le défaut le plus commun de la nature humaine.

— A terre, je vous l'accorde, — dit Cap; — je ne suis jamais revenu d'un voyage sans faire la même remarque. Or, à mon dernier retour, je trouvai à peine à New-York un seul homme qui eût en général la même idée que moi des choses. Chacun de ceux que je rencontrais semblait avoir halé toutes ses idées dans le point du vent, et quand il en déviait tant soit peu, c'était ordinairement pour virer de bord le plus court possible, vent arrière, et tenir le plus près du vent sur l'autre bord.

— Comprenez-vous cela, Jasper? — demanda à demi-voix Mabel en souriant au jeune homme, qui maintenait sa pirogue si près de l'autre, qu'il était presque à côté d'elle.

— Il n'y a pas assez de différence entre l'eau douce et l'eau salée, pour que nous, qui y passons notre vie, nous ne puissions nous entendre. Ce n'est pas un grand mérite, Mabel, de comprendre le langage de sa profession.

— La religion même, — continua Cap, — n'est pas amarrée précisément au même endroit qu'elle l'était dans ma jeunesse. On la traite à terre comme toute autre chose; on la hale en dessus par secousses, comme un cordage, et il n'est pas surprenant que ce cordage se trouve parfois engagé. Tout semble changer, excepté la boussole, et elle a elle-même ses variations.

— Eh bien! — dit Pathfinder, — je croyais la religion et la boussole stationnaires.

— Elles le sont en mer, sauf les variations. La religion en mer est exactement aujourd'hui la même chose que lorsque j'ai touché du goudron pour la première fois. Quiconque a la crainte de Dieu devant les yeux, ne peut le contester. Je ne puis voir aucune différence entre l'état de la religion à bord d'un bâtiment à présent, et dans le temps où je suis entré dans la marine; mais il n'en est pas de même à terre, il s'en faut de beaucoup. Comptez sur ma parole, maître Pathfinder, il est difficile de trouver un homme, — j'entends un homme de terre, — qui envisage ces choses comme il les envisageait il y a quarante ans.

— Et cependant Dieu n'a pas changé, ses œuvres n'ont pas changé, sa sainte parole n'a pas changé; tous ceux qui doivent bénir et honorer son nom n'auraient pas dû changer davantage.

— C'est ce qui n'est point arrivé à terre, et c'est ce qu'on peut en dire de pire. Je vous dis que tout est en mouvement sur la terre, quoiqu'elle ait l'air si solide. Si vous plantez un arbre et que vous le laissiez pour faire un voyage de trois ans, vous ne le reconnaissez plus à votre retour. Les villes s'agrandissent, de nouvelles rues s'élèvent; les quais changent de face; en un mot, tout est changement sur terre. Au contraire, un navire revient d'un voyage dans les Indes-Orientales, tel qu'il était parti, sauf la peinture, les avaries et les accidents de la mer.

— Cela n'est que trop vrai, maître Cap, et c'est bien dommage.

— Ah! tout ce qu'on appelle améliorations a détérioré la face du pays. On coupe et l'on détruit tous les jours les glorieux ouvrages de Dieu, et la main de l'homme semble se lever en mépris de sa puissante volonté. On dit qu'il existe des signes effrayants à l'ouest et au sud des grands lacs de ce que nous pouvons attendre; mais je n'ai pas encore été dans ces régions.

— Que voulez-vous dire? demanda Jasper.

— Je veux parler de ces endroits marqués par la vengeance du ciel, ou qui peut-être sont destinés à donner une leçon solennelle aux dévastateurs inconsidérés qui se trouvent dans ce pays. On les appelle prairies, et j'ai entendu d'assez honnêtes Delawares, que je n'ai jamais connus, déclarer que la main de Dieu s'est tellement appesantie sur ces vastes terrains qu'il n'y croît pas un seul arbre. C'est un terrible fléau qui a frappé une terre innocente, et il ne peut avoir d'autre but que de montrer quelles suites effrayantes peut avoir un désir inconsidéré de détruire.

— Et cependant j'ai vu des colons qui aiment ces endroits sans arbres, parce que cela leur évite la peine du défrichement. Vous aimez votre pain, Pathfinder, et cependant le blé ne peut mûrir à l'ombre.

— Mais on voit naître l'honnêteté, des désirs simples et l'amour de Dieu, Jasper. Maître Cap vous dira lui-même qu'une plaine sans arbres ressemble à une île déserte.

— Quant à cela, — dit Cap, — les îles désertes ne sont pas sans utilité, car elles servent à rectifier le point. Si l'on consulte mon goût, je ne chercherai jamais querelle à une plaine parce qu'elle est sans arbres. Comme la nature a donné à l'homme des yeux pour voir et un soleil pour l'éclairer, je ne vois pas trop à quoi sert un arbre, si ce n'est pour la construction des navires, et de temps à autre d'une maison, surtout quand il ne porte ni fruits ni singes.

Le guide ne répondit à cette remarque qu'en tirant de son gosier un son sourd destiné à enjoindre le silence à ses compagnons. Pendant que la conversation que nous venons de rapporter avait lieu à voix basse, les pirogues entraient peu à peu dans le courant qui bordait la rive occidentale, car on n'employait les rames que pour les maintenir dans la direction convenable. La force de ce courant variait beaucoup, l'eau y étant tranquille en certains endroits, tandis qu'en d'autres il coulait à raison de deux et même de trois milles par heure, et dans les *rifts* il prenait une rapidité effrayante pour l'œil qui n'y était pas habitué. Jasper pensait qu'ils pouvaient, en suivant ce courant, arriver à l'embouchure de la rivière en deux heures de temps, à compter du moment où ils avaient quitté le rivage, et Pathfinder et lui étaient convenus de ne pas accélérer la marche des pirogues, du moins jusqu'à ce qu'elles eussent passé les endroits les plus dangereux. Ils avaient eu soin de ne parler qu'à voix basse' car, quoique le repos d'une solitude profonde régnât dans cette vaste forêt, la nature, avec ses mille langues, y parlait le langage éloquent de la nuit dans un désert. L'air soupirait à travers des milliers d'arbres, l'eau murmurait partout et mugissait en certains endroits, le long des rivages, et l'on entendait de temps en temps le bruit d'une branche qui, agitée par le vent, en touchait une autre. Aucun des sons appartenant à la vie ne se faisait plus entendre. Une fois, à la vérité, Pathfinder avait cru entendre le hurlement d'un loup dans le lointain, car il y en avait qui rôdaient dans cette forêt; mais c'était un son douteux et momentané et qui pouvait n'être que l'effet de l'imagination. Cependant quand il recommanda le silence à ses compagnons, son oreille toujours vigilante venait d'entendre le bruit particulier d'une branche sèche qui se brise, et, si elle ne l'avait pas trompé, ce bruit venait de la rive occidentale. Tous ceux qui sont accoutumés à ce son particulier comprendront combien l'oreille l'entend aisément, et combien il est facile de distinguer le pas qui rompt une branche sèche de tous les autres bruits d'une forêt.

— Un homme marche sur le rivage, — dit Pathfinder à Jasper, ne parlant ni très-bas ni assez haut pour pouvoir être entendu à quelque distance. — Ces maudits Iroquois auraient-ils traversé la rivière avec leurs armes sans avoir un canot?

— Ce peut être le Mohican. Il nous suivrait certainement le long de cette rive, car il sait où nous trouver. Permettez-moi d'approcher du rivage pour m'en assurer.

— Allez, Eau-Douce, allez; mais maniez la rame avec prudence, et pour rien au monde ne vous hasardez sur le rivage sans bien savoir ce que vous faites.

— Cela est-il prudent? — s'écria Mabel avec une vivacité qui lui fit oublier la nécessité de parler bas.

— Non, certainement, si vous parlez si haut, — répondit le guide. — Après avoir été si long-temps à n'entendre que des voix d'hommes, j'aime le son de la vôtre, qui est douce et agréable; mais il n'est pas à propos de la faire entendre trop librement en ce moment. Votre père, le brave sergent, vous dira, quand vous le verrez, que le silence est une double vertu sur une piste. — Allez, Jasper, et n'oubliez pas que vous avez une réputation de prudence à soutenir.

Dix minutes d'inquiétude suivirent le départ de Jasper, qui disparut dans l'obscurité sans faire plus de bruit que s'il eût été englouti dans le courant, et avant que Mabel eût pu se persuader qu'il se hasardât seul à une entreprise que son imagination lui représentait comme particulièrement dangereuse. Pendant ce temps l'autre pirogue continua à suivre le courant sans que personne parlât, on pourrait même presque dire sans que personne respirât, tant chacun désirait entendre le moindre son qui pourrait partir du rivage. Mais il régnait toujours le même silence qu'auparavant, un silence solennel et l'on pourrait dire sublime. L'eau qui frappait contre quelques obstacles et les branches que le vent agitait, produisaient le seul bruit qui interrompît le sommeil de la forêt. Enfin on entendit encore, quoique faiblement, quelques branches sèches se briser, et Pathfinder crut entendre le son étouffé de quelques voix.

— Je puis me tromper, — dit-il, — car l'imagination se figure souvent ce que le cœur désire, mais ce son me paraît être celui de la voix du Grand-Serpent.

— Les morts reviennent-ils chez les sauvages? — demanda Cap.

— Oui, oui, et ils chassent aussi; mais ce n'est que dans le pays des esprits. Une peau-rouge n'a plus rien de commun avec la terre quand le souffle de la vie a abandonné son corps. Il n'est pas dans sa nature de rôder autour de son wigwam quand son heure est passée.

— Je vois quelque chose sur l'eau, — dit Mabel à voix basse; car ses yeux n'avaient pas cessé de chercher à percer à travers l'obscurité depuis que Jasper avait disparu.

— C'est la pirogue, — dit le guide avec joie. — Tout va bien, sans quoi nous aurions revu Jasper plus tôt.

Une minute après, les deux embarcations, qui ne devinrent visibles l'une pour l'autre que lorsqu'elles se furent approchées, étaient bord à bord, et l'on reconnut Jasper debout sur l'arrière de la sienne. Un autre homme était assis sur l'avant, et le jeune homme ayant, par un vigoureux coup de rame, placé le visage de son compagnon en face de Pathfinder et de Mabel, ils reconnurent le Delaware.

— Chingashgook! mon frère! — s'écria le guide, le tremblement de sa voix annonçant l'intensité de son émotion. — Chef des Mohicans, mon cœur nage dans la joie. Nous avons bien souvent combattu ensemble; mais je craignais que cela ne nous arrivât plus.

— Hugh! — Les Mingos sont des squaws. Trois de leurs chevelures sont suspendues à ma ceinture. Ils ne savent pas comment frapper le Grand-Serpent des Delawares. Leurs cœurs n'ont pas de sang, et ils pensent à prendre le sentier du retour, à travers les eaux du Grand-Lac.

— Avez-vous été parmi eux, chef? Et qu'est devenu le guerrier que vous combattiez dans la rivière?

— Il est devenu poisson; il est au fond avec les anguilles; ses frères peuvent amorcer leurs hameçons pour le pêcher. — Pathfinder, j'ai compté les ennemis, et j'ai touché leurs mousquets.

— Ah! je pensais bien qu'il serait trop audacieux, dit le guide en anglais. — Il s'est hasardé au milieu d'eux, et il nous rapporte toute leur histoire. Parlez-moi, Chingashgook, et je rendrai ensuite nos amis aussi savants que nous.

Le Mohican lui fit part à voix basse, dans son dialecte, de tout ce qu'il avait découvert depuis que Jasper l'avait laissé luttant dans l'eau avec un Iroquois. Il ne parla plus du destin de son ennemi, l'usage des guerriers indiens n'étant pas de se vanter quand ils font une relation destinée à instruire leurs auditeurs. Dès qu'il fut vainqueur dans cette lutte terrible, il nagea vers la rive orientale; il y aborda avec précaution, et, protégé par l'obscurité, il se mêla aux Iroquois sans être reconnu ni même soupçonné. On lui demanda une fois qui il était; il répondit — Arrowhead, — et on ne lui fit plus aucune question. Par les remarques qu'il entendit, il apprit que l'expédition des Iroquois avait eu pour but spécial de s'emparer de Mabel et de son oncle sur le rang duquel ils s'étaient mépris. Il en apprit suffisamment aussi pour prouver la justesse du soupçon qu'Arrowhead les avait trahis ; mais il n'était pas facile de deviner quel avait été le motif de sa perfidie, puisqu'il n'avait pas encore reçu la récompense de ses services.

De tout ce qu'il venait d'apprendre, Pathfinder ne communiqua à ses compagnons que ce qu'il jugea le plus propre à diminuer leurs appréhensions, et il leur dit en même temps que c'était le moment de redoubler d'efforts, pendant que les Iroquois n'étaient pas encore sortis de l'état de confusion causé par les pertes qu'ils avaient faites.

— Je ne doute pas que nous ne les trouvions dans le *rift*, — continua-t-il, — et il faudra alors les passer ou tomber entre leurs mains. La distance jusqu'au fort n'est pas bien grande, et j'ai presque envie de monter à terre avec Mabel afin de l'y conduire par des sentiers que je connais, et de laisser les pirogues courir leur chance sur le *rift*.

— Cela est impossible, Pathfinder, — dit Jasper avec vivacité ; — Mabel n'est pas assez forte pour rôder dans les bois par une nuit comme celle-ci. Mettez-la dans ma pirogue, et je perdrai la vie, ou je la conduirai en sûreté au-delà du *rift*, malgré l'obscurité.

— Je n'en doute pas, Eau-Douce, et personne ne doute de votre désir d'être utile à la fille du sergent. Mais c'est l'œil de la Providence, et non le vôtre, qui peut lui faire passer le *rift* de l'Oswego par une nuit si obscure.

— Et qui la conduira en sûreté au fort, si elle y va par terre ? La nuit n'est-elle pas aussi noire sur le rivage que sur l'eau ? Ou croyez-vous que je connaisse mon métier moins bien que vous ne connaissez le vôtre ?

— C'est bien parlé, jeune homme. Mais, si je perdais mon chemin dans l'obscurité, — et je crois que personne ne peut dire que cela me soit jamais arrivé, — mais quand je le perdrais, tout ce qui en résulterait, ce serait d'avoir à passer une nuit dans la forêt ; au lieu qu'un coup de rame donné mal à propos sur le *rift*, ou un roulis subit de la pirogue, vous jetterait tous deux dans la rivière ; et il est plus que probable que la fille du sergent n'en sortirait jamais vivante.

— Je laisse à Mabel le soin d'en décider. Je suis certain qu'elle sera plus tranquille dans la pirogue.

— J'ai beaucoup de confiance en tous deux, — dit Mabel, — et je n'ai nul doute que chacun de vous ne fasse tout ce qui sera en son pouvoir pour prouver à mon père son affection pour lui. Mais j'avoue que je n'aimerais pas à quitter la pirogue quand nous savons qu'il y a dans la forêt des ennemis comme ceux que nous avons vus. Au surplus, c'est mon oncle qui en décidera.

— Je ne me soucie point des bois, — dit Cap, — quand j'ai devant moi un bon courant comme celui-ci; d'ailleurs, maître Pathfinder, pour ne rien dire des sauvages, vous oubliez les requins.

— Les requins! Qui a jamais entendu parler de requins dans une forêt?

— Par requins j'entends des loups, des ours. — Qu'importe le nom que vous donniez à un animal, s'il a le pouvoir et la volonté de mordre?

— Seigneur, Seigneur! craignez-vous aucune des créatures qui se trouvent dans les bois de l'Amérique? Le léopard est un animal qui mérite attention, j'en conviens; mais ce n'est rien entre les mains d'un chasseur expérimenté. Parlez des Mingos et de leurs diableries, à la bonne heure, mais ne nous donnez pas une fausse alarme, avec vos ours et vos loups.

— Oui, oui, maître Pathfinder, tout cela est fort bon pour vous qui connaissez probablement le nom de toutes les créatures que vous pourriez rencontrer. L'habitude fait tout, et elle donne de la hardiesse à un homme qui, sans cela, pourrait avoir peur. J'ai vu des marins, dans les basses latitudes, nager pendant des heures entières au milieu de requins de quinze à vingt pieds de longueur, sans s'en mettre plus en peine qu'un paysan ne songe aux autres villageois qui sortent avec lui de l'église le dimanche.

— Cela est fort extraordinaire! — s'écria Jasper, qui, dans le fait, n'avait pas encore acquis cette qualité essentielle dans sa profession, la faculté d'inventer un conte. — J'avais toujours entendu dire que c'était courir à une mort certaine que de se hasarder dans l'eau près d'un requin.

— J'oubliais de dire qu'ils avaient toujours soin de se munir d'une barre du cabestan ou d'un anspect, pour rabattre le nez des requins, s'ils devenaient importuns. Non, non, je n'ai aucun goût pour les loups et les ours, quoique à mes yeux une baleine soit à peu près le même genre de poisson qu'un hareng séché et salé. Mabel et moi, nous nous en tiendrons aux pirogues.

— Mabel ferait bien d'en changer, — dit Jasper. La mienne est vide, et Pathfinder lui-même conviendra que, sur l'eau, mon œil est plus sûr que le sien.

— Je l'avouerai volontiers; l'eau est votre nature, et personne ne niera que vous ne l'ayez perfectionnée au plus haut point. Vous avez raison de croire que la fille du sergent sera plus en sûreté dans votre pirogue que dans la mienne, et quoique je fusse très-charmé de la garder près de moi, j'ai sa sûreté trop à cœur pour ne pas lui donner mon avis avec franchise. Placez votre pirogue le long de la mienne, Jasper, et je vous remettrai ce que vous devez regarder comme un trésor précieux.

— C'est ainsi que je le regarde, — répondit le jeune homme, qui ne perdit pas un instant pour faire avancer sa pirogue; et Mabel, y ayant passé, s'assit sur les bagages, qui en faisaient toute la charge.

Dès que cet arrangement fut terminé, les pirogues se tinrent à quelque distance l'une de l'autre, et l'on prit les rames, mais avec le plus grand soin pour ne faire aucun bruit en s'en servant. Toute conversation cessa, car, comme on approchait du redoutable *rift*, chacun songeait à l'importance de ce moment. Il était presque certain que leurs ennemis chercheraient à arriver avant eux en cet endroit, et il paraissait si peu probable qu'on essayât de le passer pendant la profonde obscurité qu'il faisait, que Pathfinder était convaincu qu'un parti d'Iroquois était posté de chaque côté de la rivière pour les attaquer quand ils débarqueraient. Il n'aurait donc pas fait la proposition de conduire Mabel par terre, s'il n'avait été sûr de se faire de cette circonstance un moyen de déjouer les plans des Iroquois. Au surplus, d'après le plan qui avait été adopté, tout dépendait du talent de ceux qui guidaient les pirogues, car si ces frêles esquifs avaient touché contre un rocher, quelque pointe les aurait fendus, ou ils auraient chaviré, et alors venait le danger pour tous, et surtout pour Mabel, d'être noyés ou de tomber entre les mains de leurs ennemis. La plus grande circonspection devenait donc indispensable, et chacun était trop absorbé dans ses propres pensées pour éprouver le désir de parler plus que les circonstances ne l'exigeaient.

Tandis que les pirogues glissaient silencieusement sur la rivière, les mugissements du rapide annonçaient qu'ils s'en approchaient, et il fallut tout le courage de Cap pour le faire rester à sa place au milieu de ces sons de mauvais augure, et d'une obscurité qui permettait à peine d'entrevoir les contours des bois qui s'étendaient sur les deux rives, et la voûte sombre du ciel qui lui couvrait la tête. L'impression que lui avait faite la cataracte n'était pas effacée, et son imagination, grossissant les dangers, lui présentait ceux du rapide comme étant les mêmes que ceux du saut de douze à quinze pieds qu'il avait fait le même jour, et les lui faisait même paraître encore plus grands par l'influence du doute et de l'incertitude. Le vieux marin se trompait pourtant ; car le *rift* et la cataracte de l'Oswego diffèrent considérablement, le premier n'étant qu'un rapide qui coule sur des rochers et des bas-fonds, tandis que l'autre mérite réellement le nom qu'il porte.

Mabel n'était certainement pas sans crainte, mais sa situation était si nouvelle, et elle avait tant de confiance dans son guide, qu'elle conservait un sang-froid qu'elle n'aurait peut-être pas gardé si elle eût eu une idée plus juste de la vérité, ou qu'elle eût mieux connu la faiblesse de l'homme quand il a à lutter contre la force et le pouvoir de la nature.

— C'est là l'endroit dont vous avez parlé, — dit-elle à Jasper, — quand les mugissements du *rift* se firent entendre distinctement et de plus près à son oreille.

— Oui, et je vous prie d'avoir confiance en moi, Mabel. Nous ne sommes pas d'anciennes connaissances ; mais bien des jours s'écoulent en un seul dans ces déserts ; il me semble déjà que je vous connais depuis plusieurs années.

— Et il ne me semble pas que vous soyez un étranger pour moi, Jasper. Je compte sur votre talent comme sur votre désir de m'être utile.

— Nous verrons, nous verrons. — Pathfinder est dans le rapide trop près du centre de la rivière ; elle a son lit plus près de la rive orientale ; mais il est impossible que je me fasse entendre de lui. — Tenez-vous ferme à la pirogue, Mabel, et ne craignez rien.

Le moment d'après, le courant entraîna la pirogue dans le *rift*, et, pendant trois ou quatre minutes, Mabel, plus étonnée qu'alarmée, ne vit autour d'elle que des nappes d'écume et n'entendit que le rugissement des eaux. Vingt fois la pirogue parut sur le point d'aller heurter une vague en tourbillon qui brillait même au sein de cette obscurité, mais autant de fois le bras vigoureux de celui qui en dirigeait les mouvements la remit sur sa route sans accident. Une fois seulement, Jasper parut perdre tout son pouvoir sur son esquif, qui ne fit que tourner pendant quelques secondes, mais un effort désespéré le remit sous ses ordres ; il le fit rentrer dans le canal dont il s'était écarté, et il fut bientôt récompensé de son travail et de ses soins en voyant sa pirogue flotter sur une eau tranquille et profonde au-delà du *rift*, à l'abri de tout danger, et sans avoir embarqué la moindre quantité d'eau.

— Tout est fini, Mabel, — s'écria le jeune homme avec joie ; — le danger est passé, et vous pouvez à présent espérer de voir votre père cette nuit même.

— Dieu soit loué ! Et c'est à vous, Jasper, que je dois ce bonheur.

— Pathfinder a le droit de réclamer une bonne part de ce mérite. — Mais où est donc l'autre pirogue ?

— Je vois quelque chose sur l'eau près de nous. — N'est-ce pas la pirogue de nos amis ?

Quelques coups de rames conduisirent Jasper près de l'objet en question. C'était bien la seconde pirogue, mais vide et sens dessus dessous. Dès qu'il se fut assuré du fait, il chercha ses compagnons. A sa grande joie, il découvrit bientôt Cap, suivant le courant à la nage, car il préférait le risque de se noyer à celui de tomber entre les mains des sauvages. Il l'embarqua, non sans peine, dans la pirogue, et ne fit pas d'autres recherches, convaincu que Pathfinder gagnerait le rivage en marchant dans l'eau, qui n'était pas très-profonde en cet endroit, plutôt que d'abandonner sa chère carabine.

Le reste du passage fut court, quoique fait dans l'obscurité. Après un court intervalle, on entendit un bruit sourd qui ressemblait à celui du tonnerre dans le lointain, auquel se joignait encore celui du bouillonnement des eaux. Jasper dit à ses compagnons que le bruit qu'ils entendaient était celui du ressac du lac. Des pointes de terre basse se présentaient devant eux, et la pirogue entrant dans une baie formée par l'une d'elles, s'arrêta sur une rive sablonneuse. Le changement qui suivit fut si grand et si précipité, que Mabel sut à peine ce qui se passait. Cependant, au bout de quelques minutes, elle avait passé devant plusieurs sentinelles, une porte s'ouvrit, et elle se trouva dans les bras d'un père qui était presque un étranger pour elle.

CHAPITRE VIII.

> « Une terre d'amour et de lumière, sans soleil, sans lune, sans nuit ; où le fleuve se forme d'une eau vive, et la lumière, d'un rayon pur et céleste : une terre de vision, qui paraitrait un songe tranquille et éternel. »
>
> QUEEN'S WAKE.

Le repos qui succède à la fatigue, et qui suit un sentiment de sécurité nouvellement éclos, est généralement doux et profond. Ce fut ce qu'éprouva Mabel, qui ne quitta son humble couchette, — lit tel que pouvait l'attendre la fille d'un sergent, dans un fort situé sur une frontière éloignée, — que long-temps après que la garnison avait obéi à l'appel ordinaire des tambours et s'était rassemblée pour la parade du matin. Le sergent Dunham, chargé de surveiller ces devoirs ordinaires et journaliers, s'était acquitté de ses fonctions et commençait à penser à son déjeûner, avant que sa fille eût quitté sa chambre et fût sortie pour respirer l'air frais, étonnée, charmée et reconnaissante de sa nouvelle situation.

A l'époque dont nous parlons, le fort de l'Oswego était un des postes de l'extrême frontière des possessions anglaises en Amérique. Il n'y avait pas long-temps qu'il était occupé, et il avait pour garnison un bataillon d'un régiment écossais dans l'origine, mais dans lequel plusieurs Américains avaient été reçus depuis son arrivée, innovation qui avait facilité la nomination du père de Mabel au grade humble, mais chargé de responsabilité, du plus ancien sergent. Quelques jeunes officiers, nés dans les colonies, se trouvaient aussi dans ce corps. Le fort, comme la plupart des places de ce genre, était plus propre à résister à une attaque de sauvages qu'à soutenir un siége régulier ; mais la grande difficulté de transporter de l'artillerie pesante rendait ce dernier événement si peu probable, qu'elle s'était à peine présentée à l'esprit des ingénieurs qui en avaient tracé les défenses. Quelques pièces d'artillerie de campagne étaient dans la cour du fort, prêtes à être transportées partout où l'on pourrait en avoir besoin, et une couple de gros canons en fer figuraient au sommet de deux angles avancés, comme un avis donné aux téméraires d'en respecter le pouvoir.

Quand Mabel, quittant la hutte commode et retirée où son père avait obtenu la permission de la placer, sortit pour respirer l'air du matin, elle se trouva au pied d'un bastion qui l'invita à y monter, en lui promettant de lui montrer tout ce que l'obscurité de la nuit précédente avait caché à ses yeux. Montant la rampe couverte de gazon, la jeune fille, dont l'esprit était aussi actif que les pieds, se trouva tout à coup sur un point d'où la vue pouvait apercevoir, au moyen de quelques coups d'œil jetés de différents côtés, tout ce qui était nouveau pour elle dans sa nouvelle situation.

Au sud s'étendait la forêt à travers laquelle elle avait voyagé pendant tant de journées pénibles, et qu'elle avait trouvée si remplie de dangers. Elle était séparée de la palissade par une ceinture de clairière, terrain où l'on avait abattu les arbres pour élever les constructions militaires que Mabel avait autour d'elle. Ce glacis, car tel était de fait son usage, pouvait contenir une centaine d'acres de terre, mais avec lui cessait tout signe de civilisation. Par derrière, tout était forêt, — cette forêt épaisse et interminable, que les souvenirs de Mabel pouvaient lui retracer, avec ses lacs cachés, ses rivières d'une eau sombre, et son monde de nature.

Se tournant d'un autre côté, notre héroïne sentit sa joue rafraîchie par une brise agréable qu'elle n'avait pas éprouvée depuis qu'elle avait quitté la côte. Là, une nouvelle scène s'offrit à elle, et quoiqu'elle s'y attendît, ce ne fut pas sans un tressaillement, et une exclamation indiquant le plaisir, que les yeux de la jeune fille en admirèrent la beauté. Au nord, à l'est, à l'ouest, de tous les côtés en un mot, sur la moitié de ce nouveau panorama, elle apercevait une vaste nappe d'eau. La couleur de cette eau n'était pas ce vert qui caractérise en général les eaux d'Amérique, ni le bleu foncé de l'Océan ; c'était une légère teinte d'ambre qui nuisait à peine à sa limpidité. Nulle terre n'était en vue, à l'exception de la côte adjacente, qui s'étendait à droite et à gauche, formant une ligne non interrompue de forêts, avec de grandes baies et des pointes et des promontoires peu élevés. Cependant une grande partie du rivage était couverte de rochers dans les cavernes desquelles l'eau s'engouffrait quelquefois avec un bruit sourd semblable à un coup de canon tiré dans l'éloignement. Nulle voile ne se montrait sur sa surface; on n'y voyait sauter ni baleine ni aucun autre poisson; nul signe d'utilité ne récompensait l'œil long-temps fixé sur son immense étendue. C'était une scène qui présentait d'une part des forêts paraissant sans fin, et de l'autre une eau semblant également interminable. La nature semblait s'être plu à placer deux de ses principaux agents en relief à côté l'un de l'autre; l'œil se tournant du large tapis de feuilles, à la masse non moins large du fluide; des soulèvements doux mais perpétuels du lac, au calme et à la solitude poétique de la forêt, avec autant d'étonnement que de plaisir.

Mabel Dunham, dont le caractère était aussi naturel que celui de la plupart de ses concitoyennes à cette époque, et qui était aussi franche et aussi ingénue que pouvait l'être une jeune fille dont le cœur était affectueux et sincère, était pourtant capable de sentir la poésie de cette belle terre que nous habitons. A peine pouvait-on dire qu'elle eût reçu de l'éducation, car dans ce temps et dans ce pays la plupart des personnes de son sexe ne recevaient guère que les premiers rudiments de l'instruction fort simple qu'on leur donnait en Angleterre; cependant elle avait appris beaucoup plus de choses qu'il n'était ordinaire à une jeune fille de sa condition; et dans un sens, elle faisait certainement honneur à ceux qui lui avaient servi de maîtres. La veuve d'un officier qui avait autrefois fait partie du même régiment que son père, s'était chargée d'elle à la mort de sa mère, et grâce aux soins de cette dame, Mabel avait acquis des goûts et des idées qui, sans cela, n'auraient jamais pris racine en elle. Elle avait été reçue dans cette famille, moins comme domestique que comme humble compagne, et les résultats s'en faisaient sentir dans sa mise, dans son langage et dans ses sentiments, quoique, sous ces différents rapports, elle ne fût pas tout à fait au niveau de ce qu'on appelle une dame. Elle avait perdu les habitudes et les manières communes de sa première condition, sans avoir atteint un degré d'élégance qui la rendît peu propre à la situation que sa naissance et sa fortune devaient probablement lui faire occuper dans le monde. Du reste, toutes les qualités particulières et distinctives qu'elle possédait appartenaient à son caractère naturel.

D'après ce que nous venons de dire, le lecteur apprendra sans surprise que Mabel vit la nouvelle scène qui s'offrit à ses yeux avec un plaisir bien supérieur à celui que produit un étonnement vulgaire. Elle en appréciait les beautés ordinaires comme la plupart du monde l'avait fait; mais elle était capable d'en sentir aussi la sublimité, ainsi que cette douce solitude, cette grandeur calme, et ce repos éloquent qui règnent toujours dans la vue des grands tableaux de la nature quand la main et le travail de l'homme n'y ont pas encore touché.

— Quel beau spectacle! — s'écria-t-elle, sans savoir qu'elle parlait, tandis qu'elle était debout sur le bastion, la tête tournée vers le lac, d'où partait une légère brise dont la fraîcheur faisait sentir son influence à son corps et à son esprit. — Quel beau spectacle! et pourtant comme il est singulier!

Ces paroles, ainsi que la suite de ses idées, furent interrompues par quelqu'un qui lui appuyait un doigt sur l'épaule. Mabel se retourna, croyant que c'était son père, et elle vit Pathfinder. Il était appuyé sur sa longue carabine, et riait à sa manière accoutumée, tandis qu'étendant le bras, il lui montrait ce panorama de terre et d'eau.

— Vous voyez nos domaines, — lui dit-il, — ceux de Jasper et les miens. Le lac est pour lui, les bois sont pour moi. Il se vante quelquefois de l'étendue de ses domaines, mais je lui dis que mes arbres occupent sur la surface de cette terre autant de place que toute son eau. Eh bien, Mabel, vous êtes également faite pour tout ce que vous voyez, car il me semble que ni les marches de nuit, ni la peur des singes ou des cataractes, n'ont nui à la fraîcheur de votre teint.

— Pathfinder veut se montrer sous un nouveau jour, puisqu'il fait des compliments à une jeune folle.

— Folle, Mabel! non, non; pas le moins du monde. La fille du sergent ne ferait pas honneur à son digne père, si elle était capable de dire ou de faire ce qu'on pourrait raisonnablement appeler une folie.

— Il faut donc qu'elle ait soin de ne pas accorder trop de confiance à la flatterie. Mais je me réjouis de vous revoir parmi nous, Pathfinder; car, quoique Jasper ne parût pas fort inquiet, je craignais qu'il ne vous fût arrivé quelque accident, ainsi qu'à votre ami, sur ce terrible *rift*.

— Il nous connaît l'un et l'autre, et il était bien sûr que nous ne nous noierions pas, ce qui n'est pas dans ma nature. Il est bien vrai qu'il aurait été difficile de nager avec une longue carabine à la main; et soit à la chasse, soit en marchant contre les sauvages ou les Français, Tue-daim et moi nous avons été trop long-temps en compagnie ensemble pour nous séparer aisément. Non, non; nous avons marché dans l'eau jusqu'au rivage, l'eau étant assez basse en cet endroit sur le *rift* pour le permettre, et nous sommes arrivés à terre nos armes à la main. Cependant il nous a fallu choisir un moment propice pour le faire, à cause de ces maudits Iroquois; mais nous savions que lorsque ces chiens de vagabonds verraient les lanternes que le sergent ne manquerait pas d'envoyer à votre canot, ils se hâteraient de décamper, de peur de recevoir la visite de quelques soldats de la garnison. Nous nous assîmes donc tranquillement sur un rocher environ une heure, jusqu'à ce que le danger fût passé. La patience est la plus grande vertu pour un homme qui vit dans les bois.

— Je suis bien charmée de vous voir en sûreté. Quoique bien fatiguée, l'inquiétude que je ressentais pour vous m'a long-temps empêchée de m'endormir.

— Que Dieu vous bénisse et vous protége, Mabel! Mais c'est comme vous pensez toutes, vous autres jeunes filles qui avez un bon cœur. Je dois pourtant dire que, de mon côté, j'ai été bien content quand j'ai vu les lanternes s'avancer vers l'eau, car c'était une preuve que vous étiez en sûreté. Nous autres chasseurs et guides, nous sommes un peu brusques, mais nous avons nos idée et nos sentiments aussi bien qu'un général d'armée. Jasper et moi nous serions morts avant qu'il vous arrivât aucun malheur; oui, nous serions morts.

— Je vous remercie de tout ce que vous avez fait pour moi, Pathfinder; je vous en remercie du fond du cœur, et comptez que mon père le saura. Je lui en ai déjà dit une partie, mais j'ai encore un devoir à remplir à ce sujet.

— Bon, bon, Mabel; le sergent sait fort bien ce que c'est que les bois et les peaux-rouges, et il n'y a pas grand besoin de lui parler de tout cela. Eh bien! vous avez vu votre père? Trouvez-vous dans ce brave vieux soldat l'espèce d'homme que vous vous attendiez à rencontrer?

— J'ai trouvé un père chéri, qui m'a reçue comme un père doit recevoir une fille. — Y a-t-il long-temps que vous le connaissez?

— C'est suivant la manière dont on compte le temps. Je n'avais que douze ans quand le sergent me prit pour suivre une piste, et il y a de cela un peu plus de vingt-deux ans. Nous avons vu ensuite bien des combats, et comme c'était avant que vous fussiez au monde, vous n'auriez pas eu de père, si la carabine n'eût été dans ma nature.

— Expliquez-vous.

— La chose est toute simple, et il ne faudra pas beaucoup de paroles. Nous étions en embuscade; le sergent reçut une blessure sérieuse, et il aurait perdu sa chevelure, sans une sorte d'instinct qui me fit me servir de ma carabine. Quoi qu'il en soit, nous réussîmes à l'emporter, et il n'y a pas aujourd'hui dans tout le régiment un seul homme qui ait de plus beaux cheveux, pour son âge, que le sergent.

— Vous avez sauvé la vie de mon père, Pathfinder! — s'écria vivement Mabel, serrant sans y penser une de ses mains dures et nerveuses entre les deux siennes. — Que Dieu vous récompense de cette bonne action, comme de toutes les autres que vous avez faites!

— Je ne dis pas tout à fait cela, quoique je croie que je lui ai sauvé sa chevelure. Un homme peut vivre après l'avoir perdue; je ne puis donc dire que je lui ai sauvé la vie. Jasper pourrait le dire de vous, car sans son œil et son bras le canot n'aurait jamais traversé le *rift* en sûreté, par une nuit comme la dernière. Sa nature est pour l'eau, comme la mienne pour la chasse et la piste. Le voilà là-bas dans cette crique, regardant les canots et ayant l'œil sur son cher petit navire. A mon avis, il n'y a pas dans tout ce pays un plus beau garçon que Jasper Western.

Pour la première fois depuis qu'elle avait quitté sa chambre, Mabel jeta un regard au-dessous d'elle, et elle vit ce qu'on pourrait appeler le premier plan du tableau qu'elle avait étudié avec tant de plaisir. L'Oswego jetait ses eaux sombres dans le lac entre deux rives assez hautes, celle du côté de l'est étant pourtant plus élevée, et s'avançant plus loin vers le nord que celle du côté de l'ouest. Le fort s'élevait sur cette dernière, et immédiatement au-dessous étaient quelques huttes construites avec des troncs d'arbres, et qui, ne pouvant gêner la défense de la place, étaient destinées à contenir les objets qu'on importait ou exportait d'un port de l'Ontario dans un autre. Deux pointes basses, décrivant une courbe, et couvertes de sable, s'étaient formées avec une régularité surprenante par les forces opposées des vents du nord et du courant rapide de l'Oswego, et elles formaient dans cette rivière deux criques où l'on était à l'abri des tempêtes du lac celle qui se trouvait à l'occident s'avançait le plus avant dans la terre, et comme elle avait plus d'eau que l'autre, c'était pour le fort une sorte de petit port pittoresque. C'était sur le rivage étroit qui séparait cette crique du port, qu'on avait élevé les bâtiments grossiers dont il vient d'être parlé.

Des bateaux et des canots étaient tirés sur le sable, et l'on voyait dans la crique le petit bâtiment qui donnait à Jasper le droit d'être considéré comme un marin. Il était gréé en cutter, et pouvait être du port de quarante tonneaux. Il était construit et peint avec tant de soin, qu'il avait presque l'air d'un bâtiment de guerre, quoiqu'il n'eût pas de gaillards; et il était si parfaitement gréé et si bien installé pour le service qu'il avait à faire, que cela ne pouvait même échapper à Mabel. Les formes en étaient admirables; un constructeur de vaisseau plein de talent en avait envoyé le plan d'Angleterre, à la demande expresse de l'officier qui en avait surveillé la construction. L'air belliqueux que lui donnait la couleur foncée dont il était peint, et la longue flamme qu'il portait, annonçaient qu'il appartenait au roi. On le nommait *le Scud* (1).

— Voilà donc le bâtiment de Jasper? — dit Mabel, dans l'esprit de qui l'idée du capitaine du petit bâtiment ne se séparait pas de celle du cutter. — Y en a-t-il d'autres sur ce lac?

— Les Français en ont trois, dont ils disent que l'un est un véritable vaisseau, tel qu'on en voit sur l'Océan; le second un brick, et l'autre un cutter, qu'ils appellent en leur langue *l'Écureuil*. Cet *Écureuil* semble avoir une antipathie naturelle pour le *Scud*; car Jasper va rarement sur le lac sans que *l'Écureuil* soit sur ses talons.

— Et Jasper est-il homme à fuir devant un Français, même sous la forme d'un écureuil, et cela sur l'eau?

— A quoi sert la valeur, quand on n'a pas les moyens de l'employer? Jasper est brave, toute la frontière le sait; mais il n'a d'autre canon qu'un petit obusier, et pour tout équipage deux matelots et un mousse. J'étais avec lui dans un de ses voyages, et il s'aventura bien assez, car il nous conduisit si près de l'ennemi qu'on commença à tirer. Mais les Français ont des canons, et ils ne mettent jamais le nez hors de Frontenac sans avoir une vingtaine d'hommes sur leur cutter. Non, non, *le Scud* a été

---

1. Le Coureur.

construit pour voler sur l'eau, et le major dit qu'il ne veut pas lui faire prendre une humeur querelleuse en lui donnant des hommes et des armes, de peur qu'il ne le prenne au mot, et qu'il ne se fasse couper les ailes. Je ne m'entends guère à tout cela, car ce n'est pas ma nature ; mais j'en vois la raison, — oui, j'en vois la raison, quoique Jasper ne la voie pas.

— Ah ! voici mon oncle qui vient voir cette mer intérieure ; et il n'en paraît pas plus mal pour avoir nagé.

Cap, qui avait annoncé son arrivée par un couple de hem ! vigoureux, parut en ce moment sur le bastion ; et après avoir fait un signe de tête à sa nièce et à son compagnon, il commença à examiner avec soin la vaste nappe d'eau qu'il avait sous les yeux. Pour le faire plus à son aise, il monta sur un des vieux canons de fer, et croisa les bras sur sa poitrine, en se balançant le corps comme s'il avait senti le roulis d'un bâtiment. Pour compléter le tableau, il avait à la bouche une pipe à court tuyau.

— Eh bien, maître Cap, — lui demanda innocemment Pathfinder, qui n'avait pas découvert l'expression de mépris qui se peignait graduellement sur les traits du vieux marin ; — n'est-ce pas une belle nappe d'eau, et ne mérite-t-elle pas bien le nom de mer ?

— C'est donc là ce que vous appelez votre lac ? — dit Cap, montrant avec sa pipe l'horizon septentrional ; — je vous le demande, est-ce là réellement votre lac ?

— Bien certainement. Et si l'on s'en rapporte au jugement d'un homme qui a vécu sur les bords de plusieurs autres, c'est un bel et bon lac.

— Précisément ce que j'attendais, un étang pour les dimensions, et un charnier (1) pour le goût. Il est inutile de voyager sur terre pour voir quelque chose qui ait pris toute sa croissance et qui soit utile. Je savais à quoi tout cela aboutirait.

— Qu'avez-vous à reprocher à l'Ontario, maître Cap ? C'est un grand lac, agréable à voir, et dont l'eau n'est pas trouvée mauvaise par ceux qui ne peuvent se procurer de l'eau de fontaine.

— Vous appelez cela un grand lac, — dit Cap, décrivant encore un demi-cercle avec sa pipe ; — en ce cas, je vous deman-

---

1. Barrique à cône tronqué où l'on met à bord des bâtiments l'eau nécessaire pour un jour. — BOISTE.

derai ce que vous y trouvez de grand? Jasper lui-même convient qu'il n'a qu'une vingtaine de lieues d'un rivage à l'autre.

—Mais, mon oncle,— dit Mabel,— on ne voit aucune terre si ce n'est de notre côté. Ce lac paraît à mes yeux exactement comme l'Océan.

— Cette miniature d'étang comme l'Océan! Et c'est ainsi que parle une fille qui a de véritables marins dans sa famille! Fadaises, Magnet, fadaises. Que voyez-vous là qui ait la moindre ressemblance à la mer?

— Ce que j'y vois, mon oncle? De l'eau — et puis de l'eau, — et encore de l'eau, — pendant des milles et des milles, et aussi loin que l'œil puisse atteindre.

— Et n'y a-t-il pas de l'eau, — et puis de l'eau, — et encore de l'eau, — pendant des milles et des milles, dans les rivières sur lesquelles vous avez navigué en pirogue, et aussi loin que l'œil puisse atteindre par-dessus le marché?

—Oui, mon oncle; mais les rivières ont leurs rives; elles sont étroites, et des arbres croissent sur leurs bords.

—Et ne sommes-nous pas ici sur une rive, les soldats ne l'appellent-ils pas le *bank*[1] du lac? ne voyez-vous pas des arbres par milliers? et vingt lieues ne sont-elles pas un espace assez étroit en bonne conscience? Qui diable a jamais entendu parler des *banks* de l'Océan, à moins qu'il ne s'agisse de bancs cachés sous l'eau?

—Mais, mon oncle, on ne peut voir à travers ce lac comme à travers une rivière.

—C'est en quoi vous vous trompez, Magnet. L'Amazone, l'Orénoque, la Plata, sont des rivières, et pourtant on ne peut voir à travers. — Écoutez-moi, Pathfinder; je doute fort que cette languette d'eau soit même un lac; elle me paraît n'être qu'une rivière. Je vois que vous n'êtes pas très-forts en géographie dans vos bois.

— C'est vous qui vous trompez en cela, maître Cap. Il y a une rivière, et une noble rivière à chaque bout du lac, mais l'eau qui est devant vous est l'Ontario; et quoiqu'il ne soit pas dans ma nature de vivre sur un lac, il y en a peu, à mon avis, qui valent mieux que celui-ci.

---

1. Mot anglais signifiant le bord, le rivage d'une rivière. Le traducteur l'a conservé à cause des jeux de mots qui vont suivre.

— Et si nous étions sur le bord de la mer à Rockaway, mon oncle, qu'y verrions-nous de plus qu'ici? Là comme ici il y a un rivage et des arbres.

— C'est de la perversité, Magnet, et une jeune fille doit parer [1] tout ce qui ressemble à de l'obstination. D'abord l'Océan a des côtes, mais non des *banks*, à moins que ce ne soit le grand banc de Terre-Neuve, qui est hors de vue de la terre, et vous ne prétendrez pas que ce *bank*-ci soit hors de vue de la terre ni même sous l'eau.

Comme Mabel ne pouvait soutenir une opinion si extravagante Cap continua, sa physionomie commençant à s'animer du plaisir de triompher dans une discussion :

— Et ensuite ces arbres-ci ne supportent pas la comparaison avec ceux de Rockaway. Les côtes de l'Océan offrent des villes, des fermes, des maisons de campagne, et dans quelques pays des monastères, des châteaux et des phares. — Oui, surtout des phares. On ne voit ici rien de tout cela. Non, non, maître Pathfinder, je n'ai jamais entendu parler d'une mer sur les côtes de laquelle on ne trouve plus ou moins de phares, tandis qu'ici il n'y a pas même un fanal.

— On y trouve ce qui vaut mieux, — oui, ce qui vaut mieux; une forêt, de nobles arbres, un temple digne de Dieu.

— Oui, une forêt peut convenir à un lac; mais à quoi servirait l'Océan, si toute la terre qui l'entoure n'était qu'une forêt? Les navires seraient inutiles, car on peut faire flotter le bois. Ce serait la fin du commerce; et que serait un monde sans commerce? Je suis de l'avis de ce philosophe qui a dit que la nature humaine a été inventée en faveur du commerce. Je suis même surpris, Magnet, que vous puissiez penser que cette eau ressemble à celle de la mer. J'ose dire qu'il n'y a pas une baleine dans tout votre lac, maître Pathfinder.

— Je n'en ai jamais entendu parler, je l'avoue; mais je ne suis pas juge des animaux qui vivent dans l'eau, à moins que ce ne soient les poissons des rivières et des ruisseaux.

— Pas un cachalot, — pas un marsouin, — pas même un pauvre diable de requin?

— Je ne prendrai pas sur moi de dire qu'il s'y en trouve. **Ma nature n'est pas dans l'eau, maître Cap.**

---

[1] Expression de marine, signifiant éviter.

— Ni hareng, ni albatros, ni poisson volant, — continua Cap, les yeux fixés sur le guide, pour voir jusqu'à quel point il pouvait s'avancer. — Avez-vous dans ce lac des poissons qui puissent voler?

— Des poissons qui puissent voler! Maître Cap, maître Cap, ne croyez point, parce que nous vivons sur la frontière, que nous ne nous fassions pas une idée de la nature et de ce qu'il lui a plu de faire? Je sais qu'il y a des écureuils qui volent, mais...

— Un écureuil voler! — Comment diable, maître Pathfinder, vous imaginez-vous avoir près de vous un mousse qui n'en est qu'à son premier voyage?

— Je ne connais pas vos voyages, maître Cap, quoique je suppose que vous en avez fait beaucoup. Mais quant à ce qui tient à la nature des bois, je puis dire ce que j'ai vu en face de qui que ce soit.

— Et vous voulez que je croie que vous avez vu un écureuil voler?

— Si vous désirez connaître le pouvoir de Dieu, maître Cap, vous croirez cela et beaucoup d'autres choses semblables, car vous pouvez être bien certain que c'est la vérité.

— Et pourtant, Pathfinder, — dit Mabel en le regardant avec une douceur si amicale, que, quoiqu'il vît qu'elle s'amusait à ses dépens, il le lui pardonnait de tout son cœur, — vous qui parlez avec tant de respect du pouvoir de la Divinité, vous paraissez douter qu'un poisson puisse voler.

— Je n'ai pas dit cela, je ne l'ai pas dit; et si maître Cap est disposé à certifier le fait, quelque invraisemblable qu'il paraisse, je ferai tous mes efforts pour le croire : car je pense qu'il est du devoir de chacun de croire au pouvoir de Dieu, quelque difficile que cela puisse être.

— Et pourquoi mon poisson ne peut-il avoir des ailes aussi bien que votre écureuil? — demanda Cap avec plus de logique que de coutume. — Qu'un poisson puisse voler, et qu'il vole réellement, c'est ce qui est aussi vrai que raisonnable.

— C'est là précisément la seule difficulté qu'il y ait à croire cette histoire. Il ne semble pas raisonnable de donner à un animal qui vit dans l'eau des ailes qui paraissent ne pouvoir lui être d'aucune utilité dans cet élément.

— Et supposez-vous que les poissons soient assez ânes pour voler dans l'eau quand une fois ils ont des ailes?

— Je ne connais rien à tout cela ; mais qu'un poisson vole dans l'air, c'est ce qui me semble encore plus contraire à sa nature que de voler dans son élément, — dans lequel il est né et a été élevé, comme on pourrait dire.

— Voilà ce que c'est que des idées rétrécies, Magnet. Le poisson vole hors de l'eau pour fuir les ennemis qu'il y trouve ; et vous voyez là non seulement le fait, mais ce qui en est la cause.

— Je suppose donc que cela soit vrai, — dit le guide fort tranquillement ; — leur vol est-il bien long ?

— Pas aussi long que celui des pigeons, peut-être, mais assez pour prendre le large. Quant à vos écureuils, ami Pathfinder, nous n'en parlerons plus, car je suppose que vous n'en avez parlé que pour faire un contre-poids à mes poissons en faveur des bois. — Mais qu'est-ce que je vois là-bas à l'ancre sous la montagne ?

— C'est le cutter de Jasper, mon oncle, répondit vivement Magnet. — Je crois que c'est un très-joli bâtiment, et il se nomme *le Scud*.

— Oui, il peut être assez bon pour un lac, mais c'est une pauvre affaire. Il a un beaupré fixe ! et qui a jamais vu mettre un beaupré à demeure sur un pareil cutter ?

— Ne peut-il pas y avoir quelque bonne raison pour cela sur un lac comme celui-ci, mon oncle ?

— Sans doute. Il ne faut pas oublier que ce n'est pas l'Océan, quoiqu'il y ressemble tellement.

— Ah, ah, mon oncle ! l'Ontario ressemble donc à l'Océan, après tout ?

— A vos yeux et à ceux de Pathfinder, ma nièce, mais pas du tout aux miens. Placez-moi au milieu de cette mare d'eau, par la nuit la plus noire, et dans le plus petit canot, et je vous dirai sur-le-champ que ce n'est qu'un lac. Quant à cela, *la Dorothée*, — c'était le nom de son bâtiment, — le découvrirait aussi vite que moi. Je crois qu'elle ne ferait pas plus d'une couple de courtes bordées sans apercevoir la différence entre l'Ontario et la vieille Atlantique. J'ai une fois fait entrer ce brick dans une des grandes baies de l'Amérique méridionale, et il s'y est comporté aussi gauchement que le ferait un idiot dans une église remplie d'une nombreuse congrégation. Et Jasper fait voile sur ce bâtiment ? Il faut que je fasse une croisière avec lui avant de vous quitter, Magnet. Je ne veux pas qu'il soit dit que je suis venu en vue de cet étang sans y aller faire une excursion.

— Eh bien, vous n'aurez pas long-temps à attendre, — dit Pathfinder, — car le sergent est à la veille de s'embarquer avec un détachement pour aller relever un poste aux Mille-Iles; et comme je l'ai entendu dire qu'il avait dessein d'emmener Mabel avec lui, vous pourrez lui faire compagnie.

— Cela est-il vrai, Magnet?

— Je le crois, — répondit Mabel, une rougeur si imperceptible qu'elle échappa aux regards de ses compagnons lui montant au visage; — mais j'ai eu si peu de temps pour causer avec mon père, que je n'en suis pas tout à fait sûre. Au surplus, le voici, et vous pouvez le lui demander à lui-même.

Malgré son humble rang, la physionomie du sergent Dunham avait un caractère qui commandait le respect. Il était d'une grande taille, grave, sérieux, et il mettait de l'exactitude et de la précision dans toutes ses actions comme dans sa manière de penser. Cap lui-même, dogmatique et hautain, comme il l'était avec tout ce qui n'était pas marin, ne se permettait pas les mêmes libertés avec le vieux soldat qu'avec ses autres amis. On avait souvent remarqué que Duncan de Lundie, laird écossais qui commandait le fort, avait plus d'égards pour le sergent Dunham que pour tous les sous-officiers; car l'expérience et les services rendus avaient autant de valeur, aux yeux du vétéran-major, que la naissance et la fortune. Quoique le sergent n'espérât point de s'élever jamais plus haut dans son état, il se respectait assez, lui et son grade actuel, pour agir toujours de manière à attirer l'attention; et la nécessité où il était de voir souvent ses inférieurs, dont il avait à réprimer les passions et les penchants par un air de réserve et de dignité, avait donné un tel coloris à toute sa conduite, que très-peu d'entre eux pouvaient se soustraire à son influence. Tandis que les capitaines le traitaient avec bonté et comme un ancien camarade, les lieutenants se hasardaient rarement à combattre ses opinions sur des points militaires, et l'on remarquait que les enseignes lui montraient une déférence qui allait presque jusqu'au respect. Il n'était donc pas étonnant que son arrivée coupât court à la conversation singulière que nous venons de rapporter, quoiqu'on eût souvent observé que Pathfinder était le seul homme d'un rang inférieur sur cette frontière qui se permit de traiter le sergent comme son égal, et de prendre avec lui le ton de familiarité cordiale d'un ami.

— Bonjour, frère Cap, — dit le sergent, lui faisant le salut militaire en s'avançant d'un air grave sur le bastion. — Les devoirs que j'ai à remplir le matin ont été cause que j'ai eu l'air de vous oublier ainsi que Mabel; mais à présent j'ai une heure ou deux à ma disposition, et nous pourrons faire connaissance. Ne remarquez-vous pas en ma fille, mon frère, une forte ressemblance avec celle que nous avons perdue depuis longtemps?

— Mabel est l'image de sa mère, comme je l'ai toujours dit, sergent, avec une petite dose de la fermeté de vos nerfs; quoique, à cet égard, les Cap n'aient jamais manqué de ressort et d'activité.

Mabel jeta un regard timide sur les traits graves et austères de son père, auquel elle avait toujours pensé avec cette affection que des enfants dont le cœur est bon conservent pour les parents dont ils sont éloignés; et comme elle vit que les muscles de son visage étaient agités, malgré la roideur méthodique de ses manières, elle avait envie de se jeter dans ses bras et de pleurer; mais il avait l'extérieur si froid et si réservé, et elle s'y était si peu attendue, qu'elle n'aurait osé hasarder cette liberté quand même ils eussent été seuls.

— Vous avez fait, pour l'amour de moi, un voyage long et pénible, mon frère, et nous tâcherons que rien ne vous manque ici tant que vous serez avec nous.

— On dit que vous êtes sur le point de recevoir des ordres pour lever l'ancre, sergent, et pour aller suspendre votre hamac dans une partie du monde où il y a, dit-on, mille îles?

— Pathfinder, ceci est quelqu'un de vos oublis.

— Non, non, sergent, je n'ai rien oublié; mais il ne me semblait pas nécessaire de cacher vos intentions à un homme qui est presque votre chair et votre sang.

— Tous les mouvements militaires doivent s'exécuter avec le moins de bruit possible, — répondit le sergent avec un ton de reproche, mais en donnant au guide un petit coup sur l'épaule d'un air amical. — Vous avez passé une trop grande partie de votre vie en face des Français pour ne pas connaître le prix du silence. Mais n'importe, le fait doit bientôt être connu, et il n'est pas très-nécessaire à présent de chercher à le cacher. Oui, nous allons faire partir avant peu un détachement pour relever un poste sur le lac, quoique je ne dise pas que c'est celui des Mille-Iles, et il est possible que j'en fasse partie. En ce cas, j'emmènerai Mabel avec moi pour me faire la soupe, et j'espère, mon frère, que vous ne mépriserez pas l'ordinaire d'un soldat pour un mois ou environ.

— Cela dépendra de la nature de votre marche. Je n'aime ni les bois ni les marécages.

— Nous ferons voile à bord du *Scud*. C'est un service auquel nous ne sommes pas étrangers, et qui doit plaire à un homme accoutumé à l'eau.

— A l'eau de la mer, oui, mais non à l'eau d'un lac. Quoi qu'il en soit, si vous n'avez personne pour gouverner votre espèce de cutter, je ne refuse pas de vous accompagner. Mais je regarde toute cette affaire comme du temps perdu, car c'est se moquer des gens que d'appeler naviguer faire une course sur un étang.

— Jasper est très en état de gouverner le *Scud*, mon frère, et je ne puis dire que nous ayons besoin de vos services à cet égard; mais nous serons très-charmés d'avoir le plaisir de votre compagnie. Vous ne pouvez retourner aux établissements avant qu'on y envoie quelque détachement, et il n'est pas probable que cela arrive avant mon retour. — Eh bien! Pathfinder, voici la première fois que je vois suivre la piste des Mingos sans que vous marchiez à la tête.

— Pour être franc avec vous, sergent, — répondit le guide, non sans quelque embarras, et avec une différence remarquable dans le coloris de son visage, sur lequel l'air et le soleil avaient empreint un rouge uniforme, — je n'ai pas senti que cela fût dans ma nature, ce matin. En premier lieu, je sais fort bien que les soldats du 55e régiment ne sont pas gens à atteindre les Iroquois dans les bois, et que ceux-ci n'ont pas attendu pour se laisser entourer, quand ils ont su que Jasper était arrivé dans le fort. Ensuite un homme peut prendre un peu de repos après un été tout entier de travail pénible, sans qu'on puisse l'accuser de mauvaise volonté. Enfin le Grand Serpent n'est point avec les soldats, et s'il est possible de trouver les mécréants, vous pouvez vous fier à sa haine contre eux, qui est encore plus forte que la mienne, et à ses yeux qui valent presque les miens. Il n'aime pas plus que moi ces vagabonds; et quant à moi, je puis dire que mes sentiments pour les Mingos sont ceux de la nature d'un Delaware greffée sur un sauvageon chrétien. Non, non, j'ai voulu pour cette fois laisser l'honneur de cette expédition au jeune enseigne qui la commande. S'il n'y perd pas sa chevelure, il pourra se vanter de sa campagne en écrivant à sa mère quand il sera de retour. J'ai voulu jouer le rôle de fainéant une fois dans ma vie.

— Et personne n'y a plus de droit, — répondit le sergent avec un ton de bonté, — si de longs et fidèles services sont un titre pour obtenir un congé. Mabel n'en pensera pas plus mal de vous pour préférer sa compagnie à la piste des sauvages, et j'ose dire qu'elle sera charmée de vous offrir à déjeuner, si vous êtes en appétit. N'allez pourtant pas croire, Mabel, que Pathfinder soit dans l'habitude de laisser les drôles qui viennent rôder autour du fort battre en retraite sans avoir entendu le son de sa carabine.

— Si je pensais qu'elle le crût, sergent, quoique je ne sois pas amateur des évolutions de parade, j'appuierais Tue-Daim sur mon épaule, et je sortirais du fort avant qu'elle eût le temps de froncer les sourcils. Non, non, Mabel me connaît trop bien, quelque nouvelle que soit notre connaissance; car nous n'avons pas manqué de Mingos pour enjoliver la courte marche que nous avons faite ensemble.

— Il me faudrait de fortes preuves, Pathfinder, pour me faire mal penser de vous en quoi que ce soit, et surtout dans le genre dont il s'agit, — dit Mabel, empressée d'écarter toute idée contraire qu'il aurait pu avoir conçue. — Le père et la fille vous doivent tous deux la vie, je crois, et soyez bien sûr que ni l'un ni l'autre ne l'oubliera jamais.

— Je vous remercie, Mabel, je vous remercie de tout mon cœur. Mais je ne veux pas prendre avantage de votre ignorance, et je vous dirai que je ne crois pas que les Mingos vous eussent fait tort d'un seul cheveu de votre tête si, par suite de leurs manigances infernales, vous fussiez tombée entre leurs mains. Ma chevelure et celles de maître Cap, de Jasper et du Grand-Serpent, auraient bien certainement été séchées à la fumée; mais quant à la fille du sergent, non, non, ils ne lui auraient pas enlevé un cheveu de la tête.

— Et pourquoi supposerais-je que des sauvages, connus pour n'épargner ni femmes ni enfants, auraient eu pour moi plus de merci que pour tout autre? Je sens que je vous dois la vie, Pathfinder.

— Je vous dis, Mabel, qu'ils ne vous auraient fait aucun mal. Pas un de ces diables de Mingos ne vous aurait arraché un cheveu de la tête. Tout méchants que je les crois, ces vampires, je ne les soupçonne pas d'une pareille scélératesse. Ils auraient pu vous engager, et même vous forcer à devenir la femme d'un de leurs chefs ; mais je suis convaincu que vous n'aviez rien de plus à craindre.

— Eh bien, c'est à vous, en ce cas, que je suis redevable d'avoir échappé à ce malheur, — dit Mabel, serrant la main de l'honnête guide de manière à l'enchanter. — Devenir la femme d'un sauvage serait pour moi pire que la mort.

— C'est sa nature, sergent, — s'écria Pathfinder, se tournant vers son ancien camarade, et tous ses traits brillant de satisfaction ; — et il faut qu'elle suive sa nature. J'ai dit au Grand-Serpent qu'aucune *chrétiennisation* ne fera, même d'un Delaware, une peau blanche, et que ni les hurlements ni les cris de guerre ne changeront une face-pâle en peau-rouge. C'est la nature d'une jeune fille née de parents chrétiens, et il faut qu'elle la conserve.

— Vous avez raison, Pathfinder ; et quant à Mabel Dunham, elle la conservera. — Mais il est temps de déjeuner ; si vous voulez me suivre, frère Cap, je vous ferai voir comment nous autres pauvres soldats nous vivons sur cette frontière éloignée.

CHAPITRE IX.

« Dites-moi, mes compagnons d'exil, l'habitude ne rend-elle pas cette vie plus agréable que celle qu'on mène dans le sein de la pompe et du luxe ? Cette forêt n'est-elle pas moins dangereuse qu'une cour où règne l'envie ? Nous ne sentons ici que la peine encourue par Adam. »
Comme il vous plaira.
SHAKESPEARE.

Le sergent Dunham n'était pas coupable de jactance en s'exprimant comme on l'a vu dans les derniers mots du chapitre qui précède. Quoique le poste où il se trouvait fût situé sur l'extrême frontière, ceux qui y demeuraient avaient une table qui, sous bien des rapports, aurait pu faire envie aux princes et aux rois. A l'époque dont nous parlons, et même un demi-siècle plus tard, toute cette vaste région qu'on a nommée l'Ouest, ou les Nouveaux-Pays, depuis la guerre de la révolution, était comparativement un désert, mais un désert rempli de toutes les productions de la nature qui appartenaient particulièrement à ce climat, à l'exception de l'homme et des animaux domestiques. Le peu d'Indiens qui en parcouraient les forêts n'occasionnaient pas une diminution sensible du gibier; et les garnisons éparses, jointes à quelques chasseurs qui se montraient çà et là sur cette vaste surface, n'y produisaient pas plus d'effet que l'abeille sur le champ de sarasin, ou l'oiseau-mouche sur la fleur.

Les merveilles que la tradition nous a transmises sur le nombre d'animaux, d'oiseaux et de poissons qu'on trouvait alors dans ce pays, et particulièrement sur les bords des grands lacs, sont appuyées sur le témoignage d'hommes encore vivants, sans quoi nous pourrions hésiter de les rapporter; mais ayant été nous-même témoin oculaire de quelques-uns de ces prodiges, nous nous acquitterons de notre devoir comme historien avec la confiance que peut donner la certitude. L'Oswego était particulièrement bien placé pour remplir amplement le garde-manger d'un épicurien. Des poissons de toute espèce abondaient dans cette rivière, et le pêcheur n'avait qu'à jeter sa ligne dans l'eau pour en retirer une perche ou quelque autre membre de cette immense famille de poissons qui peuplaient alors les eaux de cette latitude fertile, comme l'air, au-dessus de ces marécages, fourmillait d'insectes. On pêchait dans les lacs une variété de ce poisson si connu, le délicieux saumon du nord de l'Europe, auquel elle était à peine inférieure. Il s'y trouvait la même affluence des divers oiseaux de passage qui fréquentent les eaux et les forêts, et l'on voyait quelquefois dans les grandes baies que forment les dentelures des rives de l'Ontario des centaines d'acres d'eau couverts d'oies et de canards. Les daims, les ours, les écureuils, et d'autres quadrupèdes, parmi lesquels l'élan se montrait quelquefois, aidaient à compléter le total de ce que la nature fournissait libéralement aux postes situés sur l'extrême frontière, pour les indemniser des privations qu'ils souffraient nécessairement.

Dans un endroit où une nourriture, qui aurait été regardée ailleurs comme un grand luxe, était si abondante que personne n'en était privé, le dernier des individus qui se trouvaient dans le fort de l'Oswego se nourrissait de gibier qui aurait fait l'orgueil d'une table parisienne. C'est donc un objet de commentaire sur les caprices du goût et sur la bizarrerie des désirs humains, que le fait que la nourriture qui, en d'autres pays, aurait été un sujet d'envie, devenait un objet de répugnance et de dégoût. Les vivres réguliers de l'armée, qu'il était nécessaire de ménager, attendu la difficulté de les faire venir de si loin, gagnaient dans l'estime du soldat, et il était toujours prêt à renoncer à sa venaison, à ses canards, à ses pigeons et à son saumon, pour se régaler de lard, de navets cordés et de choux à demi-crus.

La table du sergent Dunham se ressentait naturellement de l'abondance et du luxe de la frontière, comme de ses privations. Un saumon grillé fumait sur un plat de bois ; des tranches de venaison exhalaient un fumet appétissant, et plusieurs mets froids, tous composés de venaison, avaient été placés sur la table en l'honneur des nouveaux venus et pour prouver l'hospitalité du vieux soldat.

— Vous ne paraissez pas être à demi-ration dans cette partie du globe, sergent, — dit Cap, après s'être initié dans les mystères des différents mets. — Votre saumon aurait suffi pour satisfaire un Écossais.

— Il ne suffit pourtant pas, frère Cap ; car sur deux à trois cents hommes qui composent cette garnison, il n'y en a pas une demi-douzaine qui ne jureraient pas que ce poisson n'est pas digne d'être mangé. Il y en a même qui n'ont jamais goûté de venaison chez eux, à moins qu'ils n'aient braconné, et qui font fi de la cuisse de daim la plus grasse qu'on puisse avoir ici.

— C'est la nature des chrétiens, — dit Pathfinder, — et j'ose dire qu'elle ne leur fait pas honneur. Une peau-rouge ne montre jamais aucun dégoût, et il est toujours content de la viande qu'on lui donne, qu'elle soit grasse ou maigre, ours ou daim, cuisse de dindon ou aile d'oie sauvage. Il faut le dire à la honte de nous autres hommes blancs, nous regardons les bienfaits de la Providence sans reconnaissance, et nous considérons des bagatelles comme des choses importantes.

— Il en est ainsi du 55e, j'en réponds, — dit le sergent, — quoique je ne puisse en répondre de même quant au christianisme. Le major Duncan de Lundie jure lui-même quelquefois qu'un gâteau de farine d'orge vaut mieux qu'une perche de l'Oswego, et soupire après un verre d'eau de ses montagnes d'Écosse quand il a à sa disposition toute celle de l'Ontario pour étancher sa soif.

— Le major Duncan a-t-il une femme et des enfants? — demanda Mabel, dont les pensées se portaient naturellement sur son propre sexe dans sa nouvelle situation.

— Non, ma fille, mais on dit qu'il a une fiancée dans son pays. Il paraît qu'elle préfère attendre plutôt que de s'exposer aux privations et aux souffrances du service dans ce pays sauvage, ce qui n'est nullement conforme aux idées que je me fais des devoirs d'une femme, frère Cap. Votre sœur pensait tout différemment, et s'il avait plu à Dieu de nous la conserver, vous la verriez en ce moment assise sur l'escabelle que sa fille occupe.

— J'espère, sergent, que vous ne pensez pas à faire de Mabel la femme d'un soldat? — dit Cap d'un ton grave. — Notre famille en a déjà fourni son contingent, et il est temps qu'elle songe de nouveau à la mer.

— Je ne songe à choisir un mari pour ma fille ni dans le 55° ni dans aucun autre régiment, mon frère, je puis vous l'assurer, quoique je pense qu'il est temps de la marier convenablement.

— Mon père!

— Il n'est pas dans leur nature, sergent, de parler de ces choses là si à découvert, — dit Pathfinder. — L'expérience m'a appris que celui qui veut suivre la piste d'une jeune fille ne doit pas crier à tue-tête derrière elle ce qu'il désire. Ainsi donc, s'il vous plaît, nous parlerons d'autre chose.

— Eh bien! frère Cap, j'espère que ce cochon de lait rôti, quoique froid, ne vous déplaît pas? Il paraît être de votre goût.

— Oui, oui. Donnez-moi une viande civilisée, si vous voulez que je mange. La venaison est fort bonne pour vos marins d'eau douce, mais nous autres, marins de l'Océan, nous aimons ce que nous connaissons.

Pathfinder remit sur la table son couteau et sa fourchette, et, après un de ses accès de rire silencieux, dit avec un air de curiosité :

— Ne regrettez-vous pas la peau, maître Cap? ne regrettez-vous pas la peau?

— Je crois certainement, Pathfinder, qu'il n'en aurait été que meilleur avec sa jaquette; mais je suppose que, dans vos bois, c'est la mode de servir ainsi le cochon de lait.

— Eh bien! eh bien! on peut avoir fait le tour du monde et ne pas tout savoir. — Si vous aviez été chargé d'écorcher cette créature, maître Cap, vos doigts s'en seraient ressentis. — C'est un porc-épic.

— Sûr ma foi, il me semblait bien que ce n'était pas de bon et vrai porc. Mais je pensais qu'ici, dans les bois, un porc même pouvait perdre quelque chose de ses bonnes qualités. Il me paraissait raisonnable que le cochon d'eau douce ne fût pas tout à fait aussi bon que le cochon d'eau salée. Mais à présent je suppose que c'est la même chose pour vous, sergent?

— Pourvu que je ne sois pas chargé de l'écorcher, frère Cap. — Pathfinder, j'espère que vous n'avez pas trouvé Mabel récalcitrante pendant la marche?

— Non, non, sergent. Si Mabel est seulement à moitié aussi satisfaite de Jasper et de Pathfinder que Pathfinder et Jasper sont contents d'elle, nous serons amis pour tout le reste de notre vie.

En parlant ainsi, il leva les yeux sur elle avec une sorte de curiosité fort innocente de savoir ce qu'elle pensait à ce sujet. Mais à l'instant même, et avec une délicatesse naturelle qui prouvait qu'il était bien loin de vouloir, en homme grossier, pénétrer les sentiments secrets d'une femme, il les baissa sur son assiette comme s'il eût regretté sa hardiesse.

— Eh bien! eh bien! il faut nous souvenir que les femmes ne sont pas des hommes, — répliqua le sergent, — et avoir égard à leur caractère et à leur éducation. Un conscrit n'est pas un vétéran. On sait qu'il faut plus longtemps pour faire d'un homme un bon soldat que pour en faire toute autre chose, et il doit falloir aussi un temps plus qu'ordinaire pour former une fille de sergent.

— Voilà une nouvelle doctrine, sergent, — s'écria Cap avec quelque vivacité. — Nous autres vieux marins, nous sommes portés à croire qu'on pourrait faire six soldats, oui, et six excellents soldats, en moins de temps qu'il n'en faut pour faire l'éducation d'un seul marin.

— Oui, oui, frère Cap, je sais quelque chose de l'opinion que les marins ont d'eux-mêmes, — répondit le sergent avec un sourire aussi agréable que le comportait l'austérité de ses traits; — car j'ai été plusieurs années en garnison dans un port de mer. Vous et moi, nous avons déjà conversé sur ce sujet, et je crains que nous ne soyons jamais d'accord. Mais si vous voulez savoir quelle différence il y a entre un véritable soldat et un homme dans ce que j'appellerai l'art de nature, venez voir un bataillon du 55e à la parade cette après-midi ; et quand vous serez de retour à York, examinez un régiment de milice faisant les plus grands efforts pour exécuter les mêmes manœuvres.

— A mon avis, sergent, la différence sera peu de chose. Il n'y en aura pas plus qu'entre un brick et un senau. Tous vos soldats sont la même chose : — habit écarlate, — plumet, — poudre à fusil, — terre de pipe.

— C'est ainsi qu'en juge un marin, Monsieur, — dit le sergent avec un air de dignité ; — mais peut-être ne savez-vous pas qu'il faut un an pour apprendre à un soldat à manger ?

— Tant pis pour lui. Les miliciens savent manger dès le premier jour ; car j'ai souvent entendu dire que dès leur première marche ils dévorent tout ce qu'ils trouvent sur leur chemin ; en supposant qu'ils ne fassent que cela.

— Je suppose qu'ils ont leur nature comme les autres hommes, — dit Pathfinder, pour tâcher de maintenir la paix, que la prédilection obstinée de chacun des deux frères pour sa profession menaçait évidemment de rompre ; — et quand un homme tient sa nature de la Providence, il est ordinairement inutile de vouloir la changer. Le 55e est un régiment très-judicieux, sergent, en ce qui est de savoir manger, car je le sais pour avoir vécu si long-temps en sa compagnie ; mais j'ose dire qu'il peut se trouver des corps de milice qui le dépasseraient en ce genre.

— Mon oncle, dit Mabel, si vous avez fini de déjeuner, je vous prierai de remonter avec moi sur le bastion. Je n'ai pas encore à moitié vu le lac, et il ne serait pas convenable qu'une jeune fille courût seule dans le fort dès le premier jour de son arrivée.

Cap comprit le motif de cette proposition, et comme il avait au fond une amitié véritable pour son beau-frère, il consentit à ajourner ses arguments jusqu'à ce qu'ils eussent été un peu plus longtemps ensemble ; car l'idée de renoncer à ses opinions ne se présenta pas un instant à l'esprit d'un homme d'un caractère si dogmatique et si opiniâtre. Il accompagna donc sa nièce, laissant tête à tête le sergent et Pathfinder. Dès que son adversaire eut battu en retraite, Dunham, qui ne comprenait pas si bien la manœuvre de sa fille, se tourna vers son ami, et lui dit avec un sourire qui avait un certain air de triomphe :

— L'armée, Pathfinder, ne s'est pas encore rendu justice, et n'a jamais su faire valoir ses droits ; et quoique la modestie convienne à l'homme, n'importe qu'il porte un habit rouge ou noir, ou qu'il soit en manches de chemises, je n'aime pas à laisser échapper une occasion de glisser un mot en sa faveur. — Eh bien, mon ami, — ajouta-t-il en prenant une main de son compagnon et en la serrant cordialement, — comment trouvez-vous ma fille ?

— Vous avez lieu d'en être fier, sergent ; oui, vous devez être fier d'être père d'une jeune fille si belle, ayant de si bonnes manières. J'ai vu bien des femmes, j'en ai vu qui étaient belles ; j'en ai vu qui étaient de grandes dames ; mais je n'en ai jamais trouvé qui m'aient paru avoir reçu de la Providence tant de dons différents.

— Et je puis vous dire, Pathfinder, qu'elle n'a pas moins bonne opinion de vous. Dès hier soir, elle n'a fait que me parler de votre sang-froid, de votre courage, de votre bonté surtout, car la bonté compte pour plus de moitié auprès des femmes, mon ami.

— Ainsi donc la première inspection a été satisfaisante de part et d'autre. Brossez votre habit, donnez un peu d'attention à votre extérieur, et elle est à vous, cœur et main.

— Je n'ai rien oublié de ce que vous m'avez dit, sergent, et je ne m'épargne aucune peine raisonnable pour me rendre aussi agréable aux yeux de Mabel, qu'elle commence à le devenir aux miens. J'ai nettoyé et fourbi Tue-Daim ce matin dès que le soleil s'est levé, et suivant moi cette carabine n'a jamais été plus brillante qu'en ce moment.

— Cela est d'accord avec vos idées de chasse, Pathfinder. Toute arme à feu doit briller et étinceler au soleil. Je n'ai jamais pu voir aucune beauté dans un fusil dont le canon est terne.

— Lord Howe pensait autrement, sergent ; et pourtant il passait pour un bon soldat.

— Cela est vrai. Sa Seigneurie fit ternir tous les canons de fusil de son régiment ; mais qu'en est-il résulté de bon ? On lit aujourd'hui son épitaphe dans l'église anglaise d'Albany. Non, non, mon digne ami ; il faut qu'un soldat soit un soldat, et il ne doit jamais rougir de porter les signes et symboles de son honorable profession. — Avez-vous beaucoup causé avec Mabel pendant que vous étiez ensemble dans la pirogue ?

— Il n'y en avait pas beaucoup d'occasions, sergent ; et quand il s'en présentait, je me trouvais tellement au-dessous d'elle en idées, que je craignais de lui parler d'autre chose que de ce qui appartient à ma nature.

— Vous avez moitié raison et moitié tort, mon ami. Les femmes aiment une conversation légère, quoiqu'elles se plaisent à y prendre la principale part. Vous savez que je suis un homme dont la langue ne se presse pas de donner un corps à la première pensée frivole qui s'offre à son esprit; eh bien! il y avait des jours où je voyais que la mère de Mabel n'en pensait pas plus mal de moi quand je dérogeais à ma dignité. Il est vrai que j'avais alors vingt-deux ans de moins qu'aujourd'hui; et qu'au lieu d'être le plus ancien sergent du régiment, j'en étais le plus jeune. Un air de dignité est utile et imposant en ce qui concerne les hommes mais si l'on veut paraître tout à fait estimable aux yeux d'une femme, il faut avoir, dans l'occasion, un peu de condescendance.

— Ah! sergent, je crains bien que cela ne me réussisse jamais.

— Pourquoi vous décourager ainsi dans une affaire sur laquelle je croyais que nous étions d'accord tous deux?

— Nous étions d'accord que, si Mabel se trouvait ce que vous disiez qu'elle était, et qu'elle pût voir de bon œil un chasseur et un guide qui ne sait rien de plus, je renoncerais en partie à une vie errante, et je tâcherais de m'humaniser avec ma femme et des enfants. Mais depuis que j'ai vu Mabel, j'ai eu de fâcheux pressentiments.

— Que veut dire cela? — s'écria le sergent d'un ton austère; — vous ai-je mal compris? Ne m'avez-vous pas dit qu'elle vous avait plu? — Mabel est-elle fille à tromper l'attente qu'on en a conçue?

— Ah! sergent, ce n'est pas de Mabel que je me méfie, c'est de moi-même. Je ne suis, après tout, qu'un pauvre et ignorant homme des bois, et peut-être, dans le fait, ne vaux-je pas autant que vous et moi nous le pensons.

— Si vous doutez de votre jugement, Pathfinder, je vous prie de ne pas douter du mien. Ne suis-je pas habitué à juger du caractère des autres? n'est-ce pas mon devoir spécial? suis-je homme à me tromper? Adressez-vous au major Duncan, Monsieur, s'il vous faut des garanties à cet égard.

— Mais nous sommes d'anciens amis, sergent; nous avons combattu côte à côte une douzaine de fois, et nous nous sommes rendu l'un à l'autre bien des services. Or, en pareil cas, les hommes sont portés à penser trop avantageusement l'un de l'autre, et je crains que la fille ne voie pas un simple et ignorant chasseur d'un œil aussi favorable que le père.

— Bon, bon, vous ne vous connaissez pas vous-même, Pathfinder, et vous pouvez vous en rapporter à mon jugement. D'abord, vous avez de l'expérience, et comme c'est principalement ce qui manque à toute jeune fille, nulle jeune fille ayant de la prudence ne peut manquer de faire attention à cette qualité. Ensuite vous n'êtes pas un de ces fats qui se donnent des airs, du moment qu'ils ont rejoint le régiment; vous êtes un homme qui avez vu du service, et vous en portez les marques. J'ose dire que vous avez été exposé au feu trente ou quarante fois, en comptant les escarmouches et les embuscades.

— Tout cela est vrai, sergent, tout cela est vrai. Mais à quoi cela me servira-t-il pour gagner le cœur d'une jeune fille?

— Cela vous vaudra le gain de la journée. L'expérience est aussi utile en amour qu'en guerre. D'ailleurs, vous êtes un sujet du roi aussi honnête et aussi loyal qu'aucun dont il puisse se vanter; — que Dieu le protége!

— Cela peut être aussi, sergent, cela peut être; mais je crains que je ne sois trop brusque, trop âgé, trop sauvage, pour gagner le cœur d'une jeune fille comme Mabel, qui n'est pas habituée à nos manières de la forêt, et qui peut regarder les établissements comme convenant mieux à sa nature et à ses inclinations.

— Ce sont de nouveaux fâcheux pressentiments pour vous, mon ami; et je suis surpris que vous ne les ayez pas encore fait passer la revue jusqu'ici.

— C'est peut-être parce que je n'avais jamais senti combien peu je vaux avant d'avoir vu Mabel. J'ai conduit des femmes aussi belles à travers la forêt, et je les ai vues dans les périls et dans la joie; mais elles étaient toujours trop au-dessus de moi pour que je pusse penser à elles autrement qu'à de faibles créatures que j'étais tenu de protéger et de défendre. Or, à présent, le cas n'est pas le même : Mabel et moi, nous sommes à peu près sur le même niveau, et il me semble que je suis entraîné par un poids que je ne puis soutenir, en me trouvant tellement au-dessous d'elle. Je voudrais avoir dix ans de moins, sergent, avec des traits plus avenants et plus propres à plaire à une jeune et jolie fille.

— Tranquillisez-vous, mon brave ami, et reposez-vous-en sur

ma connaissance du sexe. Mabel vous aime déjà à moitié, et quinze jours passés là-bas avec elle parmi les îles feront le reste. Elle me l'a presque dit elle-même hier soir.

— Cela est-il possible, sergent? — s'écria le guide, à la modestie duquel il répugnait de se regarder sous un jour si favorable; — cela peut-il être vrai? Je ne suis qu'un pauvre chasseur, et je vois que Mabel est digne d'être l'épouse d'un officier. Croyez-vous qu'elle puisse renoncer à la vie des établissements, à faire des visites, à aller à l'église, pour demeurer ici dans la forêt avec un guide, un chasseur? Ne finira-t-elle point par regretter ses anciennes habitudes, et par être fâchée de ne pas avoir un meilleur mari?

— Un meilleur mari, Pathfinder, serait difficile à trouver. Quant aux usages des établissements, la liberté dont elle jouira dans ces forêts les lui fera bientôt oublier; et Mabel a assez de courage pour vivre sur la frontière. Je n'ai pas tracé le plan de ce mariage sans y réfléchir autant qu'un général à celui d'une campagne. D'abord, j'avais songé à vous faire entrer dans le régiment, afin que vous pussiez me remplacer quand je me retirerai; mais en y réfléchissant, il m'a semblé, Pathfinder, que vous n'étiez pas tout à fait ce qu'il faut pour ce poste. Si pourtant vous n'êtes pas soldat dans tous les sens du mot, vous l'êtes dans sa meilleure entente, et je sais que vous jouissez de l'estime de tous les officiers du corps. Aussi long-temps que je vivrai, Mabel peut demeurer avec moi, et vous auriez toujours un gîte, en revenant de faire une marche ou de suivre une piste.

— Tout cela est fort agréable à penser, sergent, pourvu que Mabel ait le même désir que nous. Mais, hélas! je ne crois pas qu'un homme comme moi puisse jamais plaire à ses yeux. Si j'étais plus jeune et mieux tourné, comme Jasper Western, par exemple, je pourrais avoir une chance; oui, sans doute, j'en pourrais avoir quelqu'une.

— Voilà pour Jasper Eau-douce, et pour tous les jeunes gens qui sont dans le fort et en dehors, — s'écria le sergent en faisant claquer ses doigts; — si vous n'êtes pas positivement plus jeune, vous en avez l'air; oui sans doute, et vous avez meilleure mine que le capitaine du *Scud*.

— Comment dites-vous? — demanda Pathfinder en regardant son compagnon avec un air de doute, comme s'il eût craint de ne pas avoir bien compris ce qu'il venait de dire.

— Je dis que si vous n'êtes pas plus jeune en nombre d'années et de jours, vous êtes plus endurci, plus solide que Jasper et tous les autres, et qu'il restera plus de vous dans trente ans que de tout le reste mis ensemble. Une bonne conscience vous conservera jeune toute votre vie.

— Jasper a une aussi bonne conscience qu'aucun jeune homme que je connaisse, sergent, et à cet égard il est probable qu'il durera autant que qui que ce soit.

— Ensuite, vous êtes mon ami, mon ami juré, constant, éprouvé.

— Oui, il y a près de vingt ans que nous sommes amis, sergent; avant que Mabel fût née.

— Oui sans doute, avant la naissance de ma fille. Et comment pourrait-elle refuser d'épouser un homme qui était l'ami de son père avant qu'elle fût née ?

— Nous n'en savons rien, sergent; nous n'en savons rien. Chacun aime son semblable : les jeunes, les jeunes; les vieux, les vieux.

— Non pas quand il s'agit de femmes, Pathfinder. Je n'ai jamais vu un vieillard refuser d'épouser une jeune femme. D'ailleurs, tous les officiers du fort vous estiment et vous respectent, comme je l'ai déjà dit, et elle sera flattée de plaire à un homme qui plaît à tout le monde.

— J'espère n'avoir d'autres ennemis que les Mingos, — répondit le guide en passant la main sur sa chevelure d'un air pensif; — j'ai toujours tâché de faire du bien aux autres, ce qui doit procurer des amis, quoique cela n'arrive pas toujours.

— Et l'on peut dire que vous voyez la meilleure compagnie, car Duncan de Lundie lui-même se plaît avec vous, et vous passez quelquefois des heures avec lui; de tous les guides, c'est en vous qu'il a le plus de confiance.

— Oui, oui, et des hommes d'un rang plus élevé ont voyagé bien des fois à mon côté et conversé avec moi comme si j'eusse été leur frère; mais jamais leur compagnie ne m'a enorgueilli, car je sais que les bois mettent souvent de niveau des hommes qui seraient bien loin d'être égaux dans les établissements.

— Et vous êtes connu pour être le meilleur tireur qui ait jamais lâché un coup de fusil dans tout ce pays.

— Si c'était un motif pour être aimé de Mabel, je n'aurais pas tout à fait raison d'en désespérer. Et pourtant, sergent, je pense quelquefois que j'en suis redevable à Tue-Daim autant qu'à mon adresse. C'est certainement une carabine merveilleuse, et elle pourrait produire le même effet entre les mains d'un autre.

— Cela prouve l'humble opinion que vous avez de vous-même, Pathfinder; mais nous avons vu trop souvent d'autres manquer leur coup en se servant de votre arme, tandis que vous abattiez le gibier avec les fusils des autres, pour que je puisse être d'accord avec vous sur ce point. Il doit y avoir une partie de tir un de ces jours; vous pourrez y montrer votre adresse, et Mabel pourra alors se faire une juste idée de votre mérite.

— Serait-ce jouer de franc jeu, sergent? Chacun sait que Tue-Daim manque rarement son coup, et doit-on faire une épreuve semblable, quand on sait d'avance quel doit en être le résultat?

— Allons, allons, je vois qu'il faudra que je me charge de faire la cour à ma fille pour vous. Pour un homme qui, dans une escarmouche, est toujours au milieu de la fumée, vous êtes l'amoureux le plus timide que j'aie jamais vu. Souvenez-vous que Mabel sort d'une race hardie, et qu'elle admirera dans un homme ce que sa mère y a admiré avant elle.

Le sergent se leva alors et se rendit où ses devoirs l'appelaient, sans faire aucune apologie à Pathfinder, la manière intime dont celui-ci vivait avec toute la garnison rendant cette formalité inutile.

La conversation qui précède doit avoir fait connaître au lecteur un des motifs que le sergent Dunham avait eus pour faire venir sa fille sur la frontière. Quoique privé des caresses qui la lui avaient rendue si chère pendant les deux premières années de son veuvage, il avait conservé pour elle un attachement qui, pour ne pas s'épancher en grandes démonstrations, n'en était pas moins vif. Accoutumé à commander sans qu'on lui répliquât, et à obéir lui-même sans répliquer davantage, il était peut-être trop disposé à croire que sa fille épouserait sans répugnance l'homme qu'il pourrait lui choisir pour mari, car il était loin d'avoir envie de faire violence à ses inclinations. Le fait était que peu de personnes connaissaient intimement Pathfinder sans le regarder comme un homme doué de qualités extraordinaires. Toujours le même, joignant à la fidélité une grande simplicité d'esprit; plein de prudence, quoique inaccessible à la crainte; le premier à prendre part à toutes les entreprises justes, ou que du moins l'opinion du temps regardait comme telles; mais ne s'engageant jamais dans aucune qui aurait pu appeler le blâme sur sa conduite, ou le faire rougir lui-même. Il n'était pas possible de vivre long-temps avec cet être, qui, à sa manière, pouvait passer pour une espèce de type de ce qu'était Adam avant sa chute, sans éprouver pour lui un respect et une admiration qui l'élevaient au-dessus de sa situation dans le monde. On remarquait qu'aucun officier ne passait jamais près de lui sans le saluer, comme s'il eût été son égal, et que ses inférieurs lui adressaient la parole avec autant de confiance et de liberté que s'il eût été leur camarade. Sa singularité la plus surprenante était l'indifférence complète avec laquelle il regardait toutes les distinctions qui ne dépendaient pas du mérite personnel. Il respectait ses supérieurs par habitude; mais on l'avait vu plus d'une fois corriger leurs méprises et blâmer leurs vices avec une intrépidité qui prouvait quelle importance il attachait aux points les plus essentiels, et combien un jugement naturel est au-dessus de celui qui n'est dû qu'à l'éducation. En un mot, celui qui aurait cru que l'homme n'est pas capable de distinguer entre le bien et le mal, sans l'aide de l'instruction, aurait été ébranlé dans sa croyance par le caractère extraordinaire de cet habitant de la frontière. Ses sentiments semblaient avoir la fraîcheur de la forêt dans laquelle il passait une si grande partie de son temps; et nul casuiste n'aurait pu prononcer plus équitablement dans tout ce qui avait rapport au juste et à l'injuste. Il n'était pourtant pas sans préjugés, quoiqu'ils fussent en petit nombre, et qu'ils prissent le coloris du caractère et des habitudes de l'individu, et ils étaient si profondément enracinés, qu'ils formaient en lui une sorte de seconde nature. Mais le trait le plus frappant de l'organisation morale de Pathfinder était un sentiment intime de justice qui ne le trompait jamais. Ce noble trait, sans lequel nul homme ne peut être véritablement grand, et avec lequel tout homme est respectable, avait probablement une influence secrète sur tous ceux qui fréquentaient souvent sa compagnie; car on avait vu des soldats, du nombre des plus mauvais sujets de la garnison, et n'ayant aucun principe, à leur retour d'une expédition avec lui, parler un langage moins grossier, montrer des sentiments plus analogues aux siens, et prouver qu'ils avaient profité de son exemple. Comme on pouvait l'attendre, avec une qualité si élevée, sa fidélité était un roc inébranlable, et la trahison était classée parmi les choses qui lui étaient impossibles. Jamais il ne reculait devant les ennemis, et jamais, dans toutes les circonstances qui admettaient une alternative, on ne l'avait vu abandonner un ami. Les amis particuliers d'un tel homme étaient naturellement ceux qui lui ressemblaient. Ses compagnons, quoique plus ou moins déterminés par le hasard, étaient en général de premier ordre, quant aux facultés morales ; car il semblait posséder un instinct de discernement qui le portait, probablement sans qu'il s'en aperçût lui-même, à s'attacher de préférence à ceux dont le caractère offrait une récompense plus satisfaisante à son amitié. En un mot, un homme accoutumé à étudier ses semblables disait de Pathfinder qu'il était un bel exemple de ce que pouvait être un homme doué d'un esprit juste et pur ; ne se laissant jamais tenter par des désirs désordonnés ou ambitieux ; suivant le penchant de ses sentiments innocents au milieu de la grandeur solitaire et de la noble influence de la nature ; ne se laissant égarer par aucun des abus de la civilisation qui peuvent porter au mal ; et n'oubliant jamais l'Être tout-puissant dont l'œil pénètre dans les bois aussi bien que dans les villes.

Tel était l'homme que le sergent Dunham avait choisi pour être l'époux de sa fille. En faisant ce choix, il s'était peut-être laissé guider, moins par un examen attentif et judicieux des bonnes qualités de l'individu, que par sa prédilection personnelle ; et cependant personne ne pouvait connaître Pathfinder aussi intimement que lui, sans accorder à l'honnête guide une haute place dans son estime, par suite des qualités qu'il possédait. Que sa fille pût faire quelque objection sérieuse à ce mariage, c'était ce qui ne s'était jamais présenté à l'esprit du vieux soldat ; et d'une autre part, il y voyait une perspective de grands avantages pour lui-même, avantages qui se rattachaient au déclin de ses jours et au soir de sa vie qu'il passerait au milieu de ses petits-enfants qui lui seraient aussi chers que ceux dont ils auraient reçu le jour. Il avait d'abord fait cette proposition à son ami, qui l'avait écoutée avec plaisir. Mais le sergent était charmé de le voir alors entrer dans ses vues avec une ardeur proportionnée aux craintes et aux doutes que lui inspirait son humble méfiance de lui-même.

CHAPITRE X.

> « Ne croyez pas que je l'aime, quoique je fasse une demande pour lui; ce n'est qu'un homme quinteux. — Il parle bien pourtant. — Mais que me font de vaines paroles?
>
> ANONYME.

Une semaine se passa dans la routine ordinaire d'une garnison. Mabel commençait à s'habituer à une situation qu'elle avait trouvée d'abord non-seulement nouvelle, mais un peu ennuyeuse; et les officiers et les soldats accoutumés peu à peu à la présence d'une jeune fille dont l'air et la mise avaient cette noblesse modeste qu'elle avait puisée dans la famille de sa protectrice, la fatiguaient moins par une admiration mal cachée, qu'ils ne la charmaient par un respect dont elle reportait la cause à son père, quoique dans le fait il dût être attribué à son air décent et modeste, encore plus qu'à leur déférence pour le digne sergent.

Les connaissances qu'on peut faire dans une forêt, ou dans des circonstances extraordinaires, trouvent bientôt leurs bornes. Une semaine de séjour dans le fort de l'Oswego suffit pour apprendre à Mabel quels étaient ceux qu'elle pouvait voir, et ceux qu'elle devait éviter. L'espèce de position neutre qu'occupait son père, qui n'était pas officier, et que son grade élevait au-dessus des soldats, écartait d'elle deux grandes classes de militaires, diminuait par conséquent le nombre de ceux qu'elle était obligée de voir, et rendait plus facile le choix qu'elle avait à faire. Elle découvrit pourtant qu'il y avait quelques individus, même parmi ceux qui pouvaient aspirer à une place à la table du commandant, qui étaient disposés à oublier le rang subalterne du sergent, en faveur de la taille bien tournée et du visage attrayant qu'ils trouvaient chez lui, et au bout des deux ou trois premiers jours elle avait déjà des admirateurs parmi les officiers. Le quartier-maître surtout, homme de moyen âge, qui avait goûté plus d'une fois les douceurs du mariage, mais qui était alors veuf, était évidemment disposé à augmenter son intimité avec le sergent, quoique leurs devoirs les rapprochassent déjà souvent. Les plus jeunes de ses compagnons de table ne manquèrent pas de remarquer que cet officier, qui était un Écossais, nommé Muir, rendait au sergent des visites plus fréquentes qu'il n'y avait été accoutumé : un sourire ou une plaisanterie en l'honneur de—la fille du sergent,—étaient pourtant tout ce qu'on se permettait; mais—Mabel Dunham—devint un toast que l'enseigne et même le lieutenant ne dédaignaient pas de proposer.

A la fin de la semaine, le commandant de la garnison, le major Duncan de Lundie, un soir, après que la retraite eut été battue, envoya chercher le sergent Dunham, en lui donnant à entendre qu'il s'agissait d'une affaire qui exigeait une entrevue personnelle. Le major demeurait dans une hutte mobile qui, étant placée sur des roulettes, pouvait se transporter dans telle partie de la cour du fort qu'il le jugeait à propos. Elle en occupait alors presque le centre, et ce fut là que le sergent trouva son officier supérieur. Il fut admis en sa présence sans aucun délai, et sans être obligé de faire le pied de grue dans une antichambre. Dans le fait il y avait peu de différence entre les logements des officiers et ceux des soldats, si ce n'est que les premiers étaient plus spacieux; de sorte que Mabel et son père étaient presque aussi bien logés que le commandant.

—Entrez, sergent, entrez, mon bon ami!—dit Lundie d'un ton cordial, tandis que le subalterne se tenait dans une attitude respectueuse à la porte d'une pièce servant de bibliothèque et de chambre à coucher dans laquelle on l'avait introduit;—entrez et asseyez-vous sur cette escabelle. Je vous ai fait venir pour une discussion qui n'aura rapport ni aux revues ni aux feuilles de paie. Il y a bien des années que nous sommes camarades, et un temps si long doit compter pour quelque chose, même entre un major et son sergent d'ordonnance, entre un Écossais et un Yankee. Asseyez-vous, vous dis-je.—La journée a été belle, sergent.

—Oui, sans doute, major Duncan,—répondit Dunham, qui, tout en obéissant à l'ordre qu'il avait reçu de s'asseoir, avait trop d'expérience pour oublier le degré de respect qu'il devait montrer à son commandant;—la journée a été très-belle, et nous pouvons en espérer encore de semblables en cette saison de l'année.

—Je le désire de tout mon cœur. Tout promet une belle récolte; et vous verrez que les soldats du cinquante-cinquième sont presque aussi bons fermiers que bons soldats. Je n'ai jamais vu en Écosse les pommes de terre croître mieux que celles que nous avons plantées.

— Elles promettent une bonne récolte, et, sous ce rapport, un hiver plus agréable que le dernier.

— La vie fait des progrès dans tout ce qui est agréable, sergent, ainsi que dans le besoin qu'on en éprouve. Nous devenons vieux, et je crois qu'il est temps de songer à une retraite et de vivre pour moi. Je sens que mes jours d'activité touchent à leur fin.

— Le roi, — que Dieu le protége! — a encore bien des services à recevoir de vous, major.

— Cela peut être; surtout s'il lui reste à donner une place de lieutenant-colonel.

— Le jour où cette commission sera donnée au major Duncan de Lundie, sera un honneur pour le 55e.

— Et celui où Duncan de Lundie la recevra, en sera un pour lui. Mais si vous n'avez jamais eu le rang de lieutenant-colonel, sergent, vous avez eu une bonne femme; et après le rang, c'est ce qui peut rendre un homme le plus heureux.

— Oui, major, j'ai été marié, mais je suis veuf depuis bien longtemps, et il ne me reste que mon amour pour le roi et pour mes devoirs.

— Quoi! comptez-vous donc pour rien cette jeune et jolie fille, à membres si bien arrondis, à joues de roses, que je vois depuis quelques jours dans le fort? Fi donc, sergent! Tout vieux que je suis, je serais presque capable d'aimer cette petite friponne, et d'envoyer au diable le grade de lieutenant-colonel.

— Nous savons tous où est le cœur du major Duncan. Il est en Écosse, où une belle dame est disposée à le rendre heureux dès que le sentiment de ses devoirs lui permettra d'y retourner.

— Ah! l'espoir est toujours une perspective éloignée, sergent, — répondit le major, un nuage de mélancolie passant sur ses traits, — et la bonne Écosse n'est pas près d'ici. Eh bien! si nous n'avons en ce pays ni bruyères ni farine d'orge, nous y avons de la venaison qui ne nous coûte qu'une charge de poudre et une balle, et du saumon aussi abondamment qu'à Berwick sur la Tweed. Est-il vrai, sergent, que nos soldats se plaignent de ce qu'on leur sert trop de venaison et de pigeons depuis quelque temps?

— Non pas depuis quelques semaines, major; car les daims et

les oiseaux, dans cette saison, ne sont pas en aussi grand nombre dans les environs qu'ils l'ont été. Ils commencent seulement à se plaindre du saumon. Mais j'espère que l'été se passera sans que nous ayons aucun embarras sérieux quant aux vivres. Il est pourtant vrai que les Écossais qui font partie de la garnison parlent plus qu'il ne serait prudent de leur privation de farine d'orge, et murmurent de temps en temps contre notre pain de froment.

— Ah! c'est la nature humaine, sergent; la simple et pure nature écossaise. Un gâteau de farine d'orge, pour dire la vérité, est un morceau friand, et il y a des moments où je voudrais moi-même en avoir une tranche.

— Si ce désir devient trop importun, major, — je parle des soldats, Monsieur, car je ne voudrais pas parler avec si peu de respect de Votre Honneur, — si les soldats, dis-je, viennent à regretter sérieusement une nourriture naturelle, je vous conseillerais humblement de faire importer ici de la farine d'orge ou d'en faire préparer dans ce pays, et je crois que nous n'en entendrons plus parler. — Il n'en faudrait pas beaucoup pour opérer une cure, Monsieur.

— Vous êtes un railleur malin, sergent; mais je ne voudrais pas jurer que vous avez tort. Après tout, il peut y avoir dans le monde des choses plus appétissantes que la farine d'orge, et entre autres vous avez une fille qui est très-appétissante, Dunham.

— La fille est comme sa mère, major Duncan, et elle peut passer l'inspection, — dit le sergent avec fierté. — Ni l'une ni l'autre n'ont été élevées avec quelque chose de meilleur que de bonne farine américaine. — Oui, oui, la fille peut passer l'inspection.

— J'en répondrais moi-même. — Eh bien! autant en venir au fait tout d'un coup, et conduire mon corps de réserve en première ligne. — Davy Muir, le quartier-maître, sergent, est disposé à prendre votre fille pour femme, et il m'a chargé d'entamer cette affaire avec vous de crainte de compromettre sa dignité; et je puis ajouter que la moitié de nos jeunes officiers portent sa santé et parlent d'elle du matin au soir.

— C'est beaucoup d'honneur pour elle, Monsieur, — répondit le père d'un air roide; — mais j'espère qu'ils trouveront bientôt quelque chose qui méritera mieux la peine d'en parler. — Je me flatte de la voir la femme d'un honnête homme dans quelques semaines d'ici, Monsieur.

— Oui, Davy est un honnête homme, et c'est plus qu'on n'en pourrait dire de beaucoup de quartiers-maîtres, à ce que je pense, sergent, — dit le major avec un léger sourire. — Eh bien! puis-je dire au jouvenceau que Cupidon a blessé que l'affaire est à peu près arrangée?

— Je remercie Votre Honneur; mais Mabel est promise à un autre.

— Comment diable! cela fera sensation dans le fort. Cependant je ne suis pas fâché de l'apprendre, sergent; car, pour être franc avec vous, je ne suis point partisan des mariages inégaux.

— Je pense comme Votre Honneur, et je n'ai nul désir de voir ma fille femme d'un officier. Si elle peut s'élever au même rang qu'occupait sa mère avant elle, cela doit satisfaire toute fille raisonnable.

— Et puis-je demander, sergent, quel est l'heureux mortel que vous avez dessein de nommer votre gendre?

— C'est Pathfinder, Votre Honneur.

— Pathfinder?

— Lui-même, major; et en vous le nommant, je vous fais toute son histoire. Personne n'est mieux connu sur cette frontière que mon honnête, mon brave, mon sincère ami.

— Tout cela est assez vrai; mais, après tout, est-il l'espèce d'homme qu'il faut pour rendre heureuse une fille d'une vingtaine d'années?

— Pourquoi non, Votre Honneur? Il est à la tête de sa profession. Il n'y a pas un guide, pas un éclaireur attaché à l'armée qui ait la moitié de la réputation de Pathfinder, ou qui la mérite à moitié autant.

— J'en conviens, sergent, mais la réputation d'un éclaireur est-elle tout à fait celle qui peut gagner le cœur d'une jeune fille?

— Parler des caprices des jeunes filles, major Duncan, c'est, dans mon humble opinion, à peu près comme si l'on parlait du jugement d'une nouvelle recrue. Si nous prenions pour modèle les mouvements d'un malotru gauche et mal bâti, nous ne pourrions jamais former un bataillon sur une bonne ligne.

— Mais il n'y a rien de gauche ni de mal bâti dans votre fille;

on ne trouverait pas, même dans la vieille Angleterre, une femme de sa classe qui ait une meilleure tournure. — Pense-t-elle comme vous sur cette affaire? Je dois le supposer, puisque vous dites que vous l'avez promise.

— Nous n'avons pas encore conversé sur ce sujet, major; mais, d'après plusieurs petites circonstances que je pourrais citer, je pense que c'est comme si elle y avait formellement consenti.

— Et quelles sont ces circonstances, sergent? — demanda le major, qui commençait à prendre plus d'intérêt à cette affaire qu'il n'en avait d'abord éprouvé. — Étant garçon moi-même, comme vous le savez, j'avoue que j'ai quelque curiosité de connaître quelque chose de l'esprit d'une femme.

— Eh bien! major, quand je lui parle de Pathfinder, elle me regarde toujours en face; elle renchérit sur tout le bien que j'en puis dire, et cela franchement, ouvertement, comme si elle le regardait déjà presque comme son mari.

— Hum! — Et vous croyez que ce sont là des preuves certaines des sentiments de votre fille?

— Sans doute, major, car tout cela me frappe comme étant naturel. Quand un soldat me regarde en face en louant son officier, — car, sauf votre pardon, les soldats s'avisent quelquefois de critiquer leurs supérieurs, — et quand je vois un homme me regarder dans les yeux en faisant l'éloge de son capitaine, je me dis toujours qu'il est franc et qu'il pense ce qu'il dit.

— N'y a-t-il pas une forte différence d'âge entre Pathfinder et votre jolie fille?

— Oui sans doute, Votre Honneur. Pathfinder marche vers la quarantaine, et Mabel a la perspective de tout le bonheur qu'une femme peut goûter avec un mari plein d'expérience. J'avais même quarante ans passés quand j'épousai sa mère.

— Mais est-il probable que la jaquette verte de chasse et le bonnet de peau de renard de notre digne guide plairont autant aux yeux de votre fille que l'élégant uniforme du 55ᵉ régiment ?

— Peut-être non, Monsieur; et en ce cas elle aura le mérite de ne pas suivre son propre goût, ce qui rend toujours une jeune femme plus sage et plus prudente.

— Et ne craignez-vous pas que votre fille ne reste veuve encore bien jeune? Toujours au milieu des bêtes sauvages et des Indiens qui le sont encore plus, on peut dire que Pathfinder est à chaque instant en danger pour sa vie.

— Chaque balle a sa destination, Lundie, — répondit le sergent, car le major aimait qu'on lui donnât ce nom dans ses moments de condescendance, et quand il n'était pas occupé de ses devoirs militaires; — et pas un homme du 55ᵉ ne peut se croire à l'abri des chances d'une mort soudaine. A cet égard, Mabel ne gagnerait rien à prendre un autre mari. D'ailleurs, si je puis parler librement sur un tel sujet, je doute que Pathfinder meure jamais dans un combat, ou par suite de quelqu'une des chances de sa vie dans les forêts.

— Et pourquoi cela, sergent? — demanda le major, regardant Dunham avec cette sorte de respect qu'un Écossais de ce temps était plus disposé que ceux d'aujourd'hui à avoir pour les connaissances mystérieuses. — Il est aussi exposé au danger qu'un soldat, peut-être même davantage : pourquoi donc serait-il plus sûr d'y échapper?

— Je ne crois pas que Pathfinder s'imagine avoir plus de chances de sûreté qu'un autre, major, mais il ne mourra jamais d'une balle. Je l'ai vu si souvent manier sa carabine avec le même sang-froid que si c'eût été une houlette de berger, quand les balles nous sifflaient aux oreilles, et dans des circonstances si extraordinaires, que je ne crois pas que la Providence veuille qu'il périsse de cette manière. Et pourtant, s'il y a un homme dans les domaines de Sa Majesté qui mérite réellement cette mort glorieuse, c'est Pathfinder.

— C'est ce qu'on ne peut savoir, sergent, — répondit Lundie d'un air grave et pensif; — et moins on en parle, mieux cela vaut peut-être. Mais votre fille — Mabel, je crois que vous l'appelez; — Mabel sera-t-elle aussi disposée à accepter pour mari un homme qui, après tout, n'est qu'à la suite de l'armée, qu'un militaire qui en fait partie? Il n'y a aucun espoir de promotion pour le guide, sergent.

— Il est déjà à la tête de sa profession, Votre Honneur. D'ailleurs Mabel a pris sa résolution sur cette affaire. Et comme vous avez eu la bonté de me parler de M. Muir, j'espère que vous voudrez bien lui dire qu'il doit la regarder comme ayant un billet de logement à vie.

— Fort bien; c'est votre affaire. Et maintenant, — sergent Dunham!

— Major Duncan! — répondit le sergent, se levant en faisant le salut militaire.

— Vous savez que mon intention est de vous envoyer aux Mille-Iles pour un mois. Tous les anciens sous-officiers y ont fait leur tour de service, — tous ceux à qui je puis me fier du moins, — et le vôtre est enfin arrivé. Il est vrai que le lieutenant Muir réclame le droit de commander cette expédition ; mais comme il est quartier-maître, je n'aime pas à rien changer à des arrangements bien organisés. — A-t-on fait le tirage des hommes?

— Tout est prêt, major. Le tirage est fait, et j'ai appris que le canot qui est arrivé la nuit dernière a apporté un message pour annoncer que le détachement qui est là-bas attend celui qui doit le relever.

— Cela est vrai, et il faut que vous mettiez à la voile après-demain matin, sinon demain soir. Peut-être serait-il plus prudent de profiter de l'obscurité.

— C'est ce que pense Jasper, major Duncan ; et je ne connais personne à qui l'on puisse mieux s'en rapporter, en pareille affaire, qu'au jeune Jasper Western.

— Jasper Eau-douce, — dit Lundie en souriant, — doit-il partir avec vous?

— Votre Honneur doit se rappeler que le *Scud* ne quitte jamais le port sans lui.

— Vous avez raison, mais toutes les règles ont des exceptions. N'ai-je pas vu un marin dans le fort depuis quelques jours?

— Oui, major, c'est mon beau-frère Cap qui a accompagné ma fille ici.

— Ne pourrait-on pas le mettre à bord du *Scud*, pour cette fois, et laisser ici Jasper? La variété d'une croisière sur le lac plairait à votre beau-frère, et vous jouiriez davantage de sa compagnie.

— J'avais dessein de vous demander la permission de l'emmener avec moi, major ; mais il faut que ce soit comme volontaire. Jasper est un trop brave garçon pour le priver de son commandement sans raison. D'ailleurs, je crois que Cap a trop de mépris pour l'eau douce, pour remplir sa place convenablement.

— Vous avez raison, sergent, je laisse tout cela à votre discrétion. En y réfléchissant une seconde fois, Eau-douce doit conserver son commandement. Vous comptez aussi prendre Pathfinder avec vous?

— Si vous le trouvez bon, major, il y aura du service pour les deux guides, la peau-rouge et l'homme blanc.

— Je crois que vous avez raison. Eh bien, sergent, je vous souhaite du bonheur dans cette entreprise, et souvenez-vous qu'à la fin de votre commandement, le poste doit être abandonné et détruit. Il nous aura alors rendu le service que nous en attendions, ou nous aurons tout à fait manqué notre but, et c'est une position trop dangereuse pour chercher à s'y maintenir sans nécessité. Vous pouvez vous retirer.

Le sergent fit le salut d'usage, tourna sur ses talons comme s'ils eussent été des pivots, et il tirait la porte après lui quand son commandant le rappela.

— J'avais oublié une chose, sergent. Nos jeunes officiers m'ont demandé un tir, et c'est à demain que ce divertissement a été fixé. Tout compétiteur sera admis, et les prix seront une poudrière de corne garnie en argent, une bouteille de cuir garnie de même, et une calèche de soie pour une dame. Ce dernier prix permettra à celui qui l'obtiendra de montrer sa galanterie, en en faisant l'offrande à la dame qu'il aime le mieux.

— Tout cela est fort agréable, Votre Honneur, surtout pour celui qui réussira. Sera-t-il permis à Pathfinder de disputer ces prix ?

— Je ne vois pas comment on pourrait l'exclure du nombre des compétiteurs s'il lui plaît de se présenter ; mais j'ai remarqué depuis quelque temps qu'il ne prend aucune part à ces divertissements ; peut-être parce qu'il connaît son adresse sans égale.

— C'est cela, major. Le brave garçon sait qu'il n'y a pas un homme sur toute la frontière qui soit en état de lutter contre lui, et il ne veut pas nuire aux plaisirs des autres. Je crois qu'on peut en toute chose se fier à sa délicatesse, Monsieur. Je crois qu'il faut le laisser agir à sa discrétion.

— Il le faut en cette occasion, sergent ; il restera à voir s'il réussira aussi bien que dans les précédentes. — Bonsoir, Dunham.

Le sergent se retira, laissant Duncan de Lundie livré à ses propres pensées. Les sourires qui se montraient de temps en temps sur une physionomie dont l'expression ordinaire était martiale et sévère, prouvaient qu'elles n'étaient pas désagréables, quoique la sévérité y reparût par moments. Une demi-heure pouvait être écoulée quand on frappa à la porte, et à peine eut-il prononcé le mot — Entrez ! — qu'un homme de moyen âge, en costume militaire, mais dont l'uniforme ne paraissait pas avoir reçu tous les soins qu'en prend ordinairement un officier, entra dans la chambre, et le major le salua sous le nom de M. Muir.

— Je viens, comme vous me l'avez permis, pour connaître mon sort, major Duncan, — dit le quartier-maître avec un accent écossais fortement prononcé, dès qu'il se fut assis sur le siége qui lui avait été offert. — Pour vous dire la vérité, cette jeune fille fait autant de ravage dans la garnison que les Français en ont fait devant Ty. Je n'ai jamais vu une déroute si complète en si peu de temps.

— Sûrement, Davy, vous n'avez pas dessein de me faire croire qu'une semaine a vu allumer une telle flamme dans un cœur jeune et simple comme le vôtre. Sur ma foi, ce serait encore pire que votre affaire d'Écosse, quand on disait que le feu qui vous consumait intérieurement était si violent qu'il avait pratiqué dans votre corps un trou par lequel toutes les jeunes filles pouvaient voir quelle était la valeur des combustibles enflammés.

— Il faut que vous plaisantiez, major Duncan, comme votre père et votre mère avant vous, quand même l'ennemi serait dans le camp. Je ne vois rien de bien extraordinaire à ce que des jeunes gens suivent la pente de leurs désirs et de leurs inclinations.

— Mais vous avez si souvent suivi celle des vôtres, Davy, que je croyais qu'à présent vous ne pouviez plus y trouver l'attrait de la nouveauté. En comptant l'affaire d'Écosse dont je viens de parler, vous avez déjà été marié quatre fois.

— Seulement trois, major; aussi vrai que j'espère avoir une quatrième femme. Mon nombre n'est pas encore complet. Non, non, rien que trois.

— Je crois que vous oubliez le mariage sans ministre, Davy.

— Et pourquoi y songerais-je, major? Les cours de justice ont décidé que ce n'était pas un mariage; que faut-il de plus? Cette femme avait profité d'une légère disposition amoureuse, qui est peut-être une faiblesse dans ma constitution, pour m'entraîner dans une liaison qui a été déclarée illégale.

— Si je m'en souviens bien, Muir, on disait dans le temps qu'il y avait deux côtés à envisager dans cette question.

— Toute chose a deux côtés, mon cher major, et j'en ai connu qui en avaient trois. Mais la pauvre femme est morte; il n'y avait pas d'enfants; ainsi il n'en est rien résulté, après tout. Ensuite, j'ai été particulièrement malheureux avec ma seconde femme; je dis *seconde*, par déférence pour vous, major, et d'après la fausse supposition qu'il y avait un premier mariage. Mais que ce fût le second ou le premier, j'ai été particulièrement malheureux avec Jeanie Graham, car elle est morte sans enfants dans le cours du premier lustre de notre union. — Je crois que si elle avait vécu, je n'aurais jamais songé à prendre une autre femme.

— Mais comme elle est morte, vous en avez épousé ensuite deux autres, et vous désirez en prendre une troisième.

— On ne doit jamais nier la vérité, major Duncan, et je suis toujours prêt à l'avouer. Mais il me semble, Lundie, que vous avez l'air mélancolique par une si belle soirée?

— Non, Muir; pas absolument mélancolique, mais un peu pensif. Je pensais aux jours de ma jeunesse, lorsque moi fils du laird, et vous fils du ministre, nous gravissions ensemble nos montagnes natales, heureux, sans soucis, et nous inquiétant peu de l'avenir; et il s'en est suivi quelques idées, qui peuvent être un peu pénibles, sur la manière dont cet avenir s'est développé pour moi.

— A coup sûr, Lundie, vous n'avez pas à vous en plaindre; vous vous êtes élevé au rang de major, et vous ne tarderez pas à être lieutenant-colonel, s'il faut en croire les lettres que nous recevons; tandis que moi, je ne suis qu'un pauvre diable de quartier-maître, n'ayant qu'un grade de plus que lorsque mon honorable père me présenta ma première commission.

— Et vos quatre femmes?

— Trois, Lundie, trois seulement qui l'étaient légitimement, même d'après les lois saintes et libérales de notre pays.

— Soit! n'en supposons que trois. Vous savez, Davy, — continua le major, reprenant sans s'en apercevoir le dialecte et l'accent de son pays, ce qui arrive aux Écossais les mieux élevés, quand ils parlent d'un sujet qui leur tient au cœur, — vous savez que mon choix est fait depuis long-temps, quelles longues espérances j'ai nourries, combien il m'en a coûté pour attendre pendant tant d'années l'heureux moment où je pourrai appeler mon épouse une femme tellement adorée; tandis que vous, sans fortune, sans nom, sans naissance, sans mérite, — je veux dire sans mérite particulier...

— Ne dites pas cela, Lundie; les Muirs sont d'un sang particulièrement bon.

— Eh bien! sans autre chose qu'un sang particulièrement bon, vous avez épousé quatre femmes...

— Seulement trois, Lundie ; si vous en comptez quatre, vous affaiblirez notre ancienne amitié.

— Comptez-les comme il vous plaira, Davy, et vous en trouverez plus que votre part légitime. Nous avons donc passé notre vie bien différemment, du moins sous le rapport du mariage : vous devez en convenir, mon ancien ami.

— Et quel est celui qui y a le plus gagné, major, à parler aussi franchement que lorsque nous étions enfants ?

— Je ne désire rien cacher. J'ai passé ma vie dans un espoir différé, et la vôtre s'est écoulée...

— Non dans un espoir réalisé, major Duncan ; je vous l'assure sur mon honneur. A chaque nouvelle épreuve, j'ai cru mieux réussir, mais l'homme est né pour le désappointement. Ah ! tout est vanité dans ce monde, Lundie, et il n'y a en rien plus de vanité que dans le mariage.

— Et cependant vous êtes prêt à passer votre cou dans le nœud coulant pour la cinquième fois.

— Je désire vous faire observer que ce ne sera que la quatrième, major, — dit le quartier-maître, et sa physionomie s'animant en même temps de tout l'enthousiasme d'un jeune homme, il ajouta : — Mais cette Mabel Dunham est un *rara avis*. Nos filles d'Écosse sont jolies, agréables ; mais il faut convenir qu'elles sont bien au-dessous de celles de ces colonies.

— Vous ferez bien de vous rappeler votre commission et votre sang, Davy. Je crois que toutes vos quatre femmes...

— Je voudrais, mon cher Lundie, que vous fussiez un peu plus fort en arithmétique. Trois fois un font trois.

— Eh bien ! toutes trois étaient, je crois, des femmes d'un sang particulièrement bon.

— Précisément, toutes trois, comme vous le dites, étaient de bonnes familles, et les alliances étaient sortables.

— Et la première de toutes étant fille du jardinier de mon père, cette alliance ne l'était pas. Mais ne craignez-vous pas, en épousant la fille d'un sous-officier qui sert dans le même corps que vous, de voir diminuer votre importance dans le régiment ?

— Ce dont vous parlez a été mon côté faible toute ma vie, major Duncan ; car je me suis toujours marié sans égard pour les conséquences. Chacun a son péché favori, et je crois que le mariage est le mien. — Mais à présent que nous avons discuté ce qu'on peut appeler les principes de l'alliance, je vous demanderai si vous m'avez rendu le service de parler au sergent de cette petite affaire.

— Oui, Davy ; et je suis fâché, pour vos espérances, d'avoir à vous dire que je ne vous vois pas beaucoup de chance de réussir.

— Je ne réussirais pas ! un officier, et par-dessus le marché un quartier-maître, ne réussirait pas auprès de la fille d'un sergent !

— C'est précisément ce que je vous dis, Davy.

— Et pourquoi cela, Lundie ? Aurez-vous la bonté de répondre à cette question ?

— Parce que la fille est promise. La parole est donnée, la main accordée, la foi jurée. — Non ! je veux être pendu si je crois un mot de ce dernier point ; mais le fait est qu'elle est promise.

— Eh bien ! c'est un obstacle, il faut l'avouer, major. Mais c'est peu de chose si le cœur de la fille est libre.

— Sans doute ; et je crois probable que c'est le cas dont il s'agit ; car le prétendu me paraît être le choix du père plutôt que celui de la fille.

— Et qui peut être ce prétendu, major ? — demanda le quartier-maître avec cette philosophie tranquille que donne l'habitude. — Je ne me rappelle aucun aspirant convenable qui puisse me barrer le chemin.

— Non, vous êtes le seul aspirant convenable sur la frontière, Davy. Au surplus, l'heureux mortel est Pathfinder.

— Pathfinder, major !

— Ni plus ni moins, Davy Muir. Pathfinder est son nom. Mais, pour calmer un peu votre jalousie, je vous dirai qu'à mon avis du moins c'est un mariage conçu dans le cerveau du père plutôt que dans le cœur de la fille.

— C'est ce que je pensais, — s'écria le quartier-maître, respirant plus librement. — Cela me semblait impossible, avec mon expérience de la nature humaine.

— Et particulièrement de la nature des femmes, Davy.

— Il vous faut votre plaisanterie, Lundie, n'importe qui en souffre. Mais je ne croyais pas possible que je me trompasse sur les inclinations de cette jeune fille, et je crois pouvoir prononcer hardiment qu'elles s'élèvent fort au-dessus de la condition de Pathfinder. — Quant à cet homme lui-même... eh bien, on verra avec le temps !

Le major, qui se promenait dans sa chambre, s'arrêta tout à

coup, regarda son compagnon en face avec une expression comique de surprise sérieuse, et s'écria : — Dites-moi franchement, Davy Muir, supposez-vous qu'une jeune fille comme Mabel Dunham puisse concevoir un penchant sérieux pour un homme ayant votre âge, votre extérieur, et je puis ajouter votre expérience ?

— Allez, allez, Lundie, vous ne connaissez pas le sexe, et voilà pourquoi vous n'êtes pas encore marié dans votre quarante-cinquième année. Il y a long-temps que vous êtes garçon, major.

— Et quel peut être votre âge, lieutenant Muir, si je puis me permettre une question si délicate ?

— Quarante-sept ans, je n'ai pas envie de le nier, Lundie ; et si j'obtiens Mabel, ce sera juste une femme par deux lustres. Mais je ne croyais pas que le sergent Dunham eût l'esprit assez humble pour songer à donner une jolie fille comme la sienne à un homme tel que Pathfinder.

— Ce n'est pas un songe, Davy : le sergent est aussi sérieux qu'un soldat prêt à passer par les verges.

— Fort bien, fort bien, major, nous sommes d'anciens amis, et nous devons savoir lâcher et recevoir un brocard, quand nous ne sommes pas de service. Il est possible que le digne sergent n'ait pas compris mes demi-mots, sans quoi il n'aurait jamais songé à un tel mariage. Il y a une aussi vaste différence entre l'épouse d'un officier et la femme d'un guide, qu'entre l'antiquité de l'Écosse et celle de l'Amérique. — Je suis aussi d'un sang très-ancien.

— Croyez-en ma parole, Davy, votre antiquité ne vous rendra pas de grands services dans cette affaire ; et quant à votre sang, il n'est pas plus ancien que vos os. Je vous ai fait part de la réponse du sergent, et vous voyez que mon influence, sur laquelle vous comptiez tellement, ne peut rien faire pour vous. Buvons un coup à notre ancienne connaissance, Davy ; et ensuite vous ferez bien de songer au détachement qui part demain, et d'oublier Mabel Dunham aussitôt qu'il vous sera possible.

— Ah, major ! j'ai toujours trouvé plus facile d'oublier une femme qu'une maîtresse. Quand un couple est une fois marié, tout est fini, peut-on dire, jusqu'à ce que la mort vienne opérer une séparation ; et il me semble peu respectueux de troubler le repos des morts en songeant trop à eux. Au contraire, il y a tant d'inquiétudes, tant d'espérances, tant de félicité à venir, avec une maîtresse, que l'esprit en est toujours occupé.

— C'est précisément l'idée que je me fais de votre situation, Davy; car je n'ai jamais supposé que vous attendiez quelque bonheur de plus avec l'une ou l'autre de vos femmes. J'ai pourtant entendu parler d'hommes assez stupides pour espérer qu'ils seraient heureux avec leur femme, même au-delà du tombeau.

— Je bois au succès de votre nouvel amour, lieutenant Muir, ou à la prompte guérison de cette maladie; et je vous invite à veiller sur vous-même avec plus de soin à l'avenir; sans quoi, vous pourrez encore vous laisser entraîner par la violence d'un accès semblable.

— Bien des remerciements, mon cher major. Et moi, je bois à l'hymen qui couronnera une ancienne passion dont je connais quelque chose. — Ce whisky est de la vraie rosée de montagnes, Lundie, et il réchauffe le cœur en faisant penser à notre bonne Écosse. — Quant aux hommes dont vous venez de parler, ils ne pouvaient avoir eu que chacun une femme; car s'ils en avaient eu plusieurs, ces femmes, d'après leurs actions pendant leur vie, auraient pu prendre différents chemins après leur mort; je pense donc qu'un mari raisonnable doit se contenter de passer en ce monde, avec une femme, le temps qui lui est accordé sans rêver à des choses qui sont hors de sa portée. — Je vous suis infiniment obligé, major Duncan, de cette preuve d'amitié, comme de toutes celles que vous m'avez déjà données; et si vous pouviez en ajouter encore une autre, je croirais que vous n'avez pas tout à fait oublié le compagnon des jeux de votre enfance.

— Eh bien, Davy, si la demande est raisonnable, et telle qu'un officier supérieur puisse l'accorder, faites-la-moi connaître.

— Si vous pouviez me trouver quelque petit service à faire aux Mille-Iles, pendant une quinzaine ou environ; je crois que l'affaire en question pourrait s'arranger à la satisfaction de toutes les parties. Faites attention, Lundie, que Mabel est la seule fille blanche qui soit à marier sur toute cette frontière.

— Il y a toujours du service pour un homme chargé de votre emploi, dans un petit poste comme dans un grand; mais celui dont il s'agit peut être fait par le sergent aussi bien que par le quartier-maître-général et même mieux.

— Mais pas mieux que par un officier. Il y a en général beaucoup de désordre avec les sous-officiers.

— J'y réfléchirai, Muir, répondit le major en riant, — et vous aurez ma réponse demain matin. Vous aurez demain une bonne occasion de vous montrer avec avantage aux yeux de votre belle. Vous êtes bon tireur, et il y a des prix à gagner. Décidez-vous à déployer votre adresse, et qui sait ce qui peut arriver avant le départ du *Scud* ?

— Je suppose que nos jeunes gens voudront s'essayer la main à ce divertissement, major ?

— Je le pense de même, et quelques vieux officiers aussi, si vous vous y présentez. Et pour que vous ne soyez pas seul, Davy, je tirerai moi-même un coup ou deux ; et vous savez que j'ai quelque réputation en ce genre.

— Cela pourrait réussir. Le cœur d'une femme, major Duncan, peut s'attaquer de différentes façons, et quelquefois d'une manière que les règles de la philosophie pourraient rejeter. Quelques femmes exigent qu'on établisse devant elles, en quelque sorte, un siége régulier, et elles ne capitulent que lorsque la place ne peut tenir plus long-temps ; d'autres aiment à être emportées d'assaut ; et il y en a dont on ne peut venir à bout qu'en les faisant donner dans quelque embuscade. La première manière est la plus honorable, celle peut-être qui convient le mieux à un officier ; mais je crois que la troisième est la plus agréable.

— Opinion que vous devez à l'expérience, je n'en doute nullement. Mais que dites-vous de l'assaut ?

— Cela peut réussir à des hommes plus jeunes que nous, Lundie, — répondit le quartier-maître en se levant, et en faisant à son commandant un clin-d'œil expressif, liberté qu'il se permettait souvent, par suite d'une longue intimité. — Chaque âge a les qualités qui lui sont propres, et à quarante-sept ans je crois qu'on fait bien de compter un peu sur la tête. Je vous souhaite le bon soir, major Duncan, absence de tout accès de goutte, et un sommeil doux et rafraîchissant.

— Je vous en souhaite autant, monsieur Muir, et je vous remercie. N'oubliez pas la passe d'armes de demain.

Le quartier-maître se retira, laissant Lundie dans sa bibliothèque, libre de réfléchir sur ce qui venait de se passer. Le temps avait tellement habitué le major Duncan au caractère et à l'humeur du lieutenant Muir, que la conduite de cet officier ne lui semblait pas aussi étrange qu'elle le paraîtra peut-être au lecteur. Dans le fait, tandis que tous les hommes sont assujettis à une loi commune qu'on appelle nature, la variété de leurs penchants, de leurs manières de voir et de sentir, et des formes que prend leur égoïsme, est inépuisable.

CHAPITRE XI.

> « Ordonnez au faucon, avant qu'il soit affaité, de se percher sur votre poing, ou au chien non dressé de suivre la piste du daim; forcez l'homme libre à porter des fers contre sa volonté, ou celui qui est dans la tristesse à écouter un conte joyeux; c'est temps perdu, vous n'y réussirez pas. Ainsi l'amour n'apprend pas à unir les cœurs par la force; il ne joint que ceux qu'une douce sympathie rapproche. »
>
> *Miroir pour les Magistrats.*

Il n'arrive pas souvent que l'espoir soit récompensé par la jouissance aussi complètement que les vœux des jeunes officiers de la garnison furent comblés par le temps qu'il fit le lendemain. Il peut se faire que ce ne soit que l'effet de la bizarrerie ordinaire de l'esprit humain, mais les Américains sont assez portés à s'enorgueillir des choses que des hommes intelligents trouveraient sans doute d'une qualité très-inférieure, tandis qu'ils oublient ou qu'ils déprécient les avantages qui les mettent certainement au niveau, sinon au-dessus du plus grand nombre de leurs semblables. Parmi ces avantages est le climat, qui, au total, et sans vouloir lui attribuer une perfection chimérique, est infiniment plus agréable et tout aussi salubre que celui de bien des pays dont les habitants parlent le plus haut pour se plaindre du nôtre.

A l'époque dont nous parlons, les chaleurs de l'été se faisaient peu sentir à Oswego, comme on appelait le fort situé à l'embouchure de la rivière du même nom; car l'ombre de la forêt, se joignant à la fraîcheur des brises qui venaient du lac, diminuait l'influence du soleil au point de rendre les nuits toujours fraîches, tandis que la chaleur des jours était rarement étouffante.

On était alors en septembre, mois pendant lequel les vents venant de la côte paraissent souvent s'ouvrir un chemin à travers les terres pour arriver jusqu'aux grands lacs; et ceux qui naviguent sur ces mers intérieures sentent quelquefois l'influence favorable qui caractérise les vents de l'Océan, et qui, en leur donnant une nouvelle vigueur au moral et au physique, leur inspire en même temps une nouvelle ardeur. C'était par un jour semblable que la garnison d'Oswego s'était rassemblée pour voir ce que son commandant avait appelé en plaisantant « une passe d'armes. » Lundie était un homme instruit, — du moins dans sa profession, — et il se faisait un plaisir de diriger l'esprit des jeunes gens qui étaient sous ses ordres vers les lectures les plus convenables à l'état qu'ils avaient embrassé. Il avait une bibliothèque bien choisie et assez considérable pour la situation dans laquelle il se trouvait, et il prêtait volontiers ses livres à tous ceux qui le désiraient. Entre autres fantaisies que ces lectures avaient introduites dans la garnison, était un goût pour cette sorte d'amusement qui allait avoir lieu, et auquel quelques chroniques du temps de la chevalerie avaient donné une teinte romanesque qui était assez en harmonie avec l'humeur et les dispositions de soldats en garnison dans un fort isolé, situé dans un pays éloigné et sauvage. Mais tandis que la plupart ne songeaient qu'au plaisir, ceux qui étaient chargés de ce devoir ne négligeaient pas la sûreté du poste. Un homme placé sur les remparts du fort, et regardant cette vaste étendue d'eau tranquille et brillante qui bornait la vue du côté du nord, et la forêt paisible et en apparence sans bornes qui formait l'autre côté de ce panorama, se serait cru dans un séjour de paix et de sécurité. Mais Duncan de Lundie ne savait que trop que les bois pouvaient à chaque instant faire paraître plusieurs centaines de sauvages résolus à détruire le fort et à massacrer tout ce qui s'y trouvait, et que les eaux du lac offraient un chemin facile par lequel des ennemis plus civilisés, mais presque aussi astucieux, les Français, pouvaient approcher du fort à l'improviste. Il envoya donc des détachements, commandés par des vétérans qui se souciaient peu des plaisirs de la journée, faire des patrouilles dans la forêt, et une compagnie entière resta sous les armes dans le fort, comme si l'on eût su qu'un ennemi de force supérieure était dans les environs. Avec ces précautions, les autres, tant soldats qu'officiers, ne songèrent plus qu'aux plaisirs que leur promettait cette matinée.

L'endroit qui devait être la scène du divertissement était une sorte d'esplanade sur le bord du lac, un peu à l'ouest du fort. On avait choisi ce terrain pour y faire la parade, parce qu'il avait l'avantage d'être protégé en arrière par le lac, et sur un de ses flancs par le fort. On y avait abattu tous les arbres et déraciné toutes les souches. On ne pouvait donc y être attaqué, quand on y faisait l'exercice, que de deux côtés seulement ; et comme on avait pratiqué au-delà une grande clairière au sud et à l'ouest, les ennemis auraient été obligés de se montrer hors des bois avant de pouvoir s'approcher assez pour être dangereux.

Quoique les armes régulières du régiment fussent des mousquets, une cinquantaine de fusils de chasse parurent en cette occasion. Chaque officier en avait un pour son amusement ; il y en avait qui appartenaient à des Indiens de tribus alliées aux Anglais, et il s'en trouvait toujours quelques-uns dans les forts ; les guides ou éclaireurs en avaient aussi, et le régiment en gardait un certain nombre qu'on prêtait à ceux qui allaient chasser dans la forêt pour procurer des vivres à la garnison. Parmi ceux qui portaient cette arme en ce moment, cinq ou six individus étaient particulièrement connus comme s'en servant si bien, qu'ils avaient acquis de la célébrité sur toute la frontière, une douzaine passaient pour avoir une adresse plus qu'ordinaire, et plusieurs autres auraient été regardés comme de fort bons tireurs partout ailleurs que dans la situation où ils se trouvaient placés.

La distance était cinquante toises, et l'on devait se servir du fusil, sans fourchette. Le but était une planche, sur laquelle divers cercles étaient peints en blanc, suivant l'usage, avec un point blanc au centre. Les premières épreuves d'adresse commencèrent par des défis entre les plus humbles des compétiteurs, qui désiraient montrer leur dextérité avant le divertissement général. Des soldats y figurèrent, et ce prélude eut peu d'intérêt pour les spectateurs, parmi lesquels il ne se trouvait encore aucun officier.

La plupart des soldats étaient écossais, le régiment ayant été levé à Stirling et dans les environs ; mais, de même que le sergent Dunham, bien des Américains y avaient été reçus depuis son arrivée dans les colonies. Ceux-ci étaient naturellement les meilleurs tireurs, et au bout d'une demi-heure, il fut universellement reconnu qu'un jeune homme, né dans la colonie de New-York, mais d'extraction hollandaise, qui portait le nom euphonique de Van Vattenburg, et qu'on appelait familièrement Follock, s'était montré le plus expert de tous ceux qui avaient fait l'essai de leur adresse. Au moment où l'opinion générale venait de se déclarer à ce sujet, le capitaine le plus ancien, suivi de la plupart des officiers et des dames du fort, entra sur l'esplanade. Une vingtaine de femmes de plus humble condition les suivaient, et l'on distinguait parmi elles la jolie fille du sergent Dunham, qui joignait à des joues vermeilles et à une physionomie intelligente et animée un costume aussi propre que simple, qui lui allait à ravir.

Parmi toutes ces femmes, il n'y en avait que trois qui fussent officiellement reconnues comme ayant droit au titre de dames. C'étaient les épouses de trois officiers, matrones graves, dont tout l'extérieur offrait un singulier mélange des habitudes prises dans la simplicité des mœurs de la moyenne classe de la société avec les idées qu'elles se formaient de la supériorité de la profession de leurs maris, des droits qu'elles avaient d'après les grades de chacun d'eux, et des devoirs de l'étiquette. Les autres étaient femmes de sous-officiers. Mabel, comme l'avait dit le quartier-maître, était strictement la seule qui pût avoir des prétentions au mariage, car, quoiqu'il se trouvât aussi dans le fort une douzaine de jeunes filles, elles ne pouvaient encore être classées que parmi les enfants, aucune d'elles n'étant d'âge à prétendre aux honneurs conjugaux.

On avait fait quelques préparatifs pour la réception du beau sexe. Des bancs, formés de planches clouées sur des pieux enfoncés dans la terre, avaient été établis sur le bord du lac, et à côté était un poteau auquel les prix étaient suspendus. On avait eu soin de réserver le premier banc pour les trois dames et leurs filles ; le second fut occupé par Mabel et par les femmes et filles des sous-officiers ; les autres se placèrent en arrière sur le troisième, et celles qui ne purent y trouver place restèrent debout. Mabel, qui avait déjà été admise dans la société des femmes des officiers, mais seulement comme une humble compagne, devint le but de leurs regards, car plus elles avaient une haute idée de leur rang, surtout dans une garnison, plus elles appréciaient sa modestie.

Dès qu'on vit à leurs places cette partie importante des spectateurs, le major Duncan ordonna que le divertissement commençât, de la manière qui était prescrite dans les ordres qu'il avait donnés antérieurement. Huit à dix des meilleurs tireurs de la garnison s'avancèrent alors vers l'endroit d'où l'on devait tirer. Les soldats y étaient admis comme les officiers, et ceux mêmes qui ne se trouvaient dans le fort que comme visiteurs n'en étaient pas exclus. Comme on pouvait l'attendre d'hommes dont les amusements et une variété agréable dans leur nourriture dépendaient de leur adresse à tirer, ils touchèrent tous le point central. D'autres qui leur succédèrent, eurent la main et l'œil moins sûrs; mais presque tous envoyèrent leur balle dans un des cercles qui entouraient le point du milieu.

Suivant les règles de ce divertissement, personne ne pouvait passer à la seconde épreuve sans avoir réussi dans la première; et l'adjudant de la place, qui remplissait les fonctions de maître des cérémonies, ou de maréchal de « la passe d'armes, » appela les noms de tous ceux qui avaient touché le point central, pour les avertir de se préparer à la seconde épreuve, et annonça en même temps que ceux qui ne se seraient pas présentés pour tirer au blanc seraient nécessairement exclus des épreuves suivantes. En ce moment, le major Duncan, le quartier-maître Muir et Jasper Vestern arrivèrent à l'endroit d'où l'on tirait, tandis que Pathfinder se promenait tranquillement à côté; il ne portait pas sa chère carabine, circonstance si extraordinaire que tous les spectateurs la regardèrent comme une preuve qu'il n'avait pas dessein de disputer l'honneur de cette journée. Chacun fit place au major Duncan, qui, couchant son fusil avec nonchalance, fit feu sur-le-champ. Sa balle alla frapper à quelques pouces du but.

— Le major Duncan est exclu des épreuves suivantes, — cria l'adjudant à voix haute. Les anciens officiers et le vieux sergent comprirent fort bien que le major avait manqué le but volontairement. Mais les jeunes gens et les soldats n'en furent que plus encouragés par cette preuve de l'impartialité avec laquelle les règles de ce divertissement étaient observées, rien n'étant si attrayant qu'une justice rigoureuse, comme rien n'est si rare que de la voir administrer ainsi.

— Maintenant, c'est votre tour, Eau-douce, — dit David Muir, — et si vous ne battez pas le major, je dirai que votre main est plus propre à la rame qu'au fusil.

Les joues de Jasper étaient pourpres; il se mit en place, jeta un regard sur Mabel, dont il vit la tête penchée en avant, comme pour mieux voir le résultat de l'épreuve qu'il allait faire, appuya, sans beaucoup de soin, le canon de son fusil sur la paume de sa main gauche, en leva le bout un instant d'une main ferme, et tira. Sa balle traversa exactement le centre du point blanc, ce qui était de beaucoup le meilleur coup qui eût encore été tiré, puisque les autres n'avaient fait qu'en effleurer les bords.

— Bravo, maître Jasper, — dit Muir dès que le résultat eut été proclamé. C'est un coup qui aurait pu faire honneur à une tête plus âgée et à un œil plus exercé. Je crois pourtant que vous avez eu un peu de bonheur, car vous n'avez pas ajusté avec un soin bien particulier. Vous pouvez avoir de la vivacité dans le mouvement, Eau-douce, mais vous n'avez ni science ni philosophie dans le maniement de votre arme. — Maintenant, je vous prie, sergent Dunham, d'inviter toutes ces dames à faire une attention toute particulière, car je vais faire ce qu'on peut appeler un usage intellectuel de ce fusil. Jasper aurait tué son adversaire, j'en conviens, mais il n'y aurait pas eu la moitié autant de satisfaction à recevoir son feu, que si le coup eût été tiré scientifiquement.

Pendant ce temps, il se préparait à son épreuve scientifique, mais il ne voulut en venir au fait que lorsqu'il vit les yeux de Mabel, comme ceux de toutes les autres femmes, fixés sur lui avec curiosité. Comme les autres se tenaient à une certaine distance, par respect pour son rang, il n'avait près de lui que son commandant, et il lui dit avec son ton familier :

— Vous voyez, Lundie, qu'on peut gagner quelque chose à exciter la curiosité d'une femme. C'est un sentiment très-actif que la curiosité, et, en la piquant convenablement, elle peut finir par conduire à de plus douces innovations.

— Vous avez raison, Davy ; mais vous nous faites tous attendre pendant que vous faites vos préparatifs ; et voici Pathfinder qui s'approche pour prendre une leçon de votre plus grande expérience.

— Eh bien ! Pathfinder, et vous aussi, vous êtes venu pour vous faire une idée de la philosophie d'un coup de feu ? Je ne désire pas cacher ma lumière sous un boisseau ; et vous êtes le bien-venu à tout ce que vous voudrez apprendre. — N'avez-vous pas envie d'essayer vous-même de tirer un coup ?

— Moi, quartier-maître ! à quoi bon ? Je n'ai besoin d'aucun des prix ; et quant à l'honneur, j'en ai déjà assez, si c'en est un de tirer mieux que vous. Je ne suis pas une femme pour porter une calèche.

— Fort vrai, mais vous pourriez trouver une femme, — une femme précieuse à vos yeux, pour la porter.

— Allons, Davy, — dit le major, — tirez, ou battez en retraite. L'adjudant s'impatiente.

— Le département du quartier-maître et celui de l'adjudant sont rarement d'accord ensemble, Lundie ; mais je suis prêt. — Pathfinder, mettez-vous un peu à l'écart, pour que les dames puissent voir.

Le lieutenant Muir se mit en place dans une attitude d'élégance étudiée, leva lentement son fusil, le baissa, répéta plusieurs fois ces manœuvres, et enfin lâcha son coup.

— La balle n'a pas touché la planche, — s'écria l'adjudant, qui n'avait pas beaucoup de goût pour la science lente du quartier-maître, — la balle n'a pas même touché la planche.

— Impossible! s'écria Muir, le visage rouge d'indignation et de honte. — Cela est impossible, adjudant. De ma vie je n'ai fait une pareille maladresse. J'en appelle aux dames pour obtenir un meilleur jugement.

— Les dames ont fermé les yeux quand vous avez tiré, — dit un plaisant de la garnison, — vos longs préparatifs les avaient alarmées.

— Je n'en crois rien, — s'écria le quartier-maître, s'échauffant de plus en plus. — C'est une calomnie contre les dames et contre mon adresse ; c'est une conspiration pour priver un homme de ce qui lui est dû à juste titre.

— C'est un coup perdu, Muir, dit le major en riant, — et il faut vous résigner tranquillement à ce malheur.

— Non, non, major, dit enfin Pathfinder ; — le quartier-maître est bon tireur, quand il y met le temps, et qu'il n'est pas à trop longue distance, quoique, pour un service réel, il ne soit rien d'extraordinaire. Sa balle a couvert celle de Jasper, comme on le verra en y regardant.

Le respect qu'on avait pour les talents de Pathfinder, et l'idée qu'on avait de l'excellence de sa vue, firent que, dès qu'il eut parlé, tous les spectateurs commencèrent à se méfier de leur propre opinion. Une douzaine d'entre eux coururent vers la planche pour vérifier le fait, et ils reconnurent que la balle du quartier-maître avait si exactement passé par le trou fait par la balle de Jasper, qu'il fallut un examen très-minutieux pour s'assurer du fait. Mais il devint incontestable quand on trouva la balle de Muir couvrant celle de Jasper dans le trou fait par celle-ci à la souche d'arbre à laquelle la planche était attachée.

— Je vous avais bien dit, Mesdames, — dit le quartier-maître en s'avançant vers elles, — que vous alliez voir l'influence de la science sur l'artillerie. Le major Duncan rit de l'idée de faire entrer les mathématiques pour quelque chose dans l'art de tirer au blanc; mais je lui dis que la philosophie colore, agrandit, perfectionne, dilate et explique tout ce qui appartient à la nature humaine, qu'il s'agisse de tirer au blanc ou de prononcer un sermon. En un mot, la philosophie est la philosophie, et c'est dire tout ce que le sujet exige.

— Je suppose que vous ne comprenez pas l'amour dans votre liste, — dit la femme d'un capitaine, qui connaissait l'histoire des mariages du quartier-maître, et qui avait recours à la malice d'une femme contre celui qui avait fait un monopole de son sexe. — Il semble que la philosophie a peu de chose de commun avec l'amour.

— Vous ne parleriez pas ainsi, Madame, si votre cœur en avait fait plusieurs épreuves. C'est l'homme ou la femme qui a eu le plus d'occasions de perfectionner ses affections qui peut le mieux parler d'un pareil sujet. Et, croyez-moi, de tous les genres d'amour, l'amour philosophique est le plus durable comme le plus raisonnable.

— Vous recommanderiez donc l'expérience comme un perfectionnement de l'amour?

— Votre esprit subtil a saisi mon esprit au vol. Les plus heureux mariages sont ceux où la jeunesse, la beauté et la confiance d'une part s'appuient sur la sagacité, la modération et la prudence de l'âge, — de l'âge moyen, j'entends; car je ne nierai pas que certain mari ne puisse être trop vieux pour certaine femme.

— Et voici la charmante fille du sergent Dunham qui approuvera ces sentiments, j'en suis sûr; car son caractère de discrétion est déjà bien connu dans la garnison, quoiqu'elle n'y ait encore passé que bien peu de temps.

— La fille du sergent Dunham est un tiers qui convient à peine dans un entretien entre vous et moi, lieutenant Muir, — répondit la dame, voulant soutenir sa dignité; — et pour changer de sujet, voilà Pathfinder qui va essayer si la chance lui sera favorable.

— Je proteste, major, — s'écria Muir en courant, les deux bras levés pour donner plus de force à ses paroles, vers l'endroit d'où l'on tirait, — je proteste, Messieurs, et de la manière la plus forte, contre toute permission donnée ou à donner à Pathfinder, de se servir de Tue-Daim dans cette passe d'armes. Pour ne rien dire de la longue habitude qu'il a de cette carabine, elle est hors de toute proportion avec les fusils de chasse du gouvernement.

— Tue-Daim prend du repos, quartier-maître, — répondit Pathfinder avec sang-froid ; — et personne ne songe à le troubler. Je n'avais pas dessein de brûler une amorce aujourd'hui, mais le sergent Dunham m'a dit que je manquerais d'égards envers sa jolie fille, que j'ai conduite ici, si je me tenais en arrière en cette occasion. Je vais donc me servir du fusil de Jasper, comme vous pouvez le voir, et il n'est pas meilleur que le vôtre.

Le lieutenant Muir n'eut plus d'objection à faire. Pathfinder se mit en place, et tous les yeux se fixèrent sur lui. L'air et l'attitude de ce célèbre guide avaient quelque chose d'extrêmement remarquable lorsqu'il redressa sa grande taille et coucha son fusil pour tirer, montrant autant d'empire sur lui-même que de connaissance du pouvoir du corps humain et de l'arme dont il allait se servir. Grand et même musculeux, la charpente de son corps aurait été regardée comme presque parfaite s'il n'eût été entièrement dénué de chair. La corde à fouet était à peine plus roide que ses bras et ses jambes, et tous ses membres offraient trop d'angles à la vue pour que l'œil pût en approuver les proportions. Cependant tous ses mouvements avaient quelque chose de gracieux parce qu'ils étaient naturels, et comme ils étaient toujours accompagnés de calme et de régularité, ils lui donnaient un air de dignité qui répondait à l'idée qu'on se faisait généralement de son mérite et de ses services. Ses traits brûlés par le soleil prouvaient la vie dure et active qu'il menait, et ses mains nerveuses, qui annonçaient la force, montraient en même temps qu'elles n'étaient ni endurcies ni déformées par des travaux ignobles. Quoique personne n'aperçût en lui ces qualités douces et insinuantes qui peuvent gagner le cœur d'une femme, pas une femme ne fixait les yeux sur lui quand il allait tirer sans donner une approbation silencieuse à son air mâle et à la liberté de ses mouvements. La pensée excédait à peine a rapidité avec laquelle il ajustait son but. Et en cette occasion, quand une légère fumée s'éleva au-dessus de sa tête, la crosse de son fusil touchait déjà la terre, sa main en entourait le canon, et son visage était animé par son rire silencieux ordinaire.

— Si l'on osait énoncer une telle idée, — dit le major, — je dirais que Pathfinder n'a pas touché la planche.

— Ne dites pas cela, major, — répondit le guide, — ce serait un peu trop risquer. N'ayant pas chargé le fusil, je ne puis savoir ce qui s'y trouvait, mais si c'est une balle, je réponds qu'elle couvre celles du quartier-maître et de Jasper, ou mon nom n'est pas Pathfinder.

De grands cris qui se firent entendre près de la planche annoncèrent la vérité de cette assertion.

— Ce n'est pas tout, — dit Pathfinder, s'avançant à pas lents vers les bancs occupés par les femmes; — ce n'est pas tout. Si la balle a seulement effleuré la planche, je consens que ce soit un coup manqué. Le quartier-maître a entamé le bois, mais vous verrez que ma balle n'a pas élargi le trou.

— Cela est vrai, Pathfinder, très-vrai, dit Muir, qui se tenait à peu de distance de Mabel, quoiqu'il n'osât lui parler en présence des femmes des officiers; — le quartier-maître a entamé le bois, et il a par là rendu le passage plus facile à votre balle.

— Eh bien! quartier-maître, voilà qu'on place le clou, nous verrons qui l'enfoncera le plus avant dans la planche de vous ou de moi. Car, quoique je ne songeasse pas à faire voir aujourd'hui ce que peut faire un fusil, je ne tournerai le dos à aucun homme porteur d'une commission du roi George. Chingashgook est en expédition, sans quoi il aurait pu m'obliger à faire voir quelques-uns des mystères de notre art; mais quant à vous, quartier-maître, si vous passez heureusement par l'épreuve du clou, la pomme de terre vous arrêtera.

— Vous êtes un peu fanfaron ce matin, Pathfinder, mais vous verrez que vous n'avez pas affaire à un blanc-bec fraîchement arrivé des établissements ou des villes; soyez-en bien sûr.

— Je le sais, quartier-maître, je le sais parfaitement, et je ne nie pas votre expérience. Vous avez passé bien des années sur les frontières, et il s'est écoulé le temps de la vie ordinaire d'un homme depuis que j'ai entendu parler de vous dans les colonies et même parmi les Indiens.

— Non, non, — s'écria Muir, — vous me faites injustice. Je n'ai pas vécu aussi long-temps que vous le prétendez.

— Je vous rendrai justice, lieutenant, quand même vous l'emporteriez sur moi à l'épreuve de la pomme de terre. Je répète que vous avez passé l'espace d'une bonne vie humaine, pour un soldat, dans des endroits où l'on se sert tous les jours du mousquet; et je sais que vous êtes un bon tireur; mais, malgré tout cela, vous n'êtes pas un vrai chasseur au tir. Quant aux fanfaronnades, j'espère que je ne cherche pas à me vanter; mais les talents que la Providence nous a donnés nous appartiennent, et c'est l'insulter que de les nier. La fille du sergent, que voici, sera juge entre nous, si vous voulez vous en rapporter à un aussi joli juge.

Pathfinder avait pris Mabel pour arbitre parce qu'elle lui plaisait, et que le rang était presque sans aucun prix à ses yeux : mais la présence de trois femmes d'officiers fit hésiter le lieutenant Muir. Il aurait bien voulu se maintenir constamment sous les yeux et dans l'imagination de celle qui était l'objet de ses désirs; mais ses anciens préjugés avaient encore trop d'influence sur lui, et peut-être était-il d'ailleurs trop circonspect pour lui faire ouvertement la cour sans avoir une sorte de certitude de réussir. Il avait une entière confiance dans la direction du major Duncan, mais il savait que si le bruit se répandait qu'il avait été refusé par la fille d'un sous-officier, ce serait un obstacle sérieux à ce qu'il pût prétendre par la suite à la main d'une femme d'une condition égale à la sienne. Cependant, malgré ces doutes et cette hésitation, Mabel lui paraissait si jolie, elle rougissait d'une manière si charmante, elle souriait si agréablement, enfin elle présentait un tableau si attrayant de beauté, de jeunesse et de modestie, qu'il ne put résister à la tentation de se placer en première ligne dans son imagination, et de trouver ainsi le moyen de lui parler ensuite librement.

— Il en sera ce que vous voudrez, Pathfinder, — répondit-il, dès que ses doutes eurent fait place à une détermination. — Que la fille du sergent, — sa charmante fille, j'aurais dû dire, — soit arbitre entre nous, et c'est à elle que sera offert le prix que vous ou moi nous devons certainement remporter. — Vous le voyez, mesdames, il faut contenter Pathfinder, sans quoi nous nous serions assurément soumis à l'arbitrage d'une dame de votre honorable compagnie.

L'appel des compétiteurs mit fin à cette conversation, et au bout de quelques instants la seconde épreuve commença. La pointe d'un clou ordinaire, dont la tête était peinte en blanc, fut légèrement enfoncée dans la planche, et le tireur devait le toucher ou il perdait tout droit aux épreuves suivantes. Personne ne pouvait prendre part à celle-ci sans avoir réussi dans la première.

Il se trouvait sept aspirants aux honneurs de cette épreuve. L'un d'eux, qui avait effleuré le blanc dans l'épreuve précédente, se retira des rangs, préférant se contenter de la réputation qu'il avait acquise, plutôt que de risquer de la perdre en échouant dans une épreuve plus difficile. Trois autres tirèrent successivement; leurs balles percèrent la planche près du clou, mais aucune ne le toucha. Le quatrième candidat fut le quartier-maître, qui, après avoir pris toutes ses attitudes affectées, emporta une petite partie de la tête du clou, et planta sa balle tout à côté de la pointe. Cela ne parut pas un exploit très-extraordinaire, mais il donnait au candidat le droit de figurer à l'épreuve suivante.

— Vous avez sauvé votre lard, comme on dit dans les établissements, quartier-maître, — dit Pathfinder en riant tout bas, — mais il faudrait long-temps pour bâtir une maison avec un marteau qui ne vaudrait pas mieux que le vôtre. Jasper que voici vous montrera comment il faut frapper un clou, ou il a perdu quelque chose de sa bonne vue et de la fermeté de sa main. Vous-même, lieutenant, vous auriez fait mieux, si vous n'aviez pas tant songé à prendre des attitudes militaires. Tirer est un don naturel, et il faut s'en servir d'une manière naturelle.

— Nous verrons, Pathfinder. Ce que j'ai fait n'est pas mal tirer sur un clou. Je doute qu'il se trouve dans le 55e un autre marteau, comme vous l'appelez, qui puisse en faire autant.

— Jasper n'appartient pas au 55e; mais voilà son marteau qui frappe.

Pathfinder parlait encore quand la balle de Jasper frappa droit sur le clou, et l'enfonça dans la planche jusqu'à un pouce de la tête.

— Soyez prêts à river le clou, — cria Pathfinder en prenant sur-le-champ la place de son ami. — Ne mettez pas un nouveau clou; je puis voir celui-ci, quoique la peinture soit effacée, et tout ce que je puis voir, je puis le toucher à la distance de cinquante toises, quand ce ne serait que l'œil d'un moustique. — Préparez-vous à river le clou!

Le coup partit, la balle alla à sa destination, et le clou fut enfoncé bien avant dans le bois, et sa tête couverte de plomb aplati.

— Eh bien, Jasper, — dit Pathfinder, laissant retomber à terre la crosse de son fusil, et reprenant le fil de son discours, comme s'il n'eût attaché aucune importance à ce qu'il venait de faire, — vous vous perfectionnez tous les jours, mon garçon. Encore quelques excursions dans la forêt avec moi, et le meilleur tireur de toute la frontière y regardera à deux fois avant de jouter contre vous. Le quartier-maître tire bien, mais il n'ira jamais plus loin, au lieu que vous, avec les dons que vous tenez de la Providence, vous pouvez un jour défier quiconque a jamais tenu un fusil.

— Allons donc, — s'écria Muir, — appelez-vous seulement bien tirer, détacher nettement une partie de la tête d'un clou, quand c'est la perfection de l'art? Quiconque a les sentiments les moins raffinés et les moins élevés sait pourtant que la délicatesse des touches est ce qui fait connaître le grand maître; au lieu que les coups de marteau d'enclume sont donnés par des mains grossières et inexpertes. S'il est vrai que lorsqu'on manque son coup peu importe que ce soit d'une ligne ou d'un mille, Pathfinder, vous devez convenir que lorsqu'on atteint son but, peu importe qu'on blesse ou qu'on tue.

— Suffit, suffit, — dit le major ; — le meilleur moyen de décider la question, c'est de passer à la troisième épreuve, et ce sera celle de la pomme de terre. Vous êtes Écossais, monsieur Muir, et vous feriez meilleure chère avec un gâteau de farine d'orge ou un chardon ; mais la loi des frontières a prononcé en faveur du légume américain, et ce sera la pomme de terre.

L'air du major Duncan annonçant quelque impatience, David Muir avait trop de tact pour différer plus long-temps l'épreuve par de nouveaux discours, et il se prépara à répondre à l'appel. Pour dire la vérité, le quartier-maître avait fort peu de confiance en lui-même pour cette nouvelle épreuve, et il n'aurait pas été si empressé à se mettre au nombre des compétiteurs, s'il avait cru qu'elle dût avoir lieu. Mais le major Duncan, qui, avec ces manières tranquilles écossaises, avait quelque chose de cette singularité piquante qu'on appelle *humour*, l'avait fait ajouter secrètement au programme du divertissement, afin de le mortifier; car, étant lui-même un laird d'Écosse, il n'aimait pas qu'un de ses officiers voulût faire honte à son régiment en contractant un mariage inégal. Dès que tout fut préparé, Muir fut appelé et l'adjudant prit en main la pomme de terre. Mais comme ce genre de divertissement peut être nouveau pour le lecteur, quelques mots d'explication ne seront probablement pas inutiles pour le lui faire comprendre. On choisit une grosse pomme de terre; et un homme, placé à une dizaine de toises de l'endroit d'où l'on tire, la prend en main et la jette en l'air à un signal donné. Il faut alors que la balle du tireur la traverse avant qu'elle retombe à terre.

Le major avait tenté plus de cent fois cet exploit difficile, et n'y avait jamais réussi qu'une seule. Un espoir aveugle, destiné à être désappointé, le porta à l'essayer de nouveau. La pomme de terre fut jetée en la manière accoutumée; il tira, et elle retomba sans avoir été touchée.

— Demi-tour à droite, et hors des rangs, quartier-maître, — dit le major, souriant de la réussite de son projet. — La calèche de soie appartiendra nécessairement à Jasper Eau-douce ou à Pathfinder.

— Et comment cela finira-t-il, major? — demanda le dernier. — Aurons-nous l'épreuve des deux pommes de terre, où l'affaire sera-t-elle décidée par le centre et la peau?

— Par le centre et la peau, à moins que les balles ne passent à égale distance du centre; auquel cas, l'épreuve des deux pommes de terre aurait lieu.

— C'est un moment terrible pour moi, Pathfinder, — dit Jasper en s'avançant pour prendre sa place.

Pathfinder le regarda avec attention, et priant le major d'avoir un instant de patience, il prit à part son jeune ami, de manière à ce que personne ne pût les entendre.

— Vous semblez prendre cette affaire à cœur, Jasper? — lui dit-il, les yeux fixés sur ceux du jeune homme.

— Je dois avouer, Pathfinder, que jamais je n'ai tant désiré le succès.

— Désirez-vous donc tellement l'emporter sur moi, — moi, votre ancien ami, votre ami éprouvé, — et dans ce que je puis appeler mon métier? Tirer est ma nature, et nulle main ordinaire ne peut égaler la mienne.

— Je le sais, Pathfinder, je le sais; et cependant...

— Cependant quoi, Jasper? parlez franchement; vous parlez à un ami.

Jasper serra les lèvres, passa une main sur ses yeux, rougit et pâlit tour à tour, comme une jeune fille qui avoue son amour, et enfin, serrant la main de son compagnon, il lui dit d'un ton calmé, comme si la fermeté l'avait emporté sur toutes autres sensations :

— Je donnerais un de mes bras, Pathfinder, pour pouvoir offrir cette calèche à Mabel Dunham.

Le chasseur baissa les yeux, et retourna à pas lents vers l'endroit d'où il venait, ayant l'air de réfléchir sur ce que Jasper lui avait appris.

— Vous ne pourriez réussir aux deux pommes de terre? — dit-il tout à coup.

— Non, certainement, et c'est ce qui m'inquiète.

— Quelle créature est l'homme! il désire des choses qui ne sont pas dans sa nature, et il ne songe pas aux dons qu'il a reçus de la Providence! — N'importe, n'importe! — Prenez votre poste, Jasper, car le major attend, — et écoutez-moi. — Il faut que je touche la peau, c'est le moins que je puisse faire, sans quoi, je n'oserais plus me montrer dans la garnison.

— Je suppose qu'il faut me résigner à mon destin, — dit Jasper, changeant encore alternativement de couleur; — mais je ferai tous mes efforts, dussé-je en mourir!

— Quelle pauvre chose est l'homme! — dit encore Pathfinder en s'éloignant de quelques pas pour laisser à son ami une place suffisante pour tirer; — il oublie les talents qu'il a reçus; et il porte envie à ceux des autres.

La pomme de terre fut jetée en l'air, Jasper fit feu, et de grands cris précédèrent l'annonce qui fut faite que la balle avait traversé le point central, ou en était passée si près que la différence n'était pas sensible.

— Voici un compétiteur digne de vous, Pathfinder, — s'écria le major avec transport, pendant que le guide se mettait en place, — je suppose que nous verrons l'épreuve des deux pommes de terre.

— Quelle pauvre chose est l'homme! — répéta encore Pathfinder, qui semblait à peine faire attention à ce qui se passait autour de lui, tant il était absorbé dans ses réflexions. — Jetez!

L'adjudant jeta la pomme de terre, et l'on remarqua que le coup partit à l'instant où elle semblait stationnaire avant de retomber; car le guide semblait avoir pris un soin tout particulier pour la bien ajuster. Mais le désappointement et la surprise se peignirent sur les traits de ceux qui ramassèrent la pomme de terre.

— Les deux balles ont-elles passé par le même trou? — demanda le major.

— La peau, la peau, — répondit-on ; — elle n'a fait qu'emporter la peau !

— Que signifie cela, Pathfinder ? Jasper Eau-douce doit-il remporter les honneurs de la journée ?

— La calèche est à lui, — répondit le chasseur en secouant la tête, et il se retira tranquillement en murmurant encore : — Quelle créature est l'homme ! jamais satisfait des dons qu'il a reçus de la Providence, et désirant toujours ceux qu'elle ne lui a pas accordés !

Comme la balle de Pathfinder n'avait pas traversé la pomme de terre, et n'avait fait qu'en emporter la peau, le prix fut décerné à Jasper sur-le-champ. La calèche était entre ses mains, quand le quartier-maître s'approcha de lui, et avec un air de cordialité, félicita son heureux rival de sa victoire.

— Mais à présent que la calèche est à vous, — ajouta-t-il, — et qu'elle ne peut vous servir à rien, puisque vous ne pouvez en faire ni une voile, ni même une banderole, je suppose, Eau-douce, que vous ne seriez pas fâché d'en avoir la valeur en bon argent du roi.

L'argent ne peut l'acheter, lieutenant, — répondit Jasper, dont les yeux étincelaient de joie. — J'aime mieux avoir gagné cette calèche que d'avoir obtenu cinquante nouvelles voiles pour le *Scud*.

— Allons donc, Jasper, vous devenez fou comme tous les autres. J'irai jusqu'à vous offrir une demi-guinée de cette bagatelle plutôt que de savoir qu'elle sera à traîner dans la chambre de votre cutter, et qu'elle finira par orner la tête de quelque squaw.

Quoique Jasper ne sût pas que Muir ne lui avait pas offert la moitié de la valeur réelle de la calèche, il écouta cette proposition avec indifférence. Secouant la tête d'un air négatif, il s'avança vers les bancs où les femmes étaient assises, et sa présence fit quelque sensation ; car chacune des épouses des officiers avait résolu d'accepter ce présent, si la galanterie de Jasper le portait à le lui offrir. Mais la méfiance que Jasper avait de lui-même, quand ce n'eût pas été l'admiration qu'une autre lui inspirait, ne lui aurait pas permis de songer à offrir un présent à aucune des dames qu'il regardait comme étant tellement au-dessus de lui.

— Mabel, — dit-il, — cette calèche est pour vous, à moins que...

— A moins que... Jasper? — répéta Mabel, perdant sa timidité naturelle, par suite du désir qu'elle avait de faire cesser l'embarras qu'il éprouvait évidemment. Cependant tous deux rougirent de manière à trahir les sentiments qu'ils éprouvaient.

— A moins que vous ne la regardiez d'un œil trop indifférent; parce qu'elle vous est offerte par un homme qui peut ne pas avoir le droit d'espérer que son présent sera accepté.

— Je l'accepte, Jasper; et ce sera un souvenir des dangers que j'ai courus en votre compagnie, ainsi que des soins que vous avez pris de moi, et dont je suis très-reconnaissante, comme de ceux de Pathfinder.

— Ne pensez pas à moi, — s'écria le guide, — ne pensez pas à moi; c'est un coup de bonheur de Jasper, et c'est un présent de Jasper. Croyez bien ce que je vous dis. Mon tour peut venir un autre jour; le mien et celui du quartier-maître, qui semble envier la calèche du jeune homme. Je ne conçois pourtant pas quel besoin il peut en avoir, puisqu'il n'a pas de femme.

— Et Jasper Eau-douce a-t-il une femme? demanda le lieutenant Muir. — Vous-même, Pathfinder, en avez-vous une? Je puis en avoir besoin pour m'aider à me procurer une femme; ou pour me souvenir que j'en ai eu une; ou pour prouver mon admiration pour le beau sexe; ou parce que c'est un vêtement de femme; ou pour quelque autre motif également respectable. Ce n'est pas l'être irréfléchi qui est le plus estimé par celui qui pense, et permettez-moi de vous le dire, il n'y a pas de meilleur signe qui puisse prouver qu'un homme a été bon mari pour sa première femme, que de le voir en chercher promptement une autre, après l'avoir perdue. L'amour est un don de la Providence, et ceux qui ont aimé fidèlement une femme, prouvent jusqu'à quel point ce don leur a été accordé, en en aimant une autre le plus tôt possible.

— Cela se peut; cela peut être. Je n'ai point de pratique en pareille chose, et je ne puis vous contredire. Mais Mabel que voici, la fille du sergent, en croira vos paroles. Allons, Jasper, quoique nous n'ayons plus rien à faire, allons voir ce que les autres pourront faire avec leurs fusils.

Pathfinder et ses compagnons se retirèrent, car le divertissement allait recommencer. Cependant les dames n'étaient pas assez occupées du tir pour oublier la calèche. Elle passa de main en main, on en examina la soie, on critiqua la forme et l'ouvrage, enfin on discuta à demi-voix la question de savoir s'il convenait qu'une si belle parure passât en la possession de la fille d'un sous-officier.

— Vous serez peut-être disposée à vendre cette calèche, Mabel, quand vous l'aurez eue quelques jours en votre possession, — dit la femme du capitaine, — car vous ne pouvez jamais la porter.

— Il est possible que je ne la porte pas, Madame, — répondit notre héroïne avec modestie, — mais je n'ai pas dessein de la vendre.

— J'ose dire que le sergent Dunham ne vous met pas dans la nécessité de vendre vos vêtements, mon enfant; mais cependant c'est de l'argent perdu que de conserver une parure que vous ne pouvez jamais porter.

— J'aime à conserver le présent d'un ami, Madame.

— Mais le jeune homme n'en aurait que meilleure opinion de vous, pour votre prudence, quand il aura oublié son triomphe d'un jour. C'est une jolie calèche, et il ne faut pas qu'elle soit perdue.

— Je n'ai pas dessein de la perdre, Madame, mais je désire la garder.

— Comme il vous plaira, mon enfant. Les filles de votre âge négligent souvent leur avantage réel. Souvenez-vous pourtant, si vous vous déterminez à disposer de cette calèche, qu'elle est retenue, et que je ne la prendrai pas si vous l'avez portée une seule fois.

Oui, Madame, — répondit Mabel de la voix la plus douce possible, quoique ses yeux brillassent comme des diamants, et que ses joues eussent pris la teinte de deux roses, tout en plaçant la calèche sur sa tête, comme pour l'essayer; et au bout d'une minute elle l'en retira.

Le reste du divertissement n'offrit rien d'intéressant. On tira en général assez bien, mais les compétiteurs n'étaient pas comparables à ceux qui les avaient précédés, et ils furent bientôt abandonnés à eux-mêmes, car les dames et les officiers s'étant retirés, les autres femmes et le reste des spectateurs suivirent leur exemple. Mabel s'en retournait le long des petits rochers qui bordent le lac, portant sa jolie calèche sur un doigt encore plus joli; quand Pathfinder la rencontra, il portait encore le fusil dont il venait de se servir; mais il n'avait pas l'air d'aisance franche qui lui était ordinaire, et son œil inquiet se promenait de côté et d'autre. Après quelques mots insignifiants sur la belle nappe d'eau qui s'étendait devant eux, il se tourna tout à coup vers elle, ses traits exprimant un vif intérêt, et il lui dit :

— Jasper vous a gagné cette calèche, Mabel, sans mettre beaucoup à l'épreuve ses dons naturels.

— Il l'a gagnée légitimement, Pathfinder.

— Sans doute, sans doute; sa balle a traversé la pomme de terre, et personne ne pouvait en faire davantage, quoique d'autres eussent pu en faire autant.

— Mais personne n'en a fait autant, — s'écria Mabel avec une vivacité qu'elle regretta sur-le-champ, car elle vit à l'air du guide qu'il était également mortifié de cette remarque et du sentiment qui l'avait inspirée.

— C'est vrai, Mabel, c'est vrai; personne n'en a fait autant alors. Mais, — et pourtant je ne vois pas de raison pour renier les dons que je tiens de la Providence. — Sans doute, Mabel, personne n'en a fait autant là-bas, mais vous allez voir ce qu'on peut faire ici; — voyez-vous les mouettes qui volent au-dessus de nos têtes?

— Certainement, elles sont en trop grand nombre pour que je ne les voie pas.

— Voyez-vous comme elles se croisent en volant? — ajouta-t-il en armant son fusil, et en le levant. — Eh bien! deux à la fois, — deux avec une seule balle! — Regardez?

Le coup partit à l'instant où deux de ces oiseaux se trouvaient sur la même ligne, quoiqu'à plusieurs pieds l'un de l'autre, et la balle, rapide comme la pensée, traversa le corps des deux victimes. En voyant les mouettes tomber dans le lac, Pathfinder appuya sur la terre la crosse de son fusil, se mit à rire à sa manière particulière, et ses traits ne conservèrent aucune trace de mécontentement ou de mortification.

— C'est quelque chose que cela, Mabel; c'est quelque chose, quoique je n'aie pas de calèche à vous donner. Au surplus, demandez à Jasper; je lui laisse le soin de tout vous dire, car il n'y a pas une langue plus vraie et un cœur plus franc dans toute l'Amérique.

— Ce n'est donc pas la faute de Jasper, s'il a gagné le prix?

— Ce n'est pas ce que je veux dire, il a fait de son mieux, et il a réussi. Pour un homme dont la nature est l'eau plutôt que la terre, Jasper a une adresse peu commune, et l'on ne pourrait être mieux soutenu que par lui sur terre et sur eau. C'est ma propre faute, Mabel, s'il a gagné la calèche ; mais cela ne fait aucune différence, — pas la moindre, puisque la calèche a pris le bon chemin.

— Je crois que je vous comprends, Pathfinder, — dit Mabel, rougissant en dépit d'elle-même ; et je regarde la calèche comme un présent que je vous dois ainsi qu'à Jasper.

— Ce ne serait pas lui rendre justice, Mabel. Il a gagné la calèche, et il avait le droit de la donner. Tout ce que vous pouvez croire, c'est que, si je l'avais gagnée, elle aurait été offerte à la même personne.

— Je m'en souviendrai, Pathfinder, et j'aurai soin que les autres connaissent votre adresse, comme vous venez d'en donner une preuve en ma présence sur ces pauvres oiseaux.

— Que le Seigneur vous protége, Mabel, vous n'avez pas plus besoin sur toute cette frontière de parler de ce que je puis faire avec un fusil, que de l'eau qui est dans le lac, ou du soleil qui brille dans le firmament. Chacun sait ce dont je suis capable à cet égard, et ce serait perdre vos paroles, comme si vous parliez français à un ours d'Amérique.

— Vous croyez donc que Jasper savait que vous lui faisiez un avantage dont il a profité avec si peu de délicatesse ? — dit Mabel, la couleur qui avait donné tant de lustre à ses yeux abandonnant ses joues peu à peu, et laissant à sa physionomie un air grave et pensif.

— Je ne dis pas cela ; j'en suis fort loin. Nous oublions toutes les choses que nous savons, quand nous ne songeons qu'à nos désirs. Jasper sait que je puis faire passer une balle à travers deux pommes de terre, comme je viens de le faire à travers ces deux oiseaux, et il sait aussi que personne sur cette frontière n'en peut faire autant. Mais ayant devant les yeux la calèche et l'espoir de vous en faire présent, il a été porté en ce moment à avoir une meilleure opinion de lui-même qu'il ne l'aurait peut-être dû. Non, non, il n'y a pas un atome de bassesse dans Jasper Eau-douce, quoique ce soit la nature de tous les jeunes gens de souhaiter de se rendre agréables aux yeux des jeunes et jolies filles.

— Je tâcherai d'oublier tout, excepté les bontés que vous avez eues tous deux pour une pauvre fille qui n'a plus de mère,

— dit Mabel, cherchant à maîtriser une émotion qu'elle savait à peine comment expliquer. — Croyez-moi, Pathfinder, il est impossible que j'oublie jamais tout ce que vous avez fait pour moi, — vous et Jasper, et je suis très-sensible à cette nouvelle preuve de votre affection. Tenez, voici une épingle d'argent, je vous l'offre comme un souvenir que je vous dois la vie et la liberté.

— Que ferai-je de cela, Mabel? — demanda le chasseur étonné, tenant en main ce petit bijou. — Je n'ai ni boucles ni boutons, car je ne me sers que de courroies de cuir, et elles sont faites de bonne peau de daim. — Ce bijou est joli, mais il était plus joli où il était qu'il ne pourra l'être sur moi.

— Attachez-le à votre chemise de chasse, et il vous siéra bien. Souvenez-vous, Pathfinder, que c'est un gage d'amitié entre nous, et un signe que je ne puis jamais vous oublier, ni les services que vous m'avez rendus.

Mabel lui dit adieu en souriant, et, bondissant légèrement, elle disparut bientôt derrière le fort.

CHAPITRE XII.

> « De sombres masses s'offrent à la vue qui doute encore, le long des murs assiégés et des bords hérissés d'armes de la rivière, tandis que la clarté incertaine des astres cherche à pénétrer à travers les vapeurs. »
>
> BYRON.

Quelques heures après, Mabel était sur le bastion qui dominait le lac et la forêt, et semblait occupée de profondes pensées. La soirée était douce et calme, et l'on avait mis en question si le détachement destiné aux Mille-Iles pourrait partir cette nuit, faute de vent. Les provisions, les armes et les munitions étaient déjà à bord, et l'on y avait même transporté les effets de Mabel. Mais les hommes qui devaient s'embarquer étaient encore à terre, parce qu'il n'y avait pas d'apparence que le cutter pût mettre à la voile. Jasper avait toué *le Scud* hors de la crique et l'avait fait remonter assez haut pour pouvoir traverser l'embouchure de la rivière, quand il le jugerait à propos, mais il y restait sur une ancre. Les hommes désignés pour partir se promenaient sur le rivage, ne sachant s'ils partiraient ou non.

Au divertissement du matin avait succédé une tranquillité qui était en harmonie avec la belle scène que Mabel avait sous les yeux. Elle en sentait l'influence sur ses sensations, quoiqu'elle fût probablement trop peu accoutumée à les analyser pour en connaître la cause. Tout ce qui l'environnait était aimable et calmant, tandis que la grandeur solennelle de la forêt silencieuse et la vaste étendue du lac tranquille y prêtaient un caractère de sublimité qui aurait pu manquer à d'autres scènes. Pour la première fois, Mabel s'aperçut que l'empire que les villes et la civilisation avaient pris sur ses habitudes s'affaiblissait d'une manière sensible, et elle commença à penser qu'une vie passée au milieu d'objets comme ceux qui l'entouraient pouvait être heureuse. Jusqu'à quel point l'expérience des dix derniers jours venait à l'aide de cette soirée calme, et contribuait à faire naître en elle cette nouvelle conviction, c'est ce qu'on peut soupçonner plutôt qu'affirmer à l'époque où est arrivée cette histoire.

— Un beau coucher du soleil, Mabel, — dit la voix de son oncle, si près de son oreille qu'elle tressaillit. — Un beau coucher du soleil pour un rivage d'eau douce, mais il serait à peine remarquable en mer !

— La nature n'est-elle pas toujours la même, sur un rivage ou en mer, sur les bords d'un lac comme celui-ci ou sur l'Océan ? Le soleil ne brille-t-il pas également sur tous, mon cher oncle, et pouvons-nous ne pas avoir autant de reconnaissance pour les bienfaits de la Providence sur cette frontière éloignée, que dans notre île de Manhattan ?

— La fille est tombée sur quelqu'un des livres de sa mère, quoique je doute que le sergent ait fait une seconde marche avec une pareille friperie dans son bagage. — La nature n'est-elle pas la même ? Vous imaginez-vous, Mabel, que la nature d'un soldat soit la même que celle d'un marin ? Vous avez des parents dans les deux professions, et vous devez être en état de me répondre.

— Mais, mon oncle, j'entends la nature humaine, le...

— Et moi aussi, ma nièce, j'entends la nature humaine d'un marin et la nature humaine d'un de ces drôles du 55e, sans même en excepter votre propre père. Ils ont eu ici ce matin un tir, — une pétarade, je devrais dire : — quelle différence si c'eût été un tir sur mer ! On aurait tiré des bordées chargées à boulet contre un objet à un demi-mille de distance tout au moins ; et les pommes de terre, s'il y en avait eu à bord, ce qui n'est pas très-probable, seraient restées dans les marmites du cuisinier. Le métier de soldat peut être très-honorable, Mabel ; mais un œil expérimenté voit bien des folies et des faiblesses dans un de ces forts. Quant à ce lac en miniature, vous en connaissez déjà mon opinion, et je ne veux rien décrier. Un vrai marin ne décrie jamais rien ; mais du diable si je regarde cet Ontario, comme ils l'appellent, autrement que comme l'eau que contient le charnier d'un navire. Regardez, Mabel, si vous voulez savoir quelle est la différence entre l'Océan et un lac, un seul regard vous le fera comprendre. Ceci est ce qu'on peut appeler un calme, attendu qu'il ne fait pas de vent, quoique, pour dire la vérité, je ne croie pas que vos calmes sur un lac soient aussi calmes que ceux que nous avons sur l'Océan.

— Il n'y a pas un souffle d'air, mon oncle. Il me semble impossible que des feuilles soient plus immobiles que ne le sont en ce moment celles de cette forêt.

— Les feuilles, mon enfant ! qu'est-ce que c'est que des feuilles ? Il n'y en a pas sur l'Océan. Si vous voulez savoir s'il fait un calme plat ou non, essayez une chandelle moulée, — la flamme d'une chandelle à la baguette étant trop vacillante, — et alors vous pouvez être sûre s'il fait du vent ou s'il n'en fait point. Si vous étiez dans une latitude où l'air serait assez tranquille pour vous gêner la respiration, vous pourriez croire que c'est un calme On est souvent à demi-ration d'air dans les latitudes calmes.
— Mais je vous le dis encore, regardez cette eau. On dirait du lait dans une terrine, sans plus de mouvement qu'il n'y en a dans une futaille avant que le bondon en soit ôté. Sur l'Océan l'eau n'est jamais tranquille, quelle que puisse être la tranquillité de l'air.

— L'eau de l'Océan n'est jamais tranquille, mon oncle ! Quoi ! pas même dans un calme ?

— Certainement non, mon enfant. L'Océan respire comme un être vivant, et son sein palpite sans cesse, comme disent les poètes, quoiqu'il ne fasse pas plus d'air qu'on n'en trouverait dans un siphon. Personne n'a jamais vu l'Océan tranquille. Il se hausse et se baisse comme s'il avait des poumons.

— Mais ce lac n'est pas tout à fait tranquille : vous pouvez voir une légère agitation sur le rivage, et même entendre de temps en temps l'eau frapper contre les rochers.

— Tout cela n'est que de l'infernale poésie. On peut appeler, si l'on veut, le bouillonnement de l'eau la marée, et le lavage des ponts d'un bâtiment le ressac : mais l'Ontario n'est pas plus l'Atlantique qu'une pirogue de Powles Hook n'est un vaisseau de ligne. Ce n'est pas que je veuille rien dire contre ce Jasper. Il ne lui manque que de l'instruction pour devenir un homme.

— Le croyez-vous donc un ignorant, mon oncle ? — demanda Mabel en arrangeant ses cheveux ; et pour le faire elle fut obligée de détourner le visage. — Jasper me paraît beaucoup plus instruit que la plupart des jeunes gens de sa classe. Il a peu lu, car les livres ne sont pas communs dans cette partie du monde ; mais il a beaucoup réfléchi, du moins à ce qu'il me semble, pour un jeune homme.

— Il est ignorant, — ignorant comme doivent l'être tous ceux qui naviguent sur une eau comme celle-ci. Il sait faire un nœud plat et un nœud d'anguille, j'en conviens, mais il ne sait pas plus faire un cul-de-port ou même un nœud plat que vous ne sauriez caponner une ancre. Non, non, Mabel ; nous avons tous deux quelques obligations à Jasper et à Pathfinder, et j'ai réfléchi à la manière dont je pourrais leur être utile, car je regarde l'ingratitude comme tout ce qu'il y a de plus bas au monde. Certaines gens disent que c'est le vice d'un roi ; moi je soutiens que c'est celui d'un cochon : car invitez un cochon à dîner avec vous, et il vous mangera pour son dessert.

— Vous avez raison, mon cher oncle, et nous devons faire tout ce qui nous est possible pour leur prouver à tous deux combien nous apprécions les services qu'ils nous ont rendus.

— C'est parler en fille de votre mère, ma nièce, et de manière à faire honneur à la famille Cap. J'en ai donc trouvé un moyen qui conviendra à toutes les parties ; et dès que nous serons de retour de cette petite excursion sur le lac, et que je serai prêt à repartir, j'ai dessein de leur en faire la proposition.

— Cela est si obligeant de votre part, mon cher oncle, et cela est si juste ! — Puis-je vous demander quelles sont vos intentions ?

— Je ne vois pas de raison pour vous en faire un secret, Mabel, mais il n'est pas besoin d'en parler à votre père, car le sergent a ses préjugés et il pourrait nous susciter des difficultés. Ni Jasper ni son ami Pathfinder ne peuvent jamais rien faire ici, et je me propose de les conduire sur la côte et de les emmener en mer. En quinze jours de temps Jasper aura trouvé ses jambes de mer, et un voyage d'un an fera de lui un homme. Il est possible qu'il faille plus de temps à Pathfinder, et même qu'il ne parvienne jamais à être inscrit sur un rôle d'équipage ; cependant on peut faire quelque chose de lui, surtout comme vigie, car il a d'excellents yeux.

— Croyez-vous qu'aucun d'eux y consente, mon oncle ? — demanda Mabel en souriant.

— Croyez-vous que je les prenne pour des idiots ? Quel être raisonnable refuserait son avancement ? Laissez Jasper faire son chemin, et le gaillard peut mourir capitaine de quelque petit brick.

— Et en serait-il plus heureux pour cela, mon oncle ? Pourquoi vaudrait-il mieux pour lui qu'il fût capitaine d'un bâtiment à voiles carrées que de tout autre ?

— Bon, bon, Magnet, vous n'entendez rien à ce dont vous parlez. Laissez-moi le soin de tout cela, et j'arrangerai tout convenablement. Ah ! voici justement Pathfinder. Je ferai aussi bien de lui laisser entrevoir mes intentions en ce qui le concerne. L'espoir est ce qui nous encourage le plus à faire des efforts.

Cap fit un signe de tête à sa nièce et cessa de parler. Pathfinder s'avança, mais non avec l'air de franchise et d'aisance qui lui était ordinaire. Il semblait être embarrassé, sinon douter de l'accueil qu'il recevrait.

— Un oncle et une nièce sont une assemblée de famille, — dit le guide en approchant d'eux, — et la compagnie d'un étranger peut ne pas être agréable.

— Vous n'êtes pas un étranger pour nous, maître Pathfinder, — répondit Cap, — et nous ne pouvons voir personne avec plus de plaisir. Nous parlions de vous il n'y a qu'un instant, et quand des amis parlent d'un absent, il peut deviner ce qu'ils en disent.

— Je ne demande à connaître aucun secret ; chacun a ses ennemis, et j'ai les miens ; mais je ne vous compte pas dans ce nombre, maître Cap ; non, ni la jolie Mabel que voici. Quant aux Mingos, je n'en dirai rien, mais n'ont-ils pas une juste cause de me haïr ?

— C'est ce dont je répondrais, Pathfinder ; car je suis convaincu que vous êtes bien intentionné et plein de droiture. Mais il y a un moyen de vous soustraire à l'animosité de ces Mingos, et si vous voulez l'adopter, personne ne vous l'indiquera plus volontiers que moi, et sans rien vous demander pour cet avis.

— Je ne désire pas avoir d'ennemis, Eau-salée; — car Pathfinder, presque sans s'en apercevoir, commençait à adopter le nom que donnaient à Cap les Indiens qui fréquentaient le fort; — je ne désire pas avoir d'ennemis, et je suis prêt à enterrer la hache avec les Mingos comme avec les Français. Mais vous savez qu'il dépend d'un être plus puissant que nous de changer les cœurs de manière à ne laisser à un homme aucun ennemi.

— En levant l'ancre et en m'accompagnant sur la côte, à notre retour de la courte croisière que nous allons commencer, vous vous trouverez hors de portée d'entendre le cri de guerre des Indiens, et leurs balles ne pourront vous atteindre.

— Et qu'y pourrai-je faire? Chasserai-je dans vos villes? Suivrai-je la piste des gens qui vont au marché ou qui en reviennent? Dresserai-je des embuscades aux chiens et aux volailles? Vous n'êtes pas ami de mon bonheur, maître Cap, si vous voulez m'enlever à l'ombre des bois, pour m'exposer au grand soleil des défrichements.

— Mon dessein n'est pas de vous laisser dans les établissements, Pathfinder; je veux vous conduire sur la mer, et ce n'est que là qu'un homme peut respirer librement. Mabel vous dira que telle était mon intention avant que je vous en eusse dit un seul mot.

— Et quel résultat Mabel croit-elle qu'aurait un tel changement? Elle sait que chaque homme a sa nature, et qu'il est aussi inutile de vouloir s'en donner une autre que de résister à celle qu'on a reçue de la Providence. Je suis un chasseur, un éclaireur, un guide, Eau-salée, et il ne m'appartient pas de contrecarrer la volonté du ciel au point de vouloir devenir autre chose. Ai-je raison, Mabel, ou êtes-vous assez femme pour désirer de me voir changer de nature?

— Je ne désire aucun changement en vous, Pathfinder, — répondit Mabel avec une franchise et une sincérité cordiale qui allèrent directement au cœur du chasseur, et quelque admiration que mon oncle ait pour la mer, quelques avantages qu'il croie devoir résulter de ce changement, je ne pourrais désirer de voir le meilleur et le plus noble chasseur des bois transformé en amiral. Restez ce que vous êtes, mon brave ami, et ne craignez rien, si ce n'est la colère de Dieu.

— Entendez-vous cela, Eau-salée? Entendez-vous ce que dit la fille du sergent? Et elle a trop de sincérité, trop de droiture; oui, et elle est trop jolie pour ne pas penser ce qu'elle dit. Tant qu'elle sera contente de moi comme je suis, je n'irai pas contre ma nature en cherchant à être autre chose que ce que la Providence m'a fait. Ici, dans une garnison, je puis paraître inutile; mais quand nous serons là-bas dans les Mille-Iles, il peut y avoir quelque occasion de prouver qu'une carabine sur laquelle on peut compter est quelquefois un présent de Dieu.

— Vous devez donc être de la partie? — dit Mabel au guide avec un si doux sourire, qu'il l'aurait suivie jusqu'au bout du monde. — A l'exception de la femme d'un soldat, je serai la seule personne de mon sexe, et je ne m'en trouverai que plus en sûreté si vous êtes du nombre de nos protecteurs.

— Le sergent vous protégera, Mabel; il vous protégerait quand même vous ne seriez pas de son sang. Tout le monde vous protégera. Mais je crois que votre oncle aimera une expédition de cette sorte, quand nous serons sous voiles et qu'il se verra au milieu de cette mer intérieure.

— Votre mer intérieure n'est pas grand'chose, maître Pathfinder, et je n'en attends absolument rien. J'avoue pourtant que je voudrais connaître le but de cette croisière, car on n'aime pas à être inutile, et mon beau-frère le sergent a la bouche close comme un franc-maçon. Savez-vous ce qu'on se propose, Mabel?

— Pas le moins du monde, mon oncle. Je n'ose faire aucune question à mon père sur ce qui a rapport à son service, car il me répondrait que cela ne regarde pas une femme. Tout ce que je puis dire, c'est que nous partirons dès que le vent le permettra, et que nous devons être absents environ un mois.

— Pathfinder pourra peut-être m'en dire un mot. J'en serais charmé, car un voyage sans objet n'est jamais agréable à un vieux marin.

— Le port où nous allons, et l'objet que nous nous proposons, ne sont pas un grand secret, Eau-salée, quoiqu'il soit défendu d'en parler dans la garnison. Du reste, je ne suis pas soldat, et je puis me servir de ma langue comme bon me semble, quoique je me flatte qu'on n'a pas à me reprocher des discours frivoles et inutiles. Or, comme nous devons partir dans si peu de temps, et que vous devez tous deux être du voyage, autant vaut que vous sachiez où l'on va vous conduire. Je suppose que vous savez qu'il y a un endroit appelé les Mille-Iles, maître Cap?

— Oui, un endroit qu'on appelle ainsi, quoique je suppose que ce ne sont pas de véritables îles comme on en trouve sur l'Océan, et que le mot mille signifie deux ou trois, comme les morts et les blessés après une grande bataille.

— Mes yeux ne sont pas mauvais, Eau-salée; et pourtant j'ai souvent inutilement essayé de compter ces mêmes îles.

— Oui, oui, j'ai connu des gens qui ne pouvaient compter que jusqu'à un certain nombre. Vos véritables oiseaux de terre ne reconnaissent pas même leurs nids quand ils approchent du rivage. Combien de fois j'ai vu la côte, les maisons et les églises, quand les passagers ne pouvaient voir que de l'eau! Je ne conçois pas qu'on puisse réellement perdre la terre de vue sur l'eau douce. Cela ne me paraît ni raisonnable, ni possible.

— Vous ne connaissez pas nos lacs, maître Cap, ou vous ne parleriez pas ainsi; avant d'arriver aux Mille-Iles, vous concevrez une autre idée de ce que la nature a fait dans ce désert.

— J'ai même des doutes que vous ayez une île véritable dans tout ce pays. Suivant moi, une île, — ce que j'appelle une île *bony fidy* (1) ne peut se trouver dans l'eau douce.

— Nous vous en montrerons des centaines : peut-être pas un mille, mais autant que l'œil en puisse voir, sans que la langue puisse les compter.

— Et quelle sorte de chose sont-elles?

— De la terre entièrement entourée d'eau.

— Oui, mais quelle terre et quelle eau? Je réponds que lorsque la vérité sera bien connue, il se trouvera que ce n'est autre chose que des péninsules, des promontoires, ou des continents; mots auxquels j'ose dire que vous n'entendez que peu de chose ou rien. Mais que ce soient des îles ou non, maître Pathfinder, quel est le but de cette croisière?

— Comme vous êtes le frère du sergent, que Mabel est sa fille, et que nous devons tous trois être du voyage, je crois qu'il n'y a aucun mal à vous donner une idée de ce que nous allons faire.

— Comme vous avez été si long-temps dans la marine, maître Cap, vous avez sans doute entendu parler d'un port nommé Frontenac?

— Qui n'en a pas entendu parler? Je ne dirai pas que j'y sois jamais entré, mais j'ai souvent passé à sa hauteur.

1. Bonâ fide. De bonne foi.

— En ce cas, vous allez vous trouver en pays de connaissance; quoique je ne comprenne pas comment vous avez jamais pu y arriver de l'Océan. Quoi qu'il en soit, il est bon que vous sachiez que les grands lacs forment une chaîne, l'eau passant de l'un dans l'autre depuis l'Érié, qui est une nappe d'eau à l'ouest aussi grande que l'Ontario. Eh bien! l'eau sort de l'Érié et arrive à une petite montagne par-dessus laquelle elle passe...

— Je voudrais bien savoir comment diable elle peut le faire.

— Fort aisément, maître Cap, — répondit Pathfinder en riant à sa manière. Si j'avais dit que l'eau montait sur la montagne, c'eût été contre nature; mais nous ne regardons pas comme une grande affaire pour l'eau de descendre d'une montagne, — j'entends pour *l'eau douce*.

— Bien, bien; mais vous parlez de l'eau d'un lac descendant du haut d'une montagne; c'est à quoi la raison montre les dents, si la raison a des dents.

— Nous ne disputerons pas là-dessus; mais ce que j'ai vu, je l'ai vu. J'ignore si la raison a des dents, mais la conscience en a, et elles savent se faire sentir. Après être arrivée dans l'Ontario, toute l'eau de tous les lacs passe dans la mer par le moyen d'une rivière; et dans la partie la plus étroite, où l'eau n'est ni lac ni rivière, sont les îles en question. Or, Frontenac est un poste des Français au-dessus de ces mêmes îles, et comme ils occupent un fort en dessous, ils font remonter leurs provisions et leurs munitions par la rivière jusqu'à Frontenac, pour les distribuer aux sauvages le long des bords de l'Ontario et des autres lacs, afin de les mettre en état de faire leurs diableries et d'enlever des chevelures chrétiennes.

— Et notre présence empêchera-t-elle ces horreurs? — demanda Mabel.

— Peut-être oui, peut-être non; comme la Providence le voudra. Lundie, comme on appelle le commandant de cette garnison, a envoyé un détachement aux *Mille-Iles* pour intercepter quelques-unes des barques françaises, et c'est pour la seconde fois qu'on va le relever. Jusqu'à présent ils n'ont pas fait grand'chose, quoiqu'on ait pris deux bateaux chargés de divers objets pour les Indiens. Mais la semaine dernière il est arrivé un messager qui a apporté de telles nouvelles que le major a résolu de faire un dernier effort pour surprendre ces coquins. Jasper connaît la route, et nous serons en bonnes mains, car le sergent est prudent, et personne ne le vaut pour une embuscade. Oui, il est aussi prudent qu'alerte.

— Est-ce là tout? — dit Cap d'un ton méprisant. — A voir tous les préparatifs qu'on faisait, je m'imaginais qu'il s'agissait d'une croisière contre les contrebandiers, et qu'en y prenant part on pouvait gagner honnêtement quelque argent. Mais je suppose qu'il n'y a pas de parts de prises sur l'eau douce?

— Que voulez-vous dire?

— Je suppose que le roi prend tout, dans ces affaires de détachements et d'embuscades, comme vous les appelez?

— Je ne sais rien de tout cela, maître Cap. Je prends ma part du plomb et de la poudre qui tombe entre nos mains, et je n'en dis rien au roi. Et pourtant il serait temps que je songeasse à avoir une maison et quelques meubles.

Pathfinder n'osa pas regarder Mabel en faisant cette allusion directe à son changement de vie, et pourtant il aurait donné tout au monde pour savoir si elle l'écoutait et pour voir quelle était l'expression de sa physionomie; mais Mabel ne se doutait guère du sens de cette allusion, et ses traits n'offraient pas le moindre embarras quand elle tourna les yeux vers la rivière sur laquelle on commençait à voir quelque mouvement à bord du cutter.

— Jasper va mettre le cutter plus au large, — dit le guide, dont les regards furent attirés du même côté par la chute de quelque objet pesant sur le pont; — il voit sans doute quelque signe de vent, et il veut être prêt à en profiter.

— Oui, et nous allons avoir l'occasion de prendre une leçon de navigation, — dit Cap en ricanant; — il y a une manière de mettre un bâtiment sous voile, qui fait reconnaître un bon marin aussi bien que quoi que ce soit. C'est comme un soldat qui boutonne son habit : on peut voir s'il commence par le haut ou par le bas.

— Je ne dirai pas que Jasper vaut vos marins de là-bas, — dit Pathfinder, dans l'esprit duquel un indigne sentiment de jalousie ou d'envie ne trouvait jamais entrée; — mais c'est un luron plein d'adresse, et il manie son bâtiment aussi bien qu'on peut le désirer, du moins sur ce lac. Vous ne l'avez pas trouvé trop gauche, maître Cap, à la cataracte de l'Oswego, où l'eau douce réussit à descendre d'une montagne sans beaucoup de difficulté.

Cap ne fit d'autre réponse qu'une éjaculation de mécontentement, et il s'ensuivit un silence général, tous ceux qui étaient sur le bastion suivant des yeux les mouvements du cutter avec un intérêt bien naturel, puisqu'ils allaient dans si peu de temps passer sur son bord. Il faisait encore un calme plat, et la surface du lac brillait des derniers rayons du soleil. *Le Scud* avait été toué jusqu'à une ancre de jet placée à cinquante toises au-delà des pointes de l'embouchure, et il y avait assez d'espace pour manœuvrer dans la rivière qui formait le havre du fort d'Oswego; mais le manque total d'air empêchait toute manœuvre, et il fut bientôt évident que ce léger bâtiment devrait traverser le passage à l'aide de ses avirons. Pas une voile ne fut déployée, mais dès que l'ancre fut dérapée, on entendit tomber les avirons dans l'eau, et le cutter commença à avancer vers le centre du courant. En y arrivant les efforts des mariniers cessèrent, et le petit bâtiment dériva dans la passe étroite; il avait un mouvement rapide et, en moins de cinq minutes, le *Scud* se trouva au-delà des deux pointes sablonneuses qui interceptaient les eaux du lac. Le bâtiment continua à s'éloigner de terre jusqu'au moment où on le vit flotter sur la surface du lac, à un bon quart de mille au-delà du cap peu élevé qui formait l'extrémité orientale de ce qu'on pouvait appeler le havre extérieur ou la rade. Là l'influence du courant de la rivière cessait, et le cutter devint stationnaire.

— Ce bâtiment me semble très-beau, mon oncle, — dit Mabel qui n'avait pas perdu de vue *le Scud* un seul instant, pendant qu'il changeait de position. — J'ose dire que vous pouvez trouver des défauts dans sa construction et dans la manière dont il est manœuvré; mais moi qui ne suis qu'une ignorante, je trouve l'une et l'autre parfaites.

— Oui, oui; il suit assez bien un courant, et c'est ce que ferait un copeau de bois. Mais si vous en venez aux détails, un vieux marin comme moi n'a pas besoin de lunettes pour y découvrir des défauts.

— Eh bien! maître Cap, — dit Pathfinder, qui entendait rarement déprécier les talents de Jasper sans être tenté de prendre sa défense, — j'ai entendu des vieux marins d'eau salée, des marins ayant de l'expérience, avouer que *le Scud* est un aussi joli petit bâtiment qu'on en puisse voir flotter. Je ne m'y connais pas; mais on peut avoir ses idées sur un navire, quand même elles seraient fausses, et il me faudrait plus d'un témoin pour me persuader que Jasper ne tient pas le sien en bon ordre.

— Je ne dis pas que ce cutter soit tout-à-fait mal construit ; mais il a des défauts, maître Pathfinder, et de grands défauts.

— Et quels sont ces défauts, mon oncle ? Si Jasper les connaissait, il serait charmé d'y remédier.

— Quels sont ces défauts ? Il y en a cinquante ; il y en a cent, devrais-je dire, des défauts matériels et très-importants.

— Indiquez-les, mon oncle. Pathfinder en fera mention à son ami.

— Indiquez-les ! ce n'est pas une petite affaire que de compter les étoiles, par la simple raison qu'elles sont en si grand nombre. Les indiquer ! vraiment ! Eh bien ! ma jolie nièce, miss Magnet, que pensez-vous de ce guy ? A mes yeux ignorants, il semble au moins d'un pied trop élevé ; ensuite la flamme est engagée, et... et.. oui, de par le diable, il y a une garcette largue au hunier ; je ne serais pas surpris qu'il ne se formât une coque au câble à l'écubier, si l'on venait à mouiller l'ancre en ce moment. Des défauts ! sur ma foi pas un marin ne pourrait regarder ce cutter un instant sans lui en trouver autant qu'à un domestique qui demande son compte.

— Cela peut être très-vrai, mon oncle, mais je doute que Jasper les connaisse. Je crois qu'il y remédierait, Pathfinder, si on les lui montrait.

— Laissez à Jasper le soin de son cutter, Mabel ; laissez-lui en le soin. C'est là qu'est sa nature ; et je vous réponds que personne ne lui apprendra ce qu'il doit faire pour empêcher *le Scud* de tomber entre les mains des Français de Frontenac, ou de leurs infernaux alliés, les Mingos. Qui s'embarrasse si la flamme est engagée ou si le guy est d'un pied trop haut, maître Cap, pourvu que *le Scud* navigue bien, et qu'il évite les Français ? Ici sur les lacs, je parierai pour Jasper contre tous les marins de la côte ; mais je ne dis pas que sa nature le porte à l'Océan, car il n'en a jamais fait l'épreuve.

Cap sourit avec un air de condescendance ; mais il ne jugea pas nécessaire de pousser plus loin la critique en ce moment. Son air devint graduellement plus hautain et plus méprisant, quoiqu'il désirât alors paraître indifférent à une discussion sur des points auxquels son antagoniste ne connaissait absolument rien.

En ce moment le foc fut largué et hissé, et bientôt la toile s'enfla vers la terre, quoique la surface de l'eau n'offrît encore aucun indice de vent. Quelque faible que fût l'impulsion, le léger esquif y céda, et une minute après on vit *le Scud* traverser le courant de la rivière avec un mouvement si facile et si modéré qu'à peine l'apercevait-on. Quand il en fut sorti, il entra dans un remous et se porta rapidement vers la terre, sous l'éminence sur laquelle était le fort, et là Jasper jeta l'ancre.

— Pas mal, — murmura Cap dans une sorte de soliloque, — pas trop mal, quoiqu'il eût pu mettre sa barre à tribord au lieu de la mettre à bâbord, car un bâtiment doit toujours venir au vent bord au large, qu'il soit à une lieue de terre ou seulement à une encâblure; car cela a un air soigneux, et l'air est quelque chose dans ce monde.

— Jasper est un garçon adroit, — dit à son beau-frère le sergent Dunham, qui survint tout-à-coup; — et nous comptons sur son habileté pour cette expédition. Mais venez tous; nous n'avons plus qu'une demi-heure pour nous embarquer, et les canots seront prêts à nous recevoir dès que nous serons prêts à y monter.

A cette nouvelle, chacun s'en alla de son côté pour recueillir les bagatelles qui n'avaient pas encore été envoyées à bord. Quelques coups de tambour donnèrent le signal aux soldats, et en une minute tout fut en mouvement.

CHAPITRE XIII.

> « C'est le moment où le farfadet alarme l'esprit timide; où les sorcières se rassemblent pour marmoter leurs charmes; où le cauchemar tourmente le rêveur insensé; et où les fées dansent sur le gazon.
>
> COTTON.

L'embarquement d'un si faible détachement n'était pas une affaire qui pût causer beaucoup de délai ou d'embarras. Toute la troupe confiée aux soins du sergent Dunham ne consistait qu'en dix soldats et deux caporaux. Cependant on apprit bientôt que le lieutenant Muir devait accompagner l'expédition; mais il ne partait que comme quartier-maître, et quelques fonctions de cette place servaient de prétexte à son départ, ce qui avait été arrangé entre son commandant et lui. A ce nombre il fallait ajouter Pathfinder, Cap, Jasper et les matelots de celui-ci, dont l'un était presque un enfant. Le total des hommes ne montait donc pas à vingt, en y comprenant le mousse de quatorze ans, et il n'y avait d'autre femme que Mabel et la femme d'un soldat.

Le sergent Dunham conduisit ses hommes à bord sur un grand bateau, et retourna ensuite à terre pour recevoir ses dernières instructions et faire partir son beau-frère et sa fille. Après avoir montré à Cap le canot sur lequel il devait monter avec Mabel, il se rendit au fort pour avoir une dernière entrevue avec son commandant. Le major était sur le bastion dont il a si souvent été parlé, et nous l'y laisserons quelques instants avec le sergent pour retourner sur le rivage.

Il faisait presque nuit quand Mabel se trouva dans le canot qui devait la conduire à bord du cutter. La surface du lac était si tranquille qu'on n'avait pas eu besoin de faire entrer les bateaux et canots dans la rivière pour y prendre leur fret, et tous les embarquements se firent sur le rivage du lac où l'eau était aussi unie que celle d'un étang. On ne pouvait y remarquer la respiration de l'Océan et la palpitation de son sein, comme Cap l'avait dit; car l'Ontario est tout différent en cela de la mer, et le vent ne l'agite pas sur un point tandis que le calme règne sur l'autre. La distance n'est pas assez grande pour le permettre, et c'est une remarque ordinaire de tous les marins que l'eau monte et baisse plus vite sur tous les grands lacs de l'Ouest que sur toutes les mers de notre connaissance. Quand le canot quitta la terre, ce n'était donc pas le mouvement qu'on sent ordinairement en pareille circonstance qui aurait pu apprendre à Mabel qu'elle était sur une si grande nappe d'eau. Il fallut à peine une douzaine de coups d'avirons pour mettre le canot le long du cutter.

Jasper était prêt à recevoir ses passagers, et comme le pont du *Scud* ne s'élevait que de deux à trois pieds au-dessus de l'eau, il ne lui fut pas difficile de les faire monter à bord. Il conduisit sur-le-champ Mabel et sa compagne dans la chambre qui leur était destinée, et elles en prirent possession. Tout l'entrepont formait quatre appartements; ce petit bâtiment ayant été expressément construit dans la vue de pouvoir servir au transport des officiers et des soldats avec leurs femmes et leurs familles. La chambre de l'arrière était un petit appartement contenant quatre lits, et il avait l'avantage d'avoir de petites fenêtres pour y admettre l'air et le jour. Il était toujours destiné aux femmes quand il s'en trouvait à bord, et comme il n'était occupé alors que par Mabel et sa compagne, il était assez spacieux pour qu'elles s'y trouvassent à l'aise. La grande chambre offrait plus de place et était éclairée par le haut. C'était là que logeaient le quartier-maître, le sergent, Cap et Jasper, Pathfinder se plaçant dans telle partie du bâtiment que bon lui semblait, la chambre des femmes exceptée. Les caporaux et les soldats occupaient l'espace situé sous la grande écoutille, et l'équipage était logé comme de coutume sur l'avant du bâtiment. Quoique le cutter ne fût pas tout-à-fait du port de cinquante tonneaux, il y avait amplement place pour tous ceux qui étaient à bord, car il aurait pu au besoin recevoir trois fois le même nombre d'hommes.

Dès que Mabel eut pris possession de sa chambre, réellement jolie et commode, elle ne put s'empêcher de faire la réflexion agréable que c'était spécialement pour elle que Jasper avait pris tant de soin à la préparer. Remontant ensuite sur le pont, elle y trouva tout en mouvement. Les hommes couraient çà et là cherchant leurs havresacs et leurs autres effets : mais l'habitude et la méthode rétablirent bientôt l'ordre, et le silence qui succéda devint presque imposant, car il se rattachait à l'idée d'aventures à courir et de préparatifs pour s'y exposer.

L'obscurité commençait alors à rendre indistincts les objets qui étaient sur le rivage. La terre n'offrait aux yeux qu'une masse noire formée par les contours de la forêt, et qu'on ne distinguait du ciel que parce que le firmament était un peu moins sombre. Cependant les astres commencèrent bientôt à paraître avec leur lustre tranquille ordinaire, et amenèrent avec eux le sentiment de repos qui accompagne communément la nuit. Cette scène avait quelque chose d'agitant et de calmant en même temps, et Mabel éprouvait cette double influence. Pathfinder était à côté d'elle, appuyé, suivant sa coutume, sur sa longue carabine, et elle crut, malgré l'obscurité croissante de la nuit, pouvoir distinguer des lignes creusées sur ses traits plus profondément que d'ordinaire par ses réflexions.

— Des expéditions comme celle-ci ne peuvent être une grande nouveauté pour vous, Pathfinder, — lui dit-elle, — mais je suis étonnée de voir les soldats tellement silencieux et pensifs.

— On apprend cela en faisant la guerre aux Indiens. Vos miliciens sont, en général, grands parleurs et petits faiseurs; mais le soldat qui a eu souvent affaire aux Mingos sait ce que vaut une langue prudente. Une armée silencieuse dans les bois est doublement forte, et celle qui fait du bruit doublement faible. Si la langue faisait les soldats, il n'y en aurait pas de meilleurs que les femmes qui suivent l'armée.

— Mais nous ne formons pas une armée et nous ne sommes pas dans les bois. Il ne peut y avoir aucun danger à craindre des Mingos à bord du *Scud*.

— Demandez à Jasper comment il est parvenu au commandement de ce cutter, et vous aurez une réponse à votre question. Personne n'est en sûreté contre les Mingos s'il ne connaît pas bien leur nature, et même alors il faut qu'il agisse d'après la connaissance qu'il en a, sans jamais s'en écarter. — Oui, oui, demandez à Jasper comment il est devenu capitaine du *Scud*.

— Et comment l'est-il devenu? — demanda Mabel avec un air d'intérêt et d'empressement qui fit plaisir au cœur simple et franc de son compagnon, qui n'était jamais plus content que lorsqu'il trouvait l'occasion de dire quelque chose à l'avantage de son jeune ami. — Il est honorable pour lui d'avoir obtenu cette place à son âge.

— C'est très-vrai, mais il le méritait et plus encore; une frégate n'aurait pas été trop pour payer tant de courage et de sangfroid, s'il y avait eu un pareil navire sur l'Ontario, comme il n'y en a point et comme il n'est pas probable qu'il y en ait jamais.

— Mais vous ne me dites pas comment il a obtenu le commandement de ce cutter?

— C'est une longue histoire, Mabel; et votre père, le sergent, peut vous la raconter beaucoup mieux que moi, car il y était présent, tandis que j'étais bien loin à suivre une piste. Jasper n'entend rien à conter une histoire, j'en conviens. Je l'ai entendu questionner plus d'une fois sur cette affaire, et jamais il n'a pu en rendre un bon compte, quoique tout le monde sache que c'était une belle chose. Non, non, Jasper ne vaut rien pour raconter cette histoire; ses meilleurs amis doivent l'avouer. *Le Scud* était presque tombé entre les mains des Français et des Mingos, quand Jasper le sauva d'une manière que personne n'aurait jamais tentée sans avoir autant de promptitude dans l'esprit que de courage dans le cœur. Mais votre père vous racontera tout cela mieux que moi ; questionnez-le, un jour que vous n'aurez rien de mieux à faire. Quant à Jasper, il est inutile de le tourmenter à ce sujet, il n'en ferait que du galimatias, car il ne sait pas conter une histoire.

Mabel résolut de demander à son père ce soir même tous les détails de cette affaire, car elle pensa qu'elle ne pouvait trouver rien de mieux à faire que d'écouter l'éloge d'un jeune homme qui était mauvais historien de ses propres exploits.

— Le *Scud* restera-t-il avec nous quand nous serons arrivés, — demanda-t-elle après avoir réfléchi un instant si elle pouvait convenablement faire cette question, — ou serons-nous abandonnés à nous-mêmes?

— Ce sera suivant l'occasion. Il est rare que Jasper laisse son cutter oisif quand il y a quelque chose à faire, et nous pouvons attendre de lui de l'activité. Mais ma nature a si peu de rapport à l'eau et aux navires, à moins que ce ne soit sur les rapides et les cataractes et dans une pirogue, que je n'ai pas la prétention d'y rien connaître. Au surplus tout ira bien avec Jasper, je n'en ai aucun doute. Il peut trouver une piste sur l'Ontario aussi bien qu'un Delaware dans une forêt.

— Et notre Delaware, — le Grand-Serpent, — pourquoi n'est-il pas ici avec nous?

— Votre question aurait été plus naturelle si vous aviez dit : Pourquoi êtes-vous ici, Pathfinder? — Le Grand-Serpent est à sa place, et moi je ne suis pas à la mienne. — Il est parti avec deux ou trois autres pour fureter le long des bords du lac, et il viendra nous rejoindre aux Mille-Iles pour nous faire part de tout ce qu'il aura pu apprendre. Le Serpent est trop bon soldat pour oublier son arrière quand il fait face à l'ennemi. C'est bien dommage, Mabel, que votre père ne soit pas né général, comme quelques-uns des Anglais qui sont venus parmi nous ; car je suis certain qu'il ne laisserait pas un Français dans le Canada d'ici à huit jours s'il pouvait les traiter à sa manière.

— Aurons-nous donc à faire face à des ennemis? demanda Mabel, — une légère idée des dangers de l'expédition se présentant à son esprit pour la première fois. — Est-il probable que nous ayons un engagement?

— Si nous en avons un, Mabel, il y aura plus d'un bras prêt et disposé à vous défendre. Mais vous êtes fille d'un soldat, et nous savons tous que vous en avez le courage. Que la crainte d'une bataille n'empêche pas vos jolis yeux de se fermer cette nuit.

— Je me sens plus brave ici au milieu des bois, Pathfinder, que je ne l'étais au milieu des villes, quoique j'aie toujours tâché de me rappeler ce que je dois à mon père.

— Oui, comme faisait votre mère avant vous. — Pathfinder, me disait le sergent, vous trouverez ma fille semblable à sa mère. Non, non, ce ne sera pas une femme à trembler, à crier, et à désorganiser un homme quand il a besoin de toutes ses facultés. Elle encouragerait plutôt son mari, et l'aiderait à maintenir sa bravoure quand il serait le plus entouré de dangers. — Oui, voilà ce que me disait le sergent avant que j'eusse encore levé les yeux sur vos jolis traits.

— Et pourquoi mon père vous a-t-il parlé ainsi, Pathfinder? — demanda Mabel avec un peu de vivacité. — Peut-être pensait-il que vous auriez meilleure opinion de moi si vous ne me preniez pas pour une sotte poltronne, comme tant de femmes aiment à le paraître.

Tromper, — à moins que ce ne fût des ennemis armés, — cacher même une seule pensée, étaient si peu d'accord avec le caractère de Pathfinder, qu'une question si simple ne l'embarrassa pas peu. Une sorte d'instinct, qu'il lui aurait presque été impossible d'expliquer, lui faisait sentir qu'il ne serait pas convenable de dire la vérité ouvertement; et la dissimuler ne convenait ni à ses habitudes, ni à sa droiture naturelle. Dans cet embarras, il prit un moyen terme, ne révélant point ce qu'il ne croyait pas devoir dire, mais ne le cachant pas tout-à-fait.

— Il faut que vous sachiez, Mabel, — répondit-il, — que le sergent et moi, nous sommes d'anciens amis, et que dans plus d'une bataille sanglante, nous avons combattu côte à côte, — ou sinon littéralement côte à côte, moi un peu en avant, comme il convenait à un éclaireur, et votre père à la tête de sa troupe, comme cela convenait mieux à un soldat du roi. C'est notre manière à nous autres escarmoucheurs de penser peu au combat quand les coups de mousquet ne se font plus entendre; et soit la nuit autour de nos feux, soit pendant nos marches, nous causons des choses que nous aimons, comme vous autres jeunes filles vous conversez de vos idées et vos opinions, pour vous amuser quand vous êtes ensemble. Or, il était naturel que le sergent, ayant une fille comme vous, l'aimât par-dessus toute autre chose, et par conséquent qu'il en parlât plus souvent que de tout autre sujet de conversation; — tandis que moi, n'ayant ni fille, ni sœur, ni mère, ni rien que le Delaware à aimer, je répondais *Amen* à tout ce qu'il me disait; et c'est ainsi, Mabel, que j'ai naturellement appris à vous aimer même avant de vous avoir vue; — oui, c'est ce qui m'est arrivé, rien que pour avoir tant entendu parler de vous.

— Et à présent que vous m'avez vue, — dit Mabel en souriant, d'un ton aisé et naturel qui prouvait qu'elle ne regardait ce que venait de dire le guide, que comme l'expression d'une affection paternelle ou fraternelle, — vous commencez sans doute à reconnaître la folie de concevoir de l'amitié pour quelqu'un avant de le connaître autrement que par ouï-dire.

— Ce n'était pas de l'amitié, — ce n'était pas de l'amitié que j'ai conçue pour vous, Mabel. Je suis ami des Delawares, et je l'ai été depuis mon enfance, mais mes sentiments pour eux ou pour le meilleur d'entre eux, ne sont pas ceux que le sergent m'a appris à avoir pour vous, et surtout à présent que je commence à mieux vous connaître. Je pense quelquefois qu'il n'est pas bon qu'un homme qui est sans cesse occupé à remplir les fonctions de guide, d'éclaireur et même de soldat, se prenne d'amitié pour des femmes, et particulièrement pour de jeunes femmes, car il me semble que cela diminue en lui le goût des entreprises et détourne ses idées de ses occupations naturelles.

— Vous ne voulez sûrement pas dire, Pathfinder, que votre amitié pour moi vous rendrait moins hardi, moins disposé à combattre les Français que vous ne l'étiez auparavant?

— Non pas! non pas! si vous étiez en danger, par exemple, je crois que mon audace pourrait aller jusqu'à la folie. Mais avant que nous fussions devenus si intimes, comme je puis le dire, j'aimais à songer à mes battues dans les bois pour trouver une piste, à mes marches, à mes embuscades, à mes combats et à mes autres aventures; mais à présent mon esprit s'en occupe moins. Je songe davantage aux casernes, aux soirées passées à converser, à des idées qui ne se rattachent pas à des scènes de sang et de danger; à des jeunes filles, à leur sourire aimable, à leur voix douce et enjouée, à leurs traits agréables et à leurs manières attrayantes. Je dis quelquefois au sergent que sa fille et lui gâteront un des meilleurs guides et des éclaireurs les plus expérimentés de la frontière.

— Point du tout, Pathfinder; ils tâcheront de rendre parfait ce qui est déjà si voisin de la perfection. Vous ne nous connaissez pas si vous vous imaginez que l'un ou l'autre de nous désire vous voir changer en la moindre chose. Restez ce que vous êtes, c'est-à-dire un guide consciencieux, intrépide, intelligent, digne de toute confiance, plein de droiture et d'intégrité, et ni mon père ni moi nous ne pourrons jamais avoir une autre opinion de vous que celle que nous en avons à présent.

Il faisait trop obscur pour que Mabel pût voir sur les traits de Pathfinder ce qui se passait dans son âme; mais elle avait le visage tourné vers lui, et quoiqu'elle lui parlât avec une chaleur égale à sa franchise, c'était d'un ton à montrer qu'elle n'éprouvait aucun embarras à exprimer ses pensées, et combien ses paroles étaient sincères. Il est vrai que sa physionomie était un peu animée; mais c'était parce qu'elle se sentait entraînée par la force de la vérité; du reste, pas un de ses nerfs ne tressaillait, pas un de ses membres ne tremblait, et le battement de son pouls n'était pas accéléré. En un mot, son air et ses manières annonçaient une jeune fille franche et sincère faisant à un homme la déclaration de l'estime et de l'affection qu'elle sentait que ses services et ses bonnes qualités méritaient, sans cette émotion qui accompagne toujours le sentiment intime d'une inclination qui pourrait conduire à un aveu plus doux.

Mais Pathfinder avait trop peu d'expérience pour comprendre des distinctions semblables, et son humilité naturelle se trouva encouragée par ce qu'il venait d'entendre. Ne voulant ni ne pouvant peut-être en dire davantage, il s'éloigna d'elle, resta environ dix minutes, appuyé sur sa carabine, à regarder les étoiles en silence, et descendit ensuite sous le pont.

Pendant ce temps, l'entrevue dont nous avons déjà parlé avait lieu sur un bastion du fort entre le major Duncan et le sergent.

— Les havresacs des soldats ont-ils été inspectés? demanda le major après avoir jeté les yeux sur un rapport par écrit que lui avait remis le sergent, mais que l'obscurité ne lui permettait pas de lire.

— Oui, major, et tout est en règle.

— Les munitions? les armes?

— Tout est en ordre et prêt pour le service.

— Vous avez pris les hommes portés sur le rôle?

— Sans une seule exception. On n'en pourrait trouver de meilleurs dans tout le régiment.

— Vous avez besoin de nos meilleurs hommes, sergent. Cette épreuve a déjà été faite trois fois sous les ordres de trois de nos enseignes qui m'avaient flatté d'un succès complet, et elle a toujours échoué. Après tant de préparatifs et de dépenses, je n'aime point à abandonner entièrement le projet; mais cet effort sera le dernier, et la réussite dépendra principalement de vous et de Pathfinder.

— Vous pouvez compter sur tous deux, major Duncan. Le service dont vous nous avez chargés n'est pas au-dessus de notre expérience et de nos habitudes, et j'espère que nous nous en acquitterons bien. Je sais que Pathfinder n'y manquera en rien.

— On peut y compter avec certitude. C'est un homme extraordinaire, Dunham, un homme qui m'a long-temps paru inexplicable, mais qui, à présent que je le connais bien, m'inspire autant de respect qu'aucun général au service de Sa Majesté.

— J'espère, major, que vous en viendrez à regarder le mariage que je projette entre ma fille et lui comme une chose que je dois désirer et exécuter.

— Quant à cela, sergent, le temps nous l'apprendra, — répondit le major en souriant, quoique l'obscurité ne permit pas au sergent de s'en apercevoir. — Une femme est quelquefois plus difficile à gouverner qu'un régiment d'infanterie. A propos, vous savez que le quartier-maître, qui voudrait aussi être votre gendre, doit vous accompagner. J'espère que vous lui laisserez du moins une chance égale d'obtenir les bonnes grâces de votre fille.

— Si le respect pour son grade ne me l'enjoignait pas, major, votre désir suffirait.

— Je vous remercie, sergent; nous avons servi trop long-temps ensemble, et nous devons savoir nous apprécier l'un l'autre dans nos différents grades. Comprenez-moi bien pourtant. Tout ce que je vous demande pour David Muir, c'est de lui laisser le champ libre avec impartialité, mais sans aucune faveur. En amour, comme en guerre, un homme ne doit être redevable de ses victoires qu'à lui-même. Êtes-vous sûr que les rations ont été convenablement calculées?

— J'en réponds, major; mais quand cela ne serait pas, nous ne pouvons manquer de vivres, ayant avec nous deux chasseurs comme Pathfinder et le Grand-Serpent.

— Cela ne suffit pas, Dunham, — s'écria le major d'un ton un peu vif. — On reconnaît là votre naissance en Amérique et vos habitudes américaines. Un soldat de Sa Majesté ne doit compter pour ses vivres que sur le commissariat, et je désire qu'aucune partie de mon régiment ne donne l'exemple du contraire.

— Vous n'avez qu'à parler pour être obéi, major Duncan; et pourtant si j'osais...

— Parlez librement, sergent, vous parlez à un ami.

— C'était seulement pour vous dire que je vois que les soldats écossais aiment la venaison autant que le lard, depuis qu'elle devient plus rare.

— Cela peut être vrai; mais ce qu'ils aiment et ce qu'ils n'aiment pas n'ont rien de commun avec un système; une armée ne doit compter que sur ses commissaires. Les irrégularités des troupes provinciales ont déjà nui trop souvent au service du roi, pour qu'il soit permis d'y fermer les yeux plus long-temps.

— Le général Braddock, Votre Honneur, aurait pu prendre une leçon du colonel Washington.

— Ne me citez pas toujours votre Washington. Vous autres provinciaux, vous vous soutenez les uns les autres comme si vous formiez une confédération.

— Je pense que Sa Majesté n'a pas de sujets plus loyaux que les Américains, major.

— A cet égard, Dunham, je crois que vous avez raison, et je me suis peut-être exprimé avec un peu trop de chaleur. Au surplus je ne vous regarde pas comme un soldat provincial, sergent; car, quoique vous soyez né en Amérique, jamais meilleur soldat n'a appuyé un mousquet sur son épaule.

— Et le colonel Washington, Votre Honneur?

— Eh bien! et le colonel Washington aussi peut être un soldat utile. C'est le prodige américain; et je suppose que je dois croire tout ce que vous me dites de lui. — Vous n'avez aucun doute sur l'habileté de Jasper Eau-douce?

— Il a fait ses preuves, major, et il s'est montré en état de faire tout ce qu'on peut exiger de lui.

— Eau-douce est un nom français. — Il a passé une grande partie de son enfance dans les colonies françaises. — N'a-t-il pas du sang français dans les veines, sergent?

— Pas une goutte, Votre Honneur. Il est fils d'un de mes anciens camarades, et sa mère sortait d'une honnête et loyale famille de cette province même.

— Pourquoi donc est-il resté si long-temps parmi les Français ? — D'où lui vient ce nom d'Eau-douce ? j'ai appris aussi qu'il parle la langue du Canada.

— Tout cela s'explique aisément, major. L'enfant fut laissé sous la garde d'un de nos mariniers dans l'ancienne guerre, et il se prit à l'eau comme un canard. Votre Honneur sait que nous n'avons pas, sur notre rive de l'Ontario, ce qu'on peut appeler un port ; et naturellement il passa la plus grande partie de son temps sur l'autre côte, où les Français ont eu quelques navires depuis une cinquantaine d'années, et il apprit d'eux à parler leur langue sans y penser ; enfin son sobriquet lui a été donné par les Indiens du Canada qui aiment à appeler un homme par un nom qui indique ses facultés.

— Un maître français n'est pas ce qu'il faut pour l'instruction d'un marin anglais.

— Jasper Eau-douce a appris sa profession sous un véritable marin anglais, major Duncan ; sous un homme qui avait servi sous le pavillon du roi, et qu'on peut appeler complètement instruit ; c'est-à-dire qui était né dans les colonies, et qui n'en valait pas moins pour cela, j'espère, major.

— Peut-être non, sergent, peut-être non, mais ce n'est pas dire qu'il en valût mieux. Quant à ce Jasper, je conviens qu'il s'est bien conduit, et depuis que je lui ai donné le commandement du *Scud*, personne n'aurait pu se comporter avec plus de courage et de loyauté.

— Je vois avec regret, monsieur, que vous avez quelques doutes sur la fidélité de Jasper.

— Il est du devoir d'un soldat chargé de garder un poste éloigné et important comme celui-ci, de ne jamais se relâcher de sa vigilance, Dunham. Nous avons à combattre deux des ennemis les plus astucieux, chacun à leur manière, que ce monde ait jamais produits, — les Indiens et les Français ; et il faut avoir les yeux ouverts sur tout ce qui pourrait nous nuire.

— J'espère que Votre Honneur me juge digne de connaître les motifs particuliers que vous pouvez avoir pour vous méfier de Jasper, puisque vous m'avez jugé digne de commander cette expédition.

— Si j'hésite à vous révéler tout ce que je puis savoir, Dunham, ce n'est point parce que je me méfie de vous, c'est parce qu'il me répugne de faire circuler des bruits fâcheux contre un jeune homme que j'ai estimé jusqu'ici. — Vous devez avoir bonne opinion de Pathfinder, sans quoi vous ne songeriez pas à lui donner votre fille ?

— Je répondrais sur ma vie de l'honneur de Pathfinder, monsieur, — répondit le sergent d'un ton ferme, et avec un air de dignité qui frappa le major ; — un homme comme lui ne sait pas même comment on peut commettre une trahison.

— Je crois que vous avez raison, sergent, et pourtant l'avis que j'ai reçu a ébranlé toutes mes anciennes opinions. Je viens de recevoir une lettre anonyme dans laquelle on me conseille de me tenir sur mes gardes contre Jasper Western, ou Jasper Eau-douce, comme on l'appelle ; on ajoute qu'il s'est vendu à l'ennemi, et l'on me promet de m'envoyer bientôt des détails plus amples et plus précis.

— On ne doit faire aucune attention, en temps de guerre, à des lettres sans signature, major.

— Ni en temps de paix, Dunham. En affaires ordinaires, personne ne peut avoir une plus mauvaise opinion que moi de quiconque écrit une lettre anonyme; c'est une preuve de lâcheté, de bassesse, et souvent même de calomnie. Mais ce n'est pas tout-à-fait la même chose quand il s'agit d'opérations militaires; et d'ailleurs on m'indique des circonstances qui paraissent suspectes.

— Sont-elles de nature à être communiquées à un sous-officier, major ?

— Oui, quand on lui accorde la confiance que j'ai en vous, Dunham. On me dit, par exemple, que les Iroquois ont laissé échapper votre fille et son escorte, uniquement pour augmenter ma confiance en Jasper, et qu'on attache beaucoup plus d'importance à Frontenac à la prise du *Scud* avec le sergent Dunham et son détachement, et au renversement total de notre projet favori, qu'à la capture d'une jeune fille et à la chevelure de son oncle.

— Je comprends, major, je comprends ; mais je n'en crois pas un seul mot. Si Jasper est un traître, Pathfinder peut à peine être fidèle; et quant à ce dernier, je me méfierai de Votre Honneur aussi aisément que de lui.

— Mais Jasper n'est point Pathfinder après tout, sergent, et j'avoue que j'aurais plus de confiance en lui, s'il ne parlait pas français.

— Ce n'est point une recommandation à mes yeux, Votre Honneur peut en être bien sûr ; mais il a appris le français en quelque sorte par nécessité ; et avec votre permission, il ne faut pas trop se presser de le condamner pour cela ; s'il parle français, ce n'est pas sa faute.

— C'est un jargon infernal et qui n'a jamais fait de bien à personne, — je veux dire à un sujet de l'Angleterre, car, quant aux Français, je suppose qu'il faut bien qu'ils aient une langue ou une autre pour pouvoir parler ensemble. J'aurais beaucoup plus de confiance en ce Jasper s'il ne savait pas cette langue. En un mot, cette lettre me donne de l'inquiétude, et si j'avais quelqu'un à qui je pusse confier le cutter, je trouverais quelque prétexte pour le retenir ici. Je vous ai déjà parlé de votre beau-frère, sergent : c'est un marin, n'est-ce pas ?

— Un vrai marin de l'Océan, major, mais il a des préjugés contre l'eau douce. Je doute qu'on pût le déterminer à risquer sa réputation sur un lac ; et d'ailleurs je suis certain qu'il ne trouverait jamais le poste des Mille-Iles.

— Cela est assez probable ; d'ailleurs, il ne connaît pas la navigation difficile de ce lac. — Il vous faudra double vigilance, Dunham ; je vous donne plein pouvoir, et si vous surprenez ce Jasper dans quelque trahison, faites-en justice sommaire.

— Étant au service de la couronne, major, il est justiciable d'une cour martiale.

— Vous avez raison. Eh bien ! en ce cas, chargez-le de fers des pieds à la tête, et renvoyez-le ici sur son cutter. Après avoir été aux Mille-Iles, je suppose que votre beau-frère sera en état de le ramener ici.

— Je ne doute pas, major Dunham, que nous ne soyons en état, lui et moi, de faire tout ce qui sera nécessaire, si Jasper se montre ce que vous craignez qu'il ne soit : mais je crois que je pourrais sans risque garantir sa fidélité sur ma vie.

— Votre confiance me plaît, elle parle en sa faveur. — Mais cette lettre infernale ! — elle a un tel air de vérité ! il s'y trouve même tant d'autres faits vrais !

— Je crois que Votre Honneur a dit qu'il y manque une signature : c'est une grande omission pour un homme honnête.

— Vous avez raison, Dunham, et personne qu'un coquin, — un lâche coquin, — n'écrirait une lettre anonyme en affaires privées. Mais en guerre, c'est autre chose. On a de fausses dépêches, et il est reconnu qu'en général l'artifice peut se justifier.

— Sans doute, major, mais par artifice vous entendez les embuscades, les surprises, les fausses attaques, et même l'espionnage. Mais je n'ai jamais entendu parler d'un vrai soldat qui voulût miner sourdement la réputation d'un jeune homme honnête par un pareil moyen.

— J'ai vu dans le cours de ma vie d'étranges évènements et des hommes encore plus étranges. — Mais adieu, sergent, je ne vous retiendrai pas plus long-temps. Vous êtes sur vos gardes, et je vous recommande une vigilance infatigable. Je crois que Muir songe à quitter le service incessamment, et si vous réussissez complètement dans cette entreprise, toute mon influence sera employée pour vous obtenir sa place, à laquelle vous avez de justes droits.

— Je vous remercie humblement, major Duncan, — répondit d'un ton froid le vieux sergent, qui avait bien des fois reçu de pareils encouragements depuis vingt ans. — J'espère que je ne déshonorerai jamais mon grade, quel qu'il puisse être. Je suis ce que la nature et la Providence m'ont fait, et je m'en contente.

— Vous n'avez pas oublié l'obusier?
— Jasper l'a pris à bord ce matin.
— Soyez prudent et ne vous fiez pas à lui sans nécessité. Faites votre confident de Pathfinder; il peut nous être utile pour découvrir les complots qui peuvent se tramer. Son honnête simplicité lui facilitera les moyens de tout observer, parce qu'elle écartera de lui tout soupçon. — *Il faut* qu'il nous soit fidèle, lui.

— Quant à lui, major, j'en réponds sur ma tête, et même sur mon grade dans le régiment; je l'ai vu trop souvent à l'épreuve pour douter de lui.

— De toutes les sensations, Dunham, la plus pénible est la méfiance, quand elle tombe sur un homme à qui l'on est forcé de se confier. Vous avez pensé aux pierres à fusil de rechange?

— On peut s'en rapporter à un vieux sergent pour de pareils détails, major.

— Eh bien! donnez-moi la main, Dunham. Que Dieu vous protège, et puissiez-vous réussir! — Oui, Muir a dessein de se retirer du service, — et soit dit en passant, laissez-le courir sa chance près de votre fille, car ce mariage faciliterait mes opérations pour votre avancement. On se décide plus facilement à la retraite avec une compagne comme Mabel, que lorsqu'on est dans un triste veuvage, sans avoir rien à aimer que soi-même, — et que ce soi-même est Davy Muir.

— J'espère, major, que ma fille fera un choix prudent, et je crois qu'elle est déjà à peu près décidée en faveur de Pathfinder. Cependant je la laisserai sa maîtresse, quoique je pense que l'insubordination est le plus grand crime après la mutinerie.

— Examinez avec soin les munitions et faites-les sécher dès que vous serez à bord. L'humidité du lac peut y avoir pénétré.

— Adieu encore une fois, sergent. Surveillez Jasper, et concertez-vous avec Muir en ce cas de difficulté. J'espère que vous reviendrez triomphant d'aujourd'hui en un mois.

— Dieu bénisse Votre Honneur. S'il m'arrive quelque chose, major Duncan, je compte sur vous pour rendre justice à la réputation d'un vieux soldat.

— Comptez-y bien, Dunham, ce sera compter sur un ami. — De la vigilance. Songez que vous allez vous trouver dans la gueule du lion, — que dis-je, du lion? dans celle de tigres perfides, et sans appui que vous-même. Faites compter et examiner les pierres à fusil tous les matins, — et.... Adieu, Dunham, adieu.

Le sergent toucha avec le respect convenable la main que lui tendait son commandant, et ils se séparèrent. Lundie rentra dans sa maison mobile, et Dunham, sortant du fort, descendit sur le rivage et prit un canot.

Le major n'avait dit que la vérité, en peignant la méfiance comme la plus pénible des sensations. De tous les sentiments de l'esprit humain, c'est celui qui se déploie de la manière la plus perfide, qui est le plus insidieux dans ses attaques, et qui cède le moins facilement à un caractère généreux. Tant que le doute existe, on peut tout soupçonner. Les pensées n'ayant pas de faits certains pour mettre des bornes à leurs divagations, il est impossible de dire quelle sera l'étendue des conjectures, et jusqu'où la crédulité les suivra. Ce qui avait commencé par paraître innocent prend la teinte du crime, et dès que l'esprit est possédé par la méfiance, celui qui en est l'objet ne peut rien faire ni rien dire, sans que la crainte et le doute n'y mêlent leur coloris et ne le défigurent. Si cela est vrai dans des circonstances ordinaires, cela le devient doublement quand une grande responsabilité, une affaire de vie ou de mort, pèse sur celui que la méfiance agite, comme par exemple un commandant militaire, ou l'agent de grands intérêts politiques. On ne doit donc pas supposer que le sergent, après avoir quitté le major, ait pu oublier les injonctions réitérées qu'il venait d'en recevoir. Il avait en général une haute opinion de Jasper, mais la méfiance s'était insinuée entre sa confiance en lui, et les obligations que lui imposait son devoir. Comme il sentait que tout dépendait maintenant de sa propre vigilance, il était, en arrivant sur *le Scud*, dans les dispositions nécessaires pour ne laisser passer aucune circonstance suspecte sans y faire attention, ni aucun mouvement inusité du jeune marin sans en faire le sujet d'un commentaire mental. Naturellement, il envisageait les choses sous le jour que leur prêtait son caractère particulier, et ses précautions, comme sa méfiance, se ressentaient de ses habitudes, de ses opinions et de son éducation.

Le Scud leva l'ancre dès qu'on vit partir du rivage le canot qui amenait le sergent, car on n'attendait plus que lui; et dès qu'il fut à bord, le cap du cutter fut tourné vers l'est, à l'aide des avirons. Les soldats aidèrent à cette manœuvre, et le léger bâtiment fut bientôt dans le courant de la rivière, où on le laissa avancer en dérivant jusqu'à ce qu'il se trouvât de nouveau en pleine eau. Il ne faisait encore presque aucun vent, la brise presque insensible, venant du lac, qui avait enflé la voile peu avant le coucher du soleil, était entièrement tombée.

Pendant tout ce temps, un silence extraordinaire régnait à bord du cutter. Il semblait que tous ceux qui s'y trouvaient sentissent qu'ils commençaient une entreprise dont l'issue était incertaine, et que l'obscurité de la nuit, les devoirs qu'ils avaient à remplir, l'heure et la manière de leur départ, donnassent un air de solennité à leurs mouvements. La discipline venait aussi à l'aide de ces sentiments. La plupart gardaient un silence complet, et ceux qui parlaient ne le faisaient qu'à voix basse et rarement. Le cutter avança ainsi lentement dans le lac, aussi loin que le courant de la rivière put le conduire; alors il resta stationnaire; en attendant l'arrivée de la brise de terre. Il s'ensuivit un intervalle d'une demi-heure, et pendant tout ce temps *le Scud* resta aussi immobile qu'une pièce de bois flottant sur l'eau. Pendant que les petits changements dont nous venons de parler avaient lieu dans la situation du bâtiment, toute conversation, malgré le silence général, n'avait pas été interrompue; car le sergent Dunham, après s'être assuré que sa fille était avec sa compagne sur l'arrière du pont, conduisit Pathfinder dans la chambre de l'arrière, en ferma la porte avec le plus grand soin, après avoir bien examiné si l'on ne pouvait les entendre, et entama l'entretien ainsi qu'il suit :

— Il y a bien des années, mon cher ami, que vous avez commencé à éprouver avec moi les fatigues et les dangers des bois.

— Oui, sergent, oui sans doute. C'est ce qui me fait quelquefois craindre d'être trop vieux pour Mabel, qui n'était pas encore née quand nous combattîmes ensemble les Français pour la première fois.

— Que cela ne vous effraie pas, Pathfinder : j'avais plus que votre âge quand j'obtins le consentement de sa mère, et Mabel est une fille ferme et réfléchie, et elle considèrera le caractère d'un homme plus que toute autre chose. Un jeune homme comme Jasper Eau-Douce, par exemple, n'aurait aucune chance avec elle, quoiqu'il soit jeune et bien fait.

— Jasper pense-t-il à se marier ? — demanda le guide d'un ton fort simple, mais avec un air empressé.

— J'espère que non ; du moins pas avant que chacun soit convaincu qu'il est propre à posséder une femme.

— Jasper est un brave garçon, un jeune homme qui a de grands talents à sa manière ; il peut prétendre à une femme tout aussi bien qu'un autre.

— Pour être franc avec vous, Pathfinder, c'est précisément pour vous parler de lui que je vous ai amené ici. Le major Duncan a reçu certaines informations qui le portent à soupçonner qu'Eau-Douce nous trompe et est à la solde de nos ennemis ; et je désire avoir votre opinion sur ce sujet.

— Je ne vous comprends pas bien.

— Je vous dis que le major soupçonne Jasper d'être un traître, un espion des Français, ou ce qui serait encore pire, de s'être vendu pour nous trahir. Il a reçu une lettre qui l'en informe, et il m'a chargé d'avoir l'œil ouvert sur tous ses mouvements ; car il craint que nous ne rencontrions les ennemis au moment où nous nous y attendrons le moins, et cela par le moyen de Jasper.

— Duncan de Lundie vous a dit cela, sergent Dunham !

— Oui, Pathfinder, il me l'a dit ; et quoiqu'il me répugne de croire quelque chose de mal de Jasper, je ne sais quoi semble me dire de me méfier de lui. — Croyez-vous aux pressentiments ?

— A quoi, sergent ?

— Aux pressentiments. — C'est une sorte de connaissance secrète des événements à venir. Les Écossais de notre régiment y croient très-fortement, et mon opinion de Jasper change si vite que je commence à craindre qu'il n'y ait de la vérité dans leur doctrine.

— Mais vous avez parlé de Jasper avec Duncan de Lundie, et c'est ce qu'il vous a dit qui vous a donné des doutes.

— Pas du tout; pas le moins du monde. Pendant que je causais avec le major, je pensais d'une manière toute contraire, et j'ai cherché de tout mon pouvoir à le convaincre qu'il était injuste envers Jasper. Mais je vois qu'il n'y a pas moyen de tenir contre un pressentiment, et je crains qu'après tout il n'y ait des motifs de soupçon.

— Je ne connais rien aux pressentiments, sergent; mais je connais Jasper Eau-douce depuis son enfance, et j'ai autant de foi en son honnêteté, que j'en ai en la mienne et en celle du Grand-Serpent lui-même.

— Mais le Grand-Serpent a ses ruses et ses embuscades dans la guerre aussi bien qu'un autre.

— C'est sa nature, sergent; c'est ce qui est le propre de son peuple. Ni peau-rouge, ni face-pâle ne peut renier sa nature; mais Chingashgook n'est pas homme à sentir un pressentiment contre personne.

— Je crois cela, et ce matin même je n'aurais pas pensé mal de Jasper. Il me semble, Pathfinder, depuis que j'ai conçu ce pressentiment, que Jasper ne fait pas sa besogne sur le pont d'une manière naturelle, comme c'était sa coutume, mais qu'il est silencieux, fantasque, pensif, comme un homme qui a un poids sur la conscience.

— Jasper ne fait jamais grand bruit, et il me dit que les bâtiments où l'on en fait le plus sont en général ceux où la manœuvre se fait le plus mal. Maître Cap est d'accord sur ce point.— Non, non, je ne croirai rien de tout ce qu'on pourra dire contre Jasper jusqu'à ce que j'en voie des preuves.—Faites venir votre frère, sergent; car se coucher avec de la méfiance contre quelqu'un, c'est comme se coucher avec une masse de plomb sur le cœur. Je n'ai pas foi en vos pressentiments.

Le sergent, quoiqu'il sût à peine dans quelle vue, consentit à cette demande, et Cap vint prendre sa place au conseil. Comme Pathfinder était plus calme que son compagnon, et qu'il était fortement convaincu de l'innocence de l'accusé, il prit le premier la parole.

— Nous vous avons prié de venir ici, maître Cap, pour vous demander si vous avez remarqué quelque chose d'extraordinaire ce soir dans la conduite de Jasper.

— Prenant en considération que nous sommes sur l'eau douce, je ne vois rien de bien extraordinaire dans ses manœuvres, quoiqu'on pût en trouver plusieurs fort irrégulières sur la côte.

— Oui, oui, nous savons que vous ne serez jamais d'accord avec lui sur les manœuvres à faire à bord de ce cutter; mais c'est sur un autre point que nous désirons votre opinion.

Pathfinder expliqua alors les soupçons que le major Duncan avait conçus contre Jasper, et qu'il avait en quelque sorte inoculés au sergent.

— Ce jeune homme parle français, n'est-ce pas? — dit Cap.

— On dit qu'il le parle mieux qu'il n'est commun de le faire, — répondit le sergent d'un ton grave. — Pathfinder sait que cela est vrai.

— Je ne le nierai pas, — dit le guide; — je ne le nierai pas; du moins on me l'a dit comme un fait. — Mais cela ne prouverait rien contre un Mississagua, et bien moins encore contre un garçon comme Jasper. Moi-même je parle le dialecte des Mingos, l'ayant appris pendant que j'étais prisonnier de ces reptiles : mais qui osera dire que je suis leur ami? Ce n'est pourtant pas que je sois leur ennemi, suivant les idées indiennes, mais je conviens que je le suis conformément aux notions du christianisme.

— Fort bien, Pathfinder, — reprit le sergent; — mais Jasper n'apprit pas le français étant prisonnier, il l'apprit dans sa jeunesse, quand l'esprit reçoit aisément des impressions qui prennent ensuite un caractère permanent; quand la nature a, en quelque sorte, un pressentiment qui lui fait voir de quel côté tourneront ses inclinations.

— Cette remarque est très-juste, — dit Cap, — car c'est à cette époque de la vie que nous apprenons tous le catéchisme, et toutes les améliorations morales. L'observation du sergent prouve qu'il connaît la nature humaine, et je suis parfaitement d'accord avec lui. C'est une chose damnable pour un jeune homme qui navigue ici sur cette mare d'eau douce, de parler français. Si c'était sur l'Atlantique, où un marin a quelquefois occasion de converser en cette langue avec un pilote, je n'y attacherais pas tant d'importance, quoiqu'on doive toujours voir avec soupçon, même sur l'Océan, un marin qui la connait trop bien; mais ici, sur l'Ontario, je pense que c'est une circonstance très-suspecte.

— Mais il faut, — dit Pathfinder, — que Jasper parle français aux gens qui habitent la côte opposée, ou qu'il garde le silence, puisqu'il ne s'y trouve que des Français.

— Vous n'avez pas dessein, Pathfinder, de me dire que la France est là-bas sur la côte opposée, — s'écria Cap, poussant son pouce par-dessus son épaule dans la direction du Canada; — qu'un côté de cet étang d'eau douce est la province d'York, et que l'autre est le royaume de France?

— Je veux dire que c'est ici la province d'York, et que là-bas c'est le Haut-Canada; — que de ce côté, on parle anglais, hollandais et indien; et de l'autre français et indien. Les Mingos eux-mêmes ont pris plusieurs mots français dans leur dialecte, et ce n'est pas un perfectionnement.

— Rien n'est plus vrai. — Et quelle sorte de gens sont les Mingos? — demanda le sergent en appuyant une main sur l'épaule de son ami, pour donner plus de poids à une remarque dont la vérité avait un grand prix à ses yeux; — personne ne le sait mieux que vous, et je vous demande quelle sorte de gens ils sont.

— Jasper n'est pas un Mingo, sergent?

— Il parle français, et il pourrait bien être Mingo à cet égard.
— Frère Cap, ne pouvez-vous pas rappeler quelque mouvement de ce malheureux jeune homme dans l'exercice de sa profession ce soir, qui semble indiquer un projet de trahison?

— Pas distinctement, sergent, quoique, pour la moitié du temps, il ait commencé toute sa besogne par le mauvais bout. Il est vrai que, voyant un de ses hommes lover une manœuvre à rebours, je demandai à Jasper ce qu'il faisait, et qu'il me répondit que cet homme *cueillait* une corde. Je ne prétends pas que cela voulût dire quelque chose, car c'est peut-être ainsi que les Français appellent lover une manœuvre; et j'ose dire qu'ils lovent du mauvais sens la moitié de leurs manœuvres courantes. Ensuite Jasper lui-même amarra la drisse du foc dans le grément, au lieu de l'amarrer à un taquet du mât, comme cela se pratique, — au moins dans la marine anglaise.

— Il est possible, dit Pathfinder, que Jasper, ayant passé tant de temps de l'autre côté du lac, ait pris des Canadiens quelques idées sur la manière de manœuvrer son bâtiment, mais ce n'est là ni trahison, ni mauvaise foi. J'ai moi-même plus d'une fois pris une idée des Mingos, quoique mon cœur soit toujours avec les Delawares. Non, non, Jasper n'est pas un traître. Le roi pourrait lui confier sa couronne aussi bien qu'à son fils aîné, qui, devant la porter à son tour, doit être le dernier à désirer de la voler.

— Ce sont de belles paroles, maître Pathfinder, mais c'est une pauvre logique, — dit Cap. — D'abord, Sa Majesté le roi ne peut prêter sa couronne, cela étant contraire aux lois du royaume qui exigent qu'il la porte toujours afin que sa personne sacrée soit connue, précisément comme la rame d'argent est nécessaire à un officier du shérif à bord d'un bâtiment. Ensuite, la loi déclare que c'est un acte de haute trahison, si le fils aîné de Sa Majesté désire jamais la couronne, ou engendre un enfant autrement qu'en légitime mariage, attendu que, dans l'un comme dans l'autre cas, l'ordre de succession serait dérangé. Ainsi, ami Pathfinder, vous voyez que, pour bien raisonner, il est nécessaire de mettre sous voiles sur le bon bord. La loi est la raison, la raison est la philosophie, et la philosophie est un bon ancrage; d'où il résulte que les couronnes sont réglées par la loi, la raison et la philosophie.

— Je n'entends pas grand'chose à tout cela, maître Cap; mais pour que je croie que Jasper Western est un traître, il faut que j'en voie les preuves de mes deux yeux, et que je les touche du bout du doigt.

— Vous avez encore tort en cela, Pathfinder, car il y a une manière de prouver une chose d'une manière plus certaine que par la vue et le toucher, et c'est par les circonstances.

— Cela peut être dans les établissements, mais il n'en est pas de même ici, sur la frontière.

— Cela est dans la nature, et elle règne sur tout. Nos sens nous assurent qu'Eau-douce est en ce moment sur le pont, et en y montant, chacun de nous peut le voir et le toucher; mais si l'on apprenait par la suite qu'un fait a été communiqué aux Français précisément en ce moment, et que ce fait fût de telle nature que nul autre que Jasper n'aurait pu le leur communiquer, nous serions tenus de croire qu'il leur a fait cette communication et que nos yeux et nos doigts nous ont trompés. Tout homme de loi vous dira cela.

— Cela n'est ni juste ni possible, puisque ce serait le contraire du fait.

— Cela est beaucoup plus que possible, mon digne guide; c'est la loi, la loi positive et absolue du royaume; et nous devons la respecter et y obéir. Je ferais pendre mon propre frère sur un pareil témoignage. — Je n'entends rien dire au détriment de la famille, sergent,

— Dieu sait jusqu'à quel point cela s'applique à Jasper; mais quant à la loi, je crois que maître Cap a raison, Pathfinder, les circonstances l'emportant de beaucoup sur les sens en pareilles occasions. Il faut avoir grand soin de le surveiller, et ne laisser échapper rien de ce qui pourrait être suspect.

— Je me rappelle à présent, — reprit Cap, — une circonstance qui est arrivée à l'instant où nous venions de monter à bord ce soir. Elle est extrêmement suspecte, et elle peut mettre un poids dans la balance contre Jasper. Il amarrait de ses propres mains le pavillon du roi, et tandis qu'il avait l'air de regarder Mabel et la femme du soldat et qu'il donnait ordre qu'on les conduisît ici, il amena le pavillon royal.

— Ce pouvait être un accident, — répondit le sergent, — car pareille chose m'est arrivée à moi-même; d'ailleurs la drisse passe dans une poulie, et le pavillon aurait été bien ou mal placé suivant la manière dont le jeune homme l'aurait hissé.

— Une poulie! — s'écria Cap avec une sorte d'indigation; — je voudrais, sergent Dunham, pouvoir vous déterminer à employer les termes convenables. Un *clan* de drisse de pavillon n'est pas plus une poulie ¹ que votre hallebarde n'est une pique d'abordage. Mais à présent que vous m'avez fait part de vos soupçons, je regarde toute cette affaire de pavillon comme une circonstance, et je ne l'oublierai pas. — J'espère qu'on songera au souper, quand même la cale serait remplie de traîtres.

— On ne l'oubliera pas, frère Cap. — Mais je compte sur votre aide pour gouverner ce bâtiment, si quelque circonstance m'obligeait à mettre Jasper aux arrêts.

— Je ne vous manquerai pas au besoin, sergent; et, ce cas arrivant, vous verrez probablement ce que ce cutter est en état de

---

1. En langage de marine, toute poulie s'appelle *block*, et non *pulley*, terme employé par le sergent. (*Note du traducteur.*)

faire ; car jusqu'à présent ce n'est guère qu'une affaire de conjecture.

— Quant à moi, — dit Pathfinder, — je tiens ferme à l'espoir de l'innocence de Jasper, et je vous engage à agir franchement en lui demandant à lui-même sur-le-champ s'il est traître ou non. Je soutiendrai Jasper Western contre tous les pressentiments et toutes les circonstances du pays.

— Cela ne peut aller ainsi, — répliqua le sergent. — C'est sur moi que pèse la responsabilité de toute cette affaire, et je désire, — j'enjoins même, qu'il n'en soit parlé à personne à mon insu. Nous aurons tous trois les yeux ouverts, et nous tiendrons note convenable des circonstances.

— Oui, oui, — dit Cap; — les circonstances, après tout, sont ce qu'il nous faut. Une circonstance vaut cinquante faits. Je sais que telle est la loi du royaume, et bien des gens ont été pendus par suite des circonstances.

La conversation se termina, et tous trois retournèrent sur le pont, chacun d'eux disposé à envisager la conduite de Jasper sous le jour qui convenait le mieux à ses habitudes et à son caractère.

CHAPITRE XIV.

« Ce fut un tel homme, si faible, si abattu, si lourd, si pâle, si consterné, qui tira les rideaux du lit de Priam au milieu de la nuit, pour lui annoncer que la moitié de Troie était en flammes.

SHAKSPEARE.

Pendant tout ce temps, les choses se passaient ailleurs à la manière accoutumée. Jasper, comme le lac et son petit navire, semblait attendre la brise de terre, et les soldats, habitués à se lever de bonne heure, étaient tous descendus dans leur poste sous la grande écoutille. Il ne restait donc sur le pont que l'équipage du cutter, M. Muir et les deux femmes. Le quartier-maître cherchait à se rendre agréable à Mabel, et notre héroïne, peu inquiète de ses attentions, qu'elle attribuait en partie à la galanterie ordinaire aux militaires, en partie peut-être à son joli minois, jouissait d'une scène qui lui offrait les charmes de la nouveauté.

Les voiles avaient été hissées; mais pas un souffle d'air ne se faisait encore sentir, et les eaux du lac étaient si tranquilles qu'on ne sentait pas le moindre mouvement sur le cutter. Il avait été porté par le courant de la rivière jusqu'à un bon quart de mille de la terre, et il y restait, beau par la symétrie de ses formes, mais immobile comme s'il eût été affourché. Le jeune Jasper était sur l'arrière, assez près de Mabel pour entendre sa conversation avec le lieutenant Muir, mais trop modeste, trop timide, et trop attentif à ses devoirs pour essayer d'y prendre part. Les beaux yeux bleus de Mabel suivaient tous ses mouvements avec une expression d'attente et de curiosité, et plus d'une fois le quartier-maître avait à répéter ses compliments avant qu'elle les entendît, tant elle était attentive aux petits événements qui se passaient sur le cutter, et nous pourrions ajouter, tant elle était indifférente à l'éloquence du lieutenant. Enfin M. Muir lui-même garda le silence. Presque au même instant un aviron tomba dans un canot sous le fort, et le bruit en arriva aussi distinctement à bord du *Scud* que s'il eût été produit sur le pont. On entendit alors un léger murmure, semblable à un soupir de la nuit, et le foc commença à battre. Ces sons bien connus furent suivis par une légère bande du bâtiment, et enfin toutes les voiles se gonflèrent.

— Voici la brise, Anderson, — cria Jasper au plus âgé de ses matelots; — prenez la barre.

Cet ordre fut exécuté. La barre fut mise au vent; l'avant du cutter commença à plonger, et au bout de quelques minutes on entendit l'eau murmurer sur l'avant, *le Scud* glissant sur le lac à raison de cinq milles par heure. Tout cela se passa dans un profond silence, et bientôt Jasper ordonna de filer un peu l'écoute et de longer la côte.

Ce fut en ce moment que le sergent, son beau-frère et le guide, sortant de la chambre sous l'arrière, reparurent sur le pont.

— Vous n'avez pas envie, Jasper, de vous tenir trop près de nos voisins les Français? — dit Muir, qui saisit cette occasion pour renouer la conversation. — Eh bien! ce n'est pas moi qui blâmerai votre prudence, car je n'aime pas le Canada plus que vous.

— Je serre cette côte à cause du vent, M. Muir. La brise de terre est toujours plus fraîche près du rivage, pourvu que vous n'en soyez pas assez voisin pour que les arbres l'arrêtent. Nous avons la baie de Mexico à traverser, et notre route actuelle nous met assez au large.

— Je suis charmé que ce ne soit pas la baie du Mexique, — dit Cap ; — c'est une partie du monde que je ne me soucierais pas de traverser sur un de vos bâtiments de lacs. — Votre cutter obéit-il au gouvernail, maître Eau-douce ?

— Il gouverne bien, maître Cap ; mais il aime comme un autre à s'élancer dans le vent quand il a une grande vitesse.

— Je suppose que vous avez ce qu'on appelle des ris, quoique vous puissiez à peine avoir occasion de vous en servir.

L'œil de Mabel découvrit le sourire qui brilla sur la physionomie de Jasper ; mais elle seule remarqua cette expression momentanée de surprise et de mépris.

— Nous avons des ris, et les occasions de les prendre ne nous manquent pas, — répondit-il. — Avant que nous arrivions, maître Cap, peut-être en trouverons-nous une de vous montrer comment nous les prenons, car il se brasse quelque chose du côté de l'est ; et même sur l'Océan le vent ne peut sauter plus promptement que sur l'Ontario.

— Voilà ce que c'est que de ne pas s'y mieux connaître. J'ai vu sur l'Atlantique le vent tourner comme la roue d'une voiture, de manière à faire trembler les voiles pendant une heure, et le bâtiment restait parfaitement immobile, parce qu'il ne savait de quel côté tourner.

— Nous n'avons certainement point ici des changements si soudains, — répondit Jasper avec douceur, — quoique nous soyons exposés à en éprouver à l'improviste. J'espère pourtant que cette brise de terre nous conduira jusqu'aux premières îles ; après quoi nous courrons moins de risque d'être vus et poursuivis par les croiseurs de Frontenac.

— Croyez-vous, Jasper, que les Français aient des espions sur le lac ? demanda Pathfinder.

— Nous savons qu'ils en ont. Il y en avait un à la hauteur d'Oswego la nuit de lundi dernier : c'était une pirogue ; il toucha à la pointe orientale, et y débarqua un Indien et un officier. Si vous eussiez été hors du fort cette nuit-là à votre ordinaire, nous en aurions arrêté au moins un.

Il faisait trop noir pour remarquer la couleur qui anima les joues basanées du guide quand il entendit ces mots, car il se reprocha d'avoir passé cette nuit dans le fort, retenu trop tard pour en sortir par la voix douce de Mabel qui chantait des ballades à son père, et par le plaisir qu'il goûtait en contemplant des traits qui avaient tant de charmes pour lui. L'intégrité dans ses pensées comme dans ses actions étant le caractère distinctif de cet homme extraordinaire, il sentit qu'une sorte de honte devait s'attacher à lui dans cette occasion; mais la dernière pensée qui se serait présentée à son esprit eût été celle de chercher à nier ou à excuser sa négligence.

— J'en conviens, Jasper, j'en conviens, — répondit-il humblement; — si j'avais été hors du fort cette nuit, — et je ne me rappelle aucune raison suffisante pour y être resté, — ce que vous venez de dire aurait pu arriver.

— C'est la soirée que vous avez passée avec nous, Pathfinder, — remarqua Mabel innocemment. — Bien certainement un homme qui passe une si grande partie de son temps dans les bois et en face de l'ennemi, est bien excusable de donner quelques heures à un ancien ami et à sa fille.

— Non, non, je n'ai guère fait que fainéanter depuis mon retour à la garnison, — répondit le guide en soupirant, — et il est juste que Jasper me le rappelle. Le fainéant mérite un reproche; — oui, il le mérite.

— Un reproche, Pathfinder? Je n'ai jamais songé à vous dire rien de désagréable, bien moins encore à vous faire un reproche, parce qu'un espion et un Indien nous ont échappé. Maintenant que je sais où vous étiez, je trouve votre absence la chose la plus naturelle du monde.

— Je ne vous en veux pas, Jasper, je ne vous en veux pas de ce que vous m'avez dit; je l'avais mérité.

— Cela n'est pas amical, Pathfinder.

— Donnez-moi la main, mon garçon, donnez-moi la main. Ce n'est pas vous qui m'avez donné cette leçon, c'est ma conscience.

— Fort bien, fort bien, — dit Cap; — mais à présent que cette affaire est arrangée à la satisfaction des parties, peut-être nous direz-vous comment on a pu savoir que des espions soient venus si récemment dans notre voisinage ; cela ressemble étonnamment à une circonstance.

Tout en faisant cette question, le marin appuya doucement un pied sur celui du sergent, toucha le guide du coude et cligna de l'œil, quoique l'obscurité ne permît pas de voir ce signe.

— On l'a su parce que le Grand-Serpent a trouvé leur piste le lendemain matin ; et c'étaient les traces d'une botte militaire et d'un moccasin ; et un de nos chasseurs a vu ensuite la pirogue se diriger vers Frontenac.

— La piste conduisait-elle vers le fort, Jasper ? — demanda Pathfinder d'un ton si doux qu'il ressemblait à celui d'un écolier qui vient de recevoir une réprimande.

— Nous ne l'avons pas jugé ainsi, quoiqu'elle ne traversât pas la rivière. Nous la suivîmes jusqu'à la pointe orientale, à l'embouchure de la rivière, d'où l'on pouvait voir ce qui se passait dans le port.

— Et pourquoi n'avez-vous pas mis à la voile pour lui donner la chasse ? — demanda Cap. — Il faisait une bonne brise mardi matin, une brise à l'aide de laquelle ce cutter aurait pu filer neuf nœuds par heure.

— Cela peut se faire sur l'Océan, maître Cap, mais non sur l'Ontario. L'eau ne laisse pas de piste, et un Mingo ou un Français défierait le diable dans une chasse.

— Qu'a-t-on besoin de piste, quand on peut voir le bâtiment qu'on chasse ? — s'écria Cap, — et Jasper dit qu'on a vu la pirogue. Peu importerait qu'il y eût une vingtaine de vos Mingos et de vos Français, avec un bon bâtiment de construction anglaise dans leurs eaux. Je vous promets, maître Eau-Douce, que si vous m'aviez appelé ledit mardi matin, nous aurions bientôt atteint ces drôles.

— J'ose dire, maître Cap, que les avis d'un vieux marin tel que vous n'auraient pas fait de mal à un jeune marin comme moi ; mais c'est une longue chasse, une chasse sans espoir que celle d'une pirogue d'écorce.

— Vous n'auriez eu besoin que de le serrer de près pour le jeter à la côte.

— A la côte, maître Cap ! vous n'entendez aucunement notre navigation sur ce lac, si vous croyez facile de forcer une pirogue de se jeter à la côte. Pour peu qu'ils se trouvent pressés, ils rament de toutes leurs forces dans la direction du vent, et avant que vous ayez le temps d'y songer, ils ont gagné sur vous un mille ou deux..

— Vous n'avez pas envie de me faire croire, maître Jasper, qu'il se trouve quelqu'un qui ait assez envie de se noyer pour s'embarquer sur ce lac dans une de ces coquilles d'œuf, pour peu qu'il fasse du vent ?

— J'ai souvent traversé l'Ontario sur une pirogue même quand il en faisait beaucoup. Quand elles sont bien conduites, ce sont des embarcations qui craignent moins l'eau que celles que nous connaissons.

Cap prit alors à part son beau-frère et Pathfinder, et les assura que ce que Jasper venait de dire des espions était « une circonstance, et une forte circonstance, » qui par conséquent méritait leur attention particulière ; et ce qu'il disait des pirogues était si invraisemblable, qu'il avait l'air de se moquer de ceux à qui il parlait. Il ajouta que Jasper faisait avec tant de confiance la description des deux individus qui avaient débarqué, que c'était une assez bonne preuve qu'il en savait sur leur compte plus qu'on ne pouvait en apprendre d'après leur piste. Quant aux moccasins, les hommes blancs en portaient dans cette partie du monde aussi bien que les Indiens, et il en avait lui-même acheté une paire ; et pour les bottes, ce n'était pas ce qui faisait particulièrement le soldat. Une grande partie de cette logique fut perdue pour le sergent, et pourtant elle produisit quelque effet sur son esprit. Il lui parut assez étrange qu'on eût découvert des espions si près du fort, sans qu'il en eût rien su lui-même, et il ne croyait pas que cette branche de connaissances fût précisément dans la sphère de celles de Jasper. Il était vrai que le jeune marin avait été chargé de prendre à bord du *Scud* des espions, soit pour les conduire à quelque point de la côte, soit pour les en ramener ; mais il savait, à n'en pouvoir douter, que le capitaine du cutter, en ces occasions, ne jouait qu'un rôle très secondaire, et qu'il ne savait pas plus que les hommes de son équipage quelle était la mission des individus qu'il recevait sur son bord. Enfin il ne concevait pas pourquoi lui seul avait été instruit de la dernière visite de deux espions. Quant à Pathfinder, il se reprochait, avec son humilité ordinaire, d'avoir manqué de vigilance, et il faisait un mérite à Jasper d'avoir obtenu la connaissance d'un fait qu'il aurait dû connaître lui-même. Il ne trouvait pas extraordinaire que le jeune marin eût appris les faits qu'il avait rapportés, mais il lui semblait que c'était pour lui-même une chose nouvelle, pour ne pas dire honteuse, de ne les apprendre qu'en ce moment.

— Quant aux moccasins, maître Cap, — dit-il, quand une courte pause dans la conversation l'engagea à parler, — il est très vrai que les faces-pâles peuvent en porter tout aussi bien que les peaux-rouges ; mais sur le pied de l'un ils ne laissent jamais la même trace que sur le pied de l'autre. Un œil exercé peut distinguer la piste d'un Indien de celle d'un Européen, n'importe qu'elle soit tracée par une botte ou par un moccasin. Il faudra de meilleures preuves que celle-ci pour me persuader que Jasper soit un traître.

— Vous conviendrez, Pathfinder, qu'il existe des traîtres dans le monde, — répliqua Cap avec une logique excellente.

— Je n'ai jamais connu un Mingo à qui vous puissiez vous fier, quand il a intérêt à vous trahir. Tromper semble être leur nature, et je pense quelquefois qu'on devrait en avoir pitié, au lieu de les en punir.

— Pourquoi donc ne pas croire que ce Jasper puisse avoir la même faiblesse ? Un homme est un homme, et la nature humaine est quelquefois une pauvre chose, comme je l'ai appris par expérience. Oui, je puis dire par expérience ; du moins je parle d'après ma propre nature humaine.

Ce fut le commencement d'une autre longue conversation dans laquelle on argumenta sur la probabilité de la culpabilité ou de l'innocence de Jasper. A force de raisonnements, le sergent et son beau-frère finirent par se convaincre à peu près qu'il était coupable, tandis que Pathfinder prit la défense de son jeune ami avec plus de chaleur que jamais, et soutint qu'on ne pouvait sans injustice l'accuser de trahison. Il n'y a en cela rien qui s'écarte du cours ordinaire des choses ; car il n'y a pas de moyen plus certain pour se pénétrer l'esprit d'une idée quelconque, que de chercher à la défendre ; et l'on peut classer parmi le nombre de nos opinions les plus obstinées, celles qui sont le résultat de discussions dans lesquelles nous affectons de chercher la vérité, tandis que, par le fait, nous ne faisons que fortifier un préjugé. Le sergent était alors arrivé à une situation d'esprit qui le disposait à voir avec méfiance tout ce que pourrait faire le jeune marin, et il en vint bientôt à partager l'opinion de son beau-frère, en pensant que la connaissance que Jasper avait acquise de l'arrivée des espions était une branche d'information qui n'entrait pas dans le cercle régulier de ses devoirs, et que c'était une circonstance.

Tandis que cette affaire se discutait près de la lisse du couronnement, Mabel était assise silencieusement près du capot d'échelle, M. Muir était descendu sous le pont pour être plus libre, et Jasper était debout à peu de distance, les bras croisés et ses yeux se portant alternativement des voiles aux nuages, des nuages aux contours ténébreux de la côte, de la côte au lac, et revenant ensuite aux voiles. Notre héroïne commença alors à entrer en communication avec ses propres pensées. Les évènements de son voyage, les incidents qui avaient marqué le jour de son arrivée au fort, sa réunion avec un père qui était presque un étranger pour elle, la nouveauté de sa situation, et son voyage sur le lac, offraient à son esprit une perspective rétrograde qui semblait s'étendre à plusieurs mois. A peine pouvait-elle croire qu'elle avait si récemment quitté la ville et toutes les habitudes de la vie civilisée; et elle était surtout surprise que tout ce qui était arrivé pendant qu'elle descendait l'Oswego eût laissé si peu d'impression sur son esprit. Ayant trop peu d'expérience pour savoir que les évènements accumulés dans un court espace produisent le même effet que le temps, et que la succession rapide des objets qui passent devant nous dans un voyage leur donne de la dignité et de l'importance; elle cherchait à se rappeler les jours et les dates pour être certaine qu'il n'y avait guère plus de quinze jours qu'elle connaissait Jasper, Pathfinder et son père. Le cœur de Mabel était au-dessus de son imagination, quoiqu'elle ne manquât point de cette dernière faculté, et elle se demandait comment elle se sentait une si forte affection pour des êtres qu'elle ne connaissait que depuis si peu de temps; car elle n'était pas assez habituée à analyser ses sensations pour comprendre la nature des influences différentes qu'elle avait éprouvées. Son âme pure ne connaissait pas encore la méfiance; elle n'avait aucun soupçon des vues de ses amants, et une des dernières idées qu'elle aurait pu admettre aurait été qu'un de ses compagnons pût être traître à son roi ou à son pays.

L'Amérique, à l'époque dont nous parlons, était remarquable par son attachement à la famille allemande qui occupait alors le trône de la Grande-Bretagne; car, comme cela arrive dans toutes les provinces, les vertus et les qualités qu'on proclame et qu'on encense près du centre du pouvoir deviennent, dans l'éloignement, un article de foi pour les hommes ignorants et crédules. Cette vérité est aussi évidente aujourd'hui à l'égard des prodiges de la république qu'elle l'était alors à l'égard de ces maîtres éloignés dont il était toujours bon d'applaudir le mérite, mais dont c'était un acte de haute trahison de révéler les défauts. C'est par suite de cette dépendance mentale que l'opinion publique est [si fort à la merci des intrigants ; et le monde, tout en se vantant follement de ses connaissances et de ses améliorations, n'aperçoit la vérité sur tous les points qui touchent les intérêts de ceux qui sont élevés au pouvoir, qu'à travers un prisme qui peut servir les vues particulières de ceux dont la main fait mouvoir les fils. Pressés par les Français qui entouraient alors les colonies britanniques d'une ceinture de forts et d'établissements qui leur donnaient complètement les sauvages pour alliés, il aurait été difficile de dire si les colons américains aimaient plus les Anglais qu'ils ne haïssaient les Français, et ceux qui vivaient alors auraient regardé comme un évènement tout-à-fait hors du cercle des probabilités l'alliance qui eut lieu une vingtaine d'années plus tard entre les sujets cisatlantiques de l'Angleterre et l'ancienne rivale de la couronne britannique. En un mot, les opinions, comme les modes, s'exagèrent dans une province ; et la loyauté, qui ne formait à Londres qu'une partie d'un système politique, devenait à New-York une foi qui pouvait presque faire mouvoir des montagnes. Le mécontentement était donc une faute rare, et la trahison qui aurait eu pour but de favoriser la France ou les Français aurait surtout été odieuse aux yeux des colons. La dernière chose dont Mabel aurait pu soupçonner Jasper, était donc précisément le crime dont il était alors secrètement accusé ; et si quelques autres près d'elle souffraient les tourments de la méfiance, elle du moins avait le cœur rempli de la confiance généreuse d'une femme. Jusqu'alors son oreille n'avait pas entendu le plus léger murmure qui pût ébranler ce sentiment qu'elle avait accordé au jeune marin presque dès le premier instant de leur connaissance, et jamais son esprit ne lui aurait suggéré de lui-même une idée qui y fût contraire. Les tableaux du passé et du présent qui s'offraient si rapidement à son imagination active ne présentaient donc aucune ombre qui pût tomber sur aucun de ceux à qui elle prenait intérêt ; et avant qu'elle eût passé un quart d'heure dans les réflexions que nous venons de décrire ; la scène qui l'entourait ne lui offrait qu'un sujet de satisfaction sans mélange.

La saison et la nuit, pour les peindre sous leurs couleurs véritables, étaient de nature à stimuler les sensations que la nouveauté a coutume de faire éprouver à la jeunesse unie à la santé et au bonheur. Le temps était chaud, ce qui n'arrive pas toujours en ce pays, même pendant l'été. La brise qui venait de la terre apportait avec elle la fraîcheur et les parfums de la forêt. Le vent était loin d'être vif, quoiqu'il le fût assez pour faire marcher rapidement *le Scud*, et peut-être pour commander l'attention dans l'incertitude qui accompagne toujours plus ou moins l'obscurité. Jasper semblait pourtant voir cet état de choses avec satisfaction, comme on en pourra juger par une courte conversation qu'il eut alors avec Mabel.

— Si nous continuons à voguer ainsi, Eau-douce, — dit notre héroïne, qui s'était déjà habituée à le nommer ainsi, — nous ne pouvons tarder à arriver à notre destination.

— Votre père vous a-t-il dit où nous allons ?

— Mon père ne m'a rien dit. Il a trop l'esprit de sa profession, et il est encore trop peu habitué à avoir une fille près de lui, pour me parler de pareilles choses. — Est-il défendu de dire où nous allons ?

— Ce ne peut être bien loin ; car soixante à soixante-dix milles nous conduiraient dans le Saint-Laurent, et les Français pourraient rendre ce fleuve trop chaud pour nous. D'ailleurs nul voyage ne peut être bien long sur ce lac.

— C'est ce que dit mon oncle Cap. Quant à moi, l'Ontario et l'Océan me paraissent à peu près semblables.

— Vous avez donc été sur l'Océan, tandis que moi, qui me donne le nom de marin, je n'ai jamais vu l'eau salée ! Vous devez avoir au fond du cœur un grand mépris pour un marin comme moi, Mabel Dunham.

— Mon cœur ne contient rien de semblable, Jasper Eau-douce. Quel droit aurais-je, moi jeune fille sans connaissance et sans expérience, de mépriser qui que ce soit, et vous surtout, Jasper, vous qui jouissez de la confiance du major, et qui avez le commandement d'un bâtiment comme celui-ci ? Je n'ai jamais été sur l'Océan, mais je l'ai vu ; et je le répète, je ne vois aucune différence entre ce lac et l'Atlantique.

— Ni entre ceux qui font voile sur l'un et sur l'autre ? Votre oncle a dit tant de choses contre nous autres marins d'eau douce, que je craignais que nous ne fussions à vos yeux que des gens qui prétendent être ce qu'ils ne sont pas.

— Soyez sans inquiétude à cet égard, Jasper. Je connais mon oncle, et quand il est à York, il parle contre les gens qui vivent à terre comme il le fait ici contre ceux qui naviguent sur un lac. Non, non, ni mon père ni moi nous n'attachons aucune importance à de telles opinions. Si mon oncle parlait franchement, vous verriez qu'il a même une plus mauvaise opinion d'un soldat que d'un marin qui n'a jamais vu la mer.

— Mais votre père, Mabel, a meilleure opinion des soldats que de qui que ce soit, puisqu'il désire que vous deveniez la femme d'un soldat.

— Jasper Eau-douce! — moi la femme d'un soldat! — Mon père le désire! — Pourquoi le désirerait-il? — Quel soldat y a-t-il dans la garnison que je puisse épouser, — qu'il puisse désirer que j'épouse?

— On peut aimer assez une profession pour croire qu'elle couvre mille imperfections.

— Mais il n'est pas vraisemblable qu'on aime assez sa profession pour oublier toute autre chose. Vous dites que mon père désire me marier à un soldat; et pourtant il n'y a pas un soldat à Oswego à qui il est probable qu'il voulût me donner pour femme. Je suis dans une position assez étrange, car je ne suis pas d'un rang à pouvoir devenir la femme d'un officier, et cependant, vous-même, Jasper, vous conviendrez que je suis au-dessus d'un simple soldat.

En s'exprimant avec cette franchise, Mabel rougit, sans savoir pourquoi ; mais l'obscurité empêcha son compagnon de s'en apercevoir. Elle sourit pourtant, comme si elle eût senti qu'un pareil sujet, quoique embarrassant, méritait d'être traité à fond. Quant à Jasper, il paraît qu'il n'envisageait pas la position de Mabel sous le même point de vue.

— Il est vrai, — dit-il, — que vous n'êtes pas une dame dans l'acception ordinaire de ce mot....

— Ni dans aucun sens, — s'écria-t-elle vivement ; — à cet égard, j'espère que je suis sans vanité. La Providence m'a fait naître fille d'un sergent, et je suis contente de rester dans la situation dans laquelle je suis née.

— Mais chacun ne reste pas dans la situation dans laquelle il est né, Mabel : les uns s'élèvent plus haut, les autres tombent plus bas. Bien des sergents sont devenus officiers et même généraux, et je ne vois pas pourquoi la fille d'un sergent ne pourrait pas devenir la femme d'un officier.

— Quant à la fille du sergent Dunham, — répondit-elle en riant, — la meilleure raison que j'en voie, c'est qu'il n'est pas probable qu'aucun officier veuille en faire sa femme.

— Vous pouvez le croire, mais il y a dans le 55me des gens qui sont mieux instruits. Il s'y trouve certainement un officier qui désire vous avoir pour femme.

Avec la rapidité de l'éclair, les pensées de Mabel se portèrent sur quatre ou cinq officiers de ce corps que leur âge et leurs inclinations semblaient rendre susceptibles d'avoir conçu un tel désir; et nous ne serions pas historien fidèle si nous ne disions pas qu'une vive émotion de plaisir s'éleva momentanément dans son sein à l'idée d'être élevée au-dessus d'un rang que, malgré ses protestations de contentement, elle sentait qu'elle avait été trop bien élevée pour tenir avec toute satisfaction. Mais cette émotion fut aussi passagère que soudaine, car Mabel avait des sentiments trop purs et trop louables pour n'envisager le mariage que sous le rapport mondain des avantages de la fortune et du rang. Cette émotion d'un instant avait été produite par les habitudes factices de la société, mais les idées plus sages qui y succédèrent étaient le résultat de son caractère et de ses principes.

— Je ne connais, — dit-elle, — aucun officier du 55me régiment, ni d'aucun autre, qui pût vouloir faire une telle folie, et je ne crois pas que je fusse assez folle pour épouser un officier.

— Folle, Mabel !

— Oui, Jasper, folle. Vous savez aussi bien que moi ce que le monde en penserait; et je serais fâchée, très-fâchée de voir mon mari regretter un jour d'avoir cédé à une fantaisie, au point d'épouser la fille d'un homme dont le rang était si inférieur au sien.

— Votre mari, Mabel pensera probablement à la fille plus qu'au père.

Mabel parlait avec vivacité, quoique la sensibilité de son cœur eût sa part dans ses discours; mais après cette dernière observation de Jasper elle garda le silence près d'une minute avant de prononcer un seul mot. Elle reprit alors la parole, mais d'un ton moins enjoué, et une oreille attentive aurait même cru pouvoir y reconnaître un léger accent de mélancolie.

— Le père et la fille devraient vivre ensemble de manière à ne pas avoir deux cœurs, ou deux manières de sentir et de penser. Je crois qu'un intérêt commun en toutes choses est aussi nécessaire entre le mari et la femme qu'entre les autres membres de la même famille. Par-dessus tout, ni le mari ni la femme ne doivent avoir une cause extraordinaire de malheur, le monde n'en fournissant déjà qu'un trop grand nombre de lui-même.

— Dois-je donc comprendre, Mabel, que vous refuseriez d'épouser un officier, uniquement parce qu'il serait officier?

— Avez-vous le droit de me faire cette question, Jasper? — demanda Mabel en souriant.

— Aucun autre droit que celui que peut donner le plus vif désir de vous voir heureuse, et il est possible que ce droit soit très-faible. Mon inquiétude a augmenté en apprenant l'intention de votre père de vous déterminer à épouser le lieutenant Muir.

— Mon père ne peut avoir conçu une idée si ridicule et si cruelle en même temps.

— Serait-ce donc une cruauté de désirer que vous fussiez l'épouse d'un quartier-maître?

— Je vous ai dit ce que je pense à ce sujet, et je ne puis trouver des expressions plus fortes. Mais après vous avoir répondu avec tant de franchise, Jasper, j'ai le droit de vous demander comment vous avez appris que mon père pense à une pareille chose.

— Il m'a dit lui-même qu'il vous a choisi un mari. Il me l'a dit pendant les diverses conversations que nous avons eues ensemble, tandis qu'il surveillait le transport des approvisionnements à bord du *Scud;* et c'est de M. Muir lui-même que je tiens qu'il s'est offert pour votre époux. En rapprochant ces deux confidences, j'en ai tiré la conclusion dont je viens de vous faire part.

— N'est-il pas possible, Jasper, — dit Mabel, quoiqu'elle parlât lentement, et comme par une sorte d'impulsion involontaire, — n'est-il pas possible que mon père pensât à un autre? Il ne résulte pas de ce que vous m'avez dit qu'il ait voulu parler de M. Muir.

— Cela ne me paraît pas vraisemblable d'après tout ce qui s'est passé. Que fait ici le quartier-maître? On n'a jamais jugé nécessaire de l'envoyer avec les autres expéditions semblables. Non; il désire vous avoir pour femme; et votre père y a consenti.

Vous devez voir, Mabel, que M. Muir ne s'occupe ici que de vous.

Mabel ne répondit rien ; son instinct de femme lui avait déjà appris qu'elle était un objet d'admiration pour le quartier-maître, mais elle n'avait jamais supposé qu'il la portât au point dont parlait Jasper. Elle avait aussi soupçonné, d'après quelques discours de son père, qu'il songeait sérieusement à la marier ; mais nul raisonnement n'aurait pu la porter à en conclure qu'il avait fixé son choix sur M. Muir. Elle ne le croyait même pas encore, quoiqu'elle fût loin de soupçonner la vérité. Son opinion était que les remarques accidentelles que son père avait faites en causant avec elle, et dont elle avait été frappée, prenaient leur source dans un désir général de la voir établie, plutôt que dans un sentiment de préférence pour un individu particulier. Elle renferma pourtant ces pensées dans son cœur, car le respect pour elle-même et la réserve naturelle à son sexe lui firent sentir que les convenances ne permettaient pas qu'elle continuât plus long-temps une pareille discussion avec un jeune homme comme Jasper. Après un intervalle de silence assez long pour devenir embarrassant pour les deux parties, elle lui dit donc, afin de changer de conversation :

— Une chose dont vous pouvez être bien certain, Jasper, — et c'est la seule chose qu'il me reste à dire à ce sujet, — c'est que le lieutenant Muir, fût-il colonel, ne sera jamais le mari de Mabel Dunham ; — et maintenant parlez-moi de votre voyage. Quand finira-t-il ?

— Cela est incertain ; une fois sur l'eau, nous sommes à la merci du vent et des vagues. Pathfinder vous dira que celui qui commence à chasser le daim le matin, ne peut assurer où il passera la nuit.

— Mais nous ne chassons pas un daim, et nous ne sommes pas au matin ; ainsi l'axiome de Pathfinder ne nous est pas applicable.

— Quoique nous ne chassions pas un daim, nous cherchons un but qui peut être aussi difficile à atteindre. Je ne puis vous en dire plus que je ne vous en ai déjà dit, car notre devoir est d'avoir la bouche close. Je crains pourtant de ne pas vous garder assez long-temps à bord du *Scud* pour vous montrer ce qu'il est en état de faire en cas de besoin.

— Je crois qu'une femme qui épouse un marin est peu sage, — dit tout-à-coup Mabel, et presque involontairement.

— C'est une étrange opinion. — Pourquoi pensez-vous ainsi ?

— Parce que la femme d'un marin est certaine d'avoir pour rivale le bâtiment de son mari. — Mon oncle Cap pense aussi qu'un marin ne doit jamais se marier.

— Il veut dire les marins d'eau salée, — dit Jasper en riant. — S'il pense que les femmes ne sont pas assez bonnes pour ceux qui font voile sur l'Océan, il pensera qu'elles conviennent à ceux qui voguent sur les lacs. J'espère, Mabel, que vous ne vous formez pas une opinion de nous autres marins d'eau douce d'après ce qu'en dit maître Cap.

— Navire ! — cria l'individu dont le nom venait d'être prononcé. — Canot ! — aurait été plus juste.

Jasper courut sur l'avant, et effectivement, un point à peine visible se faisait voir à environ cinquante toises en avant du cutter, et presque par son bossoir du vent. Dès le premier coup d'œil, il reconnut que c'était une pirogue, car quoique l'obscurité empêchât de distinguer les couleurs, l'œil qui s'était habitué à la nuit pouvait discerner les formes à une petite distance ; et l'œil qui, comme celui de Jasper, s'était familiarisé depuis longtemps avec tout ce qui peut flotter sur l'eau, ne pouvait manquer de découvrir les contours nécessaires pour en venir à la conclusion qu'il tira.

— Ce peut être un ennemi, — dit le jeune homme, et il est à propos de l'attendre.

— Il rame de toutes ses forces, — dit Pathfinder. — Il a dessein de traverser la ligne que suit *le Scud*, et de suivre le vent. S'il y réussit, vous pourriez aussi bien donner la chasse à un daim avec des souliers à neige.

— Lofez ! — cria Jasper à l'homme qui tenait la barre ; — lofez tout ! — Bien ! ferme ! comme cela.

Le matelot obéit, et comme *le Scud* fendait alors l'eau avec rapidité, en une ou deux minutes, il laissa l'embarcation si loin sous le vent que la fuite lui devint impossible. Jasper prit alors lui-même la barre, et la tenant avec soin et dextérité, il s'approcha assez près de la pirogue pour y jeter un grappin. Obéissant à l'ordre qui leur fut donné, les deux personnes qui s'y trouvaient montèrent à bord du cutter, et dès qu'elles y furent, on reconnut Arrowhead et sa femme.

CHAPITRE XV.

> « Quelle est cette perle que le riche ne peut acheter, que le savant est trop fier pour demander, mais que le pauvre, celui que chacun méprise, cherche et obtient, et souvent même trouve sans la chercher ? Dites-le-moi, — et je vous dirai ce que c'est que la vérité. »
>
> COOPER.

La rencontre d'Arrowhead ne causa aucune surprise à la majorité de ceux qui en furent témoins. Mais Mabel et tous ceux qui savaient de quelle manière ce chef avait quitté Cap et ses compagnons, conçurent à l'instant des soupçons, ce qui était plus facile que de s'assurer s'ils étaient fondés. Pathfinder était le seul qui pût s'entretenir aisément avec les prisonniers, — car on pouvait alors les regarder comme tels. Il prit donc Arrowhead à part, et il eut avec lui une longue conversation pour savoir quels motifs cet Indien avait eus pour abandonner ceux qu'il s'était chargé de conduire, et ce qu'il avait fait depuis ce temps.

Le Tuscarora subit cet interrogatoire, et y répondit avec le stoïcisme d'un Indien. Relativement à son départ, il s'excusa d'une manière fort simple et qui paraissait assez plausible. Quand il avait vu, dit-il, que leur cachette avait été découverte par les Iroquois, il avait naturellement cherché à pourvoir à sa sûreté en s'enfonçant dans les bois ; car il ne doutait pas que tous ceux qui n'en feraient pas autant, ne fussent massacrés dans quelques instants. En un mot, il s'était enfui pour sauver sa vie.

— Fort bien, — répondit Pathfinder, feignant de croire l'Indien ; — mon frère a agi prudemment ; mais pourquoi sa femme l'a-t-elle suivi ?

— Les femmes des faces-pâles ne suivent-elles pas leurs maris ? Pathfinder ne tournerait-il pas la tête en arrière pour voir si la femme qu'il aimerait le suit ?

Cette question était adressée au guide tandis qu'il était dans une disposition d'esprit à en admettre toute la force ; car Mabel, avec tous ses charmes, commençait à être constamment présente à son esprit. Le Tuscarora, quoiqu'il n'en pût deviner la raison, vit que son excuse était admise, et il resta debout avec une dignité calme, attendant quelque autre question.

— Cela est raisonnable et naturel, — dit Pathfinder en anglais, retournant à cette langue pour se parler à lui-même; — cela est naturel et peut-être vrai. Il est tout simple qu'une femme suive l'homme à qui elle a donné sa foi, car le mari et la femme ne sont qu'une seule chair. Mabel elle-même aurait probablement suivi le sergent, s'il eût été présent et qu'il eût battu en retraite de cette manière; et il n'y a aucun doute qu'elle n'eût suivi de même son mari. — Vos paroles sont justes, Tuscarora, — ajouta-t-il en reprenant le dialecte de l'Indien, — vos paroles sont justes et honnêtes; mais pourquoi mon frère a-t-il été si long-temps sans venir au fort? Ses amis ont souvent pensé à lui, mais ils ne l'ont jamais vu.

— Si la daine suit le daim, le daim ne doit-il pas suivre la daine? répondit le Tuscarora en souriant et en appuyant un doigt d'un air expressif sur l'épaule de son compagnon. — La femme d'Arrowhead l'a suivi, et Arrowhead a suivi sa femme. Elle avait perdu son chemin, et elle était forcée de préparer le dîner dans un wigwam qui n'était pas le sien.

— Je vous comprends. Elle est tombée entre les mains des Mingos, et vous avez suivi leur piste.

— Pathfinder peut voir une raison comme il voit la mousse des arbres; il a dit la vérité.

— Et depuis combien de temps avez-vous délivré votre femme, et comment y avez-vous réussi?

— Il y a deux soleils. Rosée-de-Juin ne fut pas long-temps à venir quand son mari lui eut fait connaître le chemin.

— Bien, bien; tout cela semble naturel et conforme au mariage. — Mais, Tuscarora, d'où vous vient cette pirogue, et pourquoi vous dirigez-vous vers le Saint-Laurent et non vers le fort?

— Arrowhead sait distinguer ce qui est à lui de ce qui appartient à un autre. Cette pirogue est la mienne, je l'ai trouvée sur le sable près du fort.

— Cela paraît raisonnable, — pensa le guide, — car la pirogue est bien la sienne, et nul Indien n'aurait hésité à la reprendre. Il est pourtant extraordinaire que nous n'ayons vu au fort ni ce drôle, ni sa femme; car la pirogue doit avoir quitté la rivière avant nous.

Cette idée, qui s'était présentée rapidement à son esprit, prit bientôt la forme d'une question.

— Pathfinder sait qu'un guerrier peut être sensible à la honte. Dans le fort, le père m'aurait demandé sa fille, et je ne pouvais la remettre entre ses mains. J'ai envoyé Rosée-de-Juin chercher la pirogue; et personne ne lui a parlé. Une femme Tuscarora n'aime pas à parler à des hommes étrangers.

Tout cela était encore plausible et conforme au caractère et aux coutumes des Indiens. Suivant l'usage, Arrowhead, avant de quitter le Mohawk, avait reçu la moitié de la récompense qui lui avait été promise, et s'il s'était abstenu de demander le surplus, ce semblait être une preuve de son respect scrupuleux pour les droits mutuels des deux parties qui font un marché, ce qui distingue la moralité d'un sauvage aussi souvent que celle d'un chrétien. Aux yeux d'un homme ayant autant de droiture que Pathfinder, Arrowhead s'était conduit avec une délicatesse convenable, quoiqu'il eût été plus conforme à la franchise du guide d'aller trouver le père et de lui dire la vérité. Cependant, accoutumé aux manières des Indiens, il ne vit rien qui s'écartât de la marche ordinaire des choses dans le parti que le Tuscarora avait pris.

— Tout cela coule comme l'eau qui suit la pente du terrain, Arrowhead, — lui dit-il après un instant de réflexion; — la vérité m'oblige d'en convenir. C'était la nature d'une peau-rouge d'agir ainsi, quoique je pense que ce n'eût pas été celle d'une face-pâle. Vous ne vouliez pas voir le chagrin du père de la jeune fille.

Arrowhead inclina tranquillement la tête, comme pour convenir du fait.

— Mon frère me dira encore une chose, — continua Pathfinder, — et il n'y aura plus de nuage entre son wigwam et la maison forte des Yengheese. Si son souffle peut dissiper ce reste de brouillard, ses amis le regarderont quand il sera assis devant son feu, et il pourra les regarder en face, et ils déposeront leurs armes et oublieront qu'ils sont des guerriers. — Pourquoi la pirogue d'Arrowhead était-elle tournée vers le Saint-Laurent, où il n'y a que des ennemis à rencontrer?

— Pourquoi la grande pirogue de Pathfinder et de ses amis était-elle tournée du même côté? — demanda l'Indien avec sang-froid. — Un Tuscarora peut se tourner du même côté qu'un Yengheese.

— Pour dire la vérité, Arrowhead, nous suivons ici une sorte de piste, — c'est-à-dire nous sommes sur l'eau pour le service du roi, et nous avons le droit d'être ici, quoique nous n'ayons pas celui de dire pourquoi nous y sommes.

— Arrowhead a aperçu la grande pirogue, et il aime à voir la face d'Eau-douce. Il allait ce soir vers le soleil pour retourner à son wigwam ; mais voyant que le jeune marin allait de l'autre côté, il a tourné vers la même direction. Eau-douce et Arrowhead ont suivi ensemble la dernière piste.

— Tout cela peut être vrai, Tuscarora, et vous êtes le bienvenu. Vous mangerez de notre venaison, et puis nous nous séparerons. Le soleil s'est couché derrière nous, et nous marchons rapidement l'un et l'autre. Mon frère s'éloignera trop de son wigwam, à moins qu'il ne se tourne de l'autre côté.

Pathfinder alla rejoindre ses compagnons, et leur fit part des réponses faites par l'Indien à ses questions. Il paraissait porté à croire qu'Arrowhead avait dit la vérité, quoiqu'il convînt qu'il était prudent de prendre des précautions quand il s'agissait d'un Tuscarora. Mais ceux qui l'écoutaient, à l'exception de Jasper, semblèrent moins disposés à ajouter foi aux explications de l'Indien.

— Il faut que ce drôle soit mis aux fers sur-le-champ, frère Dunham, — s'écria Cap, — et qu'il soit placé sous la garde du capitaine d'armes, s'il existe un tel officier dans la marine d'eau douce ; et il faudra convoquer un conseil de guerre dès que nous serons entrés dans le port.

— Je crois qu'il est prudent de le garder ici, — dit le sergent, — mais il est inutile de le mettre aux fers tant qu'il sera à bord du cutter. Demain matin nous prendrons de plus amples informations.

On fit avancer Arrowhead, et on lui apprit la décision qui venait d'être prise. Il écouta d'un air grave et ne fit aucune objection ; au contraire il montra cette dignité calme et réservée avec laquelle les aborigènes américains savent se résigner à leur destin. Il resta debout à l'écart, observant avec attention et sang-froid tout ce qui se passait sur le pont. Jasper fit orienter la voile, et le *Scud* reprit sa course rapide.

L'instant approchait de commencer le quart, et c'était l'heure où il est d'usage de se retirer pour la nuit. Il ne resta donc bientôt plus sur le pont que le sergent, Cap, Jasper et deux hommes de l'équipage; Arrowhead et sa femme y restèrent aussi; le premier toujours à l'écart avec un air de réserve hautaine; et Rosée-de-juin montrant, dans son attitude passive, l'humilité pleine de douceur qui caractérise la femme indienne.

— Arrowhead, — dit le sergent avec un ton plein de bonté, à l'instant où il allait lui-même quitter le pont, — il y a place pour votre femme dans la chambre de ma fille, qui veillera à ce qu'il ne lui manque rien; et voilà une voile sur laquelle vous pouvez vous coucher.

— Je remercie mon père; les Tuscaroras ne sont pas pauvres; ma femme prendra mes couvertures dans le canot.

— Comme vous le voudrez, mon ami. Nous avons jugé nécessaire de vous retenir, mais non de vous enfermer ou de vous maltraiter. Envoyez votre squaw dans la pirogue pour y prendre les couvertures, et si vous voulez l'y suivre, vous me donnerez les rames. — Il peut y avoir sur *le Scud* des yeux qui se ferment. — ajouta-t-il à demi voix à Jasper, — et il ne sera pas mal de mettre les rames en sûreté.

Jasper fit un signe d'assentiment, et Arrowhead, qui ne paraissait pas avoir la moindre idée de résistance, obéit à cet ordre ainsi que sa femme. Tandis qu'ils étaient dans la pirogue, on entendit l'Indien adresser à sa femme une verte réprimande qu'elle écouta avec une soumission tranquille, réparant à l'instant une erreur qu'elle avait commise, en prenant une couverture au lieu d'une autre qui convenait mieux à son tyran.

— Allons, Arrowhead, dépêchez-vous, — dit le sergent, qui était debout sur le plat-bord, regardant les deux Indiens qui mettaient trop de lenteur dans leurs mouvements au gré de l'impatience d'un homme qui avait envie de dormir. — Il se fait tard, et nous autres soldats nous avons quelque chose qu'on appelle le réveil. — Qui se couche de bonne heure se lève de bon matin.

— Arrowhead vient, — répondit le Tuscarora en se plaçant sur l'avant de sa pirogue. D'un seul coup de son couteau bien affilé il coupa la corde qui attachait la pirogue au cutter, ce qui laissa le léger esquif d'écorce, qui perdit à l'instant son aire, presque stationnaire. Cette manœuvre fut exécutée si rapidement et avec tant de dextérité que la pirogue était déjà par la hanche du vent avant que le sergent s'en fût aperçu, et complètement dans ses eaux avant qu'il eût eu le temps d'en avertir ses compagnons.

— La barre dessous! — s'écria Jasper, en filant l'écoute du foc de ses propres mains, et le cutter vint rapidement au vent, toutes ses voiles fouettant, ou s'élançant dans le lit du vent, comme disent les marins, de sorte qu'il se trouva bientôt à cent pieds au vent de sa première position. Avec quelque adresse et quelque promptitude qu'on eût fait ce mouvement, il ne fut ni plus prompt ni plus adroit que ceux du Tuscarora; avec une intelligence qui annonçait quelque connaissance en navigation, il avait saisi sa rame, et déjà sa pirogue fendait l'eau à l'aide des efforts de sa femme. Il se dirigeait vers le sud-ouest sur une ligne qui le conduisait également au vent et à la côte, et qui l'éloignait assez du cutter pour éviter le danger de le rencontrer quand il prendrait l'autre bord. Avec quelque rapidité que le *Scud* se fût élevé au vent et quelque chemin qu'il eût fait en avant, Jasper savait qu'il était nécessaire de masquer les voiles de l'avant avant qu'il eût perdu toute son aire; et il ne se passa pas deux minutes depuis le moment où l'on avait mis la barre dessous avant que le léger bâtiment eût les voiles de l'avant sur le mât et fît rapidement une abatée pour permettre à ses voiles de s'enfler sur l'autre bord.

— Il nous échappera! — s'écria Jasper, dès qu'il aperçut la situation respective du cutter et de la pirogue. — Le rusé coquin rame de toutes ses forces au vent, et *le Scud* ne pourra jamais l'atteindre.

— Vous avez un canot, — dit le sergent, montrant toute l'ardeur d'un jeune homme pour poursuivre le fugitif; — lançons-le à la mer, et donnons-lui la chasse.

— Cela serait inutile, — répondit Jasper. — Si Pathfinder eût été sur le pont, nous aurions pu avoir une chance, mais à présent il ne nous en reste aucune. Il faudrait trois à quatre minutes pour mettre le canot à la mer, et ce temps est plus que suffisant pour les projets d'Arrowhead.

Cap et le sergent reconnurent cette vérité, et elle aurait été presque aussi évidente pour un homme qui n'aurait rien connu à la navigation. La côte était à moins d'un demi-mille de distance, et la pirogue glissait déjà dans l'ombre du rivage de manière à montrer qu'il atteindrait la terre avant que le cutter en fût à mi-chemin. On aurait pu s'emparer de la pirogue, mais c'eût été une prise inutile, car Arrowhead, à travers les bois, pouvait plus probablement arriver à la côte opposée sans être découvert, que s'il eût encore eu le moyen de se hasarder sur le lac, quoiqu'il dût par là s'exposer lui-même à plus de fatigue. La barre fut de nouveau mise au vent, quoique à contre-cœur, et le cutter vira vent arrière sur place, et revint à sa route sur l'autre bord comme si c'eût été par instinct. Jasper exécuta toutes ces manœuvres dans un profond silence, ses aides connaissant leur besogne, et lui prêtant leur assistance avec une sorte d'imitation machinale. Pendant ce temps, Cap tira le sergent par un bouton de son habit, et l'ayant conduit à un endroit où l'on ne pouvait les entendre, il commença à ouvrir ainsi le trésor de ses pensées :

— Écoutez-moi, frère Dunham, — dit-il la figure allongée, — voici une affaire qui exige de mûres réflexions et beaucoup de circonspection.

— La vie d'un soldat, frère Cap, est une vie de réflexion et de circonspection ; si nous en manquions sur cette frontière, nos chevelures pourraient nous être enlevées pendant notre premier sommeil.

— Mais je regarde cette capture d'Arrowhead comme une circonstance, et je puis ajouter, son évasion comme une autre. Ce Jasper Eau-*douce* ferait bien d'y songer.

— Ce sont véritablement deux circonstances, frère, mais elles ne portent pas dans le même sens. Si c'est une circonstance contre Jasper que l'Indien se soit échappé, c'en est une en sa faveur qu'il ait été pris.

— Oui, oui, mais deux circonstances ne se détruisent pas l'une l'autre comme deux négations. Si vous voulez suivre l'avis d'un vieux marin, sergent, vous n'avez pas un moment à perdre pour prendre les mesures nécessaires pour la sûreté du bâtiment et de tout ce qui est à bord. Ce cutter fend l'eau en ce moment à raison de six nœuds par heure, et comme les distances sont si peu de chose sur cette mare, nous pouvons tous nous trouver cette nuit dans un port français, et demain matin dans une prison française.

— Cela peut être assez vrai, frère ; mais que me conseillez-vous ?

— Suivant moi, vous devriez mettre aux arrêts sur-le-champ ce maître Eau-*douce*, l'envoyer sous le pont sous la garde d'une sentinelle, et me charger du commandement du bâtiment. Vous avez le droit de faire tout cela, puisque le cutter appartient au roi, et que vous êtes, pour le moment, l'officier commandant des troupes qui sont à bord.

Le sergent Dunham réfléchit plus d'une heure à cette proposition, car, quoiqu'il mît assez de promptitude pour agir quand il avait une fois pris son parti, il était habituellement réfléchi et circonspect. L'habitude qu'il avait de surveiller la police générale de la garnison lui avait fait connaître le caractère de Jasper, et il avait été long-temps disposé à avoir une bonne opinion de lui. Mais ce poison subtil, le soupçon, s'était glissé dans son cœur, et l'on craignait tellement les artifices et les manœuvres des Français, que, surtout après l'avis qu'il avait reçu du major, il n'est pas étonnant que le souvenir de plusieurs années de bonne conduite ne pût l'emporter sur l'influence de la méfiance qu'il venait de concevoir. Cependant le sergent encore indécis résolut de consulter le lieutenant Muir, dont il était tenu de respecter l'opinion comme étant son officier supérieur, quoiqu'il en fût indépendant pour le moment. C'est une malheureuse circonstance quand un homme qui est dans l'embarras en consulte un autre qui désire être dans ses bonnes grâces, car alors il arrive presque toujours que celui-ci fera tous ses efforts pour penser de la manière qu'il croira la plus agréable à celui qui lui demande son avis. Dans le cas dont il s'agit, il fut aussi malheureux, pour la considération impartiale du sujet, que ce fût Cap, et non le sergent, qui fît l'exposé de l'affaire ; car le vieux marin ne se gêna nullement pour faire sentir au quartier-maître de quel côté il désirait que la balance penchât. Le lieutenant Muir était trop bon politique pour offenser le père et l'oncle d'une jeune fille qu'il désirait et qu'il espérait épouser quand même le cas lui eût paru douteux ; mais à la manière dont Cap lui présenta l'affaire, il fut porté à croire réellement qu'il était à propos de confier temporairement à Cap le commandement du *Scud* par mesure de précaution contre toute trahison. L'opinion qu'il énonça à ce sujet détermina celle du sergent, et l'exécution n'en fut pas différée un seul instant.

Sans entrer dans aucune explication, le sergent Dunham se borna à annoncer à Jasper qu'il était de son devoir de lui retirer temporairement le commandement du cutter pour le donner à son beau-frère. Un mouvement de surprise, aussi naturel qu'involontaire, échappa au jeune homme ; et le sergent se hâta d'ajouter d'un ton calme que le service militaire était souvent d'une nature qui exigeait le secret ; que ce cas se présentait en ce moment, et que l'arrangement dont il s'agissait était devenu indispensable. Quoique l'étonnement de Jasper ne diminuât point, le sergent s'étant abstenu avec soin de faire aucune allusion à ses soupçons, il était trop habitué à la subordination militaire pour ne pas se soumettre à cette décision, et il annonça de sa propre bouche à son équipage qu'il fallait regarder maître Cap comme commandant le cutter jusqu'à nouvel ordre. Quand pourtant on lui dit que le cas exigeait que non seulement lui, mais son principal aide, qu'à cause de la longue connaissance qu'il avait du lac on nommait ordinairement le pilote, descendissent sous le pont, il s'opéra sur ses traits un changement subit qui annonçait une forte agitation intérieure; mais il réussit à la maîtriser aussitôt au point que Cap lui-même ne put dire ce que signifiait l'expression de sa physionomie. Cependant, comme c'est l'ordinaire quand la méfiance existe, il ne tarda point à y donner l'interprétation la plus défavorable.

Dès que Jasper et le pilote furent descendus sous le pont, le factionnaire placé au bas de l'écoutille reçut un ordre secret de les surveiller tous deux avec grand soin, et de ne laisser remonter ni l'un ni l'autre sur le pont sans en avoir donné avis au commandant. Toutes ces précautions étaient fort inutiles, car Jasper et son aide se jetèrent à l'instant sur leurs lits et ils ne les quittèrent pas de toute la nuit.

— Et maintenant, sergent, — dit Cap dès qu'il se trouva maître du pont, — ayez la bonté de m'informer vers quel point nous devons nous diriger, et quelle distance nous avons à parcourir, afin que je puisse veiller à ce que ce cutter ait toujours le cap tourné du bon côté.

— Je n'en sais rien, frère Cap, — répondit Dunham, qui ne fut pas peu embarrassé par cette question. — Nous devons nous rendre au poste des Mille-Iles. Là, nous débarquerons, nous relèverons le détachement qui s'y trouve déjà, et nous recevrons des informations pour notre conduite future. C'est presque mot pour mot ce qui se trouve dans mes instructions par écrit.

— Mais vous pouvez me donner une carte, quelque chose qui me fasse connaître les gisements et les distances, afin que je puisse connaître la route.

— Je ne crois pas que Jasper se servît jamais de rien de semblable.

— Quoi! pas une carte, sergent Dunham!

— Pas même un bout de plume. Nos marins naviguent sur le lac sans avoir besoin de carte.

— Comment diable! il faut que ce soient de véritables Yahoux. Et supposez-vous, sergent Dunham, que je puisse trouver une île au milieu de mille sans en connaître le nom ni la position, sans savoir où elle est située et à quelle distance?

— Quant au nom, frère Cap, vous n'avez pas besoin de vous en inquiéter, car pas une seule de ces Mille-Iles n'a un nom : il n'est donc pas possible de faire une méprise à cet égard. Pour la position, n'y ayant jamais été moi-même, je ne puis vous l'indiquer, et je ne crois pas que cela soit d'une grande importance, pourvu que nous puissions la trouver. Peut-être un des hommes de l'équipage pourra-t-il nous en indiquer la route.

— Un moment, sergent, un moment s'il vous plaît. Si je dois commander ce bâtiment, ce sera, sauf votre permission, sans tenir de conseils de guerre avec le cuisinier et le mousse. Un capitaine de navire est un capitaine de navire, et il doit avoir une opinion à lui, bonne ou mauvaise, n'importe. Je suppose que vous connaissez assez le service pour comprendre qu'il est plus convenable à un commandant d'aller mal que de n'aller nulle part. Dans tous les cas, le lord grand-amiral ne pourrait commander une yole avec dignité s'il fallait qu'il consultât le patron chaque fois qu'il veut aller à terre. Non, monsieur; si je coule à fond je coulerai à fond, mais, goddam'! ce sera en vrai marin et avec dignité.

— Mais, frère Cap, je ne désire pas que vous couliez à fond nulle part, si ce n'est au poste des Mille-Iles où nous devons nous rendre.

— Fort bien, sergent, fort bien ; mais plutôt que de demander un avis, j'entends un avis direct et à découvert, à un matelot, ou à tout autre qu'à un officier du gaillard d'arrière, j'aimerais mieux faire le tour de vos Mille-Iles et les reconnaître toutes l'une après l'autre, jusqu'à ce que nous trouvions le port pour lequel nous sommes frétés. Mais il y a une manière d'obtenir une opinion sans montrer de l'ignorance, et je m'arrangerai de telle sorte que je tirerai de ces hommes tout ce qu'ils peuvent savoir, tout en leur donnant une haute idée de mon expérience. Nous sommes quelquefois obligés de prendre une longue vue en mer quand nous n'avons aucun objet devant les yeux, et de jeter souvent la sonde avant de trouver le fond. Je suppose que vous savez dans l'armée, sergent, que la première chose est d'avoir les connaissances désirables dans sa profession, et la seconde, de paraître les avoir. Quand j'étais jeune, j'ai fait deux voyages avec un capitaine qui commandait son bâtiment à peu près d'après cette dernière méthode, et quelquefois les choses n'en vont pas plus mal.

— Je sais que nous sommes à présent sur la bonne route, — dit le sergent; — mais dans quelques heures nous serons près d'un cap, et il faudra avancer avec plus de précaution.

— Laissez-moi sonder l'homme qui est à la barre, frère, et vous verrez ce que j'en aurai tiré au bout de quelques minutes.

Cap et le sergent se mirent en marche vers l'arrière, et ils furent bientôt près du matelot qui tenait la barre; Cap ayant un air calme et tranquille comme un homme qui a pleine confiance en son intelligence.

— L'air est fort agréable cette nuit, mon garçon, lui dit Cap, comme en passant, avec l'air de condescendance que daigne prendre quelquefois un officier à bord d'un bâtiment en parlant à un matelot favori. — Vous avez sans doute ici une brise de terre semblable toutes les nuits?

— Dans cette saison de l'année, monsieur, — répondit l'homme en touchant son chapeau par respect pour son nouveau commandant et pour un parent du sergent Dunham.

— Je suppose que ce sera la même chose parmi les Mille-Iles? Le vent restera le même, malgré la terre que nous aurons tout autour de nous?

— Quand nous arriverons plus à l'est, monsieur, le vent changera probablement; car alors nous n'aurons plus la brise de terre.

— Oui, oui, voilà ce que c'est que votre eau douce : elle joue toujours quelque tour qui est contre nature. Au milieu des îles des Indes occidentales, on est toujours aussi certain d'avoir une brise de terre que d'avoir une brise de mer. A cet égard il n'y a aucune différence, quoiqu'il soit tout naturel qu'il y en ait une ici sur cet étang d'eau douce. Sans doute, mon garçon, vous connaissez parfaitement toutes ces mille îles?

— Que Dieu vous protége, monsieur, personne ne les connaît, ni rien de ce qui les concerne, et pas un de nos plus anciens marins du lac ne pourrait dire le nom d'une seule. Je crois même qu'elles n'ont pas plus de nom qu'un enfant mort sans être baptisé.

— Êtes-vous de la religion catholique romaine? — demanda le sergent d'un ton brusque.

— Non, sergent, ni d'aucune autre; je suis un *généraliseur* en fait de religion, et je ne trouble pas la tête des autres de ce qui ne trouble pas la mienne.

— Hum! un *généraliseur*. C'est sans doute le nom d'une de ces nouvelles sectes qui sont le fléau du pays, — murmura Dunham, dont le grand-père avait été quaker, le père presbytérien, et qui était entré lui-même dans l'église anglicane en entrant dans l'armée.

— Je suppose que vous vous nommez Jack? — reprit Cap.

— Non, monsieur; je me nomme Robert.

— Jack ou Bob [1], c'est à peu près la même chose, nous employons indifféremment ces deux noms dans la marine. Eh bien! Bob, il y a sans doute un bon ancrage devant le poste où nous allons?

— Sur ma foi, monsieur, je ne le sais pas plus qu'un Mohawk, ou un soldat du 55me.

— N'y avez-vous donc jamais jeté l'ancre?

— Jamais, monsieur; le capitaine Eau-douce amarre toujours le bâtiment au rivage.

— Mais en approchant de la ville, vous avez sans doute toujours la sonde en main, et vous avez soin de la graisser de suif.

— Ville! — suif! — Sur ma foi, monsieur, il n'y a pas plus de ville que sur votre menton, et pas la moitié autant de graisse.

Le sergent sourit en grimaçant, mais son beau-frère ne s'aperçut pas de ce mouvement de gaieté.

— Quoi! point d'église, point de phare, point de fort! — Il y a du moins une garnison, comme vous appelez Oswego?

— Demandez-le au sergent Dunham, si vous désirez le savoir, monsieur. Je crois que toute la garnison est à bord du cutter.

— Mais en entrant parmi les îles, Bob, quel canal préférez-vous? Est-ce celui que vous avez pris la dernière fois, ou est-ce..... ou en est-ce un autre?

— Je ne saurais le dire, monsieur; je n'en connais aucun.

— J'espère que vous ne dormez pas en tenant la barre, drôle?

---

1. *Bob* s'emploie familièrement au lieu de Robert.

— Non, monsieur, je dors sous le pont. Quand nous approchons des îles, maître Eau-douce fait descendre tout le monde, et ne garde avec lui sur le pont que le pilote, de sorte que nous ne connaissons pas plus la route que si nous n'y avions jamais été. Il l'a toujours fait en arrivant comme en partant; et quand il s'agirait de ma vie, je ne pourrais rien vous dire ni du canal ni de la route à suivre, une fois que nous serons près des îles. Personne n'y connaît rien, excepté Jasper et le pilote.

— Voici encore une circonstance, sergent, — dit Cap à son beau-frère, en le tirant un peu à part. — Il n'y a personne à bord que je puisse sonder, car dès la première fois que je jette la sonde, elle ne rapporte qu'ignorance. Comment diable trouverai-je la route du poste où nous devons aller?

— Bien sûrement, frère Cap, il est plus facile de faire cette question que d'y répondre. N'y a-t-il pas moyen de vous en assurer par l'art de la navigation? Je croyais que vous autres marins d'eau salée vous étiez en état de venir à bout d'une pareille vétille. J'ai lu bien des relations de la découverte de différentes îles par des navigateurs.

— Oui, sans doute, frère, oui, sans doute, et la découverte dont il s'agit serait la plus grande de toutes; car ce ne serait pas seulement la découverte d'une île, mais celle d'une île entre mille. Je pourrais trouver une aiguille sur le pont, tout vieux que je suis, mais je doute fort que je pusse la trouver dans une meule de foin.

— Cependant les marins du lac ont une méthode pour trouver les endroits où ils veulent aller.

— Si je vous ai bien compris, sergent, ce poste, ce fort en bois, est particulièrement caché?

— Sans doute, et l'on a pris le plus grand soin pour empêcher l'ennemi d'en avoir connaissance.

— Et vous croyez que moi, étranger sur votre lac, je trouverai ce poste sans carte, sans en connaître la route, la distance, la longitude, la latitude, et sans avoir besoin de sonder! — Oui, de par tous les diables, et sans suif pour la sonde! Permettez-moi de vous demander si vous croyez qu'un marin trouve sa route à l'aide de son nez comme les chiens de Pathfinder?

— Eh bien! frère, il est encore possible que vous appreniez quelque chose en questionnant de nouveau le jeune homme qui est à la barre. J'ai peine à croire qu'il soit aussi ignorant qu'il veut le paraître.

— Hum! ceci à l'air d'une autre circonstance. Dans le fait, l'affaire commence à être tellement pleine de circonstances, qu'on sait à peine comment établir une preuve; mais nous verrons bientôt ce que ce jeune gaillard peut savoir.

Cap et le sergent allèrent reprendre leur poste près de la roue, et le premier recommença ses questions.

— Connaissez-vous la latitude et la longitude de l'île où nous allons, mon garçon?

— La quoi, monsieur?

— La latitude ou la longitude, — l'une ou l'autre, ou toutes deux, peu m'importe laquelle. Je ne vous fais cette question que pour voir quelle sorte d'instruction on donne aux jeunes gens sur cette mare d'eau douce.

— Peu m'importe aussi laquelle, monsieur, car je ne connais ni l'une ni l'autre, et je ne sais ce que vous voulez dire.

— Quoi! vous ne savez pas ce que c'est que la latitude?

— Non, monsieur, — répondit le jeune homme en hésitant; — je crois pourtant que c'est un mot français qui signifie les lacs supérieurs.

— Whe-e-e-ew! — ce n'est qu'ainsi que nous pouvons peindre aux yeux le sifflement que Cap fit entendre en tirant son haleine avec un bruit semblable à celui d'une touche d'orgue qui se casse. — La latitude, un mot français signifiant les lacs supérieurs! — Et dites-moi, jeune homme, savez-vous ce que c'est que la longitude?

— Je crois que oui, monsieur. — C'est cinq pieds six pouces; la taille requise pour les soldats dans le service du roi.

— Voilà une longitude promptement calculée pour vous, sergent. — Et vous avez aussi une idée de ce que sont les degrés, les minutes et les secondes?

— Oui, monsieur; les degrés sont les grades des officiers supérieurs; et quant aux minutes et aux secondes, ce sont les longues lignes de lock et les courtes. Nous savons tout cela aussi bien que les marins d'eau salée.

— Le diable m'emporte, frère Dunham, si je crois que la foi puisse marcher sur ce lac, quoiqu'on dise qu'elle peut faire marcher des montagnes. — Eh bien! mon garçon, vous savez ce que c'est que l'azimuth; vous êtes en état de mesurer les distances et de vous servir du compas?

— Quant au premier objet, monsieur, je n'en ai jamais entendu parler; mais nous connaissons tous les distances, car nous les mesurons d'une pointe à une autre; et pour le compas, je puis vous en nommer tous les points : — nord, nord quart nord-est, nord nord-est, nord-est quart de nord, nord-est, nord-d'est quart d'est, est...

— Assez, assez! vous amènerez un changement de vent, si vous continuez de cette manière. — Je vois clairement, sergent, — ajouta-t-il en baissant la voix et en l'emmenant d'un autre côté, — que nous n'avons rien à attendre de ce drôle. Je continuerai à courir cette bordée encore une couple d'heures, ensuite nous mettrons en panne; nous consulterons la sonde, et nous nous gouvernerons suivant les circonstances.

Le sergent, qui, pour forger un mot, était fort *idiosyncraniste*, n'y fit aucune objection, et comme le vent avait faibli, ce qui arrive souvent à mesure que la nuit avance, et qu'il n'y avait aucun obstacle immédiat à la navigation, il prit pour lit une voile jetée sur le pont et dormit bientôt du sommeil profond d'un soldat. Cap continua à se promener sur le pont, car c'était un homme dont le corps de fer défiait la fatigue, et il ne ferma pas les yeux de toute la nuit.

Il faisait grand jour quand le sergent s'éveilla, et l'exclamation qui lui échappa en se levant quand il eut regardé autour de lui, fut d'un ton plus haut qu'il n'était ordinaire à un homme trop bien dressé pour souffrir qu'on l'entendît. Le temps était entièrement changé, la vue arrêtée par des vapeurs errantes qui bornaient l'horizon visible au diamètre d'environ un mille, l'eau du lac en fureur et couverte d'écume, et *le Scud* avait mis à la cape. Une courte conversation avec son beau-frère l'initia dans le secret de tous ces changements soudains.

D'après le compte que Cap lui rendit, le vent avait fait place à un calme vers minuit, à l'instant où il pensait à mettre en panne pour sonder, car quelques îles commençaient à se montrer en avant. A une heure le vent commença à souffler du nord-est, accompagné d'une forte bruine, et il avança vers le nord-ouest, sachant que la côte de New-York était dans la direction opposée. A une heure et demie il serra le clin foc, prit un ris dans la brigantine et en fit autant dans le grand foc. A deux heures il fut obligé de prendre un second ris dans la brigantine. Enfin à deux heures et demie il avait pris le ris de cape à la brigantine et mis à la cape.

— Je ne puis nier que le petit cutter ne se comporte bien, — ajouta Cap, — mais le vent a la force d'une pièce de canon de quarante-deux. Je ne me faisais pas une idée qu'il y eût de tels courants d'air sur cette mare d'eau douce, quoique je m'en soucie comme d'un fil de caret, car cela donne à votre lac un air plus naturel, et — crachant avec un air de dégoût quelques gouttes d'eau que le vent avait fait jaillir du haut d'une vague dans sa bouche — si cette eau infernale avait seulement une pointe de sel, on s'y trouverait bien.

— Avez-vous fait route long-temps dans cette direction, frère Cap ? — demanda le soldat prudent.

— Environ trois heures, et pendant les deux premières le cutter galopait comme un cheval de course. Mais à présent nous sommes au large ; car, pour vous dire la vérité, n'aimant guère le voisinage desdites îles, quoiqu'elles soient au vent, je pris moi-même la barre et j'en éloignai le bâtiment d'une lieue ou deux. A présent nous sommes sous leur vent, j'en réponds. Je dis sous leur vent, car quoiqu'on puisse désirer d'être au vent d'une île et même d'une demi-douzaine, le mieux, quand il y en a un millier, est de s'en écarter sur le champ et de glisser sous leur vent le plus tôt possible. Non, non, elles sont là, là-bas dans les brouillards, et elles peuvent y rester pour ce que Charles Cap s'en soucie.

— Comme la côte au nord n'est qu'à cinq ou six lieues de nous, mon frère, et que je sais qu'il se trouve une grande baie de ce côté, ne serait-il pas à propos de consulter quelque homme de l'équipage sur notre position, à moins que nous ne fassions venir Jasper et que nous ne le chargions de nous reconduire à Oswego ? Car il est impossible que nous arrivions au poste des Mille-Iles avec un vent diamétralement contraire.

— Plusieurs raisons sérieuses, puisées dans ma profession, s'élèvent contre toutes vos propositions, sergent. La principale, c'est qu'un aveu d'ignorance fait par un commandant anéantirait toute discipline. — Je vous vois secouer la tête, mon frère, mais n'importe ; rien ne fait chavirer la discipline comme un aveu d'ignorance. J'ai connu autrefois un capitaine de bâtiment qui suivit une fausse route pendant huit jours plutôt que de convenir qu'il avait fait une méprise ; et il est étonnant combien il gagna dans l'opinion de son équipage, uniquement parce qu'on ne le comprenait pas.

— Cela peut réussir sur l'eau salée, frère Cap, mais il en sera difficilement de même sur l'eau douce. Plutôt que de voir les hommes que je commande jetés sur la côte du Canada, je regarderai comme mon devoir de lever les arrêts auxquels j'ai mis Jasper.

— Pour qu'il nous conduise dans le port de Frontenac? Non, mon frère, non. *Le Scud* est en bonnes mains, et il apprendra quelque chose de la navigation. Nous avons du large; et il n'y a qu'un fou qui pourrait songer à s'approcher d'une côte par le vent qu'il fait. Je virerai de bord à chaque quart, et alors nous serons à l'abri de tout danger, sauf la dérive; et avec un bâtiment léger comme celui-ci, ayant des bords plus élevés et n'étant pas chargé du haut, ce dernier péril n'est presque rien. Reposez-vous sur moi, sergent, et je vous garantis sur la réputation de Charles Cap que tout ira bien.

Le sergent Dunham fut obligé de céder. Il avait une grande confiance dans les connaissances nautiques de son beau-frère, et il espéra qu'il donnerait tous ses soins au cutter, et qu'il justifierait ainsi la bonne opinion qu'il avait conçue de lui. D'ailleurs comme la confiance croît en se nourrissant de ce qui l'a fait naître, il avait alors une telle crainte d'une trahison, qu'il aurait confié n'importe à qui, de préférence à Jasper, le salut du cutter et de tout ce qu'il portait. La vérité nous oblige en outre à faire connaître un autre motif de sa conduite. Le service dont il avait à s'acquitter aurait dû être confié de droit à un officier, et le major Duncan avait causé beaucoup de mécontentement parmi ceux de son corps en en chargeant un homme qui n'avait que l'humble grade de sergent. Dunham sentait donc que son retour à Oswego sans avoir même atteint le point de sa destination porterait à sa réputation un coup dont elle se relèverait difficilement, et que ce serait un motif pour donner son commandement à un officier d'un grade supérieur.

CHAPITRE XVI.

> « Glorieux miroir, où la face du Tout-Puissant s'encadre de tempêtes; en tout temps calme ou agité, — séjour des brises, des ouragans et des orages; glaçant le pôle, ou bouillonnant sous la zone torride; — sans bornes, sans fin et sublime — image de l'éternité — trône de l'être invisible — du limon duquel sont formés les monstres de l'abime; chaque zone t'obéit; et tu avances redoutable, insondable et unique. »
> BYRON.

Quand le jour avança, tous ceux qui se trouvaient à bord du cutter se montrèrent sur le pont, excepté ceux qui n'avaient pas la liberté d'y monter. Comme les lames n'étaient pas encore très-fortes, on en conclut qu'on était encore sous le vent des îles; mais il était évident à tous ceux qui connaissaient le lac, qu'on allait éprouver un de ces coups de vent d'automne qui sont fréquents dans cette région. La terre n'était visible d'aucun côté, et l'hrizon présentait de toutes parts ce vide sombre qui offre à l'œil la sublimité du mystère. Les lames étaient courtes et écumantes, et se brisaient nécessairement plus promptement que les longues lames de l'Océan, tandis que l'eau, au lieu de montrer cette belle couleur qui rivalise avec la teinte foncée du firmament méridional, paraissait verte et courroucée, quoiqu'il lui manquât ce lustre que lui donnent les rayons du soleil.

Les soldats se lassèrent bientôt de cette vue; ils disparurent l'un après l'autre, et il ne resta sur le pont que l'équipage très-peu nombreux, le sergent, Cap, Pathfinder, le quartier-maître et Mabel. Un nuage couvrait le front de la jeune fille, qui avait appris le véritable état des choses, et qui s'était inutilement hasardée à solliciter le rétablissement de Jasper dans le commandement du cutter. Une nuit passée, partie à se reposer, partie à réfléchir, paraissait avoir confirmé Pathfinder dans son opinion de l'innocence de son jeune ami, et il avait aussi intercédé en sa faveur sans rien obtenir.

Quelques heures se passèrent ainsi ; le vent et l'eau du lac prenaient graduellement plus de force, et enfin la violence du roulis devint telle, que Mabel et le quartier-maître furent aussi obligés de quitter le pont. Cap vira de bord plusieurs fois, et il était manifeste que la dérive portait *le Scud* vers la partie la plus large et la plus profonde du lac. Des lames furieuses le battaient avec une force à laquelle un bâtiment d'une forme et d'une construction supérieures pouvait seul résister long-temps. Tout cela ne causait pourtant aucune inquiétude à Cap. Comme le chien de chasse qui dresse les oreilles quand il entend donner du cor, et le cheval de bataille, qui trépigne et hennit de plaisir au son du tambour, cette scène éveilla tout ce qu'il y avait de mâle en lui ; et au lieu de prendre le ton d'un critique dogmatique et hautain, de trouver à redire aux moindres bagatelles, et d'exagérer des choses sans importance, il commença à se montrer ce qu'il était réellement, un vieux marin ayant acquis de l'expérience. L'équipage apprit bientôt à respecter ses connaissances, et quoiqu'on ne sût pas la cause de la disparition du maître et du pilote, qui n'avait pas été rendue publique, on obéissait implicitement aux ordres du nouveau commandant.

— Après tout, frère Dunham, je vois qu'il y a quelque vigueur dans cette goutte d'eau douce, — dit-il vers midi, en se frottant les mains de satisfaction d'avoir encore une fois à lutter contre les éléments. — Le vent paraît être un brave vent à l'ancienne mode, et les lames ont une singulière ressemblance avec celles du détroit des Florides. Cela me plaît, sergent, cela me plaît, et j'aurai du respect pour votre lac, s'il peut rester ainsi seulement vingt-quatre heures.

— Terre ! cria le matelot qui était en vigie sur l'avant.

Cap y courut sur-le-champ, et bien certainement on apercevait la terre à travers le brouillard à environ un demi-mille de distance, le cutter voguant en droite ligne de ce côté. Son premier mouvement était de virer de bord et s'éloigner de la terre. Mais le sergent l'arrêta.

— En approchant un peu plus, — dit-il avec sang-froid — quelqu'un de nous peut reconnaître cet endroit. La plupart de nos matelots connaissent la côte américaine du lac, et ce serait gagner quelque chose que de savoir où nous sommes.

— Vous avez raison, et pour peu que cela soit possible, nous continuerons la même route. Que vois-je là-bas, un peu par notre bossoir du vent ? cela a l'air d'un cap peu élevé ?

— Par Jupiter! c'est le fort d'Oswego! — s'écria le vieux soldat, dont l'œil exercé reconnut les contours des lignes militaires qui échappaient aux yeux moins expérimentés en ce genre de son compagnon.

Le sergent ne se trompait pas. C'était bien le fort, quoiqu'on ne pût l'entrevoir qu'indistinctement à travers la bruine qui tombait, comme si c'eût été le crépuscule du soir ou les vapeurs du matin. Les remparts en terre, bas et couverts de verdure, les sombres palissades que la pluie faisait paraître plus sombres que jamais, les toits de deux ou trois maisons, le grand pavillon solitaire avec ses drisses auxquelles le vent faisait décrire une ligne courbe qui paraissait immuable, se firent bientôt distinguer, quoiqu'on ne vît aucun signe de vie animée. La sentinelle même était dans sa guérite, et l'on crut d'abord que personne ne s'apercevrait que *le Scud* était en vue. Mais la vigilance d'une garnison de frontière ne s'était pas endormie. Quelqu'un avait probablement fait cette découverte intéressante. On vit bientôt quelques hommes paraître sur les points les plus élevés, et, au bout de quelques instants, tous les remparts donnant sur le lac furent couverts d'êtres humains.

C'était une scène dont le caractère sublime était singulièrement relevé par le pittoresque. La fureur de la tempête avait un air de durée qui rendait facile de croire qu'elle en formerait un trait permanent. Le vent sifflait sans intermission, et l'eau y répondait par le bruit menaçant de ses lames; la bruine qui tombait, offrait à l'œil un milieu qui ressemblait beaucoup à un léger brouillard, adoucissant et rendant mystérieux les objets qu'il laisse apercevoir; tandis que le sentiment d'ardeur que fait naître souvent un coup de vent sur l'eau, contribuait à ajouter aux influences plus douces du moment. La forêt, noire et interminable, sortait du sein de l'obscurité, tandis que les échantillons particuliers et pittoresques de la vie humaine qu'on entrevoyait dans le fond, offraient à l'œil un refuge quand il se fatiguait de la vue des objets plus imposants de la nature.

— Ils nous voient, — dit le sergent, — Et ils s'imaginent que nous sommes revenus à cause de la tempête et que nous sommes tombés sous le vent du port. — Oui, voilà le major Duncan lui-même sur le bastion du nord-est; je le reconnais à sa taille, et aux officiers qui l'entourent.

— Nous pourrions bien nous décider à supporter quelques

railleries, sergent, s'il nous était possible d'entrer dans la rivière et d'y jeter l'ancre. En ce cas, nous pourrions aussi envoyer à terre ce maître Eau-douce, et purifier ainsi notre bâtiment.

— Oui sans doute, mais tout pauvre marin que je suis, je sais que c'est une chose impossible; il n'y a pas un bâtiment qui puisse marcher au vent, sur ce lac, par un tel ouragan, et il n'y a pas de bon ancrage dans la rade par un temps comme celui-ci.

— Je le sais et je le vois, sergent, et quelque agréable que soit la vue de la terre pour vous autres qui n'êtes pas marins, il faut que vous y renonciez. Quant à moi, je ne suis jamais si heureux, dans un gros temps, que lorsque j'ai la certitude qu'elle est derrière moi.

Le Scud se trouvait alors si près de terre qu'il devint indispensable de remettre le cap au large, et les ordres nécessaires furent donnés. On établit le tourmentin sur l'avant, on amena le pic, on mit la barre au vent; et le petit bâtiment, qui semblait jouer comme un canard avec les éléments, commença son abatée, prit un peu de vitesse, obéit à son gouvernail, et se mit bientôt à voler sur le sommet des lames. Tandis qu'il suivait si rapidement sa route, quoiqu'on vît encore la terre à babord, le fort et les groupes de soldats qui étaient sur les remparts disparurent dans l'obscurité. Il fallut alors manœuvrer de manière à serrer le vent, et le cutter recommença à tracer sa route fatigante.

Des heures se passèrent sans qu'il survînt aucun changement. Le vent augmentait encore de force, et Cap fut enfin obligé de convenir lui-même que c'était — un bel et bon ouragan. — Vers le coucher du soleil il fit encore virer *le Scud* pour l'écarter de la côte septentrionale pendant l'obscurité; et à minuit, quelques questions indirectes qu'il avait faites à l'équipage lui ayant donné une sorte de connaissance générale de l'étendue et de la forme du lac, il crut en être à peu près au centre entre les deux rives. La hauteur et la longueur des lames, ajoutant à l'impression que lui avait faite la force du vent, il faut ajouter ici que Cap commença alors à sentir pour l'eau douce un respect qu'il aurait cru impossible vingt-quatre heures auparavant. Lorsque la nuit tomba, la fureur du vent devint telle, qu'il trouva impossible d'y résister, les lames tombant sur le pont du cutter en si lourdes masses, qu'elles le faisaient trembler jusqu'au centre, et qu'elles menaçaient de l'écraser sous leur poids, quoiqu'il fût particulièrement bien construit. Tout l'équipage du *Scud* déclara qu'il n'avait jamais éprouvé une pareille tempête, et c'était la vérité ; car Jasper, connaissant parfaitement toutes les rivières, tous les promontoires et toutes les criques du lac, aurait fait approcher son cutter du rivage long-temps auparavant, et l'aurait mis en sûreté dans un bon mouillage. Mais Cap ne voulut pas consulter le jeune marin, qui était toujours sous le pont, et il résolut d'agir en cette occasion comme il l'aurait fait sur l'Océan.

A une heure du matin on établit de nouveau le tourmentin. On amena encore le pic, et le cutter arriva vent arrière. Quoiqu'il ne restât alors presque rien de la voilure qui pût recevoir le vent, le *Scud* prouva noblement qu'il méritait le nom qu'il portait [1] ; car il courut réellement pendant huit heures, presque avec la rapidité des mouettes qui décrivaient des cercles autour du bâtiment, comme si elles eussent craint de tomber dans la chaudière bouillante du lac. L'arrivée du jour ne produisit guère de changement, nul autre horizon n'étant visible que le cercle étroit d'eau et de ciel que la bruine permettait d'apercevoir, comme nous l'avons déjà dit, et les éléments semblaient dans une confusion semblable à celle du chaos. Pendant tout ce temps, l'équipage et les passagers du cutter étaient nécessairement des êtres passifs ; Jasper et le pilote étaient toujours sous le pont, mais le mouvement du cutter étant devenu plus doux, tous les autres étaient remontés sur le pont. On avait déjeûné en silence, et l'on se regardait les uns les autres comme pour se demander quelle serait la fin de cette lutte entre les éléments. Cependant Cap était parfaitement calme ; son visage s'épanouissait, sa marche devenait plus ferme et son air était plus assuré à mesure que la tempête devenait plus furieuse, et exigeait qu'il déployât plus de connaissance de sa profession et plus de force morale. Il était debout sur l'avant, les bras croisés, se balançant le corps avec l'instinct d'un marin, tandis que ses yeux étaient fixés sur le sommet des lames qui venaient se briser sur le cutter avec la même rapidité que si elles eussent fait partie de la bruine que le vent chassait devant lui. En ce moment, un des hommes de l'équipage s'écria tout-à-coup : — Une voile !

L'Ontario était une solitude si complète, qu'on se serait à peine attendu à trouver un bâtiment sur ses eaux. Le *Scud* lui-même, aux yeux de ceux qui étaient à son bord, ressemblait à un voya-

---

[1]. Le coureur.

geur isolé dans la forêt, et cette rencontre était comme celle de deux chasseurs solitaires sous le vaste dais de feuilles qui couvrait tant de millions d'acres de terre en Amérique. Le temps qu'il faisait servait à rendre cette circonstance encore plus romantique et presque surnaturelle. Cap seul regarda cette scène avec des yeux exercés ; encore ses nerfs de fer tressaillirent-ils, par suite des sensations que firent naître en lui les traits étranges qu'elle présentait.

Ce bâtiment était à environ deux encâblures en avant du *Scud*; il se trouvait par le bossoir du vent de ce cutter, et il suivait une route qui rendait probable que le *Scud* en passerait à quelques toises. C'était un bâtiment à voiles carrées, et en le voyant à travers le brouillard causé par la tempête, l'œil le plus expérimenté n'aurait pu découvrir la moindre imperfection dans sa construction ni dans ses agrès. Les seules voiles qu'il portât étaient son grand hunier au bas ris, et deux petites voiles de cap, l'une sur l'avant, l'autre de l'arrière. Cependant la force du vent était si grande, qu'il était couché sur le flanc toutes les fois qu'une vague ne le redressait pas ; et à son sillage, qui pouvait être de quatre nœuds par heure, il paraissait avoir du largue dans ses voiles.

— Le drôle doit bien connaître sa situation, — dit Cap, tandis que le cutter avançait vers le bâtiment étranger avec une vitesse presque égale à celle du vent, — car il court hardiment vers le sud, où il s'attend à trouver un port ou un bon mouillage. Nul homme, dans son bon sens, n'en ferait autant, à moins d'y être forcé comme nous, sans parfaitement savoir où il va.

— Nous avons fait une longue route, — dit le marin à qui cette remarque avait été adressée. — C'est le bâtiment du roi de France, *lai My-calm*[1], et il se dirige vers le Niagara où il y a un port et une garnison française.

— Oui, — c'est bien agir en Français. Il cherche à se mettre à l'abri dans un port, du moment qu'il aperçoit le pavillon anglais.

— Il ne serait pas malheureux pour nous que nous pussions suivre son exemple, — reprit le marin en secouant la tête, — car nous allons entrer dans le fond d'une baie qui est au bout du lac, et Dieu sait si nous pourrons jamais en sortir.

— Bon, bon, bon ! nous ne manquons pas de large, et nous avons sous nos pieds une bonne membrure anglaise. Nous ne

---

1. Le Montcalm.

sommes pas des *johnnys* (crapauds[1]), pour aller nous cacher derrière une pointe ou un fort à cause d'une bouffée de vent. — Attention à la barre, timonier!

Cet ordre fut donné à cause d'un danger qui paraissait imminent. *Le Scud* avançait en droite ligne vers l'avant du bâtiment français, et la distance qui l'en séparait n'était plus que d'environ cinquante toises; il y avait lieu de douter qu'il pût passer.

— Babord la barre, timonier! — s'écria Cap; — babord tout, passez à l'arrière du bâtiment!

On voyait l'équipage du *Montcalm* s'assembler sur le pont du côté au vent, et quelques mousquets furent pointés, comme pour ordonner à celui du *Scud* de s'écarter de la route que ce bâtiment suivait. Mais tout se borna à des gestes menaçants, car les lames étaient trop fortes pour qu'on pût recourir aux ressources ordinaires de la guerre. L'eau sortait de la bouche de deux ou trois petites pièces de canon qui étaient à bord du *Montcalm*, et personne ne songeait à les démarrer pour s'en servir par une pareille tempête. Les flancs noirs du bâtiment français brillaient en sortant d'une vague, et semblaient sourciller. Tout son équipage poussait de grands cris, mais le vent qui sifflait à travers les agrès ne permettait pas de les entendre.

— Qu'ils crient à s'égosiller! — grommela Cap, — il ne fait pas un temps à se dire des secrets à l'oreille. Babord la barre, timonier, babord!

L'homme qui tenait la barre obéit, et la lame suivante poussa *le Scud* si près de la hanche du *Montcalm*, que Cap lui-même recula d'un pas, craignant que le cutter, au premier élan de l'avant, n'enfonçât son beaupré dans les bordages de l'autre bâtiment. Mais cet accident n'arriva point: se relevant comme une panthère qui va faire un bond, *le Scud* s'élança de l'avant, et l'instant d'après il avait déjà dépassé la poupe du bâtiment ennemi, les vergues des deux navires ayant failli se toucher.

Le jeune officier qui commandait *le Montcalm* sauta sur le couronnement, et, avec cette noble politesse qui fait pardonner bien des choses à ses concitoyens, ôta son chapeau et salua en souriant, tandis que *le Scud* passait à son arrière. Il y avait du savoir vivre et de la bonhomie dans cet acte de courtoisie, dans un moment où toute autre communication était impossible; mais il

---

1. Sobriquet élégant donné par les marins anglais aux français.

fut perdu pour Cap, qui, fidèle à son instinct, lui montra le poing en murmurant :

— Oui, oui, vous êtes diablement heureux que je ne commande pas un bâtiment armé en guerre, sans quoi je vous aurais renvoyé dans le port pour réparer vos avaries. Sergent, il veut se moquer de nous.

— C'était une civilité, frère Cap, — répondit Dunham, en baissant la main qu'il avait portée à son chapeau pour rendre au Français le salut militaire, — c'était une civilité, et c'est tout ce qu'on peut attendre d'un Français. Que voulait-il dire par là? C'est ce que personne ne peut savoir.

— Ce n'est pas sans dessein qu'il est sur ce lac par un pareil temps. Eh bien! qu'il s'enfuie dans son port, s'il peut y arriver, et nous resterons maîtres du lac, en vrais marins anglais.

Ces paroles étaient une sorte de forfanterie, car Cap regardait avec un œil d'envie la membrure noire du *Montcalm*, son hunier bordé, et ses agrès qui se dessinaient encore à la vue, mais qui s'effaçaient peu à peu et qui disparurent bientôt dans le brouillard, comme une apparition sans réalité. Il aurait volontiers suivi ce bâtiment dans ses eaux s'il l'eût osé, car, pour dire la vérité, la perspective d'avoir une seconde nuit à passer sur le lac, par une tempête semblable, ne lui était pas fort agréable. Mais la fierté que lui inspirait sa profession ne lui permettait pas de laisser apercevoir son inquiétude, et ceux qui étaient sous ses ordres comptaient sur ses connaissances et sur ses talents, avec cette confiance aveugle et implicite qui marche souvent à la suite de l'ignorance.

Quelques heures se passèrent, et l'obscurité revint, pour augmenter les périls du *Scud*. L'ouragan ayant momentanément perdu quelque chose de sa force, Cap s'était décidé à mettre de nouveau au plus près, et pendant toute la nuit il tint son cutter à la cape, allant nécessairement en avant, mais virant de temps en temps, de crainte de trop approcher de la terre. Il est inutile de rapporter tous les incidents de cette nuit; ils furent les mêmes que ceux de tout autre ouragan. Il y avait le tangage du bâtiment, le bouillonnement de l'eau, le rejaillissement des vagues, les chocs qui semblaient devoir briser le cutter quand il tombait dans le creux des lames, le sifflement perpétuel du vent, et une dérive effrayante, ce qui était le danger le plus sérieux.

Pendant cette seconde nuit, Cap dormit profondément quelques heures. Le jour commençait à paraître, quand il se sentit tirer par l'épaule, et s'étant éveillé, il vit Pathfinder debout à côté de lui. Pendant toute la tempête, il s'était rarement montré sur le pont, sa modestie naturelle lui disant que les marins seuls devaient se mêler de la conduite d'un bâtiment, et il était disposé à accorder à ceux qui en étaient chargés la même confiance qu'il exigeait lui-même de ceux à qui il servait de guide dans la forêt. Il crut pourtant qu'une intervention lui était permise en ce moment, et il le fit avec ce ton de franchise et de simplicité qui le caractérisait.

— Le sommeil est agréable, maître Cap, — dit-il dès que celui-ci eut les yeux bien ouverts; — il est plein de douceur, et je le sais par expérience; mais la vie est encore plus douce. Regardez autour de vous, et dites-moi si c'est le moment où le capitaine d'un bâtiment ne doive pas être sur ses jambes.

— Quoi donc! maître Pathfinder, quoi donc! — s'écria Cap à l'instant où il se réveillait; — allez-vous aussi vous mettre du côté des grondeurs? A terre, j'admirais la sagacité que vous montriez à parcourir les bois sans boussole, et depuis que vous êtes sur l'eau, votre confiance dans les autres m'a fait autant de plaisir que celle que vous aviez en vous-même auparavant. Je ne m'attendais guère à recevoir de vous un pareil avis.

— Quant à ce qui me concerne, maître Cap, je sens quelle est ma nature, et je crois qu'elle n'interviendra jamais avec celle d'un autre. Mais le cas peut être différent à l'égard de Mabel Dunham. Elle a aussi sa nature, je le sais; mais c'est une nature plus délicate que la nôtre, comme cela doit être. C'est donc pour elle que je vous parle, et non pour moi.

— Oui, oui, je commence à comprendre. Mabel n'est qu'une fille, mon digne ami, mais elle est fille d'un soldat, elle est nièce d'un marin, et elle ne doit pas se laisser effrayer par un coup de vent. — Montre-t-elle de la crainte?

— De la crainte? non. Mabel est femme, mais elle est raisonnable et elle garde le silence. Je ne l'ai pas entendue dire un seul mot relativement à ce qui se passe ici. Je crois pourtant, maître Cap, qu'elle préférerait que Jasper Eau-douce fût remis à la place qui lui convient, et que les choses reprissent leur ancienne situation. — C'est la nature humaine.

— Sans doute, sans doute, j'en réponds; — c'est penser comme une fille, et comme une Dunham. — Tout vaut mieux qu'un vieil oncle, et chacun en sait plus qu'un vieux marin. Tout cela est la nature humaine, maître Pathfinder, mais du diable si je suis homme à dévier d'une brasse à bâbord ou à tribord pour toute la nature humaine qui peut se trouver dans une mijaurée d'une vingtaine d'années ; — non, — ajouta-t-il en baissant un peu la voix, — ni pour tout ce qu'on pourrait en mettre en parade dans le 55me régiment d'infanterie de Sa Majesté. Je n'ai point passé quarante ans sur mer pour venir sur une mare d'eau douce apprendre ce que c'est que la nature humaine. — Mais comme cet ouragan est opiniâtre ! Il fait autant de vent en ce moment que si le vieux Borée avait pris en main son soufflet. — Et qu'est-ce que je vois là-bas sous le vent ? — ajouta-t-il en se frottant les yeux ; c'est la terre, aussi sûr que je me nomme Cap, et une terre dont la côte est élevée.

Pathfinder ne répondit rien, mais secouant la tête, il examina avec attention la physionomie de son compagnon, tandis que la sienne exprimait une vive inquiétude.

— C'est la terre, aussi certain que ce bâtiment est *le Scud*. — Une côte sous le vent, et cela à une lieue de nous, avec une aussi jolie chaîne de brisants que l'on peut en trouver sur toute la côte de Long-Island.

— Et cela est-il encourageant ou décourageant ? — demanda Pathfinder.

— Ah ! — encourageant ! — décourageant ! — Non, cela n'a rien d'encourageant ; mais quant au découragement, rien ne doit décourager un marin. Jamais vous n'êtes découragé ni effrayé dans les bois, Pathfinder ?

— Je ne dirai pas cela, — je ne le dirai pas. Quand le danger est grand, il est dans ma nature de le voir, de l'apprécier et de tâcher de l'éviter ; sans quoi ma chevelure serait depuis longtemps dans le wigwam d'un Mingo. Mais sur ce lac, je ne puis voir de piste, et je sens qu'il est de mon devoir de me soumettre ; cependant je crois que nous devrions nous souvenir qu'il y a une personne comme Mabel sur ce bord. — Mais voici son père qui vient, et son cœur lui parlera naturellement pour son enfant.

— Frère Cap, — dit le sergent en arrivant, — d'après ce que je viens d'entendre dire à deux hommes de l'équipage, je crois que notre situation devient très-sérieuse. Ils disent que le cutter ne peut porter plus de voiles, et que la dérive est si grande, que nous échouerons sur la côte dans une heure ou deux. J'espère que leur crainte les trompe?

Cap ne répondit rien. Il jeta un coup d'œil sur la terre d'un air sinistre, et regarda ensuite au vent avec un air de férocité comme s'il eût voulu lui chercher querelle.

— Il serait peut-être à propos, frère, — continua le sergent, — de faire venir Jasper et de le consulter sur ce qu'il y a à faire. Il n'y a pas de Français à craindre ici; et en toute circonstance il nous empêchera d'être noyés, s'il est possible.

— Oui, oui, ce sont ces maudites circonstances qui ont fait tout le mal. — Eh bien! faites venir le drôle! qu'il vienne! Quelques questions faites avec adresse tireront de lui la vérité, je vous en réponds.

Dès que ce consentement fut obtenu, on envoya chercher Jasper, et il arriva à l'instant même. Son air, son maintien, ses traits, tout son extérieur, annonçaient sa mortification, ce que ceux qui l'observaient prirent pour la honte d'avoir été découvert. Dès qu'il fut sur le pont, il jeta à la hâte autour de lui un regard inquiet, comme pour s'assurer de la situation du cutter, et ce regard suffit pour lui en dévoiler tout le danger. Il commença par regarder au vent, comme c'est l'usage de tout marin; puis ses yeux firent le tour de l'horizon, et enfin il aperçut la haute terre sous le vent, et toute la vérité lui fut révélée.

— Je vous ai envoyé chercher, maître Jasper, — dit Cap en croisant les bras et en se balançant le corps avec toute la dignité du gaillard d'avant, — pour que vous nous appreniez quelque chose sur le havre qui est sous le vent. Nous supposons que vous n'avez pas assez de rancune pour vouloir nous noyer tous, particulièrement les femmes; et j'espère que vous serez assez homme pour nous aider à conduire ce cutter en quelque lieu de sûreté jusqu'à ce que ce coup de vent soit passé.

— J'aimerais mieux mourir que de voir arriver le moindre accident à Mabel Dunham, — s'écria Jasper avec vivacité.

— Je le savais, — s'écria Pathfinder en frappant doucement de la main sur l'épaule de son jeune ami; — je le savais; Jasper est aussi fidèle que le meilleur compas qui ait jamais tracé une ligne de bornage, ou qui ait jamais ramené un homme d'une fausse piste. C'est un péché mortel de penser autrement.

— Humph! — dit Cap, — j'ai dit particulièrement les femmes; — comme si elles couraient un danger particulier! N'importe, jeune homme, nous nous entendrons en parlant comme deux francs marins. — Connaissez-vous quelque port sous notre vent?

— Il n'en existe aucun. — Il y a une grande baie à cette extrémité du lac, mais personne de nous ne la connaît, et il est très-difficile d'y entrer.

— Et cette côte sous le vent, elle n'a rien de particulier pour la recommander, je suppose?

— C'est un désert jusqu'à l'embouchure du Niagara d'un côté, et jusqu'à Frontenac de l'autre. On m'a dit qu'au nord et à l'ouest on ne trouve pendant mille milles que forêts et prairies.

— Dieu soit loué! En ce cas il ne peut s'y trouver de Français. — Et y a-t-il beaucoup de sauvages dans ces environs?

— Les Indiens se trouvent partout, quoiqu'ils ne soient nulle part très-nombreux. On peut en rencontrer par hasard une troupe sur quelque point que ce soit de la côte, et l'on pourrait y passer des mois sans en voir un seul.

— Il faut donc en courir la chance, quant à ces misérables. Mais pour vous parler franchement, maître Western, si cette petite affaire désagréable avec les Français n'avait pas eu lieu, quel parti prendriez-vous à présent à l'égard du cutter?

— Je suis beaucoup plus jeune marin que vous, maître Cap, — répondit Jasper, — et je ne puis guère me permettre de vous donner un avis.

— Bien, bien, nous savons tout cela. Dans un cas ordinaire cela pourrait être, mais le cas présent sort de l'ordre commun; c'est une circonstance, et une circonstance qui, sur cette mare d'eau douce, offre ce qu'on peut appeler des particularités. Ainsi donc, tout bien considéré, vous pourriez donner un avis même à votre père. Dans tous les cas vous pouvez parler, et je jugerai de vos opinions d'après mon expérience.

— Je crois, monsieur, qu'avant que deux heures se soient écoulées, le cutter devra jeter l'ancre.

— Jeter l'ancre! — sur ce lac! — ici!

— Non, monsieur; — plus loin, là-bas, près de la terre.

— Vous ne voulez pas dire, maître Eau-douce, que vous jetteriez l'ancre près d'une côte sous le vent pendant un ouragan?

— C'est précisément ce que je ferais, monsieur, si je voulais sauver mon bâtiment.

— Whe..e..ew ! — C'est une doctrine qui sent l'eau douce. — Écoutez, jeune homme ; j'ai été un animal marin, enfant et homme fait, pendant quarante et un ans, et je n'ai jamais entendu parler d'une pareille chose. Je jetterais par-dessus le bord tous mes apparaux de mouillage avant de commettre une pareille ancrie.

— C'est ce que nous faisons sur ce lac quand nous sommes serrés de près, — répondit Jasper. — Nous ferions sans doute mieux si l'on nous eût mieux enseignés.

— Oui, en vérité, vous feriez mieux. — Non, non, personne ne me déterminera jamais à agir ainsi contre tous mes principes. Je n'oserais jamais me montrer dans Sandy-Hook si je me rendais coupable d'un pareil trait d'ignorance. Sur ma foi, Pathfinder que voilà a plus de connaissances en navigation que cela n'en annonce. — Vous pouvez retourner sous le pont, maître Eau-douce.

Jasper salua et se retira tranquillement. Cependant, avant de descendre, on remarqua qu'il jeta encore un regard sur l'horizon au vent et un autre sur la terre sous le vent, et qu'il s'en alla l'inquiétude peinte sur tous ses traits.

CHAPITRE XVII.

« Il répète encore ses subtilités déjà réfutées ; c'est par de nouvelles subtilités qu'il répond à de nouvelles objections ; il les défend encore en s'enfonçant dans des sables mouvants ; il meurt en discutant, et la contestation cesse. »

COWPER.

Comme la femme du soldat était malade, Mabel était seule dans la chambre de l'arrière quand Jasper y rentra ; car, par un acte de faveur spéciale du sergent, il lui avait été permis de reparaître dans cette partie du bâtiment. Nous donnerions trop de simplicité au caractère de notre héroïne si nous disions que la mise aux arrêts de ce jeune homme n'avait fait naître en elle auun mouvement de méfiance, mais nous ferions injure à la sensibilité et à la générosité de son cœur si nous n'ajoutions que cette méfiance était bien faible et qu'elle ne fut que passagère. Et en ce moment, lorsqu'elle le vit s'asseoir près d'elle la physionomie rembrunie par l'inquiétude que lui causait la situation du cutter, tout soupçon disparut de son esprit, et elle ne vit plus en lui qu'une victime de l'injustice.

— Vous souffrez que cette affaire vous pèse trop sur l'esprit, Jasper, — lui dit-elle avec cet oubli de soi-même qui trahit souvent les sentiments secrets d'une jeune personne, quand un vif et généreux intérêt a pris l'ascendant dans son cœur ; — il n'est personne vous connaissant qui vous croie ou puisse vous croire coupable. Pathfinder dit qu'il répondrait de vous sur sa vie.

— Et vous, Mabel, — répliqua le jeune homme les yeux étincelants, vous ne voyez donc pas en moi un traître comme votre père le croit?

— Mon père est soldat, Jasper, et il est obligé d'agir en soldat. La fille de mon père n'a pas de pareils devoirs à remplir, et elle pensera de vous ce qu'elle doit penser d'un homme qui lui a déjà rendu tant de services.

— Mabel, je ne suis point habitué à converser avec une jeune fille comme vous, ni à dire à personne tout ce que je pense et tout ce que je sens. Je n'ai jamais eu de sœur ; j'étais encore enfant quand je perdis ma mère, de sorte que je ne sais guère ce que votre sexe aime ou non à entendre, et je.....

Mabel aurait donné tout au monde pour entendre la fin de cette phrase, mais Jasper ne la finit pas, et la retenue naturelle à son sexe l'empêcha de montrer sa curiosité. Elle attendit en silence qu'il s'exprimât.

— Je veux dire, Mabel, reprit le jeune homme, après une pause qu'il trouva assez embarrassante, — que je ne suis pas habitué aux manières et aux opinions d'une femme comme vous, et qu'il faut vous imaginer tout ce que je voudrais ajouter.

Mabel avait assez d'imagination pour cela, mais il y a des sentiments que les femmes aiment à entendre exprimer avant de s'y abandonner elles-mêmes, et notre héroïne avait une idée vague que ceux de Jasper pouvaient appartenir à cette classe. Elle préféra donc, avec cette présence d'esprit qui est l'apanage de son sexe, changer de conversation, plutôt que de la laisser continuer d'une manière si gauche et si peu satisfaisante.

— Dites-moi une chose, Jasper, et je serai contente, — dit-elle avec une fermeté qui annonçait la confiance qu'elle avait en elle-même et en son compagnon; — vous ne méritez pas les cruels soupçons qui ont été conçus contre vous ?

— Non, Mabel, — répondit le jeune marin en la regardant avec un air de franchise et de simplicité qui aurait écarté toute méfiance, si elle en avait eu réellement; — aussi vrai que j'espère en la merci du Ciel, je ne les mérite pas.

— Je le savais! — s'écria-t-elle vivement; — je l'aurais juré! Et cependant mon père n'a pas dessein d'être injuste. — Mais que cela ne vous inquiète pas, Jasper.

— Il y a en ce moment tant de sujets d'inquiétude, que je pense à peine à celui-là.

— Jasper !

— Je ne voudrais pas vous alarmer, Mabel, mais je voudrais qu'on pût faire changer votre oncle d'idées sur les mesures qu'exige en ce moment la position du *Scud*. Cependant il est plus âgé et plus expérimenté que moi, et il doit peut-être avoir plus de confiance en son jugement que dans le mien.

— Croyez-vous donc que le bâtiment soit en danger ?

— Je le crains; du moins c'est ce que penseraient tous ceux qui connaissent le lac. Mais un vieux marin de l'Océan peut connaître des moyens d'écarter le péril.

— Tout le monde s'accorde à dire que personne n'est aussi en état que vous de commander *le Scud*, Jasper. Vous connaissez le lac, vous connaissez le cutter; vous devez donc être le meilleur juge de notre situation véritable.

— Mon inquiétude pour vous, Mabel, peut me rendre plus craintif que d'ordinaire; mais pour vous parler franchement, je ne vois qu'un moyen d'empêcher le cutter de faire naufrage d'ici à deux ou trois heures, et votre oncle refuse de l'employer. Après tout, ce peut être l'effet de mon ignorance; car, comme il le dit, l'Ontario n'est que de l'eau douce.

— Vous ne pouvez croire que cela fasse aucune différence, Jasper. Songez à mon père, songez à vous-même, songez à tous ceux dont la vie dépend d'un mot que vous prononcerez à temps pour les sauver.

— Je pense à vous, Mabel, et c'est plus, infiniment plus, que tous les autres mis ensemble, — répondit le jeune homme avec une force d'expression et une énergie dans les yeux qui en disaient encore plus que les mots qu'il prononçait.

Le cœur de Mabel battit vivement, et un rayon de satisfaction et de reconnaissance brilla sur ses joues couvertes de rougeur ; mais l'alarme était trop vive et trop sérieuse pour céder à de plus heureuses pensées. Elle n'essaya pas de réprimer un regard de gratitude, mais elle en revint sur-le-champ au sentiment qui avait naturellement l'ascendant dans son esprit.

— Il ne faut pas souffrir que l'obstination de mon oncle occasionne un si grand malheur, — s'écria-t-elle. — Remontez à la hâte sur le pont, Jasper, et priez mon père de descendre dans cette chambre.

Tandis que Jasper montait sur le pont, Mabel écoutait les sifflements du vent et le bruit des lames qui se brisaient contre le cutter, avec une crainte qu'elle n'avait jamais connue jusqu'alors. Ayant naturellement une grande fermeté d'âme, elle n'avait pas encore songé qu'elle pût courir quelque danger, et depuis le commencement de la tempête, elle avait passé son temps à travailler à des ouvrages d'aiguille que sa situation permettait. Mais à présent que ses inquiétudes étaient sérieusement éveillées, elle ne manqua pas de remarquer la force de la tempête, dont elle ne s'était pas formé une idée. Un couple de minutes qui s'écoulèrent avant l'arrivée du sergent, lui parurent une heure, et elle respirait à peine quand elle le vit entrer accompagné de Jasper. Aussi rapidement que sa langue put l'exprimer, elle informa son père de l'opinion qu'avait Jasper de leur situation, et elle le conjura par la tendresse qu'il avait pour elle et par le soin qu'il devait prendre de sa propre vie et de celle de ses soldats, d'intervenir auprès de son oncle pour le déterminer à céder le commandement du cutter à celui qui en était le commandant naturel.

— Jasper est fidèle, mon père, — ajouta-t-elle avec force ; — et quand il ne le serait pas, quel motif aurait-il pour nous faire faire naufrage dans cette partie éloignée du lac, au risque de notre vie à tous, et même de la sienne? Je garantis sa fidélité sur ma vie.

— Tout cela est fort bien pour une jeune fille effrayée, — répondit le père phlegmatique ; — mais cela pourrait n'être ni prudent ni excusable dans un homme chargé du commandement d'une expédition. Jasper peut penser que le risque qu'il court de se noyer est compensé par la chance de se sauver s'il peut gagner la terre.

— Sergent Dunham !

— Mon père !

Ces deux exclamations partirent en même-temps, mais elles furent prononcées d'un ton qui annonçait deux sentiments différents. Dans Jasper la surprise dominait ; dans Mabel, c'était le reproche. Mais le vieux militaire était trop accoutumé à avoir affaire à des subordonnés, pour y donner beaucoup d'attention, et, après un moment de réflexion, il continua comme si aucun d'eux n'eût parlé.

— Et mon frère Cap n'est pas homme à trouver bon qu'on veuille lui apprendre son devoir à bord d'un bâtiment.

— Quoi ! mon père, quand la vie de chacun de nous est dans le plus grand danger !

— Précisément pour cela. Commander un navire par un beau temps, cela n'est pas bien difficile ; c'est quand les choses vont mal que le bon officier se fait reconnaître. Charles Cap n'est pas homme à quitter le gouvernail, parce que le bâtiment est en danger. D'ailleurs, Eau-douce, il dit que votre proposition a quelque chose de suspect, et qu'elle ressemble à un projet de trahison plutôt qu'à un avis raisonnable.

— Il peut penser ainsi ; mais qu'il envoie chercher le pilote, et qu'il entende son opinion. On sait que je ne l'ai pas vu depuis hier soir.

— Il me semble que c'est parler raisonnablement, et cette épreuve sera faite. — Suivez-moi sur le pont, afin que tout se passe franchement et loyalement.

Jasper obéit, et Mabel prenait tant d'intérêt à ce qui allait se passer, qu'elle se hasarda à monter jusqu'au capot d'échelle, où elle était suffisamment à l'abri de la violence du vent et du rejaillissement des lames. Elle s'y arrêta, entièrement absorbée dans l'attention qu'elle donnait à cette scène.

Le pilote arriva bientôt, et il n'y avait pas à se méprendre à l'air d'inquiétude qu'il montra dès qu'il eut jeté un regard autour de lui. Il est vrai que le bruit que *le Scud* se trouvait dans une situation dangereuse s'était répandu sous le pont. Mais le danger, au lieu d'être exagéré suivant la coutume, avait été peint en couleurs fort au-dessous de la réalité. On lui laissa quelques minutes pour examiner et réfléchir, après quoi on lui demanda ce qu'il croyait que la prudence conseillait de faire.

— Je ne vois qu'un moyen de sauver le cutter, — répondit-il sans hésiter, — et c'est de jeter l'ancre.

— Quoi! sur ce lac? — ici? — s'écria Cap, répétant la question qu'il avait déjà faite à Jasper.

— Non pas ici; mais plus près de la côte, contre la première ligne des brisants.

Cette réponse ne laissa aucun doute à Cap que Jasper et le pilote ne s'entendissent secrètement pour faire faire naufrage au bâtiment, dans l'espoir de s'échapper. Il traita donc l'opinion du second avec le même mépris qu'il avait montré pour celle du premier.

— Je vous dis, frère Dunham, — répondit Cap au sergent qui l'engageait à faire attention à cette coïncidence d'opinions entre l'ancien maître du cutter et son pilote; — je vous dis qu'aucun marin honnête ne donnerait un pareil avis. Jeter l'ancre près d'une côte sous le vent, pendant un ouragan, serait un acte de folie dont je ne pourrais jamais me justifier aux yeux des assureurs, en quelque circonstance que ce soit, tant qu'il me restera un haillon de voile; mais jeter l'ancre près des brisants, ce serait le comble de la démence.

— C'est Sa Majesté qui est l'assureur du *Scud*, frère Cap; et moi je suis responsable de la vie des soldats qui sont sous mes ordres. Ces deux hommes connaissent mieux que nous le lac Ontario; et comme ils chantent tous deux la même chanson, cette circonstance leur donne quelque droit à être crus.

— Mon oncle! — dit Mabel avec vivacité; mais un signe de Jasper l'engagea à ne rien ajouter de plus.

— Nous dérivons si rapidement sur les brisants, — dit le jeune marin, qu'il est inutile de parler beaucoup sur ce sujet. Une demi-heure doit décider l'affaire de manière ou d'autre. Mais j'avertis maître Cap que celui de nous qui a le pied le plus sûr, ne sera pas en état de se maintenir un instant sur ses jambes sur le pont de ce bâtiment, dès qu'il se trouvera au milieu des brisants. Je ne doute même guère qu'il ne coule à fond avant d'en avoir passé la seconde ligne.

— Et comment jeter l'ancre y remédiera-t-il? — s'écria Cap avec fureur, comme s'il eût voulu rendre Jasper responsable des effets de l'ouragan, comme de l'opinion qu'il avait énoncée.

— Il n'en résulterait du moins rien de pire, — répondit Jasper avec douceur. — En gouvernant de manière à prendre la mer debout, nous diminuerions la dérive ; et quand même nous chasserions sur nos ancres parmi les brisants, ce serait avec le moins de danger possible. J'espère, maître Cap, que vous me permettrez, ainsi qu'au pilote, de tout préparer pour le mouillage des ancres. C'est une mesure de précaution qui peut être utile, et qui ne peut faire aucun mal.

— Eh bien ! prenez vos bittures et disposez vos ancres pour le mouillage, si bon vous semble ; j'y consens de tout mon cœur. Nous sommes dans une situation que rien de cette sorte ne peut empirer. Sergent, un mot, s'il vous plaît.

Cap conduisit son beau-frère à l'écart, et avec plus de sensibilité dans son ton et dans son air qu'il n'en montrait ordinairement, il lui ouvrit son cœur sur leur véritable situation.

— C'est une fâcheuse affaire pour la pauvre Mabel, — dit-il en se mouchant et avec un léger tremblement dans la voix. — Vous et moi, sergent, nous sommes vieux, et habitués à voir la mort de près ; et notre métier nous endurcit à de pareilles scènes ; mais la pauvre Mabel... C'est une excellente fille, et j'avais espéré la voir établie et mère de famille avant que son heure sonnât. Eh bien ! il faut prendre le mal comme le bien dans tous les voyages, et la seule objection sérieuse qu'un vieux marin puisse convenablement faire contre un naufrage, c'est que cet accident lui arrive sur une infernale mare d'eau douce.

Le sergent Dunham était brave, et il avait montré son intrépidité dans des dangers qui semblaient plus effrayants que celui-ci ; mais dans toutes ces occasions, il avait eu le moyen de se défendre contre ses ennemis, au lieu qu'en ce moment il ne pouvait résister à celui qui le menaçait. Il était beaucoup moins inquiet pour lui que pour sa fille, car il sentait quelque chose de cette confiance en soi qui abandonne rarement un homme ferme et vigoureux qui s'est habitué à faire de grands efforts dans des positions difficiles ; mais, quant à Mabel, il ne voyait pour elle aucun moyen de salut, et sa tendresse paternelle lui fit prendre la résolution de périr avec elle, s'il ne pouvait la sauver.

— Croyez-vous que le danger soit inévitable ? — demanda-t-il à Cap d'un ton ferme, quoique non sans agitation.

— Vingt minutes nous conduiront au milieu des brisants ; et regardez vous-même, sergent, quelle chance peut avoir le plus vigoureux de nous dans cette chaudière qu'on voit bouillir sous le vent?

Cette vue n'avait rien d'encourageant. *Le Scud* était alors à un mille de la côte, et le vent y portait en ligne droite avec une violence qui ne permettait pas de songer à mettre plus de voiles dehors, dans la vue de s'élever de la côte en courant au plus près. La petite partie de la brigantine qui était déployée, et qui ne servait qu'à maintenir l'avant du cutter assez près du vent pour empêcher les lames de se briser sur son bord, tremblait à chaque grain, comme si les rubans solides qui la retenaient eussent été sur le point de se rompre. La bruine avait cessé de tomber; mais l'air, jusqu'à une centaine de pieds au-dessus de la surface du lac, était plein de vapeurs qui ressemblaient à un brouillard brillant par-dessus lequel le soleil dardait ses rayons glorieux du haut d'un firmament sans nuages. Jasper remarqua ce changement, et prédit qu'il annonçait la fin prochaine de la tempête, quoiqu'une heure ou deux dussent décider du destin du cutter. Du côté de la terre, la vue était plus effrayante que jamais. Les brisants s'étendaient jusqu'à près d'un demi-mille du rivage, et dans tout cet espace l'eau était blanche d'écume, et l'air était rempli de vapeurs si épaisses qu'on pouvait à peine distinguer la terre qui était au-delà. On voyait seulement qu'elle était élevée, ce qui est rare sur les bords de l'Ontario, et qu'elle était couverte du manteau vert de l'interminable forêt.

Tandis que Cap et le sergent regardaient cette scène en silence, Jasper était activement occupé sur l'avant du navire. Dès qu'il eut reçu la permission de reprendre ses anciennes fonctions, il appela à lui quelques soldats, et avec leur aide et celle de son équipage, il prit à la hâte les mesures qui avaient été différées trop longtemps. Sur ces eaux étroites, les ancres ne sont jamais mises à postes, ni les câbles détalingués, ce qui évita à Jasper beaucoup de travail qu'il aurait eu à faire à bord d'un bâtiment en mer. Les deux ancres de bossoir furent bientôt prêtes à être mouillées, les bittures des câbles furent prises, et ensuite les travailleurs regardèrent autour d'eux. Il n'y avait aucun changement en mieux dans le temps; le cutter continuait à dériver peu à peu, il lui était impossible de gagner au vent.

Après avoir encore examiné le lac de tous côtés, Jasper donna de nouveaux ordres, de manière à prouver combien il croyait que le temps pressait. Deux ancres à jet furent placées sur le pont pour empenneler les grandes ancres, et tout fut préparé pour les mouiller dès que le moment l'exigerait. Ces préparatifs achevés, les manières de Jasper changèrent. Son activité forcée lui avait donné un air d'agitation affairée; il prit alors un air calme, quoique toujours inquiet; il quitta l'avant du bâtiment, que les lames balayaient chaque fois que *le Scud* plongeait en avant, ayant été obligé de travailler avec ses aides la moitié du temps le corps dans l'eau, et il s'avança vers l'arrière où l'on était plus à sec. Il y trouva Pathfinder, qui était debout près de Mabel et du quartier-maître. La plupart des autres individus qui se trouvaient à bord étaient encore sous le pont, les uns cherchant sur leurs lits quelque soulagement à leurs souffrances physiques, et les autres pensant un peu tard à leurs péchés. Pour la première fois peut-être depuis que sa quille avait touché l'eau de l'Ontario, la voix de la prière se fit entendre à bord du *Scud*.

— Jasper, — lui dit le guide, — je n'ai été d'aucune utilité ici ce matin, car, comme vous le savez, ce n'est pas ma nature d'être sur un bâtiment comme celui-ci; mais s'il plaît à Dieu que la fille du sergent arrive à terre vivante, la connaissance que j'ai de la forêt pourra la conduire en sûreté jusqu'au fort.

— Le fort est bien loin, Pathfinder, — dit Mabel, car ils étaient si près, que ce que disait l'un était entendu par tous les autres, — et je crains qu'aucun de nous ne le revoie jamais.

— Le chemin de la forêt ne serait pas sans risque, Mabel, et nous ne pourrions aller en droite ligne, — répondit Pathfinder; — mais quelques personnes de votre sexe en ont traversé de plus mauvais dans ces déserts. — Jasper, il faut que vous ou moi, ou tous les deux, nous prenions ce canot d'écorce, car c'est la seule chance qu'ait Mabel de pouvoir passer à travers les brisants.

— Je ferais tout au monde pour sauver Mabel, — répondit Jasper avec un sourire mélancolique; — mais il n'existe pas un seul homme, Pathfinder, qui puisse conduire un canot à travers ces brisants par un ouragan comme celui-ci. J'aurais de l'espoir en jetant l'ancre, car c'est par ce moyen que nous avons une fois sauvé *le Scud* dans un danger presque aussi grand.

— Mais s'il faut jeter l'ancre, Jasper, — dit le sergent, — pourquoi ne pas le faire sur-le-champ? Chaque pied que nous fait perdre la dérive nous servirait d'autant quand nous serons probablement à chasser sur nos ancres.

Jasper s'approcha du sergent, lui prit la main, et la serra de manière à indiquer un sentiment profond et presque irrésistible.

— Sergent Dunham, — lui dit-il, — vous êtes un digne homme, quoique vous m'ayez injustement traité dans toute cette affaire. Vous aimez votre fille ?

— Vous n'en pouvez douter, Eau-douce, — répondit le sergent d'une voix étouffée.

— Voulez-vous lui donner — nous donner à tous — la seule chance de salut qui nous reste ?

— Que faut-il que je fasse, jeune homme ? — J'ai agi d'après mon jugement. — Que voulez-vous que je fasse ?

— Soutenez-moi cinq minutes contre maître Cap, et tout ce qu'on peut faire pour sauver *le Scud* sera fait.

Le sergent hésita, car il tenait trop fortement à ses idées de discipline pour revenir aisément sur des ordres régulièrement donnés. Il n'aimait pas davantage à avoir l'air de vaciller dans ses intentions, et il avait un profond respect pour les connaissances nautiques de son beau-frère. Pendant qu'il délibérait encore, Cap quitta le poste qu'il avait occupé quelque temps à côté de l'homme qui tenait la barre, et s'avança vers eux.

— Maître Eau-douce, — dit-il dès qu'il fut assez près pour se faire entendre, — je viens vous demander si vous connaissez ici près quelque endroit où l'on puisse faire échouer ce cutter sur le rivage. Le moment est arrivé où il ne nous reste que cette cruelle alternative.

Ce moment d'indécision de la part de Cap assura le triomphe de Jasper. Regardant le sergent, il en reçut un signe qui lui promit tout ce qu'il désirait, et il ne perdit pas un de ces instants qui devenaient si précieux.

— Prendrai-je la barre ? — demanda-t-il à Cap, — et chercherai-je à gagner une crique qui est là-bas sous le vent ?

— Faites-le, — répondit Cap en toussant pour se dégager le gosier, car il se sentait écrasé sous une responsabilité que son ignorance de la navigation du lac lui rendait encore plus pesante. — Faites-le, Eau-douce, car pour être franc avec vous, je ne puis voir rien de mieux à faire. — Il faut échouer ou couler à fond.

Jasper n'en demanda pas davantage. Il sauta sur l'arrière et saisit la barre. Le pilote avait été instruit d'avance de ce qu'il devait faire, et à un signe de son jeune commandant, la seule voile qu'on eût conservée depuis long-temps fut serrée. Jasper mit la barre au vent; un bout de voile d'étai fut largué sur l'avant, et le léger cutter, comme s'il eût senti qu'il était alors gouverné par une main qu'il connaissait, fit une abatée et tomba dans le creux des lames. Cet instant de danger fut bientôt passé; et le moment d'après, le petit bâtiment s'avança vers les brisants avec une rapidité qui menaçait de le voir bientôt brisé sur les écueils. La distance était si courte que cinq à six minutes suffirent pour tout ce que désirait Jasper. Il mit la barre dessous, et l'avant du *Scud* revint au vent, malgré la violence de l'eau, avec autant de grâce que le cygne varie la ligne de ses mouvements sur la surface d'un étang. Un signe de Jasper mit tout en activité sur l'avant. On laissa tomber à la mer une ancre à jet de chaque côté du cutter pour servir d'empennelures aux grandes ancres. La force du courant fut alors visible pour tous les yeux, et même pour ceux de Mabel, car les deux câbles filèrent avec rapidité en se roidissant. Jasper laissa mouiller ses deux grandes ancres, en filant les câbles presque jusqu'au bout. Ce n'était pas une tâche très-difficile que de fixer une coquille aussi légère que *le Scud* avec de bonnes ancres et des câbles de premier brin; et en moins de dix minutes, à partir du moment où Jasper avait pris le gouvernail, le cutter présentait le cap à la lame avec ses deux câbles en barbe, roides comme des barres de fer.

— Cela n'est pas bien, maître Jasper, — s'écria Cap avec colère, dès qu'il se fut aperçu du tour qui lui avait été joué, — cela est fort mal, monsieur. Je vous ordonne de couper les câbles et de faire échouer le cutter sans un instant de délai.

Personne ne parut pressé d'exécuter cet ordre, car depuis que Jssper avait repris le commandement, son équipage était disposé à n'obéir qu'à lui. Voyant que tous les matelots restaient immobiles, et croyant le cutter dans le plus grand danger, Cap se tourna vers Jasper, et, après quelques réprimandes faites d'un ton courroucé, et qu'il est inutile de rapporter ici, il ajouta :

— Pourquoi n'avez-vous pas gouverné vers la crique dont vous parliez? Pourquoi avez-vous porté sur ce cap qui briserait le bâtiment et ferait périr tout ce qui se trouve à bord si nous y touchions?

— Et vous voulez à présent couper les câbles, — dit Jasper avec un peu d'ironie, — pour nous faire toucher à ce cap et faire périr tout ce qui se trouve à bord ?

— Sondez et voyez quelle est la dérive ! — cria Cap aux hommes de l'équipage qui étaient sur l'avant. Un signe de Jasper fit qu'on obéit sur-le-champ, et tous ceux qui étaient sur le pont accoururent à l'instant pour voir quel en serait le résultat. Le plomb n'eut pas plus tôt touché le fond que la ligne se tendit, et au bout d'environ deux minutes, on reconnut que le cutter avait dérivé de toute sa longueur vers le cap. Jasper prit un air grave, car il savait fort bien que rien ne pouvait sauver le cutter s'il entrait une fois dans le tourbillon formé par les brisants qu'on voyait paraître et disparaître à la distance d'une encâblure.

— Traître! — s'écria Cap, menaçant d'un doigt le jeune marin; — votre vie en répondra. — Oui, — ajouta-t-il après une pause d'un instant, — si j'étais à la tête de cette expédition, sergent, je le ferais pendre à l'instant à cette vergue, de crainte qu'il n'échappât à l'eau.

— Modérez-vous, frère, modérez-vous, — répondit Dunham. Jasper paraît avoir tout fait pour le mieux, et les choses ne vont peut-être pas aussi mal que vous le croyez.

— Pourquoi n'a-t-il pas gouverné vers la crique dont il parlait? Pourquoi nous a-t-il amenés ici au vent de ce maudit cap et dans un endroit où les brisants n'ont que la moitié de la largeur qu'ils ont ailleurs, comme s'il était pressé de nous noyer tous?

— J'ai gouverné vers ce rocher précisément parce que les brisants sont plus étroits en cet endroit, — répondit Jasper avec calme, quoiqu'il n'eût pu entendre de sang-froid le langage tenu par le vieux marin.

— Avez-vous dessein de dire à un vieux marin comme moi que le cutter puisse exister cinq minutes au milieu de ces brisants?

— Non, monsieur. Je crois qu'il coulerait à fond s'il était poussé sur leur première ligne, et je suis sûr que s'il pénétrait plus avant il n'en arriverait que des débris sur le rivage. Mais j'espère qu'il évitera tous les brisants.

— Avec une dérive de toute sa longueur par minute?

— L'empennelure n'a pas encore produit son effet, et je n'espère même pas qu'elle tire le bâtiment entièrement d'affaire.

— Sur quoi donc comptez-vous? Croyez-vous amarrer un cutter, en avant et en arrière, sur la Foi, sur l'Espérance et sur la Charité?

— Non, monsieur, mais je compte sur le sous-courant. J'ai gouverné vers ce cap parce que je savais qu'il y est plus fort qu'en tout autre endroit, et parce que nous pouvons y arriver plus près de la terre sans entrer dans l'enceinte des brisants.

Jasper parlait avec véhémence quoique sans montrer aucun ressentiment; ses paroles produisirent sur Cap un effet marqué : mais le sentiment qui dominait en lui était la surprise.

— Un sous-courant! — répéta-t-il; — qui diable a jamais entendu parler d'empêcher le naufrage d'un bâtiment par le moyen d'un sous-courant?

— Il est possible que cela n'arrive jamais sur l'Océan, monsieur, mais nous l'avons vu arriver ici.

— Jasper a raison, frère Cap, — dit le sergent, — car, quoique je ne prétende pas y entendre grand'chose, j'ai souvent entendu les marins du lac en parler. Je crois que nous ferons bien de nous fier à Jasper pour nous tirer de ce danger.

Cap murmura et jura, mais comme il n'y avait pas de remède, il fut forcé d'y consentir. On demanda alors à Jasper d'expliquer ce qu'il entendait par le sous-courant, et il le fit ainsi qu'il suit : L'eau poussée vers le rivage par le vent était obligée de regagner son niveau en retournant dans le lac par quelques secrets canaux. Elle ne pouvait le faire à la surface, où le vent et les vagues la poussaient constamment vers la terre. Elle formait donc en-dessous une sorte de tourbillon par le moyen duquel elle retournait dans son ancien lit. On avait donné à ce courant inférieur le nom de sous-courant, et comme son action se faisait nécessairement sentir à un bâtiment qui tirait autant d'eau que *le Scud*, Jasper comptait sur l'aide de cette réaction pour empêcher ses câbles de se rompre. En un mot ces deux courants inférieur et supérieur se neutralisaient l'un l'autre.

Quelque simple et ingénieuse que fût cette théorie, la pratique ne la confirmait pas encore. La dérive continuait, quoiqu'elle diminuât sensiblement à mesure que les ancres à jet qui étaient empennelées sur des ancres de bossoir commençaient à produire leur effet. Enfin, l'homme qui tenait la sonde annonça l'heureuse nouvelle que les ancres avaient cessé de chasser, et que *le Scud* était venu à l'appel de ses ancres. En ce moment, la première ligne des brisants n'était qu'à environ cent pieds du cutter, et en paraissait même beaucoup plus près quand les vagues, en se retirant, emportaient l'écume qui les couvrait. Jasper s'élança en avant, jeta un regard par-dessus les bossoirs, et sourit d'un air de triomphe, en montrant les câbles. Au lieu d'être tendus, comme auparavant, au point de ressembler à des barres de fer, ils étaient lâches et courbes de manière à prouver évidemment à l'œil de tout marin que le cutter s'élevait et s'abaissait avec les vagues, à mesure qu'elles arrivaient, avec la même aisance qu'un bâtiment qui se trouve dans le lit du courant de la marée, quand la pression de l'eau oppose une réaction au pouvoir du vent.

— C'est le sous-courant ! — s'écria-t-il en bondissant le long du pont pour aller dresser la barre, afin que le cutter fût mieux à l'appel de ses ancres ; — la providence nous a placés précisément dans le sous-courant, et il n'y a plus aucun danger.

— Oui, oui, la providence est un bon marin, — murmura Cap, — et elle aide souvent les ignorants à se tirer de danger. Sous-courant ou sur-courant, le vent a diminué de force ; et heureusement pour nous tous, les ancres ont trouvé un bon fond. Mais cette infernale eau douce a des manières qui sont contre nature.

Les hommes sont rarement disposés à se disputer dans la bonne fortune ; c'est dans la mauvaise qu'ils deviennent querelleurs et caustiques. La plupart de ceux qui étaient à bord étaient convaincus que l'expérience et la dextérité de Jasper les avaient préservés d'un naufrage, et l'on ne fit aucune attention aux opinions et aux remarques de Cap.

Il est vrai qu'il y eut encore une demi-heure de doute et d'incertitude, et pendant ce temps on laissa le plomb de sonde à l'eau. Alors le sentiment de sécurité devint général, et les hommes fatigués s'endormirent, ne songeant plus à la mort qu'ils avaient vue de si près.

CHAPITRE XVIII.

« Cet être entièrement fait de soupirs et de larmes, de foi et de service, de fantaisie et de passion, d'adoration et de désirs, d'humilité et de patience, de pureté et d'épreuves. »
SHAKESPEARE.

Il était midi quand l'ouragan se calma, et sa violence cessa aussi subitement qu'elle avait commencé. En moins de deux heures avant que le vent fût tombé, la surface du lac, quoique encore agitée, n'était plus couverte d'écume; et après un autre espace de temps elle présentait la scène qu'offre ordinairement une eau mise en mouvement, mais non rendue furieuse par la force d'une tempête. Les vagues continuaient à se porter sur la côte, quoique l'eau ne se détachât plus de leur cime; et quoique la hauteur des lames fût plus modérée, on voyait encore les lignes des brisants. Tous ces signes de violence étaient dus à l'impulsion que les eaux avaient reçue du vent avant qu'il eût cessé.

L'eau du lac encore soulevée, et une brise légère qui venait de l'est, opposant des obstacles sérieux au départ, on renonça à toute idée de mettre à la voile cette après-midi. Jasper, qui avait tranquillement repris le commandement du *Scud*, s'occupa à lever les ancres, et à tout disposer pour l'appareillage dès que le temps le permettrait, et en attendant il se tint au mouillage sur une seule ancre. Pendant ce temps, ceux qui n'avaient pas à s'occuper de ces préparatifs, cherchèrent les moyens d'amusement que les circonstances permettaient.

Comme c'est l'usage de tous ceux qui ne sont pas habitués à vivre enfermés dans un bâtiment, Mabel jetait un regard d'envie sur le rivage, et elle ne fut pas long-temps sans exprimer le désir qu'il fût possible de s'y rendre. Pathfinder, qui était près d'elle en ce moment, l'assura que rien n'était plus facile, puisqu'ils avaient sur le pont une pirogue, genre d'esquif le plus propre à traverser un ressac. Après avoir douté et hésité suivant l'usage, on en appela au sergent, et son avis ayant été favorable, on se disposa à mettre ce projet à exécution.

Le sergent Dunham, sa fille et Pathfinder s'embarquèrent donc dans la pirogue. Accoutumée à ce genre de nacelle, Mabel s'assit au centre sans aucune crainte; le sergent prit sa place sur l'avant, et le guide resta debout sur l'arrière pour remplir les fonctions de pilote. Il était presque inutile d'employer la rame pour accélérer le mouvement de la pirogue, car les vagues, encore fortes, la poussaient en avant avec une violence qui permettait à peine de la diriger. Mabel se repentit plus d'une fois de sa témérité avant d'atteindre le rivage, mais Pathfinder l'encourageait en montrant tant de sang-froid et de confiance, qu'une femme même aurait hésité à avouer son inquiétude. Notre héroïne n'était pas poltronne, et quoiqu'elle sentît la nouveauté de sa situation en traversant un ressac, elle y trouvait aussi un nouveau plaisir. Elle souriait en voyant son léger esquif s'élancer rapidement porté sur la crête d'une vague, et diminuer de vitesse quand elle se retirait, comme s'il eût été honteux d'avoir été vaincu à la course. Quelques minutes se passèrent ainsi; car, quoique le cutter fût à plus d'un quart de mille de la terre, il ne lui fallut pas plus long-temps pour franchir cet espace.

Dès que le sergent fut débarqué, il embrassa cordialement sa fille, car il était assez soldat pour se trouver toujours plus à son aise sur la terre ferme que sur l'eau. Comme il avait son fusil, il annonça ensuite à sa fille qu'il allait passer une heure à chasser dans le bois.

— Pathfinder restera avec vous, — ajouta-t-il, — et je ne doute pas qu'il ne vous raconte quelques-unes des traditions de cette partie du monde, et de ses aventures avec les Mingos.

Le guide sourit, promit d'avoir grand soin de Mabel, et en quelques minutes le père gravit une hauteur et disparut dans la forêt. Pathfinder et notre héroïne prirent une autre direction, et montant sur un promontoire escarpé, ils arrivèrent sur une pointe d'où la vue s'étendait sur un vaste panorama. Mabel s'y assit sur un fragment de rocher, tandis que son compagnon, sur les nerfs duquel nulle fatigue ne semblait faire impression, se tenait debout auprès d'elle, appuyé, comme de coutume, et non sans quelque grâce, sur sa longue carabine. Plusieurs minutes se passèrent en silence, Mabel ne songeant qu'à admirer le tableau qui s'offrait à ses yeux.

L'endroit où ils s'étaient arrêtés était assez élevé pour commander la vue d'une vaste étendue du lac du côté du nord. Cette nappe d'eau, dont l'œil n'atteignait pas la fin, brillait sous les rayons du soleil, et montrait encore quelques restes de la violente agitation causée par la tempête. La terre, d'un autre côté, prescrivait des bornes au lac, en forme d'un immense croissant qui disparaissait dans l'éloignement au sud-est et au nord. Aussi loin que la vue pouvait s'étendre, on n'apercevait qu'une forêt, et pas le moindre signe de civilisation n'interrompait la magnificence uniforme et imposante de la nature. Le vent avait poussé *le Scud* au-delà de cette ligne de forts dont les Français cherchaient alors à entourer les possessions anglaises dans le nord de l'Amérique; car, suivant les canaux de communication entre les grands lacs, ils avaient établi leurs postes sur les bords du Niagara, tandis que les aventuriers anglais étaient arrivés à plusieurs lieues à l'ouest de cette célèbre rivière. Le cutter était mouillé sur une seule ancre, en dehors des brisants; et de l'endroit où était Mabel, il ressemblait à un de ces jouets bien travaillés, destinés à être mis sous verre, plutôt qu'à un bâtiment devant avoir à lutter contre les éléments, comme il venait de le faire si récemment. La pirogue, tirée sur la côte assez loin pour qu'elle fût hors de la portée des vagues, paraissait un point sur le sable.

— Nous sommes ici bien loin des habitations humaines! — s'écria Mabel, après avoir long-temps examiné ce tableau, dont les principaux traits se faisaient remarquer d'eux-mêmes à son imagination toujours active. — C'est vraiment ce qu'on peut appeler une frontière.

— Y a-t-il des scènes plus belles que celle-ci près de la mer et autour des grandes villes? — demanda Pathfinder avec l'intérêt qu'il prenait toujours à un pareil sujet.

— Je ne le crois pas. On y trouve sans doute plus de causes pour songer à ses semblables, mais peut-être moins pour songer à Dieu.

— Oui, Mabel, c'est précisément ce que je pense. Je ne suis qu'un pauvre chasseur, je le sais; on ne m'a rien appris; j'ignore tout; mais je sens que Dieu est aussi près de moi dans la forêt, qu'il l'est du roi dans son palais.

— Qui peut en douter? — s'écria Mabel, surprise de l'énergie du ton de son compagnon, et oubliant la vue qu'elle admirait pour jeter un regard sur ses traits basanés, mais respirant la franchise. — Oui, je crois qu'on se sent plus près de Dieu dans un endroit comme celui-ci, que lorsque l'esprit est distrait par tout ce qu'on voit dans les villes.

— Vous dites tout ce que je voudrais dire moi-même, Mabel; mais je ne serais pas en état de le dire si bien, et vous me rendez honteux de vouloir faire part aux autres de ce que je sens à ce sujet. J'ai côtoyé ce lac avant la guerre pour chercher des pelleteries, et je suis déjà venu ici; non pas précisément en cet endroit, car nous débarquâmes là-bas, où vous voyez ce chêne désséché qui s'élève encore au-dessus de ce bouquet de sapins.

— Comment pouvez-vous vous rappeler si exactement de telles bagatelles ?

— Ce sont nos rues et nos maisons, nos églises et nos palais. — Me les rappeler! Je pris une fois un rendez-vous avec le Grand-Serpent pour nous trouver près d'un certain pin six mois après, quand nous en étions à plus de trois cents milles. Cet arbre était — et il est encore, à moins que la Providence ne l'ait frappé de la foudre, — au milieu d'une forêt à cinquante milles de tout établissement, mais dans un endroit extraordinaire par le nombre de castors qui s'y trouvaient.

— Et vous vous êtes rencontrés en cet endroit le jour convenu ?

— Le soleil se lève-t-il et se couche-t-il? — Quand j'y arrivai, j'y trouvai le Grand-Serpent appuyé contre l'arbre. Il avait les jambes et les moccasins couverts de boue, car il s'était empêtré dans un marécage, et ce n'était pas sans peine qu'il s'en était tiré. Mais, comme le soleil, qui se lève le matin par-dessus les montagnes de l'orient et qui se couche le soir derrière celles de l'occident, il avait été fidèle au lieu et au jour. — Ne craignez rien de Chingashgook; il n'a jamais manqué ni un ami, ni un ennemi.

— Et où est-il à présent? Pourquoi n'est-il pas avec nous?

— Il suit la piste des Mingos, et j'aurais dû en faire autant, sans une grande infirmité humaine.

— Vous ne paraissez avoir aucune infirmité, Pathfinder; et je n'ai jamais vu un homme qui semblât si peu sujet aux faiblesses de la nature humaine.

— Si vous voulez parler de force et de santé, Mabel, la Providence m'a regardé d'un œil favorable, quoique je pense que le grand air, une vie active, et la nourriture simple qu'on prend dans la forêt, font qu'on a rarement besoin d'un docteur. Mais je suis homme, après tout, — oui, je sens que je suis homme dans quelques-uns de mes sentiments.

Mabel parut surprise, et nous ne ferions qu'ajouter un trait caractéristique de son sexe, si nous disions que ses traits exprimaient aussi la curiosité; mais sa langue fut plus discrète.

— Il y a quelque chose d'attrayant dans la vie que vous menez, Pathfinder, — s'écria-t-elle, une teinte d'enthousiasme se peignant sur ses joues. — Je sens que je deviens rapidement une fille de la frontière, et que je commence à aimer le silence imposant des bois. Les villes à présent me semblent monotones; et comme mon père passera probablement le reste de ses jours ici, où il a déjà vécu si long-temps, je commence à sentir que je serais heureuse d'y rester avec lui et de ne plus retourner sur les bords de la mer.

— Les bois ne sont jamais silencieux, Mabel, pour ceux qui peuvent entendre ce qu'ils disent. J'y ai voyagé seul bien souvent sans éprouver le besoin d'aucune compagnie; et quant à la conversation, ceux qui savent comprendre leur langage ne manquent pas de discours raisonnables et instructifs.

— Je crois, Pathfinder, que vous êtes plus heureux seul, que lorsque vous vous trouvez avec vos semblables.

— Je ne dirai pas cela; — ce n'est pas exactement ce que je veux dire. J'ai vu le temps où je pensais que Dieu me suffisait dans la forêt, et où je ne désirais que sa bonté et sa protection. Mais d'autres sentiments ont pris le dessus, et je suppose que la nature veut être la maîtresse. — Toutes les autres créatures s'apparient, Mabel, et l'homme a été destiné à en faire autant.

— Et n'avez-vous jamais songé à prendre une femme pour partager votre destin? — lui demanda Mabel avec ce ton de simplicité qui naît de la pureté du cœur, et avec ce sentiment d'intérêt qui est inné dans son sexe. — Il me semble qu'il ne vous manque qu'une maison où vous puissiez retourner après vos courses, pour rendre votre vie parfaitement heureuse. Si j'étais homme, quel plaisir j'aurais à parcourir ces forêts à mon gré, et à faire voile sur ce beau lac!

— Je vous comprends, Mabel; et que Dieu vous récompense de songer au bonheur d'êtres aussi humbles que nous le sommes. Oui, nous avons nos plaisirs, mais nous pourrions être plus heureux; — je crois que nous pourrions être plus heureux.

— Plus heureux! et comment, Pathfinder? Avec cet air pur, cette forêt bien ombragée, ce lac magnifique, une bonne conscience, et tout ce qu'il faut pour satisfaire les besoins véritables, on doit se trouver aussi heureux qu'on peut l'être en ce monde.

— Chaque créature a sa nature, Mabel, et l'homme a aussi la sienne, — répondit le guide en jetant un coup d'œil à la dérobée sur sa jolie compagne, dont les joues étaient animées par l'ardeur des sentiments que faisait naître en elle la nouveauté de sa situation, — et il faut bien y obéir. — Voyez-vous ce pigeon, qui vient de s'abattre là-bas sur le rivage, — sur la même ligne que le châtaignier renversé?

— Certainement, c'est, avec nous, la seule créature vivante qu'on voie dans cette vaste solitude.

— Non pas, Mabel, non pas. La Providence n'a donné la vie à aucun être pour qu'il vive seul. Voici sa compagne, qui vole à tire-d'aile. Elle était sur l'autre rive, mais elle ne sera pas longtemps séparée de lui.

— Je vous comprends, Pathfinder, — dit Mabel en souriant, mais avec le même calme que si elle eût causé avec son père. — Mais un chasseur peut trouver une compagne même dans cette région sauvage. Les femmes indiennes sont bonnes et affectueuses. Telle était la femme d'Arrowhead; et pourtant son mari fronçait les sourcils plus souvent qu'il ne souriait.

— Non, Mabel, non, il n'en résulterait rien de bon; il faut que les races et les pays se rapportent, pour qu'on puisse être heureux. Si je pouvais trouver une créature comme vous, qui voulût consentir à être la femme d'un chasseur, et qui ne méprisât point mon ignorance et mon manque d'éducation, toutes mes fatigues passées me paraîtraient comme le bondissement d'un daim, et tout mon avenir comme doré par le soleil.

— Une créature comme moi! une fille de mon âge et aussi indiscrète que moi serait difficilement une femme qui convînt à l'éclaireur le plus hardi et au chasseur le plus adroit qu'on puisse trouver sur toute cette frontière.

— Ah! Mabel, je crains de n'avoir fait que perfectionner la nature d'une peau-rouge avec celle d'une face-pâle. La réputation que vous me faites m'assurerait une femme dans chaque wigwam d'Indien.

— Bien certainement, Pathfinder, vous ne voudriez jamais

songer à choisir pour femme une fille aussi ignorante, aussi frivole, aussi vaine, et aussi inexpérimentée que moi. — Elle aurait ajouté, — et aussi jeune, — mais un instinct de délicatesse arrêta au passage ces dernières paroles.

— Et pourquoi non, Mabel? Si vous ignorez les usages des frontières, vous savez mieux qu'aucun de nous les anecdotes et les coutumes des villes. Quant à frivole, je ne sais pas ce que ce mot signifie; mais, s'il veut dire belle, hélas! je crains que ce ne soit pas un défaut à mes yeux. Vous n'êtes pas vaine, cela se voit à la manière dont vous écoutez mes sottes histoires de chasse et de piste; et pour l'expérience, elle viendra de reste avec les années. D'ailleurs, Mabel, je crois que les hommes pensent fort peu à tout cela quand ils songent à prendre une femme.

— Pathfinder, vos discours... vos regards... Bien sûrement tout ceci n'est qu'une plaisanterie.

— Rien ne me plaît tant que d'être près de vous, Mabel; et je dormirais mieux la nuit prochaine que je ne l'ai fait depuis huit jours, si je pouvais croire que cette conversation vous est aussi agréable qu'à moi.

Nous ne dirons pas que Mabel Dunham ne croyait pas posséder les bonnes grâces du guide. L'instinct et la sagacité de son sexe le lui avait déjà fait découvrir; et peut-être avait-elle pensé qu'il se mêlait à l'estime et aux égards qu'il lui témoignait quelque chose de cette affection que le sexe le plus fort ne peut sans grossièreté se dispenser de montrer en certaines occasions au sexe le plus faible; mais l'idée qu'il songeât sérieusement à la prendre pour femme ne s'était jamais présentée à son imagination. En ce moment pourtant une lueur de la vérité frappa son esprit, et les manières de son compagnon en furent peut-être la cause plus que ses discours. Ses traits prirent un air grave et sérieux quand elle leva les yeux sur la physionomie franche et ouverte du guide; mais quand elle lui adressa la parole, le pouvoir attractif de ses accents pleins de douceur eut plus d'empire sur lui que la force répulsive de ses paroles.

— Il faut que vous et moi nous nous entendions bien, Pathfinder, — lui dit-elle, — et qu'il n'existe aucun nuage entre nous. Vous êtes trop franc et trop sincère pour ne pas obtenir en retour de la franchise et de la sincérité. Bien certainement tout ce que vous venez de me dire n'est pas sérieux. Vous n'avez pu vouloir me parler que de l'amitié qu'un homme sage et ayant votre caractère peut avoir pour une jeune fille comme moi?

— Je crois que cela est tout naturel, Mabel; oui, je le crois. Le sergent m'a dit qu'il avait des sentiments semblables pour votre mère; et je crois avoir remarqué quelque chose de pareil dans les jeunes gens à qui j'ai de temps en temps servi de guide dans le désert. Oui, oui, j'ose dire que cela est assez naturel, et c'est ce qui fait que ces sentiments viennent si aisément, ce qui est une grande satisfaction pour moi.

— Ce que vous dites me met mal à l'aise, Pathfinder, parlez plus clairement, ou que ce sujet d'entretien soit banni pour toujours. Vous ne pouvez vouloir dire... vous ne pouvez désirer me donner à entendre... — Ici la parole manqua à Mabel, et elle fut quelques instants sans pouvoir se décider à prononcer les mots qu'elle désirait si vivement d'ajouter. Mais enfin, s'armant de tout son courage, et déterminée à tout savoir le plus tôt et le plus clairement possible, elle continua : — Je veux dire, Pathfinder, que vous ne pensez sûrement pas sérieusement à me prendre pour femme?

— J'y pense, Mabel, c'est cela, c'est précisément cela, et vous avez mis la chose sous un meilleur point de vue que je n'aurais été en état de le faire, avec mes manières des forêts et ma nature des frontières. Le sergent et moi nous avons conclu l'affaire, si elle vous est agréable, comme il pense que cela est probable; quoique, quant à moi, je doute que je puisse plaire à une jeune fille qui mérite le meilleur mari que l'Amérique puisse produire.

Les traits de Mabel exprimèrent tout-à-coup la surprise, et par une transition aussi subite, cette expression passa de la surprise à la peine.

— Mon père, — s'écria-t-elle, — mon père a pensé que je deviendrais votre femme !

— Oui, Mabel; oui en vérité. Il a même pensé que cela pouvait vous être agréable, et il m'a presque porté à croire que cela pouvait être vrai.

— Mais vous, vous-même, bien sûrement vous vous souciez fort peu que cette singulière attente se réalise ou non?

— Comment dites-vous?

— Je veux dire que vous avez parlé de ce mariage pour faire plaisir à mon père plutôt que pour autre chose, et que, quelle que soit ma réponse, vous n'en serez pas sérieusement contrarié.

Le guide fixa les yeux sur ceux de Mabel, et il était impossible de se méprendre à l'admiration ardente qui était peinte dans tous les traits de sa physionomie ingénue.

— Je me suis souvent cru heureux, Mabel, lorsque je parcourais les bois après une heureuse chasse, respirant l'air pur des montagnes, et plein de vigueur et de santé ; mais je sens à présent que ce n'était que sottise et vanité près du plaisir que j'aurais à savoir que vous avez meilleure opinion de moi que de beaucoup d'autres.

— Oui, sans doute, Pathfinder, j'ai meilleure opinion de vous que de beaucoup d'autres. Je ne sais même si je ne devrais pas dire que j'en ai une meilleure que de qui que ce soit ; car je sais à peine en qui l'on pourrait trouver plus de véracité, de justice, d'honnêteté, de courage et de simplicité.

— Ah ! Mabel, de telles paroles dans votre bouche sont douces et encourageantes ; et le sergent, après tout, ne se trompait pas autant que je le craignais.

— Au nom de tout ce qu'il y a de plus sacré, Pathfinder, qu'il n'y ait pas de méprise entre nous dans une affaire si importante ! Je vous estime et je vous respecte presque autant que mon propre père ; mais il est impossible que je devienne jamais votre femme ; que je...

Le changement qui s'opéra sur les traits du guide fut si grand et si subit, que dès que Mabel vit sur la physionomie de son compagnon l'effet produit par ce qu'elle venait de dire, elle s'interrompit à l'instant, malgré le vif désir qu'elle avait de s'expliquer très-clairement ; car la répugnance qu'elle avait à causer quelque peine à un de ses semblables suffisait pour lui fermer la bouche. Tous deux furent quelques minutes sans parler. Le désappointement de Pathfinder allait presque jusqu'à l'angoisse ; il semblait étouffer, et il porta la main à son cou comme s'il eût voulu apporter du soulagement à quelque souffrance physique. Mabel fut alarmée des mouvements presque convulsifs dont il était agité.

— Pathfinder, — s'écria-t-elle, — je puis m'être exprimée plus fortement que je n'en avais l'intention, car une pareille chose est possible, et l'on dit que les femmes ne sont jamais bien sûres de ce qu'elles veulent. Ce que je désirais vous donner à entendre, c'est qu'il n'est pas probable que vous et moi nous devions jamais penser l'un à l'autre sous le point de vue du mariage.

— Je n'y pense pas, — je n'y penserai jamais plus, Mabel,

— répondit Pathfinder du ton d'un homme qui est à peine délivré d'une obstruction qui l'empêchait de parler; — non, non, je n'y penserai jamais plus ni à vous, ni à aucune autre, sous ce point de vue.

— Mon cher Pathfinder, n'attachez pas à mes paroles plus d'importance que moi. Un tel mariage serait imprudent, peut-être contre nature.

— Oui, contre nature. — C'est ce que j'ai dit au sergent, mais il n'a pas voulu me croire.

— Oh! c'est encore pire que je ne le croyais! — Donnez-moi la main, Pathfinder; — prouvez-moi que vous ne me haïssez pas! Que je vous voie encore me regarder en souriant.

— Vous haïr, Mabel! — moi, vous haïr! vous regarder en souriant! — hélas!

— Donnez-moi votre main, cette main si brave et si fidèle; — les deux! Pathfinder, les deux! Je serai malheureuse jusqu'à ce que je sois certaine que nous sommes encore amis, et tout ceci n'a été qu'une méprise.

— Mabel, — dit le guide en regardant en face la généreuse fille dont les jolis doigts tenaient ses mains dures et nerveuses, et en riant à sa manière silencieuse, tandis que l'angoisse était peinte sur des traits qui semblaient incapables de tromper, même quand ils étaient agités par des sentiments qui se combattaient; — Mabel, c'est le sergent qui a eu tort.

Il ne put maîtriser plus long-temps les sensations qu'il cherchait à cacher. De grosses larmes coulèrent le long de ses joues, ses doigts se portèrent encore à son cou, et sa poitrine se soulevait comme si elle eût été agitée de convulsions.

— Pathfinder, — s'écria Mabel, — mettez-moi à toute autre épreuve. — Parlez-moi!... — un seul mot, Pathfinder, un sourire, quelque chose qui me prouve que vous me pardonnez.

— Le sergent s'est trompé, — s'écria le pauvre guide, souriant au milieu de son agonie, de manière à effrayer sa compagne par ce mélange contre nature d'angoisses et de légèreté de cœur. — Je le savais; je le lui ai dit. — Oui, le sergent s'est trompé, après tout.

— Nous pouvons être amis, si nous ne pouvons être mari et femme, — reprit Mabel, presque aussi hors d'elle-même que son compagnon, et sachant à peine ce qu'elle disait, — nous pouvons toujours être amis et nous le serons toujours.

— Je pensais bien que le sergent se trompait — dit Pathfinder, après avoir fait un grand effort pour se rendre maître de lui-même, — car je ne croyais pas que ma nature pût plaire à une jeune fille élevée à la ville. Il aurait mieux valu qu'il ne me fît pas entrer d'autres idées dans la tête; et il aurait mieux valu aussi que vous n'eussiez pas été si aimable et si confiante avec moi. — Oui, cela aurait mieux valu.

— Si je croyais, par quelque erreur de ma part, vous avoir donné, quoique involontairement, des espérances, Pathfinder, je ne me le pardonnerais jamais, car, soyez-en bien sûr, j'aimerais mieux souffrir moi-même que de vous causer la moindre souffrance.

— C'est cela, Mabel, c'est justement cela. Ce sont des discours semblables, prononcés d'une voix si douce, à laquelle je ne suis pas habitué dans la forêt, qui ont fait tout le mal. Mais à présent je vois les choses telles qu'elles sont; je commence à comprendre la différence qu'il y a entre vous et moi, et je tâcherai d'étouffer mes pensées et de retourner dans les bois chercher du gibier ou des ennemis, comme je le faisais auparavant. Ah, Mabel! j'ai suivi une fausse piste depuis que je vous ai vue.

— Mais vous trouverez la véritable; vous oublierez tout ceci, et vous ne penserez plus à moi que comme à une amie qui vous doit la vie.

— Ce peut être la manière des villes, mais je doute que ce soit la nature des bois. Quand nous apercevons une belle vue, nous autres, nous ne pouvons en détacher nos yeux; et quand notre cœur a conçu un sentiment honnête et convenable, il lui est bien difficile d'y renoncer.

— Mais je n'ai rien de commun avec une belle vue, et m'aimer n'est pas en vous un sentiment convenable. Vous oublierez tout cela quand vous réfléchirez sérieusement que je ne vous conviens nullement pour femme.

— C'est ce que je disais au sergent, mais il m'a soutenu le contraire. Je savais que vous étiez trop jeune et trop belle pour un homme de mon âge qui n'a jamais été beau même étant jeune. Ensuite votre nature n'est pas la mienne; et la hutte d'un chasseur ne pourrait être une demeure convenable pour une jeune fille qui a été élevée en quelque sorte parmi les chefs. Si j'étais plus jeune et plus beau, comme Jasper Eau-douce, par exemple....

— Ne pensez pas à Jasper Eau-douce, — s'écria Mabel avec un ton d'impatience ; — nous pouvons parler d'autre chose.

— Jasper est un digne garçon, Mabel, oui, et un beau garçon, — répondit le guide innocemment, en la regardant comme s'il eût douté de son jugement, en l'entendant parler légèrement de son ami. — Si j'avais été la moitié aussi bien tourné que Jasper, je n'aurais pas eu à moitié près les mêmes craintes, et elles auraient pu ne pas être si bien fondées.

— Ne parlons pas de Jasper, — dit Mabel, la rougeur lui montant aux joues ; — il peut valoir son prix sur une rivière ou sur le lac, mais il ne vaut pas assez pour que nous nous en occupions ici.

— Je crois, Mabel, qu'il vaut mieux que l'homme qui sera probablement votre mari, quoique le sergent dise que cela ne peut jamais avoir lieu. Mais puisque le sergent s'est trompé une fois, il peut se tromper une seconde.

— Et qui doit probablement être mon mari, Pathfinder ? ceci est à peine moins étrange que ce que vous me disiez tout-à-l'heure.

— Je sais qu'il est naturel de chercher de préférence son semblable ; et quand on a beaucoup fréquenté des femmes d'officier, de désirer d'en épouser un. Mais, Mabel, je sais que je puis vous parler franchement, et j'espère que ce que j'ai à vous dire ne vous fera pas de peine ; car à présent que je sais ce que c'est que d'être désappointé dans ce genre de sentiment, je ne voudrais causer de chagrin à personne sur un pareil sujet ; non, pas même à un Mingo. Mais le bonheur ne se trouve pas plus sûrement sous un beau pavillon que sous une tente de grosse toile ; et quoique les logements des officiers soient quelque chose de plus attrayant que le reste des casernes, le mari et la femme rencontrent souvent le malheur dans l'intérieur de leurs appartements.

— Je n'en doute nullement, Pathfinder ; et si j'avais à en décider, j'aimerais mieux vous suivre dans une hutte dans les bois pour y partager votre destin, quel qu'il pût être, que d'entrer dans la demeure d'un officier pour y rester comme sa femme.

— Ce n'est pas ce qu'espère Lundie, Mabel ; ce n'est pas ce qu'il dit.

— Et que m'importe Lundie ? il est major du 55me, il peut commander à ses soldats de tourner à droite ou à gauche, et de marcher où bon lui semble ; mais il ne peut me forcer à épouser le premier ou le dernier de ses officiers. D'ailleurs, comment pouvez-vous connaître les désirs de Lundie sur un pareil sujet?

— De sa propre bouche. Le sergent lui avait dit qu'il désirait m'avoir pour gendre, et le major, étant un ancien et un véritable ami, m'a parlé franchement à ce sujet, et m'a demandé en propres termes s'il ne serait pas plus généreux à moi de laisser un officier réussir auprès de vous, que de chercher à vous faire partager la fortune d'un chasseur. J'avouai qu'il avait raison, mais quand il me dit qu'il s'agissait du quartier-maître, je ne voulus pas y consentir. Non, non, Mabel; je connais parfaitement David Muir, et quoiqu'il puisse faire de vous une dame, il n'en fera jamais une femme heureuse. Je vous parle pour votre intérêt seul, car je vois clairement à présent que le sergent a fait une méprise.

— Mon père en a commis une très-grande, s'il a dit ou fait quelque chose qui puisse vous causer de la peine, Pathfinder; et j'ai pour vous une si grande estime et une amitié si sincère que sans une seule.... je veux dire que personne ne doit craindre que le lieutenant Muir ait la moindre influence sur moi. J'aimerais mieux rester ce que je suis jusqu'au dernier jour de ma vie, que de devenir une dame au prix d'un mariage avec lui.

— Je ne crois pas que vous disiez ce que vous ne pensez pas, Mabel.

— Particulièrement dans un tel moment, sur un pareil sujet, et surtout en vous parlant, Pathfinder. Non; que le lieutenant Muir cherche des femmes où il pourra, mon nom n'en grossira jamais la liste.

— Je vous en remercie, Mabel, je vous en remercie; car quoiqu'il n'y ait plus d'espoir pour moi, je ne serais jamais heureux si vous épousiez le quartier-maître. Je craignais que son grade ne pût compter pour quelque chose à vos yeux; oui, je le craignais, car je connais l'homme. Ce n'est pas la jalousie qui me fait parler ainsi, c'est la vérité. Je vous dis que je connais l'homme. Si vous vous preniez de fantaisie pour un jeune homme qui le méritât, comme Jasper Western, par exemple...

— Pourquoi toujours parler de Jasper, Pathfinder? il n'a rien de commun avec notre amitié. Parlons de vous, et de la manière dont vous avez dessein de passer l'hiver.

— Parler de moi, Mabel! je n'ai jamais été bon à grand'chose; si ce n'est à suivre une piste, ou à tirer un coup de carabine; et je vaux encore moins depuis que j'ai découvert la méprise du sergent ; il est donc inutile de parler de moi. Il m'a été fort agréable d'être près de vous si long-temps, et même de m'imaginer que le sergent ne se trompait pas, mais à présent tout est dit. Je descendrai le lac avec Jasper, et alors nous trouverons assez de besogne, ce qui chassera de mon esprit des pensées inutiles.

— Et vous oublierez tout ce qui vient de se passer, — vous m'oublierez. — Non, vous ne m'oublierez pas, Pathfinder, mais vous reprendrez vos anciennes occupations et vous cesserez de penser qu'une jeune fille doive troubler la paix de votre cœur.

— Je ne le savais pas auparavant, Mabel ; mais je vois qu'une jeune fille a plus d'influence sur la vie d'un homme que je n'aurais pu le croire. Avant que je vous connusse, l'enfant nouveau-né ne pouvait dormir plus tranquillement que moi. Dès que ma tête était posée sur une racine ou sur une pierre, ou quelquefois sur une peau, tout était perdu pour mes sens, à moins que je ne rêvasse pendant la nuit à ma besogne de la veille ou à celle du lendemain. Je dormais jusqu'à ce que le moment de me lever fût arrivé, et les hirondelles n'étaient pas plus sûres de prendre leur vol au soleil levant que je ne l'étais d'être sur mes jambes à l'heure que je le voulais. Tout cela semblait ma nature, et je pouvais y compter même au milieu d'un camp de Mingos, car j'ai fait dans mon temps des excursions jusque dans les villages de ces vagabonds.

— Et vous retrouverez tout cela, Pathfinder, car un homme si prudent et si sensé ne voudra pas perdre son bonheur pour une pure fantaisie. Vous rêverez encore à vos chasses, aux daims que vous aurez tués et aux castors que vous aurez pris.

— Hélas ! Mabel, je ne désire plus rêver de ma vie. Avant que nous nous fussions rencontrés, j'avais une sorte de plaisir en rêvant que je suivais les chiens, que je découvrais une piste des Iroquois, que je dressais une embuscade, que je combattais dans une escarmouche, et j'y trouvais de la satisfaction ; c'était ma nature. Mais tout cela n'a plus de charmes pour moi depuis que j'ai fait connaissance avec vous. Ce n'est plus à de pareilles choses que je pense dans mes songes. La dernière nuit que nous passâmes au fort, je rêvai que j'avais une cabane dans un bosquet d'érables à sucre, et au pied de chacun de ces arbres était une Mabel Dunham, et les oiseaux qui étaient sur leurs branches chantaient des ballades au lieu du chant que la nature leur a donné. Les daims s'arrêtaient pour les écouter. Je pris Tue-daim pour tirer sur un faon, mais l'amorce ne prit pas. Le faon se mit à me rire en face aussi agréablement qu'une jeune fille qui est en humeur de gaieté, et ensuite il s'enfuit en bondissant, et il se retournait de temps en temps comme pour voir si je le suivais.

— Ne parlons plus de tout cela, Pathfinder, — dit Mabel en essuyant ses yeux, car la simplicité franche avec laquelle il laissait voir jusqu'à quel point l'amour s'était enraciné en lui, faisait une impression pénible sur son cœur. — Maintenant allons chercher mon père; il ne peut être loin, car je viens de l'entendre tirer un coup de fusil à peu de distance.

— Le sergent a eu tort. — Oui, il a eu tort. — Doit-on essayer d'unir la tourterelle avec le loup ?

— Je vois mon père qui vient, — dit Mabel. — Prenons un air heureux et content, Pathfinder; c'est celui que doivent avoir deux amis; et gardons notre secret.

Il y eut un intervalle de silence. On entendit le bruit de quelques branches sèches qui se cassaient sous les pieds du sergent, et bientôt on le vit sortir du bois et gravir la hauteur. Dès qu'il fut arrivé, il regarda successivement avec attention Pathfinder et sa fille, et dit ensuite à celle-ci :

— Mabel, vous êtes jeune et vous avez le pied léger; allez ramasser l'oiseau que je viens de tuer. Il est tombé dans les broussailles dans ce bouquet de sapins qui termine le bois du côté du rivage. Et comme Jasper fait le signal pour annoncer qu'il va remettre à la voile, ne vous donnez pas la peine de remonter ici, nous vous rejoindrons sur le bord de l'eau.

Mabel obéit et descendit la montagne avec la vitesse et l'élasticité de la jeunesse et de la santé. Mais malgré la légèreté de sa course elle se sentait un poids sur le cœur; et dès que le bois l'eut dérobée aux yeux de son père et du guide, elle se jeta au pied d'un arbre et pleura à chaudes larmes. Le sergent la suivit des yeux avec l'orgueil d'un père jusqu'à ce qu'elle eût disparu, et il se tourna alors vers son compagnon avec un sourire qui indiquait autant de familiarité intime que ses habitudes le permettaient.

— Elle a la légèreté de sa mère, — lui dit-il, — avec quelque chose de la force de son père. Je pense moi-même que la mère n'était pas tout-à-fait aussi bien que la fille; mais les Dunham, hommes ou femmes, ont toujours été regardés comme une belle race. — Eh bien! Pathfinder, je suppose que vous n'avez pas laissé échapper l'occasion et que vous lui avez parlé clairement? Les femmes aiment la franchise dans les affaires de cette sorte.

— Je crois que Mabel et moi nous nous entendons enfin, sergent, — répondit le guide, regardant d'un autre côté pour ne pas rencontrer les yeux de son ami.

— Tant mieux! il y a des gens qui s'imaginent qu'un peu de doute et d'incertitude donne du piquant à l'amour; mais moi je suis de ceux qui pensent que plus la langue s'exprime clairement, plus l'esprit comprend aisément. — Mabel a-t-elle été surprise?

— Je crois qu'elle l'a été, sergent; oui, elle a été attaquée par surprise.

— Eh bien! les surprises en amour sont comme les embuscades en guerre, et elles ne sont pas moins permises. Mais il n'est pas aussi facile de dire quand une femme est surprise que quand cela arrive à l'ennemi. — Mabel ne s'est pas enfuie, mon digne ami?

— Non, sergent, elle n'a pas cherché à s'échapper; je puis le dire en toute conscience.

— J'espère pourtant qu'elle n'a pas montré trop d'empressement. Sa mère a été réservée et a fait des façons pendant un mois au moins. Mais après tout la franchise est une recommandation pour une femme comme pour un homme.

— C'est cela, c'est cela. Et le jugement aussi.

— Vous ne devez pas attendre trop de jugement dans une jeune fille, Pathfinder, mais il viendra avec l'expérience. On pourrait ne pas nous pardonner aussi aisément, à vous ou à moi, mon digne ami, si nous commettions une méprise; mais à l'égard d'une fille de l'âge de Mabel, on ne doit pas faire un effort pour avaler un moucheron, de crainte d'avaler un chameau.

Le lecteur fera attention que le sergent n'était pas fort en hébreu.

Les muscles du visage du guide étaient agités pendant que le sergent parlait ainsi, quoiqu'il eût alors repris une partie de ce stoïcisme habituel qu'il devait probablement à son long commerce avec les Indiens. Il baissait et levait les yeux alternativement, et il y eut un instant où l'expression de ses traits aurait pu faire croire qu'il allait se livrer à un des accès de ce rire intérieur qui lui était particulier; mais ils en prirent une autre au même moment, et c'était presque celle de l'angoisse. C'était ce mélange extraordinaire d'une vive agonie mentale avec une gaieté simple et naturelle, qui avait le plus frappé Mabel dans l'entrevue que nous venons de décrire. Une douzaine de fois elle avait été tentée de croire qu'elle n'avait fait qu'une légère impression sur l'esprit du guide, quand elle le voyait se livrer avec une simplicité presque enfantine à des images de bonheur et de gaieté; mais elle avait repoussé promptement cette idée en découvrant en lui des émotions si pénibles qu'elles semblaient lui déchirer l'âme. Il est vrai qu'à cet égard Pathfinder était un enfant. Sans aucune expérience dans les voies du monde, jamais il ne songeait à cacher une de ses pensées, et son esprit recevait et réfléchissait toutes les émotions avec la simplicité et la promptitude du premier âge; l'enfant prêtant à peine son imagination souple à une impression passagère plus facilement que cet être si simple dans tous ses sentiments personnels; tandis qu'il était si ferme, si stoïcien, si sévère dans tout ce qui concernait ses occupations habituelles.

— Vous parlez vrai, sergent, — répondit Pathfinder; — une méprise dans un homme comme vous est une chose plus sérieuse.

— Vous finirez par trouver Mabel franche et sincère. Donnez-lui seulement un peu de temps.

— Hélas, sergent!

— Un homme de votre mérite ferait impression sur un rocher. Donnez-lui du temps, mon ami.

— Sergent Dunham, nous sommes d'anciens compagnons de campagnes, de campagnes comme on en fait dans ces bois, et nous nous sommes rendu tant de services l'un à l'autre, que nous pouvons nous parler librement. Quel motif avez-vous eu pour croire qu'une fille comme Mabel pourrait jamais se prendre d'inclination pour un homme comme moi?

— Quel motif, mon cher ami? un millier, et d'excellents motifs. Entre autres, les services et les campagnes dont vous parlez; d'ailleurs n'êtes-vous pas mon camarade juré et éprouvé depuis long-temps?

— Tout cela sonne fort bien pour vous et pour moi, sergent, mais ce n'est pas la même chose pour votre jolie fille. Elle peut penser que les campagnes dont vous parlez ont détruit le peu de bonne mine que je pouvais avoir autrefois; et je ne sais si être un ancien ami de son père est un grand titre pour obtenir l'affection particulière d'une jeune fille. Qui se ressemble s'assemble, c'est moi qui vous le dis; et ma nature n'est pas tout-à-fait la nature de Mabel Dunham.

— Ce sont de vos scrupules de modestie, Pathfinder, et ce n'est pas ce qui vous avancera dans les bonnes grâces de ma fille. Les femmes n'ont pas de confiance dans les hommes qui se méfient d'eux-mêmes, et elles préfèrent ceux qui ne doutent de rien. La modestie est une excellente chose dans une recrue, et surtout dans un enseigne qui vient de rejoindre son régiment; car cela l'empêche de se moquer des sous-officiers avant qu'il sache rien de ce qu'il a à faire; peut-être n'est-elle pas hors de place dans un commissaire des guerres ou dans un ministre de l'évangile; mais c'est le diable quand elle s'empare d'un vrai soldat ou d'un amant. Conservez-en le moins possible si vous voulez gagner le cœur d'une femme. Quant à votre doctrine de qui se ressemble s'assemble, elle n'a pas le sens commun dans les affaires de cette sorte. Si cela était vrai, les femmes aimeraient les femmes et les hommes les hommes. Non, non; il faut dire : qui se ressemble ne s'assemble pas; et vous n'avez rien à craindre de Mabel à cet égard. Voyez le lieutenant Muir, il a déjà eu cinq femmes, à ce qu'on dit, et il n'y a pas en lui plus de modestie que dans un chat à neuf queues[1].

— Que le lieutenant Muir fasse blanc de son épée tant qu'il voudra, il ne sera jamais le mari de Mabel Dunham.

— C'est une remarque sensée, Pathfinder, puisque j'ai décidé que vous serez mon gendre. Si j'étais moi-même officier, il aurait pu avoir une chance; mais le temps a fermé la porte entre ma fille et lui, et je n'entends pas l'ouvrir, quoique ce soit celle d'un pavillon d'officier.

— Il faut que nous laissions Mabel suivre sa fantaisie, sergent. Elle est jeune, rien ne lui pèse sur le cœur; et à Dieu ne plaise que je veuille faire tomber le poids d'une feuille sur un esprit qui n'est que bonheur et gaieté!

— Lui avez-vous parlé à cœur ouvert? — demanda le sergent d'un ton aigre.

Pathfinder était trop véridique pour répondre négativement à cette question; mais il avait trop d'honneur pour vouloir trahir Mabel et l'exposer au ressentiment d'un père qu'il savait être sévère et irritable.

— Nous nous sommes ouvert nos cœurs, — répondit-il, — et

---

[1] Martinet à neuf branches ayant trois nœuds sur chacune d'elle.

quoique celui de Mabel en soit un dans lequel tout homme pourrait aimer à lire, j'y ai vu peu de chose qui pût me donner une plus haute opinion de moi.

— Elle n'a pas osé vous refuser — refuser le plus ancien ami de son père?

Pathfinder détourna le visage pour cacher l'angoisse qu'il sentait devoir s'y peindre, et lui répondit du ton calme qui lui était habituel :

— Mabel est trop polie pour faire un refus, ou pour dire une injure à un chien. D'ailleurs, je ne lui ai pas fait la question de manière à recevoir un refus direct.

— Et vous imaginez-vous que ma fille vous sauterait au cou avant de savoir quelles étaient vos intentions positives? Si elle eût agi ainsi, elle n'aurait pas été la fille de sa mère, et je douterais qu'elle fût la mienne. Les Dunham aiment la franchise, mais ce ne sont pas des sauteurs. Laissez-moi conduire cette affaire, Pathfinder, et elle ne souffrira aucun délai inutile. Je parlerai à ma fille ce soir même, et je le ferai en votre nom, comme étant le principal intéressé.

— N'en faites rien sergent, n'en faites rien; laissez cette affaire entre Mabel et moi, et je crois que nous finirons par nous entendre. Les jeunes filles sont des oiseaux craintifs; elles n'aiment ni qu'on les presse trop, ni qu'on leur parle avec dureté. — Laissez cette affaire entre Mabel et moi.

— J'y consens à une condition, Pathfinder; et c'est que vous me promettrez, sur l'honneur d'un éclaireur, de lui parler clairement et sans détour à la première occasion convenable.

— Je le ferai, sergent; oui, je le ferai, pourvu que vous me promettiez de ne pas vous mêler de cette affaire. A cette condition, je vous promets, oui, je vous promets de demander à Mabel si elle veut m'épouser, quand même elle devrait me rire au nez en entendant cette question.

Le sergent Dunham fit volontiers la promesse qui lui était demandée; car il s'était fortement pénétré de l'idée qu'un homme qu'il estimait et qu'il respectait tellement lui-même, ne pouvait manquer d'être agréable à sa fille. Il avait épousé une femme beaucoup plus jeune que lui, et la différence d'âge entre Mabel et le guide n'était rien à ses yeux. Mabel avait une éducation fort supérieure à la sienne, et il ne sentait pas la différence que cette circonstance mettait entre le père et la fille : car c'est un des traits les plus désagréables du commerce du savoir avec l'ignorance, du goût avec l'impéritie, de l'esprit cultivé avec le manque d'intelligence, que les qualités élevées sont souvent soumises au jugement de ceux qui sont hors d'état de les apprécier. Le sergent Dunham ne pouvait donc être un bon juge des sentiments de sa fille, ni former une conjecture très-probable sur la direction qu'ils prendraient, ce qui est souvent déterminé par l'impulsion et la passion plutôt que par la raison. Cependant le digne soldat ne se trompait pas autant qu'on pourrait le juger au premier aperçu, en calculant les chances qui pouvaient être favorables à Pathfinder. Connaissant toutes les qualités estimables de cet homme, sa fidélité, sa droiture, son dévouement, son courage, son désintéressement, il n'était nullement déraisonnable de supposer qu'un tel caractère produirait une impression favorable sur le cœur d'une femme, quand elle aurait eu le temps de bien l'apprécier; mais son erreur avait été de croire que sa fille apprendrait, en quelque sorte, par intuition, tout ce que vingt ans de liaison lui avaient appris à lui-même.

Tandis que les deux amis descendaient la montagne pour se rendre sur les bords du lac, la conversation ne languit pas. Le sergent chercha toujours à convaincre le guide que sa méfiance de lui-même l'avait seule empêché d'obtenir un succès complet près de Mabel, et qu'il n'avait qu'à persévérer pour réussir. Mais Pathfinder était naturellement trop modeste, et il avait été trop complètement découragé dans sa dernière entrevue avec Mabel, quoiqu'elle y eût mis toute la délicatesse possible, pour croire tout ce que son compagnon lui disait. Cependant, le père employa tant d'arguments pour le persuader, qu'ils finirent par lui paraître plausibles; et il trouvait si agréable de penser que Mabel pouvait encore être à lui, que le lecteur doit apprendre, sans trop de surprise, que cette enfant de la nature ne regarda plus la conduite récente de Mabel tout-à-fait sous le même jour qu'auparavant. Il est vrai qu'il ne croyait pas tout ce que le sergent lui disait, mais il commençait à penser que la timidité d'une jeune fille, et l'ignorance où elle pouvait être de ses propres sentiments, avaient pu porter Mabel à lui parler comme elle l'avait fait.

— Le quartier-maître n'est pas dans les bonnes grâces de Mabel, — dit Pathfinder en réponse à une remarque du sergent. — Elle ne le regardera jamais que comme un homme qui a déjà eu quatre ou cinq femmes.

— Ce qui est plus que sa part légitime. Un homme peut se marier deux fois sans blesser les bonnes mœurs et la décence, j'en conviens : mais quatre fois, c'est impardonnable.

— Je croirais même que se marier une seule fois est ce que maître Cap appelle une circonstance, — dit Pathfinder en riant à sa manière tranquille; car son esprit avait déjà repris quelque chose de son élasticité.

— Oui, sans doute, mon ami, et si ce n'était pas Mabel qui doit être votre femme, je vous conseillerais de rester garçon. Mais la voici. Chut! la discrétion est le mot d'ordre.

— Hélas! sergent, je crains que vous ne fassiez encore une méprise!

CHAPITRE XIX.

« Cette place était un heureux séjour champêtre, offrant une vue variée. »

Milton.

Mabel les attendait sur le rivage, et la pirogue fut aussitôt mise à l'eau. Pathfinder fit traverser le ressac à ses compagnons avec la même dextérité qu'il l'avait déjà fait, et ils arrivèrent près du *Scud* sans avoir même reçu une goutte d'eau du rejaillissement des vagues.

L'Ontario est comme un homme d'un caractère vif, prompt à se mettre en colère, mais s'apaisant aussi vite. L'eau était déjà calme, et quoique des brisants bordassent la côte aussi loin que la vue pouvait s'étendre, ils n'étaient indiqués que par des lignes brillantes, semblables à ces cercles qui se forment sur l'eau d'un étang, quand on y a jeté une pierre. Le câble du *Scud* se montrait à peine au-dessus de l'eau, et Jasper avait déjà hissé ses voiles pour être prêt à partir aussitôt que la brise de terre qu'il attendait, les enflerait.

Le soleil se couchait lorsque la brigantine s'enfla, et que le cutter commença à fendre l'eau. Le vent était léger et venait du sud, et le cap du bâtiment était tourné vers la côte méridionale dans la vue de se reporter à l'est le plus tôt possible. La nuit suivante fut calme, et le sommeil de ceux qui se couchèrent, profond et tranquille.

Il y eut quelque difficulté relativement au commandement du cutter, car il existait encore de la méfiance contre Jasper; mais l'affaire se termina par un arrangement fait à l'amiable. Cap conserva un pouvoir de surveillance, et le jeune homme fut chargé de commander les manœuvres, mais sauf le contrôle et l'approbation du vieux marin. Jasper y consentit plutôt que d'exposer Mabel à de nouveaux dangers; car, à présent que la tempête était calmée, il ne doutait pas que *le Montcalm* ne se mît à la recherche du *Scud*. Il eut pourtant la discrétion de ne pas faire connaître ses craintes à cet égard, car le fait était que les mesures qu'il croyait les plus propres à échapper à l'ennemi, étaient précisément celles qui pouvaient éveiller de nouveaux soupçons contre lui dans l'esprit de ceux qui avaient le pouvoir de contre-carrer ses projets. Jasper croyait que le jeune et brave officier français qui commandait *le Montcalm* quitterait son mouillage sous le fort du Niagara dès que le vent le permettrait, et remonterait le lac pour s'assurer de ce que *le Scud* était devenu, en tenant le milieu du lac afin d'embrasser du regard une plus grande étendue d'eau; et il pensait que, de son côté, le plus prudent était de longer la côte, non seulement pour éviter la rencontre du bâtiment ennemi, mais encore parce qu'il aurait une chance de passer sans être aperçu, si ses mâts et ses agrès se confondaient dans l'éloignement avec les objets qui étaient sur le rivage. Il préférait la côte du sud parce que c'était celle du vent, et celle que l'ennemi s'imaginerait moins qu'il suivrait, parce qu'elle conduisait nécessairement près des établissements français, et qu'il aurait à passer devant un des postes les plus forts que la France occupât dans cette partie du monde.

Heureusement Cap ignorait tout cela, et l'esprit du sergent était trop occupé des détails de la mission militaire qu'il avait à remplir, pour songer à ceux qui appartenaient plus particulièrement à une autre profession. Personne ne mit donc opposition aux desseins de Jasper, et avant le matin il avait tranquillement repris peu à peu toute son autorité, donnait ses ordres sans consulter personne, et l'équipage y obéissait avec confiance et sans hésiter.

Dès que le jour parut, tout le monde se rassembla sur le pont et, comme c'est l'usage, tous les regards se portèrent à l'horizon du côté de l'orient, à mesure que les objets sortaient de l'obscurité, et que le panorama s'étendait en proportion de l'augmentation de la lumière. A l'est, à l'ouest et au nord, on ne voyait que l'eau, qui brillait sous les rayons du soleil levant ; mais au sud, on apercevait la ceinture des forêts qui enchâssaient alors l'Ontario dans un cercle de verdure. Tout-à-coup une ouverture se montra en avant, et les murs massifs d'une espèce de château-fort entouré de fortifications extérieures, et muni de bastions et de palissades se firent voir sur un promontoire situé sur le bord d'une large rivière. A l'instant où le fort devint visible, une espèce de petit nuage s'éleva au-dessus, et l'on reconnut bientôt que c'était le pavillon blanc de la France.

A ce spectacle désagréable, Cap poussa une exclamation, et jeta à son beau-frère un coup d'œil annonçant la méfiance.

— La nappe sale suspendue en l'air, vrai comme je m'appelle Charles Cap, — murmura-t-il ensuite ; — et nous serrons cette maudite côte, comme si c'était notre femme et nos enfants que nous revoyions au retour d'un voyage dans les Indes ! — Écoutez, Jasper, êtes-vous à la recherche d'une cargaison de grenouilles pour vous tenir si près de cette Nouvelle-France ?

— Je longe la côte, monsieur, dans l'espoir de passer le bâtiment ennemi sans être aperçu, car je crois qu'il doit être ici quelque part sous le vent.

— Oui, oui, cela sonne bien, et j'espère que le résultat sera ce que vous dites. — Je me flatte qu'il n'y a pas ici de sous-courant.

— Nous sommes maintenant près d'une côte, mais le vent vient de terre, — répondit Jasper en souriant, — et je pense que vous conviendrez, maître Cap, qu'un fort sous-courant met le câble à l'aise. — Nous devons tous la vie à un sous-courant de ce lac.

— Balivernes françaises ! grommela Cap à demi-voix, quoiqu'il s'inquiétât fort peu que Jasper l'entendît ; — donnez-moi un honnête, franc et loyal courant anglo-américain, qui se montre au grand jour, au lieu d'un de vos lâches coquins de sous-courants, qui se cachent sous la surface de l'eau et qu'on ne peut ni voir ni sentir. Si l'on pouvait savoir la vérité, j'ose dire qu'on verrait que l'affaire de ce sous-courant qui nous a sauvés, dit-on, était une chose arrangée.

— Du moins, frère, — dit le sergent, — nous avons maintenant une bonne occasion de reconnaître le poste ennemi de Niagara, car je suppose que c'est le fort que nous voyons. Soyons tout yeux en passant vis-à-vis, et souvenons-nous que nous sommes presque en face de l'ennemi.

L'avis du sergent n'était pas très-nécessaire. C'était une nouveauté que de voir un endroit occupé par des êtres humains au milieu de cette vaste scène d'une nature déserte, et elle inspirait un intérêt suffisant pour exciter l'attention. Le vent avait assez fraîchi pour que *le Scud* fendît l'eau avec une grande rapidité ; et Jasper mollit un peu la barre à l'ouverture de la rivière, et lofa comme pour entrer dans l'embouchure de ce beau détroit. En ce moment un bruit sourd et éloigné, apporté par le vent, et suivant le cours de la rivière, se fit entendre : on aurait dit que c'étaient les sons les plus graves de quelque orgue immense, et ils semblaient même de temps en temps faire trembler la terre.

— C'est un bruit comme celui du ressac sur une longue côte, — dit Cap dans un instant où ces sons frappaient ses oreilles avec plus de force que jamais.

— Oui, oui, — dit Pathfinder, — c'est un ressac comme nous en avons dans ce pays. Il n'y a pas là de sous-courant, maître Cap. Toute l'eau qui frappe contre les rochers qu'on voit là-bas, s'y arrête, ou du moins ne songe pas à s'en retourner en arrière. C'est la voix du Niagara que vous entendez, tandis qu'il tombe du haut de ces montagnes.

— Personne n'aura l'impudence de prétendre que cette grande et belle rivière tombe du haut de ces montagnes.

— C'est pourtant ce qu'elle fait, maître Cap, et cela faute d'escalier pour en descendre, parce qu'elle ne trouve pas d'autre route pour aller plus loin. C'est la nature telle que nous l'avons ici, quoique j'ose dire que vous avez mieux sur la mer. Ah, Mabel ! comme cela serait agréable si nous pouvions faire dix à quinze mille en nous promenant, et remonter le long des bords de cette rivière jusqu'à ces montagnes pour y voir les merveilles que Dieu y a faites !

— Vous avez donc vu cette célèbre cataracte, Pathfinder ?

— Si je l'ai vue, Mabel ? oui, je l'ai vue, et vous pouvez dire que c'est une vue imposante. Le Grand-Serpent et moi nous étions à épier ce que faisait la garnison de ce fort, quand il me dit que les traditions de sa tribu parlaient d'une grande cataracte dans ces environs, et il me proposa d'aller voir cette merveille. J'en avais entendu parler par quelques soldats du 60°, qui est mon corps naturel, et non le 55°, avec lequel j'ai eu tant de rapports depuis ce temps ; mais il y a de si terribles menteurs dans tous les régiments, que je croyais à peine la moitié de ce qu'ils m'avaient dit. Eh bien ! nous nous mîmes en marche, et nous pensions être conduits par nos oreilles, en entendant quelque chose de ce vacarme qui nous étourdit aujourd'hui. Mais non, la nature n'avait pas en ce moment sa voix de tonnerre comme ce matin. C'est ce qui arrive dans la forêt, maître Cap ; il y a des moments où Dieu semble se montrer armé de tout son pouvoir ; il y en a d'autres où tout est calme comme si son esprit répandait la tranquillité sur toute la terre. Eh bien ! nous arrivâmes tout d'un coup sur le bord de la rivière, à quelque distance au-dessus de la cataracte, et un jeune Delaware, qui était avec nous, ayant trouvé un canot d'écorce, voulut entrer dans le courant pour gagner une île qui était au centre de la lutte et de la confusion de l'eau. Nous lui dîmes que c'était une folie, et nous cherchâmes à lui faire sentir qu'il était mal de tenter la Providence en s'exposant inutilement au danger. Mais les jeunes Delawares sont à peu près comme les jeunes soldats, pleins de vanité, et aimant à courir des risques. Tout ce que nous lui dîmes ne put le détourner de son dessein, et il partit. Il me semble, Mabel, que lorsqu'une chose est réellement grande et puissante, elle a une majesté tranquille qui est toute différente du bourdonnement et de la vanité des plus petites, et c'est ce qui arrive à ces rapides. La pirogue n'y fut pas plus tôt engagée, qu'elle partit avec la rapidité de l'oiseau qui vole dans les airs, et tout le talent du jeune Delaware ne put résister au courant. Il fit pourtant les plus grands efforts pour sauver sa vie, se servant de la rame jusqu'au dernier moment, comme le daim qui se jette à l'eau pour éviter les chiens. D'abord il commença à traverser le courant avec tant de rapidité, que nous crûmes qu'il réussirait dans son entreprise ; mais il avait mal calculé la distance, et quand il en fut convaincu, il chercha à remonter la rivière, et fit des efforts qui étaient terribles à voir. J'aurais eu pitié de lui, quand même c'eût été un Mingo. Pendant quelques instants ses efforts furent si frénétiques, qu'il l'emporta sur le courant ; mais la nature a ses bornes, il ne put les continuer, et il perdit pouce à pouce et pied à pied tout ce qu'il avait gagné. Il arriva alors à un endroit où l'eau avait l'air lisse et verte, comme si elle eût été formée de millions de fils d'eau tous tendus par-dessus un énorme rocher ; et enfin partant comme une flèche, il disparut à nos yeux, l'avant de la pirogue se baissant assez pour nous faire voir ce qu'il deviendrait. Quelques années après, je rencontrai un Mohawk qui avait vu toute l'affaire de l'autre côté de la cataracte, et il me dit que le Delaware avait continué à agiter sa rame en l'air jusqu'au moment où il avait disparu au milieu de l'écume de la cataracte.

— Et que devint ce malheureux ? — demanda Mabel, à qui l'éloquence naturelle et simple du guide avait inspiré un vif intérêt.

— Il est sans doute allé dans l'heureux pays où les esprits de sa tribu s'amusent à chasser, car, quoiqu'il fût vain et téméraire, il avait de la droiture et de la bravoure. Sa folie a été cause de sa mort; mais le Manitou des peaux-rouges a pitié de ses créatures aussi bien que le Dieu des chrétiens.

Un coup de canon fut tiré en ce moment du fort, et le boulet passa en sifflant au-dessus du mât du cutter, ce qui était un avertissement de ne pas en approcher davantage. Jasper était au gouvernail, et il s'éloigna en souriant comme s'il se fût mis peu en peine de ce salut discourtois. *Le Scud* était alors dans le courant, et il fut bientôt assez loin pour ne pas avoir à craindre la répétition de cette démonstration d'hostilité. Dès que le bâtiment fut en face de la rivière, Jasper s'assura que le *Montcalm* n'y était pas à l'ancre, et un matelot qu'il avait fait monter sur le mât vint lui faire le rapport qu'on ne voyait aucune voile sur le lac. Jasper espéra alors que sa précaution avait réussi et que le commandant français avait tenu le milieu du lac tandis qu'il en longeait la côte.

Pendant toute la journée le vent resta au sud, et le cutter continua sa route à environ une lieue de la terre, filant six à huit nœuds par heure sur une eau parfaitement tranquille. Quoique la scène eût un trait de monotonie, — la vue perpétuelle de la forêt, — elle n'était pas sans intérêt. Divers promontoires se présentaient, et en passant de l'un à l'autre, *le Scud* traversait des baies si profondes qu'elles méritaient presque le nom de golfe. Mais l'œil n'apercevait nulle part des signes de civilisation. De temps en temps une rivière versait son tribut dans le grand réservoir du lac, mais la vue pouvait en suivre les rives pendant plusieurs milles dans l'intérieur des terres sans rencontrer autre chose que des arbres ; et même de grandes baies qui ne communiquaient à l'Ontario que par d'étroits canaux, se montraient et disparaissaient sans offrir aucune trace d'habitation humaine.

De tous ceux qui se trouvaient à bord, Pathfinder était celui qui voyait cette scène avec le plus de plaisir. Ses yeux se repaissaient de cette perspective de forêt sans bornes, et quoiqu'il trouvât fort agréable d'être près de Mabel et d'écouter sa douce voix, plus d'une fois, pendant le cours de cette journée, il désira être sous les arches formées par les érables, les chênes et les tilleuls, dans ces solitudes où ses habitudes l'avaient porté à croire qu'on pouvait seulement trouver un bonheur solide et durable. Cap voyait les choses sous un aspect tout différent. Il se plaignit plusieurs fois de n'apercevoir ni tours, ni phares, ni fanaux, ni rades couvertes de bâtiments. Il protesta qu'il ne se trouvait pas dans le monde entier une côte semblable ; et prenant à part le sergent il l'assura gravement que ce pays ne pourrait jamais prospérer puisqu'on y négligeait les ports, que les rivières y restaient désertes et sans utilité, et que la brise même avait une odeur de forêt, ce qui faisait douter de sa salubrité.

Les sentiments des divers individus qui étaient à bord du *Scud* n'en arrêtaient pas la marche ; et quand le soleil se coucha, il avait déjà fait cent milles en s'avançant vers Oswego, le sergent Dunham croyant alors de son devoir de s'y rendre pour recevoir les nouvelles instructions que le major Duncan pourrait avoir à lui donner. Dans cette intention Jasper continua toute la nuit à longer la côte, et quoique le vent commençât à manquer vers le matin, il dura assez pour le conduire jusqu'à une pointe qu'on savait n'être qu'à environ deux lieues du fort. Là, une brise légère commença à venir du nord, et le cutter s'écarta un peu de la terre afin de pouvoir prendre le large si le vent augmentait ou s'il passait à l'est.

Lorsque le jour parut, le cutter avait l'embouchure de l'Oswego sous le vent, à la distance d'environ deux milles, et à l'instant où l'on tira dans le fort le coup de canon du matin, Jasper ordonna de mollir les écoutes et de porter vers le port. En ce moment un cri parti de l'avant attira tous les regards sur la pointe qui renfermait la côte orientale de l'embouchure de la rivière ; et là, précisément hors de la portée des canons du fort, et ses voiles réduites à ce qu'il en fallait pour rester stationnaire, était *le Montcalm*, attendant évidemment le retour du *Scud*.

Passer devant ce bâtiment était impossible, car, en portant plus de voiles, il aurait pu couper la route du *Scud* en quelques minutes, et les circonstances exigeaient une prompte décision. Après une courte consultation, le sergent changea encore une fois de projet, et résolut de gagner le plus promptement possible le poste qui était sa première destination, se fiant sur la vitesse du cutter pour laisser l'ennemi en arrière de manière à ce qu'il ne pût avoir connaissance de ses mouvements.

Le Scud déploya toutes ses voiles et s'orienta au plus près du vent dans le plus court délai possible. On tira les canons du fort, et les remparts furent couverts de soldats. Mais ces démonstrations inutiles étaient tout ce que Lundie pouvait faire en faveur du cutter. De son côté, *le Montcalm* tira aussi quelques coups de canon par bravade, arbora le pavillon français, et se mit en chasse sous toutes voiles possibles.

Pendant plusieurs heures, les deux bâtiments fendirent l'eau avec toute la rapidité possible, courant de courtes bordées au vent pour conserver le port sous leur vent, l'un pour tâcher d'y entrer, l'autre pour lui en couper la route.

A midi, on ne voyait plus que le sommet des mâts du bâtiment français sous le vent du cutter, le premier n'étant pas à beaucoup près aussi bon voilier que le second au plus près du vent; et *le Scud* avait en avant quelques îles derrière lesquelles Jasper pensa qu'il serait possible de passer pour cacher à l'ennemi les mouvements futurs du cutter. Quoique Cap, le sergent, et surtout le lieutenant Muir, à en juger par ses discours, se méfiassent encore beaucoup du jeune marin, et qu'on ne fût pas très-loin de Frontenac, cet avis fut suivi, car le temps pressait, et le quartier-maître observa sagement que Jasper ne pouvait guère les trahir sans entrer ouvertement dans le port ennemi, ce qu'ils seraient toujours à temps d'empêcher, puisque le seul croiseur que les Français eussent en ce moment sur le lac était sous le vent à eux, et par conséquent ne pouvait leur nuire pour le moment.

Libre d'exécuter son projet, Jasper fit bientôt voir ce qu'il était en état de faire. Il passa derrière les îles, les laissa à l'ouest et s'en éloigna, n'ayant rien en vue ni dans ses eaux, ni sous le vent. Au coucher du soleil, le cutter rencontra la première des îles qui se trouvent dans le grand détroit formant de ce côté la sortie du lac, et avant qu'il fît nuit, il avançait dans les étroits canaux conduisant au poste où il devait se rendre. Cependant à neuf heures Cap insista pour qu'on jetât l'ancre, car le labyrinthe d'îles devenait si compliqué, qu'il craignait, à chaque espace d'eau libre, de se trouver sous les canons d'un fort français. Jasper y consentit sans peine, ayant pour instructions spéciales de ne jamais s'approcher du poste sans prendre les mesures nécessaires pour qu'aucun homme de l'équipage n'en pût connaître exactement la route ou la situation, de crainte qu'un déserteur n'en donnât avis à l'ennemi.

Le Scud jeta l'ancre dans une petite baie retirée où il aurait été difficile de le trouver pendant le jour, et où il était parfaitement caché. Tout le monde alors descendit sous le pont pour prendre du repos, à l'exception d'une sentinelle. Cap s'était tellement fatigué depuis deux jours, qu'il dormit long-temps et profondément, et il ne s'éveilla de son premier sommeil que quand le jour commença à paraître. Cependant à peine ouvrit-il les yeux que son instinct nautique l'avertit que le cutter avait levé l'ancre. Montant à la hâte sur le pont, il trouva le Scud voguant au milieu des îles, tandis qu'il n'y avait sur le pont que Jasper et le pilote, excepté la sentinelle, qui ne s'était pas mêlée de mouvements qui avaient dû lui paraître aussi réguliers que nécessaires.

— Que veut dire ceci, maître Jasper? — s'écria-t-il avec colère; — avez-vous le projet de nous faire enfin entrer dans le port de Frontenac pendant que nous sommes tous endormis?

— J'exécute mes ordres, maître Cap. Le major Duncan m'a ordonné de ne jamais m'approcher de ce poste sans avoir envoyé tout le monde sous le pont. Il ne veut pas avoir dans ces eaux plus de pilotes que le service du roi n'en exige.

— Whe-e-ew! j'aurais fait une belle affaire de me jeter au milieu de ces buissons et de ces rochers sans avoir personne sur le pont! Sur ma foi! un pilote régulier d'York ne se tirerait pas d'un pareil canal.

— J'ai toujours pensé, monsieur, — dit Jasper en souriant, — que vous auriez mieux fait de laisser le cutter entre mes mains, jusqu'à ce qu'il fût arrivé à sa destination.

— Nous l'aurions fait, Jasper; nous l'aurions fait sans les circonstances. Mais ces circonstances sont des choses très-sérieuses, et tout homme prudent doit y faire attention.

— Eh bien! monsieur, j'espère que nous en sommes à la fin. Nous arriverons au poste en moins d'une heure; si le vent continue;

et alors vous serez en sûreté contre toutes circonstances que je pourrais occasionner.

— Humph !

Cap ne trouva rien à répliquer; et tout paraissant indiquer que Jasper était de bonne foi, il ne lui fut pas difficile de se décider à le laisser agir comme il le voudrait. Dans le fait, il n'aurait pas été facile à l'homme le plus susceptible relativement aux circonstances, de s'imaginer que le Scud était là dans le voisinage immédiat d'un port occupé depuis aussi long-temps que Frontenac et aussi bien connu sur toute la frontière. Le nombre des îles pouvait ne pas monter littéralement à mille; mais elles étaient assez nombreuses et assez petites pour déjouer tous les calculs, quoiqu'il s'en trouvât de temps en temps une plus grande que les autres. Jasper avait quitté ce qu'on pouvait appeler le grand canal, et, à l'aide d'une bonne brise et d'un courant favorable, il traversait des passages quelquefois si étroits qu'à peine aurait-on cru que le Scud pût y passer sans que ses agrès touchassent aux arbres; et dans d'autres moments, il passait dans de petites baies où le cutter semblait enterré dans les buissons, les forêts et les rochers. L'eau était si transparente que la sonde était inutile, et comme la profondeur en était partout à peu près la même, il y avait peu de risque à courir, quoique Cap, avec ses habitudes de mer, fût dans une crainte perpétuelle que le bâtiment ne touchât.

— J'y renonce, Pathfinder, j'y renonce, — s'écria enfin le vieux marin, quand le Scud sortit en sûreté du vingtième de ces canaux étroits dans lesquels Jasper l'avait conduit si hardiment. — C'est défier la science même de la navigation et en envoyer au diable toutes les lois et les règles.

— Non, non, Eau-salée, c'est la perfection de l'art. Vous voyez que Jasper n'hésite jamais. Comme un chien qui a le nez bon, il court la tête haute, comme si son flair ne pouvait le tromper. J'en réponds sur ma vie, Eau-douce nous en tirera à la fin, comme il l'aurait fait dès le commencement si on l'eût laissé faire.

— Sans pilote, sans sonde, sans bouées, sans phares, sans...

— Sans piste, — dit Pathfinder en l'interrompant, — car c'est là pour moi la partie la plus mystérieuse de l'affaire. Tout le monde sait que l'eau ne laisse pas de piste, et pourtant voilà Jasper qui avance aussi hardiment que s'il avait sous les yeux des traces de moccasins sur les feuilles aussi visibles pour lui que pour nous le soleil.

— Du diable si je crois qu'il ait même une boussole.

— Range à hâle bas le foc! — cria Jasper qui ne faisait que sourire des remarques de son compagnon. — Hâle-bas! — tribord la barre! — Tribord tout. Bien. Rencontrez la barre doucement; maniez-la légèrement. A présent sautez à terre avec l'amarre; non, jetez-la, nous avons du monde à terre pour la recevoir.

Tout cela se passa si rapidement, qu'à peine les spectateurs eurent-ils le temps de remarquer les différentes évolutions. On lança le bâtiment au vent, jusqu'à faire fasier la grande voile; après quoi, à l'aide seulement du gouvernail, il fut placé le long d'un quai naturel de rocher, auquel il fut solidement amarré. En un mot, on était arrivé au poste, et les soldats du 55e furent accueillis par leurs camarades avec la satisfaction naturelle à des soldats qu'on vient relever d'un service peu agréable.

Mabel sauta sur le rivage avec un plaisir qu'elle ne chercha pas à dissimuler, et son père y conduisit ses soldats avec un empressement qui prouvait combien il était las du cutter. Le Poste, comme les soldats du 55e appelaient cet endroit, semblait promettre des jouissances à des hommes qui avaient été enfermés plusieurs jours dans un aussi petit bâtiment que le Scud. Aucune de ces îles n'était très-haute, quoiqu'elles fussent toutes assez élevées au-dessus du niveau de l'eau pour que le séjour en fût sûr et salubre. Toutes étaient plus ou moins boisées, et la plupart, à cette époque, étaient encore couvertes d'une forêt vierge. Celle sur laquelle le poste avait été établi était petite et ne contenait guère qu'une vingtaine d'acres de terre. Par quelque accident, arrivé peut-être plusieurs siècles auparavant, elle avait perdu une partie de ses arbres, et une clairière revêtue d'herbe en couvrait à peu près la moitié de la surface. L'officier qui avait choisi cet endroit pour en faire un poste militaire, pensait qu'une source qui s'y trouvait avait attiré autrefois l'attention des Indiens, et les avait portés à venir fréquemment dans cette île quand ils s'occupaient de la chasse ou de la pêche du saumon, ce qui avait empêché une seconde pousse d'arbres et donné aux herbes le temps de pousser de fortes racines et de se rendre maîtresses du terrain. Quelle qu'en pût être la cause, l'effet en était de rendre cette île beaucoup plus belle que celles qui l'entouraient, et de lui donner un air de civilisation qui manquait encore à une très-grande partie de cette vaste région.

Les rives de l'Ile-du-Poste étaient complètement bordées de grands buissons, et l'on avait eu grand soin de les conserver, parce qu'ils servaient d'écran pour cacher les personnes et les choses qui se trouvaient dans l'intérieur. A la faveur de cet abri et des arbres qui couvraient une bonne moitié de l'île, on y avait construit sept à huit huttes peu élevées pour servir de logement à l'officier et aux soldats, de magasin pour les approvisionnements, de cuisine, etc. Ces huttes étaient construites en troncs d'arbres, suivant l'usage, et couvertes d'écorces, matériaux qu'on avait apportés d'une île plus éloignée, de peur que les marques du travail de l'homme n'éveillassent l'attention. Comme elles avaient été habitées pendant plusieurs mois, elles étaient commodes autant que peuvent l'être des habitations de cette espèce.

A l'extrémité orientale de cette île, il y avait pourtant une petite péninsule d'environ un acre de terre, qui était complètement boisée, et sous les arbres de laquelle croissaient des broussailles si épaisses, qu'il était impossible de voir à travers tant que les branches conservaient leurs feuilles. Près de l'isthme étroit qui rattachait ce terrain au reste de l'île, on avait bâti un petit fort en bois, et l'on avait eu soin de ne pas le laisser sans quelques moyens de résistance. On avait choisi pour le construire des troncs d'arbres assez gros pour qu'ils fussent à l'épreuve du boulet; on les avait équarris, et ils étaient joints de manière à ne laisser aucun point faible. Les fenêtres étaient des meurtrières, la porte petite et épaisse, le toit formé de grosses pièces de bois comme les murailles, et couvert d'écorces pour empêcher la pluie de pénétrer dans l'intérieur. Le rez-de-chaussée était destiné, suivant l'usage, à conserver les munitions et les approvisionnements; le premier étage servait en même temps de logement et de citadelle, et un grenier fort bas était divisé en deux ou trois chambres où une quinzaine d'hommes pouvaient coucher. Tous ces arrangements étaient excessivement simples; mais ils suffisaient pour mettre les soldats à l'abri d'une surprise. Les arbres s'élevant de tous côtés beaucoup plus haut que cet édifice, il était invisible pour tous ceux qui n'étaient pas dans l'intérieur de l'île. Des meurtrières des étages supérieurs, on pouvait voir la clairière, quoique les broussailles cachassent plus ou moins la base de l'édifice.

Ce fort n'ayant été construit que dans la vue de pouvoir s'y défendre, on avait eu soin de le placer assez près de la source dont nous avons parlé, pour qu'on pût y puiser de l'eau à l'aide d'un seau et d'une corde en cas de siége. Pour faciliter cette opération, les étages supérieurs s'avançaient de quelques pieds au-delà du rez-de-chaussée, et la communication entre les différents étages avait lieu par le moyen d'échelles. Si nous ajoutons que ces forts étaient destinés à servir de lieu de retraite en cas d'attaque, le lecteur pourra se faire une idée assez correcte des arrangements que nous désirons lui expliquer.

Mais c'était la situation de cette île qui en faisait le principal mérite comme position militaire. Placée au milieu d'un groupe de vingt autres, il n'était pas facile de la trouver, car les barques pouvaient en passer à très-peu de distance, et s'imaginer qu'elle faisait partie de quelque autre, les canaux qui l'en séparaient étant si étroits, qu'il était presque impossible de décider si quelques-unes étaient des îles ou des presqu'îles, même quand on se trouvait au centre de ce groupe dans le dessein exprès de le reconnaître. La petite baie qui servait de havre à Jasper avait surtout son entrée si bien cachée par des îles couvertes d'arbres et de buissons que l'équipage du *Scud*, revenant un jour de pêcher dans les canaux voisins, avait passé plusieurs heures à la chercher avant de pouvoir la trouver. En un mot, cet endroit convenait admirablement à l'usage qu'on voulait en faire, et les avantages qu'il possédait naturellement en avaient été augmentés autant que le permettaient les moyens limités d'un poste sur la frontière.

L'heure qui suivit l'arrivée du *Scud* n'en fut une de repos pour personne. Le détachement qu'on venait relever n'avait rien fait qui mérite d'être cité; et, fatigués de ce qui leur paraissait un exil, tous ceux qui le composaient étaient impatients de retourner à Oswego. Dès que l'officier qui commandait eut remis au sergent ses instructions et le commandement du poste, il passa à bord du *Scud* avec tous ses hommes, et Jasper, qui aurait volontiers passé la journée sur l'île, reçut ordre de mettre à la voile sur-le-champ, le vent étant favorable. Mais auparavant, le lieutenant Muir, Cap et le sergent eurent un entretien particulier avec l'officier qui allait partir, afin de lui faire part des soupçons qu'ils avaient conçus contre Jasper. Après leur avoir promis d'avoir les yeux ouverts sur sa conduite, l'officier s'embarqua, et il ne s'était pas écoulé trois heures depuis son arrivée quand Jasper mit à la voile.

Mabel avait pris possession de la hutte destinée à son père, et c'était la meilleure de toutes, étant celle qui était toujours occupée par le commandant. Pour diminuer le travail, on fit d'une hutte voisine la cuisine et la salle à manger, où les principaux membres du détachement devaient prendre ensemble leurs repas que la femme du soldat était chargée de préparer. Mabel put ainsi faire dans la hutte du sergent tous les petits arrangements domestiques qui pouvaient lui être commodes ainsi qu'à son père et que les circonstances permettaient; et pour la première fois depuis son arrivée sur la frontière, elle se sentit fière de sa demeure. Dès qu'elle se fut acquittée de ces importants devoirs, elle alla faire une promenade dans l'île, et, traversant la petite clairière, elle prit un sentier conduisant à la seule pointe de l'île qui ne fût pas entièrement couverte de buissons. Là elle regarda l'eau limpide, sur laquelle on voyait à peine une ride, réfléchit à la nouvelle situation dans laquelle elle était placée, chercha, non sans quelque agitation, à se rappeler tous les événements qui s'étaient passés depuis quelques jours, et se livra à des conjectures sur l'avenir.

— Vous êtes un objet admirable dans un admirable endroit, miss Mabel, — lui dit David Muir, qui parut tout à coup à son côté; et ce n'est pas moi qui dirai que vous n'êtes pas le plus admirable des deux.

— Je ne vous dirai pas, monsieur Muir, que de pareils compliments ne me sont pas agréables, — répondit Mabel, — car vous ne croiriez peut-être pas que je vous dis la vérité; mais je vous dirai que s'il vous plaisait de m'adresser quelques remarques d'une nature différente, je pourrais en conclure que vous me supposez assez d'intelligence pour les comprendre.

— Votre esprit, charmante Mabel, est aussi poli que le canon du mousquet d'un soldat, et votre conversation n'est que trop sage et trop discrète pour un pauvre diable qui a passé ici quatre ans au milieu des bouleaux, au lieu de recevoir de leurs branches cette discipline qui a la vertu de faire entrer les connaissances dans la tête. — Mais je suppose, miss Mabel, que vous n'êtes pas fâchée d'appuyer encore une fois votre joli pied sur la terre ferme.

— Je pensais ainsi il y a deux heures, monsieur Muir; mais *le Scud* paraît si beau quand on le voit à travers une de ces percées voguer sur le lac, que je regrette presque de ne plus être à bord.

En finissant ces mots, elle agita son mouchoir pour répondre à un signe d'adieu que lui faisait Jasper, qui ne cessa de la regarder que lorsque son cutter eut doublé une pointe derrière laquelle il disparut.

— Les voilà partis, et je ne dirai pas que la joie les accompagne, mais puissent-ils faire un heureux voyage ! car s'il leur arrivait malheur, nous serions en danger de passer l'hiver ici, à moins que nous n'ayons l'alternative d'être conduits au château de Québec. Ce Jasper Eau-douce est un jeune drôle dont on ne sait trop que penser, et il court sur lui dans la garnison des bruits qui me font peine. Votre respectable père, et votre presque aussi respectable oncle n'ont pas la meilleure opinion de lui.

— J'en suis fâchée, monsieur Muir ; mais je ne doute pas que le temps ne détruise toute leur méfiance.

— Si le temps pouvait seulement détruire la mienne, charmante Mabel, — répliqua le quartier-maître, je ne porterais pas envie à notre commandant en chef. — Je crois que si les circonstances me décidaient à quitter le service, le digne sergent pourrait fort bien mettre mes souliers [1].

— Si mon père est digne de mettre vos souliers, monsieur Muir, — dit Mabel avec un plaisir malin, j'ose dire que vous ne l'êtes pas moins de mettre les siens.

— Comment diable! miss Mabel, voudriez-vous me réduire au grade de sous-officier ?

— Non, vraiment, monsieur ; je ne pensais nullement à l'armée pendant que vous me parliez. Je songeais combien vous me rappeliez mon père par votre expérience et votre prudence, et combien vous étiez en état d'être comme lui à la tête d'une famille.

— Comme nouveau marié, charmante Mabel, mais non comme père ou comme chef naturel. Mais je vois ce que c'est, et j'aime vos reparties, car elles étincellent d'esprit. L'esprit ne me déplaît pas dans une jeune femme, pourvu que ce ne soit pas l'esprit d'une pie-grièche. — Ce Pathfinder est un homme fort extraordinaire, s'il faut dire la vérité.

— Il faut dire de lui la vérité, ou ne pas en parler, monsieur Muir. Pathfinder est mon ami, — mon ami très-particulier ; et l'on ne peut en ma présence en dire aucun mal que je ne sois prête à nier.

---

1. Manière de parler familière, signifiant remplacer quelqu'un, lui succéder.

— Je n'ai nulle envie d'en dire aucun mal, je vous assure ; mais je doute qu'il y ait beaucoup de bien à en dire.

— Il est du moins excellent tireur, — dit Mabel en souriant. — Ce n'est pas *vous* qui pouvez le nier.

— Qu'il jouisse du bonheur de tous ses exploits en ce genre, si bon vous semble ; mais il est ignorant comme un Mohawk.

— Il peut ne pas savoir le latin ; mais il sait l'iroquois mieux que personne ; et c'est la langue la plus utile des deux dans cette partie du monde.

— Si Lundie lui-même me demandait ce que j'admire le plus de votre personne ou de votre esprit, belle et caustique Mabel, je ne saurais que lui répondre. Mon admiration se partage si également à cet égard, qu'elle accorde la palme tantôt à l'une, tantôt à l'autre. Ah ! feu mistress Muir était aussi un modèle en ce genre.

— La dernière mistress Muir, dites-vous, monsieur ? — demanda Mabel en le regardant d'un air innocent.

— Ah ! c'est quelque bavardage de Pathfinder. Je gage que le drôle a cherché à vous persuader que j'ai déjà eu plus d'une femme ?

— En ce cas, il aurait perdu son temps, monsieur ; car personne n'ignore que vous avez eu le malheur d'en perdre quatre.

— Trois seulement, — aussi vrai que je me nomme David Muir. La quatrième est un vrai scandale ; — ou pour mieux dire, charmante Mabel, elle est encore *in petto*, comme on le dit à Rome, ce qui, en affaire d'amour, veut dire dans le cœur.

— Eh bien ! je suis charmée de ne pas être cette quatrième personne *in petto* ni autrement, car je n'aimerais pas à être un scandale.

— Ne craignez rien à cet égard, charmante Mabel, car si vous étiez la quatrième, les autres seraient oubliées, et votre beauté, votre mérite, vous élèveraient sur-le-champ à être la première. Ne craignez pas d'être la quatrième en rien.

— Cette dernière assurance a quelque chose de consolant, monsieur Muir, — dit Mabel en riant, — car j'avoue que j'aimerais beaucoup mieux n'être qu'au quatrième rang en beauté, que d'être la quatrième femme de qui que ce soit.

A ces mots, elle le quitta brusquement et s'éloigna en courant, laissant le quartier-maître réfléchir sur le succès qu'il avait obtenu. Elle s'était décidée à user de ses moyens de défense avec toute la liberté que peut se permettre une femme, tant parce que M. Muir avait pour elle depuis quelque temps des attentions si marquées qu'il avait besoin d'être sérieusement repoussé, qu'à cause de ses insinuations contre Jasper et Pathfinder. Quoiqu'elle eût de l'esprit et de la vivacité, elle était loin d'être impertinente; mais elle crut que les circonstances l'autorisaient à lui parler comme elle l'avait fait. Elle pensa donc, en le quittant, qu'elle était délivrée pour toujours de soins affectés qui lui était souverainement désagréables. Mais elle ne connaissait pas assez David Muir. Accoutumé aux rebuffades, et doué de persévérance, il ne vit aucune raison de désespérer, quoique la manière moitié menaçante, moitié satisfaite de lui-même, dont il secoua la tête en la regardant tandis qu'elle s'en allait, pût indiquer des desseins aussi sinistres qu'ils étaient déterminés. Pendant qu'il était à réfléchir, Pathfinder s'approcha, et il arriva près de lui sans avoir été aperçu.

— Ne courez pas après elle, quartier-maître, ne courez pas après elle, — lui dit-il en riant à sa manière; — elle est jeune et alerte, et il faut un pied agile pour l'atteindre. — On dit que vous songez à l'épouser?

— Et l'on m'a dit la même chose de vous; mais ce serait une telle présomption que j'ai peine à le croire.

— Je crains que vous n'ayez raison; oui, je le crains. Quand je pense à ce que je suis, au peu que je sais, à la vie que j'ai menée, je sens que je n'ai pas le droit de songer un seul instant à une créature si bien élevée, si aimable, si enjouée, si délicate. —

— Vous oubliez de dire si jolie, — dit Muir l'interrompant.

— Oui, et si jolie, j'aurais dû le dire avec ses autres qualités; car le jeune faon, à l'instant où il apprend à bondir, n'est pas plus agréable aux yeux du chasseur que Mabel ne l'est aux miens. Je crains véritablement que toutes les pensées que j'ai élevées jusqu'à elle n'aient été vaines et présomptueuses.

— Si vous pensez ainsi de vous-même, et d'après la modestie qui vous est naturelle, mon cher ami, mon devoir, comme votre ancien compagnon de campagnes, m'oblige de vous dire...

— Quartier-maître, — dit le guide en le regardant en face, — nous nous sommes vus souvent derrière les remparts du fort, mais nous avons été fort peu ensemble dans les bois ou en face de l'ennemi.

— En garnison ou sous la tente, c'est toujours la même campagne, et vous devez le savoir, Pathfinder. Ensuite mon devoir m'oblige souvent à rester à portée des magasins et des approvisionnements, quoique ce soit contre mon inclination, comme vous pouvez le supposer, puisque vous avez vous-même l'amour des combats. Mais si vous aviez entendu ce que Mabel vient de me dire de vous, vous ne penseriez pas une minute de plus à chercher à vous rendre agréable à cette mijaurée insolente.

Pathfinder regarda le quartier-maître avec attention, car il était impossible qu'il ne prît pas intérêt à l'opinion que Mabel pouvait avoir de lui; mais il avait l'âme trop noble et trop généreuse pour demander à savoir ce qu'un autre avait dit de lui. Il garda donc le silence; mais Muir ne voulut pas être désappointé par le respect que le guide avait pour lui-même et pour les convenances; car, croyant avoir affaire à un homme aussi simple qu'il était franc, il avait résolu de profiter de sa crédulité pour se débarrasser d'un rival. Il reprit donc la parole dès qu'il s'aperçut que sa retenue était plus forte que sa curiosité.

— Il convient que vous sachiez son opinion, — continua-t-il, — car je crois qu'un homme doit être instruit de ce que ses amis et ses connaissances pensent de lui. Ainsi, pour vous prouver le cas que je fais de votre caractère et de vos sentiments, je vous rapporterai en aussi peu de mots qu'il me sera possible tout ce qu'elle m'a dit. Vous savez que les yeux de Mabel ont un air malin et même méchant quand elle veut tirer à boulets rouges sur quelqu'un.

— Ses yeux m'ont toujours paru doux et attrayants, lieutenant Muir, quoique j'avoue qu'ils rient quelquefois. Oui, je les ai vus rire, et de tout leur cœur, et avec une véritable bienveillance.

— Eh bien! c'était justement cela. Ses yeux riaient de toute leur force, et au milieu de toute sa gaieté elle s'écria... — J'espère que je ne blesse pas votre sensibilité, Pathfinder?

— Je n'en sais rien, quartier-maître, je n'en sais rien. La bonne opinion de Mabel a beaucoup plus d'importance pour moi que celle de beaucoup d'autres.

— En ce cas, je serai discret, et je ne vous en dirai pas davantage. Dans le fait, pourquoi rapporterait-on à quelqu'un ce que ses amis disent de lui, quand on sait que ce qu'on a à lui dire ne serait pas agréable à entendre? Je n'ajouterai pas un seul mot à ce que je vous ai déjà dit.

— Je ne puis vous faire parler, lieutenant, si vous n'en avez pas la fantaisie. D'ailleurs il vaut peut-être mieux que je ne sache pas quelle opinion Mabel a de moi, puisque vous me donnez à entendre que cette opinion ne m'est pas favorable. Hélas! si nous pouvions être ce que nous désirons, au lieu de n'être que ce que nous sommes, il y aurait une grande différence dans nos caractères, dans nos connaissances et dans notre extérieur. On peut être rude, grossier, ignorant, et pourtant heureux si on ne le sait pas; mais il est dur de voir exposé au grand jour tout ce qui nous manque juste à l'instant où nous voudrions le moins en entendre parler.

— C'est précisément le RATIONALE de l'affaire, comme disent les Français; et c'est ce que je disais à Mabel quand elle m'a quitté si précipitamment. Vous avez remarqué la manière dont elle s'est enfuie lorsque vous approchiez?

— Cela était remarquable, — répondit Pathfinder, respirant longuement et serrant le canon de sa carabine comme si ses doigts eussent voulu s'enfoncer dans le fer.

— Cela était plus que remarquable, cela était *flagrant*. C'est le mot propre, et le dictionnaire ne pourrait en fournir de meilleur après une heure de recherche. Eh bien! il faut que vous sachiez, Pathfinder, — car je ne puis raisonnablement vous refuser la satisfaction de savoir cela, — il faut que vous sachiez que la donzelle a décampé de cette manière pour ne pas entendre ce que j'avais à lui dire pour votre justification.

— Et que pouviez-vous avoir à dire en ma faveur, quartier-maître?

— Vous devez sentir que je me suis gouverné d'après les circonstances, et que je ne me suis pas lancé dans des généralités, mais je me préparais à répondre à des détails par des détails. Si elle vous jugeait bizarre, à demi sauvage, et ayant les manières des frontières, je pouvais lui dire, comme vous le savez, que cela venait de ce que vous avez vécu sur une frontière étrange, et mené dans les forêts une vie à demi sauvage; et alors toutes ses objections devaient cesser, ou il fallait qu'elle cherchât querelle à la Providence.

— Et lui avez-vous dit tout cela, quartier-maître?

— Je ne ferai pas serment que j'aie employé ces paroles, mais c'était l'idée qui dominait dans mon esprit. Elle s'impatienta et ne voulut pas entendre la moitié de ce que j'avais à lui dire, et elle décampa comme vous l'avez vu de vos propres yeux, comme si son opinion était bien décidée et qu'elle ne voulût pas en écouter davantage. Je crois que son esprit a pris une détermination.

— Je le crains, lieutenant, je le crains, et son père s'est mépris, après tout. Oui, le sergent a commis une cruelle erreur.

— Eh bien! Pathfinder, faut-il pour cela vous désoler, et perdre la réputation que vous vous êtes faite depuis tant d'années. Prenez cette carabine dont vous vous servez si bien et allez dans les bois avec elle. Il n'y a pas une femme dans le monde qui mérite qu'on ait le cœur gros pour elle une minute. J'en parle par expérience. Croyez-en la parole d'un homme qui a eu deux femmes, et qui connaît leur sexe; les femmes, après tout, sont à peu près la sorte de créatures que nous ne nous imaginons pas qu'elles sont. Si vous désirez réellement mortifier Mabel, vous en avez réellement une aussi bonne occasion qu'aucun amant rejeté puisse le souhaiter.

— Mon dernier désir, lieutenant, serait de mortifier Mabel.

— Eh bien! c'est pourtant à quoi vous arriverez à la fin; car il est dans la nature humaine de désirer causer des sensations pénibles à ceux qui nous causent de pénibles sensations. Mais jamais vous ne pouvez trouver une si belle occasion que celle qui s'offre en ce moment pour vous faire aimer de vos amis, et c'est un moyen certain pour forcer nos ennemis à nous porter envie.

— Mabel n'est pas mon ennemie, quartier-maître; et quand elle le serait, la dernière chose que je souhaiterais, serait de lui causer un moment de déplaisir.

— Vous parlez ainsi, Pathfinder, et j'ose dire que vous pensez de même; mais la raison et la nature sont contre vous, et vous finirez par le reconnaître. Vous connaissez le proverbe « qui m'aime, aime mon chien; » eh bien! en le lisant à rebours, cela veut dire : qui ne m'aime pas, n'aime pas mon chien. Maintenant écoutez ce qu'il est en votre pouvoir de faire. Vous savez que nous occupons ici une position extrêmement incertaine et précaire, en quelque sorte dans la gueule du lion?

— Entendez-vous par le lion les Français, et par sa gueule cette île, lieutenant?

— Seulement par métaphore, mon cher ami; car les Français ne sont pas des lions, et cette île n'est pas une gueule, — à moins qu'elle ne devienne, comme je crains que cela n'arrive, la mâchoire d'un âne.

Ici le quartier-maître se permit un éclat de rire qui annonçait autre chose que du respect et de l'admiration pour la sagacité de son ami Lundie qui avait choisi cette île pour le siége de ses opérations.

— Ce poste est aussi bien choisi qu'aucun que j'aie jamais vu, — dit Pathfinder en regardant autour de lui de l'air d'un homme qui examine un tableau.

— Je ne le nierai point, je n'ai pas envie de le nier. Lundie est un grand soldat dans les petites choses, comme son père était un grand laird dans le même sens. Je suis né sur son domaine, et j'ai suivi si long-temps le major que je me suis habitué à respecter tout ce qu'il dit et tout ce qu'il fait. Vous savez que c'est mon côté faible, Pathfinder. Eh bien! ce poste peut avoir été choisi par un âne ou par un Salomon, comme on veut se le figurer, mais la situation en est critique, comme le font voir toutes les précautions et injonctions de Lundie. Des sauvages sont répandus sur ces Mille-Iles et dans toute la forêt, et ils cherchent précisément cet endroit, comme Lundie lui-même en a reçu des avis certains. Or, le plus grand service que vous puissiez rendre au 55e c'est de découvrir leur piste et de leur en faire suivre une fausse. Malheureusement le sergent Dunham s'est mis dans la tête que le danger doit venir en descendant la rivière, parce que Frontenac est au-dessus de nous, tandis que l'expérience nous apprend que les Indiens arrivent toujours du côté le plus contraire à la raison, et que par conséquent c'est du côté au-dessous de nous qu'il faut les attendre. Prenez donc votre pirogue et descendez la rivière au milieu des îles pour nous informer si quelque danger nous menace de ce côté. Et si vous faisiez quelques milles sur le continent, surtout sur la côte d'York, les informations que vous nous apporteriez n'en seraient que plus exactes, et par conséquent plus précieuses.

— Le Grand-Serpent est à épier de ce côté, et comme il connaît parfaitement le poste, il n'y a nul doute qu'il ne nous donne avis à temps, s'il s'y trame quelque chose contre nous.

— Mais le Grand-Serpent n'est qu'un Indien, Pathfinder, et c'est une affaire qui exige toutes les connaissances d'un homme blanc. Lundie aura une reconnaissance éternelle pour celui qui fera réussir cette petite entreprise. Pour vous dire la vérité, mon cher ami, il sent qu'il n'aurait jamais dû la tenter; mais il a quelque chose de l'obstination du vieux laird, et il ne veut pas avouer une erreur, quand elle serait aussi visible que l'étoile du matin.

Le quartier-maître continua à raisonner avec son compagnon pour l'engager à quitter l'île sans délai, employant tous les arguments qui se présentaient à son esprit, et faisant quelquefois valoir des motifs qui étaient en contradiction directe avec d'autres dont il avait déjà fait usage. Tout simple qu'il était, Pathfinder découvrit les vices des raisonnements du lieutenant, quoiqu'il fût loin de soupçonner que Muir n'avait d'autre but que de se débarrasser d'un amant de Mabel. Il répondit à de mauvaises raisons par de bonnes; la connaissance qu'il avait de tous les devoirs dont il était chargé le mit en état de résister à tous les conseils qui n'y étaient pas conformes, et, suivant son usage, il ferma l'oreille à tout ce qui n'était pas d'accord avec la droiture et l'intégrité. Sans soupçonner les desseins secrets du lieutenant, il ne se laissa point abuser par ses sophismes. Il en résulta qu'après une longue conversation, ils se séparèrent avec une méfiance mutuelle l'un de l'autre; mais celle du guide avait sa source dans son caractère franc, honnête et désintéressé.

Une conférence, qui eut lieu peu après entre le sergent et le lieutenant, eut des suites plus importantes. Quand elle fut terminée, des ordres secrets furent donnés aux soldats, qu'on distribua les uns dans le fort, les autres dans les huttes, et un homme accoutumé aux mouvements militaires aurait facilement découvert qu'une expédition se préparait. Quand le soleil se fut couché, le sergent, qui avait été fort occupé dans ce qu'on appelait le port, rentra dans sa hutte avec Cap et Pathfinder, et ayant pris sa place à table pour souper, il commença ainsi qu'il suit à faire connaître les nouvelles qu'il avait à annoncer :

— A la manière dont ce souper est ordonnancé, ma fille, on voit qu'il est probable que vous pourrez être ici de quelque utilité, et j'espère que lorsque le moment en sera arrivé, vous ferez voir que vous descendez de gens qui savaient faire face à l'ennemi.

— Vous n'attendez pas de moi, mon père, que je conduise vos soldats au combat comme Jeanne d'Arc?

— Comme qui, mon enfant? — Connaissez-vous quelqu'un qui porte ce nom, Pathfinder?

— Personne, sergent; mais qu'importe? je suis ignorant et sans éducation, et j'ai trop de plaisir à entendre le son de la voix de Mabel, pour m'inquiéter beaucoup du nom de personne.

— Je sais ce que c'est, — dit Cap d'un ton tranchant, — c'est le nom d'un bâtiment corsaire de Morlaix, qui fit de bonnes prises dans la dernière guerre.

Mabel regretta d'avoir fait, sans y songer, une allusion qui mettait en défaut toutes les connaissances historiques de son père et de son oncle; mais elle ne se permit pas même de sourire de la remarque simple et ingénue de Pathfinder.

— Vous ne voulez pas dire, mon père, que je dois me ranger parmi les soldats pour les aider à défendre leur poste?

— C'est pourtant ce que des femmes ont fait plus d'une fois dans cette partie du monde, comme Pathfinder vous le dira, ma fille. Mais de peur que vous ne soyez surprise de ne pas nous voir en vous éveillant demain matin, il convient que je vous avertisse que nous avons dessein de partir cette nuit pour une expédition.

— Vous, mon père! Et vous me laisserez seule avec Jenny dans cette île?

— Non, Mabel, non; je connais un peu mieux les principes de la guerre. Nous laisserons ici le lieutenant Muir, mon frère Cap, le caporal Mac-Nab, et trois hommes pour composer la garnison pendant notre absence. Jenny restera avec vous dans cette hutte, et votre oncle occupera la mienne.

— Et le lieutenant Muir? — dit Mabel, presque sans savoir qu'elle prononçait ces mots; car elle prévoyait que cet arrangement lui occasionnerait bien des persécutions désagréables.

— Il pourra vous faire l'amour, si cela vous amuse, Mabel; car c'est un jeune homme d'une constitution amoureuse; et ayant déjà pleuré quatre femmes, il lui tarde de prouver combien il en respecte la mémoire en en prenant une cinquième.

— Le quartier-maître m'a assuré, — dit Pathfinder innocemment, — que lorsque le cœur d'un homme a été hersé par tant de chagrins, il n'y a pas de meilleur moyen, pour le remettre dans son état naturel, que de le labourer de nouveau, de manière à n'y laisser aucune trace du passé.

— Oui, c'est justement la différence qu'il y a entre herser et labourer, — dit le sergent avec un sourire caustique. — Mais qu'il dise à Mabel sa façon de penser, et son amour ne durera pas long-temps. Je sais parfaitement que jamais *ma* fille ne sera la femme du lieutenant Muir.

Cela fut dit d'un ton qui semblait déclarer que jamais il ne consentirait à ce que sa fille épousât le quartier-maître. Mabel rougit, trembla, sourit à demi, et se sentit mal à l'aise; mais ralliant ses forces, elle dit avec assez d'enjouement pour cacher son agitation :

— Mais, mon père, nous ferions mieux d'attendre que M. Muir montre le désir que je veuille l'avoir pour mari, ou plutôt celui d'avoir votre fille pour femme, de peur qu'on ne nous rappelle la fable des raisins verts.

— Et quelle est cette fable, Mabel? — demanda Pathfinder, qui n'était nullement versé dans les connaissances les plus ordinaires des hommes blancs; — racontez-nous-la à votre jolie manière; j'ose dire que le sergent ne la connaît pas.

Mabel récita la fable bien connue du renard et des raisins, et elle le fit à sa jolie manière, comme Pathfinder l'avait désiré; c'est-à-dire de manière à tenir les yeux du guide fixés sur les siens, et à maintenir un sourire sur ses traits, jusqu'à ce qu'elle eût fini son récit.

— C'était parler en renard, — s'écria-t-il alors; — oui, et en Mingo, car ces deux genres de reptiles se ressemblent, et sont aussi astucieux et cruels l'un que l'autre. Quant aux raisins, ils sont aussi aigres dans cette partie du pays, même pour ceux qui peuvent y atteindre, quoique je ne doute pas qu'il n'y ait des saisons, des temps et des lieux où ils le semblent encore davantage à ceux qui ne le peuvent pas. Je suis porté à croire que ma chevelure paraît très-aigre aux yeux des Mingos à présent.

— Les raisins verts seront de l'autre côté, mon enfant, et ce sera à M. Muir à s'en plaindre. Vous ne voudriez jamais épouser cet homme, Mabel?

— Elle! — s'écria Cap; — non, non; un drôle qui n'est soldat qu'à moitié, après tout. L'histoire de ces raisins est tout à fait une circonstance.

— Mon père, mon oncle, je ne songe à épouser personne, et j'aimerais mieux parler d'autre chose, s'il vous plaît; mais si je pensais au mariage, un homme dont trois ou quatre femmes ont déjà mis l'affection à l'épreuve deviendrait difficilement l'objet de mon choix.

Le sergent fit un signe au guide, comme pour lui dire : Vous voyez comment vont les choses; et ensuite il eut assez d'égards pour sa fille pour changer de conversation.

— Ni vous ni Mabel, frère Cap, — dit-il, — vous ne pouvez

avoir aucune autorité légale sur la petite garnison que je laisse dans cette île, mais vous pouvez donner des avis et exercer votre influence. Strictement parlant, le caporal Mac-Nab sera l'officier commandant en mon absence, et j'ai cherché à le pénétrer du sentiment de sa dignité, de peur qu'il ne cède trop au rang supérieur du lieutenant Muir, qui, n'étant ici que comme volontaire, n'a pas le droit de donner des ordres. Je vous prie de soutenir le caporal, frère Cap, car si le quartier-maître violait une fois les principes de l'expédition, il pourrait ensuite prétendre me commander aussi bien qu'à Mac-Nab.

— Surtout si Mabel coupait son câble et le laissait en dérive pendant votre absence, frère Dunham; mais je suppose, sergent, que vous laisserez sous mes ordres tout ce qui flotte sur l'eau. La plus infernale confusion résulte quelquefois de la mésintelligence entre les commandants généraux de l'armée de terre et de l'armée navale.

— Dans un sens général, frère, le caporal est commandant en chef. L'histoire nous apprend que la division du commandement conduit à des difficultés, et je dois éviter ce danger. Il faut donc que ce soit le caporal qui commande; mais vous pouvez lui donner des conseils, surtout en ce qui concerne les barques; car je vous en laisserai une pour assurer votre retraite si elle devenait nécessaire. Je connais parfaitement le caporal; il est brave, bon soldat, c'est un homme sur qui l'on peut compter, si l'on peut écarter de lui la cruche au rum; mais il est Écossais, et comme tel, il est exposé à l'influence du quartier-maître, et c'est sur quoi je vous prie, vous et Mabel, d'être sur vos gardes.

— Mais pourquoi nous laisser ici, mon père? Je suis venue en ce pays pour ne plus vous quitter. Pourquoi ne vous accompagnerais-je pas?

— Vous êtes une bonne fille, Mabel, et vous tenez beaucoup des Dunham; mais il faut que vous restiez ici. Nous quitterons l'île demain avant l'aurore, afin que l'œil d'aucun maraudeur ne puisse nous voir sortir de notre port. Nous emmènerons les deux plus grandes barques, et nous vous laisserons la troisième avec une pirogue d'écorce. Nous allons entrer dans le canal par où passent les Français, et nous y resterons peut-être une semaine à les guetter afin de capturer les barques sur lesquels ils portent à Frontenac diverses marchandises destinées aux Indiens.

— Êtes-vous bien sûr que vos papiers sont en bon ordre, frère?

— demanda Cap avec un air d'inquiétude. — Vous devez savoir que la capture d'un bâtiment sur les hautes mers est un acte de piraterie, à moins qu'on n'ait une commission régulière, comme croiseur de Sa Majesté, ou une lettre de marque comme corsaire.

— J'ai l'honneur d'avoir la nomination de mon colonel comme sergent-major du 55e, — répondit le sergent en se redressant de toute sa hauteur, — et cela doit suffire, même pour le roi de France. Dans le cas contraire, j'ai les ordres par écrit du major Duncan.

— Point de papiers comme croiseur du roi !

— Ceux dont je viens de parler doivent suffire, frère; et je n'en ai pas d'autres. Il est d'une vaste importance pour l'intérêt de Sa Majesté dans cette partie du globe, que les barques dont je parle soient capturées et conduites à Oswego; car leur cargaison se compose de couvertures, de mousquets, de munitions, en un mot de tous les objets à l'aide desquels les Français engagent les maudits sauvages, leurs alliés, à commettre les plus noirs forfaits, foulant aux pieds les préceptes de notre sainte religion, les lois de l'humanité, et tout ce que les hommes ont de plus cher et de plus sacré. En nous emparant de tous ces objets, nous dérangerons leurs plans et nous gagnerons du temps; car ils ne pourront en envoyer d'autres dans ce pays avant la fin de l'automne.

— Mais, mon père, le roi d'Angleterre n'emploie-t-il pas aussi des Indiens ? — demanda Mabel avec curiosité.

— Oui, certainement, il en emploie, et il en a bien le droit, que Dieu le protège ! Cela fait une grande différence, comme chacun peut le comprendre, que ce soient les Anglais ou les Français qui emploient des sauvages.

— Cela est assez clair, frère Dunham; mais je ne vois pas mon chemin aussi clairement dans l'affaire des papiers qui vous manquent.

— La nomination faite par un colonel *anglais* doit convaincre tout *Français* du droit que j'ai d'agir ainsi, et ce qui est encore plus, il faudra qu'il s'en contente.

— Mais que ce soient les Français ou les Anglais qui emploient des sauvages, mon père, je ne vois pas quelle en est la différence.

— Toute la différence possible, mon enfant. D'abord les Anglais sont naturellement humains et courageux, les Français féroces et timides.

— Et vous pouvez ajouter, frère, qu'ils danseraient du matin jusqu'au soir, si on les laissait faire.

— Rien n'est plus vrai, — dit le sergent d'un ton grave.

— Mais, mon père, je ne vois pas en quoi tout cela change la question. S'il est mal aux Français de payer des sauvages pour combattre leurs ennemis, il doit l'être également aux Anglais. Vous, Pathfinder, vous conviendrez de cela?

— Cela est raisonnable; oui, cela est raisonnable. Je n'ai jamais été du nombre de ceux qui poussent de grands cris contre les Français parce qu'ils font ce que nous faisons nous-mêmes. Cependant, il est pire d'avoir les Mingos pour alliés que les Delawares; et si cette tribu d'hommes justes existait encore, je ne croirais pas commettre un péché en l'envoyant combattre nos ennemis.

— Et pourtant ils scalpent et tuent les jeunes et les vieux, les femmes et les enfants.

— C'est leur nature, Mabel, et l'on ne doit pas les blâmer de la suivre. La nature est la nature, quoiqu'elle ne soit pas la même dans toutes les tribus. Quant à moi, je suis blanc, et je cherche à me maintenir dans les sentiments des blancs.

— Tout cela est inintelligible pour moi, — dit Mabel; — il me semble que ce qui est juste pour le roi George, doit l'être également pour le roi Louis.

— Le vrai nom du roi de France est Caput, — dit Cap, la bouche pleine de venaison. J'ai eu autrefois un savant passager, et il me dit que tous ces noms de Louis Treize, Quatorze et Quinze, n'étaient que des sobriquets, et que leur véritable nom était Caput, mot latin qui signifie *tête;* voulant dire qu'ils devraient être mis au *pied* de l'échelle jusqu'à ce qu'ils fussent prêts à monter pour être pendus.

— Eh bien! c'est à peu près la même chose que d'être porté par nature à scalper, — dit Pathfinder avec l'air de surprise d'un homme dont l'esprit reçoit une nouvelle idée, — et j'aurai moins de componction que jamais en servant contre ces mécréants, quoique ce que j'en ai senti jusqu'ici ne vaille pas la peine d'en parler.

Comme tout le monde, excepté Mabel, semblait satisfait du cours que cette discussion avait pris, personne ne parut juger nécessaire de la continuer. Les trois hommes en particulier ressemblaient tellement à la grande masse de leurs semblables, qui jugent ordinairement les caractères sans connaissance de cause comme sans justice, que nous aurions cru inutile de rapporter cette conversation, si les faits qui y sont contenus n'avaient quelque rapport aux incidents de notre histoire, et les opinions qui y sont énoncées, aux motifs qui faisaient agir les personnages.

Dès qu'on eut fini de souper, le sergent congédia ses hôtes, et il eut ensuite une longue conversation confidentielle avec sa fille. Il était peu habitué à s'abandonner à des émotions douces, mais la nouveauté de sa situation présente éveilla en lui des sensations qu'il n'était pas accoutumé à éprouver. Le soldat ou le marin, tant qu'il agit sous la surveillance immédiate d'un supérieur, songe peu aux risques qu'il court ; mais du moment qu'il est chargé de la responsabilité du commandement, tous les hasards d'une entreprise commencent à se classer dans son esprit avec les chances du succès et la crainte de ne pas en obtenir. Il pense moins à ses propres dangers que lorsqu'ils sont la principale considération qui doivent l'occuper ; mais il sent plus vivement le risque général, et il est plus soumis à l'influence des sentiments que le doute fait naître. Tel était le cas dans lequel se trouvait le sergent Dunham. Au lieu de regarder la victoire comme certaine, suivant sa coutume ordinaire, il commençait à sentir qu'il allait peut-être se séparer de sa fille pour ne plus la revoir.

Jamais Mabel ne lui avait paru si belle que ce soir. Jamais peut-être elle ne lui avait montré des qualités si attrayantes, car elle commençait à sentir de l'inquiétude pour lui, et son affection trouvait de l'encouragement dans la manière inusitée dont il laissait paraître la sienne. Elle n'avait jamais été tout-à-fait à l'aise avec son père, la grande supériorité de l'éducation qu'elle avait reçue traçant entre eux une ligne de séparation qui avait été encore plus marquée par suite de l'air de sévérité militaire qu'il devait à des rapports longs et intimes avec des êtres qui ne pouvaient être assujettis à la soumission que par le maintien d'une discipline rigoureuse. En cette occasion pourtant, et quand ils furent tête à tête, la conversation entre le père et la fille devint plus confidentielle que de coutume, et Mabel vit avec plaisir qu'il s'y joignait peu à peu un ton de tendresse de la part de son père, ce qu'elle avait désiré en silence depuis l'instant de son arrivée.

— Ma mère était donc à peu près de ma taille ? — dit Mabel

en tenant une main de son père dans les siennes, et le regardant avec des yeux humides; — il me semblait qu'elle était plus grande.

— C'est ce qui arrive à la plupart des enfants, Mabel. L'habitude qu'ils ont de regarder leurs père et mère avec respect, fait qu'ils les croient plus grands et plus imposants qu'ils ne le sont réellement. Votre taille approche de celle de votre mère autant qu'il est possible.

— Et ses yeux, mon père?

— Ses yeux étaient bleus, doux et attrayants comme les vôtres, mon enfant, quoique sans avoir la même expression de gaîté.

— Cette expression disparaîtra pour toujours, mon père, si vous ne prenez pas grand soin de vous dans cette expédition.

— Je vous remercie, Mabel, — hum! — je vous remercie, mon enfant; mais il faut que je fasse mon devoir. J'aurais voulu vous voir bien établie et mariée à Oswego avant d'en partir; j'aurais eu l'esprit plus tranquille.

— Mariée! — à qui, mon père?

— Vous connaissez l'homme que je désire que vous aimiez. Vous pouvez en trouver qui aient l'esprit plus brillant et qui portent de plus beaux habits, mais vous n'en trouverez aucun qui ait le cœur si franc et l'esprit si juste.

— Aucun, mon père?

— Je n'en connais aucun. Pathfinder, du moins en cela, n'a pas son égal.

— Mais quel besoin ai-je de me marier? vous êtes seul, et je désire rester près de vous pour vous donner tous mes soins.

— Que Dieu vous récompense, Mabel! je sais que vous le feriez, et je ne dis pas que ce sentiment ne soit pas juste, car je crois qu'il l'est: mais il y en a un autre qui l'est encore davantage.

— Que peut-il y avoir de plus juste que d'honorer ses parents?

— Il est encore plus juste d'honorer son mari.

— Mais je n'ai pas de mari, mon père.

— Prenez-en donc un le plutôt possible, afin d'avoir un mari à honorer. Je ne puis pas vivre toujours, Mabel; la nature, si ce n'est le cours de la guerre, doit bientôt me faire disparaître du monde. Mais vous, vous êtes jeune, vous pouvez vivre longtemps, et il est bon que vous ayez un protecteur qui veille sur votre jeunesse, et qui vous donne, à un âge plus avancé, les soins que vous désirez prendre de moi.

— Et croyez-vous, mon père, — dit Mabel avec un sourire malin, tandis que ses petites mains jouaient avec les doigts nerveux du sergent, comme s'ils eussent été un objet d'immense intérêt, — et croyez-vous que Pathfinder soit précisément l'homme qui convient pour cela? N'est-il pas, à dix ou douze ans près, aussi âgé que vous?

— Qu'importe! il a passé sa vie dans la modération et l'exercice, et les années ne sont rien auprès d'une bonne constitution. Connaissez-vous un autre homme qui puisse devenir votre protecteur?

Mabel n'en connaissait aucun, aucun du moins qui lui eût fait la proposition de l'être, quoi qu'elle pût elle-même désirer et espérer.

— Nous ne parlons que de Pathfinder, — répondit-elle en éludant cette question; — s'il était plus jeune, je crois qu'il serait plus naturel que je songeasse à lui pour mari.

— Je vous dis que c'est à sa constitution qu'il faut songer. De ce côté, Pathfinder est plus jeune que la moitié de nos sous-officiers.

— Plus jeune certainement que le lieutenant Muir, — dit Mabel en riant comme une jeune fille qui n'a aucun souci.

— Oui, sans doute, assez jeune pour être son petit-fils; mais il est aussi plus jeune en comptant les années. A Dieu ne plaise, Mabel, que vous soyez jamais la femme d'un officier, du moins jusqu'à ce que vous soyez une fille d'officier.

— Il n'y a pas de danger que j'aie jamais un officier pour mari, si j'épouse Patfinder, mon père, — dit Mabel en regardant le sergent d'un air malin.

— En vertu d'une commission du roi, non peut-être; mais il est à la tête de la profession, et l'ami et le compagnon des généraux. Je crois que je mourrais heureux si vous étiez sa femme, Mabel.

— Mon père!

— C'est une triste chose que de marcher au combat, quand l'idée qu'on peut laisser une fille sans protection vous pèse sur le cœur.

— Je donnerais tout au monde pour alléger le vôtre d'un tel poids, mon père.

— Vous le pourriez, — dit le sergent en regardant sa fille avec tendresse, mais je ne voudrais pas que ce poids passât de mon cœur sur le vôtre.

Sa voix était grave, mais tremblante, et Mabel n'avait pas encore vu dans son père une telle démonstration d'affection. Ses traits habituellement austères donnaient à son émotion un intérêt qu'elle aurait difficilement produit sans cela, et le cœur de la fille brûlait de soulager l'esprit du père.

— Mon père, expliquez-vous clairement ! — s'écria-t-elle avec une vive agitation.

— Non, Mabel ; cela pourrait ne pas être juste ; vos désirs et les miens peuvent être fort différents.

— Je n'ai pas de désirs, je ne sais ce que vous voulez dire ; parlez-vous de mon futur mariage ?

— Si je pouvais vous voir promise à Pathfinder, — vous savoir engagée à devenir sa femme, quel que puisse être mon destin, je crois que je mourrais heureux. Mais je ne vous demanderai aucune promesse, mon enfant ; je ne vous forcerai pas à faire ce dont vous pourriez vous repentir. — Embrassez-moi, Mabel, et allez vous mettre au lit.

Si le sergent Dunham eût exigé de Mabel la promesse qu'il désirait tellement au fond de son cœur, il aurait rencontré une résistance qu'il lui aurait été difficile de vaincre. Mais en laissant la nature avoir son cours, il s'assura un puissant auxiliaire, et la généreuse Mabel se trouva disposée à céder à l'affection beaucoup plus qu'elle ne l'aurait jamais fait aux menaces. En ce moment elle ne songea plus qu'à son père, et cet ardent amour qu'elle avait eu pour lui, qui avait peut-être été en grande partie nourri par son imagination et que la gravité sévère du sergent avait tant soit peu refroidi depuis son arrivée, revint avec toute sa force. Son père lui parut tout pour elle, et il n'y avait pas de sacrifice qu'elle ne fût disposée à faire pour lui. Une pensée pénible mais rapide se présenta à son esprit, et sa résolution chancela ; mais cherchant sur quoi se fondait l'espoir agréable dont elle se berçait, elle ne trouva rien de positif. Habituée, en femme qu'elle était, à maîtriser ses penchants, elle reporta ses pensées sur son père et sur le bonheur qui attend l'enfant qui cède aux désirs d'un père.

— Mon père, — dit-elle tranquillement et presque avec un saint calme, — Dieu bénit la fille obéissante.

— Oui, Mabel ; c'est ce que le Bon Livre nous dit.

— J'épouserai qui vous voudrez.

— Non, Mabel, non, c'est vous qui devez choisir votre mari.

— Je n'ai pas de choix à faire. Personne ne m'a recherchée en mariage que Pathfinder et M. Muir, et ; entre eux deux, ni vous ni moi nous n'hésiterions. — Non, mon père, j'épouserai qui vous choisirez.

— Vous connaissez mon choix, ma chère fille. Personne ne peut vous rendre aussi heureuse que notre digne guide.

— Eh bien donc, s'il continue à désirer de m'épouser, s'il le demande encore, — car vous ne voudriez pas que votre fille s'offrît elle-même à lui ou que quelque autre lui fît cette offre pour elle, — et tandis qu'elle parlait ainsi le sang revint animer ses joues pâles, car sa résolution généreuse avait fait refluer vers son cœur le fleuve de la vie, — non, il faut que personne ne lui en parle ; mais s'il me recherche encore, si après avoir entendu tout ce qu'une fille franche doit dire à l'homme qui va être son mari, il désire encore m'épouser, je serai à lui.

— Que Dieu vous récompense, ma chère Mabel ; qu'il vous bénisse et vous récompense comme le mérite la meilleure des filles !

— Oui, mon père, que la paix rentre dans votre esprit ; partez pour votre expédition le cœur plus léger, et fiez-vous à Dieu. A présent vous n'aurez plus d'inquiétude pour moi. Le printemps prochain, — il faut m'accorder un peu de temps, mon père, — j'épouserai Pathfinder, si son cœur noble continue à le désirer.

— Mabel, il vous aime comme j'aimais votre mère. Je l'ai vu pleurer comme un enfant en me parlant de ses sentiments pour vous.

— Je le crois, j'en ai vu assez pour me convaincre qu'il a meilleure opinion de moi que je ne le mérite ; et certainement il n'existe personne pour qui j'aie plus d'estime et de respect que pour Pathfinder, — pas même vous, mon cher père.

— C'est comme cela doit être, ma fille, et cette union sera heureuse. — Puis-je dire cela à Pathfinder ?

Je préfère que vous ne lui disiez rien, mon père. Laissez les choses venir d'elles-mêmes et naturellement. La femme ne doit pas faire les avances ; c'est à l'homme à demander la femme. — Le sourire qui brillait sur les traits de Mabel pendant qu'elle prononçait ces mots, avait quelque chose d'angélique comme le pensa son père ; cependant un homme plus exercé à découvrir les émotions passagères qui se peignent sur la physionomie aurait pu y trouver quelque chose d'étrange et de peu naturel. — Non, mon père, — ajouta-t-elle, — laissons aller les choses ; mais vous avez ma promesse solennelle.

— Je ne demande rien de plus, Mabel. Maintenant embrassez-moi, et que Dieu vous bénisse et vous protège! Vous êtes le modèle des filles.

Mabel se jeta dans les bras de son père ; c'était la première fois de sa vie que cela lui arrivait, et elle ne put l'embrasser sans pleurer. Le cœur du vétéran fut profondément ému, et les larmes du père se mêlèrent à celles de la fille. Mais le sergent se le redressa bientôt comme s'il eût été honteux de cette faiblesse, et se dégageant doucement des bras de Mabel, il alla se coucher. Elle alla de son côté chercher le lit qui lui avait été préparé, et quelques minutes après on n'entendait plus d'autre bruit dans la hutte que le ronflement sonore du vieux soldat.

CHAPITRE XX.

> « Errant au milieu des ruines, je trouvai près d'un vieux cadran couvert de mousse une rose de la solitude laissée sur sa tige pour indiquer que là fut un jardin. »
>
> CAMPBELL.

Mabel ne s'éveilla qu'assez long-temps après le lever du soleil. Son sommeil avait été paisible : elle s'était endormie satisfaite d'elle-même ; la fatigue contribua aussi à rendre son repos plus doux, et le bruit que firent ses compagnons plus matineux ne parvint pas jusqu'à son oreille. En peu d'instants sa toilette fut achevée, et elle se hâta d'aller respirer l'air du matin. Pour la première fois elle fut frappée de la beauté originale et de la profonde solitude de sa résidence actuelle si commune dans ce climat. C'était une de ces belles journées d'automne qu'on dénigre plutôt qu'on ne les apprécie ; sa vivifiante influence pénétrait tous les êtres animés. Elle fut salutaire à Mabel, qui sentait son cœur se serrer en pensant aux dangers que courait un père qu'elle commençait à aimer comme une femme sait aimer, lorsqu'elle a accordé sa confiance.

L'île semblait alors tout-à-fait déserte. Le tumulte de l'arrivée la nuit précédente, lui avait donné une apparence de vie maintenant entièrement évanouie; et notre héroïne cherchait en vain la trace d'une créature humaine. Enfin elle aperçut ses compagnons réunis autour du feu. La vue de son oncle qu'elle connaissait si bien dissipa la légère terreur inspirée par le sentiment d'une solitude absolue, et elle continua son examen avec la curiosité naturelle dans sa situation. Le groupe se composait, outre Cap et le quartier-maître, du caporal, de trois soldats et de la femme qui s'occupait de préparer le repas. Les huttes étaient silencieuses et vides; le haut du fort faisait, malgré son peu d'élévation, l'effet d'une tour au milieu des buissons qui le cachaient à demi. Le soleil versait des flots de lumière sur les portions découvertes de la vallée; le ciel était sans nuages, et il semblait que cette nature si paisible et si belle était un gage de sécurité.

Voyant que chacun était occupé à la grande affaire de l'humanité, le déjeûner, Mabel s'avança sans être observée, vers une extrémité de l'île où les arbres et les buissons la dérobaient aux regards; elle pénétra jusqu'au bord de l'eau en écartant les branches les plus basses, là elle s'arrêta les yeux fixés sur le flux et reflux de la vague légère qui effleurait la côte, — sorte d'écho, pour ainsi dire, de l'agitation qui régnait sur le lac à cinquante milles plus loin. La scène qui se déployait était douce et attrayante, et notre héroïne, qui avait le sentiment de ce qui est beau, saisit promptement les traits les plus fappants du paysage. En regardant les divers points de vue formés par les ouvertures entre les îles, elle pensa que rien d'aussi séduisant ne s'était encore présenté à elle.

Pendant qu'elle était ainsi occupée, Mabel fut tout d'un coup alarmée en croyant voir l'ombre d'une forme humaine parmi les buissons qui bordaient la côte de l'île qui était en face d'elle. La distance n'était pas d'une cinquantaine de toises, et, bien qu'elle fût distraite au moment où cette forme avait passé, elle ne pensait pas s'être trompée. Convaincue que son sexe ne la protégerait pas contre une balle, si un Iroquois l'apercevait, elle se recula involontairement, cherchant à se cacher derrière le feuillage, sans cesser de tenir les yeux fixés sur le rivage opposé. Après avoir vainement attendu, elle allait quitter son poste et retourner au plus vite vers son oncle pour lui faire part de ses soupçons, lorsqu'elle vit la branche d'un aulne s'élever dans l'autre île au-dessus de la crête des buissons, et se balancer vers elle d'une manière qui lui sembla un gage d'amitié. C'était une pénible et difficile épreuve pour une personne aussi peu expérimentée que Mabel dans la guerre des frontières; et cependant elle sentit la nécessité de conserver sa présence d'esprit et d'agir avec fermeté et prudence.

L'une des conséquences des dangers auxquels sont exposés les habitants des frontières américaines, est de porter les facultés morales des femmes à une hauteur qu'elles-mêmes se croiraient incapables d'atteindre en d'autres circonstances. Mabel n'ignorait pas qu'ils aimaient à célébrer, dans leurs légendes, le courage et l'adresse que leurs femmes ou leurs sœurs avaient montrés dans les moments les plus critiques. Ces souvenirs et la pensée que le temps était venu de prouver qu'elle était véritablement la fille du sergent Dunham fortifièrent son âme. Le signal lui paraissait d'un genre tout pacifique, et, après une minute d'hésitation, elle rompit un rameau flexible, le tortilla autour d'un bâton, et le passant à travers une ouverture, elle imita aussi exactement que possible l'impulsion donnée à la branche d'aulne.

Cet entretien muet durait depuis quelques instants lorsque Mabel vit le feuillage s'écarter doucement et une figure humaine paraître dans l'intervalle. Un coup d'œil lui suffit pour voir que c'était le visage d'une peau rouge et celui d'une femme; un autre lui fit reconnaître Rosée-de-Juin, la femme d'Arrowhead. Durant le voyage qu'elles avaient fait ensemble, Mabel avait remarqué l'amabilité, la douce simplicité et le respect mêlé d'affection de cette Indienne envers son mari. Une ou deux fois il lui avait semblé que le Tuscarora la considérait avec un peu trop d'attention, et elle avait cru voir alors le chagrin et le dépit se peindre sur les traits de sa compagne. Comme Mabel cependant avait compensé avec usure toutes les peines de ce genre qu'elle pouvait avoir causées, par les témoignages de sa propre affection, Rosée-de-Juin lui avait montré de son côté beaucoup d'attachement; et quand elles se quittèrent, notre héroïne pensa qu'elle se séparait d'une amie.

Il est inutile d'analyser tous les moyens par lesquels la confiance s'inspire ; il suffit de dire que la jeune sauvage avait si bien éveillé ce sentiment dans le cœur de notre héroïne que, ne doutant pas que cette étrange visite n'eût un bon motif, elle éprouva le désir d'entrer en communication plus immédiate. Elle s'avança sans plus d'hésitation en dehors du buisson, et ne fut pas fâchée de voir que Rosée-de-Juin, imitant son exemple, sortait aussi de son asile. Les deux jeunes personnes (car celle qui était mariée était encore plus jeune que Mabel) échangèrent alors des signes mutuels d'affection, et la dernière fit un geste invitant son amie à s'approcher, bien qu'elle ne sût pas elle-même de quelle manière cela lui serait possible. Mais Rosée-de-Juin lui montra bientôt que la chose était en son pouvoir ; disparaissant un instant, elle reparut sur l'avant d'une pirogue qu'elle avait à demi tirée des broussailles, et dont l'arrière était encore en partie dans une espèce de crique ombragée par des arbres. Mabel allait l'engager à franchir l'espace qui les séparait, quand elle s'entendit appeler par la voix de stentor de son oncle. Faisant aussitôt signe à sa compagne de se cacher, Mabel courut du côté d'où venait la voix, et vit que toute la compagnie était assise et déjeûnait, Cap ayant seulement réprimé son appétit le temps strictement nécessaire pour l'avertir de se joindre à eux. L'idée que c'était le moment le plus favorable pour l'entrevue se présenta à l'esprit de Mabel, et s'excusant sous le prétexte qu'elle n'était pas encore disposée à déjeûner, elle retourna sur ses pas et renoua aussitôt l'entretien avec la jeune Indienne.

Rosée-de-Juin avait la compréhension rapide ; et ses pagaies agitées sans bruit une douzaine de fois amenèrent la pirogue sur les bords de l'île du Poste, dont les buissons le dérobaient à la vue. Une minute après Mabel tenait sa main et la conduisait à travers le bois à sa hutte, qui, fort heureusement, était placée de façon à ne pouvoir être aperçue des convives ; toutes deux y entrèrent sans être vues. Après avoir expliqué à l'Indienne le mieux qu'il lui fut possible la nécessité de la quitter pour quelques instants, Mabel l'établit dans sa propre chambre, puis, certaine qu'elle n'en sortirait pas sans son aveu, elle fut rejoindre ses compagnons, en s'efforçant de paraître calme.

— Dernier venu, dernier servi, Mabel, — dit son oncle entre deux bouchées de saumon grillé, car, bien que l'art de préparer les mets fût peu avancé sur cette frontière éloignée, les aliments étaient en général excellents; — dernier venu, dernier servi : c'est un bon principe, propre à stimuler les paresseux.

— Je ne suis pas paresseuse, mon oncle; il y a plus d'une heure que je suis levée, et j'ai exploré toute notre île.

— Ce travail n'est pas considérable, miss Mabel, — dit Muir; — l'île est petite. Lundie, ou peut-être serait-il mieux de l'appeler le major Duncan devant ceux qui nous écoutent, — ceci fut dit en considération du caporal et des soldats, bien qu'ils prissent leurs repas un peu à l'écart; — le major Duncan, dis-je n'a pas ajouté un empire aux domaines de Sa Majesté en prenant possession de cette île qui, pour le revenu, ressemble fort à celle du fameux Sancho. — Je ne doute pas, maître Cap, que Sancho ne vous soit connu; vous avez souvent lu son histoire dans nos heures de loisir, durant nos calmes.

— Je connais le lieu dont vous parlez, quartier-maître; l'île de Sancho, — un rocher de corail nouvellement formé, mauvaise rencontre dans une nuit noire et lorsque les vents sont déchaînés! Un pêcheur doit la redouter. C'est un lieu fameux pour les noix de coco et l'eau saumâtre que cette île de Sancho.

— Elle n'est pas très-renommée pour les dîners, — reprit Muir, en réprimant par respect pour Mabel le sourire qui naissait sur ses lèvres, — et je ne sais trop si en fait de produits elle est préférable à celle-ci. Suivant moi, maître Cap, c'est un poste fort peu militaire, et je prévois qu'il y arrivera quelque catastrophe tôt ou tard.

— Il faut espérer que ce ne sera qu'après notre départ, — observa Mabel; — je n'ai nulle envie d'étudier la langue française.

— Trouvons-nous heureux s'il ne s'agit pas d'Iroquois. J'ai causé avec le major Duncan de l'occupation de cette île, mais — un homme obstiné ne fait que ce qu'il veut, — mon premier but en me joignant au détachement était d'essayer de me rendre utile à votre belle nièce, maître Cap; le second, de prendre de telles informations sur les approvisionnements dont je suis chargé, qu'il ne puisse plus être question de discussion sur les avances faites lorsque l'ennemi s'en sera emparé.

— Croyez-vous notre situation aussi grave? — demanda Cap, l'intérêt qu'il prenait à la réponse lui faisant suspendre la mastication d'un morceau de venaison; car, semblable à un élégant de nos jours, il passait du poisson à la viande, et *vice versâ;* — le danger est-il donc si pressant?

— Je ne dis pas cela et je ne dis pas non plus le contraire. La guerre n'est jamais sans dangers, et ils sont plus grands encore aux postes avancés que dans le corps principal de l'armée. Une visite des Français n'aurait donc rien qui dût nous surprendre.

— Que diable faudrait-il faire en pareil cas? Six hommes et deux femmes feraient une pauvre figure en défendant un lieu semblable à celui-ci. Nul doute que les Français n'eussent soin de venir en bon nombre.

— Nous pouvons y compter. — Quelque force tout au moins formidable. — Certes on peut défendre l'île en suivant les règles de la tactique, bien qu'il soit possible que nous manquions des forces nécessaires pour nous faire respecter. D'abord un détachement devrait être envoyé sur la côte avec l'ordre de harceler l'ennemi quand il voudra débarquer; un corps considérable devrait aussitôt être placé dans le fort, car c'est sur ce point que les différents détachements se retireront à mesure que les Français avanceront. Un camp retranché pourrait aussi être établi autour de la forteresse; il serait contre tous les principes de l'art militaire de laisser l'ennemi s'approcher assez près des murailles pour les miner. Des chevaux de frise tiendraient la cavalerie en échec; et quant à l'artillerie, des redoutes seraient construites à l'abri de ces bois. Des compagnies de voltigeurs seraient de plus fort utiles pour resserrer la marche des assaillants, et ces huttes, si elles étaient entourées de fossés, deviendraient des positions très-avantageuses.

— A merveille, quartier-maître; mais où diable trouver les hommes nécessaires pour exécuter ce plan?

— C'est au roi à s'en occuper, maître-Cap; c'est son affaire, sa querelle; il est juste qu'il en porte le fardeau.

— Et nous ne sommes que six! Voilà, sur ma foi, de beaux projets! On peut vous détacher sur la rive pour vous opposer à la descente; Mabel pourra nous aider avec sa langue, au moins; la femme du soldat jouera le rôle des chevaux de frise; le caporal commandera le camp fortifié; ses trois hommes occuperont les cinq huttes, et moi je prendrai possession du fort. Corbleu! vous décrivez bien, lieutenant, et vous auriez dû vous faire peintre au lieu de soldat.

— Non, j'ai exposé l'affaire littéralement telle qu'elle est. C'est la faute des ministres de Sa Majesté et non pas la mienne, si nous n'avons pas les moyens de mettre ce plan à exécution.

— Mais si l'ennemi arrive réellement, — demanda Mabel avec plus d'intérêt qu'elle n'en aurait montré si elle ne se fût rappelé la femme qu'elle avait laissée dans sa hutte, — quel parti prendrons-nous?

— Mon avis serait, aimable Mabel, d'essayer d'accomplir ce qui a rendu Xénophon si justement célèbre.

— Il me semble qu'il s'agit d'une retraite, si je devine bien l'allusion.

— C'est le bon sens dont vous êtes douée, jeune dame, qui vous a fait comprendre ma pensée. Je sais que votre digne père a donné au caporal certaines instructions à l'aide desquelles il s'imagine que l'île pourrait être défendue en cas d'attaque; mais l'excellent sergent, bien qu'il soit aussi ferme à son poste qu'aucun homme qui mania jamais l'esponton, n'est pas lord Stair, ni même le duc de Marlborough. Je suis loin de nier le mérite du sergent dans sa sphère particulière, quoique je ne puisse comparer ses qualités, quelque excellentes qu'elles soient, à celles d'hommes qui peuvent être, sous certains rapports, ses supérieurs. Le sergent Dunham n'a consulté que son cœur au lieu de sa raison, en se décidant à donner de tels ordres; mais si le fort est perdu, le blâme tombera sur celui qui en a ordonné l'occupation et non sur l'homme dont le devoir était de le défendre. Quelle que puisse être la détermination du dernier, si les Français et leurs alliés débarquent, un bon commandant ne néglige jamais de s'assurer la possibilité d'une retraite, et je conseillerais à maître Cap, qui est l'amiral de notre flotte, d'avoir une barque toute prête pour évacuer l'île si la chose devenait nécessaire. La plus grande barque que nous avons a une voile très-ample; en l'amenant près d'ici et l'amarrant sous ces broussailles, tout sera disposé pour un embarquement précipité. Vous pouvez voir, charmante Mabel, qu'à peine vingt-cinq toises nous séparent d'un canal entre deux îles, où nous pourrons nous dérober aux regards de ceux qui auraient pris possession de celle-ci.

— Tout cela peut être vrai, monsieur Muir; mais les Français ne pourraient-ils pas venir eux-mêmes dans cette direction? Si l'endroit est si favorable à une retraite, il l'est également à une attaque.

— Ils n'agiront pas avec autant de prudence, — reprit Muir en jetant de ce côté un regard à la dérobée avec quelque inquiétude; ils ne sont pas assez circonspects. Les Français sont mauvaises têtes d'ordinaire, ils s'avancent en vrais aventuriers; nous pouvons compter que s'ils viennent, ce sera de l'autre côté de l'île.

La conversation commença à changer de sujet, bien qu'on en revînt souvent à la possibilité d'une invasion, et aux meilleurs moyens de se tirer d'un si mauvais pas.

C'est à peine si Mabel écouta la suite de l'entretien. Elle éprouvait cependant une certaine surprise que le lieutenant Muir, dont la réputation de courage était si bien établie, conseillât ouvertement un abandon qui lui paraissait doublement coupable, l'honneur de son père se trouvant lié à la défense de l'île. Plus occupée de Rosée-de-Juin que de toute autre chose, elle saisit le premier prétexte qui s'offrit de quitter la table, et une minute après elle était dans sa hutte. Après en avoir soigneusement fermé la porte, et vérifié si le rideau était tiré sur la petite fenêtre, Mabel conduisit Rosée-de-Juin, ainsi que la nommaient ceux qui lui parlaient en anglais, dans la chambre du fond, en lui exprimant par signes son affection et sa confiance.

— Je suis bien aise de vous voir, — dit Mabel avec sa voix caressante et l'un de ses plus doux sourires, — très-contente de vous voir. Pourquoi êtes-vous venue, et comment avez-vous découvert l'île?

— Vous, parler doucement, — dit l'Indienne en lui souriant à son tour, et pressant la petite main qu'elle tenait dans la sienne qui était à peine plus grande, bien qu'elle eût été durcie par le travail; — plus doucement; — trop vite.

Mabel répéta ses questions en s'efforçant de réprimer son impatience, et elle parvint à parler assez distinctement pour se faire entendre.

— Moi amie, — répondit l'Indienne.

— Je vous crois, — je vous crois de toute mon âme. Quel rapport ceci a-t-il avec votre visite?

— L'amie venue voir l'amie, — dit Rosée-de-Juin en lui souriant de nouveau.

— Il y a quelque autre raison, sinon vous ne vous seriez pas exposée à un tel danger et seule. — Vous êtes seule, n'est-ce pas?

— Rosée-de-Juin, avec vous, nul autre, — venue dans la pirogue.

— Je l'espère, je le crois; — oui, je suis sûr que c'est la vérité; vous ne voudriez pas me tromper?

— Quoi! traître?

— Vous ne voudriez pas me trahir, me livrer aux Français, — aux Iroquois, — à Arrowhead? — L'Indienne secoua vivement la tête. — Vous ne voudriez pas vendre ma chevelure?

Rosée-de-Juin passa son bras autour de la taille svelte de Mabel, et la pressa sur son cœur avec une affection qui fit venir les larmes aux yeux de notre héroïne. Il y avait dans cette caresse muette toute la tendresse d'une femme, et il était à peine possible qu'une personne du même sexe, jeune et naïve, doutât de sa sincérité. Mabel la serra à son tour contre son sein, puis la tenant à la distance de la longueur du bras, elle continua ses questions en la regardant attentivement.

— Si vous avez quelque chose à dire à votre amie, vous pouvez parler franchement, — dit-elle, — mes oreilles sont ouvertes.

— Rosée-de-Juin craindre qu'Arrowhead tuer elle.

— Mais Arrowhead ne le saura jamais. — Le front de Mabel se couvrit de rougeur en prononçant ces mots, car elle sentait qu'elle engageait une femme à trahir son mari. — Mabel ne lui dira rien.

— Lui, enfoncer tomahawk dans la tête de Rosée-de-Juin.

— Cela n'arrivera jamais, ma chère; j'aimerais mieux que vous ne disiez plus rien que de courir ce risque.

— Fort, être bonne place pour dormir, bonne pour rester.

— Voulez-vous dire que je puis sauver ma vie en restant dans le fort? Sûrement Arrowhead ne vous maltraitera pas pour m'avoir dit cela; il ne peut me vouloir beaucoup de mal, car je ne l'ai jamais offensé.

— Arrowhead, pas vouloir aucun mal à jolie face-pâle, répondit l'Indienne en détournant la tête; et bien qu'elle parlât toujours avec la douce voix des femmes de sa nation, elle laissa alors ses paroles tomber si lentement qu'elles paraissaient l'expression de la mélancolie et de la timidité. Arrowhead aimer jeune face-pâle.

Mabel rougit sans savoir pourquoi, et ses questions furent suspendues un instant par un sentiment de délicatesse naturelle; mais elle sentait la nécessité d'en savoir davantage : ses soupçons étaient vivement excités, et elle reprit son enquête.

— Arrowhead ne peut avoir nul motif pour m'aimer ou me haïr *moi*, — dit-elle; est-il près de vous?

— Mari toujours près de sa femme ici, — dit l'Indienne en mettant la main sur son cœur.

— Excellente créature! mais dites-moi, dois-je rester dans le fort aujourd'hui, — ce matin, à présent?

— Fort, être bon; très-bon pour les femmes. — Avoir pas de chevelure.

— J'ai peur de ne vous entendre que trop bien : voudriez-vous voir mon père?

— Pas ici, parti.

— Vous ne pouvez pas savoir cela; vous voyez que l'île est remplie de ses soldats.

— Pas remplie, partis. Et l'Indienne leva quatre doigts en disant : Pas plus d'habits rouges.

— Et Pathfinder, ne seriez-vous pas bien aise de le voir? Il peut vous parler en langue iroquoise.

— Langue, être partie avec lui, dit Rosée-de-Juin en riant; lui garder langue dans sa bouche.

Le rire enfantin de la jeune Indienne avait quelque chose de si doux et de si communicatif, que Mabel ne put s'empêcher de rire aussi, quoique ses craintes augmentassent.

— Vous paraissez savoir ou croire savoir tout ce qui se passe autour de nous, Rosée-de-Juin. Mais si Pathfinder est parti, Eau-douce peut parler français; vous connaissez Eau-douce, voulez-vous que je coure le chercher, et que je l'amène pour causer avec vous?

— Eau-douce parti aussi, mais pas son cœur qui est là. En disant ces mots, l'Indienne se mit à rire de nouveau, regarda de différents côtés comme pour éviter d'embarrasser son amie; puis elle posa la main sur le sein de Mabel.

Notre héroïne avait souvent entendu parler de l'étonnante sagacité des Indiens, et de la perspicacité avec laquelle ils remarquaient toutes choses sans paraître en regarder aucune; mais elle n'était pas préparée à la tournure que l'entretien avait pris si singulièrement; voulant la changer et en même temps impatiente d'apprendre quelle était l'étendue réelle du danger qui la menaçait, elle quitta le tabouret sur lequel elle était assise, et mettant plus de réserve dans ses manières, elle espéra parvenir mieux à son but et éviter des allusions qui l'embarrassaient.

— Vous savez, lui dit-elle, ce que vous devez dire et ce que vous devez taire. J'espère que vous m'aimez assez pour m'instruire de ce qu'il me serait nécessaire de savoir. Mon cher oncle est aussi dans l'île; vous êtes, ou vous devez être son amie aussi bien que la mienne; et tous deux nous nous souviendrons de votre conduite lorsque nous serons retournés à Oswego.

— Peut-être jamais retourner; qui sait?

Ceci fut dit avec l'accent du doute, comme on émet une proposition incertaine; rien n'indiquait la raillerie ni le désir d'alarmer.

— Dieu seul sait ce qui doit arriver; notre vie est entre ses mains. Je pense encore qu'il se servira de vous pour nous sauver.

Ceci était au-dessus de l'intelligence de l'Indienne, ses yeux l'exprimaient, car il était évident qu'elle désirait être utile.

— Fort, très-bon, répéta-t-elle aussitôt que ses traits eurent cessé d'exprimer l'incertitude, en appuyant fortement sur les deux derniers mots.

—Bien, je comprends cela, et j'y coucherai cette nuit. Comme de raison, je dirai à mon oncle ce que vous m'avez dit?

Rosée-de-Juin tressaillit et laissa voir une très-grande anxiété.

— Non, non, non! — répondit-elle avec une volubilité et une véhémence imitées des Français du Canada; pas bien de dire à Eau-salée; lui, parler beaucoup, avoir la langue longue. Lui penser que les bois sont comme l'eau, n'entendre rien; dire tout à Arrowhead, et Rosée-de-Juin mourir.

— Vous êtes injuste envers mon oncle, il serait aussi loin de vous trahir que personne.

— Moi pas comprendre. — Eau-salée avoir une langue, mais pas d'yeux, pas d'oreilles, pas de nez, rien que langue, langue, langue!

Bien que Mabel ne partageât pas tout à fait cette opinion, elle vit que Cap n'avait pas la confiance de la jeune Indienne, et qu'il était impossible d'espérer qu'elle consentît à l'admettre en tiers.

— Vous semblez penser que notre situation vous est très-bien connue, continua-t-elle; êtes-vous venue dans l'île avant aujourd'hui?

— Venir d'arriver.

— Alors comment savez-vous que ce que vous dites est vrai? Mon père, Pathfinder et Eau-douce peuvent être tous à la portée de ma voix, si je voulais les appeler.

— Tous partis, dit Rosée-de-Juin avec assurance, en souriant d'un air de bonne humeur.

— Mais vous ne pouvez pas en avoir la certitude, n'ayant pas été dans l'île pour vous en assurer.

— Avoir bons yeux. Vu bateaux avec hommes dedans, vu grande pirogue avec Eau-douce.

— Alors vous nous avez épiés quelque temps ; je pense néanmoins que vous n'avez pas compté ceux qui restent.

L'Indienne se mit à rire, leva encore ses quatre doigts, puis lui montrant ses deux pouces, elle posa un doigt sur le premier, répéta les mots habits rouges, et, touchant le dernier, ajouta,

— Eau-salée, quartier-maître. Tout cela était fort exact, et Mabel commença à douter sérieusement qu'il fût convenable de la laisser partir sans en avoir obtenu de plus amples explications. Mais il était si contraire à ses sentiments d'abuser de la confiance que cette aimable et affectionnée créature avait évidemment placée en elle, que Mabel n'eut pas plus tôt conçu la pensée d'avertir son oncle qu'elle la rejeta comme indigne d'elle et injuste pour son amie ; à l'appui de cette bonne résolution venait aussi la certitude que Rosée-de-juin ne dirait rien et se renfermerait dans un silence obstiné, pour peu qu'on essayât de la forcer à parler.

— Vous pensez donc, reprit Mabel, dès qu'elle eut éloigné l'idée qui s'était offerte à son esprit, que je ferais mieux d'habiter le fort.

— Bonne place pour les femmes ; — fort, pas de chevelure, troncs d'arbres épais.

— Vous parlez avec assurance, comme si vous y aviez été et que vous en eussiez mesuré les murailles.

L'Indienne sourit avec un air significatif, quoiqu'elle ne dit rien.

— Un autre que vous sait-il le chemin de cette île ? Quelqu'un des Iroquois l'ont-ils vue ?

Rosée-de-juin parut triste et jeta les yeux avec inquiétude autour d'elle, comme si elle craignait d'être écoutée.

— Tuscarora partout, — Oswego, ici, Frontenac, Mohawk partout. — Si lui voir Rosée-de-juin, elle morte.

— Mais nous pensions que personne ne connaissait cette île et que nous n'avions rien à craindre de nos ennemis tant que nous y serions ?

— Bons yeux Iroquois.

— Les yeux ne suffisent pas toujours, Rosée-de-juin ; cet endroit est caché à la vue, et fort peu des nôtres même savent y arriver.

— Un homme pouvoir le dire, quelque Yengeese parler français.

Mabel sentit un froid glacial sur son cœur. Tous les soupçons contre Jasper, soupçons qu'elle avait repoussés jusqu'alors, revinrent à la fois à sa pensée; et la sensation qu'ils lui causèrent fut si douloureuse qu'elle crut un instant qu'elle allait s'évanouir. Faisant un effort sur elle-même et se rappelant ce quelle avait promis à son père, elle se leva et marcha de long en large dans la hutte durant quelques minutes, s'imaginant que les torts de Jasper lui étaient indifférents, quoiqu'elle trouvât au fond de son cœur le désir de le croire innocent.

— Je comprends votre pensée, — dit-elle alors; vous voulez me faire entendre qu'un traître a enseigné à vos compatriotes la manière d'arriver dans cette île ?...

L'Indienne sourit, car à ses yeux l'artifice en guerre était plus souvent un mérite qu'un crime; elle était aussi trop dévouée à sa tribu pour en dire plus que l'occasion ne l'exigeait. Son but étant de sauver Mabel, et Mabel seulement, elle ne voyait nulle raison d'aller plus loin.

— Face-pâle savoir maintenant, — ajouta-t-elle, — fort être bon pour les femmes; moi rien dire des hommes et des guerriers.

— Mais moi j'en parle, Rosée-de-juin; l'un de ces hommes est mon oncle, je l'aime, et les autres sont mes compatriotes et mes amis. Je dois leur dire ce qui s'est passé.

— Alors Rosée-de-Juin tuée, — répondit l'Indienne avec calme, quoique son chagrin fût évident.

— Non! Ils ne sauront pas que vous êtes venue ici. Mais il faut qu'ils soient sur leurs gardes, et nous irons tous dans le fort.

— Arrowhead savoir et voir toutes choses, — Rosée-de-juin tuée. Venue parler à la jeune amie la face-pâle, pas aux hommes. Chaque guerrier veiller sur sa propre fille. Rosée-de-juin être femme, parler aux femmes, pas aux hommes.

Mabel fut très-affligée de cette déclaration de son amie. Il devenait évident qu'elle avait compté que sa confidence resterait secrète. Mabel ignorait jusqu'à quel point ces peuples mettaient leur honneur à garder un secret; elle savait encore moins combien une indiscrétion de sa part pouvait compromettre la jeune Indienne et mettre sa vie en danger. Toutes ces considérations se présentaient à la fois à son esprit, et la réflexion ne servait qu'à rendre leur influence plus pénible. Rosée-de-juin aussi semblait très grave; réunissant divers petits objets qu'elle avait mis de côté pour prendre la main de Mabel, elle se préparait au départ. Tenter de la retenir était hors de question, et la quitter ainsi après tout ce qu'elle avait hasardé pour la servir répugnait à tous les sentiments justes et affectueux qui remplissaient le cœur de notre héroïne.

— Rosée-de-juin, — dit-elle vivement en entourant de ses bras cette créature pleine de bonté, mais qui ne devait rien qu'à la nature, — nous sommes amies. Vous n'avez rien à craindre de moi, nul ne saura votre visite. Si vous le pouvez, donnez-moi quelque signal au moment du danger, quelque indice qui m'annonce l'instant où je dois aller dans le fort.

L'Indienne s'arrêta, car elle s'occupait encore des préparatifs de son départ, puis elle dit doucement :

— Vous donner à moi un pigeon.

— Un pigeon? où puis-je en trouver pour vous le donner?

— Dans la hutte voisine; — vous en prendre un vieux. — Rosée-de-juin aller à la pirogue.

— Je crois vous comprendre; mais ne ferais-je pas mieux de vous reconduire aux buissons, de peur que vous ne rencontriez quelques-uns de nos hommes.

— Vous sortir d'abord et compter les hommes, — un, deux, trois, quatre, cinq, six. — Rosée-de-juin leva ses doigts en riant, — tous hors du chemin, — bon — tous, excepté un; vous l'appeler à l'écart, — ensuite chanter, puis chercher pigeon.

Mabel sourit de l'ingénieuse adresse de la jeune fille et se prépara à faire ce qu'elle demandait; arrivée à la porte elle s'arrêta néanmoins, et, se retournant, regarda encore l'Indienne d'un air suppliant.

— Ne puis-je espérer en savoir davantage? — dit-elle.

— Tout savoir maintenant, fort être bon, — pigeon tout vous dire, Arrowhead tuer moi.

Ce dernier mot suffisait. Mabel ne pouvait rien demander de plus, lorsque sa compagne elle-même lui disait que le châtiment de ses révélations pouvait être la mort de la main de son mari. Ouvrant alors la porte, elle fit un signe d'adieu à l'Indienne et sortit de la hutte. Elle employa le simple expédient suggéré par sa jeune amie pour s'assurer de l'occupation des habitants de l'île. Au lieu de regarder de tous côtés avec l'intention de les reconnaître, elle se borna à les compter, et trouva que trois étaient encore près du feu, tandis que deux s'étaient rendus au bateau, l'un desquels était M. Muir. Le sixième individu était son oncle, et il arrangeait tranquillement une ligne pour pêcher non loin du feu; la femme venait d'entrer dans sa hutte; ce qui composait toute la population. Mabel feignant alors d'avoir laissé tomber quelque chose, revint en chantant vers la hutte qu'elle avait quittée, se baissa comme pour ramasser un objet par terre, et courut à la hutte que Rosée-de-Juin lui avait désignée. C'était un bâtiment en ruines, et les soldats en avaient fait une espèce de magasin pour leurs provisions de bouche. Elle contenait entre autre choses une demi-douzaine de pigeons qui se régalaient à même un tas de blé qui provenait d'une des fermes pillées sur la côte du Canada. Mabel n'eut pas beaucoup de peine à en saisir un, bien qu'ils voltigeassent dans la hutte avec un bruit semblable à celui du tambour; elle le cacha dans sa robe et retourna à sa hutte, elle était vide; se contentant d'y jeter un seul coup d'œil, elle courut à la côte. Échapper à toute observation n'était pas difficile, car les arbres et les broussailles la couvraient entièrement. Elle trouva Rosée-de-juin dans la pirogue, celle-ci prit le pigeon, le plaça dans un panier qu'elle avait fait elle-même, et répétant les mots — Fort être bon, — elle se glissa hors des buissons et traversa le petit détroit aussi silencieusement que la première fois. Mabel attendit quelque temps, espérant encore un signe d'adieu ou d'amitié lorsque son amie serait débarquée; mais elle n'en reçut aucun. Les îles adjacentes étaient sans exception aussi paisibles que si le sublime repos de la nature n'eût jamais été troublé! Et comme Mabel le pensa alors, on ne pouvait apercevoir nulle part le moindre indice, le plus léger symptôme qui dénotât la proximité de l'espèce de dangers que l'Indienne lui avait fait pressentir.

En revenant du rivage, Mabel fut cependant frappée d'une circonstance assez futile qui n'eût excité nulle attention dans une situation ordinaire, mais que son œil inquiet remarqua à présent que ses soupçons étaient éveillés. Un petit morceau de cette toile rouge qu'on emploie pour les pavillons des bâtiments se balançait à la branche inférieure d'un arbre plus élevé, où il était attaché de manière à lui permettre de flotter au gré du vent à l'instar de la girouette d'un navire.

Maintenant que Mabel était alarmée, Rosée-de-juin elle-même n'aurait pas analysé avec plus de promptitude les faits qui lui semblaient mettre en danger la sûreté de ses compatriotes. Elle vit sur-le-champ que ce morceau de toile pouvait être vu d'une île voisine, que sa position entre sa hutte et le canot ne laissait nul doute que l'Indienne n'eût passé auprès, sinon positivement en dessous, et qu'il pouvait être un signal destiné à faire connaître quelque fait important se rattachant au mode de l'attaque à ceux qui étaient probablement placés en embuscade pas loin d'eux. Après avoir arraché cette bande de toile de l'arbre, Mabel continua à marcher, sachant à peine ce que son devoir exigeait d'elle. La femme d'Arrowhead pouvait la tromper; mais ses regards, son affection et le caractère qu'elle avait montré durant le voyage s'opposaient à cette supposition; puis venait le souvenir de l'allusion au penchant d'Arrowhead pour les beautés à face pâle, une faible réminiscence des regards du Tuscarora, et la pénible conviction que peu de femmes peuvent voir avec bienveillance celle qui leur a enlevé le cœur de leur mari. Aucune de ces images ne se présentait d'une manière distincte; elles tourbillonnaient pour ainsi dire autour de notre héroïne, et accéléraient le mouvement de ses artères aussi bien que celui de ses pas sans lui suggérer cette claire et prompte décision qui d'ordinaire suivait ses réflexions. Elle se hâtait d'atteindre la hutte occupée par la femme du soldat, dans l'intention d'aller sur-le-champ au fort avec elle, puisqu'elle ne pouvait engager nul autre à l'y suivre, lorsque sa marche précipitée fut interrompue par la voix de Muir.

— Où allez-vous si vite, charmante Mabel? — s'écria-t-il, — et pourquoi cherchez-vous ainsi la solitude? Le digne sergent aura mauvaise opinion de moi s'il apprend que sa fille passe ses matinées seule, tandis qu'il sait bien que mon désir le plus ardent est d'être son esclave et de la suivre depuis un bout de l'année jusqu'à l'autre.

— Sûrement, monsieur Muir, vous devez avoir quelque autorité ici, — dit Mabel en s'arrêtant tout-à-coup, — votre rang vous donne le droit d'être écouté du moins par un caporal.

— Je ne le sais pas, je n'en sais trop rien, — interrompit Muir avec une impatience et une espèce d'anxiété que Mabel aurait remarquée dans un autre moment. — Commander c'est commander, la discipline c'est la discipline, l'autorité c'est l'autorité.

Votre excellent père serait vivement offensé s'il me surprenait portant la main sur les lauriers qu'il est au moment de cueillir, et je ne puis donner des ordres au caporal sans en donner en même temps au sergent. Le parti le plus sage pour moi est de rester dans l'obscurité d'un simple particulier étranger à l'entreprise. C'est ainsi que chacun, sans en excepter Lundie, a entendu l'affaire.

— Je le sais, et cela peut-être bien ; je ne voudrais donner à mon père aucun sujet de plainte, mais vous pouvez influencer le caporal pour son propre bien.

— Je ne dis pas cela, — reprit Muir avec la finesse rusée d'un Écossais ; — il serait beaucoup moins dangereux de promettre de l'influencer en sens contraire. Les hommes, charmante Mabel, ont leurs singularités ; conduire quelqu'un dans la bonne route est une des tâches les plus difficiles de la nature humaine, tandis que la plus facile est de le pousser dans la route opposée. N'oubliez pas ceci, ma chère Mabel, conservez-en le souvenir pour votre utilité personnelle. Mais que tournez-vous donc entre vos doigts délicats, comme on peut dire que vous tournez les cœurs ?

— Ce n'est rien qu'un morceau de toile, — une sorte de banderolle, — une bagatelle à peine digne de notre attention dans ce moment — si —

— Une bagatelle ! pas aussi peu importante que vous pouvez l'imaginer, miss Mabel, — dit-il en prenant le morceau de toile et le déployant tout entier les bras étendus. Pendant cette manœuvre son visage se rembrunit et son œil devint inquiet. — Vous n'avez pas trouvé ceci, Mabel Dunham, à l'endroit où l'on a déjeuné ?

Mabel lui désigna simplement le lieu où elle l'avait pris. Tandis qu'elle parlait, les yeux du quartier-maître ne furent pas un instant en repos, regardant tour à tour le visage de Mabel et le chiffon qu'il tenait. Il était facile de voir que ses soupçons étaient éveillés, et il ne tarda pas à faire connaître la direction qu'ils avaient prise.

— Nous ne sommes pas dans un coin du monde, Mabel Dunham, où il soit prudent d'étendre au vent nos pavillons et nos drapeaux, — dit-il avec un signe de tête de mauvais présage.

— Je suis si bien de votre avis, monsieur Muir, que j'ai arraché cette petite banderolle, de peur qu'elle ne découvrit notre présence à l'ennemi, quand même on ne se serait proposé aucun but en l'attachant à l'arbre. Mon oncle ne doit-il pas être instruit de cette circonstance ?

— Je n'en vois pas la nécessité, charmante Mabel ; vous dites avec raison que c'est une circonstance, et elle trouble parfois le digne marin ; mais cette banderole, si l'on peut l'appeler ainsi, appartient à un bâtiment. Vous pouvez remarquer qu'elle est d'un genre de toile qui ne sert qu'à cet usage, nos drapeaux étant en soie ou en toile peinte ; il ressemble d'une manière frappante à la queue du pavillon du *Scud*; et maintenant je me rappelle avoir observé qu'un morceau en avait été coupé.

Mabel sentit le cœur lui défaillir ; mais elle eut assez d'empire sur elle-même pour ne pas essayer de répondre.

— Ceci mérite attention, continua Muir, et après tout je pense qu'il pourrait être à propos de tenir conseil avec maître Cap, car un sujet plus loyal n'existe pas dans tout l'empire britannique.

— L'avertissement m'a paru si sérieux, reprit Mabel, que je vais m'établir dans le fort et prendre Jenny avec moi.

— Je ne vois pas la prudence de cette mesure, Mabel ; s'il y a une attaque, elle sera d'abord dirigée contre le fort, et il faut convenir qu'il n'est pas bien préparé à soutenir un siége. Si j'osais vous donner un avis dans une conjoncture aussi délicate, je vous conseillerais de vous retirer dans le bateau qui, ainsi que vous pouvez le voir d'ici, est placé très-favorablement pour opérer une retraite dans ce canal en face, où les îles vous déroberont à tous les regards en deux ou trois minutes. L'eau ne conserve pas de piste, comme le dit si bien Pathfinder, et tant de passages semblent se croiser en cet endroit, que le succès est plus que probable. J'ai toujours pensé que Lundie risquait beaucoup trop en occupant un poste aussi avancé et aussi exposé que celui-ci.

— Il est trop tard maintenant pour s'en repentir, monsieur Muir ; il ne nous reste qu'à penser à notre propre sûreté.

— Et à l'honneur du roi, charmante Mabel ; oui, l'intérêt des armes de Sa Majesté et de son nom glorieux ne doit jamais être négligé dans aucune occasion.

— Je pense alors, dit Mabel en souriant, qu'au lieu d'avoir recours au bateau, il serait mieux de tourner nos pas tous ensemble vers la place qui a été construite pour les défendre ; et ainsi, monsieur Muir, je suis pour le fort, toute disposée à attendre là le retour de mon père et de son détachement. Il serait trop affligé si nous prenions la fuite durant son absence, lorsque, heureux lui-même, il compte avec confiance que nous serons aussi fidèles à nos devoirs qu'il l'est aux siens.

— Pour l'amour du ciel, ne vous méprenez pas, Mabel, — s'écria Muir avec une espèce d'effroi ; — je suis loin de vouloir dire qu'aucune personne, excepté les femmes, doit se réfugier dans le bateau. Notre devoir, à nous autres hommes, n'est pas douteux, et ma résolution a été formée, dès le premier moment, de défendre le fort ou de tomber avec lui.

— Et croyez-vous, monsieur Muir, que deux femmes puissent diriger cette lourde barque de manière à échapper à la pirogue d'un Indien ?

— Ah ! ma charmante Mabel, l'amour est rarement un bon logicien ; ses craintes, ses inquiétudes obscurcissent notre intelligence. J'ai seulement vu votre personne chérie en possession d'un moyen de fuite, et j'ai oublié que le talent de s'en servir vous manquait ; mais vous ne serez pas assez cruelle pour considérer comme une faute l'excessive anxiété que j'éprouve en pensant aux dangers que vous courez.

Mabel en avait assez entendu, son esprit était trop occupé de ce qui s'était passé le matin, ses alarmes étaient trop vives pour vouloir s'arrêter plus long-temps à écouter des propos d'amour qui lui auraient été désagréables, même dans les moments les plus joyeux de sa vie. Prenant à la hâte congé de son compagnon, elle allait se diriger vers la hutte de l'autre femme, quand Muir l'arrêta en appuyant une main sur son bras.

— Un mot, Mabel, — dit-il, — avant de nous quitter. Ce signal peut avoir une signification particulière, ou n'en avoir aucune ; dans le premier cas ne serait-il pas à propos, à présent que nous savons qu'il a été exposé à la vue, de le replacer où il était, afin que nous puissions épier quelque réponse qui pût trahir le complot ? dans le second cas, il n'en peut rien résulter.

— Vous pouvez avoir raison, monsieur Muir ; cependant cette banderole pourrait faire découvrir le fort, quand même le tout aurait été l'effet du hasard.

Mabel ne s'arrêta pas davantage et fut bientôt hors de vue, courant vers la hutte où elle désirait arriver. Le quartier-maître resta à la même place et dans la même attitude une bonne minute, regardant tour à tour la taille légère de Mabel et le morceau de toile qu'il tenait encore, avec une sorte d'indécision ; elle ne se prolongea pas cependant au-delà de cette minute, car un instant après il était au pied de l'arbre, à une branche duquel il attacha la banderolle imitant un pavillon. Mais, ignorant sans doute l'endroit précis où Mabel l'avait trouvé, il le laissa flotter dans une portion de chêne où il était plus exposé qu'auparavant aux regards de tout individu naviguant sur la rivière, tandis qu'il était moins en vue de l'île même.

CHAPITRE XXI.

> « Chacun a reçu sa portion du soir, le fromage est dans sa forme, les terrines et les bols soigneusement échaudés sont rangés le long des murailles de la laiterie. »
> COTTON.

En cheminant vers la hutte, il semblait étrange à Mabel Dunham que les autres fussent calmes, tandis qu'elle sentait comme une responsabilité de vie et de mort peser sur elle. Il est vrai qu'une légère méfiance des intentions de Rosée-de-Juin se mêlait à ses pressentiments; mais lorsqu'elle se rappela l'affection et le naturel empreint dans toutes les manières de la jeune Indienne, toutes les preuves de bonne foi et de sincérité qu'elle avait vues dans sa conduite durant les rapports journaliers de leur voyage, elle rejeta cette idée avec la promptitude d'une âme généreuse qui se refuse à croire le mal. Elle vit cependant qu'elle ne pouvait pas mettre ses compagnons sur leurs gardes sans leur découvrir sa conférence secrète, et elle se trouva forcée d'agir avec une prudence et une réflexion qui lui étaient peu ordinaires, surtout dans des matières si importantes.

La femme du soldat reçut l'ordre de transporter les objets nécessaires dans le fort, et de ne s'en éloigner dans aucun moment de la journée. Mabel n'expliqua pas ses motifs; elle dit seulement qu'en se promenant elle avait aperçu quelques indices qui lui faisaient craindre que l'ennemi ne connût mieux la position de l'île qu'on ne l'avait supposé auparavant, et qu'il serait bon qu'elles fussent au moins toutes deux à portée d'un asile au premier signal. Il n'était pas difficile d'exciter les craintes de Jenny, qui, quoique courageuse comme une vraie Écossaise, était assez disposée à prêter l'oreille à tout ce qui confirmait sa terreur des cruautés des Indiens. Aussitôt que Mabel vit que sa compagne était assez alarmée pour être prudente, elle lui insinua qu'il était inutile de faire connaître aux soldats l'étendue de leurs propres craintes. Elle se proposait d'éviter ainsi les discussions et les questions qui auraient pu l'embarrasser, et elle espérait pouvoir inspirer plus de circonspection à son oncle, au caporal et à ses soldats en s'y prenant d'une autre façon. Par malheur, l'armée de la Grande-Bretagne n'aurait pu fournir un personnage plus mal choisi, pour occuper le poste qu'il était alors chargé d'occuper, que le caporal Mac-Nab, auquel le commandement avait été laissé pendant l'absence du sergent Dunham. D'une part, il était courageux, actif, versé dans tous les détails d'une vie de soldat et endurci aux fatigues de la guerre; de l'autre, il était arrogant dans ses rapports avec les habitants du pays, d'une excessive opiniâtreté sur tout ce qui rentrait dans les étroites limites de sa profession, très-disposé à considérer l'empire britannique comme le centre de toute excellence humaine, et l'Écosse comme le foyer, au moins, de l'excellence morale dans cet empire. En un mot, il offrait l'abrégé, quoique à un degré proportionné à son rang, de ces qualités, apanage ordinaire des serviteurs de la couronne qui sont envoyés dans les colonies, et qui s'estiment eux-mêmes en raison du mépris que leur inspirent les naturels du pays. On peut dire qu'à ses yeux l'Américain était un animal inférieur à la souche originelle, et qui avait sur le service militaire, en particulier, des idées irréfléchies et absurdes. Braddock lui-même n'était pas plus éloigné de suivre l'avis d'un provincial que son humble imitateur, et l'on savait qu'en plus d'une occasion il avait différé d'exécuter les ordres de deux ou trois de ses officiers, nés en Amérique, simplement pour cette raison; prenant soin en même temps, avec la finesse d'un Écossais, de ne pas s'exposer au châtiment qu'une désobéissance positive lui eût fait encourir. Mabel ne pouvait donc rencontrer un individu moins propre à entrer dans ses vues, et cependant elle comprit qu'elle n'avait pas une minute à perdre pour mettre son plan à exécution.

— Mon père vous a laissé une grave responsabilité, caporal, — lui dit-elle aussitôt qu'elle put le trouver à quelque distance de ses soldats; — car si l'île tombe entre les mains des ennemis, non-seulement nous serons pris, mais le détachement qui est maintenant en course sera probablement prisonnier aussi.

— Il n'est pas nécessaire d'être venu d'Écosse jusqu'ici pour comprendre ce qui résulterait d'un fait semblable, — répondit Mac-Nab d'un ton sec.

— Je ne doute pas que vous ne le compreniez aussi bien que moi, monsieur Mac-Nab; mais je crains que vous autres, vétérans, habitués comme vous l'êtes aux dangers et aux combats, vous ne soyez un peu enclins à négliger quelques-unes des précautions qui peuvent être nécessaires dans une situation telle que la nôtre.

— On dit que l'Écosse n'est pas un pays conquis, jeune femme, mais je commence à penser qu'il peut y avoir quelque méprise, puisque nous, ses enfants, nous sommes si engourdis et si sujets à être surpris lorsque nous nous y attendons le moins.

— Non, mon bon ami, vous ne me comprenez pas. D'abord je ne parle pas du tout de l'Écosse, mais de cette île; ensuite je suis bien éloignée de mettre en doute votre vigilance, lorsque vous croyez nécessaire de l'exercer; mais ma crainte est qu'il n'existe un danger, que votre courage vous porte à mépriser.

— Mon courage, miss Dunham, est sans doute d'une qualité bien inférieure, n'étant rien autre chose qu'un courage écossais. Votre père est Yankee; s'il était avec nous, nous verrions certainement des préparatifs très différents. Les temps sont venus où les étrangers ont des grades et portent la hallebarde et l'arme des sergents de l'armée anglaise dans les corps écossais, et je ne m'étonne pas que les batailles se perdent et que les campagnes soient désastreuses.

Mabel était presque découragée, mais l'impression des paroles de Rosée-de-Juin était encore trop vive pour lui permettre de quitter la partie. Elle changea seulement le mode d'attaque, s'attachant encore à l'espoir d'attirer tous ses compagnons dans le fort sans être forcée de découvrir la source des renseignements qui lui faisaient sentir le besoin d'être sur ses gardes.

— J'ose dire que vous avez raison, caporal Mac-Nab, — observa-t-elle, — car j'ai souvent entendu parler des héros de votre pays qui sont placés au premier rang parmi ceux du monde civilisé, si ce qu'on m'a raconté d'eux est vrai.

— Avez-vous lu l'histoire d'Écosse, miss Dunham? — demanda le caporal, en regardant pour la première fois sa jolie interlocutrice avec un mouvement des lèvres qui était presque un sourire sur son visage dur et repoussant.

— J'en ai lu quelque chose, caporal, mais j'en ai entendu dire bien davantage. La dame qui m'a élevée avait du sang écossais dans les veines, et ce sujet d'entretien lui plaisait.

— Sans doute le sergent n'a pas pris la peine de s'occuper du renom de la contrée où son régiment a été élevé?

— Mon père a à penser à d'autres choses. Le peu que j'ai appris m'a été enseigné par la dame dont je viens de parler.

— Elle n'a pas oublié de vous parler de Wallace?

— J'ai même lu beaucoup de détails de sa vie.

— Elle vous a parlé de Bruce, de l'affaire de Bannok-Burn?

— Certainement, aussi bien que de celle de Culloden-Muir. — La dernière de ces batailles était alors un fait récent; c'était un des souvenirs de notre héroïne, qui n'en conservait cependant qu'une idée si confuse, qu'elle appréciait à peine l'effet que son allusion pouvait produire sur son compagnon. Elle savait que c'était une victoire, et elle avait souvent entendu les hôtes de sa protectrice en parler avec l'accent du triomphe; elle se figura que ce sentiment trouverait un écho sympathique dans tous les soldats de la Grande-Bretagne. Par malheur Mac-Nab était, dans cette journée, du côté du prétendant, et une profonde cicatrice qui sillonnait son visage était l'œuvre du sabre d'un soldat allemand au service de la maison de Hanovre. Il crut, en écoutant Mabel, que sa blessure saignait de nouveau; et il est certain qu'à voir la rapidité avec laquelle son sang reflua sur ses joues on aurait pu penser qu'il voulait s'ouvrir un passage par la cicatrice.

— Assez, assez! — s'écria-t-il; — laissez votre Culloden et votre Sherrif-Muir, jeune femme; vous ne comprenez nullement ce sujet, et vous ferez preuve non-seulement de sagesse mais de modestie en parlant de votre propre pays et de ses nombreux défauts! Le roi George a sans doute quelques sujets loyaux dans les colonies, mais il se passera long-temps avant qu'il en voie ou qu'il en entende sortir quelque chose de bon.

La chaleur du caporal étonna Mabel, car elle ne soupçonnait pas le moins du monde ce qui l'avait blessé, mais elle était déterminée à ne pas battre en retraite.

— J'ai toujours entendu dire, — reprit-elle; — que les Ecossais possèdent surtout deux excellentes qualités pour les soldats le courage et la circonspection; et je suis persuadée que le caporal Mac-Nab soutiendra la réputation nationale.

— Interrogez votre père, miss Dunham; il connaît le caporal Mac-Nab, et il ne refusera pas de vous instruire de ses défauts. Nous nous sommes trouvés ensembles sur le champ de bataille, il est mon officier supérieur et il a le droit de juger la conduite de ses subordonnés.

— Mon père a une très-bonne opinion de vous, Mac-Nab, sinon il ne vous aurait pas confié l'île et tout ce qu'elle contient, y compris sa propre fille. Je sais entre autres choses qu'il compte beaucoup sur votre prudence; il espère que le fort, en particulier, sera soigneusement gardé.

— S'il désire défendre l'honneur du 55e derrière des planches, il aurait dû rester et commander lui-même. Car, pour parler franchement, il répugne au sang et aux opinions d'un Écossais de se retirer avant même d'être attaqué. Nous sommes des hommes d'épée et nous aimons à nous mesurer en face avec l'ennemi. Cette méthode américaine de combats qui prend si bien faveur, détruira la réputation des armées de Sa Majesté, si elle n'en détruit pas le courage.

— Un bon soldat ne dédaigne pas les précautions. Le major Duncan lui-même, que nul ne surpasse en bravoure, est renommé pour le soin qu'il prend de ses hommes.

— Lundie a son faible, et il a promptement oublié nos claymores et nos bruyères pour songer aux bois et aux fusils. Mais, miss Dunham, croyez la parole d'un vieux soldat qui a vu sa cinquante-cinquième année, quand il vous dit qu'il n'y a pas de plus sûre manière d'encourager l'ennemi que d'avoir l'air de le craindre, et qu'il n'y a pas un danger dans cette guerre indienne que vos Américains n'aient exagéré et amplifié si bien qu'ils voient un sauvage derrière chaque buisson. Nous autres enfants de l'Écosse, habitués à un pays découvert, nous n'avons nul besoin de nous mettre à l'abri, et vous verrez, miss Dunham....

Le caporal sauta en l'air, tomba la face contre terre et roula sur le dos. Le tout se passa d'une manière si soudaine que Mabel avait à peine entendu le sifflement de la balle lorsqu'elle le vit tomber. Notre héroïne ne jeta pas un cri, ne trembla pas. — Cette catastrophe était trop effrayante, trop subite, trop inattendue pour permettre un tel signe de faiblesse. Par une impulsion naturelle elle s'élança au contraire pour secourir son compagnon.

Mac-Nab conservait encore assez de vie pour laisser voir qu'il comprenait parfaitement ce qui était arrivé. Son visage avait l'expression farouche d'un homme que la mort a surpris, et Mabel, lorsqu'elle y réfléchit avec plus de sang-froid, se figura qu'il avait montré le repentir tardif d'un pécheur endurci.

— Allez dans le fort le plus vite possible, — dit Mac-Nab d'une voix faible, quand Mabel se pencha pour recueillir ses dernières paroles.

Notre héroïne apprécia alors sa situation et comprit qu'il était urgent d'agir. Elle jeta un regard rapide sur le corps qui était à ses pieds, vit qu'il avait cessé de respirer et s'enfuit. En peu de minutes elle atteignit le fort, déjà elle touchait la porte, lorsqu'elle fut tout-à-coup fermée avec violence par Jenny qui, dans son aveugle terreur, ne songeait qu'à sa propre sûreté. Cinq ou six coups de feu retentirent, tandis que Mabel demandait à entrer à grands cris. L'accroissement de frayeur qu'ils causèrent empêcha la femme du soldat de tirer les verroux avec la même promptitude qu'elle avait mise à les fermer. Après une minute de délai cependant, Mabel commença à sentir que la porte cédait peu à peu, et elle s'insinua à travers l'ouverture dès qu'elle fut suffisante pour sa forme délicate. — Pendant ce temps les battements du cœur de Mabel s'étaient ralentis, et elle retrouva assez de présence d'esprit pour agir avec réflexion. Au lieu de céder aux efforts presque convulsifs de sa compagne pour refermer la porte, elle la tint ouverte le temps nécessaire pour s'assurer qu'aucun des leurs n'était à portée du fort, et ne pouvait y chercher un refuge. Elle permit alors qu'elle la fermât, et donna des instructions avec calme et prudence. Une seule barre fut posée, et Jenny fut mise en sentinelle pour la lever à la première demande d'un ami. Elle monta ensuite dans la pièce située à l'étage supérieur, d'où, par une meurtrière, elle pouvait voir l'île entière aussi bien que le bois le permettait. Ayant recommandé à sa compagne de dangers le calme et la fermeté, elle fit l'examen des environs aussi exactement que la situation le permettait.

A sa grande surprise, Mabel n'aperçut pas d'abord un seul être vivant dans l'île, ami ou ennemi. Ni Français ni Indien n'était visible, quoiqu'un petit nuage blanc qui flottait sous le vent lui indiquât de quel côté elle devait les chercher. Les coups de feu étaient partis du côté de l'île d'où Rosée-de-Juin était venue; mais Mabel ignorait si l'ennemi était encore dans cette île, ou s'il avait débarqué dans celle du Poste. Passant à la meurtrière qui dominait le terrain où Mac-Nab gisait, son sang se glaça en voyant les trois soldats étendus près de lui. Ces hommes étaient accourus à la première alarme, et avaient été frappés presque successivement par l'invisible ennemi que le caporal avait affecté de mépriser.

On n'apercevait ni Cap ni le lieutenant Muir. Le cœur de Mabel palpitait, tandis qu'elle examinait chaque percée entre les arbres, et elle monta même au dernier étage du fort d'où l'on voyait toute l'île autant que les arbres le permettaient, mais sans plus de succès. Elle s'était attendue à voir le corps de son oncle couché sur l'herbe comme ceux des soldats, mais elle ne l'apercevait nulle part. Tournant les yeux vers l'endroit où l'on avait laissé la barque, Mabel vit qu'elle était encore amarrée à la côte, et elle supposa alors qu'un accident imprévu avait empêché Muir d'effectuer sa retraite de ce côté. Le calme de la tombe, en un mot, régnait dans l'île, et les corps des soldats rendaient la scène aussi effrayante qu'elle était étrange.

— Pour l'amour de Dieu, miss Mabel! — s'écria la femme sans quitter son poste, car, quoique ses craintes fussent arrivées à un point qui ne lui permettait plus de garder le silence, la supériorité personnelle de notre héroïne plus encore que le grade de son père, influait sur ses expressions; — Pour son saint amour, miss Mabel, dites-moi si nos amis sont encore vivants. Je crois entendre des gémissements qui deviennent de plus en plus faibles, et je crains qu'ils ne soient tous massacrés!

Mabel se rappela alors que l'un des soldats était le mari de cette femme, et elle trembla à l'idée de ce qui pouvait arriver, si elle apprenait un tel malheur sans y être préparée. Les plaintes lui donnaient aussi un peu d'espoir, quoiqu'elle craignît qu'ils ne fussent la voix de son oncle qui pouvait être blessé sans qu'elle l'aperçût.

— Nous sommes entre ses mains divines, Jenny, — répondit-elle; il faut nous confier à sa Providence, sans négliger aucun des moyens qu'elle nous offre de nous protéger nous-mêmes. Veillez bien sur la porte, et ne l'ouvrez sous aucun prétexte sans ma permission.

— Oh! dites-moi, miss Mabel, si vous pouvez voir Sandy quelque part. Si je pouvais seulement lui faire savoir que je suis en santé, le brave homme, libre ou prisonnier, aurait l'esprit plus tranquille.

Sandy était le mari de Jenny, et il était couché sans vie en face de la meurtrière par laquelle notre héroïne regardait alors.

— Vous ne me dites pas si vous voyez Sandy, — répéta la pauvre femme, impatientée du silence de Mabel.

— Quelques-uns des nôtres sont autour du corps de Mac-Nab, répondit celle-ci; car un mensonge positif lui eût semblé un sacrilége, dans la terrible situation où elle se trouvait.

— Sandy est-il du nombre? — demanda la femme d'une voix effrayante par son âpreté et son énergie.

— Il peut en être certainement, car j'en vois un, deux, trois, quatre, et tous portent l'habit rouge du régiment.

— Sandy! — cria Jenny avec une sorte de frénésie, — pourquoi ne prenez-vous pas soin de votre vie? Venez ici sur-le-champ, et partagez le sort de votre femme, en bien comme en mal. Ce n'est pas le moment de penser à votre sotte discipline et à vos vaines idées de point d'honneur! Sandy! Sandy!

Mabel entendit la barre tomber et la porte crier sur ses gonds. L'attente, pour ne pas dire la terreur, la retint à sa place. Elle vit bientôt Jenny courant à travers les buissons, du côté où les morts étaient étendus; il ne lui fallut qu'un instant pour atteindre le lieu fatal. Le choc fut si violent et si inattendu, que dans son trouble elle ne parut pas en avoir compris toute l'horreur. Une étrange idée s'offrit à son esprit, elle se figura que ces hommes se jouaient de ses craintes. Saisissant la main de son mari qui était encore tiède, elle crut voir un sourire moqueur entr'ouvrir ses lèvres.

— Pourquoi risquer ainsi votre vie, Sandy? — cria-t-elle en le tirant par le bras; — vous serez tous assommés par ces maudits Indiens, si vous ne venez pas dans le fort, comme de bons soldats; allons, allons, ne perdons pas des moments si précieux.

Faisant un effort désespéré, Jenny tira le corps de son mari d'une manière qui lui permit d'en voir entièrement le visage : une petite ouverture à la tempe, par où la balle était entrée, et quelques gouttes de sang coulant sur la peau, lui révélèrent alors la cause du silence de son mari. Lorsque l'affreuse vérité se présenta ainsi à son esprit, la femme joignit les mains, poussa un cri qui retentit dans les vallons des îles voisines, et tomba sur le corps inanimé de son mari. Ce cri, quelque déchirant, quelque effrayant qu'il fût, était une mélodie, comparé à celui qui le suivit avec une telle rapidité que les sons se confondirent. Le terrible cri de guerre s'éleva sur tous les points de l'île, et une vingtaine de sauvages que la peinture de leur corps et les autres inventions de l'esprit indien rendaient horribles à voir, s'élancèrent des bois, brûlant de s'emparer des chevelures tant désirées; Arrowhead était à leur tête, et ce fut son tomahawk qui brisa la tête de Jenny toujours évanouie, et deux minutes ne s'étaient pas écoulées depuis qu'elle avait quitté le fort, que sa chevelure fumante était suspendue en trophée à la ceinture du chef sauvage. Les autres déployaient la même activité; Mac-Nab et ses soldats cessèrent d'offrir la tranquille apparence d'hommes endormis, on laissa baignés dans leur sang leurs cadavres mutilés. Tout ceci se passa en moins de temps qu'il n'en faut pour l'écrire, et les yeux de Mabel furent témoins de cette scène; elle était restée immobile, contemplant cet horrible spectacle, comme si un charme l'avait retenue à sa place, sans que l'idée de son propre danger se présentât une seule fois à sa pensée. Mais elle ne vit pas plus tôt l'endroit où les hommes étaient tombés, couvert de sauvages se réjouissant du succès de leur embuscade, qu'elle se rappela que Jenny avait laissé la porte du fort ouverte sans être barrée. Son cœur palpita avec violence, car c'était le seul obstacle qui existât entre elle et une mort immédiate; elle s'élança sur l'escalier avec l'intention de descendre pour s'enfermer; son pied n'avait pas encore atteint le palier du second étage lorsqu'elle entendit la porte s'ouvrir, et elle se crut perdue sans ressources. Tombant à genoux, la jeune fille épouvantée, mais courageuse, s'efforça de se préparer à la mort et d'élever ses pensées vers Dieu. L'instinct de la conservation était néanmoins trop fort pour lui permettre de prier, et tandis que ses lèvres remuaient, toutes ses facultés étaient tendues vers le moindre bruit venant d'en-bas. Lorsqu'elle entendit les barres, retenues sur des pivots fixés au centre de la porte, retourner à leurs places, non pas une seule, ainsi qu'elle-même l'avait ordonné dans le but de recevoir son oncle s'il se présentait, mais toutes les trois, elle se releva, toutes les pensées du ciel disparaissant devant l'intérêt de sa position actuelle, et il semblait que tous ses sens étaient absorbés dans celui de l'ouïe.

Au milieu d'une semblable anxiété, l'esprit est actif. Mabel s'imagina d'abord que son oncle était entré dans le fort, et elle était au moment de descendre et de se jeter dans ses bras, quand l'idée que ce pouvait être un Iroquois qui avait fermé la porte pour empêcher les autres d'entrer, tandis qu'il pillerait à loisir, l'arrêta tout-à-coup. La profonde tranquillité qui existait au-dessous d'elle ne ressemblait guère aux brusques mouvements de Cap, et paraissait plutôt l'effet de la ruse d'un ennemi. Si c'était un ami, ce ne pouvait être que son oncle ou le quartier-maître ; car notre héroïne avait alors l'affreuse conviction que ces deux hommes et elle-même composaient toute la troupe, si même les deux derniers existaient encore. Cette pensée tint Mabel en échec, et pendant plus de deux minutes le silence de la mort régna dans le bâtiment. Pendant tout ce temps, Mabel était au haut de l'échelle, appuyée sur la trappe conduisant à l'étage inférieur. Ses yeux restaient fixés sur cet endroit ; car elle s'attendait à voir paraître à chaque instant l'horrible figure d'un sauvage ; sa frayeur acquit bientôt un tel degré d'intensité qu'elle regarda autour d'elle pour chercher un refuge ; tout ce qui retardait une catastrophe qu'elle croyait inévitable était une espèce de soulagement à son angoisse. La pièce contenait plusieurs tonneaux ; deux parurent à Mabel placés d'une manière plus favorable, elle s'accroupit derrière, appliquant son œil à un intervalle par lequel elle pouvait encore surveiller la trappe. Elle fit un nouvel effort pour prier ; mais le moment était trop horrible pour que sa pensée pût s'élever vers le ciel. Il lui sembla distinguer un sourd frémissement, comme si l'on montait l'échelle du premier étage avec des précautions si grandes qu'elles se trahissaient par leur propre excès. Puis elle entendit un craquement qui provenait d'une des marches de l'escalier : elle ne pouvait s'y méprendre, son poids, quoique si léger, ayant occasionné le même bruit lorsqu'elle était montée. Cet instant était un de ceux qui renferment les sensations de plusieurs années d'une existence ordinaire : vie, mort, éternité, douleurs corporelles, étaient devant elle, terribles conséquences des événements d'une seule journée. On aurait pu la prendre pour une belle et pâle image d'elle-même, privée à la fois de mouvement et de vie ; mais, malgré cette apparence de mort, on n'eût pu trouver dans la courte carrière de Mabel une seule minute où la perception de ses sens eût été plus rapide et sa sensibilité plus exquise. Rien cependant ne paraissait encore ; mais ses oreilles, que l'intensité de l'émotion rendait d'une finesse extrême, l'assuraient qu'un être vivant n'était plus qu'à quelques pouces au-dessous de l'ouverture du plancher; puis vint le témoignage de ses yeux, qui virent la peau rouge et les traits d'un Indien s'élevant si lentement au-dessus de la trappe, que les mouvements de la tête pouvaient être comparés à ceux de l'aiguille à minutes d'une pendule; et enfin la face cuivrée se montra en entier. Il est rare que le visage humain paraisse à son avantage lorsqu'il est caché en partie, et l'imagination de Mabel lui persuadait qu'elle voyait quelque chose d'horrible à mesure que la physionomie sauvage se révélait peu à peu; mais lorsque la figure se découvrit tout entière, un second et un plus sûr regard convainquit notre héroïne qu'elle voyait le doux, l'inquiet et même le beau visage de Rosée-de-Juin.

CHAPITRE XXII.

« Quoique je sois spectre, je ne suis envoyé ni pour t'effrayer ni pour te tromper; je viens pour récompenser ta fidélité. «

WORDSWORTH.

Il serait difficile de dire qui fut la plus contente quand Mabel se relevant à la hâte parut au milieu de la chambre, ou notre héroïne en trouvant que son visiteur était la femme d'Arrowhead et non Arrowhead lui-même, ou Rosée-de-Juin en voyant que son avis avait été suivi et que le fort contenait la personne qu'elle avait cherchée avec tant d'anxiété et presque sans espérance. Elles s'embrassèrent, et l'enfant de la nature rit doucement en passant ses bras autour de la taille de son amie, comme pour mieux s'assurer de sa présence.

— Fort être bon, — dit la jeune Indienne, — porte fermée; point de chevelures.

— Il est bon à la vérité, Rosée-de-Juin, — répondit Mabel en frissonnant, et portant en même temps la main sur ses yeux, comme si elle eût craint de voir encore les horreurs dont elle venait d'être témoin. — Dites-moi, pour l'amour de Dieu! si vous savez ce qu'est devenu mon cher oncle; j'ai regardé de tous côtés sans pouvoir l'apercevoir.

— Lui n'être pas dans le fort? — demanda Rosée-de-Juin avec un peu de curiosité.

— Non vraiment, il n'y est pas; je suis toute seule ici : Jenny, la femme qui était avec moi, étant sortie pour rejoindre son mari, a péri par son imprudence.

— Fleur-de-Juin le savoir, avoir tout vu; très-méchant Arrowhead, ne sentir rien pour aucune femme, ne sentir rien pour la sienne.

— Ah! Rosée-de-Juin, votre vie au moins est en sûreté.

— Moi pas savoir, Arrowhead tuer moi, si lui savoir tout.

— Que Dieu vous bénisse et vous protége, Rosée-de-Juin! Mais il vous bénira, il vous protégera pour cette preuve d'humanité. Dites-moi ce qu'il faut faire et si mon pauvre oncle est encore vivant.

— Pas savoir. Eau-salée avoir bateau, pouvoir être sur la rivière.

— La barque est encore sur le rivage, mais ni mon oncle ni le quartier-maître ne paraissent nulle part.

— Non tués, ou Rosée-de-Juin aurait vu; cachés loin! Peau-rouge se cacher, pas honte pour face-pâle.

— Ce n'est pas la honte que je crains pour eux; je crains qu'ils n'aient été surpris. Votre attaque a été terriblement soudaine!

— Tuscarora! — dit l'Indienne avec un sourire de triomphe, en pensant à l'adresse de son mari; Arrowhead grand guerrier.

— Vous êtes trop bonne et trop douce pour ce genre de vie, vous ne pouvez pas être heureuse au milieu de telles scènes!

Le front de l'Indienne se couvrit de nuages, et Mabel s'imagina qu'une lueur du feu sauvage d'un chef brillait dans ses yeux lorsqu'elle répondit :

— Yengeese trop avides; prendre forêt, bois, chasse; poursuivre six nations du matin au soir; méchant roi, méchant peuple! Face-pâle très mauvais.

Mabel savait que même alors il y avait beaucoup de vérité dans cette opinion, quoiqu'elle fût trop instruite pour ne pas comprendre que dans ce cas, comme dans un millier d'autres, le monarque était blâmé pour des faits que probablement il ignorait. Elle sentait trop cependant la justice du reproche pour essayer d'y répondre, et ses pensées se reportèrent naturellement sur sa propre situation.

— Que dois-je faire? demanda-t-elle; — votre peuple attaquera bientôt ce bâtiment.

— Fort être bon, pas de chevelure.

— Mais ils ne tarderont pas à découvrir qu'il n'a pas de garnison, s'ils ne le savent déjà. Vous-même vous m'avez dit le nombre de gens restés dans l'île, et sûrement vous l'aviez appris d'Arrowhead.

— Arrowhead savoir, — répondit l'Indienne en levant six doigts pour indiquer le nombre des hommes. Peaux-rouges tout savoir. Quatre avoir perdu leur chevelure, deux l'avoir encore.

— Ne parlez pas de cela, Rosée-de-Juin, cette horrible pensée me glace le sang. Vos amis ne savent pas que je suis seule dans le fort, ils peuvent croire mon oncle et le quartier-maître avec moi et mettre le feu au bâtiment pour les faire sortir.

— Pas brûler le fort, — dit Rosée-de-Juin tranquillement.

— Vous ne pouvez le savoir, et je n'ai nul moyen de les empêcher d'approcher.

— Pas brûler le fort, fort être bon.

— Mais dites-moi pourquoi? J'ai peur qu'ils le brûlent.

— Fort mouillé, plu beaucoup, bois vert, pas brûler facilement. Peau-rouge le savoir, chose belle; eux pas brûler pour dire à Yengeese qu'Iroquois être venus ici. Père à vous revenir, plus trouver le fort; non, non; Indien beaucoup trop rusé, ne toucher à rien.

— Je vous comprends, et j'espère que votre prédiction se réalisera. Pour ce qui regarde mon père, peut-être est-il déjà mort ou prisonnier.

— Père non touché, pas savoir où lui être allé. — Eux n'avoir pas de piste; homme rouge pouvoir pas suivre; non brûler le fort, fort être très-bon.

— Croyez-vous possible que je reste ici en sûreté jusqu'au retour de mon père?

— Ne pas savoir, — fille pouvoir mieux dire quand père revenir.

Mabel se sentit inquiète du regard que lui lança l'œil noir de l'Indienne au moment où elle prononça ces mots, car elle soupçonna sa compagne de chercher à connaître un fait qui pouvait être utile à son peuple et amener la perte du père de Mabel et de sa troupe. Elle allait faire une réponse évasive lorsqu'un coup violent à la porte extérieure attira soudain sa pensée sur le danger actuel.

— Ils viennent! — s'écria-t-elle, — peut-être est-ce mon oncle ou le quartier-maître ; je ne puis laisser dehors même M. Muir dans un tel instant.

— Pourquoi pas regarder? Beaucoup de trous faits exprès.

Mabel suivit ce conseil et courut à l'une des meurtrières pratiquées à travers le bois dans la partie qui dominait la base du fort; elle ôta avec précaution le petit billot qui d'ordinaire bouchait l'ouverture, et jeta un regard sur ce qui se passait à la porte. Le changement de ses traits apprit à sa compagne que des Indiens étaient là.

— Homme rouge, — dit l'Indienne en lui faisant signe d'être prudente.

— Quatre, et horribles par leurs peintures et leurs trophées sanglants. Arrowhead est du nombre.

Rosée-de-Juin avait été dans un coin de la chambre où plusieurs fusils étaient déposés; elle en tenait déjà un, lorsque le nom de son mari parut la faire hésiter. Ce ne fut néanmoins qu'un instant; elle alla vers la meurtrière et était au moment d'y passer le canon du fusil, quand un sentiment de répugnance naturelle porta Mabel à lui saisir le bras.

— Non, non, non! — s'écria-t-elle, — pas contre votre mari, quand ma vie en dépendrait.

— Pas faire mal à Arrowhead, — reprit Rosée-de-Juin avec un léger tressaillement, — pas blesser aucun homme rouge, pas tirer sur eux; faire peur seulement.

Mabel comprit alors les projets de son amie et cessa de s'y opposer. La dernière posa alors le canon du fusil à travers l'ouverture, et ayant soin de faire assez de bruit pour attirer l'attention, elle pressa la détente. Le coup ne fut pas plus tôt parti que Mabel lui reprocha ce qu'elle venait de faire pour la défendre.

— Vous aviez dit que vous ne tireriez pas, — dit-elle, — et vous pouvez avoir tué votre mari.

— Tous enfuis avant moi tirer, — répondit l'Indienne en

riant; et se plaçant à une autre meurtrière pour épier les mouvements de ses amis, ses rires redoublèrent : — Voyez, gagner le bois. Chaque guerrier croire Eau-salée et quartier-maître ici. Eux prendre garde maintenant.

— Le ciel soit loué! A présent, Rosée-de-Juin, je puis espérer qu'un peu de temps me sera donné pour préparer mon esprit à la prière, afin que je ne meure pas comme Jenny, occupée seulament de la vie et des intérêts de ce monde.

Rosée-de-Juin plaça le fusil à l'écart et vint s'asseoir près du coffre sur lequel Mabel s'était laissée tomber, succombant presque à l'émotion qui suit la joie aussi bien que le chagrin. Elle fixa ses regards sur le visage de notre héroïne, et celle-ci crut voir sur la physionomie de la jeune sauvage une expression de sévérité et d'inquiétude.

— Arrowhead grand guerrier, — dit la femme du Tuscarora, — toutes les filles de la tribu regarder lui beaucoup; la jolie Face-pâle avait-elle pas des yeux aussi?

— Rosée-de-Juin! — que signifient ces paroles et ce regard? — que voulez-vous dire?

— Pourquoi vous tant craindre que Rosée-de-Juin tuer Arrowhead?

— Ne serait-il pas horrible de voir une femme tuer son mari? non, j'aimerais mieux mourir moi-même.

— Bien sûr? — être là tout?

— Tout, aussi vrai que Dieu est mon juge, — et sûrement c'est assez. Non, non, il y a eu assez d'horreurs aujourd'hui sans les augmenter par un acte semblable. Quel autre motif pouvez-vous me soupçonner?

— Pas trop savoir. Pauvre fille Tuscarora très-folle. Arrowhead grand chef, regarder autour de lui. Parler de la jolie Face-pâle en dormant. Grand chef aimer plusieurs femmes.

— Un chef peut-il avoir plus d'une femme parmi votre peuple?

— Autant que lui pouvoir en nourrir. Grand chasseur se marier souvent. Arrowhead n'avoir à présent que Rosée-de-Juin, mais lui regarder trop, voir trop, parler trop de la jolie Face-pâle.

Mabel connaissait l'exactitude de ce fait, qui lui avait été assez désagréable pendant le cours de leur voyage; mais elle fut blessée de l'entendre rappeler par la femme même d'Arrowhead. Elle n'ignorait pas que l'habitude et l'opinion font en pareil cas juger les choses tout différemment; mais indépendamment de la mortification et du chagrin qu'elle éprouvait en se trouvant la rivale involontaire de son amie, elle craignait que la jalousie de celle-ci ne fût pour elle-même qu'une garantie assez équivoque de sûreté dans sa position actuelle. Un examen attentif la rassura pourtant. S'il était facile de lire dans les traits de cette simple créature la douleur de n'être plus aimée, aucune méfiance ne pouvait prendre l'expression affectueuse de sa physionomie franche et ouverte pour celle de la trahison ou de la haine.

— Vous ne me trahirez pas, Rosée-de-Juin? — dit Mabel en lui serrant la main, et cédant à une impression de confiance généreuse; vous ne livrerez pas une créature de votre propre sexe au tomahawk ?

— Aucun tomahawk toucher vous, Arrowhead vouloir pas. Si Rosée-de-Juin être destinée à avoir une femme-sœur, elle aimer à avoir vous.

— Non, non; ma religion et mes sentiments s'y opposent également; et si je pouvais être la femme d'un Indien, je ne voudrais jamais prendre la place qui vous appartient dans un wigwam.

Rosée-de-Juin ne répondit pas; mais tout en elle exprima une vive reconnaissance. Elle savait que peu de filles indiennes, pas une peut-être dans le cercle des relations d'Arrowhead, ne pouvait lui être comparée sous le rapport des attraits personnels; et bien que son mari pût épouser une douzaine de femmes, elle était sûre de n'avoir à craindre l'influence d'aucune, Mabel exceptée : la beauté, la douceur, les manières séduisantes de notre héroïne lui avaient pourtant inspiré un intérêt si vif, que lorsque la jalousie vint glacer ses sentiments, elle prêta à cet intérêt une force nouvelle; et sa capricieuse influence avait été l'un des motifs qui l'avaient portée à venir, au milieu de tant de dangers, sauver sa rivale imaginaire des conséquences d'une attaque qu'elle savait être prochaine. En un mot, elle avait découvert avec la rapide perception d'une femme, l'admiration qu'Arrowhead éprouvait pour Mabel, et au lieu de sentir cette poignante jalousie qui lui aurait rendu sa rivale odieuse, ce qui fût arrivé sans doute à une femme moins accoutumée à respecter les droits supérieurs du sexe souverain, elle se mit à étudier les manières et le caractère de la beauté à face pâle; et n'y trouvant rien qui repoussât son affection, mais tout au contraire l'encourageant, elle se livra à son admiration, et conçut pour Mabel un amour qui, quoique certainement d'une nature différente, était à peine moins vif que celui de son mari. Arrowhead lui-même l'avait envoyée pour avertir Mabel du péril qui s'approchait, mais il ignorait qu'elle se fût introduite dans l'île à la suite des assaillants, et qu'elle était enfermée dans la citadelle avec l'objet de leur commune sollicitude. Il supposait au contraire, ainsi que sa femme l'avait dit, que Cap et Muir étaient dans le fort avec Mabel, et il pensait que le coup de fusil avait été tiré par l'un d'eux.

— Rosée-de-Juin être fâchée que le lys, — car c'était ainsi que dans son langage poétique l'Indienne avait nommé notre héroïne, — être fâchée que le lys pas épouser Arrowhead. Son wigwam être spacieux, et un grand chef avoir besoin d'assez de femmes pour le remplir.

— Je vous remercie, Rosée-de-Juin, de cette préférence, qui n'est pas tout-à-fait d'accord avec la manière de penser de nous autres femmes blanches, — répondit Mabel en souriant en dépit de la terrible situation dans laquelle elle se trouvait placée ; mais il est probable que je ne me marierai jamais.

— Vous, falloir bon mari ; vous, épouser Eau-douce si vous pas aimer Arrowhead.

— Rosée-de-Juin, ceci n'est pas un sujet de conversation convenable pour une fille qui ignore si elle a encore une heure à vivre. Je voudrais, s'il est possible, savoir mon oncle vivant et en sûreté.

— Moi, aller voir.

— Le pouvez-vous ? le voudriez-vous ? N'y a-t-il pas de danger pour vous à être vue dans l'île ? Les Indiens savent-ils que vous êtes ici, et seront-ils contents qu'une femme les ait suivis à la guerre ?

Mabel accumula rapidement toutes ces questions, craignant que la réponse ne fût pas conforme à ses désirs. Il lui semblait étrange que l'Indienne eût accompagné la troupe ; et malgré le peu de probabilité de cette idée, elle se figurait que Rosée-de-Juin avait suivi les Iroquois dans son propre canot, et les avait devancés uniquement pour lui donner l'avis auquel, sans doute, elle devait la vie. Mais toutes ces suppositions étaient fausses, comme la jeune Indienne le lui fit entendre dans son langage imparfait.

Arrowhead, quoique chef, était en disgrâce dans sa propre tribu, et il agissait d'accord avec les Iroquois ; l'alliance, quoique temporaire, était sincère. Il possédait un wigwam, il est vrai, mais il l'habitait rarement. Feignant d'aimer les Anglais, il avait passé l'été à leur service en apparence, tandis qu'en réalité il servait les Français. Sa femme l'accompagnait dans ses nombreuses excursions, la plupart des distances étant franchies en pirogue. Bref, sa présence n'était pas un mystère, son mari voyageant peu sans elle. Tout cela encouragea Mabel à désirer que son amie sortît du fort pour s'assurer du destin de son oncle; et il fut bientôt convenu entre elles que l'Indienne profiterait du premier moment favorable pour quitter le fort.

Elles examinèrent d'abord l'île par les différentes meurtrières aussi bien que leur position le permettait, et elles virent que les vainqueurs ayant pillé les huttes, s'occupaient des préparatifs d'un festin. Quoique le fort renfermât la plus grande partie des provisions, les Indiens avaient trouvé une récompense suffisante pour une attaque qui les avait exposés à si peu de péril. Les corps morts étaient déjà enlevés, et Mabel vit que leurs armes étaient réunies auprès du lieu choisi pour le banquet. Rosée-de-Juin comprit, par quelques indices à elle connus, que les cadavres avaient été transportés dans le bois pour être enterrés ou dérobés aux regards. On n'avait cependant dérangé aucun des objets les plus remarquables, le désir des sauvages étant d'attirer le sergent et sa troupe dans une embuscade à leur retour. L'Indienne fit observer à sa compagne un homme monté sur un arbre et étant aux aguets, ainsi qu'elle le disait, afin qu'aucune barque ne pût approcher de l'île sans qu'on en fût averti; bien que, le départ de l'expédition étant si récent, un événement inattendu pût seul la ramener si tôt. Rien ne faisait présumer l'intention d'une attaque immédiate contre le fort; mais, suivant Rosée-de-Juin, tout indiquait le projet de le tenir assiégé jusqu'à l'arrivée du détachement, de peur que les traces d'un assaut ne fussent remarquées par un œil aussi exercé que celui de Pathfinder. Le bateau, cependant, avait été mis en sûreté et caché dans les buissons à côté des pirogues des Indiens.

Rosée-de-Juin annonça alors l'intention de quitter le fort, le moment lui paraissant propice. Mabel sentit encore quelque méfiance tandis qu'elles descendaient; mais au même instant elle rougit de ce sentiment qui lui sembla aussi injuste pour sa compagne qu'indigne d'elle-même, et elle n'avait pas encore atteint le dernier échelon que sa confiance était revenue. On procéda à l'ouverture de la porte avec la plus grande précaution, et lorsque la dernière barre fut au moment d'être levée, l'Indienne se plaça de façon que dès que la porte s'entr'ouvrit, elle se glissa par l'ouverture et disparut. Mabel referma la porte avec une agitation convulsive, et tandis que la barre retournait à sa place, on aurait pu entendre les battements de son cœur; elle referma ensuite les deux autres avec plus de calme, puis elle monta au premier étage où elle put prendre un aperçu de ce qui se passait au dehors.

De longues et pénibles heures s'écoulèrent durant lesquelles Mabel n'eut aucune nouvelle de Rosée-de-Juin. Les cris des sauvages parvenaient jusqu'à elle, car l'eau-de-vie leur avait fait oublier leur prudence habituelle; parfois elle jetait un regard sur leurs folles orgies, et toujours elle avait la certitude de leur redoutable présence, par des sons et même des actions qui auraient glacé le sang d'une personne qui n'eût pas depuis si peu de temps assisté à des scènes beaucoup plus terribles. Vers le milieu du jour, elle crut apercevoir un homme blanc dans l'île, quoique son costume et son air farouche le lui eussent fait prendre d'abord pour un sauvage nouvellement arrivé. Un coup d'œil sur son visage, quoiqu'il fût naturellement brun et que l'influence de l'air eût donné à sa peau une teinte encore plus basanée, ne lui laissa pas de doute sur la justesse de sa conjecture, et il lui sembla qu'une créature plus rapprochée de son espèce était près d'elle, et qu'elle pourrait invoquer son secours à la dernière extrémité. Mabel ignorait, hélas! combien est faible l'influence exercée par les blancs sur leurs alliés sauvages, quand ceux-ci ont commencé à répandre le sang, et combien a peu de force sur eux le désir de les détourner de leurs cruautés.

La journée parut un mois à Mabel, et les seuls instants dont elle ne sentit pas le poids furent ceux consacrés à la prière; elle y avait recours de temps en temps, et chaque fois elle trouvait son courage plus ferme, son esprit plus tranquille, et sa tendance à la résignation plus prononcée. Elle comprenait le raisonnement de l'Indienne, et elle croyait probable que le fort ne serait pas attaqué avant le retour de son père, afin de pouvoir l'attirer dans une embuscade, et elle sentait en conséquence beaucoup moins de crainte d'un danger immédiat; mais l'avenir lui offrait peu d'espoir de salut, et elle calculait déjà les chances de sa captivité. Alors Arrowhead et son offensante admiration occupaient une grande place dans l'arrière-plan du tableau ; car notre héroïne savait bien que les Indiens emmènent d'ordinaire à leurs villages, par voie d'adoption, les captifs qu'ils ne massacrent pas, et qu'on pourrait citer l'exemple de plusieurs femmes qui avaient passé le reste de leur vie dans les wigwams de leurs ravisseurs. Après de telles pensées, Mabel éprouvait le besoin de s'agenouiller et de prier encore.

La situation de notre héroïne, déjà assez alarmante durant le jour, devint beaucoup plus effrayante à mesure que les ombres du soir tombèrent sur l'île. Les sauvages étaient alors exaltés jusqu'à la fureur, car ils s'étaient abreuvés de toutes les liqueurs fortes des Anglais, et leurs cris et leurs gestes étaient vraiment ceux d'hommes possédés par l'esprit malin. Tous les efforts de leur chef français, pour les réprimer, avaient été infructueux, et il s'était sagement retiré dans une île voisine, où il avait une espèce de bivouac, afin de mettre une certaine distance entre lui et des amis si disposés à se livrer à des excès. Avant de se retirer, néanmoins, cet officier avait réussi, non sans risque de la vie, à éteindre le feu et à mettre hors de portée les moyens de le rallumer. Il prit cette précaution, de peur que les Indiens ne brûlassent le fort dont la conservation était nécessaire au succès de ses plans futurs. Il aurait volontiers enlevé aussi toutes les armes, mais il fut forcé d'y renoncer, les guerriers gardant leurs couteaux et leurs tomahawks avec la ténacité d'hommes qui conservent la pensée du point d'honneur aussi long-temps qu'une faculté leur est laissée ; il eût été inutile d'emporter les fusils sans pouvoir y joindre les armes dont ils se servaient d'ordinaire en de telles occasions. L'extinction du feu se trouva une mesure fort prudente, car l'officier n'eut pas plus tôt tourné le dos, qu'un des guerriers proposa en effet de brûler le fort. Arrowhead s'était aussi retiré dès qu'il s'était aperçu que ses compagnons perdaient l'usage de leur raison, et il avait pris possession d'une hutte où il s'était jeté sur la paille, afin de chercher le repos que deux nuits de veilles et de fatigues lui avaient rendu nécessaire. Il en résultait qu'il ne restait personne parmi les Indiens qui s'inquiétât de Mabel, si même aucun d'eux connaissait son existence, et la proposition du sauvage fut accueillie avec des cris de joie par huit ou dix de ses camarades ivres comme lui et habituellement tout aussi brutaux.

C'était le moment périlleux pour Mabel. Les Indiens dans leur état actuel n'avaient plus la moindre crainte des fusils qui pouvaient se trouver dans le fort, quoiqu'ils conservassent un vague souvenir qu'il renfermait des créatures vivantes, ce qui ne faisait que les exciter à leur entreprise ; ils s'approchèrent donc de l'édifice, hurlant et sautant en vrais démons. Comme ils étaient plus animés qu'accablés par la boisson, ils commencèrent par attaquer la porte, contre laquelle ils s'élancèrent tous ensemble. Mais, entièrement construite de troncs d'arbres, elle défia leurs efforts. Une centaine d'hommes eussent en vain réuni leurs forces pour réussir dans le même projet. Mabel l'ignorait pourtant, et son cœur battait à briser sa poitrine au choc violent qui suivait chaque tentative. Lorsqu'elle vit enfin que la porte résistait à ces assauts, aussi bien que si elle eût été de pierre, ne tremblant ni ne cédant et ne trahissant son existence que par un léger grondement de ses gonds, son courage revint et elle profita du premier intervalle pour regarder à travers la meurtrière, afin d'apprécier, s'il était possible, l'étendue du péril. Un silence qu'il n'était pas facile d'expliquer stimulait sa curiosité ; rien n'étant plus effrayant pour ceux qui sentent la présence d'un danger imminent, que de ne pouvoir en calculer les progrès.

Mabel s'aperçut que deux ou trois Iroquois ayant remué les cendres chaudes avaient trouvé quelques petits charbons avec lesquels ils s'efforçaient d'allumer du feu ; l'intérêt que leur inspirait l'espoir de détruire, et la force de l'habitude, les rendirent capables d'agir de concert et avec intelligence tant qu'ils eurent en vue leur but détestable. Un blanc aurait renoncé mille fois à la tentative de faire du feu avec des charbons qui ressemblaient à des étincelles, mais ces enfants de la forêt ont plus d'un expédient que la civilisation ne connaît pas. Grâce à quelques feuilles sèches qu'eux seuls savaient où trouver, la flamme parut enfin, et une poignée de broussailles sèches acheva de faire réussir leurs efforts. Lorsque Mabel s'approcha de la meurtrière, les Indiens portaient du menu bois contre la porte ; tandis qu'elle les considérait, elle vit les combustibles s'enflammer, et le feu gagner de branche en branche jusqu'à ce que le tout offrît l'aspect d'un bûcher embrasé.

Les Indiens poussèrent alors des rugissements de triomphe et retournèrent vers leurs compagnons, bien certains que l'œuvre de destruction était commencée. Mabel restait à la même place, pouvant à peine la quitter, tant était pressant l'intérêt qu'elle prenait aux progrès du feu. Les flammes s'élevant peu à peu finirent par briller si près de ses yeux qu'elles l'obligèrent à se retirer. Au moment où elle venait de chercher un refuge à l'extrémité opposée de la chambre, un sillon de flammes pénétra par la meurtrière qu'elle n'avait pas fermée, et éclaira tout l'appartement avec Mabel et son désespoir. Notre héroïne supposa alors tout naturellement que son heure était venue, car la porte, qui était le seul moyen de retraite, avait été bloquée par le bois enflammé avec une infernale adresse; et elle se mit à prier pour la dernière fois, à ce qu'elle croyait. Ses yeux se fermèrent, et son âme fut comme absorbée pendant plus d'une minute. Mais les intérêts du monde parlaient trop haut pour être entièrement oubliés; et quand elle rouvrit involontairement les yeux, elle s'aperçut que les flammes ne pénétraient plus dans la chambre, quoique le bois qui entourait la petite ouverture eût pris feu et s'allumât doucement sous l'impulsion de l'air du dehors. Un tonneau plein d'eau se trouvait dans un coin, et Mabel, agissant plus par instinct que par réflexion, saisit un vase, le remplit, et le versant sur le bois d'une main tremblante, elle réussit à éteindre le feu dans cet endroit. La fumée l'empêcha quelques instants de voir ce qui se passait en bas, mais lorsqu'elle le put, son cœur palpita de joie et d'espoir en voyant le bûcher renversé, les branches éparses et des traces d'eau répandue sur la porte qui fumait encore mais qui ne brûlait plus.

— Qui est là? — dit Mabel, en approchant ses lèvres de l'ouverture, — quel est l'ami qu'une Providence bienfaisante a envoyé à mon secours?

Un pas léger se fit entendre et fut suivi de quelques coups qui retentirent sur les lourdes solives.

— Qui veut entrer? est-ce vous, mon cher oncle?

— Eau-salée pas ici. Eau-douce Saint-Laurent, — répondit-on. — Vous ouvrir vite; moi falloir entrer.

Jamais Mabel n'avait couru avec plus de vitesse et agi avec plus de promptitude qu'en descendant l'échelle et en levant les barres; la pensée de fuir l'occupait seule, et elle ouvrit la porte avec une rapidité qui n'admettait aucune précaution. Son premier mouvement fut de s'élancer hors du seuil dans l'aveugle espérance de quitter le fort, mais Rosée-de-Juin s'opposa à cette tentative, et, dès qu'elle fut entrée, elle referma tranquillement la porte avant de paraître remarquer l'agitation de Mabel qui voulait l'embrasser.

— Soyez bénie! soyez bénie par le ciel, Rosée-de-Juin! — s'écria notre héroïne avec ardeur; — vous êtes envoyée par la Providence pour être mon ange gardien.

— Vous pas serrer moi si fort, — répondit la Tuscarora; — femme à face-pâle toujours pleurer ou toujours rire. Vous laisser moi fermer la porte.

Mabel devint plus calme, et peu de minutes après elles étaient dans la chambre au-dessus assises l'une près de l'autre et se tenant la main. Tout sentiment de méfiance et de rivalité était effacé, d'un côté, par le souvenir des bienfaits reçus, de l'autre par la pensée des services rendus.

— Dites-moi à présent, — demanda Mabel aussitôt qu'elle eut donné et reçu un tendre embrassement, — avez-vous vu ou appris quelque chose de mon pauvre oncle?

— Rien. Personne l'avoir vu, personne l'avoir entendu, personne savoir rien. Moi croire Eau-salée parti sur la rivière, car non trouver lui. Quartier-maître parti aussi. Moi avoir regardé, regardé, regardé, mais pas vu l'un ni l'autre nulle part.

— Dieu soit loué! ils se seront échappés, quoique nous ne sachions pas comment. Je crois avoir vu un Français dans l'île?

— Oui, capitaine français venu, mais sorti aussi. Indiens beaucoup dans l'île.

— Oh! Rosée-de-Juin, n'y a-t-il aucun moyen d'empêcher mon père chéri de tomber entre les mains de ses ennemis?

— Pas savoir; moi penser guerriers être en embuscade, et Yengeese devoir perdre leur chevelure.

— Sûrement, sûrement, Rosée-de-Juin, vous qui avez tant fait pour la fille, vous ne refuserez pas de secourir le père.

— Pas connaître le père, pas aimer le père. Rosée-de-Juin servir sa nation, servir Arrowhead. — Mari à moi aimer une chevelure.

— Je ne vous reconnais pas; — je ne puis ni ne veux croire que vous désiriez voir nos soldats massacrés!

Rosée-de-Juin leva tranquillement ses yeux noirs sur Mabel, et ils exprimèrent un instant une sévérité qui fut bientôt remplacée par un air de tristesse et de compassion.

— Lys, fille Yengeese? — dit-elle d'un ton interrogatif.

— Certainement, et c'est comme fille Yengeese que je voudrais sauver mes compatriotes qui vont être massacrés.

— Très-bien si pouvoir. — Rosée-de-Juin pas Yengeese; être Tuscarora, — avoir mari Tuscarora, — cœur, sentiments, tout Tuscarora. Moi sûre que Lys pas vouloir aller dire aux Français que son père arriver pour gagner la bataille?

— Peut-être non, — répondit Mabel en pressant de sa main sa tête qu'elle sentait se troubler, — peut-être non; mais vous m'avez secourue, vous m'avez sauvée! Pourquoi donc l'avez-vous fait si vous ne sentez rien que comme une Tuscarora?

— Moi pas sentir seulement comme Tuscarora, sentir comme femme, — sentir comme squaw, aimer joli Lys, et le porter sur mon sein.

Mabel fondit en larmes et pressa la bonne créature sur son cœur. Il s'écoula plus d'une minute avant qu'elle pût reprendre la parole. Mais alors elle parvint à s'expliquer avec plus de calme et de suite.

— Apprenez-moi ce que je dois craindre, — dit-elle. — Votre peuple se réjouit ce soir, qu'a-t-il le projet de faire demain?

— Pas savoir, — avoir peur de voir Arrowhead, — peur de faire questions, — penser qu'eux se cacher jusqu'au retour des Yengeese.

— Ne tenteront-ils rien contre le fort? Vous avez vu ce qu'ils peuvent faire s'ils le veulent.

— Trop de rum, Arrowhead dormir, — sinon eux pas oser. — Capitaine français parti, sinon eux pas oser. — Maintenant tous dormir.

— Et vous pensez que je suis en sûreté, du moins pour cette nuit?

— Trop de rum. — Si Lys semblable à Rosée de-Juin, elle pouvoir beaucoup pour son peuple.

— Je suis semblable à vous, si le désir de servir mes compatriotes peut établir une ressemblance avec une femme aussi courageuse que vous.

— Non, non! — murmura l'Indienne à voix basse; — vous pas avoir le cœur, et Rosée-de-Juin pas vous laisser faire si vous l'avoir; la mère à moi être prisonnière une fois; guerriers s'enivrer; mère assommer eux tous avec tomahawk. Femmes à peau rouge agir ainsi quand leur peuple être en danger et vouloir des chevelures.

— Vous dites vrai, — reprit Mabel en frissonnant et laissant échapper sans s'en apercevoir la main de son amie. — Je ne puis pas faire cela; je n'ai ni la force, ni le courage, ni la volonté de tremper mes mains dans le sang.

— Moi penser cela aussi; en ce cas, vous rester ici. Fort être très-bon.

— Vous croyez donc que je puis sans risque rester ici, du moins jusqu'au retour de mon père et de son détachement?

— Moi le croire. Nul n'oser toucher au fort ce matin! Écoutez! tous tranquilles à présent, — boire rum, — la tête tomber sur la poitrine et puis dormir comme des souches.

— Ne puis-je m'échapper? N'y a-t-il pas plusieurs pirogues dans l'île? — Ne puis-je en prendre une et aller apprendre à mon père ce qui est arrivé?

— Vous savoir ramer? — demanda l'Indienne en jetant un coup-d'œil furtif sur sa compagne.

— Non pas peut-être aussi bien que vous, mais assez pour être hors de vue avant le jour.

— Quoi vous faire ensuite? — Vous pouvoir ramer six, huit, dix milles?

— Je ne le sais pas. Mais je ferai beaucoup pour avertir mon père, l'excellent Pathfinder et tous les autres du danger qui les menace.

— Vous aimer Pathfinder?

— Il est aimé de tous ceux qui le connaissent; vous l'aimeriez aussi, oui, vous l'aimeriez si vous connaissiez seulement son cœur!

— Moi pas aimer lui, — pas du tout. — Fusil trop sûr, — œil trop bon. — Avoir tué trop d'Iroquois et de Tuscaroras. — Moi avoir son crâne si moi pouvoir.

— Et moi je le sauverai si je le puis. Sur ce point nous sommes opposées l'une à l'autre. — Je vais sortir, prendre une pirogue pendant qu'ils sont tous endormis et quitter l'île.

— Vous pas pouvoir. — Rosée-de-Juin vous en empêcher, — appeler Arrowhead.

— Vous ne voudriez pas me trahir, — vous ne m'abandonnerez pas après tout ce que vous avez fait pour moi?

— Si, si, — répondit la Tuscarora en faisant un geste de main en arrière, et parlant avec une chaleur et une vivacité que Mabel n'avait jamais observées en elle auparavant. — Appeler Arrowhead à haute voix; l'appel d'une femme éveiller un guerrier. — Rosée-de-Juin pas laisser Lys secourir ennemi, — pas laisser Indien faire mal à Lys.

— Je vous comprends et je sens la nature et la justice de vos sentiments. Après tout il vaut mieux que je reste ici, car je me suis très probablement exagéré mes forces. Mais dites-moi une chose : si mon oncle venait et demandait à entrer, me laisseriez-vous ouvrir la porte du fort pour le recevoir?

— Certainement, — lui prisonnier ici, et Rosée-de-Juin aimer mieux faire prisonniers que prendre chevelures. — Chevelures bonnes pour l'honneur, prisonniers bons pour sentiment. Mais Eau-Salée caché si bien que pas savoir lui-même où lui être. — Et elle se mit à rire avec sa gaîté de jeune fille, car les scènes de violence lui étaient trop familières pour lui laisser une impression assez profonde pour changer son caractère naturel. Elles commencèrent alors un long et sérieux entretien dans lequel Mabel s'efforça d'obtenir des renseignements plus clairs sur sa situation actuelle, dans la faible espérance de pouvoir tourner à son avantage quelques-uns des faits qu'elle apprendrait ainsi. L'Indienne répondit à toutes ses questions avec simplicité, mais aussi avec une circonspection qui montrait qu'elle savait fort bien distinguer ce qui était indifférent de ce qui pouvait mettre ses amis en danger ou contrarier leurs plans. Notre héroïne était incapable de chercher à faire tomber sa compagne dans un piége, mais elle voyait évidemment que l'entreprise aurait été d'une extrême difficulté si elle avait eu la bassesse de la tenter. Rosée-de-Juin néanmoins ne fut appelée dans le cours de ses révélations qu'à exercer un prudent discernement; et la substance des renseignements qu'elle donna peut se résumer ainsi.

Arrowhead était depuis long-temps en communication avec les Français, quoique ce fût la première fois qu'il eût entièrement levé le masque. Il n'avait plus le projet de gagner la confiance des Anglais, car il avait découvert des traces de méfiance, surtout dans Pathfinder, et avec la bravade indienne il se plaisait à faire connaître sa franchise plutôt qu'à la cacher. Il avait commandé les sauvages dans l'attaque de l'île, soumis néanmoins à la surveillance des Français dont nous avons parlé. Cependant Rosée-de-Juin refusa de dire s'il avait ou non servi à découvrir la position d'une place qu'on croyait si bien cachée à l'ennemi. Sur ce point elle garda le silence, mais elle convint qu'elle et son mari avaient épié le départ du *Scud* au moment où ils furent poursuivis et pris par le cutter. Les Français n'avaient appris que très-récemment la position précise du poste anglais. Mabel sentit une douleur semblable à celle que lui aurait causée un fer aigu enfoncé dans son cœur lorsqu'elle crut comprendre à travers les réticences de l'Indienne que les renseignements provenaient d'une face-pâle placée sous les ordres de Duncan de Lundie; ceci fut cependant insinué plutôt qu'exprimé, et quand Mabel eut le loisir de réfléchir sur les paroles de sa compagne et de se rappeler combien ses phrases étaient courtes et sentencieuses, elle trouva des motifs d'espérer qu'elle avait mal compris, et que Jasper Western sortirait encore de là justifié de tout soupçon injurieux.

Rosée-de-Juin n'hésita pas à avouer qu'on l'avait envoyée dans l'île pour s'assurer du nombre précis et des occupations de ceux qui y étaient restés, tout en laissant voir aussi avec sa naïveté ordinaire, que le désir d'être utile à Mabel l'avait surtout décidée à accepter cette mission. Par suite de son rapport et des informations obtenues précédemment, les ennemis connaissaient le montant exact des forces qu'on pouvait leur opposer. Ils connaissaient aussi le nombre d'hommes partis avec le sergent Dunham ainsi que le but de l'expédition, bien qu'ils ignorassent l'endroit où celui-ci espérait rencontrer les bateaux des Français. Un observateur aurait aimé à être témoin de cet entretien, et à voir combien ces femmes, toutes deux si sincères, désiraient apprendre ce qui pouvait servir leurs amis respectifs, et avec quelle délicatesse naturelle chacune s'interdisait de provoquer des aveux qui auraient pu être inconvenants pour l'autre, tandis qu'un sentiment presque d'instinct les empêchait de rien dire qui pût nuire à leur propre nation; aussi confiantes pour ce qui les concernait seules, que réservées pour ce qui regardait leurs amis respectifs. L'Indienne était aussi impatiente que Mabel pouvait l'être sur d'autres points de savoir où le sergent avait dirigé ses pas et l'époque de son retour, mais elle s'abstint de toute question sur ce sujet, avec une délicatesse qui aurait fait honneur à la plus haute civilisation. Elle n'essaya pas non plus d'arriver au même but par une voie détournée, et cependant lorsque Mabel abordait de son propre mouvement quelque sujet qui lui semblait pouvoir répandre un peu de clarté sur cet objet, elle écoutait avec une attention qui suspendait presque sa respiration.

Les heures s'écoulèrent ainsi inaperçues, car toutes deux écoutaient avec trop d'intérêt pour penser au repos. Vers le matin pourtant la nature réclama ses droits, et Mabel ayant consenti à se jeter sur un des lits de paille préparés pour les soldats, ne tarda pas à s'endormir d'un profond sommeil. L'Indienne se coucha près d'elle, et l'île entière se trouva plongée dans une tranquillité aussi complète que si le domaine des forêts n'avait jamais été envahi par l'homme.

Lorsque Mabel s'éveilla, les rayons du soleil brillaient à travers les meurtrières, et le jour était fort avancé. Sa compagne dormait à ses côtés aussi paisiblement que si elle eût reposé sur — nous ne dirons pas de l'édredon, car la civilisation supérieure de notre époque repousse la comparaison; — mais sur un matelas français, et aussi profondément que si l'inquiétude lui eût toujours été étrangère. Les mouvements de Mabel éveillèrent bientôt une femme habituée à la vigilance, et toutes deux prirent un aperçu de ce qui se passait autour d'elles, grâce aux meurtrières qui déjà leur avaient été si utiles.

CHAPITRE XXIII.

« Qu'avait besoin de toi l'éternel Créateur pour maintenir l'univers dans sa course perpétuelle, toi qui dépares toutes choses, et qui ne laisses pas voir la beauté de ses œuvres? Le corps indolent qui aime à retremper dans le sommeil ses membres sans vigueur, et à y noyer son esprit encore plus vil, fait souvent ton éloge, et, aveugle en son erreur, t'appelle souvent sa déesse du fond des marais du Styx; et la cameriste de cette grande dame, la nature, encourageant toute la création.

La reine des fées. SPENCER.

La tranquillité de la nuit précédente continua pendant la journée qui suivit. Mabel et Rosée-de-Juin allaient à chaque instant aux diverses meurtrières et n'apercevaient pas un être vivant dans l'île. Il y avait un feu à demi éteint sur le lieu où Mac-Nab et ses compagnons avaient apprêté leur dîner, et la fumée s'élevait encore en spirale, comme une amorce pour attirer les absents. Autour des huttes tout respirait l'ordre et l'arrangement. Mabel tressaillit, lorsque ses regards tombèrent enfin sur un groupe de trois hommes, portant l'uniforme écarlate du 55e, assis sur l'herbe, dans des attitudes nonchalantes, comme s'ils fussent en train de causer avec la plus grande sécurité ; mais son sang se figea dans ses veines, lorsque, après un second regard, elle reconnut les visages livides et les yeux ternes de cadavres. Ils étaient très près de la forteresse, si près que les regards de la jeune fille avaient été plus loin dans leur première inspection du pays, et avaient passé, pour ainsi dire, par-dessus sans les apercevoir. Il y avait une légèreté dans leur pose et dans leurs attitudes, car leurs membres avaient été contournés, encore raides, pour imiter l'existence, ce qui révoltait d'horreur ; quelque hideux que fussent ces objets pour ceux qui les contemplaient d'assez près pour pouvoir découvrir l'effrayante contradiction entre ce qu'ils étaient réellement et ce qu'ils paraissaient être, l'arrangement avait été fait avec tant d'art, qu'il eût trompé à coup sûr un observateur indifférent, à la distance de cent pas. Après avoir examiné attentivement toutes les parties de l'île, l'Indienne montra à sa compagne le quatrième soldat, assis, les pieds pendant au-dessus de l'eau, le dos appuyé contre un jeune arbre et tenant une ligne à la main. Les têtes scalpées avaient été recouvertes de bonnets, et toute apparence de sang avait été soigneusement lavée.

Le cœur de Mabel se souleva à cette vue, qui non-seulement confondait toutes ses idées de justice humaine, mais qui était en elle-même si révoltante et si opposée aux sentiments de la nature. Elle alla s'asseoir, et cacha sa tête quelques instants dans son tablier. Un signal de sa compagne, donné à voix basse, l'appela de nouveau à une meurtrière ; Rosée-de-Juin lui montra alors le corps de Jenny, debout, devant la porte d'une hutte, se penchant en avant comme pour regarder le groupe d'hommes ; son bonnet était agité par le vent ; et elle tenait un balai à la main. La distance était trop grande pour distinguer exactement les traits du visage, mais Mabel crut s'apercevoir que les mâchoires avaient été déprimées, de manière à forcer la bouche à un horrible rire.

— Rosée-de-Juin ! — s'écria-t-elle, — cela passe tout ce que j'ai jamais entendu raconter ou imaginé possible de la trahison et des artifices de votre nation.

— Tuscarora très-rusé, — dit Rosée-de-Juin d'un ton qui montrait qu'elle approuvait plutôt qu'elle ne condamnait l'usage qu'on avait fait des cadavres. — Pas faire de mal aux soldats maintenant, faire du bien aux Iroquois, prendre la chevelure d'abord, faire ensuite travailler cadavres, bientôt brûler eux.

Ces paroles prouvèrent à Mabel combien elle était séparée de sa compagne par ses sentiments, et elle fut quelques minutes sans pouvoir lui parler; mais cette aversion momentanée fut perdue pour l'Indienne, qui préparait leur simple déjeûner avec son activité habituelle, et prouvait, par ses manières, combien elle était insensible à des sentiments qu'elle ne pouvait comprendre. Mabel mangea peu, mais sa compagne mangea avec son appétit ordinaire. Elles eurent ensuite le loisir de se livrer à leurs pensées. Notre héroïne, bien que dévorée par le désir de porter continuellement ses regards à une des meurtrières, s'en retirait aussitôt avec dégoût, et y retournait encore au moindre bruit des feuilles et du vent, poussée par ses craintes et son anxiété. C'était en vérité une scène bien solennelle que ce lieu désert peuplé de morts, sous le simulacre de vivants, paraissant employés aux occupations joyeuses ou futiles de la vie. Notre héroïne se croyait le jouet d'un songe et pensait assister à une orgie de démons.

Pendant cette longue journée, on ne vit pas un Indien ou un Français, et la nuit se répandit sur cette effrayante et silencieuse mascarade, avec le calme et l'ordre inaltérable avec lequel la terre obéit à ses lois, indifférente aux mesquins acteurs et aux scènes mesquines qu'ils jouent, en s'égarant journellement sur son sein. La nuit fut encore plus calme que celle qui l'avait précédée, et Mabel dormit avec plus de confiance, car elle était convaincue que son sort ne serait pas décidé avant le retour de son père. Elle l'attendait le jour suivant, et lorsqu'elle s'éveilla elle courut avec anxiété aux meurtrières pour s'assurer de l'état du temps et de l'aspect des nuages aussi bien que de la tranquillité de l'île. Le groupe effrayant était toujours étendu sur l'herbe; le pêcheur tenait toujours sa ligne, attentif, en apparence, à son paisible plaisir, et le cadavre de Jenny s'avançait toujours hors de la hutte avec d'horribles contorsions. Mais le temps avait changé; le vent soufflait du sud; et quoique l'air fût encore pur, il était chargé de tous les éléments d'une tempête.

— Je ne puis plus supporter cette scène, — dit Mabel en quittant la croisée, — j'aimerais mieux voir l'ennemi lui-même, que de regarder davantage cette horrible armée de morts.

— Écoutez, les voilà! Rosée-de-juin croire entendre un cri comme celui d'un guerrier quand il prend une chevelure.

— Que dites-vous? Il n'y a plus de boucherie, il ne peut plus y en avoir.

— Eau-salée! s'écria l'Indienne en riant, tandis qu'elle regardait à travers une meurtrière.

— Mon cher oncle! Dieu merci! il vit encore! Oh! Rosée-de-juin, vous ne souffrirez pas qu'on lui fasse du mal.

— Rosée-de-juin n'être qu'une pauvre squaw. Quel guerrier faire attention à ses paroles? Arrowhead l'amener ici.

Mabel regardait alors, et elle ne fut que trop sûre que son oncle et le major étaient entre les mains des Indiens, huit ou dix d'entre eux conduisaient les prisonniers au pied du fort, car par cette capture l'ennemi voyait bien qu'il ne pouvait y avoir aucun homme dans le bâtiment. Mabel respirait à peine pendant que toute la troupe se rangeait absolument en face de la porte. Elle reconnut avec une grande joie que l'officier français était parmi les Indiens. Une conversation à voix basse eut lieu, pendant laquelle le chef blanc et Arrowhead parlèrent avec vivacité à leurs captifs. Alors le major appela la jeune fille d'une voix assez élevée pour parvenir jusqu'à elle.

— Jolie Mabel, jolie Mabel, — dit-il, — regardez à travers une de ces meurtrières et prenez pitié de notre condition. Nous sommes menacés d'une mort prochaine, à moins que vous n'ouvriez la porte aux vainqueurs. Ne perdez pas une minute, ou dans une demi-heure nos cheveux ne tiendront plus à nos têtes.

Le ton moqueur et léger de cet appel fortifia plutôt qu'il n'affaiblit la résolution de Mabel de conserver la place aussi long-temps que possible.

— Parlez-moi, mon oncle, — dit-elle en approchant sa bouche d'une des meurtrières, — et dites-moi ce que je dois faire.

— Oh! mon Dieu, je vous remercie! — s'écria Cap; le son de votre douce voix, Magnet, soulage mon cœur d'un pesant fardeau. Je craignais que vous n'eussiez partagé le sort de la pauvre Jenny. Depuis vingt-quatre heures il me semble qu'on a jeté, pour le lester, un tonneau de saumon dans mon cœur. Vous me demandez ce que vous devez faire, mon enfant; je ne sais que vous conseiller, quoique vous soyez la fille de ma propre sœur! Tout ce que je puis dire maintenant, ma pauvre fille, c'est que je maudis bien sincèrement le jour où vous et moi nous avons vu cette mare d'eau douce.

— Mais, mon oncle, votre existence est-elle en danger? Pensez-vous que je doive ouvrir la porte?

— Un tour mort et deux demi-clés font un solide amarrage, et je ne conseillerais pas à ceux qui sont hors des mains de ces démons d'ouvrir aucune porte qui pût leur donner entrée. Quant au quartier-maître et à moi, nous sommes âgés tous les deux, et de fort peu d'importance pour le reste de l'humanité, comme dirait l'honnête Pathfinder ; et ce ne sera pas une grande différence pour M. Muir s'il fait la balance des livres du munitionnaire cette année ou l'année prochaine. Quant à moi, si j'étais à bord d'un navire, je sais ce que j'aurais à faire; mais dans ce marais désert, tout ce que je puis dire, c'est que si j'étais derrière cette espèce de boulevard, toute la logique indienne ne pourrait pas m'en faire sortir.

— Vous ne ferez aucune attention à ce que dit votre oncle, charmante Mabel, — reprit Muir, — car le malheur a évidemment dérangé rapidement ses facultés intellectuelles, et il est loin de calculer les nécessités de la circonstance. Nous sommes entre les mains d'hommes honorables, il faut l'avouer, et nous n'avons guère lieu de craindre des violences fâcheuses. Ce qui nous est arrivé ne sort pas des chances ordinaires de la guerre, et ne peut altérer nos sentiments à l'égard de l'ennemi, car rien n'annonce qu'aucune injustice sera faite aux prisonniers. Je suis convaincu que maître Cap et moi nous n'avons eu aucun sujet de mécontentement depuis que nous nous sommes rendus à maître Arrowhead, qui me rappelle les Romains et les Spartiates, par ses vertus et sa modération; mais vous vous rappellerez aussi que nos usages sont différents, et qu'il peut envisager nos chevelures comme un sacrifice légal, pour apaiser les mânes des ennemis qui ont succombé, à moins que vous ne les sauviez par capitulation.

— J'agirai plus sagement en restant dans le fort jusqu'à ce que le sort de l'île soit décidé, — répondit Mabel. — Nos ennemis ne peuvent s'inquiéter beaucoup d'une jeune fille comme moi, qui ne peut leur faire aucun mal. Je préfère de beaucoup rester ici, ce qui est plus convenable pour une personne de mon sexe et de mon âge.

— Si vos convenances seules étaient consultées dans tout cela,

Mabel, nous consentirions joyeusement à vos souhaits; mais ces messieurs s'imaginent que ce fort peut être utile à leurs opérations, et ils ont un vif désir de le posséder. Pour vous parler avec franchise, je vous dirai que, me trouvant, ainsi que votre oncle, dans une situation particulière, pour en éviter les conséquences, j'ai usé du pouvoir qui appartient à un officier de Sa Majesté, et conclu une capitulation verbale par laquelle je me suis engagé à abandonner le fort et l'île entière. C'est la fortune de la guerre, il faut s'y soumettre. Ainsi ouvrez la porte, jolie Mabel, avancez et confiez-vous aux soins de ceux qui savent comment on doit traiter la vertu et la beauté dans le malheur. Il n'y a point de courtisan en Écosse plus galant que ce chef, et connaissant mieux les lois du décorum.

— Pas quitter la forteresse, — murmura Rosée-de-juin, qui se tenait à côté de Mabel, attentive à tout ce qui se passait. — Fort être bon, pas prendre de chevelure.

Notre héroïne allait céder sans ce conseil, car elle commençait à penser que le plus sage était de se concilier l'ennemi par des concessions, au lieu de l'exaspérer par la résistance. Muir et son oncle étaient au pouvoir des sauvages; ces derniers savaient bien qu'il n'y avait plus d'hommes dans la forteresse, et elle pensait qu'ils pourraient bien abattre la porte, ou se frayer un chemin avec leurs haches à travers les troncs d'arbres, si elle refusait obstinément de les laisser entrer paisiblement, puisqu'ils n'avaient aucune raison de craindre les carabines. Mais les paroles de son amie la firent hésiter, et la pression expressive de la main de sa compagne, ainsi que ses regards suppliants, donnèrent de la force à une résolution qui commençait à faiblir.

— Pas encore prisonnière, — murmura l'Indienne. — Pas vous rendre avant vous être prisonnière; vous parler hardiment; moi les connaître.

Mabel parlementa plus résolument avec Muir, car son oncle semblait vouloir mettre sa conscience en repos en gardant le silence; et elle expliqua nettement que son intention était de ne pas rendre le fort.

— Vous oubliez la capitulation, miss Mabel, — dit Muir; — il y va de l'honneur d'un serviteur de Sa Majesté, dans cette affaire, et de l'honneur même de Sa Majesté par l'intermédiaire de son serviteur. Rappelez-vous que le point d'honneur militaire est aussi délicat que pointilleux.

— J'en sais assez, monsieur Muir, pour être certaine que vous n'avez aucun commandement dans cette expédition, et qu'ainsi vous ne pouvez avoir aucun droit de rendre le fort. D'ailleurs je me rappelle avoir entendu dire à mon père qu'un prisonnier perd toute son autorité pendant le temps de sa captivité.

— Purs sophismes, jolie Mabel. C'est une trahison envers le roi, ainsi qu'un déshonneur pour son nom comme pour le brevet d'officier. Vous ne persévèrerez pas dans vos intentions, lorsque votre bon esprit aura eu le temps de réfléchir et de peser les circonstances.

— Ce sont en effet de chiennes de circonstances, — murmura Cap.

— Pas faire attention à votre oncle, — dit Rosée-de-Juin qui était occupée dans un coin de la pièce. — Fort être bon, pas prendre de chevelure.

— Je resterai comme je suis, monsieur Muir, jusqu'à ce que j'aie des nouvelles de mon père. Il sera ici dans le cours d'une dizaine de jours.

— Ah! Mabel, cet artifice ne trompera pas l'ennemi qui, par des moyens qu'on ne saurait expliquer, si nous ne soupçonnions d'infidélité un malheureux jeune homme, connaît toutes nos intentions et nos plans, et sait fort bien que le soleil ne se couchera pas avant que le digne sergent et ses compagnons soient en son pouvoir. Écoutez-moi, la soumission à la Providence est une vertu réellement chrétienne.

— Monsieur Muir, vous paraissez vous tromper sur la force de ce bâtiment et le croire plus faible qu'il n'est. Voulez-vous voir ce que je puis faire pour le défendre, si j'y étais disposée?

— Je le veux bien, — répondit le quartier-maître.

— Que pensez-vous de cela, je vous prie? regardez à la meurtrière de l'étage supérieur.

Aussitôt que Mabel eut parlé, tous les yeux se levèrent et aperçurent le canon d'une carabine passé à travers une meurtrière; Rosée-de-Juin eut recours de nouveau à une ruse qui avait déjà été si utile; le résultat fut satisfaisant. Les Indiens n'eurent pas plus tôt reconnu l'arme fatale, qu'ils firent un bond de côté, et en moins d'une minute chaque homme eut disparu dans les buissons. L'officier français arrêta ses yeux sur le canon du fusil pour s'assurer qu'il n'était pas pointé contre lui, et il prit tranquillement une prise de tabac. Comme Muir et Cap n'avaient rien à craindre de cet objet si menaçant pour les sauvages, ils gardèrent leurs places.

— Soyez prudente, jolie Mabel, soyez prudente ! s'écria Muir, et ne provoquez pas un combat inutile. Au nom de tous les rois d'Albion, qui donc est renfermé avec vous dans cette forteresse de bois, et dont les intentions semblent si sanguinaires ? Il y a de la magie dans cette affaire, et pour notre réputation à tous il faut une explication.

— Que pensez-vous de Pathfinder pour garnison dans un poste déjà aussi fort par lui-même ? maître Muir, s'écria Mabel ayant recours à une équivoque que les circonstances rendaient excusable ; qu'est-ce que vos compagnons français et indiens pensent de la justesse de la carabine de Pathfinder ?

— Soyez charitable aux malheureux, jolie Mabel, et ne confondez pas les serviteurs du roi, que Dieu le bénisse ainsi que son royal lignage, et les ennemis du roi. Si Pathfinder est réellement dans le fort, qu'il parle et nous suivrons nos négociations directement avec lui. Il nous connaît comme ses amis, et nous ne craignons rien de sa part ; moi surtout, car pour un esprit généreux, la rivalité en certains intérêts est un sûr garant d'égards et d'amitié, puisque l'admiration qu'on a pour la même femme est une preuve de sympathie dans les sentiments et dans les goûts.

Cette conviction de l'amitié de Pathfinder ne s'étendit pas néanmoins plus loin que le quartier-maître et Cap ; l'officier français lui-même, qui jusque-là avait fait si bonne contenance, recula en entendant prononcer ce terrible nom. Cet homme dont les nerfs étaient de fer, et qui était depuis long-temps habitué aux dangers d'une guerre semblable à celle qu'il faisait, éprouva une grande répugnance à rester exposé au feu de Tue-daim, dont la réputation sur toute la frontière était aussi bien établie que celle de Marlborough en Europe ; et il ne dédaigna pas de se mettre à couvert, insistant pour que les deux prisonniers le suivissent. Mabel était trop contente d'être débarrassée de ses ennemis pour se chagriner du départ de ses alliés, quoiqu'elle envoyât un baiser de la main à Cap à travers la meurtrière, et quelques paroles d'affection tandis qu'il s'en allait lentement et de mauvaise volonté.

L'ennemi parut alors disposé à abandonner toute tentative sur le fort pour le présent, et Rosée-de-Juin, qui était montée sur

le toit au moyen d'une trappe, d'où elle obtenait une vue étendue
du pays, rapporta que toute la troupe s'était réunie pour prendre
un repas sur un point éloigné et abrité de l'île, où Muir et Cap
partageaient tranquillement la bonne chère, comme s'ils n'eussent
aucune préoccupation dans l'esprit. Cette information fut pour
Mabel un grand soulagement, et elle commença à songer au
moyen de s'échapper elle-même, ou plutôt de faire connaître à
son père le danger qui le menaçait. Elle attendait le sergent dans
l'après-midi, et elle savait qu'une minute gagnée ou perdue
pouvait décider de son sort.

Trois ou quatre heures s'écoulèrent. L'île fut enveloppée de
nouveau dans un profond silence, le jour baissait et Mabel ne
décidait rien. Sa compagne était en bas préparant leur repas fru-
gal, et Mabel était montée à son tour sur le toit d'où elle commandait la vue la plus étendue de toutes les parties de l'île, mais
limitée et obstruée, dans quelques endroits, par la cime des
arbres. La pauvre fille, malgré son inquiétude, n'osait pas se
mettre entièrement à découvert, sachant bien que la cruauté des
sauvages était sans frein et qu'un d'eux pourrait fort bien lui
envoyer une balle. Elle avançait seulement la tête au-dessus de
la trappe, et dans l'après-midi elle inspecta aussi souvent les
différents passages qui conduisaient à l'île, — qu'Anne, ma sœur
Anne, les environs du château de Barbe-Bleue.

Le soleil s'était couché; aucun indice n'annonçait l'arrivée des
bateaux, et Mabel monta encore sur le toit pour jeter un dernier
regard, espérant que son père et son détachement arriveraient
dans l'obscurité, ce qui rendrait l'embuscade des Indiens peut-être
moins fatale que pendant le jour, et ce qui lui permettrait aussi
de donner quelques signaux plus visibles par le moyen du feu.
Ses yeux avaient fait attentivement tout le tour de l'horizon, et
elle était sur le point de se retirer, quand un objet nouveau
frappa son attention. Les îles formaient un groupe si serré, qu'on
pouvait apercevoir entre elles six ou huit différents canaux ou
passages. Dans un de ceux qui se trouvaient le plus abrités, et
cachés en partie par les buissons croissant sur le rivage, Mabel
crut entrevoir une pirogue; un second regard l'assura qu'elle ne
se trompait pas; elle contenait un être humain sans aucun doute.
Convaincue que si c'était un ennemi son signal ne pourrait produire aucun mal, tandis qu'il en résulterait un bien si c'était un
ami, elle agita vers l'étranger un petit drapeau qu'elle avait

préparé pour l'arrivée de son père, prenant de grandes précautions pour qu'il ne fût point aperçu de l'île.

Mabel avait déjà répété huit ou dix fois son signal, et elle commençait à désespérer de se faire remarquer, lorsqu'un signe lui fut fait en retour par le mouvement d'une rame, et aussitôt un homme se découvrit, et elle reconnut Chingashgook. Enfin, elle contemplait un ami, un ami capable et sans aucun doute désireux de l'aider. A partir de ce moment son énergie et son courage se ranimèrent ; le Mohican l'avait vue et l'avait probablement reconnue, car il savait qu'elle était partie avec son père, et probablement aussi, lorsqu'il ferait entièrement nuit, il prendrait les moyens de venir à son secours. Il était certain qu'il avait connaissance de la présence de l'ennemi par toutes les précautions qu'il semblait prendre, et elle avait une confiance entière dans sa prudence et dans son habileté. La plus grande difficulté était la présence de l'Indienne, car Mabel connaissait trop bien sa fidélité à son peuple, malgré son affection pour elle, pour penser qu'elle pût consentir à ce qu'un Indien ennemi entrât dans le fort, ou à ce qu'elle en sortît dans l'intention de déjouer les plans d'Arrowhead. La demi-heure qui suivit la découverte de l'arrivée du Grand-Serpent fut la plus pénible de la vie de Mabel Dunham. Elle pouvait, pour ainsi dire, toucher de la main le but qu'elle désirait atteindre avec tant d'ardeur, et cependant il était sur le point de lui échapper : elle connaissait le sang-froid et la fermeté de Rosée-de-Juin aussi bien que sa douceur et sa sensibilité, et elle concluait, avec regret, qu'il n'y avait pas d'autre parti à prendre que de tromper sa compagne et sa protectrice. Il répugnait à une jeune fille aussi sincère que naturelle, aussi pure de cœur et aussi disposée à la franchise que Mabel, de tromper une amie éprouvée ; mais il s'agissait de la vie de son père ; sa compagne ne pouvait en rien souffrir de ses projets ; d'ailleurs elle avait elle-même des sentiments et des intérêts de nature à écarter de plus grands scrupules.

A mesure que la nuit approchait, le cœur de Mabel battait avec plus de violence, et pendant le cours d'une heure elle adopta et changea au moins une douzaine de plans. L'Indienne était toujours son plus grand embarras ; elle ne savait pas comment elle pourrait s'assurer du moment où Chingashgook serait à la porte, et elle ne doutait pas qu'il n'y vînt bientôt ; en second lieu, comment pourrait-elle l'admettre dans le fort, sans causer d'alarmes à sa vigilante compagne? Le temps pressait, car le Mohican pouvait venir, et repartir de nouveau à moins qu'elle ne fût prête à le recevoir. Il ne serait pas prudent au Delaware de rester trop long-temps dans l'île, et il devenait absolument nécessaire de prendre une détermination, de quelque nature qu'elle fût. Après avoir formé et abandonné divers projets, Mabel s'approcha de sa compagne et lui dit avec autant de calme qu'elle put en montrer :

— Rosée-de-Juin, maintenant que votre peuple croit que Pathfinder est dans le fort, n'avez-vous pas peur qu'ils ne viennent essayer d'y mettre le feu?

— Non, pas craindre cela, pas brûler le fort, fort être bon, pas prendre chevelure.

— C'est ce que nous ne savons pas, ils se sont cachés parce qu'ils ont pensé que Pathfinder était avec nous.

— Eux croire leur peur, peur venir vite, s'en aller vite. Peur faire homme s'enfuir; esprit le faire revenir; peur rendre guerriers fous, aussi bien que jeunes filles.

Ici l'Indienne se mit à rire, comme une jeune fille lorsqu'une idée plaisante ou ridicule se présente à son esprit.

— Je suis inquiète, et je désire que vous montiez sur le toit et que vous regardiez autour de la forteresse afin de vous assurer qu'on ne complote rien contre nous. Vous reconnaîtrez ce que vos gens ont l'intention de faire beaucoup mieux que je ne le pourrais.

— Moi aller si Lys vouloir. Mais moi savoir bien qu'Indiens dormir. Attendre père à toi. Guerriers manger, boire, dormir, toujours quand pas combattre et pas aller à la guerre. Alors jamais dormir, manger, ni boire, rien sentir. Guerriers dormir maintenant.

— Dieu veuille qu'il en soit ainsi; mais montez, ma chère amie, et regardez bien autour de vous. Le danger peut venir au moment où nous l'attendons le moins.

Rosée-de-Juin se leva et se prépara à monter sur le toit, mais elle s'arrêta le pied sur le premier barreau de l'échelle. Le cœur de Mabel palpitait si violemment qu'elle avait peur que sa compagne n'en entendît les battements, et elle crut s'apercevoir que l'esprit de la jeune sauvage commençait à deviner ses intentions réelles. Elle avait raison sous quelques rapports, et la jeune Indienne s'était arrêtée pour réfléchir si elle n'était pas sur le point de commettre une imprudence. Elle soupçonna d'abord que Mabel avait l'intention de s'enfuir, puis elle rejeta ce soupçon en songeant que la face-pâle n'avait aucun moyen de quitter l'île, et que le fort était le meilleur refuge qu'elle pût choisir. Sa seconde crainte fut que Mabel n'eût découvert quelque signe de la prochaine arrivée de son père. Cette pensée ne l'occupa qu'un instant, car elle avait la même opinion de l'habileté de sa compagne qu'une femme du grand monde des talents de sa femme de chambre, et elle croyait fermement que Mabel n'avait pu découvrir ce qui avait échappé à sa propre sagacité. Nulle autre objection ne s'offrant à sa pensée, elle monta doucement l'échelle.

Au moment où elle atteignait l'étage supérieur, une heureuse pensée s'offrit à l'esprit de notre héroïne, et en l'exprimant d'une voix précipitée mais naturelle, elle obtint un grand avantage dans l'exécution de son plan.

— Je vais descendre, — dit-elle, — et j'écouterai à la porte tandis que vous serez sur le toit; nous serons ainsi sur nos gardes en même temps, vous en haut et moi en bas.

Quoique l'Indienne pensât que cette précaution était inutile, sachant bien que personne ne pouvait entrer dans le fort sans y être aidé de l'intérieur, et qu'aucun danger ne pouvait les menacer de l'extérieur sans qu'elles en fussent averties d'avance, elle attribua la demande de Mabel à la frayeur et au manque d'expérience, et comme elle avait été faite avec un air de franchise, elle fut reçue sans défiance. De cette manière notre héroïne put descendre tandis que sa compagne montait sur le toit, et Rosée-de-Juin ne songea point à la surveiller. La distance entre elles était alors trop grande pour qu'elles pussent continuer la conversation, et pendant trois ou quatre minutes l'une fut occupée à regarder autour du fort, autant que l'obscurité pouvait le permettre, et l'autre à écouter à la porte avec une telle attention que tous ses sens étaient absorbés dans la faculté d'entendre.

L'Indienne ne découvrit rien du point élevé où elle était montée, l'obscurité seule en eût ôté l'espoir, mais il ne serait pas facile d'exprimer la sensation avec laquelle Mabel crut s'apercevoir qu'on poussait légèrement la porte. Craignant de se tromper et voulant apprendre à Chingasbgook qu'elle était là, elle chanta d'une voix tremblante et basse. La tranquillité de la nuit était si grande que les sons mal assurés montèrent jusqu'au haut du fort, et aussitôt Rosée-de-Juin commença à descendre. Au même moment un léger coup à la porte se fit entendre. Mabel était au désespoir, il n'y avait pas une minute à perdre. L'espoir l'emporta sur la crainte, et d'une main tremblante elle commença à lever les barres de la porte ; elle entendit le moccasin de la Tuscarora à l'étage supérieur, au moment où la première barre tombait ; la seconde venait d'être levée lorsque l'Indienne arriva au milieu de la dernière échelle.

— Quoi faire vous ? — s'écria-t-elle avec colère. — Enfuir ? folle ! quitter le fort ? fort être bon.

Les mains des deux amies étaient sur la dernière barre, qui aurait cédé plus tôt sans un choc violent du dehors qui la serra contre le bois. Une courte lutte eut lieu entre les deux jeunes femmes, quoique sans violence de part et d'autre ; Rosée-de-Juin l'aurait probablement emporté, si un coup plus vigoureux encore que le premier n'eût forcé la barre. La porte s'ouvrit, un homme entra, et les deux femmes se sauvèrent à la hâte en montant l'échelle, également effrayées de cette apparition. L'étranger ferma soigneusement la porte, examina minutieusement la chambre basse, et monta l'échelle avec lenteur et prudence. Aussitôt que l'obscurité était venue, l'Indienne avait fermé les meurtrières du premier étage et allumé une chandelle. Au moyen de cette faible clarté, les deux femmes attendirent, non sans crainte, la visite du nouveau venu dont elles entendaient distinctement le pas prudent quoique ferme. On ne pourrait assurer si Mabel ne fut pas aussi surprise que sa compagne lorsque l'étranger s'élevant au-dessus de la trappe, elle reconnut Pathfinder.

— Dieu soit loué ! — s'écria Mabel, car elle pensa aussitôt qu'avec une semblable garnison le fort devenait imprenable. — Oh ! Pathfinder, qu'est devenu mon père ?

— Le sergent est en sûreté jusqu'à présent et victorieux, quoiqu'il ne soit pas au pouvoir de l'homme de prévoir la fin de tout ceci. N'est-ce pas la femme d'Arrowhead qui est là blottie dans un coin ?

— Ne parlez pas d'elle d'un ton de reproche, Pathfinder, je lui dois la vie et ma sûreté présente. Dites-moi ce qu'est devenue la troupe de mon père, pourquoi vous êtes ici, et je vous raconterai tous les horribles événements qui se sont passés sur cette île.

— Vous aurez besoin de peu de mots pour tout m'apprendre, Mabel, car un homme habitué aux infernales ruses des sauvages n'a pas grand besoin d'explications sur un pareil sujet. Quant à l'expédition, elle a eu le succès que nous espérions, car le Serpent était à la découverte, et il nous donna toutes les informations qui nous étaient nécessaires. Nous avons dressé des embuscades à trois bateaux, et après en avoir pris possession et chassé les Français qui s'y trouvaient, nous les avons coulés à fond dans la partie la plus profonde du canal, suivant les ordres que nous avions reçus. Les sauvages du haut Canada seront privés des marchandises françaises cet hiver. La poudre et les balles seront aussi plus rares parmi eux que de bons chasseurs et des guerriers actifs ne le désireraient. Nous n'avons pas perdu un homme ni eu de tête scalpée. Je ne crois pas que l'ennemi ait beaucoup souffert de son côté. Enfin, Mabel, cette expédition a été comme Lundie les aime : nous avons fait beaucoup de tort à l'ennemi, et nous avons peu souffert nous-mêmes.

— Oh! Pathfinder, je crains que lorsque le major Duncan viendra à apprendre cette triste affaire, il ne regrette avec raison de l'avoir entreprise.

— Je sais ce que vous voulez dire, je sais ce que vous voulez dire; mais en vous racontant toute mon histoire, je crois que vous me comprendrez mieux. Aussitôt que le sergent eut obtenu quelque succès, il m'envoya, ainsi que le Serpent, dans des pirogues pour vous dire comment les choses avaient tourné; et il doit nous suivre avec les deux bateaux qui, étant beaucoup plus lourds, ne pourront arriver avant demain matin. Je me suis séparé de Chingashgook cet après-midi; nous étions convenus qu'il prendrait un côté des passages et moi l'autre, afin de voir si le chemin était libre. Je n'ai pas vu le chef depuis.

Mabel, alors, expliqua la manière dont elle avait découvert le Mohican, et son espérance de le voir arriver dans le fort.

— Lui, lui, oh! non; un vrai batteur d'estrade ne se mettra jamais derrière des murailles de pierres ou de troncs d'arbres, tant qu'il pourra rester en plein air et s'y occuper utilement. Je ne serais pas venu moi-même, Mabel, si je n'avais promis au sergent de vous encourager, et de veiller à votre sûreté. Ah! bon Dieu! j'ai eu le cœur bien serré cet après-midi, en faisant la reconnaissance de l'île; et ce fut une bien amère pensée que la supposition que vous pouviez être au nombre des morts.

— Quel est l'heureux accident qui vous a empêché de ramer hardiment vers l'île, et de tomber entre les mains des ennemis?

— Un de ces accidents, Mabel, que la Providence emploie pour avertir la meute que le daim n'est pas éloigné, et pour apprendre au daim à dépister la meute. Non, non, ces ruses infernales avec des cadavres peuvent tromper les soldats du 55ᵉ et les officiers du roi; mais elles sont en pure perte pour ceux qui ont passé leur vie dans les forêts. Je suis arrivé dans un passage, en face du prétendu pêcheur, et quoique les reptiles eussent arrangé le pauvre misérable avec art, ils n'avaient pas été assez habiles pour tromper un œil expérimenté : la ligne était trop élevée pour un soldat du 55ᵉ, qui a dû apprendre à pêcher à Oswego, s'il ne le savait pas auparavant; puis cet homme était trop tranquille pour un pêcheur qui ne voit rien mordre à l'hameçon. Nous ne venons jamais à l'aveugle près d'un poste, et j'ai couché toute la nuit en dehors d'un fort, parce qu'on avait changé la place des sentinelles et la manière de faire la faction. Ni le Serpent, ni moi nous ne pouvons nous laisser prendre à un stratagème si gauche, qui était probablement destiné à tromper les Écossais, qui sont fins dans beaucoup de circonstances, mais qui ne sont rien moins que sorciers pour deviner les ruses des Indiens.

— Croyez-vous que mon père et sa troupe puissent être trompés? — dit Mabel avec vivacité.

— Non, si je puis l'empêcher, Mabel. Vous dites que le Serpent est aussi aux aguets; nous avons donc une double chance de faire connaître au sergent le danger qu'il court. Mais nous ne pouvons prévoir par quel passage la troupe arrivera.

— Pathfinder, — dit notre héroïne d'une voix solennelle, car les scènes effrayantes dont elle avait été témoin avaient revêtu la mort, à ses yeux, de nouvelles horreurs. — Pathfinder, vous m'avez témoigné de l'amour et le désir de me prendre pour femme?

— J'ai osé, en effet, parler de cela, Mabel, et le sergent m'a dit dernièrement que vous étiez favorablement disposée; mais je ne suis point homme à persécuter celle que j'aime.

— Écoutez-moi, Pathfinder, je vous respecte, je vous honore, je vous révère; sauvez mon père de cette horrible mort, et j'aurai pour vous de l'adoration. Voici ma main comme un gage solennel de ma foi quand vous viendrez la réclamer.

— Que Dieu vous bénisse, que Dieu vous bénisse, Mabel!

C'est plus que je ne mérite, et je crains de ne pas savoir profiter comme je le devrais d'un tel bien. Mais vous n'aviez pas besoin de faire cette promesse pour m'engager à servir le sergent; nous sommes de vieux camarades, et nous nous devons la vie mutuellement. Mais j'ai peur, Mabel, qu'être le vieux camarade d'un père ne soit une pauvre recommandation auprès d'une jeune fille.

— Vous n'avez pas besoin d'autre recommandation que vos actions, votre courage, votre fidélité. Tout ce que vous dites, tout ce que vous faites, Pathfinder, ma raison l'approuve; j'espère, je suis sûre que mon cœur la suivra.

— Voilà un bonheur que j'espérais peu cette nuit; mais nous sommes entre les mains de Dieu, et il nous protégera suivant sa volonté. Vos paroles sont douces, Mabel. Je n'en avais pas besoin pour faire tout ce qu'il est en la puissance d'un homme de faire; mais elles ne diminueront pas non plus mon ardeur.

— Maintenant, Pathfinder, — nous nous comprenons l'un et l'autre, — dit Mabel d'une voix affaiblie. — Ne perdons pas un seul de ces précieux moments qui ont une valeur incalculable. Ne pouvons-nous pas nous mettre dans votre pirogue et aller à la rencontre de mon père?

— Ce n'est pas mon avis. Je ne sais par quel passage le sergent doit arriver, et il y en a vingt. Reposez-vous sur le Serpent, il les parcourra tous. Non, non, mon avis est de rester ici. Les troncs d'arbres qui forment les murs de ce fort sont encore verts; il ne serait pas facile d'y mettre le feu, et je puis tenir ici, à moins d'incendie, contre une tribu. La nation iroquoise ne saurait me déloger de ce fort, tant que je pourrai le garantir des flammes. Le sergent est maintenant campé dans quelque île, et il n'arrivera pas avant le jour. Si nous restons dans le fort, nous pouvons l'avertir de se tenir sur ses gardes, en tirant quelques coups de carabine, par exemple; et s'il se décide à attaquer les sauvages, comme un homme de son caractère le fera sans doute, la possession de ce bâtiment sera d'une grande importance. Si notre but est de servir le sergent, ma raison me dit : Reste, quoiqu'il ne nous fût pas difficile de nous échapper l'un et l'autre.

— Restez, Pathfinder, — murmura Mabel, restez pour l'amour du ciel; tout, tout au monde pour mon père!

— Oui, c'est la nature. Je suis content, Mabel, de vous entendre parler ainsi; car je désire voir le sergent bien soutenu. Jusqu'ici il a maintenu sa réputation, et s'il parvient à chasser ces mécréants et à faire une honorable retraite, en réduisant en cendres le fort et les huttes, il n'y a aucun doute que Lundie ne se souvienne de lui et ne le récompense suivant son mérite. Oui, oui, Mabel, il faut non-seulement sauver la vie de votre père, mais encore sa réputation.

— Cette île a été surprise par les sauvages ; le blâme n'en peut retomber sur mon père.

— On ne sait, on ne sait ; la gloire militaire est une chose bien incertaine. J'ai vu les Delawares blâmés pour des faits qui méritaient plus de louanges qu'une victoire. Un homme a grand tort de mettre sa gloire dans des succès d'aucune sorte, et surtout dans des succès à la guerre. Je connais peu les établissements et les jugements que les hommes y portent ; mais ici même les Indiens jugent la réputation d'un guerrier d'après son bonheur. La principale chose pour un soldat, c'est de n'être jamais battu, et je crois qu'on s'inquiète fort peu de la manière dont la bataille a été gagnée ou perdue. Pour ma part, Mabel, je me suis fait une loi, lorsque je suis en face de l'ennemi, de lui envoyer autant de balles qu'il est en mon pouvoir, et de pratiquer la modération lorsque je suis vainqueur. Quant à être modéré après la défaite, on n'a pas besoin de le recommander, car être battu est la chose du monde qui rend le plus humble. Les prédicateurs prêchent l'humilité dans les garnisons ; mais si l'humilité fait des chrétiens, les soldats du roi devraient être des saints, car ils n'ont pas fait autre chose cette année que de prendre leçon des Français, depuis le fort Duquesne jusqu'au Ty.

— Mon père ne pouvait soupçonner que la position de l'île fût connue de l'ennemi, — reprit Mabel, dont l'esprit était préoccupé de l'effet que les événements récents produiraient sur le sergent.

— Cela est vrai, et je ne puis pas comprendre comment les Français l'ont découverte. Le lieu est bien choisi, et il n'est pas facile, même pour ceux qui ont déjà été dans l'île, d'y revenir une seconde fois ; il y a eu de la trahison, je le crains. Oui, oui, il faut qu'il y ait eu de la trahison.

— Oh ! Pathfinder, cela pourrait-il être ?

— Rien n'est plus facile, Mabel, car la trahison est aussi naturelle à certaines gens que la faim. Lorsque je trouve un homme dont les paroles sont mielleuses, j'examine sévèrement ses actions, car lorsque le cœur est droit et ne veut que le bien, il laisse sa conduite parler au lieu de sa langue.

— Jasper Western n'est pas de ces hommes-là, — dit Mabel avec impétuosité. — Il n'y a pas de jeune homme plus sincère et plus incapable de laisser parler sa langue en place de son cœur.

— Jasper Western! la langue et le cœur de ce garçon-là sont également vrais, croyez-le-bien, Mabel. L'opinion de Lundie sur son compte, ainsi que celle du quartier-maître, du sergent et de votre oncle sont aussi fausses qu'il serait faux de penser que le soleil brille pendant la nuit et les étoiles pendant le jour. Non, non, je répondrais de l'honnêteté d'Eau-douce sur ma propre chevelure, et au besoin sur ma carabine.

— Que Dieu vous bénisse, Pathfinder! — s'écria Mabel, en étendant la main et pressant les doigts de fer de son compagnon avec un sentiment dont elle était loin de comprendre la force. — Vous êtes tout ce qui est généreux, tout ce qui est noble; Dieu vous récompensera.

— Ah! Mabel, si cela était vrai, je ne devrais peut-être pas ambitionner pour moi une femme comme vous. Je devrais vous laisser pour être choisie par quelque officier de la garnison, comme vous le méritez.

— Nous ne parlerons pas davantage de cela ce soir, répondit Mabel d'une voix presque éteinte. — Maintenant, il faut moins nous occuper de nous, Pathfinder, et davantage de nos amis. Mais je me réjouis de toute mon âme que vous croyiez à l'innocence de Jasper. Maintenant, parlons d'autre chose. Ne devrions-nous pas laisser en liberté la femme d'Arrowhead?

— J'ai déjà pensé à elle, car il ne serait pas prudent de fermer nos yeux et de laisser les siens ouverts dans l'intérieur de ce fort. Si nous la mettions à l'étage supérieur, en retirant l'échelle, elle serait au moins prisonnière.

— Je ne puis traiter ainsi une femme qui m'a sauvé la vie, il vaudrait mieux la laisser partir, car je crois qu'elle est trop mon amie pour me vouloir aucun mal.

— Vous ne connaissez pas cette race, Mabel, vous ne connaissez pas cette race. Il est vrai qu'elle n'est pas une Mingo de pur sang, mais elle est liée à ces vagabonds et elle doit avoir appris quelques-uns de leurs tours.

— Qu'est-ce que cela?

— C'est un bruit de rames, quelque bateau traverse le passage.

Pathfinder ferma la trappe qui conduisait à la chambre basse pour empêcher Rosée-de-Juin de s'échapper ; éteignant la chandelle, il courut à la hâte à une meurtrière ; Mabel, respirant à peine, regardait par-dessus son épaule. Une ou deux minutes s'écoulèrent pendant ces divers mouvements, et lorsque l'œil du guide se fut habitué à l'obscurité et eut reconnu les objets, deux bateaux longèrent la côte de l'île, et s'arrêtèrent à environ vingt-cinq toises du fort, à un endroit où l'on pouvait aisément débarquer. L'obscurité empêcha Pathfinder d'en voir davantage, et il dit tout bas à Mabel que les nouveaux venus pouvaient être aussi bien des ennemis que des amis, car il ne croyait pas possible que son père arrivât si tôt. On vit alors plusieurs hommes quitter les bateaux, puis on entendit trois acclamations en anglais qui ne laissèrent plus aucun doute sur le caractère de la troupe. Pathfinder s'élança à la trappe, glissa jusqu'au bas de l'échelle, et commença à lever les barres de la porte avec une ardeur qui prouvait combien le moment lui semblait critique. Mabel l'avait suivi, mais elle retardait plutôt qu'elle n'aidait ses efforts, et une seule barre était enlevée lorsqu'une décharge de mousqueterie se fit entendre.

Ils écoutaient encore dans la plus affreuse inquiétude, quand le cri de guerre des sauvages retentit dans tous les buissons d'alentour. Aussitôt que la porte fut ouverte, Pathfinder et Mabel se précipitèrent dehors.

Tout bruit humain avait cessé. Cependant, après avoir écouté une demi-minute, Pathfinder crut entendre de sourds gémissements auprès des bateaux, mais le murmure du vent et le bruissement des feuilles se mêlaient à ce bruit vague et le rendaient incertain. Mabel, emportée par ses alarmes, le dépassa et se dirigea vers les bateaux.

— Non, Mabel, dit le guide d'une voix ferme quoique basse, en la saisissant par le bras, non, il n'en sera pas ainsi, une mort certaine en serait la suite, et vous ne serviriez personne ; il faut retourner au fort.

— Mon père, mon pauvre père assassiné ! — s'écria la jeune fille au désespoir, quoique l'habitude de la prudence, même dans un moment aussi critique, modérât sa voix. Pathfinder, si vous m'aimez, laissez-moi aller vers mon père.

— Non, Mabel, c'est impossible. Il est singulier que personne ne parle ; on n'a point fait feu des bateaux ; et j'ai laissé Tue-Daim dans le fort.

— Mais de quel usage serait une carabine, lorsque personne ne se montre ?

Au même instant l'œil perçant de Pathfinder, qui n'avait point cessé de pénétrer à travers l'obscurité, aperçut indistinctement la forme noire de cinq ou six hommes rampant et essayant de le dépasser, dans l'intention probable de lui couper la retraite vers le fort. Soulevant Mabel qu'il avait toujours tenue jusque là d'une main ferme, il la prit dans ses bras comme un enfant; et déployant toute sa vigueur, il parvint à atteindre le fort. Il entendait à quelques pas derrière lui les sauvages qui le poursuivaient. Laissant glisser son fardeau à l'entrée du bâtiment, il se retourna avec promptitude, ferma la porte; il venait de mettre en place une des barres, au moment même où les Indiens, se précipitant sur la porte, menaçaient de l'arracher de ses gonds. Assujétir les autres barres fut l'affaire d'un instant.

Mabel monta au premier étage, tandis que Pathfinder faisait sentinelle en bas. Notre héroïne était dans cet état où le corps agit sans être guidé par la pensée. Elle ralluma machinalement la chandelle, parce que son compagnon l'en avait priée, et elle descendit dans la pièce où il l'attendait. Aussitôt que Pathfinder fut en possession de la lumière, il examina soigneusement les lieux, afin de s'assurer que personne n'était caché dans le fort, montant successivement à chaque étage, lorsqu'il était bien certain qu'il ne laissait point d'ennemi derrière lui.

Il se convainquit que le fort ne contenait plus que Mabel et lui, Rosée-de-Juin s'étant échappée. Ce point matériel éclairci, Pathfinder rejoignit notre héroïne dans la pièce principale, et posant la lumière à terre, il examina l'amorce de sa carabine avant de s'asseoir.

— Nos craintes les plus affreuses sont réalisées! — dit Mabel qui pensait que l'horreur et l'agitation des cinq minutes qui venaient de s'écouler contenaient les émotions de toute une vie. — Mon père bien-aimé est mort ou captif ainsi que tous ses compagnons !

— Nous n'en savons rien encore, le jour nous l'apprendra. Je ne crois pas que l'affaire se soit terminée comme cela, nous aurions entendu ces vagabonds de Mingos hurler leur triomphe autour du fort. Nous pouvons être certains d'une chose : si les ennemis ont réellement eu l'avantage, ils n'attendront pas long-temps avant de nous sommer de nous rendre. La squaw les aura mis dans le secret de notre situation, et comme ils savent bien que la place ne peut pas être incendiée le jour tant que Tue-daim conservera sa réputation, vous pouvez être sûre qu'ils le tenteront pendant que l'obscurité peut les servir.

— J'entends un gémissement, cela est certain!

— C'est l'imagination, Mabel; lorsque l'esprit est agité, particulièrement celui des femmes, il suppose des circonstances qui n'ont aucune réalité. J'en ai connu qui s'imaginaient qu'il y avait de la vérité dans les rêves.

— Non, je ne me trompe pas. Il y a en bas quelqu'un qui souffre.

Pathfinder fut obligé de convenir que les sens de Mabel ne la trompaient pas. Il la conjura néanmoins de modérer son émotion, et lui rappela que les sauvages mettaient en usage tous les artifices pour parvenir à leur but, et qu'il était probable que les gémissements étaient simulés dans le dessein d'attirer ceux qui étaient dans le fort, ou du moins de les engager à ouvrir la porte.

— Non, non, non, — dit Mabel avec précipitation, — il n'y a point d'artifice dans ces gémissements; ils viennent d'une souffrance physique, sinon d'une souffrance d'esprit. Ils sont effrayants et naturels.

— Eh bien! nous saurons bientôt si c'est un ami ou un ennemi. Cachez de nouveau la lumière, Mabel, je lui parlerai à travers une meurtrière.

Cette chose si simple ne se fit pas sans de grandes précautions. Pathfinder avait autant de prudence que d'expérience. Il avait vu des négligents payer de leur vie un manque d'attention que, dans leur ignorance, ils avaient jugée superflue. Il ne plaça pas sa bouche à l'ouverture elle-même, mais si près qu'il pouvait être entendu sans élever la voix, et il observa la même précaution pour son oreille.

— Qui est là? demanda Pathfinder, lorsque tout fut arrangé à son gré, quelqu'un souffre-t-il? si c'est un ami, qu'il parle hardiment, et qu'il compte sur nos secours.

— Pathfinder! répondit une voix que Mabel et le guide reconnurent aussitôt pour être celle du sergent; — Pathfinder, au nom de Dieu, dites-moi ce qu'est devenue ma fille?

— Mon père, je suis ici! en sûreté, point blessée: oh! que je voudrais qu'il en fût ainsi de vous!

Mabel et Pathfinder entendirent distinctement une exclamation d'action de grâce, mais elle fut mêlée d'un gémissement arraché par la douleur.

— Mes plus affreux pressentiments sont réalisés, — dit Mabel avec le calme du désespoir. — Pathfinder, il faut que mon père soit apporté dans le fort, quelque chose qui puisse en arriver.

— C'est la nature et c'est la loi de Dieu. Mais, Mabel, soyez calme. Tous les secours humains qui peuvent être donnés, le sergent les recevra. Je ne vous demande que d'être calme.

— Je le suis, je le suis, Pathfinder. Jamais dans aucun temps de ma vie je ne fus plus calme, plus sûre de moi que dans ce moment. Mais rappelez-vous combien chaque instant est périlleux; et, pour l'amour du ciel, ce que nous devons faire, faisons-le sans délai.

Pathfinder fut frappé de la fermeté de la voix de Mabel, et peut-être il s'abusa un peu sur la tranquillité forcée qu'elle affectait. Dans tous les cas, il ne jugea pas de nouvelles explications nécessaires, mais il descendit, et il commença à ouvrir la porte. Ce travail important fut conduit avec sa prudence habituelle; mais au moment où les barres cédaient, il sentit une pression contre la porte, qui lui donna presque la tentation de la refermer. Jetant un regard à travers l'ouverture, il acheva son opétion, et le corps du sergent appuyé contre la porte tomba en partie dans le fort; Pathfinder l'y tira tout entier et referma la porte. Alors il n'exista plus d'obstacle pour donner des soins au blessé.

Mabel, pendant cette triste scène, se conduisit avec cette énergie surnaturelle que montrent souvent les femmes dans des moments de forte agitation. Elle alla chercher la lumière, humecta avec de l'eau les lèvres desséchées de son père, aida Pathfinder à préparer un lit de paille et un oreiller avec des vêtements. Tout cela fut fait avec un grand soin et presque sans parler; Mabel ne répandit pas une seule larme jusqu'à ce qu'elle entendit la voix de son père la bénir pour ses soins et sa tendresse. Pendant ce temps, Mabel avait seulement deviné l'état de son père. Pathfinder, de son côté, avait porté toute son attention sur la blessure du sergent. Il s'était assuré qu'une balle lui avait traversé le corps, et il se connaissait assez en blessures de ce genre pour être convaincu qu'il y avait peu d'espoir de lui conserver la vie, si même il en restait aucun.

CHAPITRE XXIV.

> « Abreuve-toi de mes larmes tandis qu'elles coulent encore. Oh ! si le sang de mon cœur était un baume, tu le sais, je le répandrais tout entier, pour donner à ton front un instant de calme. »
>
> MOORE.

Les yeux du sergent Dunham n'avaient pas cessé de suivre sa fille depuis le moment où la lumière avait paru. Il examina ensuite la porte de la forteresse pour s'assurer de sa solidité, car on l'avait laissé en bas, faute de moyens pour le transporter à l'étage supérieur; puis ses yeux s'arrêtèrent de nouveau sur le visage de Mabel. Lorsque la vie s'éteint, les affections reprennent leur force, et nous commençons à apprécier à sa juste valeur ce que nous sommes sur le point de perdre pour jamais.

— Dieu soit loué ! ma chère enfant, — dit-il avec force et sans paraître souffrir davantage, — vous, du moins, vous avez échappé à leurs balles meurtrières. Racontez-moi cette triste affaire, Pathfinder.

— Ah ! sergent, c'est en effet une histoire bien triste. Dans mon opinion, il est aussi certain que nous avons été trahis, qu'il est sûr que ce fort nous appartient encore, mais...

— Le major Duncan avait raison, — interrompit Dunham en posant la main sur le bras de son compagnon.

— Non pas de la manière dont vous l'entendez, sergent, non pas sous ce point de vue. Du moins c'est ma pensée. Je sais que la nature est faible, — je veux dire la nature humaine, — et que nous ne devons point mettre d'orgueil en nous-mêmes, soit rouges, soit blancs; mais je ne crois pas qu'il existe sur les frontières un cœur plus brave, plus fidèle que celui de Jasper Western.

— Que Dieu vous bénisse pour ces paroles, Pathfinder, — s'écria Mabel du fond de son âme, tandis qu'un déluge de larmes s'échappait de ses yeux, causées par des émotions aussi variées qu'elles étaient violentes. — Oh ! que Dieu vous bénisse, Pathfinder ! Le brave ne doit jamais abandonner le brave; les gens d'honneur doivent se soutenir entre eux.

Les yeux du père s'arrêtèrent longuement sur sa fille avec une anxiété si profonde, que Mabel se couvrit le visage de son tablier afin de cacher ses larmes, puis le sergent jeta un regard sur le guide comme pour l'interroger. Ce dernier conservait son expression habituelle de loyauté et de franchise; Dunham lui fit signe de continuer.

— Vous vous rappelez le lieu et l'instant où nous vous quittâmes le Serpent et moi, — reprit Pathfinder, — et je ne vous dirai rien de ce qui se passa auparavant. Il est maintenant trop tard pour regretter ce qui est fait et passé. Mais je ne crois pas que si je fusse resté avec les bateaux, cela se serait passé ainsi. D'autres peuvent être d'aussi bons guides, je n'en fais aucun doute, mais la nature accorde ses dons à sa fantaisie, et il faut qu'il y en ait qui valent mieux les uns que les autres. Je suis sûr que le pauvre Gilbert qui a pris ma place a été puni de sa méprise.

— Il est tombé à mes côtés, — répondit le sergent avec tristesse. — Nous avons été en effet tous punis pour nos méprises.

— Non, non, sergent, je ne porte aucune condamnation contre vous; car dans cette expédition, jamais hommes ne furent mieux commandés que ceux qui étaient sous vos ordres. Je n'ai jamais vu présenter mieux le flanc, et la manière dont vous avez conduit votre propre bateau contre leur obusier aurait donné une leçon à Lundie lui-même.

Les yeux du sergent brillèrent et sa physionomie prit une expression de triomphe militaire, quoique ce fût à un degré convenable à l'humble scène dans laquelle il avait été acteur.

— Tout cela ne fut pas mal conduit, mon ami, — dit-il, — et nous emportâmes leur parapet d'assaut.

— Tout cela fut bravement conduit, sergent, quoique je craigne beaucoup que, lorsque la vérité sera connue, on ne s'aperçoive que ces vagabonds ont encore leur obusier. N'importe, n'importe, reprenez courage. Tâchez d'oublier ce que cette affaire a de désagréable, et ne vous souvenez que de ce qui vous fait honneur. C'est la meilleure philosophie, et aussi la meilleure religion. Si l'ennemi possède encore l'obusier, il n'a que ce qui lui appartenait auparavant, et nous n'avons pu l'empêcher. Ils n'ont pas le fort du moins, et il n'est pas probable qu'ils le prennent, à moins qu'ils n'y mettent le feu pendant l'obscurité. Le Serpent et moi nous nous sommes séparés à environ dix milles en descendant la rivière. Nous avons jugé prudent d'user des précautions ordinaires, même pour arriver à un camp ami. Je ne pourrais dire ce qu'est devenu Chingashgook ; Mabel m'assure qu'il n'est pas loin ; je suis convaincu que le brave Delaware remplit son devoir, quoiqu'il soit invisible à nos yeux. Remarquez bien ce que je vais vous dire, sergent : avant que cette affaire soit terminée, nous entendrons parler de lui dans quelque moment critique, et il nous servira tout-à-coup avec sa prudence et son habileté ordinaire. Le Serpent est un sage et vertueux chef, et tous les blancs devraient porter envie à ses talents, quoiqu'il faille avouer que son mousquet n'est pas tout-à-fait aussi sûr que Tue-daim. Quand j'approchai de l'île, je ne vis pas de fumée ; cela me mit sur mes gardes, car je savais que les soldats du 55ᵉ n'étaient pas assez fins pour cacher ce signe de leur présence ici, malgré tout ce qu'on ait pu leur dire du danger qui peut en résulter. Cela me rendit plus prudent, jusqu'à ce que je fusse en face de ce prétendu pêcheur, comme je le disais tout-à-l'heure à Mabel. Alors tout leur art infernal fut aussi bien développé devant moi que si je l'avais vu sur une carte. Je n'ai pas besoin de vous dire, sergent, que mes premières pensées furent pour Mabel, et que lorsque je sus qu'elle était dans le fort, j'y vins aussi, afin de vivre ou de mourir avec elle.

Le père tourna un regard satisfait sur son enfant, et Mabel sentit son cœur défaillir en s'apercevant de ce qu'elle aurait cru impossible, et c'était que dans un semblable moment elle avait encore d'autres douleurs que celles que lui causait la situation de son père. Comme ce dernier lui tendait la main, elle la prit dans les siennes et la baisa. Puis se mettant à genoux près de lui, elle pleura comme si son cœur allait se briser.

— Mabel, — dit-il avec calme, — la volonté de Dieu doit être faite. Il est inutile de chercher à nous tromper l'un et l'autre. Mon heure est venue, et c'est une consolation pour moi de mourir comme un soldat. Lundie me rendra justice, car notre bon ami Pathfinder lui dira ce qui a été fait, comme tout s'est passé.
— Vous n'avez pas oublié notre dernière conversation ?

— Oh ! mon père, mon heure est probablement venue aussi, — s'écria Mabel, qui sentait alors que ce serait pour elle presque un bonheur de mourir. — Je ne puis espérer d'échapper, et Pathfinder devrait nous laisser ici et retourner à Oswego porter ces tristes nouvelles, tandis que cela lui est encore possible.

— Mabel Dunham, — dit Pathfinder d'un ton de reproche,

quoiqu'il prît la main de la jeune fille avec tendresse, — je n'ai point mérité de semblables paroles. Je sais que je suis un homme grossier, brusque, gauche....

— Pathfinder !

— Bien, bien, oublions ce que vous venez de dire, vous ne le pensiez pas. Il est inutile maintenant de songer à nous échapper, puisque le sergent n'est pas transportable. Le fort doit être défendu, coûte que coûte. Peut-être Lundie sera-t-il instruit de nos désastres et nous enverra-t-il un détachement pour faire lever le siége.

— Pathfinder ! — Mabel ! — dit le sergent qui avait réuni toutes ses forces pour combattre ses souffrances, et dont une sueur froide couvrait le front, — venez tous deux près de moi. Vous vous entendez l'un l'autre, j'espère ?

— Mon père, ne dites rien à ce sujet. Tout est suivant vos désirs.

— Que Dieu soit loué ! Donnez-moi votre main, Mabel ! Pathfinder, prenez-la, je ne puis rien faire de plus que de vous la donner de cette manière. Je sais que vous serez pour elle un bon mari. Ne différez pas votre union à cause de ma mort ; il viendra un chapelain à Oswego avant la fin de la saison, qu'il vous marie aussitôt. Mon frère, s'il vit, désirera retourner à son bâtiment, et mon enfant n'aura plus de protecteur. Mabel, votre mari aura été mon ami, et ce sera une consolation pour vous, j'espère.

— Reposez-vous sur moi du soin de cette affaire, — répondit Pathfinder ; — laissez tout entre mes mains, comme les derniers souhaits d'un mourant ; et, croyez-moi, tout sera exécuté comme tout cela doit l'être.

— Je mets toute ma confiance en vous, mon fidèle ami, et je vous donne plein pouvoir d'agir en tout comme j'aurais pu agir moi-même. Mabel, mon enfant... donnez-moi de l'eau... vous ne vous repentirez jamais de cette nuit... Que Dieu vous bénisse, ma fille, que Dieu vous bénisse et vous tienne en sa sainte garde.

Cette tendresse était touchante au-delà de toute expression pour le cœur de Mabel, et elle sentait dans le moment que son union avec Pathfinder venait de recevoir une sanction qu'aucune cérémonie de l'église ne pouvait rendre plus sainte. Cependant un poids plus lourd qu'une montagne pesait sur son cœur, et elle pensait que ce serait un bonheur pour elle de mourir. Un silence de quelques minutes s'ensuivit, et le sergent, en phrases entrecoupées, raconta brièvement ce qui avait eu lieu depuis qu'il s'était séparé de Pathfinder et du Delaware. Le vent était devenu plus favorable; et au lieu de camper dans une île, comme cela était convenu d'abord, il s'était déterminé à continuer son chemin, et à rentrer dans le fort cette nuit même. Il croyait qu'ils auraient pu arriver sans être aperçus, et éviter une partie de leurs désastres, s'ils n'avaient pas touché la pointe d'une île voisine, où sans aucun doute le bruit fait par les gens en sortant du bateau avait donné avis de leur approche et préparé l'ennemi à les recevoir. Ils avaient pris terre sans le moindre soupçon de danger, quoique surpris de ne pas trouver de sentinelles, et laissé leurs armes dans le bateau, dans l'intention de mettre d'abord en sûreté leurs havresacs et leurs provisions. Les ennemis firent une décharge de si près, que, malgré l'obscurité, presque chaque coup fut mortel. Tous les soldats tombèrent, deux ou trois se relevèrent et disparurent. Quatre ou cinq soldats furent tués, ou ne survécurent que peu de minutes. Par des raisons inconnues l'ennemi ne se précipita pas comme d'habitude pour enlever les chevelures. Le sergent Dunham tomba comme les autres, et il entendit la voix de Mabel lorsqu'elle sortit précipitamment du fort. Cet appel déchirant éveilla toute son affection paternelle et lui donna la force de se traîner jusqu'à la porte du bâtiment où il s'appuya comme nous l'avons déjà rapporté.

Cette simple explication terminée, le sergent devint si faible que le repos lui fut nécessaire, et ses compagnons, tout en veillant à ses besoins, gardèrent quelque temps le silence. Pathfinder saisit cette occasion pour faire une reconnaissance à travers les meurtrières et sur le toit. Il examina la condition des fusils dont il y avait une douzaine dans le bâtiment, les soldats ayant pris leurs mousquets du régiment pour l'expédition. Mais Mabel ne quitta pas un instant les côtés de son père, et lorsqu'à sa respiration elle crut s'apercevoir qu'il dormait, elle se mit à genoux et pria Dieu.

La demi-heure qui suivit fut effrayante, solennelle et calme. Ce calme n'était troublé que par le bruit que faisait sur le plancher de la chambre au-dessus le moccasin de Pathfinder et de temps en temps la crosse d'un fusil qui tombait lourdement sur le plancher, car le guide examinait les armes en détail afin de s'assurer si elles étaient chargées et amorcées. Lorsque ce bruit cessait, il n'en existait pas d'autre que celui de la respiration du blessé. Mabel sentait à chaque instant le besoin de communiquer encore par des paroles avec le père qu'elle était sur le point de perdre pour toujours, et en même temps elle craignait de troubler le repos qu'il semblait goûter. Mais Dunham ne dormait pas; il était dans cet état où le monde perd subitement ses attraits, ses illusions et son pouvoir, et où l'avenir inconnu remplit l'esprit de ses conjectures, de ses révélations et de son immensité. Il avait conservé toute sa vie une grande moralité pour un homme qui avait embrassé la carrière des armes, mais il ne s'était jamais occupé du moment solennel qui précède la mort. Si le bruit d'une bataille eût toujours frappé son oreille, son ardeur martiale aurait pu durer jusqu'au dernier moment, mais dans le silence de ce bâtiment inhabité où aucun son ne rappelait la vie, où aucun appel ne ranimait des sentiments factices, où aucune espérance de victoire ne se présentait à la pensée, les choses du monde commençaient à prendre à ses yeux leurs véritables couleurs, et il appréciait l'existence à sa juste valeur. S'il avait eu des trésors, il les aurait donnés pour des consolations religieuses, mais il ne savait de quel côté les chercher. Il songea à Pathfinder, mais il n'avait aucune confiance dans ses lumières. Il songea à Mabel, mais un père demander de pareils secours à son enfant, n'est-ce pas renverser l'ordre de la nature? C'est alors qu'il pensa aussi à la responsabilité de ce titre de père, et qu'il se demanda comment il avait lui-même rempli ses devoirs envers une fille restée sans mère. Tandis que ces pensées s'élevaient dans son esprit, Mabel, qui surveillait le moindre changement dans sa respiration, entendit un coup frappé légèrement à la porte. Supposant que ce pourrait être Chingashgook, elle se leva, leva les deux premières barres, mais avant de lever la troisième elle demanda qui frappait. Elle reconnut dans la réponse la voix de son oncle qui la suppliait de lui ouvrir la porte à l'instant. Mabel sans hésiter tourna la barre, et aussitôt Cap se présenta. Il avait à peine passé la porte, que Mabel la referma, car l'habitude du danger l'avait rendue aussi experte que prudente.

Lorsque ce courageux marin vit que son beau-frère, quoique blessé, était en sûreté ainsi que Mabel, il fut attendri jusqu'aux larmes. Quant à lui, il expliqua son arrivée en disant qu'il avait été gardé avec négligence parce qu'on supposait qu'il dormait ainsi que le quartier-maître d'un sommeil rendu plus profond par la quantité de liqueur qu'on les avait excités à boire pour qu'ils ne pussent prendre aucune part à l'engagement présumé. Muir avait été laissé endormi ou feignant de dormir, mais Cap s'était caché dans les broussailles au moment de l'attaque, et ayant trouvé le canot de Pathfinder, il était parvenu jusqu'à la forteresse, où il était venu dans l'intention de se sauver par eau avec Mabel. Il est inutile de dire qu'il changea de projet lorsqu'il se fut assuré de l'état de son beau-frère et de l'apparente sécurité de sa nouvelle situation.

— Si les choses en viennent au pire, maître Pathfinder, — dit-il, — nous baisserons pavillon, ce qui nous donnera le droit d'obtenir quartier. Mais nous devons à notre dignité de tenir un temps raisonnable, et à notre sûreté de baisser pavillon au moment où nous le jugerons utile pour obtenir de bonnes conditions. J'aurais désiré que Muir en fît autant lorsque nous fûmes pris par ces gens que vous appelez vagabonds, et vous les avez bien nommés, car il n'y a pas de plus misérables vagabonds sur la terre...

— Vous les traitez comme ils le méritent, — interrompit Pathfinder qui était toujours prêt à faire chorus dans les injures qu'on prodiguait aux Mingos comme dans les louanges qu'on adressait à ses amis. — Si vous étiez tombés entre les mains des Delawares, vous auriez vu la différence.

— Oh! pour moi ils me semblent tous de la même trempe, des coquins d'un côté comme de l'autre. J'en excepte toujours notre ami le Serpent qui est un homme comme il faut pour un Indien. Mais lorsque ces sauvages vinrent nous assaillir, tuant le caporal Mac-Nab et ses gens comme s'ils eussent été des lapins, le lieutenant Muir et moi nous nous réfugiâmes dans un des trous de cette île où il y en a un si grand nombre parmi les rochers: véritables terriers géologiques creusés par les eaux, comme dit le lieutenant. Là nous restâmes tapis comme deux conspirateurs à fond de cale jusqu'à ce que la faim nous en fit sortir. On peut dire que la faim est le premier élément de la nature humaine. Je voulais que le quartier-maître entrât en pourparler, car nous aurions pu nous défendre une heure ou deux dans la place, quelque mauvaise qu'elle fût; mais il refusa, sous le prétexte que les coquins ne nous tiendraient pas parole, si quelques-uns des leurs étaient blessés, et qu'ainsi il était inutile de leur rien demander. Je consentis à baisser pavillon pour deux raisons, la première qu'on pourrait dire que nous l'avions déjà baissé, car se cacher à fond de cale c'est en général renoncer à défendre le bâtiment; la seconde, que nous avions dans notre propre estomac un ennemi plus formidable dans ses attaques que celui qui était sur le pont. La faim est une infernale circonstance, comme le reconnaîtra quiconque a jeûné quarante-huit heures.

— Mon oncle, — dit Mabel d'une voix triste et suppliante, — mon pauvre père est blessé, bien dangereusement blessé.

— C'est vrai, Magnet, c'est vrai; je vais m'asseoir près de lui et tâcher de le consoler de mon mieux. Les barres sont-elles bien assujetties, mon enfant? car dans une semblable occasion il faut que l'esprit soit tranquille et n'ait aucune préoccupation.

— Nous n'avons rien à craindre dans ce moment, je crois, excepté le coup affreux dont nous menace la providence.

— Bien, bien, Magnet; allez au second étage et tâchez de vous calmer un peu, tandis que Pathfinder montera tout en haut et s'établira sur les traversières des hunes. Il faut nous laisser seuls, car votre père peut avoir quelques confidences à me faire. C'est une scène solennelle qui va se passer, et des gens sans expérience, comme moi, ne désirent pas toujours qu'on entende ce qu'ils peuvent dire.

Quoique la pensée que son oncle fût en état d'accorder des consolations religieuses à un mourant ne se fût jamais présentée à l'esprit de Mabel, elle pensa qu'il y avait peut-être dans cette demande une nécessité qu'elle ne pouvait comprendre, et elle n'osa la refuser. Pathfinder était déjà monté sur le toit pour surveiller les environs, et les deux beaux-frères restèrent seuls. Cap prit un siége à côté du sergent et songea sérieusement au grave devoir qu'il allait entreprendre. Un silence de quelques minutes eut lieu, pendant lequel notre marin digéra la substance du discours qu'il allait improviser, et qu'il commença enfin de cette singulière manière.

— Il faut que je vous dise, sergent Dunham, qu'on doit avoir commis quelques fautes grossières dans cette malheureuse expédition. Dans une circonstance aussi solennelle que celle où nous nous trouvons l'un et l'autre, on ne doit dire que la vérité, et il est de mon devoir de vous parler avec la plus grande franchise. En un mot, sergent, sur ce point, il ne peut y avoir deux opinions différentes, car puisqu'un marin comme moi, qui n'est point soldat, a pu s'apercevoir de beaucoup d'erreurs, il ne faut donc pas un grand talent pour les découvrir.

— Que voulez-vous ! frère Cap, — répondit le mourant d'une voix faible, — ce qui est fait est fait, et il est maintenant trop tard pour y remédier.

— Cela est vrai, frère Dunham, mais non pas pour s'en repentir. Le livre saint nous dit qu'il n'est jamais trop tard pour se repentir ; et j'ai toujours entendu dire que ce moment était le plus précieux. Si vous avez quelque chose sur le cœur, sergent, confiez-le-moi franchement, car vous savez bien que vous le confierez à un ami ; vous avez été le mari de ma sœur, et la pauvre petite Magnet est l'enfant de ma propre sœur ; vivant ou mort, je vous regarderai toujours comme un frère. C'est un grand malheur que vous n'ayez pas couru des bordées sur votre bateau et envoyé un canot en avant pour faire une reconnaissance, cela aurait mis votre réputation à couvert et nous eût évité à tous un semblable échec. Enfin, sergent, nous sommes tous mortels, c'est une consolation sans doute, si vous partez un peu avant nous, il faudra que nous vous suivions bientôt. Oui, cela doit vous donner quelque consolation.

— Je sais tout cela, frère Cap, et j'espère que je suis préparé à subir le destin d'un soldat ; mais la pauvre Mabel...

— Oh ! c'est là un pesant fardeau, j'en conviens ; mais vous ne voudriez pas l'emmener avec vous si vous le pouviez, n'est-ce pas, sergent ? Ce que vous avez de mieux à faire, c'est de rendre cette séparation le moins pénible que vous pourrez. Mabel est une bonne fille, ainsi était sa mère avant elle ; elle est la fille de ma sœur, et je mettrai tous mes soins à lui trouver un bon mari si notre vie et notre chevelure sont épargnés ; car je ne suppose pas qu'aucun prétendant fût très-ambitieux d'entrer dans une famille sans chevelure.

— Mon frère, ma fille est promise ; elle sera la femme de Pathfinder.

— Eh bien ! frère Dunham, chacun a son opinion et sa manière d'envisager les choses. Je n'ai pas lieu de croire que ce projet soit désagréable à Mabel ; je n'ai aucune objection à faire sur l'âge du futur. Je ne suis pas de ces gens qui pensent qu'il faut qu'un homme ait vingt ans pour rendre une jeune fille heureuse. Les meilleurs maris sont les maris de cinquante ans. Mais il ne faut pas qu'il existe entre deux époux des circonstances qui puissent les rendre malheureux, car les circonstances sont le diable en ménage, et je trouve que c'en est une que Pathfinder soit plus ignorant que ma nièce. Vous connaissez peu cette jeune fille, sergent, et vous n'avez aucune idée de son savoir ; mais si elle avait pu être à son aise avec vous, comme elle l'est avec ceux qu'elle connaît bien, vous vous seriez aperçu qu'il y a peu de maîtres d'école qui pussent voguer de conserve avec elle.

— C'est une bonne fille, une chère et bonne fille, — murmura le sergent, dont les yeux étaient remplis de larmes, — c'est un malheur pour moi de l'avoir si peu connue.

— Elle est trop savante pour Pathfinder, qui est un homme rempli de raison et un guide expérimenté à sa manière, mais qui n'a pas plus de connaissance des affaires humaines que vous n'en avez de la trigonométrie sphérique, sergent.

— Ah ! frère Cap, si Pathfinder avait été avec nous dans le bateau, cette triste affaire n'aurait pas eu lieu.

— Cela est possible ; car son plus cruel ennemi serait obligé de convenir qu'il n'y a pas un meilleur guide. Mais, sergent, puisque je suis obligé de vous dire la vérité, il faut convenir que vous avez conduit cette expédition tout de travers. Vous auriez dû mettre en panne à la hauteur du port, et envoyer un canot en reconnaissance comme je vous l'ai déjà dit. C'est un sujet de regret pour vous, et je vous en parle, parce que dans un pareil cas on doit dire la vérité.

— Mes erreurs seront chèrement payées, mon frère, et je crains que la pauvre Mabel n'en souffre. Je crois cependant que ce malheur n'aurait pas eu lieu si nous n'avions pas été trahis. Je crains, mon frère, que Jasper Eau-douce n'ait été le traître.

— C'est aussi mon opinion ; car cette vie sur l'eau douce doit finir par miner le moral d'un homme. Nous en parlions, le lieutenant Muir et moi, lorsque nous étions cachés dans notre trou, et nous étions d'avis l'un et l'autre que la trahison de Jasper avait contribué plus que toute autre chose à nous mettre dans ce bourbier. Sergent, il faut calmer votre esprit et songer à d'autres affaires ; car lorsqu'un bâtiment est sur le point d'entrer dans un port étranger, il est plus prudent de songer à l'ancrage que de repasser tous les événements qui sont arrivés pendant le voyage. Il existe un livre de loch tout exprès pour ces sortes de matières, et tout ce qui y est inscrit forme la colonne de chiffres qui doit déposer pour ou contre nous. — Mais vous voilà, Pathfinder ; qu'est-ce qu'il y a sous le vent, pour vous faire descendre cette échelle comme un Indien à la piste d'une chevelure?

Le guide leva un doigt en signe de silence, et pria Cap de le suivre, tandis que Mabel prendrait sa place auprès du sergent.

— Il faut que nous soyons prudents et hardis en même temps, dit-il à voix basse. — Les reptiles ont l'intention de mettre le feu au fort, car ils savent qu'ils n'ont rien à gagner maintenant en le laissant subsister. J'entends la voix de ce vagabond d'Arrowhead parmi eux, et il les presse de mettre à exécution leur plan infernal cette nuit même. Il faut agir, Eau-salée, agir avec énergie. Heureusement, il y a quatre ou cinq tonnes d'eau dans le fort; et c'est quelque chose dans un siége. En outre, ou je me trompe dans mes calculs, ou nous retirerons avantage de ce que le Serpent, cet honnête garçon, est en liberté.

Cap n'eut pas besoin d'une seconde invitation; mais quittant rapidement sa place pour la céder à Mabel, il monta avec Pathfinder jusqu'au dernier étage du fort. Le guide avait ouvert une meurtrière, et y avait caché la lumière afin de ne pas s'exposer à recevoir une balle dans la tête. Il se tint à une certaine distance de l'ouverture, prêt à répondre, car il s'attendait à recevoir une sommation d'ouvrir la porte. Le silence qui suivit fut bientôt interrompu par la voix de Muir.

— Maître Pathfinder, — s'écria l'Écossais, — c'est un ami qui vous demande un pourparler, montrez-vous sans crainte à une des meurtrières, car vous ne courez aucun danger tant que vous aurez affaire à un officier du 55e.

— Que désirez-vous, quartier-maître, que désirez-vous? Je connais le 55e, et je crois que c'est un brave régiment, quoique le 60e soit mon favori, et les Delawares par-dessus tous les deux. Mais quelles sont vos intentions, quartier-maître? Il faut que ce soit quelque chose de pressé qui vous amène sous les meurtrières du fort à cette heure de la nuit, avec la certitude que Tuedaim est dans l'intérieur.

— Oh! vous ne ferez aucun mal à un ami, Pathfinder, j'en suis convaincu, et c'est ce qui fait ma sécurité. Vous êtes un homme de bon sens, et vous avez obtenu une trop grande réputation de bravoure sur la frontière pour avoir besoin de soutenir votre honneur par un coup de tête. Vous comprendrez facilement, mon cher ami, qu'on peut obtenir beaucoup plus en se soumettant de bonne grâce, quand la résistance devient impossible, qu'en se défendant avec obstination contre toutes les lois de la guerre. L'ennemi est trop fort pour nous, mon brave camarade, et je viens vous conseiller de rendre le fort, à la condition d'être traité comme prisonnier de guerre.

— Je vous remercie de votre avis, quartier-maître, qui est d'autant plus agréable qu'il ne coûte rien. Mais je ne crois pas qu'il soit dans ma nature de rendre une place comme celle-ci tant qu'il s'y trouve de l'eau et des vivres.

— Bien, Pathfinder; je serais le dernier à vouloir combattre une aussi brave résolution, si je voyais les moyens de la maintenir. Mais il faut vous rappeler que maître Cap est tombé.

— Pas du tout, pas du tout, — s'écria l'individu en question à travers une seconde meurtrière; — bien loin de là, je suis monté au haut de ce fort et je n'ai pas la moindre envie de confier les cheveux de ma tête entre les mains de semblables perruquiers, tant que je pourrai m'en dispenser. Ce fort me paraît être une circonstance, et j'ai dessein de la mettre à profit.

— Si c'est la voix d'un être vivant, — répondit Muir, — je suis bien aise de l'entendre, car nous pensions tous que celui à qui elle appartenait avait succombé dans la dernière affaire. Mais, maître Pathfinder, quoique vous jouissiez de la société de notre ami Cap, ce qui est un grand plaisir, comme je le sais par expérience, ayant passé avec lui deux jours et une nuit dans l'intérieur des terres, nous avons perdu le sergent Dunham, qui est tombé avec tous les braves qu'il conduisait dans la dernière expédition. Lundie l'a voulu, car il aurait été plus sage et plus convenable de donner le commandement à un officier. Malgré cela, Dunham était un brave, et justice sera rendue à sa mémoire. Enfin nous avons tous fait de notre mieux, et on n'en peut pas dire davantage du prince Eugène, du duc de Marlborough ou du grand comte de Stair lui-même.

— Vous êtes encore dans l'erreur, quartier-maître, vous êtes encore dans l'erreur, — répondit Pathfinder, ayant recours à une ruse pour augmenter sa garnison. — Le sergent est en sûreté dans le fort où l'on peut dire que toute sa famille est réunie.

— En vérité? Je me réjouis de l'apprendre, car nous avions compté le sergent parmi les morts. Si la jolie Mabel est toujours dans le fort, qu'elle le quitte sans délai pour l'amour du ciel, car l'ennemi s'apprête à lui faire subir l'épreuve du feu. Vous connaissez la puissance de ce terrible élément, et vous agirez plutôt comme le guerrier prudent et expérimenté qu'on a généralement reconnu en vous, en abandonnant une place que vous ne pouvez défendre, qu'en en faisant tomber les ruines sur votre tête et sur celles de vos compagnons.

— Je connais la puissance du feu, comme vous le dites, quartier-maître, et l'on n'a pas besoin de me dire qu'à cette heure de la nuit on ne peut l'allumer pour autre chose que pour faire cuire un dîner. Mais, sans aucun doute, vous avez aussi entendu parler de la puissance de Tue-daim, et celui qui tentera de mettre un tas de broussailles contre ce bâtiment aura une juste idée de cette puissance. Quant aux flèches, elles n'auront pas le pouvoir de mettre le feu au fort, car nous n'avons pas de lattes sur le toit, mais des troncs d'arbres solides, couverts d'écorce verte. Le toit est si plat, comme vous le savez vous-même, lieutenant, que nous pouvons y marcher aisément; ainsi il n'y a aucun danger de ce côté-là, tant que nous aurons de l'eau. Je suis très-paisible de ma nature lorsqu'on me laisse en repos; mais le sang de celui qui cherchera à mettre le feu à ce fort servira à l'éteindre.

— Tout cela est du romantisme, Pathfinder, et vous ne tiendrez plus un semblable langage lorsque vous viendrez à réfléchir sur ses conséquences. J'espère que vous ne contestez pas la valeur du 55°, et je suis convaincu qu'un conseil de guerre déciderait qu'il est convenable de se rendre sur-le-champ en cette occasion. Non, non, Pathfinder, la témérité est aussi loin de la bravoure de Wallace et de Bruce, qu'Albany-sur-l'Hudson est différente de la vieille ville d'Edimbourg.

— Lieutenant, comme chacun de nous semble avoir pris son parti, une plus longue conversation est inutile. Si les reptiles qui vous entourent sont disposés à mettre à exécution leur plan infernal, qu'ils commencent tout d'un coup. Ils peuvent brûler du bois; moi je brûlerai de la poudre. Du reste, si j'étais un Indien attaché au poteau, je pourrais me vanter tout aussi bien qu'eux; mais je suis blanc, tant par ma nature que par les dons que j'ai reçus du ciel, et j'aime mieux agir que de parler. Vous en avez dit assez, surtout pour un officier du roi, et si nous sommes tous brûlés, aucun de nous ne vous en voudra, à vous.

— Pathfinder, vous n'exposerez pas Mabel, la jolie Mabel Dunham à une semblable calamité.

— Mabel Dunham est à côté de son père blessé, et Dieu prendra soin de la sûreté d'une fille pieuse. Il ne tombera pas un cheveu de sa tête tant que j'aurai le bras et l'œil sûrs. Vous paraissiez croire à l'honneur des Mingos, vous, maître Muir, mais moi je n'ai en eux aucune confiance. Vous avez parmi vous un coquin de Tuscarora qui possède assez de malice et d'artifice pour perdre de réputation toute tribu à laquelle il se joint; mais je crois que chez les Mingos il avait trouvé l'affaire déjà faite. En voilà assez; maintenant que chaque parti fasse usage de ses moyens et des dons qu'il a reçus.

Pendant ce dialogue, Pathfinder s'était tenu à couvert, dans la crainte qu'une balle ne fût dirigée contre la meurtrière. Il fit signe à Cap de monter sur le toit afin d'être prêt au premier assaut. Bien que ce dernier eût fait grande diligence, il ne trouva pas moins de dix flèches enflammées dans le toit d'écorce. Aussitôt les airs se remplirent des cris et des hurlements des ennemis; une décharge de mousquet suivit, et le choc des balles contre les troncs d'arbres avertit chacun que le siége était sérieusement commencé.

Ce bruit n'alarma ni Pathfinder, ni Cap, et Mabel était trop absorbée dans son affliction pour sentir aucun effroi; elle avait d'ailleurs assez d'expérience pour apprécier les moyens de défense et leur importance. Quant à son père, ce bruit familier à ses oreilles le rappelait à la vie; et dans un tel moment sa fille vit avec douleur que ses yeux éteints se ranimaient, et que le sang revenait colorer des joues qu'il avait abandonnées, tandis qu'il écoutait ce bruit de guerre. Mabel s'aperçut alors que la raison de son père commençait à s'égarer.

— Faites avancer les compagnies légères, — murmura-t-il, — que les grenadiers chargent! Osent-ils nous attaquer dans notre forteresse? Pourquoi l'artillerie n'éclaircit-elle pas leurs rangs?

Au moment même, on entendit le bruit retentissant d'un coup de canon et le craquement du mur de bois du fort; une bombe déchira le bois, et tout le bâtiment trembla quand elle pénétra dans l'étage supérieur, Pathfinder y échappa presque miraculeusement; mais au moment de l'explosion Mabel ne put retenir un cri d'effroi, car elle supposa que tout ce qui était au-dessus de sa tête, les hommes comme le bâtiment, avait péri. Pour augmenter l'horreur de ce moment, son père s'écria d'une voix tonnante : « Chargez! »

— Mabel, — dit Pathfinder, qui mit sa tête à l'ouverture de

la trappe, — voilà ce que font les Mingos, plus de bruit que de besogne. Les vagabonds ont l'obusier que nous avions pris aux Français et l'ont déchargé contre le fort. Mais heureusement ils ont employé la seule bombe qui fût en leur pouvoir, et ils ne peuvent recommencer pour le moment. Il y a quelque dégât là-haut; mais personne n'est blessé; votre oncle est toujours sur le toit. Quant à moi, j'ai soutenu le feu de trop de mousquets pour m'effrayer d'un obusier, surtout quand il est entre des mains indiennes.

Mabel murmura quelques remerciements et chercha à donner toute son attention à son père, dont les efforts pour se lever ne furent arrêtés que par sa faiblesse. Pendant les terribles instants qui suivirent, elle ne fut occupée que du soin du blessé, et elle entendait à peine les clameurs qui s'élevaient autour d'elle. Le tumulte était si grand que si ses pensées n'eussent pas été absorbées, elle en eût été probablement plutôt étourdie qu'alarmée.

Cap conservait un calme admirable, il avait un respect profond et toujours croissant pour le pouvoir des sauvages, et même pour la majesté de l'eau douce; mais l'effroi que lui inspiraient les premiers venait plutôt de la crainte d'être scalpé et mis à la torture, que de celle de la mort. Or, comme il était sur le toit d'une maison, sinon sur le pont d'un navire, il n'y avait aucun danger d'abordage. Il allait et venait avec une aisance et une témérité que Pathfinder lui-même aurait condamnées s'il en avait été témoin. Au lieu de se tenir à couvert, suivant l'usage des Indiens pendant la guerre, on le voyait çà et là sur le toit, versant de l'eau à droite et à gauche, avec le sang-froid qu'il eût manifesté s'il eût été chargé d'orienter les voiles d'un vaisseau pendant un combat naval. C'était sa vue qui excitait des clameurs extraordinaires parmi les assaillants. N'ayant point l'habitude de voir leur ennemi aussi tranquille, ils le poursuivaient de leurs hurlements, comme une meute de chiens qui a un renard en vue. Mais il semblait posséder un charme magique, car quoique les balles sifflassent autour de sa tête et que ses vêtements fussent souvent percés, sa peau ne fut jamais entamée. Lorsque la bombe traversa la muraille, le vieux marin laissa tomber son baquet, agita son chapeau en l'air, et poussa trois hourras d'une voix retentissante; il était encore occupé à cette héroïque bravade lorsque la bombe éclata. Ce fait caractéristique lui sauva probablement la vie, car depuis ce moment les Indiens cessèrent de tirer sur lui, et même de décocher des flèches enflammées sur le toit. Une même pensée frappa subitement leur esprit, et d'un commun accord ils décidèrent qu'Eau-salée était fou, et un des singuliers effets de la magnanimité des sauvages, est qu'ils ne lèvent jamais la main contre ceux qu'ils croient privés de raison.

La conduite de Pathfinder était bien différente; chacune de ses actions était réglée par le plus exact calcul, résultat d'une longue expérience et d'habitudes réfléchies; il avait soin de ne point présenter son corps dans la ligne des meurtrières, et le lieu qu'il avait choisi était éloigné de tout danger. Ce guide célèbre avait vu souvent ses espérances trompées. Il avait une fois été attaché au poteau, souffrant toutes les tortures et les cruautés que pouvait inventer le génie fertile des sauvages, sans jeter un cri, et l'on racontait tout le long de cette immense frontière, partout où les hommes habitaient et se battaient, des légendes sur ses exploits, son calme et son audace. Mais dans cette occasion ceux qui n'auraient connu ni son histoire, ni sa réputation, auraient pu croire que ce soin excessif de sa conversation prenait sa source dans un motif indigne de lui; mais un tel juge n'aurait pas compris Pathfinder. Il songeait à Mabel et au sort de cette pauvre fille s'il était lui-même tué ou blessé. Ce souvenir augmentait plutôt son intelligence qu'il ne changeait sa prudence habituelle. Il était en effet si peu habitué à craindre, qu'il ne songeait jamais aux jugements qu'on pourrait porter sur sa conduite; et tandis que, dans les moments de danger, il agissait avec la prudence du serpent, c'était aussi avec la simplicité d'un enfant.

Pendant les dix premières minutes de l'attaque, Pathfinder ne souleva pas un instant sa carabine, excepté lorsqu'il changeait de position; car il savait bien que les balles de l'ennemi ne pouvaient faire impression sur les énormes troncs d'arbres qui formaient les murailles, et comme il avait assisté à la prise de l'obusier, il savait très-bien que les sauvages n'avaient pas d'autres bombes. Il n'existait donc aucune raison de craindre le feu des assaillants, à moins qu'une balle n'entrât par hasard par une meurtrière. Cet incident eut lieu une ou deux fois; mais les balles entraient à un angle qui leur ôtait toute chance de blesser quand les Indiens tiraient près de la forteresse, et, s'ils s'éloignaient, il était à peine possible qu'une sur cent passât par les ouvertures. Mais lorsque Pathfinder entendit le bruit d'un moccasin et celui de branches sèches au pied du fort, il prévit que les sauvages allaient essayer de mettre le feu aux murailles. Alors il appela son compagnon qui était sur le toit, où toute apparence de danger avait cessé, et lui dit de se tenir prêt avec de l'eau, près d'une meurtrière qui se trouvait précisément au-dessus du point attaqué.

Un guerrier moins expérimenté que notre héros se fût pressé de réprimer cette dangereuse tentative, et eût usé prématurément de tous ses moyens; il n'en fut pas ainsi de Pathfinder. Son but était non-seulement d'éteindre le feu qui lui causait peu d'effroi, mais de donner à l'ennemi une leçon qui lui profiterait pendant le reste de la nuit. Afin d'effectuer ce dernier dessein, il lui fut nécessaire d'attendre que la lumière de l'incendie projeté pût aider ses yeux, alors il était certain qu'un faible effort de son adresse serait suffisant. Les Iroquois eurent donc pleine liberté de réunir leurs broussailles sèches, de les amonceler contre le fort, d'y mettre le feu et de s'en éloigner, sans la moindre molestation. Tout ce que Pathfinder permit à Cap, ce fut de rouler un baril rempli d'eau près de la meurtrière, afin d'en faire usage au moment convenable. Dans son opinion, ce moment n'arriva que lorsque la flamme éclaira les buissons environnants. Alors son œil exercé aperçut la forme de deux ou trois sauvages tapis dans les buissons, et qui surveillaient les progrès des flammes avec cette indifférence d'hommes habitués à contempler les misères humaines avec apathie. C'est alors que Pathfinder parla.

— Êtes-vous prêt, l'ami Cap? — demanda-t-il; — la chaleur commence à pénétrer à travers les crevasses, et quoique ce bois n'ait pas la nature inflammable d'un homme d'un mauvais caractère, cependant il jettera feu et flamme si on le provoque un peu trop. Avez-vous le baril à votre portée? Voyez si c'est bien là l'ouverture, afin que nous ne perdions pas d'eau.

— Tout est prêt! — répondit Cap de la manière dont un marin répond à un ordre.

— Alors attendez le commandement. Ne soyez jamais impatient dans un moment critique, ni follement hardi dans une bataille; attendez le commandement.

Tandis que Pathfinder donnait ces ordres, il faisait aussi ses préparatifs, car il jugeait qu'il était tant d'agir; Tue-daim fut levé avec calme, ajusté et déchargé. Tout cela demanda à peu près une demi-minute ; lorsque la carabine fut replacée, le tireur appliqua son œil à l'ouverture.

— Il y a un reptile de moins, — murmura-t-il à voix basse. — J'ai déjà vu ce vagabond quelque part, et je le connais pour être un démon sans pitié. Eh bien ! cet homme agissait suivant sa nature, et il a été récompensé suivant ses actions. Encore un coquin à bas, et le reste sera satisfait pour cette nuit. Lorsque le point du jour paraîtra, nous aurons peut-être de plus chaude besogne.

Pendant ce temps la carabine avait été rechargée et un second sauvage tomba. Cela suffit en effet, car, peu disposés à attendre une troisième preuve d'adresse de la même main, tous les sauvages couchés dans les buissons autour du fort, ignorant ceux qui étaient exposés à la vue et ceux qui ne l'étaient pas, s'élancèrent hors de leur couvert et se sauvèrent de côté et d'autre pour se mettre en sûreté.

— Maintenant versez votre eau, maître Cap, — dit Pathfinder. — J'ai mis ma marque sur les coquins et nous n'aurons pas davantage de feu cette nuit.

— Gare l'eau ! — s'écria Cap en vidant le baril avec un soin qui éteignit tout d'un coup et complètement les flammes.

Ainsi se termina cette singulière attaque, et le reste de la nuit s'écoula en paix. Pathfinder et Cap veillèrent alternativement. Mais ni l'un ni l'autre ne dormit. Le sommeil leur était à peine nécessaire, car tous deux étaient habitués à des veilles prolongées, et il y avait des temps et des saisons où le premier paraissait insensible aux exigences de la soif et de la faim, et inaccessible à la fatigue.

Mabel veillait toujours près de son père, et commençait à sentir combien notre bonheur dans ce monde dépend de biens purement imaginaires. Jusque là elle avait vécu sans père, et ses relations avec l'auteur de ses jours avaient été plutôt idéales que positives, mais aujourd'hui qu'elle allait le perdre, elle pensait que le monde serait un désert après sa mort, et qu'il ne lui serait plus possible de connaître le bonheur.

CHAPITRE XXV.

» Il y eut une tempête toute la nuit. La pluie tomba par torrents, mais maintenant le soleil se lève brillant et calme ; les oiseaux chantent dans les bois. »

WORDSWORTH.

Au point du jour Pathfinder et Cap remontèrent encore sur le toit, afin de faire une nouvelle reconnaissance dans l'île. Cette partie du fort était entourée d'un parapet qui protégeait complètement ceux qui se tenaient au centre de la terrasse. Il avait été élevé pour permettre aux tireurs de se mettre à l'abri par derrière, et de faire feu par-dessus. Profitant de ces légères défenses, légères quant à leur élévation, mais efficaces par leur épaisseur, les deux amis en vigie découvraient toute l'île, les lieux couverts exceptés, et la plupart des passages qui y conduisaient.

Le vent soufflait du sud, et dans certains endroits de la rivière la surface de l'eau paraissait verdâtre et agitée, quoique le vent eût à peine assez de force pour élever une légère écume. La forme de la petite île était presque ovale, et sa plus grande étendue était d'est en ouest. En suivant les passages qui en baignaient les bords, et grâce à la direction du vent, il eût été possible à un bâtiment de côtoyer l'île des deux côtés principaux, et de conserver presque toujours le vent en travers. Ces faits furent d'abord reconnus par Cap et expliqués ensuite à son compagnon, car tous deux n'avaient pas d'autres espérances de secours que ceux qui pouvaient leur être envoyés d'Oswego. En cet instant tandis qu'ils regardaient avec anxiété autour d'eux, Cap s'écria de sa voix forte et animée :

— Une voile !

Pathfinder tourna ses yeux dans la direction de ceux de son compagnon, et il aperçut aussi l'objet qui avait causé cette exclamation du vieux matelot. L'élévation du lieu où ils étaient placés leur permit d'apercevoir les terres basses de plusieurs des îles environnantes, et les voiles d'un bâtiment se montraient à travers les buissons qui garnissaient comme une frange une de ces îles situées au sud-ouest. Ce bâtiment ne portait que ce que les marins appellent les voiles majeures, mais alors la force du vent était si grande que sa forme blanche semblait voler à travers les percées de feuillage, avec la vitesse d'un cheval de course ; il ressemblait à un nuage courant dans les cieux.

— Ce ne peut être Jasper, — dit Pathfinder d'un air désappointé, car il ne reconnaissait pas le cutter de son ami dans cette rapide vision. — Non, non, il a laissé passer l'heure, et c'est quelque bâtiment que les Français auront envoyé au secours de leurs amis, ces maudits Mingos.

— Cette fois-ci vous vous trompez, ami Pathfinder, quand même cela ne vous serait jamais arrivé auparavant, — répondit Cap d'un ton auquel la circonstance critique dans laquelle ils étaient placés n'ôtait rien de son pédantisme. — Eau-douce ou Eau-salée, c'est bien la têtière de la grande voile du *Scud*, car les toiles en pointe sont plus petites qu'on ne les fait ordinairement, et puis vous voyez que la corne est jumelée ; c'est proprement fait, j'en conviens, mais elle est jumelée.

— Je ne puis rien voir de tout cela, je l'avoue, — répondit Pathfinder pour qui tous les termes de son compagnon étaient du grec.

— Non ? en vérité cela me surprend, car je croyais que vos yeux pouvaient tout voir ! Pour moi, il n'y a rien de plus positif que cette voile et cette corne, et je conviens qu'à votre place, mon honnête ami, je commencerais à craindre de voir ma vue baisser.

— Si c'est réellement Jasper, je ne craindrai pas grand' chose. Nous pouvons défendre le fort contre toute la nation des Mingos pendant au moins huit ou dix heures ; et si nous avions Eau-douce pour couvrir la retraite, je ne désespérerais de rien. Dieu veuille qu'il ne s'amarre pas au rivage et qu'il ne tombe pas dans une embuscade comme le sergent !

— Oui, voilà le danger. On aurait dû convenir de signaux, s'assurer d'un bon mouillage avec des bouées ; et même une quarantaine ou un lazaret nous auraient été utiles, si les Mingos respectaient les lois. Si ce garçon aborde n'importe où dans les environs de cette île, on peut regarder le cutter comme perdu. Mais après tout, maître Pathfinder, ne devrions-nous pas penser que ce Jasper est l'allié secret des Français plutôt qu'un de nos amis? Je sais que c'est l'opinion du sergent, et je dois dire que toute cette affaire a bien l'air d'une trahison.

— Nous le saurons bientôt, nous le saurons bientôt, car voilà le cutter qui a dépassé l'île voisine, et cinq minutes nous mettront au fait. Il serait bien néanmoins de lui faire quelque signe en manière d'avis. Il n'est pas juste qu'il tombe dans la trappe sans qu'on l'avertisse qu'elle est tendue.

L'anxiété et l'incertitude les empêchèrent cependant l'un et l'autre de tenter de donner un signal. Il n'était pas facile en effet de décider quel signal on pouvait faire, car le cutter arrivait en faisant écumer l'eau dans le détroit, du côté au vent de l'île, avec une vitesse qui donnait à peine le temps nécessaire de former aucun projet; d'ailleurs on ne voyait personne à bord. Le gouvernail même semblait abandonné, quoique le bâtiment fît route avec autant d'assurance que ses progrès étaient rapides.

Cap admirait un spectacle si peu ordinaire. Mais lorsque *le Scud* approcha davantage, son œil exercé découvrit que le gouvernail était mis en mouvement par le moyen de drosses, quoique la personne qui les dirigeait fût cachée. Comme le cutter avait des bastingages un peu élevés, le mystère fut expliqué; il n'y avait aucun doute que l'équipage était caché derrière pour être à l'abri des fusils de l'ennemi. Comme ce fait prouvait qu'aucune force, excepté celle d'un faible équipage, n'était à bord, Pathfinder reçut de son compagnon cette explication en secouant tristement la tête.

— Cela prouve que le Serpent n'est pas arrivé à Oswego, — dit-il, et que nous ne devons espérer aucun secours de la garnison. J'espère que Lundie ne s'est pas mis dans la tête de déplacer Eau-douce, car Jasper Western vaudrait à lui seul une armée dans une semblable occasion. A nous trois, Cap, il faut faire une glorieuse défense; vous comme marin, pour entretenir des communications avec le cutter; Jasper, connaissant les lacs, fera sur l'eau tout ce qu'il est nécessaire de faire; et moi, avec ma nature qui vaut bien celle de quelque Mingo que ce soit, n'importe ce que je puis valoir d'ailleurs; oui, je le dis, nous devons faire une glorieuse défense en faveur de Mabel.

— Nous le devons et nous le ferons, — répondit Cap de tout cœur, car il commençait à avoir plus de confiance dans la sécurité de sa chevelure, depuis qu'il avait revu le soleil. Je marque l'arrivée du *Scud* comme une circonstance, et les chances sont égales pour et contre la fidélité d'Eau-*douce*.

— Ce Jasper est un jeune homme prudent comme vous voyez, il se tient à bonne distance, et semble déterminé à connaître ce qui se passe dans l'île avant de se hasarder à mouiller.

— J'y suis ! j'y suis ! — s'écria Pathfinder avec exaltation ; — la pirogue du Serpent est sur le pont du cutter. Le chef est à bord, et nul doute qu'il n'ait rendu un compte exact de notre position, car les Delawares ne ressemblent point aux Mingos, ils disent la vérité ou ils gardent le silence.

Le lecteur doit s'être aperçu déjà que Pathfinder était disposé à juger favorablement les Delawares et à mal penser des Mingos. Il avait le plus grand respect pour la véracité des premiers, tandis qu'il pensait des seconds ce que les classes intelligentes de notre pays s'habituent assez généralement à penser de certains écrivailleurs de notre temps, qui ont eu si long-temps l'habitude de mentir, qu'on ne peut plus les croire même lorsqu'ils font de sérieux efforts pour dire la vérité.

— Cette pirogue ne peut-elle pas appartenir au cutter ? — dit l'incrédule Cap, — Eau-*deuce* en avait une à bord lorsque nous mîmes à la voile.

— Cela est vrai, l'ami Cap ; mais si vous connaissez vos mâts, vos voiles et vos vergues, je connais mes pirogues et mes sentiers ; si vous pouvez distinguer la toile neuve d'une voile, je puis voir quand l'écorce d'une pirogue est fraîche. Celle-ci est la pirogue du Serpent, et le brave homme est parti pour Oswego aussitôt qu'il s'est aperçu que le fort était assiégé. Il a rencontré *le Scud;* et après avoir raconté son histoire, il l'a amené de ce côté afin de voir ce qu'on pourrait entreprendre. Dieu veuille que Jasper Western soit encore à bord !

— Oui, oui; cela ne ferait pas mal, car traître ou fidèle, il faut avouer que dans un coup de vent, il sait comment se tirer d'affaire.

— Et en passant par-dessus les cataractes ! — dit Pathfinder, en donnant un coup de coude à son compagnon, et en riant de bon cœur à sa manière habituelle. — Il faut lui rendre justice, quand il serait assez traître pour nous scalper de sa propre main.

Le *Scud* s'était approché si près de l'île que Cap ne fit aucune réponse. La scène en ce moment était si singulière qu'elle mérite une description. Elle aidera peut-être le lecteur à se former une idée plus juste du tableau que nous essayons de peindre.

Le vent soufflait toujours avec violence. La plupart des petits arbres courbaient la tête, comme s'ils eussent voulu baiser la terre, tandis que le frémissement du vent à travers les branches des buissons, ressemblait à un bruit de chariots courant dans le lointain.

L'air était rempli de feuilles qui, à cette saison avancée, détachées de leurs tiges, voltigeaient d'une île à l'autre comme une nuée d'oiseaux. A cette exception près, la scène était grave et silencieuse ; on pouvait supposer que les sauvages ne s'étaient point éloignés, parce que leurs pirogues et les bateaux du 55e étaient toujours réunis en groupe dans la petite crique qui avait été choisie pour port. Cette circonstance exceptée, on ne pouvait reconnaître aucun indice de leur présence. Quoique surpris par l'arrivée du cutter, dont ils étaient loin d'attendre le retour si subit, leur habitude de prudence était si uniforme et si profonde lorsqu'ils étaient en guerre, qu'au moment où l'alarme fut donnée, chaque homme se mit à couvert avec l'instinct et la ruse d'un renard qui rentre dans son terrier.

Le même calme régnait dans la forteresse, car quoique Pathfinder et Cap pussent voir le passage, ils avaient pris les précautions nécessaires pour n'être pas aperçus. L'absence totale de mouvement et de vie sur le cutter était encore plus remarquable.

Les Indiens en contemplant sa marche rapide, en apparence non dirigée, éprouvèrent un sentiment d'inquiétude, et les plus hardis de la troupe craignirent l'issue d'une expédition commencée sous des apparences si prospères. Arrowhead lui-même, habitué à communiquer avec les blancs des deux côtés des lacs, s'imagina qu'il y avait un mauvais présage dans l'apparence de ce bâtiment sans équipage, et il eût souhaité volontiers être débarqué de nouveau sur le continent.

Pendant ce temps, les progrès du cutter étaient toujours aussi rapides ; il suivait le milieu du passage, tantôt se courbant sous une rafale, tantôt se relevant de nouveau, comme le philosophe courbant la tête sous les calamités de la vie, et reprenant le dessus à mesure qu'elles passent, mais toujours faisant écumer l'eau sous son avant. Quoiqu'il eût diminué de voiles, sa rapidité était grande, et il ne s'était pas écoulé plus de dix minutes depuis qu'on l'avait aperçu glissant comme un blanc nuage à travers les arbres et les buissons dans le lointain, jusqu'au moment où il arriva par le travers de la forteresse. Cap et Pathfinder, lorsque le cutter passa sous leurs yeux, se penchèrent en avant pour jeter un regard sur le pont, et alors, à la grande joie de l'un et de l'autre, Jasper Eau-douce s'élança sur ses pieds et poussa trois hourras de tout cœur. Cap, oubliant tout danger, sauta sur le rempart de bois, et rendit le salut, hourra pour hourra. Heureusement pour lui, l'ennemi était trop prudent pour se montrer; il resta caché, et pas un coup de fusil ne fut tiré. D'un autre côté, Pathfinder qui n'avait en vue que la partie utile de cette scène, et non ce qu'elle avait de dramatique, appela son ami Jasper d'une voix de stentor aussitôt qu'il l'aperçut.

— Soutenez-nous, mon garçon, — s'écria-t-il, — et la journée est à nous. Envoyez-leur du poivre dans ces buissons qui sont là-bas, et vous les ferez lever comme une compagnie de perdrix.

Quelques mots de cette phrase parvinrent aux oreilles de Jasper, les autres furent emportés par le vent. Pendant ce temps, le cutter avait dépassé le fort, et un instant plus tard il fut caché à la vue par les arbres qui masquaient le fort en partie.

Deux minutes d'anxiété suivirent; mais après ce court espace de temps, on vit de nouveau briller les voiles à travers les arbres. Jasper, ayant viré vent arrière, serra le vent sur l'autre bord, sous le vent de l'île. La brise était assez forte, comme nous l'avons déjà dit, pour permettre cette manœuvre, et le cutter étant drossé par le courant qui le prenait par le bossoir sous le vent, était sûr de se retrouver au vent de l'île, au sortir de la passe, sans la moindre difficulté. Cette évolution fut faite avec la plus grande facilité; sans toucher à une seule manœuvre, les voiles s'orientant elles-mêmes et le gouvernail seul dirigeant le mouvement. Le but de Jasper était, suivant toute apparence, une reconnaissance. Lorsque le cutter eut fait le tour de l'île entière et qu'il eut repris sa position au vent, dans le passage par lequel il s'était d'abord avancé, la barre fut mise dessous, et l'on vira de bord, vent devant. Le bruit que produisit le vent en prenant dans la grande voile, sembla celui d'un coup de canon, quoiqu'elle eût tous ses ris pris, et Cap trembla que les coutures ne s'ouvrissent.

— Sa Majesté fournit de bonne toile, il faut l'avouer, — murmura le vieux marin, — et il faut avouer aussi que ce garçon conduit son petit bâtiment comme s'il avait été élevé pour être officier de marine. Le diable m'emporte, maître Pathfinder, si je crois, ainsi qu'on me l'a dit, que ce maître Eau-*deuce* ait appris son métier sur cette mare d'eau douce.

— Cela est vrai cependant, il n'a jamais vu l'Océan, et il ne l'a appris que sur l'Ontario. J'ai souvent pensé qu'il a reçu un don naturel en ce qui concerne les schooners et les cutters, et l'ai respecté en conséquence. Quant à la trahison, au mensonge et à la bassesse de cœur, ami Cap, Jasper Western en est aussi incapable que les plus vertueux guerriers des Delawares ; et si vous êtes curieux de voir un véritable honnête homme, il faut aller dans cette tribu pour le trouver.

— Voilà qu'il étale, — s'écria Cap enchanté : le vent prenant en ce moment dans les voiles du *Scud*. — Nous allons voir maintenant ce qu'il veut faire ; il n'a pas l'intention, je crois, de continuer à aller ainsi en avant et en arrière, comme une jeune fille figurant dans une contredanse.

Pendant un instant, l'abatée du *Scud* fut si grande, que les deux observateurs craignirent un moment que Jasper n'eût l'intention de mettre en panne ; et les sauvages, dans leurs repaires, le regardèrent avec cette joie cruelle que doit éprouver le tigre, lorsqu'une victime sans défiance s'approche de sa tanière. Mais Jasper n'avait point une intention semblable ; connaissant parfaitement le rivage et la profondeur de l'eau sur toutes les côtes de l'île, il savait que *le Scud* pouvait sans danger friser les accores de la côte, et il s'aventura si près qu'en traversant la petite crique, il détacha les amarres des deux bateaux des soldats et les remorqua en pleine eau à la suite du cutter. Comme toutes les pirogues étaient amarrées aux deux bateaux de Dunham, par cette entreprise hardie, et qui eut un plein succès, les sauvages se trouvèrent privés de tout moyen de quitter l'île à moins que ce ne fût à la nage, et ils parurent aussitôt convaincus de ce fait important. Ils se levèrent en masse, remplirent l'air de leurs cris et firent feu sans pouvoir blesser personne. Aussitôt qu'ils furent debout oubliant toute précaution, deux coups de fusil furent tirés par leurs adversaires. L'un partait du toit du fort, et un Iroquois tomba mort, frappé au crâne ; l'autre du *Scud* tiré par le Delaware, dont la main, moins sûre que celle de son ami, avait seulement estropié un sauvage pour le reste de sa vie. L'équipage du cutter poussa un cri de joie, et tous les sauvages disparurent de nouveau en un instant comme s'ils fussent rentrés dans les entrailles de la terre.

— C'est la voix du Serpent, — dit Pathfinder, aussitôt que le second coup eut été tiré. — Je connais le son de son fusil aussi bien que celui de Tue-daim. Le canon en est bon, quoique la mort ne s'ensuive pas toujours. Bien, bien; avec Chingashgook et Jasper sur l'eau, et vous et moi dans le fort, ami Cap, il serait un peu dur que nous ne pussions apprendre à ces vagabonds de Mingos ce que c'est qu'un combat raisonnable.

Pendant tout ce temps *le Scud* était en mouvement; aussitôt qu'il eut atteint l'extrémité de l'île, Jasper laissa ses prises aller en dérive, et le vent les poussa sur le sable sur la pointe d'une autre île à un demi-mille sous le vent. Alors il vira de bord et revint, faisant de nouveau tête au courant, par l'autre passage. Les observateurs sur le toit du fort purent alors apercevoir que quelque chose se préparait sur le pont du cutter, et, à leur grande satisfaction, aussitôt que le bâtiment se trouva par le travers de la principale crique, lieu où se cachaient la plupart des sauvages, l'obusier qui composait tout l'armement du *Scud* fut démasqué et une pluie de mitraille tomba dans les buissons. Une volée de cailles ne se serait pas levée plus promptement que les Iroquois ne se levèrent à cette grêle de fer inattendue; un message envoyé par Tue-daim fit tomber un second sauvage, et un autre qui venait d'être atteint par une balle de Chingashgook se sauva en boitant. Les sauvages se jetèrent précipitamment dans d'autres buissons, et les deux troupes semblèrent se préparer à renouveler le combat sous une forme différente. Mais la présence de Rosée-de-Juin portant un drapeau blanc et accompagnée de l'officier français et de Muir, arrêta toutes intentions hostiles et fut l'avant-coureur d'un nouveau pourparler.

La négociation qui suivit eut lieu sous les murs du fort, et si près, qu'elle mettait ceux des ennemis qui n'étaient pas à couvert complètement à la merci de Pathfinder. Jasper jeta l'ancre par le travers du fort, et l'obusier continua d'être braqué sur les négociateurs; ainsi les assiégés et leurs amis, à l'exception de l'homme qui tenait la mèche, n'hésitèrent pas à exposer leurs personnes. Chingashgook seul se tint caché plutôt par habitude que par méfiance.

— Vous triomphez, Pathfinder, s'écria le quartier-maître, et le capitaine Sanglier vient lui-même vous offrir ses conditions. Vous ne refuserez pas à un ennemi plein de bravoure une honorable retraite, après qu'il vous a combattu loyalement et fait tout l'honneur qu'il a pu à son roi et à son pays. Vous êtes un sujet trop loyal vous-même pour vouloir punir sévèrement la fidélité et la bravoure. Je suis autorisé à vous offrir, de la part de l'ennemi, l'évacuation de l'île, un échange mutuel de prisonniers, et la restitution des chevelures; en l'absence de bagages et d'artillerie, on ne peut pas faire davantage.

Comme cette conversation avait nécessairement lieu sur un ton très-élevé, tant à cause du vent que de la distance, tout ce qui se disait était également entendu dans le fort et sur le cutter.

— Qu'est-ce que vous dites de ces propositions, Jasper? — cria Pathfinder; — vous les entendez. Laisserons-nous partir ces vagabonds, ou les marquerons-nous comme on marque les moutons dans les établissements, afin de les reconnaître si nous les rencontrons encore?

— Qu'est devenue Mabel Dunham? — demanda le jeune homme, en fronçant le sourcil de manière à le faire remarquer même par ceux qui étaient sur le toit du fort. Si un cheveu de sa tête a été touché, toute la tribu des Iroquois s'en repentira.

— Non, elle est en bas, saine et sauve, soignant son père blessé, comme il convient à une personne de son sexe. Nous ne devons point nous venger des blessures du sergent, ce sont les fruits d'une guerre loyale. Quant à Mabel....

— Elle est ici, — s'écria la jeune fille, qui était montée sur le toit au moment où elle avait compris le cours que prenaient les événements. — Elle est ici, et au nom de notre sainte religion, au nom de Dieu que nous adorons en commun, qu'il n'y ait plus de sang répandu! il en a été versé assez jusqu'ici; et si ces gens veulent quitter l'île, Pathfinder, s'ils veulent s'en aller en paix, Jasper, oh! n'en retenez pas un seul. Mon pauvre père touche à ses derniers moments, laissez-le rendre le dernier soupir en paix avec tout le monde. Partez, partez, Français et Indiens, nous ne sommes plus vos ennemis, nous ne voulons vous faire aucun mal.

— Bon, bon, Magnet, — s'écria Cap, — ce que vous dites peut être très-religieux ou très-poétique, mais cela n'a pas le sens commun. L'ennemi est prêt à baisser pavillon; Jasper est à l'ancre, prêt à lâcher une bordée, et sans aucun doute il a des embossures sur ses câbles. La main et l'œil de Pathfinder sont aussi sûrs que jamais. Nous pouvons gagner des parts de prises, tant par tête pour les prisonniers, et de gloire par-dessus le marché, si vous voulez nous laisser faire seulement une demi-heure.

— Eh bien! — dit Pathfinder, — je penche pour la manière de voir de Mabel. Il y a eu assez de sang répandu pour atteindre notre but et servir le roi. Et quant à l'honneur, dans le sens dont vous en parlez, il serait du goût de jeunes enseignes et de recrues plutôt que de chrétiens prudents et à tête froide. Il y a de l'honneur à faire ce qui est juste, et du déshonneur à faire ce qui est injuste; et je crois qu'il est injuste d'ôter la vie, même à un Mingo, sans un but utile, et qu'il est juste d'écouter la raison en tout temps. Ainsi, lieutenant Muir, voyons ce que vos amis les Français et les Indiens ont à dire pour leur compte.

— Mes amis! — dit Muir en tressaillant; — vous ne devez point appeler les ennemis du roi mes amis, parce que les chances de la guerre m'ont jeté entre leurs mains, Pathfinder. Beaucoup des plus grands guerriers des temps anciens et modernes ont été prisonniers de guerre, et voici maître Cap qui peut certifier que nous avons fait tout ce qu'on peut faire pour fuir cette calamité.

— Oui, oui, — répondit Cap sèchement, — fuir est le mot propre. Nous nous sommes enfuis à fond de cale et nous nous sommes cachés si prudemment, que nous aurions pu rester dans notre trou jusqu'à ce moment, si ce n'avait été la nécessité de remplir la huche à pain. Vous êtes entré dans le terrier, lieutenant, aussi habilement qu'un renard. Et comment diable êtes-vous parvenu à découvrir ce trou? C'est une merveille pour moi. Un paresseux qui craint le travail ne se traîne pas plus adroitement sur l'arrière d'un bâtiment quand il s'agit de serrer le grand foc, que vous ne vous êtes fourré dans votre trou.

— Et ne m'avez-vous pas suivi? Il y a des moments dans la vie d'un homme où la raison s'élève jusqu'à l'instinct...

— Et où les hommes descendent dans des trous, — interrompit le marin en riant de la manière bruyante qui lui était ordinaire, tandis que Pathfinder riait sous cape suivant sa coutume. Jasper lui-même, quoique rempli d'inquiétude pour Mabel, ne put s'empêcher de sourire. — On dit que le diable ne pourrait faire un matelot s'il ne regardait pas en haut, et il me semble que maintenant il ne pourra pas faire un soldat s'il ne regarde en bas.

Cet accès de gaieté, quoique peu agréable à Muir, contribua

beaucoup à entretenir la paix. Cap s'imagina avoir fait une plaisanterie fort au-dessus du commun, et cela le disposa à céder sur le point principal, pourvu que ses compagnons voulussent bien admettre ses nouvelles prétentions à être un bel esprit.

Après une courte discussion, tous les sauvages de l'île furent réunis en masse à la distance d'environ cinquante toises du fort et sous le feu de l'obusier du *Scud;* alors Pathfinder sortit du fort, et dicta les conditions auxquelles l'île devait être finalement évacuée par l'ennemi. En considérant toutes les circonstances, ces conditions n'étaient désavantageuses à aucun des deux partis. Les Indiens reçurent l'ordre de remettre toutes leurs armes, y compris leurs couteaux et leurs tomahawks, comme mesure de précaution, leurs forces étant quatre fois plus considérables que celles de leurs adversaires. L'officier français, M. Sanglier, ainsi qu'on l'appelait ordinairement et qu'il se nommait lui-même, protesta contre cette condition, qui, disait-il, entachait son commandement plus qu'aucune autre partie de cette affaire; mais Pathfinder, qui avait été témoin d'un ou deux massacres indiens, et qui connaissait la valeur des promesses des sauvages lorsqu'elles étaient opposées à leurs intérêts, tint bon. La seconde stipulation ne fut pas moins importante; elle exigeait que le capitaine Sanglier rendît tous ses prisonniers qui avaient été gardés dans le même trou où Cap et Muir avaient cherché un refuge. Lorsque ces hommes furent amenés, on s'aperçut que quatre d'entre eux n'étaient nullement blessés. Ils s'étaient jetés à terre pour sauver leur vie, artifice très-commun dans ce genre de guerre. Deux autres étaient si légèrement blessés qu'ils pouvaient continuer leur service. Comme ils apportèrent leurs mousquets, cette addition de force procura un grand soulagement à Pathfinder. Ayant réuni toutes les armes des ennemis dans le fort, il envoya ses soldats prendre possession du fort et posa une sentinelle à la porte. Les autres étaient morts, ceux qui avaient été dangereusement blessés ayant été achevés au moment même par les sauvages impatients de s'emparer de leurs chevelures.

Aussitôt que Jasper fut instruit des conditions, et que les préliminaires furent assez avancés pour pouvoir s'absenter sans danger, il dirigea *le Scud* vers la pointe où les bateaux s'étaient arrêtés; il les prit à la remorque, et courant quelques bordées, il les amena dans le passage sous le vent. Là, tous les sauvages s'embarquèrent, et Jasper prit les pirogues à la remorque une troisième fois, et, courant vent arrière, il les laissa aller en dérive à un mille sous le vent de l'île. Les Indiens n'avaient qu'une seule rame dans chaque bateau ; le jeune marin sachant bien qu'en les tenant vent arrière, ils aborderaient sur les côtes du Canada dans le courant de la matinée.

Le capitaine Sanglier, Arrowhead et Rosée-de-Juin restèrent seuls lorsqu'on eut disposé du reste de la troupe ; le premier ayant certains papiers à signer avec le lieutenant Muir, qui, à ses yeux, possédait les qualités qui sont attachées à un brevet d'officier, et ce dernier préférant, pour des raisons à lui connues, ne point partir en société de ses anciens amis les Iroquois. On garda des pirogues pour leur départ, quand le moment convenable serait arrivé.

Pendant ce temps, c'est-à-dire pendant que *le Scud* descendait la rivière avec les canots en remorque, Pathfinder et Cap s'occupèrent à préparer un déjeûner, la plus grande partie de tous ces personnages n'ayant rien pris depuis vingt-quatre heures. Le court espace de temps qui s'écoula de cette manière avant le retour du *Scud* fut peu interrompu par la conversation. Pathfinder trouva pourtant moyen d'aller rendre une visite au sergent, de dire quelques paroles amicales à Mabel, et de donner quelques ordres pour adoucir les derniers moments du mourant. Il insista pour que Mabel prît quelques légers rafraîchissements, et ne trouvant plus de motifs pour garder les soldats dans le fort, il congédia la garde qu'il y avait placée, afin que Mabel ne fût troublée en aucune manière dans les soins qu'elle donnait à son père. Ces petits arrangements terminés, notre héros retourna près du feu autour duquel il trouva toute la société rassemblée, y compris Jasper.

CHAPITRE XXVI.

> « Vous ne connaissez le chagrin que sous sa forme légère, tel que la mer frémissant encore après la tempête lorsque les vagues pesantes roulent sur l'abîme en murmurant faiblement avant de retomber dans un sommeil calme. »
>
> DRYDEN.

Les hommes accoutumés à une guerre du genre de celle que nous venons de décrire sont peu portés à ressentir l'influence de sentiments affectueux lorsqu'ils sont encore sur le champ de bataille. Malgré leurs habitudes néanmoins, plus d'un cœur était dans le fort avec Mabel pendant le cours des événements que nous allons rapporter, et l'indispensable repas fut même moins goûté par le plus endurci des soldats qu'il ne l'aurait été, si le sergent n'avait été si près de sa fin.

Pathfinder, en sortant du fort, rencontra Muir qui le conduisit à l'écart afin de causer seul avec lui. Les manières du quartier-maître étaient empreintes de cet excès de courtoisie qui, presque toujours, indique la ruse; car si l'art du physionomiste et du phrénologiste ne sont au plus que des sciences boiteuses qui conduisent à l'erreur aussi souvent peut-être qu'à la vérité, nous croyons qu'il n'y a pas de marques plus infaillibles du projet de tromper, les actes exceptés, qu'un visage qui sourit sans motif et un langage miellé outre mesure. Ces observations pouvaient en général s'appliquer à Muir, qui joignait à cette souplesse une franchise apparente que soutenaient merveilleusement son accent écossais et ses expressions écossaises. Il devait, à la vérité, son avancement à la déférence qu'il montrait depuis longtemps à Lundie et à sa famille; car, quoique le major lui-même fût trop pénétrant pour être la dupe d'un homme qui lui était si inférieur en talents et en connaissances, bien des gens s'habituent à faire des concessions libérales au flatteur même lorsqu'ils se méfient de sa sincérité et qu'ils sont certains de ses motifs. Dans l'occasion présente, la lice était ouverte entre deux hommes aussi complètement opposés que possible dans tous les points essentiels du caractère. Pathfinder était aussi simple que le quartier-maître était rusé, aussi sincère que l'autre était faux, et le chemin qu'il suivait toujours était aussi droit que celui du dernier était tortueux. Tous deux étaient froids et prudents, tous deux braves sans l'être de la même manière ni au même degré. Muir ne s'exposait jamais que pour produire de l'effet, tandis que le guide rangeait la crainte au nombre des passions raisonnables, ou la considérait comme une sensation à laquelle on devait céder quand il pouvait en résulter du bien.

— Mon très-cher ami, — commença Muir, — car vous nous êtes plus cher à tous un millier de fois depuis vos derniers services que vous ne l'étiez auparavant, et vous avez consolidé votre réputation dans cette dernière circonstance; — il est vrai qu'on ne fera pas de vous un officier, genre d'avancement qui n'est pas dans votre ligne, et que vous ne désirez guère, je crois; mais comme guide, comme conseiller, comme sujet loyal, comme tireur sans égal, on peut dire que votre renommée est au comble. Je ne sais si le commandant en chef emportera d'Amérique autant d'honneur que vous vous en êtes fait; il faut à présent que vous viviez paisible et heureux le reste de vos jours. Mariez-vous sans délai, mon cher, et songez à votre bonheur, car vous n'avez plus besoin de penser à votre gloire. Recevez la main de Mabel Dunham, pour l'amour du ciel, et vous posséderez à la fois une bonne épouse et une bonne réputation.

— Mais, quartier-maître, ceci me semble un singulier conseil de votre part. On m'avait dit que vous étiez mon rival.

— Je l'ai été; et cette rivalité était assez redoutable, je puis le dire. Je n'ai jamais fait la cour en vain à une femme, et cependant cela m'est arrivé cinq fois. Lundie n'en veut compter que quatre, et je repousse cette imputation; il ne pense guère que la vérité passe même ses calculs. Oui, oui, Pathfinder, vous avez eu en moi un rival, mais vous n'en avez plus; vous avez au contraire mes vœux les plus sincères pour votre succès auprès de Mabel; et si le brave sergent peut survivre à sa blessure, vous pouvez compter sur mes bons offices près de lui.

— Je suis reconnaissant de votre bienveillance, quartier-maître, quoique je n'aie pas grand besoin d'appui près du sergent Dunham qui est mon ami depuis si long-temps. Je crois pouvoir regarder l'affaire comme aussi certaine que la plupart des choses peuvent l'être en temps de guerre; car Mabel et son père y consentant, le 55ᵉ tout entier ne pourrait l'empêcher. Hélas! le pauvre père aura de la peine à vivre assez pour voir ce qu'il a tant désiré!

— Mais il aura en mourant la consolation de savoir que ses vœux seront accomplis. C'est un grand soulagement, Pathfinder, pour l'esprit qui va quitter ce monde d'être sûr que les êtres qu'il chérissait seront heureux après sa mort. Toutes les mistress Muir ont exprimé ce sentiment à leur dernier soupir.

— Toutes vos femmes, quartier-maître, ont probablement senti cette consolation?

— Halte là, mon cher! je ne vous croyais pas un tel diseur de bons mots. Bien, bien; entre vieux amis, une plaisanterie ne blesse pas. Si je ne puis épouser Mabel, il me sera permis du moins de l'estimer toujours et de faire son éloge et le vôtre en toutes occasions et en présence de tous. Mais, Pathfinder, vous comprendrez facilement qu'un pauvre diable qui perd une telle femme, aura probablement besoin de quelques consolations.

— Sûrement, sûrement, quartier-maître, — répondit le guide avec sa simplicité ordinaire; — je sais que la perte de Mabel me serait bien difficile à supporter. Il peut vous être pénible de nous voir mariés, la mort du sergent retardera probablement notre union, et vous aurez le temps de vous y préparer.

— Je supporterai ce coup; oui, je le supporterai, quand toutes les fibres de mon cœur devraient se rompre, et vous pouvez m'y aider en me donnant quelque chose à faire. Vous voyez que cette expédition a été d'une nature assez étrange; car moi à qui le roi a accordé un brevet d'officier, je ne suis ici que comme volontaire, tandis qu'un simple sous-officier a eu le commandement. Je m'y suis soumis par plusieurs raisons, bien que je désirasse avec ardeur d'être à votre tête, lorsque vous combattiez pour l'honneur du pays et les droits de Sa Majesté...

— Quartier-maître, — interrompit le guide, — vous êtes tombé si promptement entre les mains des ennemis, que votre conscience n'a guère de reproche à vous faire sur ce point; ainsi, croyez-moi, n'en parlez pas.

— C'est précisément mon avis, Pathfinder; nous garderons tous le silence sur cela. Le sergent Dunham est hors de combat.

— Comment dites-vous? — demanda le guide.

— Puisque le sergent ne peut plus commander, il serait à peine convenable de laisser un caporal à la tête d'un détachement victorieux comme celui-ci ; car les plantes qui fleurissent dans un jardin meurent au milieu des bruyères, et je pensais précisément à réclamer l'autorité qui appartient à un homme honoré d'un brevet de lieutenant. Les soldats n'oseront faire aucune objection, et quant à vous, mon cher ami, à présent que vous vous êtes fait tant d'honneur, que Mabel est à vous, et que vous avez le sentiment intime d'avoir fait votre devoir, ce qui est plus précieux que tout le reste, je m'attends à trouver en vous un allié plutôt qu'un adversaire.

— Je suppose, lieutenant, que vous avez le droit de commander les soldats du 55e, et je ne crois pas que personne ici veuille s'y opposer, quoique vous ayez été prisonnier de guerre, et qu'il y ait des hommes qui pourraient hésiter à remettre leur autorité à un prisonnier qui leur doit sa liberté. Cependant, personne ici n'aura, je crois, envie de s'opposer à vos désirs.

— C'est fort bien, Pathfinder ; et lorsque je rendrai compte de nos succès contre les bateaux, de la défense du fort et des opérations générales, y compris la capitulation, vous verrez que je n'oublierai pas de parler de vos droits et de votre mérite.

— Laissez là mes droits et mon mérite, quartier-maître ! Lundie sait ce que je suis dans la forêt et ce que je suis dans le fort, et le général le sait encore mieux ; ne vous embarrassez pas de moi ; racontez votre propre histoire, en prenant soin seulement de rendre justice au père de Mabel, qui en ce moment même est encore l'officier commandant.

Muir exprima la satisfaction complète que lui causaient ces arrangements et sa résolution de rendre justice à tout le monde, et ils s'approchèrent du groupe qui était réuni autour du feu ; là, le quartier-maître commença, pour la première fois depuis le départ de l'Oswego, à s'arroger une portion de l'autorité qu'on pouvait croire due à son rang. Prenant à part le caporal, il lui dit nettement qu'il devait désormais le considérer comme son commandant, et il le chargea d'instruire ses subordonnés du nouvel état des choses. Ce changement de dynastie s'effectua sans aucun des symptômes ordinaires d'une révolution ; car tous connaissant le droit légal du lieutenant au commandement, nul n'était disposé à le lui contester. Par des motifs mieux connus d'eux-mêmes, Lundie et le quartier-maître avaient pris dans l'origine des dispositions différentes, et maintenant, par des motifs qu'il connaissait seul, le dernier jugeait convenable de les changer. Ce raisonnement était assez pour les soldats, quoique la blessure du sergent Dunham eût suffisamment expliqué cette circonstance, si une explication avait été nécessaire.

Pendant ce temps, le capitaine Sanglier s'occupait de son déjeûner avec la résignation d'un philosophe, le sang-froid d'un vétéran, l'habileté et la science d'un Français et la voracité d'une autruche. Il avait déjà passé dans la colonie une trentaine d'années, ayant quitté la France avec une place dans l'armée de son pays, à peu près semblable à celle que Muir occupait dans le 55e régiment. Une constitution de fer, une parfaite insensibilité, une certaine adresse très-propre à conduire les sauvages, et un courage intrépide, l'avaient désigné de bonne heure au général en chef comme un agent convenable à employer pour la direction des opérations militaires de ses alliés indiens. Cette destination l'avait fait élever au rang titulaire de capitaine, et avec sa promotion il avait acquis une partie des habitudes et des opinions de ses associés avec une facilité et une aisance qu'on regarde dans cette partie du monde comme l'apanage particulier de ses compatriotes. Il avait souvent conduit des partis d'Iroquois dans leurs expéditions de pillage, et sa conduite en de telles occasions amenait les résultats contradictoires d'alléger et d'augmenter à la fois les malheurs produits par ce genre de guerre, en y appliquant les vues plus larges et les ressources plus étendues de la civilisation. En d'autres termes, il formait le plan d'entreprises qui, par leur importance et leurs conséquences, excédaient de beaucoup la politique ordinaire des Indiens, et alors il intervenait pour diminuer quelques-uns des maux qui étaient son propre ouvrage. Bref, c'était un aventurier que les circonstances avaient jeté dans une situation où les qualités des hommes de sa classe pouvaient se montrer promptement en bien ou en mal, et il n'était pas d'un caractère à repousser la fortune par une délicatesse importune, suite de ses premières impressions, ou à mésuser de sa libéralité en encourant sans nécessité sa disgrâce par une cruauté superflue. Cependant, comme son nom se trouvait inévitablement attaché à plusieurs des excès commis par son parti, il avait en général dans les provinces américaines la réputation d'un misérable qui se plaisait à répandre le sang, et dont le plus grand bonheur était de tourmenter l'être innocent et sans appui. Le nom de Sanglier, qui était un sobriquet de son propre choix, ou celui de Cœur-de-Pierre, par lequel on le désignait ordinairement sur les frontières, était devenu aussi redoutable aux femmes et aux enfants de cette portion du pays, que ceux de Butler et de Brandt le devinrent plus tard.

La rencontre entre Pathfinder et Sanglier avait quelque ressemblance avec la célèbre entrevue de Wellington et de Blücher, qui a été si souvent et si exactement décrite; elle eut lieu près du feu, et tous deux se regardèrent attentivement plus d'une minute sans parler; l'un et l'autre se sentait en présence d'un ennemi formidable, et chacun d'eux, en comprenant qu'il devait traiter son adversaire avec la mâle confiance due à un guerrier, sentait aussi qu'il existait entre eux aussi peu de rapports de caractère que d'intérêts. L'un avait pour but la fortune et l'avancement; l'autre suivait sa carrière, parce que sa vie avait été jetée dans le désert, et que sa patrie avait besoin de son bras et de son expérience. Le désir de s'élever au-dessus de sa situation présente n'avait jamais troublé la tranquillité de Pathfinder, et jamais une seule pensée d'ambition ne s'était offerte à son esprit avant de connaître Mabel; depuis lors, il est vrai que sa méfiance de lui-même, sa vénération pour elle et le désir de la placer dans une situation plus élevée que celle qu'il occupait, lui avaient fait passer quelques instants pénibles; mais la droiture et la simplicité de son caractère l'avaient bientôt mis à l'aise, et il n'avait pas tardé à sentir que la femme qui n'hésiterait pas à l'accepter pour mari ne répugnerait pas à partager sa fortune, quelque humble qu'elle fût. Il estimait le Sanglier pour sa bravoure, et il avait trop de cette libéralité qui est le résultat de l'expérience, pour croire la moitié de ce qu'il avait entendu dire à son préjudice; car l'intolérance et l'opiniâtreté suivent en général la progression de l'ignorance; mais il ne pouvait pas approuver son égoïsme, ses calculs froidement cruels, et surtout la manière dont il oubliait sa nature d'homme blanc pour prendre celle d'une peau-rouge. D'un autre côté, Pathfinder était une énigme pour le capitaine Sanglier. Ce dernier ne pouvait pas comprendre les motifs de l'autre; il avait souvent entendu parler de son désintéressement, de sa justice, de sa sincérité; et dans plusieurs occasions, ces qualités lui avaient pourtant fait commettre de graves erreurs, d'après le principe qui fait dire qu'un diplomate franc et ouvert garde mieux son secret que celui qui est taciturne et rusé.

Lorsque les deux héros se furent considérés mutuellement, M. Sanglier porta la main à son chapeau, car la grossièreté de la vie des frontières n'avait pas entièrement détruit la courtoisie de sa jeunesse, ni éteint cette apparence de *bonhomie* qui semble innée dans un Français.

— Monsieur le Pathfinder, disait-il avec un accent très-prononcé, mais avec un sourire amical, un militaire honore le courage et la loyauté. Vous parlez iroquois?

— Oui, j'entends le langage des reptiles et je puis m'en servir lorsque c'est nécessaire, — répondit le guide, toujours simple et sincère; — mais ce n'est ni une langue ni une tribu qui soit de mon goût. Suivant moi, partout où vous trouvez le sang mingo, maître Cœur-de-pierre, vous trouvez un coquin. Je vous ai vu souvent, quoique ce fût dans les combats, et, je dois le dire, toujours à l'avant-garde; vous devez connaître nos balles de vue.

— Non pas les vôtres, monsieur; une balle de votre honorable main est une mort certaine; vous avez tué dans une île mon meilleur guerrier.

— C'est possible, quoique j'ose dire que si la vérité était connue, il se trouverait qu'ils sont tous de grands coquins. Je ne veux pas vous offenser, maître Cœur-de-pierre, mais vous vivez en bien mauvaise compagnie.

— Oui, monsieur, — riposta le Français, qui, décidé à être courtois lui-même, et comprenant l'anglais avec peine, était disposé à croire qu'il recevait un compliment. — Vous êtes trop bon; mais *un brave* est toujours *comme ça*. — Que veut dire ceci? que fait-on à ce jeune homme?

La main et les yeux du capitaine Sanglier dirigèrent le regard de Pathfinder vers le côté opposé du feu, où Jasper venait à l'instant même d'être rudement saisi par deux soldats qui lui liaient les bras par l'ordre de Muir.

— Que signifie ceci, en vérité? — s'écria le guide s'élançant en avant et repoussant les deux soldats avec une force de muscles à laquelle on ne pouvait pas résister. — Qui a le cœur de traiter ainsi Jasper Eau-douce? et qui à la hardiesse de le faire devant moi?

— C'est par mon ordre, Pathfinder, — répondit le quartier-maître, — et je l'ai ordonné sous ma propre responsabilité. — Vous ne prendrez pas sur vous de contester la légalité d'ordres donnés par un officier aux soldats du roi.

— Je contesterais les paroles du roi, quand même elles sortiraient de sa bouche royale, s'il disait que Jasper mérite ce traitement. Ce brave garçon ne vient-il pas de sauver toutes nos chevelures? N'est-ce pas lui qui nous a empêchés d'être vaincus et qui nous a donné la victoire? Non, non, lieutenant, si c'est là le premier usage que vous faites de votre autorité, je déclare que, quant à moi, je ne la respecterai pas.

— Ceci sent un peu l'insubordination, — répondit Muir, — mais nous pouvons supporter bien des choses de Pathfinder. Il est vrai que Jasper *a paru* nous servir dans cette affaire; mais nous ne devons pas oublier le passé. Le major Duncan lui-même ne l'a-t-il pas dénoncé au sergent Dunham, avant notre départ d'Oswego? N'avons-nous pas vu clairement qu'il y a eu trahison, et n'est-il pas naturel et presque nécessaire de croire que ce jeune homme a été le traître? Ah! Pathfinder, vous ne deviendrez pas un grand homme d'État, ou un grand capitaine, si vous avez tant de confiance dans les apparences. Dieu me bénisse! je crois que si la vérité était connue, comme vous le dites souvent, Pathfinder, on verrait que l'hypocrisie est un vice plus commun que l'envie même, et c'est le fléau de la nature humaine.

Le capitaine Sanglier leva les épaules, tandis que ses yeux se fixaient alternativement sur le quartier-maître et sur Jasper.

— Peu m'importe votre envie, votre hypocrisie, ou même votre nature humaine, — répondit Pathfinder; — Jasper Eau-douce est mon ami, Jasper Eau-douce est un brave, un honnête et un loyal garçon. Pas un homme du 55ᵉ ne mettra la main sur lui, si ce n'est par ordre de Lundie, tant que je serai là pour l'empêcher. Vous pouvez avoir de l'autorité sur vos soldats, mais vous n'en avez aucune sur Jasper ou sur moi, maître Muir.

— Bon! — s'écria Sanglier avec un accent qui tirait son énergie de la gorge et du nez.

— Vous ne voulez donc pas écouter la raison, Pathfinder? Vous ne pouvez pas avoir oublié nos soupçons et nos conjectures; de plus, voici une autre circonstance qui les augmente et les aggrave. Regardez cette bande d'étamine, eh bien! elle a été trouvée par Mabel Dunham, attachée à la branche d'un arbre sur cette île, une heure ou environ avant l'attaque de l'ennemi, et si vous voulez prendre la peine d'examiner le battant du pavillon du *Scud*, vous verrez qu'elle en a été coupée. Peut-il exister une preuve plus forte?

— *Ma foi c'est un peu fort, ceci,* — grommela Sanglier entre ses dents.

— Ne me parlez ni de pavillons ni de signaux lorsque je connais le cœur, — reprit Pathfinder. — Jasper a le sentiment de la probité, et c'est un don trop rare pour s'en jouer comme de la conscience d'un Mingo. Non, non, laissez-le en repos, ou nous verrons qui se battra le mieux, vous et vos soldats du 55ᵉ, ou le Serpent que voilà et Tue-daim avec Jasper et son équipage. Vous vous exagérez votre force, lieutenant Muir, autant que vous rabaissez la sincérité d'Eau-douce.

— *Très-bon !* — dit Sanglier.

— Hé bien ! s'il faut que je parle clairement, Pathfinder, je le ferai. Le capitaine Sanglier ici présent, et Arrowhead, ce brave Tuscarora, m'ont informé tous deux que ce malheureux jeune homme est le traître. Après un tel témoignage, vous ne pouvez contester plus long-temps mon droit de le punir, et la nécessité de le faire.

— *Scélérat !* — murmura le Français.

— Le capitaine Sanglier est un brave soldat et il ne voudra pas calomnier un honnête marin, — dit Jasper. — Se trouve-t-il un traître ici, capitaine Cœur-de-pierre?

— Oui, — ajouta Muir, — qu'il parle sans détour, puisque vous le désirez, malheureux jeune homme, et que la vérité soit connue ! J'espère seulement que vous pourrez échapper au dernier châtiment, lorsqu'une cour martiale s'assemblera pour vous juger. Capitaine, voyez-vous ou ne voyez-vous pas un traître parmi nous?

— *Oui, oui, monsieur, bien sûr.*

— Mentir beaucoup trop ! — dit Arrowhead d'une voix de tonnerre, en frappant la poitrine de Muir du revers de sa main, avec un emportement irrésistible. — Où sont mes guerriers ! où sont les chevelures des Yengeese ! Mentir beaucoup trop !

Muir ne manquait pas de courage personnel, ni d'un certain sentiment d'honneur relativement à lui-même. Il prit pour un coup l'acte de violence qui n'était qu'un geste dans l'intention d'Arrowhead; sa conscience s'éveilla tout à coup, et, reculant d'un pas, il étendit le bras vers un fusil. Mais Arrowhead était trop agile pour lui. Le Tuscarora jeta un regard farouche autour de lui; puis passant la main sous sa ceinture, il tira un couteau qu'il y tenait caché, et dans un clin d'œil l'enfonça jusqu'au manche dans le corps du quartier-maître. Comme ce dernier tombait à ses pieds, le capitaine Sanglier, regardant ce visage empreint du vague étonnement d'un homme que la mort a surpris, dit d'une voix calme en prenant une prise de tabac, et en levant les épaules :

— *Voilà l'affaire finie,* — *mais ce n'est qu'un scélérat de moins.*

Le meurtre avait été trop soudain pour qu'on pût le prévenir, et lorsqu'Arrowhead, poussant un cri, s'élança d'un bond dans le bois, les hommes blancs étaient trop stupéfaits pour le suivre. Chingashgook conserva plus de sang-froid; et les branches s'étaient à peine refermées sur le corps du Tuscarora qu'elles s'ouvrirent de nouveau pour laisser passer celui du Delaware, en pleine poursuite.

Jasper Western parlait facilement le français; les expressions et les manières du Sanglier le frappèrent.

— Parlez, monsieur, — dit-il en français — *suis-je le traître?*

— *Le voilà,* — répondit froidement le Français, — *c'est notre espion,* — *notre agent,* — *notre ami.* — *Ma foi,* — *c'était un grand scélérat,* — *voici!*

Tout en parlant, Sanglier s'était penché sur le corps du quartier-maître, et fourrant sa main dans une des poches du défunt, il en tira une bourse qu'il vida par terre, plusieurs doubles louis roulèrent vers les soldats qui ne furent pas long-temps à les ramasser; jetant la bourse avec mépris, le soldat de fortune se retourna du côté de la soupe qu'il avait préparée avec soin; et la trouvant à son goût, il commença à déjeûner avec un air d'indifférence que le plus stoïque des guerriers Indiens aurait pu envier.

CHAPITRE XXVII.

« La seule fleur immortelle sur la terre est la vertu ;
le seul trésor durable, la vérité ! »
COWPER.

Le lecteur doit se figurer quelques-uns des événements qui suivirent la mort soudaine de Muir. Tandis que son corps était entre les mains des soldats qui le portèrent décemment à l'écart et le couvrirent d'une redingote, Chingashgook reprit en silence sa place près du feu, et Sanglier et Pathfinder remarquèrent tous deux qu'il portait à sa ceinture une chevelure toute fraîche et sanglante. Personne ne fit de questions ; et le premier, quoique bien convaincu qu'Arrowhead avait succombé, ne montra ni curiosité ni regret ; il continua de manger tranquillement sa soupe comme si le repas avait été aussi paisible qu'à l'ordinaire. Il y avait dans tout cela de l'orgueil et de l'affectation d'indifférence imitée des Indiens, mais c'était encore plus le résultat réel de l'habitude de l'empire sur soi-même et d'une insensibilité naturelle. Pour Pathfinder, ses sentiments étaient un peu différents quoiqu'ils parussent les mêmes. Il n'aimait pas Muir dont le langage doucereux était peu en harmonie avec son caractère franc et ouvert ; mais cette mort violente et inattendue l'avait affecté, et la découverte de sa trahison l'avait surpris. Voulant s'assurer de l'étendue de la dernière, il commença à questionner le capitaine à ce sujet dès qu'on eut emporté le corps. Celui-ci n'ayant plus de motifs d'être discret, depuis la mort de son agent, lui raconta tout en déjeûnant les circonstances suivantes qui serviront à éclaircir quelques légers incidents de notre histoire.

Peu de temps après que le 55ᵉ fut arrivé sur la frontière, Muir offrit ses services à l'ennemi. En faisant ses offres, il fit valoir son intimité avec Lundie et les moyens qu'elle lui donnait de fournir des renseignements plus exacts et plus importants que les agents ordinaires. On avait accepté ses propositions, et M. Sanglier avait eu plusieurs entrevues avec lui dans les environs du fort d'Oswego, et il avait même passé une nuit entière caché dans ce fort.

Arrowhead néanmoins était l'intermédiaire ordinaire de leurs communications, et la lettre anonyme au major Duncan avait d'abord été écrite par Muir, transmise à Frontenac pour y être copiée et rapportée par le Tuscarora qui revenait de cette mission lorsqu'il fut pris par *le Scud*. Il est à peine nécessaire d'ajouter que Jasper devait être sacrifié, afin de cacher la trahison du quartier-maître, et que la position de l'île avait été découverte à l'ennemi par ce dernier. Une gratification extraordinaire,— l'or trouvé dans sa bourse, — l'avait décidé à suivre le détachement sous les ordres du sergent Dunham, pour donner le signal qui devait annoncer le moment favorable pour l'attaque. Le penchant de Muir pour le beau sexe était une faiblesse naturelle, et il aurait épousé Mabel, ou toute autre qui aurait accepté sa main; mais son admiration pour elle était feinte en grande partie dans le but d'avoir un prétexte pour accompagner la troupe, sans partager la responsabilité de sa défaite, et sans courir le risque de ne pouvoir alléguer un motif assez plausible pour demander à accompagner le détachement. Le capitaine Sanglier savait tout cela et particulièrement ce qui concernait Mabel, et il ne manqua pas de mettre ses auditeurs dans le secret, riant souvent d'une manière caustique en révélant les divers expédients mis en œuvre par le malheureux quartier-maître.

— *Touchez-là*, — dit l'insouciant partisan en présentant sa main nerveuse à Pathfinder, lorsqu'il eut fini ses explications; — vous êtes honnête vous, et c'est beaucoup. Nous prenons des espions comme nous prenons une médecine, pour nous faire du bien; mais *je les déteste, touchez-là*.

— Je vous serrerai la main, capitaine; vous êtes un ennemi légal, naturel et brave, — répondit Pathfinder; — mais le corps du quartier-maître ne souillera jamais le sol anglais. J'avais dessein de le porter à Lundie, afin qu'il pût faire jouer sur lui ses cornemuses, mais il restera dans l'endroit qui a été témoin de son infamie, et il aura sa trahison pour pierre sépulcrale. Capitaine Cœur-de-pierre, je suppose que ces relations avec des traîtres font partie des fonctions régulières d'un soldat; mais je vous le dis franchement, cela ne me conviendrait pas, et j'aime mieux que ce soit vous que moi qui ayez cette affaire sur la conscience. Quel pécheur endurci ! Comploter à droite et à gauche, contre son pays, ses amis et son Dieu ! — Jasper, mon garçon, j'ai un mot à vous dire, — un instant seulement.

Pathfinder conduisit le jeune homme à l'écart, et pressant sa main tandis que des larmes roulaient dans ses yeux, il continua :

— Vous me connaissez, Eau-douce, et je vous connais aussi, — dit-il ; — ce qui vient de se passer n'a changé en rien mon opinion sur vous. Je n'ai jamais cru leurs contes, quoique l'affaire m'ait paru sérieuse un instant, je l'avoue ; oui, l'affaire me semblait grave, et elle m'a rendu grave aussi ; mais je ne vous ai jamais soupçoné une seule minute, car je sais que la trahison n'est pas votre nature ; cependant, je dois en convenir, je ne soupçonnais pas non plus le quartier-maître.

— Et il avait un brevet de Sa Majesté, Pathfinder !

— Ce n'est pas le plus important, Jasper Western ; il avait aussi reçu une mission de Dieu pour faire le bien et agir loyalement avec ses semblables, et il a manqué à ce devoir.

— Et son amour prétendu pour une femme comme Mabel, tandis qu'il n'en ressentait aucun !

— Cela était mal certainement ; le drôle devait avoir du sang mingo dans les veines. Celui qui trompe une femme ne peut être qu'un métis, car Dieu les a créées dénuées de force, afin que nous puissions gagner leur amour par notre affection et nos services. Voilà le sergent, pauvre homme, sur son lit de mort ; il m'a donné sa fille pour femme, et Mabel, chère fille, y a consenti ; je sens à présent qu'il y a deux existences sur lesquelles je dois veiller, deux êtres dont je dois m'occuper, deux cœurs que je dois réjouir. Ah ! Jasper, il me semble parfois que je ne suis pas assez bon pour cette chère enfant !

La respiration d'Eau-douce s'était presque arrêtée en apprenant cette nouvelle, et bien qu'il réussît à réprimer tout autre signe extérieur d'agitation, ses joues étaient couvertes de la pâleur de la mort ; il trouva cependant la force de répondre non-seulement avec fermeté, mais avec énergie :

— Ne parlez pas ainsi, Pathfinder, vous êtes assez bon pour mériter une reine.

— Oui, oui, suivant vos idées de ma bonté ; c'est-à-dire que je puis tuer un daim ou même un Mingo aussi bien que qui que ce soit sur la frontière ; que j'ai l'œil sûr pour suivre un sentier dans la forêt, et reconnaître la situation des étoiles, quand tant d'autres n'y entendent rien. Nul doute, nul doute, Mabel ne manquera ni de venaison, ni de poissons, ni de pigeons ; mais trouvera-t-elle en moi assez d'instruction, assez d'idées, une conversation assez agréable, lorsque la vie s'avancera, et que chacun de nous sera apprécié à sa juste valeur ?

— Si vous êtes apprécié à votre valeur, Pathfinder, la plus grande dame du monde serait heureuse avec vous; de ce côté vous n'avez nul motif de crainte.

— C'est votre pensée, Jasper, j'ose le dire ; oui, je le sais, et c'est une opinion naturelle en vous parce qu'elle s'accorde avec votre amitié pour moi; chacun juge favorablement la personne qu'il aime. Oui, si c'était vous que je dusse épouser, mon garçon, je serais tranquille, ayant toujours remarqué en vous un penchant à me voir d'un œil favorable, moi et tout ce que je fais. Mais, après tout, une jeune fille peut désirer d'avoir pour mari quelqu'un plus rapproché de son âge et de ses goûts, qu'un homme qui pourrait être son père et qui a l'air assez rébarbatif pour lui faire peur. Je m'étonne, Jasper, que Mabel ne se soit jamais prise de fantaisie pour vous au lieu de fixer ses idées sur moi.

— Se prendre de fantaisie pour moi, Pathfinder ! — répéta le jeune homme en s'efforçant d'affermir sa voix et de cacher son trouble; — qu'y a-t-il en moi qui puisse plaire à Mabel Dunham? Ce qui vous manque me manque aussi, et je n'ai aucune des qualités supérieures qui font que les généraux mêmes vous respectent.

— Bien, bien, dites tout ce que vous voudrez, c'est pur hasard; j'avais guidé à travers les bois bon nombre de femmes, j'avais voyagé et passé du temps dans les forts avec elles, et jamais je n'avais senti d'inclination pour aucune, avant d'avoir connu Mabel Dunham. Il est vrai que le pauvre sergent m'a fait penser le premier à sa fille, mais après avoir passé quelques jours près d'elle, il n'était pas besoin que personne m'en parlât pour y penser jour et nuit; je suis ferme, Jasper, oui, je suis très-ferme; et j'ai assez de courage comme vous le savez tous, et cependant je sens que maintenant, si je perdais Mabel Dunham, je serais comme un sapin frappé de la foudre.

— N'en parlons plus, Pathfinder, — dit Jasper, en serrant à son tour la main de son ami, et se rapprochant du feu, quoique avec lenteur et de l'air d'un homme qui s'inquiète peu où il va; n'en parlons plus, vous êtes digne de Mabel, et Mabel est digne de vous. — Vous aimez Mabel, et elle vous aime aussi; son père vous a choisi pour son mari, et personne n'a le droit de s'y opposer. Quant au quartier-maître, son feint amour pour Mabel est pire que sa trahison envers le roi.

En ce moment, ils étaient si près du feu qu'il fallut changer d'entretien; par bonheur Cap parut alors, il venait de quitter son beau-frère mourant, et ne savait rien de ce qui s'était passé depuis la capitulation; il s'avança vers le groupe d'un air pensif. Cet air pédantesque qui donnait ordinairement à ses manières une apparence de mépris pour tout ce qui l'entourait, avait disparu presque entièrement, et il semblait rêveur, sinon humble.

— Cette mort, dit-il, quand il se fut rapproché, est une fâcheuse affaire, de quelque côté qu'on l'envisage. Voici le sergent Dunham, très bon soldat, je n'en fais nul doute, qui file son cable en ce moment, et qui pourtant s'y accroche comme s'il était déterminé à ne jamais le laisser passer par l'écubier, et tout cela, à ce qu'il me semble, parce qu'il aime sa fille. Quant à moi, lorsqu'un ami est dans la nécessité de faire un long voyage, je lui souhaite toujours un prompt départ et tout le bonheur possible.

— Vous ne voudriez pas tuer le sergent avant que son heure soit venue? — répondit Pathfinder avec un accent de reproche. La vie est douce, même aux vieillards, et j'en ai connu quelques-uns qui semblaient y tenir d'autant plus qu'elle venait à avoir le moins de valeur.

Rien n'était plus loin de la pensée de Cap que le désir d'accélérer la fin de son malheureux frère. Le devoir d'adoucir les angoisses d'un lit de mort lui avait paru très pénible, et son intention était seulement d'exprimer le souhait sincère que le sergent fût heureusement délivré de toute inquiétude et de toutes souffrances. Un peu choqué de l'interprétation donnée à ses paroles, sa réponse se ressentit de l'aigreur qui lui était naturelle, quoique adoucie par le reproche secret qu'il se faisait de n'avoir pas exprimé clairement ses sentiments.

— Vous avez trop d'années et de bon sens, Pathfinder, — dit-il — pour vouloir tomber sur un homme qui laisse filer ses idées pendant qu'il est dans la détresse. Le sergent Dunham est à la fois mon beau-frère et mon ami, — c'est-à-dire un ami aussi intime qu'un soldat peut l'être d'un marin; je le respecte et je l'honore sous ces deux rapports. De plus, je ne doute pas qu'il n'ait vécu comme il convient à un homme, et il ne peut y avoir grand mal après tout à désirer que quelqu'un soit bien amarré dans le ciel. Le meilleur de nous est mortel, vous ne pouvez le nier, et ce doit être une leçon pour ne pas nous enorgueillir de notre force et de notre beauté. — Où donc est le quartier-maître, Pathfinder ? Il est convenable qu'il vienne dire adieu au pauvre sergent qui ne fait que nous précéder un peu.

— Vos paroles sont plus vraies que vous ne le pensez, maître Cap, ce qui n'est pas fort surprenant, car les hommes disent aussi souvent des vérités piquantes quand ils y pensent le moins, que dans tout autre temps. Vous auriez pu aller plus loin, cependant, et dire que *le pire* de nous est mortel, ce qui est tout aussi vrai et beaucoup plus utile que de rappeler que *le meilleur* doit mourir. Quant à l'adieu que le quartier-maître doit aller dire au sergent, il ne peut en être question, vu qu'il est parti en avant, et cela sans s'occuper beaucoup de lui-même ni d'aucun autre.

— Votre langage n'est pas aussi clair que de coutume, Pathfinder. Je sais qu'en de telles circonstances nous devons tous avoir des pensées graves, mais je ne vois pas l'utilité de parler en paraboles.

— L'idée est claire si mes paroles ne le sont pas. En un mot, maître Cap, tandis que le sergent Dunham se prépare à un long voyage, avec réflexion et doucement, ainsi qu'un homme consciencieux et honnête doit le faire, le quartier-maître est parti tout d'un coup avant lui ; et quoique ce soit une matière sur laquelle il ne me convient pas de prononcer, je dirai que mon opinion est qu'ils voyagent sur des routes si différentes, qu'ils ne se rencontreront jamais.

— Expliquez-vous, mon ami, — dit le marin étonné, en regardant autour de lui pour chercher Muir dont l'absence commençait à exciter ses soupçons. — Je n'aperçois pas le quartier-maître, mais je ne le crois pas homme à s'enfuir à présent que la victoire est à nous ; si elle nous eût tourné le dos, le cas serait différent.

— Tout ce qui reste de lui est sous cette redingote, — répondit le guide qui alors raconta en peu de mots la mort du lieutenant.

— Le Tuscarora fut aussi venimeux qu'un serpent à sonnettes, sans avertir de même de son approche. J'ai vu un grand nombre de combats acharnés et plusieurs de ces explosions soudaines d'une fureur sauvage, mais je n'avais jamais vu l'âme d'un homme quitter le corps si à l'improviste, ou dans un moment plus fâcheux pour les espérances du mourant. Son souffle a été arrêté avec le mensonge sur les lèvres, et l'on peut dire que son esprit s'est envolé dans l'ardeur même du mal.

Cap écoutait la bouche béante, et lorsque Pathfinder eut cessé de parler, il eut besoin de tousser deux ou trois fois comme pour faciliter sa respiration.

— C'est une vie incertaine et pénible que la nôtre, maître Pathfinder, entre l'eau douce et les sauvages, et plus tôt je la quitterai, plus j'aurai une opinion favorable de moi-même. A présent que vous en parlez, je dirai que cet homme courut se réfugier dans les rochers, dès que l'ennemi nous attaqua, avec une sorte d'instinct qui me parut surprenant dans un officier ; mais j'étais trop pressé de le suivre pour inscrire tous ces détails sur mon livre de loch. Dieu me protége ! Un traître, dites-vous, et prêt à vendre son pays, et à un coquin de Français encore !

— Prêt à vendre tout : pays, âme, corps, Mabel et toutes nos chevelures, sans s'inquiéter qui était l'acheteur, je vous en réponds. Les compatriotes du capitaine Cœur-de-pierre, que voici, étaient les payeurs pour cette fois.

— Je les reconnais là ; — toujours prêts à acheter lorsqu'ils ne peuvent vaincre, et à s'enfuir quand ils ne peuvent faire ni l'un ni l'autre.

Sanglier leva son chapeau avec une gravité ironique, et répondit à ce compliment par une expression de mépris poli que ne comprit pas celui qui en était l'objet. Mais Pathfinder avait trop de courtoisie naturelle et d'équité dans l'esprit pour ne pas répondre à cette attaque.

— Bien, bien, — dit-il ; — suivant moi, il n'y a pas grande différence, après tout, entre un Anglais et un Français : ils parlent chacun leur langage et ont chacun leur roi, j'en conviens, mais tous deux sont hommes et ont des sentiments humains quand le cas l'exige. Si un Français est parfois scabreux, il en est de même d'un Anglais, et pour ce qui concerne la fuite au galop, pourquoi un homme ne la prendrait-il pas de temps en temps aussi bien qu'un cheval, quel que soit son pays ?

Le capitaine Cœur-de-pierre, comme le nommait Pathfinder, fit un autre salut, mais cette fois le sourire fut amical et non ironique, car, malgré le mode d'expression, il sentait que l'intention était bonne. Trop philosophe néanmoins pour s'inquiéter de ce que pouvait dire ou penser un homme tel que Cap, il acheva son déjeûner, sans permettre que rien vînt le distraire de cette importante occupation.

— J'étais venu ici principalement pour le quartier-maître, — continua Cap dès qu'il eut fini de regarder la pantomime du capitaine. — Le sergent approche de sa fin, et j'avais pensé qu'il pouvait désirer de dire quelque chose à celui qui devait le remplacer, avant de prendre le congé final. Il est trop tard, ce me semble, et comme vous le dites, Pathfinder, le lieutenant a véritablement pris l'avance.

— Oui sans doute, quoique par une route différente. Quant à l'autorité, je suppose que le caporal a maintenant le droit de commander à ce qui reste du 55º; troupe peu nombreuse et très-fatiguée pour ne pas dire effrayée. Mais s'il y a quelque chose à faire, on peut parier que j'en serai chargé. Je crois pourtant que nous n'avons qu'à enterrer nos morts, mettre le feu au fort et aux huttes, car elles sont placées sur le territoire de l'ennemi, par le fait sinon par la loi, et on ne doit pas les laisser à sa disposition. Il ne peut être question pour nous d'y revenir, car maintenant que les Français savent où l'île est placée, ce serait fourrer la main dans un piége à loup les yeux ouverts. Le Serpent et moi nous nous occuperons de cette portion de la besogne, car nous savons aussi bien battre en retraite que marcher en avant.

— Tout cela est très-bien, mon cher ami; pensons à présent à mon pauvre frère. Quoiqu'il soit soldat, il me semble que nous ne pouvons pas le laisser filer son câble sans un mot de consolation et une parole d'adieu. Cette affaire a été malheureuse sous tous les rapports : au surplus, c'est ce qu'on devait attendre en considérant l'état des choses et la nature de la navigation. Il faut tâcher de nous en tirer le mieux possible et d'aider le digne homme à démarrer sans trop tendre ses tournevires.

La mort n'est qu'une circonstance après tout, maître Pathfinder, et c'en est une d'un caractère très-général, puisque nous devons tous nous y soumettre tôt ou tard.

— Vrai, très-vrai, et c'est pour cette raison qu'il me paraît sage d'être toujours prêt. J'ai souvent pensé, Eau-salée, que le plus heureux est celui qui a le moins à laisser derrière lui quand l'heure du départ arrive. Me voici par exemple, moi, simple chasseur, coureur, guide, n'ayant pas un pouce de terre, que je puisse dire à moi, et cependant jouissant et possédant plus que le grand patron d'Albany, avec le ciel sur ma tête pour me faire souvenir de la dernière grand'chasse, et quand j'ai les feuilles sèches sous mes pieds, je foule le sol aussi librement que si j'en étais le seigneur et maître. Que puis-je désirer de plus? Je ne prétends pas ne rien aimer de ce qui appartient à la terre, car il s'y trouve quelques objets que j'aime, mais seulement un peu, si ce n'est Mabel Dunham, et je ne puis les emporter avec moi. J'ai dans le fort quelques chiens dont je fais beaucoup de cas; mais ils font trop de bruit pour un temps de guerre, ce qui nous force de vivre séparés pendant qu'elle dure; puis je pense qu'il me serait pénible de quitter Tue-daim, mais je ne vois nulle raison pour ne pas nous mettre dans la même tombe, car nous sommes aussi près que possible de la même taille, — six pieds à l'épaisseur d'un cheveu près; mais hormis ces choses, une pipe que le sergent m'a donnée et quelques souvenirs reçus des voyageurs, et que je puis mettre tous dans un sac, qui sera placé sous ma tête, quand l'ordre viendra de marcher, je serai prêt à la minute; et permettez-moi de vous dire, maître Cap, que c'est ce que j'appelle aussi une circonstance.

— Je pense absolument de même, dit le marin; et tous deux se dirigèrent vers le fort beaucoup trop occupés de leurs idées morales pour se rappeler le triste devoir qu'ils allaient remplir.

— C'est précisément ma manière de penser et de raisonner. Combien de fois au moment de faire naufrage je me suis senti soulagé par l'idée que je n'étais pas le maître du bâtiment! S'il coule à fond, me disais-je, j'en fais autant, mais ce n'est pas ma propriété, et c'est une grande consolation. J'ai découvert dans le cours de mes voyages dans le monde du cap de Horn au cap du Nord, pour ne rien dire de cette excursion sur une mare d'eau douce, que si un homme possède quelques dollars et les met dans une caisse sous cadenas et sous clefs, il est sûr d'enfermer son cœur dans le même coffre; aussi je porte presque tout ce que je possède dans une ceinture autour de mon corps, afin de laisser, comme je le dis, les parties vitales à leur place convenable. Que le diable m'emporte, Pathfinder, si un homme sans cœur me semble valoir mieux qu'un poisson avec un trou à la vessie!

— Je ne sais pas comment cela peut être, maître Cap; mais un homme sans conscience est une pauvre créature, vous pouvez m'en croire, et quiconque aura affaire avec un Mingo pourra s'en convaincre. Je m'embarrasse fort peu de dollars ou de *demi-joes*, car c'est la monnaie favorite dans ce coin du monde ; mais je puis croire aisément par ce que j'ai vu du genre humain, que si un homme a un coffre rempli de l'un ou de l'autre, on peut dire que son cœur est renfermé dans la même boîte. J'ai chassé une fois deux étés, durant la dernière paix, et j'avais réuni tant de fourrures qu'il me semblait que mes bons sentiments disparaissaient pour faire place à la cupidité. Si j'ai quelque inquiétude en épousant Mabel, c'est que, pour rendre son existence plus agréable, je ne finisse par trop aimer de pareilles choses.

— Vous êtes philosophe, cela est clair, Pathfinder, et je crois que vous êtes chrétien.

— Je me fâcherais contre celui qui soutiendrait le contraire, maître Cap. Je n'ai pas été converti par les frères moraves, comme beaucoup de Delawares, il est vrai, mais je tiens au christianisme et à la nature des blancs. Suivant moi, il est aussi peu honorable pour un blanc de ne pas être chrétien, que pour une peau rouge de ne pas croire aux heureuses chasses qui lui sont promises. En vérité, en ayant égard à la différence des traditions et à quelques variations sur la manière dont l'esprit sera occupé après la mort, je soutiens qu'un bon Delaware est un bon chrétien, quand même il n'aurait jamais vu un frère morave ; et qu'un bon chrétien est un bon Delaware, autant que sa nature le permet. Le Serpent et moi nous traitons souvent cette question, car il a un penchant prononcé pour la religion chrétienne.

— Du diable ! — s'écria Cap, — et a-t-il dessein d'aller à l'église avec toutes les chevelures qu'il prend, attachées à sa ceinture ?

— Prenez garde, ami Cap, de concevoir une fausse idée. Ces choses ne sont que de l'épaisseur de la peau, et tout dépend de l'éducation et de la nature. Regardez ce qui se passe dans le monde, et dites-moi pourquoi vous voyez ici un guerrier à peau rouge, là un noir, et ailleurs une armée blanche ? Tout cela, et un grand nombre d'autres choses du même genre que je pourrais citer, a été ordonné pour quelque motif spécial, et ce n'est pas à nous à tourner le dos aux faits et à en nier la vérité. Non, non, chaque couleur a sa nature, ses lois, ses traditions, et l'une ne doit pas condamner l'autre parce qu'elle ne la comprend pas bien.

— Il faut que vous ayez lu beaucoup, Pathfinder, pour vous

être formé des idées aussi nettes, — dit Cap qui n'était pas peu surpris de la simple croyance de son compagnon; — tout cela est à présent pour moi aussi clair que le jour, quoique je doive dire qu'auparavant ces opinions n'étaient pas les miennes. A quelle dénomination de chrétiens appartenez-vous, mon ami?

— Je ne vous comprends pas.

— De quelle secte faites-vous partie? à quelle église particulière êtes-vous attaché?

— Jetez les yeux autour de vous et jugez en vous-même. Je suis dans mon église en ce moment; j'y mange, j'y bois, j'y dors; la terre est le temple du Seigneur, et j'espère humblement le servir chaque jour et à toute heure, sans interruption. Non, non, je ne renierai ni mon sang ni ma couleur; je suis né chrétien et je mourrai de même. Les frères moraves ont tâché de me gagner; un des chapelains du roi m'a aussi entrepris, quoique ce soit une classe qui n'est pas très-forte sur de telles matières, et un missionnaire envoyé de Rome m'a parlé long-temps tandis que je le conduisais à travers les forêts pendant la dernière paix. Mais j'avais une réponse pour tous : Je suis déjà chrétien, et je n'ai besoin d'être ni morave, ni anglican, ni papiste. Non, non, je ne renierai ni ma naissance ni mon sang.

— Je pense qu'un mot de vous pourrait soutenir le sergent au milieu des écueils de la mort, maître Pathfinder; il n'a près de lui que la pauvre Mabel, et vous savez qu'en outre qu'elle est sa fille, ce n'est après tout qu'un enfant.

— Mabel est faible de corps, ami Cap; mais je ne sais si en de semblables occasions elle n'est pas plus forte que la plupart des hommes. Cependant le sergent Dunham est mon ami, il est votre beau-frère; ainsi à présent qu'il n'est plus nécessaire de nous battre pour défendre nos droits, il est convenable que nous allions tous deux le visiter et assister à son départ de ce monde. J'ai vu plusieurs hommes mourir, maître Cap, — continua Pathfinder qui avait un penchant particulier à parler de ce qu'il savait par expérience; et s'arrêtant en tenant son compagnon par un bouton de son habit, il ajouta : — Bien des fois déjà je me suis trouvé près d'un mourant; j'ai été témoin de son dernier soupir et entendu son dernier souffle; car lorsque l'agitation et le tumulte du combat est fini, il est bien de nous occuper des malheureux, et il est remarquable de voir combien la nature humaine a de manières différentes de sentir dans ces moments solennels.

Les uns s'en vont aussi stupides et aussi ignorants que si Dieu ne leur avait pas donné la raison et une existence dont il faut rendre compte ; tandis que d'autres nous quittent en se réjouissant comme des gens qui laissent derrière eux de lourds fardeaux. Je pense qu'alors l'esprit voit clair, mon ami, et que les actions passées se représentent en foule au souvenir.

— Je parierais qu'il en est ainsi, Pathfinder. J'ai aussi vu quelques scènes semblables, et j'espère qu'elles m'ont rendu meilleur. Je me rappelle qu'une fois où je crus mon heure arrivée, mon livre de loch fut feuilleté avec une promptitude dont jusqu'alors je ne me serais pas jugé capable. Je n'ai pas été un très-grand pécheur, — ami Pathfinder, — c'est-à-dire jamais sur une grande échelle. Cependant, j'ose le dire, si la vérité était connue, un amas considérable de petites choses pourraient m'être reprochées aussi bien qu'à tout autre ; mais je n'ai jamais commis de piraterie, de haute trahison, d'incendie, ni aucun acte semblable. Quant à la contrebande et autres choses de ce genre, je suis marin, et je pense que toutes les professions ont leur côté faible ; votre commerce lui-même n'est peut-être pas tout-à-fait sans tache, tout honorable et utile qu'il paraît.

— Beaucoup de guides et d'éclaireurs sont de francs coquins, et, comme le quartier-maître, sont payés par les deux côtés à la fois ; j'espère ne pas leur ressembler, quoique toute occupation conduise à la tentation. J'ai été terriblement mis à l'épreuve trois fois dans ma vie, et une fois j'ai fléchi un peu ; j'espère cependant qu'il ne s'agissait de rien qui puisse troubler un homme dans ses derniers moments. La première fois, je trouvai dans les bois un paquet de peaux que je savais appartenir à un Français qui chassait de notre côté des frontières, où il n'avait nulle affaire ; c'étaient vingt-six peaux de castor les plus belles qui puissent réjouir un œil humain. La tentation était rude ; car je pensais que la loi serait presque pour moi, quoique nous fussions en temps de paix ; mais ensuite, je me rappelai que ces lois n'avaient pas été faites pour nous autres chasseurs ; je réfléchis que le pauvre homme pouvait avoir fondé de grandes espérances pour l'hiver prochain sur la vente de ces peaux, et je les laissai à leur place. La plupart de nos gens dirent que j'avais eu tort, mais la manière dont je dormis cette nuit-là me donna la conviction que j'avais bien fait. La seconde épreuve eut lieu lorsque je trouvai le fusil qui est certainement le seul dans cette partie du monde sur lequel on puisse compter aussi sûrement que sur Tue-daim, et je savais qu'en le prenant ou même en le cachant, je pouvais tout d'un coup m'élever au rang du premier tireur du pays. J'étais jeune alors, bien moins habile que je ne le suis devenu depuis, et la jeunesse est ambitieuse et entreprenante; mais, Dieu soit loué! je triomphai de mes désirs, et, ce qui est presque aussi bon, je triomphai de mon rival dans la plus belle partie de tir qu'une garnison ait jamais vue, lui avec son fusil et moi avec Tue-daim, et en présence du général! — Ici Pathfinder s'arrêta pour rire à sa manière, la joie du triomphe brillant encore dans ses yeux et sur ses joues basanées. — Le dernier combat avec le diable fut le plus rude, et ce fut quand je tombai tout-à-coup sur un camp de six Mingos, endormis dans les bois, avec leurs fusils et leurs tomahawks empilés de manière qu'il m'était facile de m'en emparer sans éveiller un seul de ces mécréants. Quelle bonne fortune c'eût été pour le Serpent qui les aurait dépêchés l'un après l'autre avec son couteau, et qui aurait pendu leurs six chevelures à sa ceinture en moins de temps qu'il ne m'en faut pour vous raconter l'histoire! Oh! Chingashgook est un vaillant guerrier, aussi honnête qu'il est brave, et aussi bon qu'il est honnête!

— Et quel parti avez-vous pris, maître Pathfinder? — demanda Cap qui commençait à s'intéresser au résultat; — il me semble que vous avez fait une très-heureuse ou très-malheureuse rencontre.

— Elle fut heureuse et malheureuse, si vous pouvez comprendre cela. Malheureuse, car l'épreuve fut pénible, et cependant heureuse, toutes choses considérées, par sa fin. Je ne touchai pas un de leurs cheveux, car la nature d'un homme blanc n'est pas de prendre des chevelures; et je ne m'emparai même pas de leurs fusils. Je me méfiai de moi-même, sachant que je ne vois pas de bon œil les Mingos.

— Quant aux chevelures, je pense que vous avez eu raison, mon digne ami; mais quant aux armes et aux provisions, elles auraient été déclarées de bonne prise par toutes les cours de la chrétienté.

— C'est possible, c'est possible; mais alors les Mingos auraient été hors d'affaire, attendu qu'un homme blanc n'attaque pas plus un ennemi désarmé qu'un ennemi endormi. Non, non, je fis ce qui convenait le mieux à mon caractère, à ma couleur et à ma religion. J'attendis que leur somme fût fini et qu'ils se fussent remis en marche, et me mettant en embuscade tantôt d'un côté, tantôt de l'autre, je les poivrai joliment.—Pathfinder empruntait parfois à ses compagnons un mot qui lui plaisait, et il l'employait un peu au hasard. — Un seul, un seul des six, — continua-t-il, — s'en retourna à son village, et il rentra dans son wigwam en boitant. Heureusement le Grand-Serpent s'était seulement arrêté pour abattre quelques pièces de gibier, et n'avait pas perdu ma piste, et lorsqu'il arriva, les cinq chevelures des vagabonds étaient suspendues où elles devaient l'être. Ainsi vous voyez qu'en faisant ce qui était juste il n'y eut rien de perdu ni pour l'honneur ni pour le profit.

Cap grommela un assentiment, quoiqu'il faille convenir que les distinctions admises par la morale de son compagnon ne lui avaient pas paru très-claires. Tous deux se trouvaient alors près du fort; ils s'arrêtèrent encore comme si un objet d'un intérêt plus qu'ordinaire les avait retenus. Mais ils étaient si près du bâtiment, que ni l'un ni l'autre n'eut la pensée de continuer l'entretien, et chacun se prépara à voir pour la dernière fois le sergent Dunham.

CHAPITRE XXVIII.

> « Terrain stérile, sur lequel le courroux de l'hiver s'est appesanti, tu es devenu un miroir pour me montrer dans quel état je me trouve. Le printemps te couvrit autrefois de fleurs fraîches, l'été ensuite te rendit fier en t'ornant de narcisses, et maintenant l'hiver est arrivé avec toutes ses rigueurs, et il a souillé le manteau dont tu te couvrais. »
>
> SPENSER.

Quoique le soldat sur le champ de bataille puisse voir le danger et même la mort avec indifférence; lorsque l'heure est différée, et qu'elle sonne dans un moment plus paisible, elle amène souvent avec elle le cortége ordinaire des graves réflexions, des regrets du passé et des craintes de l'avenir. Plus d'un homme meurt avec une expression héroïque sur les lèvres, tandis que le doute et l'inquiétude pèsent sur son cœur ; car, quelle que soit la variété de nos croyances, qu'elles s'appuient sur la médiation du Christ, sur les dogmes de Mahomet, ou sur les allégories ingénieuses de l'Orient, il est une conviction commune à tous les hommes, que la mort n'est qu'un passage entre ce monde et un état d'existence plus élevé. Le sergent Dunham était brave, mais il partait pour une contrée où le courage lui serait inutile ; et à mesure qu'il sentait la vie lui échapper peu à peu, ses pensées et ses sentiments prenaient la direction naturelle. S'il est vrai que la mort soit le grand niveleur, elle ne mérite jamais mieux ce nom que lorsqu'elle réduit sous le même point de vue toutes les vanités de la terre.

Pathfinder, quoique ayant des habitudes et des opinions assez singulières, était toujours pensif, et disposé à voir ce qui l'entourait avec une teinte de philosophie, et à en tirer des conclusions sérieuses. La scène qui se passait dans le fort ne pouvait donc éveiller en lui aucune sensation nouvelle. Il n'en était pas ainsi de Cap : inculte, entêté, dogmatique et violent, le vieux marin était peu accoutumé à considérer la mort même avec la gravité que son importance réclame ; et malgré tout ce qui s'était passé, et son affection réelle pour son beau-frère, il entra dans la chambre du mourant sous l'influence de cette insensibilité insoucieuse, fruit d'un long séjour dans une école où l'on reçoit tant de leçons des plus sublimes vérités, mais où elles sont, en général, prodiguées à des écoliers peu disposés à en profiter.

Ce fut en commençant la narration des faits qui avaient causé la mort de Muir et d'Arrowhead, que Cap montra d'abord qu'il n'entrait pas aussi complètement que ceux qui l'entouraient dans la solennité du moment. — Tous deux ont levé l'ancre en un instant, frère Dunham, — dit-il en finissant ; et vous avez la consolation de savoir que d'autres vous ont précédé dans le grand voyage, et des hommes que vous n'avez pas de motifs très-particuliers pour aimer, ce qui, si j'étais à votre place, serait pour moi une source de grande satisfaction. Ma mère m'a toujours dit, maître Pathfinder, qu'il ne fallait pas attendrir l'âme des mourants, mais au contraire la fortifier par tous les moyens possibles ; et cette nouvelle donnera à notre pauvre camarade un grand soulagement s'il sent à l'égard de ces sauvages ce que je sens moi-même.

A ces mots, Rosée-de-Juin se leva et sortit du fort sans qu'on entendît le bruit de ses pas. Dunham écoutait avec un visage sans expression, car les liens qui l'attachaient à la vie étaient déjà si relâchés qu'il avait réellement oublié Arrowhead, et se souciait fort peu de Muir ; mais il demanda Eau-douce d'une voix faible. Le jeune homme, averti aussitôt, ne tarda pas à paraître. Le sergent le regarda avec affection, et on lisait dans ses yeux le regret des soupçons injustes qu'il avait conçus contre lui. Le fort était alors occupé par Pathfinder, Cap, Mabel, Jasper et le mourant. A l'exception de sa fille, tous étaient debout autour du lit du sergent en attendant son dernier soupir. Mabel agenouillée près de lui, tantôt passait sur son front une main couverte d'une sueur froide, tantôt humectait les lèvres brûlantes de son père.

— Votre position sera bientôt la nôtre, sergent, dit Pathfinder qui avait vu trop souvent les approches et les victoires de la mort pour être troublé, mais qui sentait combien elle était différente à contempler au milieu de l'ardeur du combat, ou dans la tranquillité du cercle domestique, et je ne mets pas en doute que nous ne nous rencontrions plus tard. Arrowhead est parti, il est vrai, mais il n'a pas suivi la route d'un Indien juste. Vous ne le verrez plus, car son sentier ne peut être le vôtre ; la raison s'oppose à ce qu'on puisse le croire en ce qui le concerne, et c'est aussi ce que je pense à l'égard du lieutenant Muir. Vous avez rempli votre devoir dans cette vie, et lorsqu'un homme se rend ce témoignage, il peut partir pour le plus long voyage avec un cœur tranquille et un pied agile.

— Je l'espère ainsi, mon ami ; j'ai tâché de faire mon devoir.

— Oui, oui, — dit Cap, — l'intention est la moitié du combat ; et quoique vous eussiez mieux fait de mettre en panne au large et d'envoyer un canot pour voir comment les choses se passaient sur terre, ce qui aurait pu donner une tournure différente à l'affaire, nul ne doute ici que vous n'ayez eu dessein de faire pour le mieux, et je pense qu'il en est de même partout ailleurs, d'après ce que j'ai vu de ce monde et lu de l'autre.

— Oui, c'est vrai, j'ai eu dessein de faire pour le mieux.

— Mon père ! ô mon bien-aimé père !

— Magnet est abattue par ce coup, maître Pathfinder ; elle ne peut rien dire ni rien faire pour soutenir son père au milieu des écueils ; nous n'en devons faire que plus d'efforts pour l'aider dans cette passe.

— Avez-vous parlé, Mabel? — demanda Dunham en tournant les yeux vers sa fille, car il était déjà trop faible pour tourner son corps.

— Oui, mon père; ne comptez sur rien de ce que vous avez fait vous-même pour être sauvé; confiez-vous entièrement dans la divine médiation du Fils de Dieu!

— Le chapelain nous a dit quelque chose de semblable, frère Cap; la chère enfant peut avoir raison.

— Oui, oui, il n'y a pas de doute, c'est la bonne doctrine. Dieu sera notre juge; c'est lui qui garde le livre de loch de toutes nos actions; il les dévoilera toutes au dernier jour, et dira alors qui a bien ou mal fait. Je crois que Mabel a raison; mais alors vous n'avez pas besoin d'être inquiet, le compte est fidèlement tenu.

— Mon oncle! mon cher père! c'est une vaine illusion! Ah! mettez toute votre confiance dans la médiation de notre saint Rédempteur! N'avez-vous pas senti souvent votre propre insuffisance pour l'accomplissement de vos propres désirs dans les choses les plus ordinaires? Comment pouvez-vous vous croire capable de rendre, par vos propres forces, une nature pécheresse et fragile digne de paraître en présence de la pureté parfaite? Il n'y a d'espoir pour personne que dans la médiation du Christ!

— C'est ce que les frères moraves avaient coutume de nous dire, — dit Pathfinder tout bas à Cap; — soyez-en sûr, Mabel a raison.

— Raison quant au fond, ami Pathfinder; mais tort quant à la forme. J'ai peur que l'enfant ne laisse aller le sergent à la dérive, au moment même où nous l'avions en pleine eau et dans la partie la plus sûre du canal.

— Laissez faire Mabel; elle en sait plus qu'aucun de nous, et elle ne peut faire aucun mal.

— J'ai déjà entendu cela, — répondit enfin Dunham. — Ah! Mabel, il est étrange qu'un père s'appuie sur son enfant, dans un moment comme celui-ci.

— Mettez votre confiance en Dieu, mon père; invoquez son divin Fils, priez-le, implorez l'appui de sa main toute-puissante.

— Je ne suis pas accoutumé à prier; mon frère, Pathfinder, Jasper, pouvez-vous me suggérer les paroles?

Cap savait à peine ce que signifiait le mot prière, et il n'eut rien à répondre. Pathfinder priait tous les jours, sinon à toutes heures, mais c'était intérieurement, c'était dans la simplicité de son cœur et sans le secours d'aucune parole. Il fut réduit au silence aussi bien que le vieux marin. Quant à Jasper Eau-douce, quoiqu'il eût entrepris avec joie de soulever une montagne pour soulager Mabel, ce qu'on lui demandait excédait son pouvoir, et il se retira avec l'espèce de honte que les êtres jeunes et vigoureux sont portés à ressentir quand on les appelle à faire ce qui les force à un aveu tacite de leur faiblesse réelle et de leur dépendance d'un pouvoir supérieur.

— Mon père, — dit Mabel essuyant ses yeux, et s'efforçant de calmer l'émotion qui la faisait pâlir et trembler, — je prierai avec vous, pour vous, pour moi-même, pour nous tous; la voix la plus faible et la plus humble ne s'élève jamais sans être entendue.

Il y avait quelque chose de sublime aussi bien que de touchant dans cet acte de piété filiale. Le calme et cependant la ferveur avec laquelle cette jeune fille se prépara à remplir ce pieux devoir, l'abnégation d'elle-même qui lui faisait oublier la timide réserve de son sexe, pour soutenir son père dans ce moment d'épreuve, l'élévation d'âme qui lui faisait diriger toutes ses facultés vers le but solennel qu'elle se proposait avec le dévouement et la supériorité d'une femme lorsque ses affections l'exigent, et la sainte résignation qui réprimait sa douleur, la rendirent en ce moment l'objet du respect et de la vénération de ceux qui l'entouraient.

Mabel avait reçu une éducation religieuse et raisonnable, également exempte d'exagération et de présomption. Sa confiance en Dieu était pleine de calme et d'espérance, en même temps qu'elle était de la nature la plus humble et la plus soumise. Elle avait été habituée dès l'enfance à prier, se conformant au divin précepte du Christ lui-même, qui ordonne à ses disciples de s'abstenir de vaines répétitions, et qui a laissé une prière sans égale par sa sublimité et sa précision, comme pour condamner expressément le penchant de l'homme à offrir ses pensées décousues et errantes comme l'holocauste le plus agréable à la Divinité. La secte à laquelle elle appartenait a fourni quelques-uns des plus beaux modèles qu'on puisse citer pour soutenir et guider l'esprit humain dans ses rapports avec le ciel. Accoutumée à ce mode de prière publique et même privée, l'âme de notre héroïne s'était naturellement portée vers les pensées élevées ; l'étude avait perfectionné la pratique et donnait à son langage une élévation qui n'excluait pas l'élégance. En un mot, Mabel était sous ce rapport un exemple de la facilité avec laquelle s'acquièrent la convenance des idées, la justesse de l'expression et la bienséance du maintien pour ceux mêmes qu'on pourrait supposer n'être pas susceptibles de recevoir de vives impressions de ce genre. Lorsqu'elle s'agenouilla près du lit de son père, son attitude respectueuse et son air de recueillement préparaient déjà les assistants au pieux devoir qu'elle allait remplir ; et quand les sentiments de son cœur s'exprimèrent par des paroles, et que la mémoire vint à leur secours, les prières et les louanges qui s'échappaient de ses lèvres avaient un caractère qu'un chœur d'anges n'eût pas désavoué. Bien que les mots n'en fussent pas servilement commentés, les expressions empreintes de la dignité simple de la liturgie à laquelle elle était habituée, étaient probablement aussi dignes de l'être à qui elles s'adressaient qu'aucune de celles que l'intelligence humaine peut lui offrir. Elles produisirent tout leur effet sur les auditeurs, car il est à remarquer qu'en dépit des effets pernicieux qu'entraîne une longue habitude du mauvais goût, le beau et le sublime sont si intimement alliés à la nature qu'ils trouvent en général un écho dans tous les cœurs.

Mais quand notre héroïne aborda la situation de son père, elle devint encore plus persuasive, parce qu'elle y mettait encore plus de ferveur et de naturel. Sa diction fut aussi pure, mais elle était soutenue par la simple puissance de l'amour, et ses paroles, échauffées par un saint zèle, s'élevaient presque à la hauteur de l'éloquence. Nous pourrions rapporter quelques-unes de ses expressions, s'il ne nous semblait peu convenable de soumettre des sujets si sacrés à une analyse trop familière.

L'effet de cette scène singulière et solennelle ne fut pas le même sur les différents individus qui en étaient témoins. Dunham lui-même fut bientôt absorbé par le sujet de la prière, et il sentit une sensation analogue à celle que pourrait éprouve un homme qui, chargé d'un lourd fardeau et chancelant au bord d'un précipice, sentirait tout-à-coup le poids s'alléger, et le verrait passer sur des épaules plus capables de le soutenir. Cap était à la fois surpris et stupéfait, bien que l'impression ne fût en lui ni très-profonde ni très-durable. Il s'étonnait un peu de ses propres sensations, et ne savait pas si elles étaient aussi mâles et aussi héroïques qu'elles devaient l'être; mais il sentait trop bien l'influence de la vérité, de l'humanité, de la soumission religieuse et de la dépendance des hommes pour penser à faire entendre quelque objection mal digérée. Jasper, à genoux en face de Mabel, le visage caché, suivait ses paroles avec un désir ardent d'unir sa prière à la sienne, quoiqu'on pût mettre en doute si ses pensées n'étaient pas plus occupées des doux accents de la suppliante que de l'objet de la demande.

L'impression produite sur Pathfinder était frappante et visible; il se tenait debout aussi en face de Mabel, et l'expression de ses traits trahissait, comme à l'ordinaire, les mouvements de son âme; il s'appuyait sur sa carabine, et ses doigts nerveux en pressaient parfois le canon avec une force sous laquelle l'acier semblait fléchir; deux ou trois fois, lorsque le langage de Mabel s'identifiait avec sa pensée, il leva les yeux, comme s'il se fût attendu à voir des preuves visibles de la présence de l'être redouté qu'elle invoquait, puis ses sentiments se reportaient encore sur la belle créature qui semblait exhaler son âme entière, dans une fervente mais douce prière en faveur d'un père mourant; les joues de Mabel avaient cessé d'être pâles, un saint enthousiasme les colorait, et ses yeux bleus, frappés par la lumière, la faisaient ressembler à une tête du Guide; dans ces instants le pur et profond attachement de Pathfinder brillait sur ses traits ingénus, et le regard qu'il fixait sur notre héroïne était celui que le père le plus tendre peut jeter sur l'enfant de son amour.

Lorsque Mabel cessant de prier se cacha le visage sur le lit de son père, il posa doucement les mains sur sa tête :

— Sois bénie, chère enfant, sois bénie! murmura-t-il; c'est une véritable consolation, que ne puis-je prier!

— Mon père, vous savez la prière du Sauveur, vous me l'avez apprise vous-même quand j'étais enfant.

Un sourire brilla sur la figure du sergent, car il se rappela qu'il avait au moins rempli cette portion des devoirs d'un père, et ce souvenir lui donna une satisfaction inexprimable en ce moment solennel. Il garda alors le silence plusieurs minutes, et tous les assistants crurent qu'il communiquait avec Dieu.

— Mabel, mon enfant! — dit-il enfin d'une voix qui semblait se ranimer, — Mabel, je vous quitte. — L'âme paraissant toujours, dans ce terrible et dernier passage, considérer le corps comme rien ; — je vous quitte, mon enfant ; votre main, où est-elle ?

— Ici, mon père, les voici toutes deux, oh ! pressez-les toutes deux !

— Pathfinder, — ajouta le sergent, en tâtant sur l'autre côté du lit où Jasper était encore à genoux, et prenant par erreur une des mains du jeune homme, — prenez-la ; je vous laisse comme son père, comme ce qu'il vous plaira à l'un et à l'autre. Je vous bénis, je vous bénis tous deux !

Nul ne voulut, dans cet instant redoutable, avertir le sergent de sa méprise, et il mourut une ou deux minutes après en tenant les mains de Mabel et de Jasper entre les siennes. Notre héroïne l'ignora jusqu'au moment où une exclamation de Cap lui apprit la mort de son père. Relevant alors la tête, elle vit les yeux de Jasper fixés sur elle, et elle sentit la pression de sa main brûlante ; mais un seul sentiment dominait en cet instant, et Mabel se retira pour pleurer, sachant à peine ce qui était arrivé. Pathfinder prit le bras d'Eau-douce et sortit du fort.

Les deux amis passèrent près du feu, traversèrent la clairière et arrivèrent près de la côte opposée de l'île sans avoir rompu le silence ; là ils s'arrêtèrent et Pathfinder parla.

— Tout est fini, Jasper, — dit-il, — tout est fini ; hélas ! le pauvre sergent Dunham a terminé son voyage, et par la main d'un reptile de Mingo ! Nous ne savons jamais ce qui doit nous arriver, et un sort semblable nous attend peut-être vous ou moi aujourd'hui ou demain.

— Et Mabel ! que va devenir Mabel, Pathfinder ?

— Vous avez entendu les dernières paroles du sergent, il m'a confié son enfant, Jasper ; c'est un dépôt solennel, oui, très solennel.

— C'est un dépôt, Pathfinder, dont tout homme vous déchargerait avec joie, — reprit le jeune marin avec un sourire amer.

— J'ai souvent pensé qu'il était tombé en de mauvaises mains. Je n'ai pas d'amour-propre, Jasper, je n'en ai pas ; je ne crois pas en avoir ; mais si Mabel Dunham veut me pardonner mon ignorance et toutes mes imperfections, j'aurais tort de m'y opposer, par suite de la certitude que je puis avoir moi-même de mon peu de mérite.

— Nul ne vous blâmera, Pathfinder, d'épouser Mabel Dunham; ce serait comme si l'on vous reprochait d'emporter dans votre sein un joyau précieux qu'un ami vous aurait librement donné.

— Pensez-vous qu'on blâme Mabel, mon garçon? J'ai eu aussi des inquiétudes à ce sujet, car tout le monde n'est pas disposé à me voir des mêmes yeux que vous et la famille du sergent. — Jasper Eau-douce tressaillit, comme un homme frappé d'une douleur subite, mais il reprit aussitôt son empire sur lui-même.

— Les hommes, — continua le guide, — sont envieux et d'un mauvais naturel surtout dans les garnisons et aux environs; j'ai quelquefois désiré, Jasper, que Mabel eût de l'affection pour vous; oui, et que vous en eussiez pour elle, car il m'a semblé souvent, qu'après tout, un jeune homme comme vous pouvait la rendre plus heureuse que je ne le puis.

— Ne parlons pas de cela, Pathfinder, — s'écria Jasper d'un ton brusque et impatient, — vous serez le mari de Mabel, et il n'est pas juste de supposer qu'un autre puisse l'être. Quant à moi, je veux consulter maître Cap, et tâcher de devenir un homme, en voyant ce qu'on peut faire sur l'eau salée.

— Vous, Jasper Western! vous, quitter les lacs, les forêts, la frontière! et cela pour aller dans les villes et dans les établissements qui dévastent nos bois, et pour trouver une légère différence dans le goût de l'eau! n'avons-nous pas les lacs salés, si le sel vous est nécessaire? et l'homme ne doit-il pas être content de ce qui satisfait les autres créatures de Dieu? Je comptais sur vous, Jasper, — oui, j'y comptais, — je pensais qu'à présent que Mabel et moi nous avons l'intention d'habiter une hutte qui nous appartienne, vous pourriez quelque jour être tenté de choisir aussi une compagne et de venir vous établir dans notre voisinage. Il y a, à environ 50 milles à l'ouest d'Oswego, un joli site, où j'ai dessein d'établir notre résidence; il s'y trouve à environ dix milles de ce côté un excellent petit port, où vous pourriez aller et venir avec le cutter à vos instants de loisir; je me suis même figuré vous et votre femme en possession d'une de ces places, et Mabel et moi en possession de l'autre. Nous ne serions éloignés l'un de l'autre que d'une partie de chasse, et si Dieu a jamais voulu qu'une de ses créatures fût heureuse sur la terre, aucune ne pourrait l'être plus que nous quatre.

— Vous oubliez, mon ami, — répondit Jasper, prenant la main du guide et s'efforçant de sourire, — que je n'ai pas de quatrième personne à aimer, et je doute fort que j'aime jamais personne autant que vous et Mabel.

— Je vous remercie, mon garçon, je vous remercie de tout mon cœur; mais ce que vous appelez aimer Mabel, est seulement de l'amitié, et c'est une chose très-différente de ce que je sens; à présent, au lieu de dormir aussi profondément que la nature à minuit, ainsi que j'avais coutume de le faire, je rêve toute la nuit de Mabel Dunham; les jeunes daims folâtrent autour de moi, et si je prends Tue-daim pour en abattre un, ils se retournent et il me semble leur voir à tous les doux traits de Mabel; et ils sourient en me regardant, comme s'ils voulaient me dire : Tuez-moi si vous l'osez! Puis j'entends sa douce voix se mêler aux chants des oiseaux; et pas plus tard que la dernière nuit, il me semblait en imagination que je sautais par-dessus la cataracte du Niagara, tenant Mabel dans mes bras plutôt que de m'en séparer. Les plus cruels moments que j'aie jamais connus, sont ceux où le diable ou quelque sorcier de Mingo me mettent dans la tête en rêvant que Mabel est perdue pour moi par quelque malheur inexplicable, ou par changement ou par violence.

— O Pathfinder! si cela vous semble si cruel en songe, que doit donc éprouver celui qui en sent la réalité, et qui sait que tout est vrai, oui, si vrai qu'il n'a plus d'espérance et qu'il ne lui reste que le désespoir!

Jasper laissa échapper ces mots, comme un vase, soudainement brisé, laisse couler le fluide qu'il contient. Ils furent prononcés involontairement, presque à son insu, mais avec un accent de vérité et de sensibilité qui ne laissait pas le moindre doute sur leur sincérité profonde. Pathfinder tressaillit et considéra son ami une minute, avec l'air d'un homme troublé jusqu'au fond de l'âme; il l'était en effet, car en dépit de toute sa simplicité, la vérité s'était montrée à lui. Chacun sait avec quelle promptitude les preuves se présentent dès que l'esprit est sur la voie d'un fait jusqu'alors inconnu, et avec quelle rapidité mille souvenirs viennent à l'appui du premier soupçon. Notre héros était naturellement si confiant, si juste et si disposé à croire que ses amis lui souhaitaient le même bonheur qu'il leur désirait lui-même, que jamais avant ce malheureux instant, il n'avait eu le plus léger soupçon de l'affection de Jasper pour Mabel; mais il connaissait trop bien maintenant les émotions qui caractérisent la passion, et l'élan des sentiments de son compagnon avait été trop violent et trop naturel pour lui laisser le moindre doute à ce sujet. Ce changement d'opinion lui fit d'abord éprouver la sensation d'une humilité profonde et d'une douleur excessive; il se rappela la jeunesse de Jasper, les agréments de sa personne, et toutes les raisons qui rendaient probable qu'un tel prétendant serait plus agréable à Mabel qu'il ne pouvait l'être lui-même. La noble rectitude d'esprit qu'il possédait à un si haut degré reprit alors son pouvoir; elle fut soutenue par la sévérité avec laquelle il se jugeait lui-même, et par cette déférence habituelle pour les droits et les sentiments des autres qui paraissait identifiée avec sa nature. Prenant le bras de Jasper, il le conduisit à un tronc d'arbre, sur lequel il le força de s'asseoir en employant l'argument irrésistible de ses muscles de fer, puis il s'assit auprès de lui.

Au moment où ses sentiments s'étaient trahis, Eau-douce avait été à la fois honteux et alarmé de leur violence. Il aurait donné tout ce qu'il possédait au monde pour plonger dans le néant les trois minutes qui venaient de s'écouler, mais il était trop franc par caractère, trop habitué à parler sincèrement à son ami, pour avoir un seul instant la pensée de le tromper ou de se refuser à l'explication que celui-ci se préparait à lui demander. Quoique tremblant à l'idée de ce qui allait se passer, la possibilité d'un subterfuge ne s'offrit pas à sa pensée.

— Jasper, — dit Pathfinder avec un accent dont la solennité fit vibrer tout les nerfs de son compagnon, — cela m'a surpris! Vous avez pour Mabel un sentiment plus tendre que je ne le pensais; et si ma vanité et mes désirs ne m'ont pas cruellement trompé, je vous plains, mon garçon, je vous plains de toute mon âme! Oui, je sens combien est à plaindre celui qui a donné son cœur à une créature telle que Mabel, s'il n'a pas l'espoir d'être pour elle ce qu'elle est pour lui. La chose doit être éclaircie, Eau-douce, comme disent les Delawares, jusqu'à ce qu'il ne reste pas un nuage entre nous.

— Quel besoin peut-il y avoir d'éclaircissements, Pathfinder? J'aime Mabel Dunham, et Mabel Dunham ne m'aime pas; elle vous préfère pour mari; et ce que j'ai de mieux à faire est de m'en aller sur l'eau salée, et d'essayer de vous oublier tous deux.

— M'oublier, Jasper! — ce serait une punition que je ne mérite pas. Mais comment savez-vous que Mabel me préfère? — comment pouvez-vous le savoir? cela me semble impossible!

— Ne doit-elle pas se marier avec vous, et Mabel voudrait-elle épouser un homme qu'elle n'aimerait pas ?

— Elle a été fortement pressée par le sergent, et une fille soumise peut avoir trouvé difficile de résister aux désirs d'un père mourant. Avez-vous jamais dit à Mabel que vous la préfériez à toute autre, Jasper, que vous aviez conçu pour elle ce sentiment ?

— Jamais, Pathfinder ! Je n'aurais pas voulu vous faire cette injure.

— Je vous crois, mon garçon, je vous crois ; et je pense que vous avez à présent l'intention d'aller sur l'eau salée et de laisser ce secret mourir avec vous. Mais cela ne doit pas être : Mabel saura tout, et elle fera sa volonté ; si mon cœur se brise dans l'épreuve, il se brisera. Nulles paroles à ce sujet n'ont donc été échangées entre vous et elle, Jasper ?

— Rien de positif, rien de direct. Cependant je vous avouerai toutes mes folies, Pathfinder, je ne veux avoir rien de caché pour un ami aussi généreux que vous l'êtes ; puis tout sera fini. Vous savez comment les jeunes gens s'entendent ou croient s'entendre, sans jamais se parler ouvertement, et comment ils parviennent à connaître leurs pensées, ou à croire les connaître, par une foule de petits moyens.

— Non, Jasper, je ne sais rien de cela, — répondit franchement le guide ; car, pour dire la vérité, ses avances n'avaient été accueillies par aucun de ces encouragements, témoignages muets de la sympathie unie à la passion. — Je ne sais rien de tout cela, Jasper. Mabel m'a toujours traité avec affection, et m'a dit ce qu'elle avait à me dire aussi clairement que possible.

— Vous avez eu le plaisir de lui entendre dire qu'elle vous aimait, Pathfinder ?

— Non, Jasper, pas précisément ; elle m'a dit que nous ne pouvions, que nous ne devions jamais nous marier ; qu'elle n'était pas assez bonne pour moi, quoique en ajoutant qu'elle m'honorait et me respectait. Mais le sergent me disait que les choses se passaient toujours ainsi avec les jeunes filles timides, que sa mère avait agi et parlé de même avant elle, et que je devais être satisfait si elle consentait à m'épouser de quelque manière que ce fût ; je l'ai cru et j'ai pensé que tout allait bien ; oui, je l'ai pensé.

Nous serions historien infidèle si nous ne disions pas que, malgré toute son amitié pour l'heureux amant, malgré les vœux sincères qu'il formait pour son bonheur, Jasper sentit son cœur bondir avec un sentiment inexprimable de plaisir en entendant Pathfinder parler ainsi. Ce n'est pas que la moindre espérance se rattachât à cette circonstance, mais il était doux à l'avarice jalouse d'un amour sans bornes d'apprendre ainsi que nul n'avait entendu le tendre aveu qui lui était refusé.

— Dites-moi encore quelque chose de cette façon de parler sans le secours de la langue, — continua Pathfinder dont la physionomie devenait grave, et qui maintenant questionnait son compagnon avec l'air d'un homme qui prévoit que la réponse pourra l'affliger; — j'ai conversé aussi de cette manière avec Chingashgook et son fils Uncas, avant la mort de ce dernier; mais je ne me doutais pas que les jeunes filles pratiquassent cet art, et Mabel Dunham moins que toute autre.

— Ce n'est rien, Pathfinder. Je parle seulement d'un regard, d'un sourire, d'un coup d'œil, ou d'un léger tremblement de la main ou du bras lorsque la jeune fille a eu l'occasion de s'approcher de moi, et parce que j'ai été assez faible pour trembler au souffle même de Mabel, ou au seul frôlement de sa robe, ma folie m'a trompé. Je n'ai jamais parlé ouvertement à Mabel, et maintenant il est inutile de le faire, puisqu'il est évident que je n'ai aucun espoir.

— Jasper; — répondit Pathfinder simplement, mais avec une dignité qui interdisait pour le moment toute observation, — nous allons nous occuper des funérailles du sergent et des préparatifs de notre départ; il sera temps ensuite de nous entretenir plus au long de la fille du sergent. Cette affaire doit être examinée, car le père m'a confié son enfant.

Jasper ne fut pas fâché de laisser ce sujet, et les deux amis se séparèrent pour s'acquitter chacun des devoirs relatifs à leur position et à leurs habitudes.

Tous les morts furent enterrés dans l'après-midi; la tombe du sergent Dunham, placée au centre de la clairière, était ombragée par un orme d'une hauteur remarquable. Mabel pleura amèrement pendant la cérémonie, et ses larmes lui procurèrent quelque soulagement. La nuit se passa tranquillement, ainsi que le jour suivant. Jasper ayant déclaré que la brise était trop forte pour s'aventurer sur le lac, le même motif empêcha le capitaine Sanglier de quitter l'île avant le matin du troisième jour qui suivit la mort de Dunham; le temps étant devenu plus calme et le vent

favorable, il partit alors, après avoir pris congé de Pathfinder de l'air d'un homme qui croit voir pour la dernière fois un être distingué avec lequel il a eu des relations passagères. Tous deux se séparèrent en paraissant s'estimer mutuellement, tandis que chacun d'eux sentait que l'autre était pour lui une énigme.

CHAPITRE XXIX.

> « Elle se retourna joyeuse, afin qu'il pût voir le sourire qui errait sur ses lèvres. Mais lorsqu'elle observa la mélancolie de son front, ce sourire s'évanouit. »
> *Lalla Rook.* THOMAS MOORE.

Les nombreux événements qui s'étaient écoulés depuis peu de jours avaient été d'une nature trop agitante, et avaient exigé trop de preuves de courage de notre héroïne, pour qu'elle restât dans l'accablement du désespoir. Elle pleurait son père, elle tressaillait souvent en se rappelant la mort subite de Jenny, et toutes les scènes horribles dont elle avait été témoin ; mais aussi elle rappela à son aide toute son énergie naturelle, et ne resta pas plus long-temps dans l'abattement qui suit ordinairement une grande douleur. Peut-être l'accablement et, pour ainsi dire, la stupéfaction qui pesait sur la pauvre Rosée-de-Juin, et qui la tint pendant près de vingt-quatre heures dans un état de stupeur, aida Mabel à surmonter ses propres sensations, car elle s'était sentie appelée à consoler la jeune Indienne. Elle avait rempli ce devoir avec ce calme et cette douceur insinuante qui donne à son sexe tant d'influence dans de semblables occasions.

Le Scud devait partir dans la matinée du troisième jour. Jasper avait fait tous les préparatifs ; les différents effets étaient embarqués, et Mabel avait fait à Rosée-de-Juin de tendres et pénibles adieux. En un mot, tout était prêt et tout le monde avait quitté l'île, excepté la jeune Indienne, Pathfinder, Jasper et notre héroïne. La première était allée pleurer dans un buisson, et les autres s'approchaient d'un lieu où trois pirogues étaient amarrées :

l'une d'elles appartenait à Rosée-de-Juin, et les autres devaient conduire au *Scud* les trois autres personnages que nous venons de mentionner. Pathfinder marchait en tête; mais en arrivant près de la côte, au lieu de prendre la direction des bateaux, il fit signe à ses compagnons de le suivre, et se dirigea vers un arbre tombé, étendu sur les bords de la clairière et hors de vue de ceux qui étaient à bord du cutter. S'asseyant sur le tronc, il fit signe à Mabel et à Jasper de prendre place à ses côtés.

— Asseyez-vous ici, Mabel, asseyez-vous là, Jasper, — dit-il aussitôt qu'il se fut assis lui-même. — J'ai quelque chose qui me pèse sur le cœur, et il est temps maintenant ou jamais de me débarrasser de ce fardeau. Asseyez-vous, Mabel, et laissez-moi soulager mon cœur, sinon ma conscience, tandis que j'ai la force de le faire.

Un silence de quelques minutes eut lieu, et les deux jeunes gens attendaient avec surprise ce qui allait suivre. L'idée que Pathfinder avait un poids sur la conscience leur semblait impossible à l'un et à l'autre.

— Mabel, — dit enfin notre héros, — il faut nous parler franchement l'un à l'autre avant de rejoindre votre oncle sur le cutter, où Eau-salée a passé chaque nuit depuis la dernière affaire, car il dit que c'est le seul lieu où un homme puisse être sûr de conserver les cheveux de sa tête. Oui, il le dit. Ah! mon Dieu, pourquoi m'occuper de ces folies maintenant? J'essaie de plaisanter et d'avoir le cœur gai, mais le pouvoir de l'homme ne peut pas faire remonter l'eau vers sa source. Mabel, avant que le sergent nous quittât, vous savez qu'il avait décidé que nous deviendrions mari et femme, pour vivre ensemble et nous aimer l'un et l'autre aussi long-temps que le Seigneur voudrait nous conserver sur la terre, oui, et même encore après.

L'air du matin avait rendu aux joues de Mabel un peu de leur ancienne fraîcheur, mais, à ce discours imprévu, elles reprirent la teinte pâle que le chagrin leur avait imprimée. Elle regarda Pathfinder d'un œil sérieux quoique bienveillant, et s'efforça même de sourire.

— Cela est vrai, mon excellent ami, — répondit-elle, — c'était le désir de mon pauvre père, et ma vie entière dévouée à votre bonheur pourra à peine payer tout ce que vous avez fait pour nous.

— J'ai dans l'idée, Mabel, qu'un mari et une femme ont besoin d'être unis par des liens plus forts que de pareils sentiments ; oui, je le crois. Vous n'avez rien fait pour moi, ou du moins rien d'important, et cependant mon cœur est attiré vers vous, il l'est ; ainsi il me semble que ces sentiments ne naissent pas seulement parce qu'on sauve des chevelures ou qu'on guide à travers les bois.

Les joues de Mabel rougirent de nouveau, elle essaya vainement de sourire, et sa voix trembla un peu lorsqu'elle répondit :

— Ne devrions-nous pas ajourner cette conversation, Pathfinder ? Nous ne sommes pas seuls, et rien n'est si peu agréable pour un tiers, que des affaires de famille dans lesquelles il n'a aucun intérêt.

— C'est parce que nous ne sommes pas seuls, Mabel, ou plutôt parce que Jasper est avec nous, que je désire parler de cette affaire. Le sergent croyait que je ferais un bon mari pour vous, et quoique j'eusse des doutes, — oui, j'en avais beaucoup, — il vint à bout de me le persuader, et tout fut convenu, comme vous le savez. Mais lorsque vous m'avez promis de m'épouser, Mabel, si modestement, mais avec tant de douceur, il y avait une circonstance, comme votre oncle le dit, que vous ne connaissiez pas, et j'ai pensé qu'il était juste de vous la faire connaître, avant que cette affaire soit entièrement terminée. J'ai souvent pris un daim maigre pour mon dîner lorsque je ne pouvais trouver de bonne venaison. Mais il est tout naturel de ne pas prendre le meilleur lorsqu'on peut avoir le mieux.

— Pathfinder, vous parlez d'une manière qu'il est difficile de comprendre. Si cette conversation est réellement nécessaire, je vous demanderai de vous expliquer plus clairement.

— Eh bien ! Mabel, je pense qu'il était probable, lorsque vous avez consenti aux désirs du sergent, que vous ne connaissiez pas la nature des sentiments de Jasper à votre égard ?

— Pathfinder ! — s'écria Mabel. — Son visage devint pâle comme la mort, prit ensuite une teinte cramoisie, et tout son corps frissonna. Pathfinder était trop préoccupé de ses propres sentiments pour observer cette agitation, et Eau-douce ne put la voir, car en entendant prononcer son nom il s'était couvert le visage de ses mains.

— J'ai causé avec ce jeune homme, et en comparant ses rêves avec mes rêves, ses sentiments avec mes sentiments, ses désirs avec mes désirs, je crains que nous ne pensions d'une manière trop semblable relativement à vous, pour être heureux tous les deux.

— Pathfinder, vous oubliez, — vous devriez vous rappeler que nous sommes fiancés! — dit Mabel avec précipitation, mais d'une voix si basse qu'il fallut une extrême attention de la part de ses compagnons pour distinguer ses paroles. Le dernier mot ne fut pas entièrement intelligible pour le guide et il confessa son ignorance par son expression habituelle :

— *Anan*[1] ?

— Vous oubliez que nous devons nous marier, et de semblables allusions sont aussi peu convenables qu'elles sont pénibles.

— Tout ce qui est juste est convenable, Mabel, et ce qui est juste conduit à l'équité et à la franchise. Mais cela est pénible, en effet, je l'éprouve dans ce moment. Mabel, si vous aviez su qu'Eau-douce pensait à vous de la même manière que moi, vous n'auriez peut-être jamais consenti à épouser un homme aussi vieux et aussi peu engageant que moi.

— Pourquoi cette cruelle épreuve, Pathfinder? A quoi peut-elle conduire? Jasper Western ne pense à rien de semblable; il ne dit rien, il ne sent rien.

— Mabel! — ce cri échappa aux lèvres du jeune homme de manière à trahir une émotion insurmontable. Mais il ne prononça pas un mot de plus.

Mabel se couvrit le visage de ses mains, et les deux jeunes gens restèrent silencieux comme deux coupables qui viennent d'être surpris en commettant un crime au préjudice d'un commun patron. Dans cet instant, Jasper lui-même fut peut-être tenté de nier sa passion, tant la crainte qu'il éprouvait d'affliger son ami était extrême. Quant à Mabel, la certitude positive d'un fait que jusqu'alors elle avait plutôt espéré involontairement qu'elle ne l'avait cru, causait un tel désordre dans son cœur, qu'elle ne savait pas si elle devait se réjouir ou pleurer. Cependant elle fut la première à parler, car Jasper ne pouvait se résoudre ni à faire un mensonge, ni à rien dire qui pût faire peine à son ami.

— Pathfinder, — dit-elle, — pourquoi me parler d'une manière si étrange, pourquoi est-il question de tout cela?

— Mabel, si je parle d'une manière étrange, c'est que je suis étrange et à demi-sauvage par nature aussi bien que par habitude. En prononçant ces mots, il essaya de rire sans bruit comme

---

1. Que dites-vous ?

c'était son usage; mais cet essai produisit un son discordant qui parut l'étouffer au passage. — Oui, je dois être sauvage, je ne veux pas tenter de le nier.

— Cher Pathfinder! mon meilleur, presque mon seul ami! vous ne pouvez pas penser que j'eusse l'intention de vous dire cela, — s'écria Mabel avec précipitation, car elle craignait de l'avoir humilié. — Si le courage, la franchise, la noblesse de l'âme et de la conduite, les principes les plus fermes, et cent autres belles qualités peuvent rendre un homme respectable, estimable, et le faire aimer, vos droits ne sont inférieurs à ceux de personne.

— Quelle voix tendre et séduisante elles ont, Jasper! — reprit le guide en souriant cette fois avec autant de franchise que de simplicité. — Oui, la nature semble les avoir faites exprès pour chanter à nos oreilles, quand la musique des bois est silencieuse. Mais il faut en venir à une explication, il le faut. Je vous le demande encore, Mabel, si vous aviez su que Jasper vous aimât autant que moi et peut-être davantage, quoique cela me semble presque impossible; que dans ses rêves, il voit votre visage dans l'eau du lac, qu'il vous parle ou qu'il parle de vous dans son sommeil, qu'il croit que rien n'est beau, rien n'est bon, rien n'est vertueux comme Mabel Dunham, et qu'il n'a jamais connu le bonheur avant de vous connaître; qu'il baiserait la terre sur laquelle vous marchez, qu'il oublierait toutes les joies de sa profession pour ne penser qu'à vous, pour arrêter avec délices ses yeux sur votre beauté, et pour écouter le son de votre voix, dites-le-moi, auriez-vous consenti à m'épouser?

Mabel n'aurait pas pu répondre à cette question quand elle l'aurait voulu; mais bien que son visage fût caché par ses mains, la teinte pourprée de ses joues se faisait voir entre ses doigts, auxquels sa rougeur semblait se communiquer. Cependant, la nature conservait son pouvoir, et il y eut un instant où la jeune fille étonnée et presque effrayée jeta un regard à la dérobée sur Jasper, comme si elle n'eût pu croire ce que Pathfinder venait de dire; ce coup d'œil lui révéla toute la vérité, et alors elle cacha de nouveau son visage comme pour échapper elle-même à toute observation.

— Prenez le temps de réfléchir, Mabel, — continua le guide, — car c'est une chose qui mérite réflexion que de choisir un homme pour mari lorsque l'on sent du penchant pour un autre.

Jasper et moi nous avons parlé franchement de cette affaire comme deux anciens amis, et quoique je fusse convaincu que nous avions presque toujours la même opinion sur toute chose, je ne pensais pas néanmoins que nous vissions les mêmes objets absolument avec les mêmes yeux jusqu'à ce que nous nous fussions expliqués ensemble relativement à vous. Jasper m'a avoué que la première fois qu'il vous a vue, il a pensé que vous étiez la plus douce et la plus charmante créature qu'il eût jamais rencontrée; que votre voix flattait ses oreilles comme le murmure de l'eau; qu'il lui semblait que ses voiles étaient vos vêtements flottant au gré de la brise; que votre sourire le poursuivait dans ses rêves, et que souvent, bien souvent il s'éveillait effrayé, s'imaginant que l'on voulait vous arracher du *Scud* dont vous aviez fait votre demeure. Bien plus, il est convenu qu'il avait pleuré plus d'une fois en songeant que vous étiez destinée à passer vos jours avec un autre que lui.

— Jasper !

— C'est la vérité, Mabel, et il est de mon devoir de vous l'apprendre. Maintenant levez-vous et choisissez entre nous. Je crois qu'Eau-douce vous aime autant que je vous aime moi-même; il a essayé de vous persuader qu'il vous aimait mieux, mais je ne veux pas en convenir, car je ne crois pas que cela soit possible. Mais je conviens qu'il vous aime de tout son cœur et de toute son âme et qu'il a le droit d'être entendu. Le sergent vous a confiée à moi comme à un protecteur, non comme à un tyran. Je lui ai dit que je serais un père pour vous aussi bien qu'un mari, et aucun père sensible ne peut refuser à son enfant ce léger privilége. Levez-vous, Mabel, et parlez aussi librement que si j'étais le sergent lui-même, voulant votre bonheur et rien de plus.

Mabel laissa tomber ses mains, se leva et resta face à face devant ses deux amants, mais la rougeur qui couvrait son visage était celle de l'exaltation de la fièvre plutôt que de la honte.

— Que voulez-vous de moi, Pathfinder? dit-elle, — n'ai-je pas promis à mon pauvre père de faire tout ce que vous désireriez?

— En ce cas voici ce que je désire. Je suis un homme des forêts et de peu de savoir, quoique je croie que mon ambition soit plus grande que mon mérite, et je ferai tous mes efforts pour rendre justice aux deux parties. En premier lieu, il est reconnu que nos sentiments, en tout ce qui nous concerne, sont exactement les mêmes. Jasper dit que les siens doivent être les plus forts; mais c'est ce que je ne puis dire en bonne conscience, car il ne me semble pas que cela puisse être vrai, sans quoi je l'avouerais franchement, librement. Ainsi, sur ce point, Mabel, nous sommes ici devant vous sur le même pied. Quant à moi, étant le plus âgé, je dirai d'abord le peu qu'il y a à dire, soit en ma faveur, soit contre moi. Comme chasseur, je crois qu'il n'y a personne sur les frontières qui puisse me surpasser. Si jamais la venaison, la chair d'ours, ou même les oiseaux et les poissons devenaient rares dans notre cabane, ce serait plutôt la faute de la nature et de la Providence que la mienne. Enfin il me semble que la femme qui devra compter sur moi ne court pas grand risque de manquer jamais de nourriture. Mais je suis terriblement ignorant! Il est vrai que je parle plusieurs langues, quelles qu'elles soient, mais je ne suis pas bien savant dans la mienne. Mes années sont bien plus nombreuses que les vôtres, Mabel, et mon amitié de si longue date avec votre père ne peut pas être un grand mérite à vos yeux. Je voudrais aussi avoir une figure plus avenante; mais nous sommes tous ce que la nature nous a faits, et la dernière chose dont un homme doive se plaindre, excepté dans des occasions particulières, c'est de son physique. Tout cela passé en revue, l'âge, la tournure, le savoir, les habitudes, Mabel, ma conscience me force d'avouer que je ne suis pas un mari convenable pour vous, pour ne pas dire que j'en suis indigne, et j'abandonnerais toute espérance à l'instant même si je ne sentais pas dans mon cœur quelque chose qu'il me semble difficile d'en arracher.

— Pathfinder! noble, généreux Pathfinder! s'écria notre héroïne en saisissant la main du guide et la baisant avec un saint respect; vous ne vous rendez pas justice, vous oubliez mon pauvre père et vos promesses, vous ne me connaissez pas.

— D'un autre côté voici Jasper, — continua le guide, sans permettre que les caresses de la jeune fille le détournassent de son dessein. — Avec lui le cas est différent. Pour l'amour et les provisions, il n'y a pas beaucoup à choisir entre nous, car le jeune homme est sobre, plein d'industrie et soigneux, et puis c'est tout-à-fait un savant, il connaît la langue des Français, il a lu bien des livres, et quelques-uns que je sais que vous aimez à lire; il peut vous comprendre en tout temps, et c'est peut-être plus que je n'en pourrais dire de moi.

— Qu'est-ce que tout cela signifie? — s'écria Mabel avec impatience, — pourquoi en parlez-vous maintenant? pourquoi en parler jamais?

— Et puis Jasper a une manière de faire connaître ses pensées que je n'égalerai jamais, je le crains. Si quelque chose sur la terre devait rendre ma langue hardie et persuasive, c'était vous, Mabel, et cependant dans nos dernières conversations Jasper m'a dépassé sur ce point de manière à me rendre honteux de moi-même. Il m'a dit combien vous étiez simple, vraie, bonne, combien vous méprisiez les vanités ; car bien que vous pussiez viser plus haut qu'à un officier, il pense que vous aimez mieux rester fidèle à vous-même et à vos sentiments que de devenir la femme d'un colonel. Mon sang coulait plus chaud dans mes veines, tandis que je l'entendais dire que vous étiez belle sans avoir l'air de le savoir ; que vos mouvements avaient la grâce et le naturel d'un jeune faon. Il me parlait aussi de la justesse de vos idées, de la chaleur et de la générosité de votre cœur...

— Jasper! — s'écria Mabel, en donnant carrière à tous les sentiments qui, si long-temps retenus, avaient pris une force irrésistible ; et elle tomba entre les bras du jeune homme ouverts pour la recevoir, pleurant comme un enfant, et n'ayant pas plus de force. — Jasper! Jasper! pourquoi m'avoir caché tout cela!

La réponse d'Eau-douce ne fut pas très-intelligible, pas plus que le dialogue à demi murmuré qui suivit ne fut remarquable par son bon sens. Mais le langage de l'amour est facile à comprendre. L'heure qui succéda se passa aussi vite que quelques minutes de la vie ordinaire ; et lorsque Mabel se réveilla de ce doux rêve, et tandis qu'elle pensait qu'il existait encore d'autres individus dans le même univers, son oncle arpentait le pont du cutter avec impatience, en s'étonnant que Jasper perdît si long-temps un vent favorable. Mais la première pensée de Mabel fut pour celui qui paraissait devoir être mis à une cruelle épreuve par la découverte de ses sentiments.

— O Jasper! — s'écria-t-elle, comme quelqu'un qui sort d'un songe, le guide, Pathfinder!

Eau-douce tressaillit, non de crainte, mais de la pénible conviction du désespoir qu'il avait causé à son ami ; et il regarda autour de lui dans l'espérance de l'apercevoir. Mais Pathfinder s'était éloigné avec un tact et une délicatesse qui auraient pu faire honneur à la sensibilité et au savoir-vivre d'un courtisan.

Pendant quelques minutes, les deux amants restèrent assis, silencieux, attendant son retour, incertains de ce qu'ils devaient faire dans une circonstance si importante et si particulière. Enfin ils aperçurent leur ami, s'avançant lentement vers eux d'un air pensif et même rêveur.

— Je comprends maintenant ce que vous vouliez dire, Jasper, par parler sans langue et entendre sans oreilles, dit le guide lorsqu'il fut assez près de l'arbre pour être entendu. Oui, je le comprends maintenant, et c'est une agréable conversation quand on cause ainsi avec Mabel Dunham. Ah ! j'avais dit au sergent que je n'étais pas fait pour elle, que j'étais trop vieux, trop ignorant, trop sauvage, mais il ne voulut pas me croire.

Jasper et Mabel assis l'un près de l'autre ressemblaient à la peinture que Milton nous fait de nos premiers parents lorsque le sentiment même de leur première faute chargea leur âme d'un poids terrible. Aucun des deux ne parla, aucun des deux ne fit un mouvement, et cependant chacun d'eux pensait en ce moment qu'il pourrait renoncer à son nouveau bonheur pour rendre à on ami la paix qu'il avait perdue. Jasper était aussi pâle que la mort, mais chez Mabel une pudeur virginale avait appelé son sang sur ses joues, et leur avait donné un éclat, une richesse d'incarnat qui n'avait peut-être jamais été égalée dans ses jours de joie et d'insouciance. Comme le sentiment qui, dans son sexe, accompagne toujours la sécurité d'un amour partagé, répandait sa douceur et sa tendre expression sur son visage, elle était plus belle que jamais. Pathfinder fixa ses yeux sur elle avec une ardeur qu'il n'essaya pas de cacher, puis il se mit à rire cordialement, mais à sa manière et avec une sorte d'exaltation sauvage, ainsi que les hommes non civilisés ont l'habitude d'exprimer leur plaisir. Ce moment d'oubli fut bien expié par la pensée subite que cette jeune et belle créature était perdue pour lui à jamais, et par le désespoir muet qui suivit cette pensée. Cet être si simple d'esprit et de cœur eut besoin de plus d'une minute pour se remettre du choc de cette conviction. Puis il reprit son calme habituel, et parla d'un ton grave et presque solennel.

— J'ai toujours su, Mabel Dunham, que chaque homme a sa nature, — dit-il, — mais j'avais oublié qu'il n'était pas dans la mienne de plaire aux jeunes filles belles et savantes. J'espère que cette erreur n'est pas une grande faute; si cela est, j'en suis cruellement puni, Mabel; je vois ce que vous voulez dire, mais cela n'est pas nécessaire, je le sens, et c'est la même chose que si je l'entendais. J'ai eu une heure d'amertume, Mabel; j'ai eu une heure de grande amertume, mon garçon...

— Une heure! répéta Mabel; et le sang qui avait reflué vers son cœur se répandit sur ses joues en une rougeur accusatrice. Une heure! est-ce possible, Pathfinder?

— Une heure! s'écria Jasper au même instant; non, non, mon digne ami, il n'y a pas dix minutes que vous nous avez quittés.

— Peut-être cela est-il ainsi, quoique ce temps m'ait semblé une journée. Je commence à croire néanmoins que les heureux comptent par minutes et les misérables par mois. Mais n'en parlons plus; tout est fini maintenant; en parler davantage ne vous rendrait pas plus heureux, tandis que cela ne ferait que m'apprendre mieux ce que j'ai perdu, et probablement combien je méritais de le perdre. Non, non, Mabel, il est inutile de m'interrompre, j'admets tout ce que vous pourriez me dire; mais tout ce que vous me diriez, quoique dans les meilleures intentions, ne changerait rien à ma résolution. Jasper, elle est à vous, et quoique cela soit dur à dire, je crois que vous la rendrez plus heureuse que je n'aurais pu le faire, car votre nature est plus convenable pour cela, quoique je pense, si je me connais bien moi-même, que j'aurais fait tous mes efforts pour assurer son bonheur. Je n'aurais pas dû croire le sergent, et j'aurais dû avoir foi en ce que m'a dit Mabel près du lac, car la raison et le jugement auraient dû m'en montrer la vérité; mais il est si doux de croire ce que nous désirons, et les autres nous persuadent si aisément ce que nous cherchons à nous persuader nous-mêmes! Mais à quoi bon parler de tout cela, comme je le disais tout-à-l'heure? Il est vrai que Mabel semblait y consentir, mais cela venait du désir de plaire à son père, et de la crainte d'être au milieu des sauvages.

— Pathfinder!

— Je vous comprends, Mabel, et je n'ai aucun reproche à vous faire. Je pense quelquefois que j'aimerais à vivre dans votre voisinage, afin d'être témoin de votre bonheur; mais après tout, il vaut mieux que je quitte le 55me et que je retourne au 60me, qui est en quelque sorte mon régiment natal. Peut-être aurait-il mieux valu pour moi que je ne l'eusse jamais quitté, quoique mes services aient été de quelque utilité de ce côté-ci, et que j'eusse passé bien des années avec des soldats du 55me, le sergent

Dunham, par exemple, lorsqu'il servait dans un autre corps. Cependant, Jasper, je ne regrette pas de vous avoir connu....

— Et moi, Pathfinder? — interrompit impétueusement Mabel, regrettez-vous de m'avoir connue? Si je le pensais, je ne serais jamais en paix avec moi-même.

— Vous, Mabel, — répondit le guide en lui prenant la main et la regardant en face avec la simplicité d'un enfant, mais avec une vive affection; comment pourrais-je être fâché qu'un rayon de soleil ait percé l'obscurité d'un jour ténébreux? que la lumière ait dissipé un moment les ténèbres? Je ne puis pas espérer d'avoir le cœur aussi léger et de dormir aussi profondément qu'autrefois d'ici à quelque temps; mais je me rappellerai toujours combien je fus près d'un bonheur non mérité. Loin de vous blâmer, Mabel, je me blâme moi-même d'avoir été assez vain pour croire qu'il était possible que je pusse plaire à une créature telle que vous. Car certainement vous m'avez dit la vérité lorsque nous avons causé ensemble sur la montagne, et j'aurais dû vous croire alors; car il est naturel de supposer que les jeunes filles doivent mieux connaître ce qui se passe dans leur esprit que leur père. Ah! tout est fini maintenant, et il ne me reste plus qu'à prendre congé de vous, afin de vous laisser partir. Maître Cap doit être impatient et nous risquons qu'il ne vienne à terre, pour voir ce que nous sommes devenus.

— Prendre congé de nous! s'écria Mabel.

— Congé! répéta Jasper. Vous ne pouvez avoir l'intention de nous quitter, mon ami?

— C'est le meilleur parti à prendre, Mabel, c'est le parti le plus sage, Eau-douce. Si je ne suivais que mon cœur, je vivrais et je mourrais près de vous; mais si je veux suivre les conseils de ma raison, je dois vous quitter ici. Vous retournerez à Oswego, et vous deviendrez mari et femme aussitôt votre arrivée, car tout est arrangé avec maître Cap, qui soupire de nouveau après la mer et qui sait ce qui doit arriver. Moi je retournerai à la solitude et à mon créateur. Venez, Mabel, — ajouta Pathfinder en se levant et s'avançant vers notre héroïne d'un air grave, — embrassez-moi; Jasper ne sera pas jaloux d'un baiser au moment de mon départ.

— O Pathfinder! — s'écria Mabel en se précipitant entre les bras du guide, et l'embrassant à plusieurs reprises, avec une franchise et une chaleur qu'elle avait été loin de manifester lorsque Jasper la serrait contre son cœur. — Que Dieu vous bénisse, cher Pathfinder ! Vous reviendrez près de nous, — nous vous reverrons encore ; — lorsque vous serez vieux, vous viendrez dans notre demeure, et je serai une fille pour vous.

— Oui, c'est cela, — répondit le guide respirant à peine, — j'essaierai de penser à vous, ainsi ; vous étiez plutôt faite pour être ma fille que ma femme. Adieu, Jasper, nous allons nous rendre au canot, il est temps que vous arriviez à bord.

Pathfinder ouvrit la marche d'un air calme et solennel. Aussitôt qu'il eut atteint le canot, il prit de nouveau les deux mains de Mabel et tendant les bras devant lui, il la tint à un pas de distance, regardant attentivement son visage, jusqu'à ce que des larmes involontaires, s'échappant de son cœur, vinssent couler par terre le long de ses joues.

— Donnez-moi votre bénédiction, Pathfinder, — dit Mabel en s'agenouillant avec respect devant lui ; — donnez-la-moi avant que nous nous séparions !

L'homme simple de la nature, mais si noble d'esprit, fit ce que la jeune fille désirait, puis il l'aida à entrer dans le canot, et parut s'arracher d'elle avec le plus pénible effort. Avant de se retirer, il prit Jasper sous le bras ; le conduisant un peu à l'écart, il lui parla de la manière suivante :

— Vous êtes bon de cœur et doux de nature, Jasper, mais nous sommes tous les deux rudes et sauvages en comparaison de cette chère créature. Prenez-en bien soin, et ne heurtez jamais son doux caractère en lui montrant la rudesse de la nature de l'homme. Vous la comprendrez avec le temps, et le Seigneur qui a créé les lacs et les forêts, et qui regarde la vertu en souriant et le vice avec un front courroucé, vous rendra heureux et surtout digne de l'être !

Pathfinder fit signe à son ami de partir, et il resta appuyé sur sa carabine jusqu'à ce que le canot eût atteint *le Scud*. Mabel versait des larmes comme si son cœur eût été brisé. Elle ne détourna pas ses yeux de la clairière où elle pouvait apercevoir Pathfinder jusqu'à ce que le cutter eût doublé une pointe qui cachait entièrement l'île. Quand elle jeta un dernier regard sur cet homme extraordinaire, il était toujours dans la même position, inanimé en apparence, et comme une statue élevée en commémoration des scènes dont ce lieu solitaire avait été depuis peu le témoin.

CHAPITRE XXX.

> « Oh! laisse-moi seulement respirer l'air, l'air adoré que tu respires, et soit qu'il apporte sur ses ailes la guérison ou la mort, il sera doux pour moi! »
>
> MOORE.

Pathfinder était habitué à l'isolement, mais lorsque *le Scud* eut disparu, il fut accablé du sentiment de sa solitude. Jamais, dans aucun temps, il n'avait senti à ce point son isolement dans le monde; car il s'était habitué peu à peu aux raffinements et aux besoins de la vie sociale, surtout lorsque ces besoins se rattachaient aux affections domestiques. Tout s'était éclipsé en un moment, puis il était resté seul, sans ami comme sans espérance; Chingashgook lui-même l'avait quitté momentanément, et sa présence manquait à Pathfinder en cet instant qu'il pouvait appeler le plus critique de sa vie.

Long-temps après que *le Scud* eut disparu, Pathfinder resta appuyé sur sa carabine, dans l'attitude que nous avons décrite dans le chapitre précédent. La raideur de ses muscles était toujours la même, et il fallait que ses membres eussent été mis souvent à une sévère épreuve pour qu'ils pussent conserver cette posture avec l'inflexibilité du marbre pendant un si long espace de temps. Enfin il s'éloigna, et le premier mouvement de son corps fut précédé d'un soupir qui partit du plus profond de son cœur.

Un des points caractéristiques de cet être extraordinaire, c'est que ses facultés morales et physiques n'étaient jamais en défaut, quelque préoccupé que fût son esprit. Dans cette triste occasion ni l'un ni l'autre de ces deux grands auxiliaires ne lui manquèrent. Quoiques ses pensées fussent exclusivement occupées de Mabel, de sa beauté, de sa préférence pour Jasper, de ses larmes et de son départ, il se dirigea en ligne directe vers l'endroit où Rosée-de-Juin était toujours pleurant sur la tombe de son mari. Leur conversation eut lieu dans la langue des Tuscaroras que Pathfinder parlait couramment, mais comme cette langue n'est connue que des gens très-savants, nous la traduirons librement, conservant autant que possible le ton de chaque interlocuteur.

Rosée-de-Juin était assise sur une pierre qui avait été tirée de l'excavation faite pour la tombe, ses cheveux couvraient son visage; elle était penchée sur l'espace qui contenait le corps d'Arrowhead, ne s'apercevant point qu'il y avait quelqu'un près d'elle. Elle se croyait seule dans l'île, et les moccasins du guide avaient fait trop peu de bruit pour la détromper.

Pathfinder regarda la jeune femme quelques minutes avec une attention muette. La contemplation de sa douleur, le souvenir de sa perte irréparable et les signes de son désespoir eurent une influence salutaire sur ses propres sentiments. Sa raison lui dit combien les sources de la douleur étaient plus profondes dans une jeune femme violemment et subitement privée de son mari, que dans lui-même.

— Rosée-de-Juin, — dit-il avec solennité, mais d'un ton qui prouvait la force de sa compassion, — vous n'êtes pas seule dans votre chagrin. Tournez-vous, et que vos yeux se reposent sur un ami.

— Rosée-de-Juin n'a plus d'ami, — répondit la jeune Indienne.
— Arrowhead est parti pour les terres heureuses de la chasse, et personne n'est resté pour prendre soin de sa veuve. Les Tuscaroras la chasseraient de leurs wigwams; les Iroquois sont haïssables à ses yeux, et elle ne pourrait les regarder. Non, laissez Rosée-de-Juin mourir de faim sur la tombe de son mari.

— Cela ne sera pas, cela ne sera pas; c'est contre la raison et la justice. Vous croyez au Manitou, Rosée-de-Juin?

— Il a caché sa face à Rosée-de-Juin, parce qu'il est en colère. Il l'a laissée seule pour mourir.

— Rosée-de-Juin, écoutez un homme qui a une longue connaissance de la nature des peaux-rouges, quoiqu'il soit lui-même une face pâle, et qu'il ait la nature des blancs. Lorsque le manitou d'une face pâle veut produire du bien dans son cœur, il le frappe de chagrin, car c'est dans nos douleurs que nous jetons un regard plus pénétrant en nous-mêmes et que nous comprenons mieux nos devoirs. Le Grand-Esprit vous veut du bien, c'est pourquoi il a appelé à lui le chef, afin que vous ne soyez pas conduite dans une fausse route par sa langue astucieuse, et que vous ne deveniez pas une Mingo par caractère comme vous l'étiez par la compagnie dans laquelle vous vous trouviez.

— Arrowhead était un grand chef, — répondit la jeune femme avec fierté.

— Il avait son mérite, et il avait aussi ses défauts. Mais, Rosée-de-Juin, vous n'êtes pas abandonnée, et vous ne le serez jamais. Livrez-vous à votre chagrin, c'est dans la nature, et lorsqu'un temps convenable sera venu, je vous en dirai davantage.

Pathfinder retourna à son canot et quitta l'île. Dans le courant de la journée, Rosée-de-Juin entendit une ou deux fois le bruit de sa carabine, et au moment où le soleil allait se coucher il reparut, lui apportant des oiseaux tout apprêtés, et dont le goût et la saveur auraient pu tenter l'appétit d'un épicurien. Ces relations durèrent un mois, Rosée-de-Juin se refusant obstinément à abandonner la tombe de son mari, quoiqu'elle acceptât les offrandes amicales de son protecteur. Quelquefois ils se rencontraient et causaient; Pathfinder sondait l'état des sentiments de la jeune femme; mais ces entrevues étaient courtes, et loin d'être fréquentes. Rosée-de-Juin couchait dans une des huttes, et elle reposait sa tête avec sécurité, car elle sentait qu'elle était sous la protection d'un ami, quoique Pathfinder se retirât invariablement chaque soir dans une île voisine où il s'était construit une hutte.

A la fin du mois, la saison était déjà trop avancée pour que cette situation fût tenable. Les arbres avaient perdu leurs feuilles, les nuits étaient froides et venteuses. Il était temps de partir.

En ce moment Chingashgook reparut. Il eut dans l'île une entrevue longue et confidentielle avec son ami. Rosée-de-Juin en fut témoin de loin, et elle s'aperçut que son protecteur était dans le chagrin; se glissant jusqu'à ses côtés, elle essaya d'adoucir sa douleur, avec l'instinct et la douceur d'une femme.

— Merci, Rosée-de-Juin, merci! dit-il, vous avez de bonnes intentions, mais tout est inutile. Il est temps de quitter ce lieu. Demain nous partirons; vous viendrez avec nous, car maintenant vous entendez la raison.

Rosée-de-Juin y consentit avec la douceur passive d'une Indienne, et elle se retira pour passer le reste du temps près de la tombe d'Arrowhead sans faire attention à l'heure et à la saison; la jeune femme ne reposa pas sa tête pendant toute cette nuit d'automne. Elle s'assit près du lieu qui contenait les restes de son mari, et pria à la manière de son peuple, pour ses succès dans la chasse sans fin pour laquelle il était parti depuis si peu de temps et pour leur réunion dans la terre du juste. Quelque humble et dégradée qu'elle eût paru aux yeux des gens sans réflexion, l'image de Dieu était dans son âme, qui manifestait sa divine origine par des aspirations et des sentiments qui auraient surpris ceux qui feignent davantage, mais qui sentent moins.

Dans la matinée ils partirent tous les trois. Pathfinder se montra comme à l'ordinaire, soigneux et intelligent, le Grand-Serpent silencieux, et Rosée-de-Juin douce, résignée, mais triste. Ils partirent dans deux pirogues, celle de la jeune femme ayant été abandonnée. Chingashgook allait en avant, Pathfinder suivait, et l'on remontait le courant. Pendant deux jours ils ramèrent vers l'ouest et ils passaient les nuits dans les îles. Heureusement le temps s'adoucit, et lorsqu'ils entrèrent dans le lac, ils le trouvèrent uni comme un étang. C'était l'été des Indes occidentales; le calme et presque la douceur du mois de juin étaient répandus dans l'atmosphère brumeuse.

Dans la matinée du troisième jour, ils arrivèrent à l'embouchure de l'Oswego, où le fort et son pavillon les invitèrent en vain à entrer. Sans jeter un seul regard de côté, Chingashgook traversa les sombres eaux de la rivière, et Pathfinder le suivit en silence. Les remparts étaient couverts de spectateurs, mais Lundie reconnaissant ses anciens amis, ne voulut pas même permettre qu'on les hélât.

L'après-midi, Chingashgook entra dans une petite baie où *le Scud* était à l'ancre. On voyait une petite clairière sur la côte, et près des bords du lac une habitation récemment construite en troncs d'arbres; et, quoique d'un travail grossier, rien n'y manquait. Tout y indiquait l'aisance et l'abondance qu'on peut avoir sur les frontières, quoique le site en fût naturellement sauvage et solitaire. Jasper était sur la côte, et lorsque Pathfinder débarqua, il fut le premier à lui prendre la main. L'entrevue fut simple, mais cordiale; aucune question ne fut faite; il était visible que Chingashgook avait donné les explications nécessaires. Pathfinder ne serra jamais la main de son ami plus cordialement que dans cette entrevue, et il sourit même avec gaieté en lui disant combien il avait l'air heureux et bien portant.

— Où est-elle, Jasper? où est-elle? — demanda-t-il enfin à voix basse, car d'abord il semblait craindre de hasarder cette question.

— Elle nous attend dans la maison, mon ami, et vous voyez que Rosée-de-Juin nous a déjà devancés.

— Rosée-de-Juin peut avoir le pied plus léger pour aller à la rencontre de Mabel, mais elle ne peut pas avoir le cœur plus content. Ainsi, vous avez trouvé le chapelain à la garnison, et tout a été bientôt terminé?

— Nous fûmes mariés environ une semaine après vous avoir quittés, et maître Cap partit le jour suivant. Vous avez oublié de vous informer de votre ami Eau-salée.

— Non pas, non pas, le Serpent m'avait raconté tout cela, mais j'aime tant à entendre parler de Mabel et de son bonheur! A-t-elle souri, ou a-t-elle pleuré lorsque la cérémonie fut terminée?

— L'un et l'autre, mon ami; mais...

— Oui, c'est là leur nature, des larmes et de la joie. Ah! tout cela est bien agréable pour nous autres habitants des forêts, et je crois que tout ce que Mabel aurait pu faire, je l'aurais toujours trouvé bien. Croyez-vous, Jasper, qu'elle ait pensé à moi en cette joyeuse occasion?

— J'en suis certain, Pathfinder; elle pense à vous et parle de vous tous les jours, presque à toutes les heures. Personne ne vous aime comme nous vous aimons.

— Je sais que peu de personnes m'aiment comme vous m'aimez, Jasper. Chingashgook est peut-être aujourd'hui la seule personne dont je puisse en dire autant. Allons, il est inutile de tarder davantage, cela doit être fait et plutôt maintenant que plus tard; ainsi, Jasper, ouvrez la marche, et je vais essayer de regarder encore une fois son doux visage.

Jasper conduisit son ami, et ils furent bientôt en présence de Mabel. Les joues de la jeune femme se couvrirent d'une brillante rougeur lorsqu'elle aperçut son ancien amant; tous ses membres tremblèrent, et elle put à peine se tenir debout; mais son accueil ne fut pas moins plein de franchise et d'affection. Pendant l'heure que dura la visite de Pathfinder, car elle ne se prolongea pas plus long-temps malgré le repas qu'il prit dans la demeure de ses amis, un observateur, homme habile à suivre les opérations de l'esprit humain, aurait trouvé un indice certain des sentiments de Mabel dans la différence de ses manières entre Pathfinder et son mari. Avec ce dernier, elle avait encore un peu de la réserve qui accompagne un nouveau mariage, mais les sons de sa voix étaient d'une douceur extrême, ses yeux pleins de tendresse, et elle le regardait rarement sans qu'une nuance rosée couvrant aussitôt ses joues vînt trahir un sentiment que l'habitude et le temps n'avaient pas encore émoussé. Avec Pathfinder, tout était franc et sincère, mais sa voix ne tremblait jamais, ses yeux ne se baissaient pas, et si son visage s'animait et se couvrait de rougeur, c'était la suite d'une émotion produite par un vif intérêt.

Enfin le moment était venu où Pathfinder devait quitter ses amis. Chingashgook avait déjà abandonné les pirogues, et s'était posté sur la lisière du bois où un sentier conduisait dans la forêt. Là, il attendait tranquillement l'arrivée de son ami. Aussitôt que ce dernier en fut instruit, il se leva d'un air grave pour faire ses adieux.

— J'ai quelquefois pensé que ma destinée était un peu dure, — dit-il, — mais celle de cette femme, Mabel, m'a fait honte et m'a rendu à la raison.

— Rosée-de-Juin reste et demeure avec moi, — dit vivement notre héroïne.

— Je le vois, et si quelqu'un peut la guérir de sa douleur et lui faire désirer de vivre, ce doit être vous, Mabel, et cependant je doute encore que vous puissiez réussir. La pauvre créature est sans tribu, sans mari, et il n'est pas aisé de se consoler de ces deux pertes. Mais, hélas! qu'ai-je besoin de m'occuper des misères et des mariages des autres? n'ai-je pas assez de mes propres afflictions? Ne me parlez pas, Mabel; ne me parlez pas, Jasper, que je parte en paix avec moi-même, et avec l'énergie d'un homme. J'ai vu votre bonheur, c'est beaucoup, et j'en supporterai mieux mes propres chagrins... Non, je ne veux plus vous embrasser, Mabel, — je ne vous embrasserai plus — jamais.
— Voici ma main, Jasper, — serrez-la, mon ami, serrez-la, ne craignez pas de la voir trembler, c'est la main d'un homme. Maintenant, Mabel, voulez-vous la prendre?... Non... Vous ne devez pas faire cela. — Et il empêcha Mabel de la baiser et de la couvrir de ses larmes. — Il ne faut pas faire cela.

— Pathfinder, — demanda Mabel, — quand nous reverrons-nous?

— J'y ai songé; oui, j'y ai songé. Si jamais vient le temps où je puisse regarder Mabel comme une sœur ou une fille, j'aurais dû dire seulement une fille, car vous êtes assez jeune pour être mon enfant, croyez-moi, je reviendrai, car mon cœur serait plus léger en contemplant votre bonheur. Si je ne le puis... Adieu... adieu... le sergent a eu tort... Oui... le sergent a eu tort!

Ces paroles furent les dernières que Pathfinder prononça jamais devant Jasper Western et Mabel Dunham. Il se détourna comme si ces paroles l'avaient étouffé, et arriva promptement près de son ami. Aussitôt que Chingashgook le vit approcher, il mit son fardeau sur ses épaules et le glissa parmi les arbres sans prononcer une parole. Mabel, son mari et Rosée-de-Juin, les yeux attachés sur Pathfinder, espéraient encore un geste d'adieu et un regard jeté à la dérobée, mais il ne se retourna pas. Une ou deux fois, ils crurent le voir secouer la tête comme quelqu'un qui tressaille dans l'amertume de ses pensées; une autre fois, il agita son bras comme s'il eût su qu'on le regardait; mais un pas dont la vigueur ne pouvait être affaiblie par aucun chagrin le mit bientôt hors de vue, et il disparut dans la profondeur de la forêt.

Jasper et sa femme ne revirent jamais le guide; ils restèrent encore un an sur les bords du lac Ontario, et, pressés par les sollicitations de Cap, ils allèrent le rejoindre à New-York, où Jasper devint un riche et respectable commerçant. Trois fois, à des intervalles de quelques années, Mabel reçut des présents de belles fourrures, et son cœur lui apprit qui les lui envoyait, quoiqu'aucun nom ne les accompagnât. Plus tard dans sa vie, lorsque Mabel était déjà mère de plusieurs enfants, elle eut l'occasion de visiter l'intérieur des terres, et se trouva sur les rives du Mohawk, accompagnée de ses fils dont l'aîné était déjà capable de lui servir de protecteur. Pendant ce voyage, elle remarqua un homme d'une tournure singulière qui la regardait de loin avec une attention qui la porta à s'informer qui il était. On lui répondit que c'était le chasseur le plus renommé de cette partie des États-Unis, — c'était après la révolution; — qu'il avait une grande pureté de conduite et beaucoup d'originalité; qu'il était connu dans le pays sous le nom de Bas-de-Cuir. C'est tout ce que mistress Western put savoir. Cependant ces regards jetés dans le lointain et les manières singulières de ce chasseur inconnu lui causèrent une nuit sans sommeil, et répandirent sur son visage toujours aimable une teinte de mélancolie qui dura plus d'un jour.

Quant à Rosée-de-Juin, la double perte de son mari et de sa tribu produisirent l'effet que Pathfinder avait prévu. Elle mourut dans la chaumière de Mabel sur les bords du lac, et Jasper transporta son corps dans l'île où il l'enterra à côté d'Arrowhead.

Lundie épousa la femme qu'il aimait depuis long-temps et prit sa retraite pour se reposer des fatigues de la guerre. Mais son nom a été illustré de nos jours par les succès d'un plus jeune frère qui, ayant hérité de son titre, le changea bientôt après pour un autre qu'il dut à sa valeur sur l'Océan.

FIN DU LAC ONTARIO.

www.ingramcontent.com/pod-product-compliance
Lightning Source LLC
Chambersburg PA
CBHW072127220426
43664CB00013B/2160